AF223906

EDMOND J.-P. BURON

Avocat au Barreau du Manitoba
Ancien élève de l'École normale supérieure

LES RICHESSES

DU

CANADA

PRÉFACE DE M. GABRIEL HANOTAUX

de l'Académie française

LIBRAIRIE ORIENTALE & AMÉRICAINE

E. GUILMOTO, Éditeur

6, Rue de Mézières, PARIS

Nt
2880

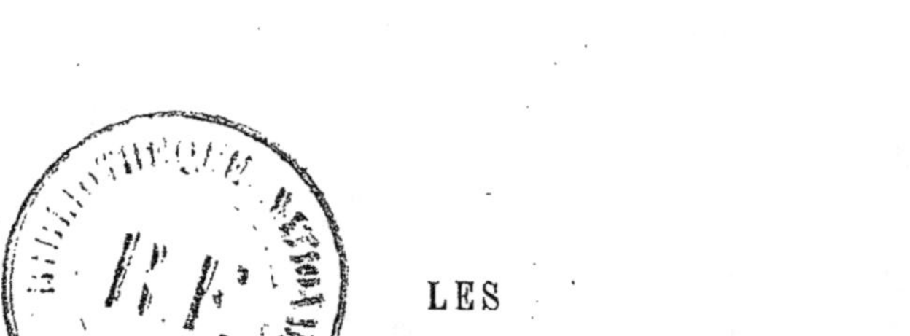

LES
RICHESSES DU CANADA

CARTE MINIÈRE ET FORESTIÈRE DU CANADA

Cliché Obalski.

EDMOND J. P. BURON

Avocat au Barreau du Manitoba,
Ancien Élève de l'École Normale Supérieure.

LES RICHESSES

DU

CANADA

Préface de M. GABRIEL HANOTAUX

De l'Académie française.

LIBRAIRIE ORIENTALE ET AMÉRICAINE

E. GUILMOTO, Éditeur

6, RUE DE MÉZIÈRES — PARIS

PRÉFACE

La vieille Europe est sollicitée, en ce moment, par les peuples lointains. Là-bas, les richesses restent enfouies sous la terre, ici elles sont amassées dans le bas de laine.

On rêve de faire le mariage entre ces jeunes pays et nos vieilles contrées. Mariage difficile : à prétendant pauvre, fiancée méfiante.

Pourtant ce n'est pas l'amour d'une vaine gloriole qui, depuis un quart de siècle, précipite tous les peuples européens vers les conquêtes coloniales. C'est la nécessité de s'étendre pour vivre. On étouffe dans nos frontières étroites, tandis que l'on respire à pleins poumons sur ces vastes espaces.

Cet appel que le vide fait vers le plein est une loi naturelle : mais la facilité des communications et, si j'ose dire, la petitesse du globe, depuis que les moyens de le parcourir se sont multipliés, ont fait naître de telles espérances et développé de telles impatiences qu'on ne sait plus auquel entendre.

Ceci dit, pourquoi, parmi ces appels ne pas distinguer d'abord celui qui est formulé en notre langue?

Le Canada est, d'ores et déjà, la plus puissante des colonies de sang français. Dans le Nouveau Monde, c'est là seulement que prospère une souche florissante de notre race. Le climat est rude, mais sain. Les richesses déjà connues ou encore inexploitées sont immenses. N'est-il pas naturel que nous suivions les pas de nos ancêtres et que nous reprenions la voie qu'ils ont ouverte ?

Champlain et Richelieu avaient rêvé de faire, de l'Amérique du Nord, une terre française en rejoignant le Canada à la Louisiane. Leur projet a échoué. Cependant, il reste de leur entreprise des restes assez imposants ou, mieux, une œuvre assez vivace pour qu'elle serve de point de départ utile à de nouveaux efforts.

Le Président Roosevelt observait, dans un de ses derniers ouvrages, qu'en Amérique, à l'extrême limite des régions civilisées, on trouvait souvent des noms français : *La belle Fontaine, l'Aventure, le Petit Paris*. Nos pères ont été de hardis pionniers. Pourquoi laisser cette gloire tomber en désuétude?

Notre politique se repent aujourd'hui d'avoir dédaigné les fameux « arpents de neige ». Sous la neige, une moisson féconde a germé, une moisson d'hommes. Nos compatriotes étaient soixante à soixante-dix mille en 1763. Ils sont 1.858.547 habitants aujourd'hui (1)... Nous ne parlerons plus de la neige si froidement !

---

(1) Et près de deux millions répartis dans les États-Unis, mais principalement dans les États limitrophes de la Nouvelle-Angleterre.

Pendant plus d'un siècle la France avait oublié cette fille lointaine qu'elle avait perdue dans les bois comme le Petit-Poucet, l'année du Grand Hiver.

Il fallut la guerre de 1870-1871 pour que le cri de douleur et de fidélité venu de là-bas retentît jusqu'à nous.

Peu à peu, il s'est fait un retour, un réveil, un rapprochement. On s'est retrouvé.

En 1894-1895, le premier traité de commerce a été signé (1). J'ai pu apprécier, alors, dans ces délicates négociations, la qualité d'esprit, le sens pratique, la fermeté d'âme de ces Français, qui débattaient, sous les yeux d'un commissaire britannique, avec d'autres Français et en langue française, les intérêts de leur jeune patrie.

Tout est prêt, donc, pour que de nouveaux liens, des liens d'intérêts, non moins forts que les liens d'affection, se créent entre les deux Frances que sépare l'Océan.

Rappelons seulement que notre vieille France, si tranquille, si timorée, si casanière, est sollicitée de bien des côtés à la fois. De l'Afrique du Nord, du Soudan, de Madagascar, de l'Indo-Chine, de la Nouvelle-Calédonie, de partout on lui demande des capitaux et des bras. Suffira-t-elle à tant de tâches ?

Quoi qu'il en soit, si — malgré la séparation accomplie et loyalement acceptée, de part et d'autre, — il est un pays qui mérite, à tous les égards, l'attention de l'émigrant français, c'est le Canada.

L'émigrant français trouvera, là-bas, des populations qui parlent sa langue et des énergies sœurs de la sienne. Il trouvera des institutions, des mœurs, des coutumes qui lui rappelleront sans cesse la mère patrie ; et, en plus, une abondance de

____

(1) Le texte de ce traité est donné à la suite de la Préface.

richesses, une diversité de travaux qui ne laisseront, à son esprit d'entreprise, que l'embarras du choix.

C'est précisément pour le guider dans ce choix que le présent livre a été écrit. C'est un inventaire des richesses canadiennes ; inventaire un peu embelli, un peu flatté peut-être, — comment ne pas flatter ce qu'on aime ? Mais, en somme, l'œuvre est consciencieuse, méticuleuse, complète.

Quand le lecteur l'aura parcourue, l'eau lui viendra à la bouche. On dirait qu'on y respire la fraîcheur des eaux vives et la brume pénétrante des herbages.

La première soif de l'imagination une fois apaisée, que l'homme d'action reprenne le livre, page à page, qu'il compare, qu'il réfléchisse, qu'il délibère avec lui-même et avec les siens ; en un mot, qu'il ne se décide qu'à bon escient.

Et, une fois le parti bien pesé, bien mûri et arrêté, qu'il fasse le voyage avec une solide et mâle résolution d'embrasser la terre nouvelle qui s'offre à lui comme une seconde mère.

Quand Guillaume le Conquérant sauta du navire qui l'amenait sur la terre anglaise, il trébucha, dit-on, et il tomba. Mais il se releva aussitôt joyeusement et s'écria : « J'ai saisi cette terre ; elle est à moi. » Ce fut la première grande colonie française !

Il en sera toujours de même : la terre est à celui qui sait la prendre d'un franc cœur et d'une poigne robuste... Et, d'ailleurs, n'est-elle pas déjà, depuis des siècles, à demi-française, cette belle Nouvelle-France ?

GABRIEL HANOTAUX.

I. — TRAITÉ FRANCO-CANADIEN.

(Extrait du Journal Officiel du 9 octobre 1893.)

Le Président de la République française,
Sur la proposition du ministre des Affaires étrangères,

Décrète :

Article premier. — Le Sénat et la Chambre des députés ayant approuvé l'arrangement destiné à régler en matière de tarifs douaniers les relations commerciales entre la France et le Canada, signé à Paris le 6 février 1893, et les ratifications de cet acte ayant été échangées à Paris le 4 octobre 1893, ledit arrangement dont la teneur suit recevra sa pleine et entière exécution :

ARRANGEMENT

destiné à régler en matière de tarifs douaniers, les relations commerciales entre la France et le Canada.

Le Président de la République française et S. M. la reine du Royaume-Uni de Grande-Bretagne et d'Irlande, également animés du désir d'améliorer et d'étendre les relations commerciales entre la France et le Canada, ont résolu de conclure un arrangement à cet effet et ont nommé pour leurs plénipotentiaires respectifs :

Le Président de la République française,

S. Exc. M. Jules Develle, député, ministre des Affaires étrangères ;

Et S. Exc. M. Siegfried, député, ministre du Commerce, de l'Industrie et des Colonies ;

Et S. M. la reine du Royaume-Uni de la Grande-Bretagne et d'Irlande,

S. Exc. M. le marquis de Dufferin et Ava, pair du royaume, membre du conseil privé, vice-amiral d'Ulster, protecteur et gardien des Cinq Ports et connétable du château de Douvres, etc., etc., son ambassadeur extraordinaire et plénipotentiaire près le Gouvernement de la République française ;

Et sir Charles Tupper, baron et haut commissaire du Canada à Londres.

Lesquels, après s'être communiqué leurs pouvoirs respectifs trouvés en bonne et due forme, sont convenus des articles suivants :

ARTICLE PREMIER. — A l'entrée en Canada, les vins mousseux, et non mousseux, les savons communs, savons de Marseille (Castile soaps) et les noix, amandes, prunes et pruneaux d'origine française, bénéficieront des avantages suivants :

1° Les vins non mousseux titrant 15 degrés de l'alcoomètre centésimal, ou moins (soit d'après l'équivalent canadien, 26 pour 100 d'alcool ou moins) et tous les vins mousseux seront affranchis de la surtaxe ou droit *ad valorem* de 30 pour 100.

2° Le droit actuellement applicable aux savons communs, savons de Marseille (Castile soaps) sera réduit de moitié.

3° Le droit actuellement applicable aux noix, amandes, prunes et pruneaux, sera réduit d'un tiers.

ART. 2. — Tout avantage commercial accordé par le Canada à un Etat tiers, notamment en matière de tarifs, sera de plein droit étendu à la France, à l'Algérie et à ses colonies.

ART. 3. — A l'entrée en France, en Algérie et dans les colonies françaises, les articles suivants originaires du Canada, importés directement de ce pays et accompagnés de certificats d'origine, seront admis au bénéfice du tarif minimum :

Conserves de viandes en boîtes.
Lait concentré pur.
Poissons d'eau douce, anguilles.
Poissons conservés au naturel.
Homards et langoustes conservés au naturel.
Pommes et poires fraîches, sèches ou tapées.
Fruits de table conservés, autres.
Bois à construire, bruts ou sciés.
Pavés en bois.
Merrains.
Pâtes de bois (cellulose).
Extraits de châtaignier et autres sucs tannins.
Papiers communs à la mécanique.
Peaux préparées, autres entières.
Bottes, bottines et souliers.
Meubles en bois commun.
Meubles autres que sièges, massifs en bois communs.
Lames de parquet en sapin ou bois tendre.
Bâtiments de mer en bois.

Il est entendu que le bénéfice de toute réduction de droit accordé à un Etat quelconque sur l'un des articles énumérés ci-dessus sera étendu de plein droit au Canada.

ART. 4 — Le présent arrangement ayant été adopté par le Parlement du Canada et par les Chambres françaises, les ratifications en seront échangées à Paris aussitôt que faire se pourra. Il entrera en vigueur immédiatement après l'accomplissement de cette formalité et demeurera exécutoire jusqu'à l'expiration d'un délai de douze mois après que l'une ou l'autre des parties contractantes aura notifié son intention d'en faire cesser les effets.

Il est d'ailleurs convenu que si les vins non mousseux titrant au plus 15 degrés et les vins mousseux étaient ultérieurement l'objet d'un relèvement de droit à l'entrée du Canada, le gouvernement français pourrait, en dénonçant le présent engagement, en faire cesser immédiatement les effets, sans attendre l'expiration du délai de douze mois, prévu ci-dessus.

En foi de quoi, les plénipotentiaires respectifs ont signé le présent engagement et y ont apposé leurs cachets.

Fait à Paris, le 6 février 1893, en double expédition.

Signé : Jules Develle, Jules Siegfried,

— Dufferin et Ava, Charles Tupper.

Art. 5. — Le ministre des Affaires étrangères est chargé de l'exécution du présent décret.

Fait à Paris le 8 octobre 1895.

Félix Faure.

Par le Président de la République :

Le ministre des Affaires étrangères,

G. Hanotaux.

II. — COMMERCE FRANÇAIS ET COMMERCE ALLEMAND AVEC LE CANADA.

Mais, outre les avantages résultant de cette convention, il est utile de rappeler, qu'en vertu d'un décret du Ministère canadien, du 1er avril 1903, — qui est une mesure de représailles à l'égard de l'Allemagne, — les produits d'origine allemande sont frappés, à leur entrée au Canada, d'une surtaxe équivalente au tiers du droit général ordinaire. Notre commerce peut donc profiter de l'avantage accidentel qui résulte pour lui d'un fâcheux état de choses pour un rival. C'est ainsi, par exemple, que le cacao, importé au Canada, qui est frappé d'un droit ordinaire de 20 c^{mes} la livre, est surchargé de 6 c^{mes} 2/3 quand il vient d'Allemagne. De même pour toutes les marchandises importées au Canada et comprises dans les diverses catégories telles que : *l'alimentation :* chocolat, eaux minérales, etc.; le *vêtement :* coton, broderies, cotons écrus ou blanchis; confection; mercerie; laines, feutre, flanelles, tricot; filés de laine; étoffes pour robes; doublures, alpaga, cachemire; étoffes de soie; tissus divers; toiles; ganterie, pelleterie; passementerie; les *métaux :* cuivre rouge; fer, presses, essieux; acier, rouleaux, barres, machines; quincaillerie, serrurerie; tôles; articles en plomb; articles de Paris; la *papeterie :* imprimés, photographies, étiquettes, billets, plumes, etc.; *horlogerie; bijouterie; droguerie* et produits pharmaceutiques; *porcelaines, poterie, et verrerie.*

LES RICHESSES DU CANADA

LES

RICHESSES DU CANADA

CHAPITRE PRÉLIMINAIRE

En vulgarisant par un livre les forces latentes d'un pays fondé par la France, et *cueilli* plus tard par l'Angleterre, l'auteur a-t-il besoin de déclarer que son intention n'est pas de susciter des regrets, ni de rappeler des souvenirs douloureux? Non. Il a simplement pour objet d'apporter une modeste contribution à la documentation des esprits entreprenants de la France, sa mère patrie.

Et il tient à dire ceci : plus le nouveau monde prendra d'importance dans l'avenir, — importance commerciale, militaire, etc., — plus les pays d'Europe, dans leurs étroits territoires, se sentiront rétrécis et amoindris. L'Angleterre elle-même se verra réduite à la condition d'un Péloponèse moderne ; et la France, après avoir donné l'essor au développement de l'individualisme conscient en Europe et peut-être trop négligé la santé du groupe, se sentira dominée par de plus forts.

Si les politiciens continuent à ne travailler que pour le moment présent, ils n'auront plus rien à faire, plus tard, quand les tâches actuelles seront achevées ; d'autres, à la vue plus longue, seront occupés aux travaux de l'avenir ; ils les auront en grande partie finis pour leur avantage propre. Sachons, dans le pays de la prévoyance individuelle, laisser le jardin en jachère pour mettre en valeur les grandes fermes. Ayons la prévoyance nationale ; étendons-nous sur la plus grande superficie possible.

Il est fort heureux que la France ait à sa porte les beaux et riches domaines algérien et, l'on peut dire aujourd'hui, marocain ; elle est assurée d'un prolongement immédiat en Afrique qui ne peut que lui inspirer confiance dans l'avenir.

Mais admettons, pour un instant, qu'elle soit un jour boycottée dans son commerce par les peuples rivaux, ligués entre eux : le commerce franco-africain sera-t-il suffisamment large pour la protéger contre la faillite ? surtout si les États-Unis se sont mis de la partie ? Non. Du reste, il n'y a peut-être pas lieu de craindre un pareil danger ; mais la plus sûre garantie de la sécurité commerciale et industrielle réside, en tout cas, dans l'extension de l'industrie française elle-même.

On dit que la guerre va disparaître pour faire place à la bataille commerciale. Soit. Mais il n'est pas dit que la bataille commerciale ne dégénérera jamais en rixe féroce. Les camelots qui, à la grille de la Madeleine, échangent des horions dans l'exercice du négoce des plans de Paris ou des images porte-bonheur, sont, dans leur état normal, en bataille commerciale ; et les nations commerciales sont camelots.

Nous en venons à cette conclusion qu'il faudra compter sur une clientèle sympathique par nature, avec laquelle il est facile de s'entendre, comme avec des compatriotes, des nationaux ; Gavroche est dans le vrai : à quoi bon parents et amis si on ne s'en *sert* pas ?...

Il est un fait certain, c'est que plus un Français est éloigné de la France, plus il est Français ; étant au pays même, il sera volontiers porté vers les choses du dehors ; il s'amusera à critiquer tout ce qui est de la maison ; ce n'est que le jour où il est éloigné de la patrie qu'il se révèle un être chauvin et attaché à tout ce qui vient de France. Eh bien, où trouver des nationaux aussi disposés à aimer les choses et les gens de France, sinon au Canada ? Il n'est pas nécessaire, croyons-nous, de rééditer tout ce qu'on a dit sur les sentiments patriotiques des Canadiens français et sur leur attachement à la France. Si, comme dit M. Izoulet, le centre de gravité du globe est en train de se déplacer vers l'Occident, n'importe-t-il pas de s'assurer une certaine sphère d'action sur l'axe principal ?

Assurément la France ne négligera rien pour se conserver

cellentes relations avec les États-Unis ; mais ces relations d'af-
es, qui au fond, ne reposent sur aucun fondement de parenté
le, ne peuvent être que périssables, en tout cas, essentielle-
t artificielles.

peut y avoir mieux ; il y a en effet dans l'Amérique du Nord
colonie morale de la France, qui ne demanderait pas mieux
de nouer des relations durables avec la mère patrie.

se trouve même que cette ancienne colonie française, perdue
rmais pour la métropole, a repris vigueur, s'est développée
s des proportions colossales, occupe aujourd'hui un territoire
e fertilité et d'une richesse considérables et songe à une desti-
prochaine d'autonomie complète. Quand, il y a cent ans,
ayette vint en Amérique contribuer à la libération des États-
s, il n'y avait pas dans le pays de Washington une population
forte que celle qui est présentement dans le pays de M. Lau-
. Voyez ce qui s'est accompli dans cent ans de liberté.
nstruite par les leçons du passé, l'Angleterre laisse au Canada
liberté à peu près complète pour se développer. A tel point
aujourd'hui, la Nouvelle France, — munie de chemins de fer
ous sens, plus prête à être mise en valeur dans toutes ses pro-
es, de l'est à l'ouest, que ne l'étaient les États-Unis, au com-
cement du siècle dernier, — est ouverte si largement à l'im-
ration et à l'industrie, qu'un Lafayette, patriote et intéressé à
is, (ce qui le distinguerait du premier), pourrait y entrer paci-
ement avec un million et plus de laboureurs et d'industriels.
t à cette armée pacifique que les renseignements contenus
s ce livre sont adressés ; ils sont offerts aux chefs surtout,
hommes de talent et d'initiative, aux maisons qui ne sont pas
mées par des fils à papa ou qui ne sont pas des baraquements
saltimbanques ; ils sont glissés sournoisement dans les tiroirs
notaires comme dans ceux des directeurs de banques qui, après
ir subi l'enchantement des valeurs russes et transvaaliennes, —
urs souvent créées par l'initiative étrangère — pourraient se
ir portés à participer à la création de valeurs purement fran-
es.

out récemment, divers programmes ou itinéraires de voyage
Canada et aux États-Unis, à l'occasion de l'Exposition de
t-Louis, étaient soumis à l'Association des ingénieurs civils

de France; des conditions spéciales leur étaient faites; bref tous les multiples détails et toutes les vicissitudes d'un pareil voyage étaient solutionnées d'avance ; on n'avait qu'à verser une somme relativement faible et se laisser conduire, pendant six ou huit semaines, dans le futur *grenier du monde*. Messieurs les ingénieurs civils de France n'ont pas pu se décider à faire le geste d'acceptation; ils ont, pour la plupart, pensé qu'il valait mieux rester chez soi. La même proposition a été faite à la Société des ingénieurs civils de Londres. Et les journaux nous apprennent que plus de deux cents ingénieurs anglais ont annoncé leur arrivée au Canada pour la fin du mois d'août.

Qu'on juge du résultat que peut donner une excursion pareille, alors que des hommes de métier n'ont pas à craindre d'être isolés dans le sentiment qu'ils pourront avoir sur telle ou telle industrie du Canada; les avis s'échangent au cours du voyage, les appréciations se communiquent, se rectifient même, et le rapport unanime, répercuté par la presse, corrobore dans l'esprit public l'importance des enseignements rapportés par chacun.

Au programme des études qui se font dans les grandes écoles d'arts et métiers, ne devrait-on pas ajouter quelques cours pratiques sur l'usage qu'on peut faire de ses connaissances dans le monde du travail et sur l'emploi utile du temps des vacances?

En tout cas si les Canadiens sont heureux de voir leur pays attirer l'attention des ingénieurs et des capitalistes, ils le sont doublement quand ceux-ci viennent de France ; malheureusement la fatalité veut que ce soient les ingénieurs et les capitalistes français qui soient les plus casaniers. Faisons cependant une réserve pour les Belges qui ont pris au Canada, depuis une vingtaine d'années, un intérêt très large et fort intelligemment compris. Si ce livre pouvait avoir pour effet d'attirer simplement l'attention sur le Canada et ses sources abondantes de richesse l'auteur serait satisfait. A la première annonce d'une grande prospérité industrielle française, d'un succès éclatant accompli là-bas, l'esprit sera préparé à examiner sans parti pris, et l'envahissement du pays, s'il n'est pas irréalisable à ce moment-là, pourra peut-être se faire par une poussée générale.

Mais il y a déjà des industries françaises florissantes ; quant aux entreprises purement canadiennes ou anglo-canadiennes

ious référons le lecteur à l'annuaire financier, *Annual finan-
ial Review* (22, rue Saint-Jean, à Montréal), pour s'en faire
ıne idée.

Si, pour répondre à notre appel, on nous demandait où il convient de jeter les yeux, quelle est la source la plus féconde à
exploiter en premier lieu, nous serions embarrassés de répondre.
ıes régions minières, agricoles, forestières, maritimes, se déve-
oppant dans des proportions également fortes, toutes les fonc-
ions industrielles qui s'y rattachent sont à étendre. Mais il convient peut-être de diriger tout d'abord l'attention du lecteur sur
es besoins de crédit qui se font, avant tout, sentir dans un pays
ıù il ne manque que le capital pour produire. Les institutions de
rédit, telles que la banque, le crédit foncier jouent un rôle consi-
lérable ; on fait largement crédit tant qu'il y a des fonds en
aisse, mais les banques sont toutes à un capital élevé et elles se
nultiplient par les succursales nombreuses, ce qui a pour effet de
nettre une certaine unité aux mouvements monétaires occasionnés
ıar les grandes récoltes de l'ouest ; d'autre part la nature même
le l'exploitation agricole est telle, qu'à un moment donné, — heu-
eusement que ce moment arrive à l'approche de l'hiver — la pro-
ıuction énorme des prairies du centre et de l'ouest absorbe toute
ı monnaie du pays. A ce moment-là c'est le crédit foncier qui
uvre ses caisses devant les cultivateurs, toujours désireux d'éten-
ıre leurs exploitations. Mais l'industrie manufacturière et le com-
ıerce subissent l'effet de ces grands reflux monétaires. Il faut
ıonc appeler une surabondance de capital ; le taux élevé des béné-
ices le permet sans crainte.

Malheureusement les institutions de crédit en France sont un
ıeu comme celles des ingénieurs ; elles ne peuvent pas sortir du
ıays ; c'est du moins ce que déclare le Crédit Foncier de France
ıont les statuts ne permettent pas d'extension à l'étranger. C'est
ıâcheux. Nous craignons fort qu'il en soit de même pour les com-
ıagnies d'assurances. Et n'est-ce pas un grand malheur que les
ompagnies françaises d'assurances, ne puissent pas aller en
ımérique donner le change aux compagnies canadiennes et amé-
icaines établies à Paris?

En second lieu il convient de signaler, comme la plus pressante
écessité du pays, les transports rapides et économiques : che-

mins de fer, canaux, traction électrique, etc. Le gouvernement canadien donne 1.300.000 francs de subvention annuelle à une Compagnie de transports océaniques rapides, c'est-à-dire pouvant filer 17 nœuds ; il offre en vain, depuis une dizaine d'années, une subvention annuelle de 600.000 francs à la compagnie de navigation qui fera vingt voyages par an entre un port français et un port canadien. Enfin après avoir encouragé par des subventions véritablement royales la création d'un premier chemin de fer transcontinental en 1876, le gouvernement décidait, l'an dernier, d'apporter sa collaboration, pour une moitié, dans l'établissement d'un second transcontinental. Le premier a indubitablement prospéré, puisque, en 1902, il trouvait 160 000.000 de francs à donner pour l'acquisition, en bloc, d'une flotte de dix-huit navires pour le service de l'océan Atlantique, sans parler de la flotte qu'il possédait déjà sur l'océan Pacifique. Et ne doutons pas que le second, comme le troisième transcontinental, — le *Canadian Northern* qui sera achevé dans quelque deux ans — ne donnent des résultats aussi satisfaisants.

N'a-t-on du goût que pour les grands travaux d'ordre continental tels que le percement d'un isthme qui relie deux hémisphères ou la construction d'un tunnel sous-marin qui relie deux pays? On en trouvera au Canada, puisque ce pays se compose de six grands territoires et de sept provinces, dont deux, ou trois si l'on compte Terre-Neuve, sont des îles, et qu'il couvre une superficie égale à celle de toute l'Europe. Veut-on un difficile et important problème à résoudre? Nous proposons celui-ci :

Les pays du centre du Canada produisent cette année 30.000.000 d'hectolitres de blé, dont plus de la moitié ira, comme d'habitude, nourrir l'Angleterre en passant à Liverpool. — Dans trois ans ce chiffre de production sera doublé, sans doute. — Le transport par voie de fer de ce blé coûte 65 centimes le boisseau, c'est-à-dire les 30 kilogrammes jusqu'à Montréal. Les lignes de chemin de fer actuelles ne suffisent pas à transporter aux ports de mer toute la production de l'ouest ; on est obligé d'emprunter, pour les deux tiers de la récolte, les lignes américaines. Or un petit chemin de fer de 900 kilomètres et une ligne de *cargo-boats* faisant le service de Liverpool à l'embouchure de la rivière Nelson dans la baie d'Hudson pourraient drainer non seulement l'ouest

nadien mais aussi l'ouest américain, à des tarifs très inférieurs
ceux d'aujourd'hui ; ces tarifs seraient inférieurs parce que le
ajet par voie de fer ne serait plus que de 900 kilomètres au lieu
e 3.200 kilomètres pour joindre un port de mer.

Le détroit qui relie la baie d'Hudson à l'océan est fermé par les
laces en hiver ; et on estime que la navigation par la baie
'Hudson n'est ouverte que trois mois et demi à quatre mois par
n. Ce problème serait donc : premièrement, d'assurer par la voie
aritime du nord le fonctionnement d'une ligne de transports
éguliers pour l'écoulement plus économique des produits du
entre de l'Amérique et l'importation européenne au centre même
u continent ; deuxièmement l'achèvement d'une voie d'eau trans-
ontinentale par la rivière Nelson, Saskatchewan et Fraser ou
utre, jusqu'à l'océan Pacifique.

Ce serait vraiment un mauvais tour à faire au canal de Panama...
uel avantage pour le commerce avec l'Extrême-Orient !

En attendant toutefois que ces grandes œuvres soient accom-
lies, nous continuerons à proclamer dans la mère patrie l'urgence
u'il y a pour elle à faire des placements moraux et autres au
anada. Un publiciste canadien a écrit un livre intitulé : *Le Canada
econquis par la France*, où il déclare que, par des moyens écono-
iques, la France peut reprendre le Canada ; nous croyons bien
ue si l'on employait même des moyens pacifiques et absolument,
omme on dit, constitutionnels, la reprise de l'ancienne colonie
e s'effectuerait pas complètement. Quiconque a vu et habité pen-
ant quelque temps ce pays aux larges champs et aux horizons
ointains a appris à l'aimer, à se dévouer pour lui et à travailler
. son émancipation définitive. C'est un pays fait pour être libre
t autonome ; et les appels incessants adressés par les Canadiens
ux Français disent assez l'âpreté de la lutte qui préside à la for-
ation d'une république dont l'élément dominant, idéaliste et
ivilisateur sera inévitablement le français. En bonne justice la
rance a-t-elle le droit de se désintéresser des terres qu'elle a
écouvertes et des peuples qu'elle y a établis, outre mer ?... Non, et
ous espérons bien que le courant d'émigration française au Ca-
ada, qui s'est à peu près quintuplé subitement en 1904, conti-
uera à se développer dans les mêmes proportions. Ce qui
ortifie le plus notre confiance, c'est qu'en général les plus ardents

propagateurs du mouvement franco-canadien sont précisément les Français derniers venus au Canada.

Que chaque colon français établi au Canada, continue donc à écrire aux siens restés en France la vérité sur le pays..., et l'œuvre s'accomplira. Que chaque chambre de commerce, que chaque syndicat professionnel, que chaque groupement financier délègue un ingénieur ou un technicien au Canada pour s'enquérir des conditions de telle ou telle industrie ou négoce, et l'industrie nationale recevra, du coup, une impulsion inespérée.

L'auteur s'est servi pour ce travail de toutes les publications canadiennes importantes ; il les a parfois copiées, résumées, corrigées même. Qu'il suffise de rappeler brièvement les sources principales de sa documentation : R. E. Gosnell, Arthur Buies, Honoré Mercier, Henri Barnard, de Puyjalon, les rapports géologiques et autres du gouvernement canadien, les publications de l'Exposition de 1900, les rapports des gouvernements provinciaux, et particulièrement ceux de M. Obalski.

PREMIÈRE PARTIE

LES PROVINCES DE L'EST

CHAPITRE PREMIER

TOPOGRAPHIE

Il faut comprendre sous ce titre les provinces de *Québec*, *Ontario*, *Nouveau-Brunswick*, *Nouvelle-Écosse* et *Ile du Prince Édouard*, ainsi que le territoire peu connu du Labrador.

La province de Québec embrasse une superficie de 898.730 kilomètres carrés; c'est la superficie de la France et de la Prusse réunies. Elle ne compte guère plus de 2.000.000 d'habitants. Dans la plus grande partie de sa longueur, la province de Québec est traversée par le fleuve Saint-Laurent qui, à partir de sa source, en plein centre du continent américain, a 5.250 kilomètres de longueur jusqu'à son embouchure dans l'océan Atlantique. Dans son cours, le fleuve Saint-Laurent forme les lacs Saint-François, Saint-Louis, Saint-Pierre, et une infinité d'iles.

Il n'y a pas moins de 75.000.000 d'hectares de terre dans la province de Québec, dont 6.800.000 hectares sont en propriétés. La province de Québec réunit tous les avantages d'un pays à la fois maritime et continental. Elle affecte, dans sa configuration, la forme irrégulière d'un triangle, ayant sa base au sud-ouest et son sommet dans l'anse au Sablon, à l'entrée intérieure du détroit de

Belle-Isle. Elle est, pour ainsi dire, encaissée entre deux chaînes de montagnes : les Laurentides au nord, et les Alléghanys au sud. Ces chaînes s'éloignent l'une de l'autre en allant de l'est à l'ouest.

Par leur position, comme par leur constitution géologique, elles forment deux systèmes distincts, quoique toutes deux se composent de terrains sédimentaires à l'état métamorphique. Les montagnes de la chaîne du nord ont un caractère plus cristallin et sont de formation plus ancienne que celles de la chaîne du sud, puisqu'elles appartiennent à l'époque azoïque, tandis que celles du sud appartiennent à l'état paléozoïque. Entre ces deux chaînes de montagnes il y a dans les vallées du Saint-Laurent et de quelques-uns de ses tributaires les monts Rougemont, Belœil, Sainte-Thérèse et Mont-Royal.

Les Laurentides, à partir de la frontière orientale de la province jusqu'aux environs du Saguenay, forment une espèce de massif compact, à peine accidenté par le cours des grandes rivières qui le coupent transversalement et s'étendent en largeur, des bords de la mer à la hauteur des terres. En approchant de la région du Saguenay ce massif se partage en deux rangées bien distinctes : 1° celle de la hauteur des terres qui décrit une courbe vers le nord pour contourner la grande vallée du lac Saint-Jean, puis se prolonge ensuite presque en droite ligne et forme le versant nord du bassin de l'Outaouais ; 2° celle des Laurentides proprement dites, qui longe le Saint-Laurent jusqu'au cap Tourmente, et là, commence à s'éloigner graduellement du fleuve jusqu'à une distance d'environ 48 kilomètres en arrière de Montréal, formant ainsi le versant méridional des bassins du lac Saint-Jean et de l'Outaouais. (Voir *La Province de Québec*, anonyme, 1900, à Québec.)

Sur toute cette étendue la hauteur moyenne des Laurentides est d'environ 493 mètres. Mais cette élévation n'est pas uniforme : entre le lac Saint-Jean et la Malbaie la crête principale de la chaîne atteint une altitude de 1.220 mètres au-dessus de la mer.

Dans la région située au nord de la rivière Outaouais, le sommet le plus élevé est celui de la montagne Tremblante dans le comté d'Argenteuil : il a une hauteur de 628 mètres. L'élévation des montagnes qui environnent ce sommet varie entre 304 et 364 mètres.

Entre le Saguenay et l'Outaouais, l'arête principale des Laurentides est flanquée du côté nord par une multitude de contreforts et de rameaux escarpés, coupés par des gorges étroites et profondes : à l'exception de celle du lac Saint-Jean, les vallées sont resserrées et les bassins très nombreux, mais peu importants, si l'on excepte les grands bassins du Saguenay, du Saint-Maurice et de l'Outaouais, qui sont immenses. Les sommets de ces montagnes sont généralement arrondis et forment des mamelons séparés les uns des autres par des ensellements et des brèches donnant naissance à des vallées, des plateaux, des gorges et des milliers de lacs, dont plusieurs ont une étendue considérable. Ces sommets, à l'exception de quelques rares pics dénudés, sont tous recouverts de forêts de conifères et de certains bois durs ; les vallées produisent aussi des forêts d'arbres au feuillage caduc, ainsi que des pins, épinettes, cèdres et plusieurs autres espèces propres à l'industrie forestière.

L'élévation moyenne du grand plateau intérieur, dans lequel se trouve le bassin du lac Saint-Jean et celui du haut Outaouais, est d'environ 200 mètres au-dessus du niveau de la mer. Le lac Saint-Jean, qui est situé à l'extrémité orientale de ce grand plateau, n'est élevé que de 89 mètres au-dessus de la mer ; le lac Keepawa, situé à l'extrémité occidentale, est à 224 mètres au-dessus du niveau de la marée, et l'élévation du grand Lac, à peu près à mi-distance entre les deux premiers, n'est que de 212 mètres. La longueur de ce plateau est d'environ 563 kilomètres, et sa largeur excède en moyenne 241 kilomètres, ce qui forme une superficie de 135.683 kilomètres carrés. Ce plateau, d'un sol en beaucoup d'endroits très fertile, est couvert de riches forêts, qui fournissent au commerce plus des trois quarts des immenses quantités de bois exportées chaque année de la province.

Système des Alleghanys. — Cette chaîne n'est que le prolongement des Apalaches, dont se détache le rameau des Alleghanys. A partir de l'extrémité orientale de la province, elle longe la rive sud du Saint-Laurent et ne commence à s'en éloigner sensiblement qu'aux environs de Kamouraska, une centaine de milles en aval de Québec. En partant de Gaspé, l'axe principal fléchit vers le fleuve et court vers le nord-ouest jusqu'aux environs de Sainte-Anne-des-Monts, incline ensuite vers le sud-ouest pour

former les hauteurs des monts Chiccacs, entre la rivière du cap
Chat et la rivière Matane, prend en cet endroit la direction de la
rivière Chaudière, au delà de laquelle l'arête principale se dirige
vers le sud-ouest sur une courte distance, puis reprend enfin la
direction du sud pour sortir de la province et se prolonger dans
l'État de Vermont sous le nom de montagnes Vertes.

Entre Gaspé et Québec, cette chaîne de montagnes forme la
ligne de faîte séparant le bassin du Saint-Laurent, au nord, de
ceux de la baie des Chaleurs et de la baie de Fundy, au sud.
L'extrémité de la chaîne des Alleghanys forme le grand plateau
de la péninsule de Gaspé, élevé d'environ 456 mètres au-dessus
des mers avoisinantes, et coupé par les gorges profondes dans
lesquelles coulent les rivières de cette région.

La surface de ce plateau n'est sensiblement variée que par les
hauteurs des monts Chiccacs, qui ont un développement d'environ
104 kilomètres de longueur sur 3 à 9 kilomètres de largeur et sont
éloignés de 19 kilomètres du Saint-Laurent. Ces monts s'élèvent
en pointes et atteignent une hauteur variant de 912 à 1.216 mètres.
Les pics les plus élevés sont ceux des monts Bayfield, 1.210 mètres ;
Logan, 1.145 mètres ; Matouasi, 1.023 mètres ; et Bonhomme,
696 mètres. Les rivières Sainte-Anne, du Cap-Chat et Matane ont
leurs sources en arrière de ces montagnes, qu'elles coupent par
des gorges profondes : dans leur cours supérieur, le lit de ces
rivières n'est pas à plus de 152 ou 178 mètres au-dessus du Saint-
-Laurent, auquel elles apportent leurs eaux.

En arrière de cet axe principal, et de niveau avec le cours
supérieur des rivières, il y a une dépression constituant un grand
plateau intérieur, limité au sud par une rangée de hauteurs qui
longe presque le littoral de la baie des Chaleurs et se prolonge
vers le sud-ouest en suivant la direction de la frontière de la province. Les pics les plus élevés de cette rangée de hauteurs longeant le littoral de la baie des Chaleurs sont le mont Conique,
haut de 580 mètres — au pied duquel la grande rivière Casca-
pédia prend sa source — les trois monts situés à la tête de la
rivière Bonaventure, lesquels ont respectivement 585, 464 et
441 mètres d'élévation ; le mont Tracadigèche, qui s'élève à plus
de 600 mètres au-dessus de la baie de Carleton.

De Kamouraska, en allant vers le sud-ouest, les hauteurs s'éloignent graduellement du fleuve jusqu'à 48 kilomètres, au sud de Québec, et 80 kilomètres, au sud de Montréal. A mesure que la chaîne s'éloigne vers le midi, sa hauteur s'abaisse graduellement et son versant nord forme un plateau incliné, dont l'uniformité générale n'est variée que par de nombreuses collines et quelques monts, moins élevés que ceux de la Gaspésie. Les sommets les plus hauts de cette chaîne se trouvent sur le territoire américain, dans les États de Maine, New-Hampshire et Vermont; dans la province de Québec, les parties qui atteignent la plus grande altitude sont le mont Saint-Donat, dans le comté de Rimouski ; la montagne Blanche, dans le canton de Coleraine; le mont Saint-Ronan, dans le canton de Buckland; la montagne de Ham, le mont Victoria ou Orford, le mont Owl's Head, près du lac Memphremagog, et la montagne de Sutton. La hauteur de ces différentes montagnes varie entre 500 et 1.000 mètres.

Les plis du versant de cette chaîne de montagnes, dans le sens parallèle à l'axe général de la chaîne, forment des contreforts peu élevés, entre lesquels se trouvent des vallées drainées par les rivières qui se jettent dans le Saint-Laurent, du côté du midi. De même que celles de la région des monts Chiccacs, les rivières Chaudière et Saint-François coupent l'axe même de la chaîne et prennent leurs eaux en des vallées situées au sud de cette chaîne et ayant une direction parallèle à elle. Le lit des rivières, — dans leur cours supérieur, — qui traversent cette chaîne ou qui y prennent leur source est élevé de 152 à 276 mètres au-dessus du fleuve, vers lequel elles coulent avec une pente à peu près uniforme et sans faire de soubresauts considérables (1).

A vrai dire la province entière, dans ses limites actuelles, n'est qu'un grand bassin, dont les eaux s'écoulent dans le Saint-Laurent. Les principales rivières qui débouchent dans le Saint-Laurent sur la rive gauche sont :

	Kilomètres.		Kilomètres.
Outaouais	989	Jacques Cartier	144
L'Assomption	112	Sainte Anne	96
Saint-Maurice	450	Montmorency	88
Batiscan	149	Malbaie	128

(1) Extrait du numéro spécial de l'*Electeur* (Québec), 1ᵉʳ janvier 1889, par Honoré Mercier.

	Kilomètres.			Kilomètres.
Saguenay	176		Pentecôte	120
Portneuf	128		Noisic	255
Saut au cochon	160		Saint-Jean	241
Betsiamites	180		Natasquan	241
Outardes	376		Mécatina	241
Manicouagan	360		Des Esquimaux	160

L'Outaouais, le Saint-Maurice et le Saguenay ont ensemble vingt-sept tributaires.

Sur la rive droite, les principaux tributaires du Saint-Laurent sont :

	Kilomètres.			Kilomètres.
Richelieu	115		Ouelle	72
Yamaska	139		Saint-François	135
Bécancour	120		Nicolet	128
Chaudière	176		Du Loup	64
Etchemin	88		Rimouski	104
Du Sud	80		Madeleine	100

Au total, 11.755 kilomètres pour les principaux cours d'eau du seul bassin du Saint Laurent, sans compter les lacs infinis.

CHAPITRE DEUXIÈME

RICHESSES MINIÈRES

Un ingénieur belge, M. George Kaïser, professeur de géogra-
[n]ie industrielle à l'Université de Louvain, qui a visité le Canada,
[di]t que nulle part la nature n'a été plus libérale que dans les
[di]verses formations géologiques qui constituent le terrain de ce
[pa]ys.

La province de Québec occupe un rang important dans l'indus-
[tr]ie minière du Canada. Pour certains de ses produits, tels que
[l'a]miante, le graphite et l'apatite elle occupe la première place ;
[et] le produit de ses mines d'amiante, jusqu'à un certain point,
[rè]gle depuis une quinzaine d'années le marché du monde entier.
[Ce]rtaines exploitations minières qui ont été forcées de suspendre
[le]urs travaux à cause de la concurrence, pourraient redevenir
[ré]munératrices par l'application des outillages perfectionnés
aujourd'hui : telles sont les mines d'apatite.

[L]es principaux produits miniers de la province de Québec en
[19]02 sont :

	Tonnes.	Valeur (francs).
Minerai de fer, magnétite et hématite	170	2.550
Minerai de fer des marais. .	18.524	273.710
Fer chromé.	900	67.500
Minerai de cuivre	31.938	605.850
Galène	300	75.000
Amiante.	30.634	5.809.850
Asbestic.	9.764	63.690

		Valeur (francs).
Mica.	132.822 livres.	171.520
Ocre calcinée	1.555 tonnes.	90.875
Graphite.	24 —	10.800
Feldspath	52 —	860
Sulfate de baryte.	353 —	12.355
Phosphate	881 —	27.005
Or (once de 28 gr.)	300 —	27.000
Ardoise	4.800 —	96.000
Pierres à dalles	3.000 mèt. car.	12.750
Ciment.	36.000 barils.	305.000
Granit		800.000
Chaux	1.000.000 boisseaux.	700.000
Briques	120.000.000 briques.	3.125.000
Pierre.		
Fonte au coke de bois.	7.971 tonnes.	2.650.000
Acide sulfurique		907.500
Matte.		

L'or. — Les minéraux caractéristiques de la région des Apalaches, c'est-à-dire de la région montagneuse qui s'étend de la
frontière du Vermont à Gaspé sont l'or, le cuivre et l'amiante.

La région aurifère de la Beauce embrasse les vallées des rivières
Chaudière et du Loup et s'étend de Saint-Joseph (dans la province de Québec) jusqu'à la frontière des États-Unis. Mais la région
des exploitations importantes est la rivière Touffe de Pins ou
Gilbert. On y a trouvé des pépites de très grande dimension ; la
plus grosse qu'on y ait trouvée pesait 1 kil. 988 grammes ; on en
a recueilli plusieurs du poids moyen de 1 kil. 428 grammes et
beaucoup d'autres de grande valeur.

D'après les données les plus exactes on a reconnu la présence
de deux dépôts aurifères distincts, formés à deux époques différentes ; l'un post-glacial, peu riche, et l'autre pré-glacial, souvent
oxydé et beaucoup plus riche que le premier, surtout dans les
couches inférieures. L'existence de ces deux dépôts a été reconnue
dans le lit de toutes les rivières de la région en question.

Les gisements aurifères exploités dans l'autre région se trouvent
sur un embranchement de la rivière Ditton. Là, les mines les
plus importantes sont situées sur les lots 39 et 40, rang 9 du canton Ditton. Dans cette région, l'exploitation des gisements a surtout consisté jusqu'ici en fouilles et lavages des couches super-

les ; on n'a guère encore tenté l'exploitation des couches
ieures, surtout dans les endroits où les gisements se trouvent
essous du niveau des rivières, excepté dans la vallée de la
e de Pins où on a exploité les gisements d'alluvion jusqu'à
rofondeurs de 10 et même 20 mètres au-dessous du niveau
rivière.

principales concessions aurifères de la région sont : 1° con-
on n° 3, près des fourches de la rivière Touffe-de-Pins. En
on y a trouvé une pépite de la valeur de 4.105 francs ; 2° con-
on Chaussegros, lot n° 16 (Seigneurie de Vaudreuil) ; 3° lot 14
ng 8 (canton Ditton) ; 4° concession De Léry, lots 17 et 18
neurie de Vaudreuil) ; 5° rang 1 à la rivière des Plantes ; 6° sur
fluents de la rivière Chaudière. Le rendement moyen d'un
cube de gravier aurifère de la concession de Léry est estimé
r. 25.

gisements aurifères de la Beauce et des comtés environ-
, principalement Compton, occupent une aire d'environ
0 hectares. On a aussi trouvé de l'or plus à l'est, dans la
ndeur des comtés bornés au sud par la frontière du Maine.
incontestable que ces gisements sont très riches et produi-
t beaucoup plus, s'ils étaient exploités selon les meilleurs
dés, et par des compagnies capables de consacrer à cette ex-
tion tous les capitaux nécessaires. C'est l'opinion de M. Ells,
commission géologique du gouvernement, qui, après avoir
ne exploration complète de cette région en 1884 et 1885,
re dans son rapport qu'on trouve de l'or d'alluvion dans
ue toutes les rivières, et qu'en faisant les recherches vou-
on finirait par découvrir le quartz contenant l'or qui se trouve
at d'alluvion dans les fonds de rivières. Il constate aussi le
nportant que les terrains aurifères des comtés de Beauce et de
ton appartiennent absolument aux mêmes formations géo-
ues que ceux de la Nouvelle-Ecosse.

ibliographie de l'or dans la province de Québec.

r dans la province de Québec. J. Obalski, ingénieur des
du gouvernement. Québec, 1898.

Rapports de la Commission géologique, 1847-48-52 ; 1863 à 1866 ; 1870-71 ; 1895, 1896.

The Gold Digger's Guide. J. Bailey, 1864.

Les Mines d'or du Bas-Canada, ou Guide du mineur, 1864.

Rapport sur les terrains aurifères du Canada, 1865. Imprimé par ordre de l'Assemblée législative, 28 Victoria, appendice n° 7.

Rapport A. Michel et Sterry Hunt, février 1866.

Rapports du Commissaire des Terres, par E. Pope, 1866 ; et 1867 à 1886.

The Valley of the Chaudière, p. W.-J. Anderson, 1872.

Morning Chronicle, Québec, 1880.

Mines d'or de la Beauce, W. Chapman, 1881.

Rapport spécial du gouvernement. W.-P. Lockwood (ms.).

Gold Deposits of the Eastern Townships, p. R. W. Ells. (*Journal of the Canadian Mining Institute*, janvier 1896.)

Ibid., p. Robert Chalmers, 1897.

Enfin voir dossiers des affaires *O'Farrell et Venner* contre *de Léry ; La Couronne* contre *dame Couillard et autres.* (Extrait de l'importante étude de M. Obalski).

Cuivre. — Le *cuivre* a été trouvé dans beaucoup de localités, notamment à Upton, Acton, Harvey-Hills et Capelton. Les minerais de cuivre semblent être disséminés d'une manière générale dans tous les terrains du groupe de Québec, et les membres de la commission géologique ont exprimé l'opinion qu'on en trouvera jusque dans la Gaspésie. Ces minerais cuprifères contiennent presque tous de l'argent, qui se rencontre aussi dans les gisements de galène, à Saint-François, dans la Beauce, à Moulton-Hill, dans Compton, aux environs de Gaspé, à la baie Saint-Paul, ainsi qu'en plusieurs autres endroits.

On exploite actuellement à Capelton les mines Eustis, Ascot et Nichols. La production de ces mines en 1902 a été seulement de 31.938 tonnes d'une valeur de 605.850 francs.

Dans les cantons Tessier et Saint-Denis (comté de Matane) une société minière poursuit depuis quelque temps des recherches de minerais avantageux. L'ingénieur du gouvernement de la province de Québec faisait en 1902 un rapport favorable sur la nature des dépôts cuprifères de cette région. On y trouverait selon lui

dépôts de cuivre sulfuré, de la variété dite bornite ou cuivre
aché, mélangé d'un peu de chalcopyrite.

Voici les résultats d'analyses faites de quelques échantillons de
cuivre :

	p. 100		p. 100	p. 100	p. 100
Cuivre. . .	12.78		14.53	13.71	24.73
Or	0.04 (onces par tonne).		0.08		traces
Argent . .	4.08		5.08	5.04	1.06

La valeur de ce minerai (bornite), selon M. Obalski, ingénieur
gouvernement de la province de Québec, est d'environ 150 francs
tonne.

Les mines suivantes seraient, paraît-il, susceptibles d'être ex-
itées : *Norton, Silver Star, King, Memphrémagog, Balrath,
ctoria, Ascot, Saint-Sylvestre,* lot VIII *15 de Thetford.*

AMIANTE. — L'*amiante* forme des mines considérables, exploitées
une grande échelle, dans Coleraine, Thetford, Wolfestown et
nville. Toutes ces mines se trouvent dans la grande zone de
pentine, ou de roches volcaniques, qui s'étend avec certaines
erruptions, de la frontière du Vermont à Gaspé. Il y a dans la
spésie de grandes étendues de ces terrains volcaniques, où la
pentine se trouve en abondance, à l'exclusion de toute autre
he même, dans certaines montagnes, et partout, dans ces en-
its, l'on a trouvé des indices d'amiante : des chasseurs en ont
me apporté de très beaux spécimens.

Les gisements d'amiante les plus considérables découverts jus-
ici en Amérique se trouvent associés aux serpentines de la
tie sud-est de la province ; c'est une asbeste serpentine ou
rysotile. On trouve ces serpentines contenant l'amiante en
mbre d'endroits, dans la lisière des roches de l'époque cam-
enne qui se développent depuis la frontière de l'Etat du Ver-
nt jusqu'à la presqu'île de Gaspé.

Jusqu'ici, toutefois, les gisements exploitables qui se trouvent
ns cette lisière se limitent à deux étendues : l'une comprenant
cantons Thetford, Coleraine, Irelande et Wolfestown sur la ligne
chemin de fer Québec-Central ; la seconde, plus restreinte, se
uve à Danville, sur le chemin de fer Grand-Tronc (ligne Mont-
l et Pointe Lévis).

On trouve ce minerai en veines minces, coupant la roche en tous sens ; l'exploitation dans presque tous les cas se fait à ciel ouvert, certains chantiers ayant des fronts de 40 mètres de profondeur. La roche extraite est soumise à un broyage et l'amiante en est séparée, puis triée selon la longueur des fibres, à l'aide de machines spéciales.

Outre ces gisements d'âge cambrien on trouve et on exploite l'amiante dans les serpentines associées aux roches laurentiennes au nord de la rivière Ottawa.

A Thetford les principales exploitations sont : *King*, *Bell*, *Johnson*, *Beaver*, *Canadian Asbestos*, *Lacs Noir et Fraser* (de Broughton).

Au lac Noir les principales exploitations sont : *Union*, *Canadian Johnson*, *Manhatte*, *Standard*, *Kerr*, *Reed*.

La région d'Ottawa n'a pas encore été très exploitée : à signaler, là, la mine *Denholm*.

La production d'amiante — y compris l'asbestic (composé de fibres et de pierre serpentine broyée), servant comme plâtre à construire — a été en 1902 de 40.398 tonnes d'une valeur totale de 5.873.540 francs.

MICA. — Nous empruntons à M. Obalski les renseignements suivants sur le mica canadien.

Au Canada le mica blanc et ambré est abondant dans la formation laurentienne des provinces de Québec et d'Ontario. On trouve aussi du mica blanc dans les montagnes Rocheuses. Les différentes variétés de mica peuvent se distinguer comme suit : *muscovite*, mica blanc potassique, présentant une couleur verte, brune ou rougeâtre sous une certaine épaisseur ; *phlogopite*, couleur jaune ambré, mica magnésien; *biotite*, couleur noire, mica ferro-magnésien.

Le mica en feuilles est employé pour les usages suivants : le mica blanc sert pour garnir les portes de fournaise, pour des cheminées de lampe, des abat-jour, pour des lunettes d'ouvriers, verriers, etc. ; pour remplacer le verre dans les vaisseaux de guerre ou les édifices exposés aux détonations.

Le mica ambré est exclusivement employé dans l'industrie électrique, où il est considéré comme l'isolant le plus parfait.

Le pouvoir isolant du mica est supérieur à celui de toute autre matière, susceptible d'être employée dans la construction des armatures ; son principal avantage est dû à sa structure qui permet de l'obtenir en feuilles aussi minces que nécessaire, et d'une uniformité d'épaisseur parfaite ; il possède d'ailleurs une dureté suffisante pour empêcher une usure trop rapide sous l'action des brosses. De plus, les très hautes températures, auxquelles les armatures sont soumises par les courts-circuits ou par défauts de construction, le laissent pratiquement inaltéré.

Le mica pulvérisé est employé pour une foule d'usages ; pour les papiers à tapisserie (papiers peints), les décors de théâtre, les petits objets de marqueterie, poudre colorée, etc. ; comme lubréfiant pour les machines et dans les boîtes à graisse ; on le recommande comme matière absorbante dans la fabrication de la dynamite. Depuis quelques années, les débris de mica sont employés pour fabriquer des espèces de couvertures isolantes (*laggings*), pour les chaudières à vapeur, tuyaux de vapeur, etc.

Le mica est miné par les procédés ordinaires ; on doit veiller cependant à ce que les coups de mine ne le brisent ; les trous doivent donc être placés avec discernement et intelligence. Les blocs de mica sont alors sommairement séparés de la roche et montés à la surface où se fait la sélection des meilleurs morceaux, qu'on transporte à l'atelier pour en effectuer le classement industriel. Les blocs de mica sont séparés en morceaux, maniables à la main, qui sont placés sur des tables de triage où des femmes et des jeunes garçons les fendent en morceaux, ne dépassant pas une épaisseur de deux millimètres, à l'aide d'un couteau non tranchant, les nettoient, en enlèvent avec la main les parties défectueuses et les mettent en boîtes ; le mica, ainsi assorti, est classé par le contremaître ou ses aides, puis placé dans des barils propres, dans lesquels il est serré par une presse à vis, de façon à bien remplir le baril qui est alors fermé, marqué et pesé. De tels barils contiennent de 350 à 400 livres de mica. Les opérations du triage sont de la plus haute importance, car les barils doivent renfermer exactement la quantité mentionnée, sous peine de perte pour le producteur ou de refus de la marchandise par l'acheteur.

On a produit, en 1898, 275 tonnes de mica, valant   405.000 francs.
        —   1899, 571   —   —   684.000   —
        —   1900, 485   —   —   818.000   —
        —   1901,   —   —   800.000   —
        —   1902,   —   —   2.000.000   —

Voici la liste des principales mines de mica : *Villeneuve* (rivière Ottawa); *Leduc* (rivière Ottawa) ; *Pearson* (rivière Ottawa) ; au lac des *Sept-Lieues* ; *Baxter* (située à 80 milles au nord de Saint-Félix-de-Valois); au *lac du Pied-des-Monts* (17 milles au nord-ouest de Malbaie) ; au *lac au Castor* (mine abandonnée); *Mc Gie* (canton de Bergeronnes) ; *Moreau* (Bergeronnes) ; au *lac au Castor* (Bergeronnes); à la tête des rivières *Beaulieu* et *Bas-de-Soie;* rive droite de la rivière *Petite Bergeronnes ;* rivière *Sainte-Marguerite ;* rivière au *Canard ; Jonquières* (région du lac Saint-Jean); au lac *Manouan* (canton Pontbrian); *Watshesho.*

Les dépôts de mica ambré (*phlogopite* et *biotite*) se trouvent en veines, en poches ou en chapelets. A signaler les mines : *Nells* (comté de Hull Est); *Chemow et Powell* (canton Hincks) ; *Mullingham* (canton Alleyn); *Nelly et Blanche* (Hull est); lac *Girard;* *Perkins Mill* (canton Templeton); comté de *Hull* (de chaque côté de la rivière Gatineau); canton *Wakefield,* comté de *Portland* ouest; *Portland* est, *Buckingham;* cantons *Eardley, Marsham, Low, Aylwin, Northfield, Wright, Bouchette, Cameron, Maniwaki, Egan Aumont, Lytton, Ripon, Cawood, On-low, Aldfield, Clarendon, Thorne, Lichfield, Waltham, Harrington* (comté d'Argenteuil), *Grenville, Chatham, Wentworth,* près *Saint-Joachim* et *L'Ange-Gardien* (comté de Montmorency).

Il y a des usines pour la préparation du mica à Ottawa, Sydenham, Kingston et Perth (Ontario) et à Gananoque pour le traitement des déchets.

Législation des mines de mica. — La propriété des mines de mica est réglée par les articles suivants, faisant partie de l'amendement de 1901 (1 Edouard VII, chapitre XIII) à la loi des mines de Québec de 1892 (55-56 Victoria, ch. XX).

« *Art. 1423.* — Il n'est pas nécessaire, depuis le 24 juillet 1880, et à l'avenir, dans les concessions de terres (qui ne sont pas en même temps des concessions minières) faites par la couronne par lettres patentes ou autres titres au même effet, que mention soit faite de la réserve du droit de mine, laquelle réserve est toujours censée exister.

» *Art. 1425.* — Toutes les mines appartenant à la couronne en vertu de la loi ou des titres des concessions, dans le tréfonds des terres concédées avant le 24 juillet 1880 dans les cantons, excepté les mines d'or et d'argent, sont abandonnées par la couronne et appartiennent exclusivement au propriétaire de la surface, pourvu que celui-ci ne se soit pas départi de son droit de préemption consacré par dispositions antérieures de la loi.

» Dans le cas où le propriétaire de la surface se serait départi de son droit de préemption, l'acquéreur dudit droit aura, mais sur les mines ainsi abandonnées seulement, le premier et à l'exclusion de tous autres, le privilège de miner, à moins qu'il ne décline de le faire dans un délai de six mois sur valable mise en demeure de la part du propriétaire superficiel, à la suite d'une découverte exploitable d'un minerai quelconque.

» *Art. 1426.* — Dans les concessions de terres faites avant le 24 juillet 1880, par simple billet de location, aux conditions ordinaires d'établissement pour fins agricoles, mais pour lesquelles concessions des lettres patentes ou autres titres au même effet ne sont pas encore émis, ou ne l'auraient été que postérieurement à la date susdite, les mines d'or et d'argent seulement appartiennent à la couronne, s'il est établi qu'à la date du 24 juillet 1880 l'acqué-reur de ces terres, ou ses ayants-droit, avaient accompli toutes les conditions du billet de location, et que des lettres patentes ou autres titres au même effet auraient pu alors être émis.

» Dans les cas où les conditions d'un billet de location ne seraient pas remplies à la date du 24 juillet 1880, les mines de toutes sortes appartiennent à la couronne, comme si la concession de ces terres avait été faite sous l'empire de la loi des mines de 1880.

» *Art. 1465.* — Tout porteur d'un permis d'exploitation, ou tout propriétaire des droits de mine sur la terre d'un particulier, est autorisé à exploiter les mines qui s'y trouvent, avec le consente-ment de tel particulier, ou, sur son refus, en l'y contraignant de la manière prévue par les articles suivants.

» *Art. 1498.* — Tout propriétaire de droit de mine, soit qu'il exploite lui-même, ou par d'autres, ou tout exploitant de mine, doit fournir, dans les dix premiers jours du mois de janvier de chaque année, un état assermenté de ses opérations pour l'année écoulée, indiquant la quantité de minerai extrait, sa valeur à la mine, et le nombre d'ouvriers employés, ainsi qu'un état nominatif des personnes tuées ou blessées dans les travaux de mine. »

Ainsi donc toutes les mines appartiennent à la couronne sur tous les terrains non patentés avant le 24 juillet 1880, et le propriétaire de la surface, s'il y en a un, n'y a aucun droit.

Le mica étant dans la catégorie des minéraux supérieurs, les terrains les contenant sont vendus au prix de cinq dollars l'acre (25 francs les 40 ares), lequel est porté à dix dollars si les terrains se trouvent situés à moins de douze milles (19 kil. 308) d'un chemin de fer en opération (pas moins de cent acres devant être vendus à la fois (40 hectares).

Le gouvernement accorde aussi des permis d'exploration bons pour trois mois, et renouvelables à la discrétion du ministre des mines, au prix de cinq dollars (25 francs) par lot de cent acres (40 hectares) sur les terres de la couronne et deux dollars sur les terres des particuliers, ou cinq dollars par mille carré (2 kil. 5) carrés) dans les terrains non arpentés.

Des permis d'exploitation sont aussi accordés au prix de cinq dollars, plus une rente de un dollar par acre (40 ares) et par année ; ces permis sont renouvelables aux mêmes termes ; ils permettent d'exploiter et peuvent être négociés à d'autres. Une même personne peut prendre de un à deux cents acres (40 ares à 80 hectares) en vertu d'un permis d'exploitation.

MANGANÈSE. — A Stanstead, Bolton, Sutton, Cacouna, Sainte-Anne-de-la-Pocatière et dans les minerais de fer du Saint-Maurice.

ANTIMOINE. — Dans Ham-Sud, où il se trouve en quantité susceptible d'exploitation.

ARSENIC. — A Saint-François, comté de Beauce, Moulton-Hills, dans Compton, et Harwey-Hills, dans le comté de Mégantic.

MOLYBDÈNE. — A Saint-Jérôme, Harvey-Hills, et surtout à l'embouchure de la rivière Quetachoo, dans la baie de Manicouagan, où il se trouve en quantité susceptible d'exploitation, ce qui est

rès rare. Il est enfermé dans une veine de gneiss de 15 centimètres
le diamètre ; il forme des nodules de 8 centimètres et des plaques
ayant jusqu'à 30 centimètres de largeur et de 1 à 3 centimètres
l'épaisseur. Ce minerai est des plus rares et des plus précieux.

L'Apatite ou phosphate de chaux. — Autre minerai des terrains
aurentiens, occupe une aire d'environ 500.000 acres, dans la vallée
le la rivière du Lièvre, où l'extraction de ce minerai se fait par
plusieurs compagnies et sur une grande échelle. En 1887, il a été
exporté de la province de Québec, et provenant de ces mines,
22.070 tonnes d'apatite évaluées à 1.952.630 francs.

Ardoise. — A Rockland, dans le canton de Melburne et Danville,
où ces carrières sont exploitées par deux compagnies qui font des
affaires considérables.

Marbre. — A Dudswell, où une carrière est exploitée par une
compagnie de Sherbrooke. Ce marbre prend un très beau poli. Il
y en a de plusieurs couleurs ; mais l'espèce la plus recherchée est
le « noir et jaune », teinte due à la dolomite que contient la
pierre.

Granit. — Le granit est exploité à la rivière à Pierre, Stanstead, Saint-Samuel, Saint-Philippe d'Argenteuil, Mont-Johnson,
C'est une industrie progressive, qui donne, du reste, un beau
produit propre à la construction. On en fait aussi des monuments
funéraires.

Plomb. — Au lac Témiscamingue. (V. 3e partie, ch. i, Slocan.)

La Tourbe. — (V. Rapport de M. Obalski, 1902). L'attention publique, dit M. Obalski, ayant été éveillée, durant la dernière
année, sur les moyens à prendre pour remplacer l'anthracite, devenu rare et coûteux par suite des grèves de la Pensylvanie, la
tourbe a été mentionnée comme un combustible propre à un usage
très avantageux.

La tourbe est répandue dans tout le Canada et particulièrement
sur tous les points de la province de Québec, en très grande quan-

tité et d'une façon généralement très accessible par les chemins de fer ou les lignes de navigation ; la qualité en est habituellement bonne. Elle se rencontre dans les savanes n'ayant aucune valeur agricole. Vers 1864 des essais sérieux furent faits sur une tourbière à Bulstrode (comté d'Arthabaska) au moyen de machines inventées par M. James Hodges. Ces machines étaient placées sur des barges ou pontons flottants dans les canaux coupés dans la tourbière ; elles consistaient en une tarière de large diamètre qui enlevait la tourbe en avant des pontons, leur creusant, par le fait, un chemin ; cette tourbe était aussitôt débarrassée de ses racines et des morceaux de bois, puis réduite en pulpe dans un appareil spécial. Cette pulpe était ensuite étendue au soleil et découpée en petits blocs qui se contractaient en séchant. La compagnie des chemins de fer du Grand Tronc en employait alors une certaine quantité sur ses locomotives. Au bout de quelques années cette industrie tomba. Plus tard, en 1874, elle fut reprise à Sainte-Brigitte et à Saint-Hubert dans le comté de Chambly. Enfin elle est aujourd'hui, grâce aux perfectionnements des machines, une grande industrie. Il paraît que dans le comté d'Argenteuil on a trouvé des tourbières de plus de huit mètres d'épaisseur.

Les principales tourbières de la province de Québec sont à *Grenville, Harrington, Seigneurie Mille-Iles, Seigneuries Saint-Sulpice* et *Assomption, Seigneuries Lavaltrie* et *Lanoraie, Fief Saint-Étienne* (sur la rivière Saint-Maurice), *Seigneurie Champlain, Fief d'Auteuil* (entre *Cap Santé* et *l'Enfant-Jésus*), *Lacolle, Longueil, Saint-Dominique, Seigneurie* de la *rivière Ouelle, Seigneurie* de la *rivière du Loup, Seigneurie* de *l'Ile-Verte, Rimouski, Duquesne* et *Macpes, Matane* et *Mac Nider, Madawaska, Anticosti*, etc.

L'analyse de la tourbe préparée par les procédés Aikman et Hodges donne les résultats suivants :

	Aikman		Hodges	
Eau	14.83	16.52	17.06	14.96
Matière combustible volatile .	50.15	53.29	50.73	59.60
Carbone fixe	28.15	22.48	25.95	22.20
Cendres	6.84	7.71	6.27	3.24

Bibliographie de la tourbe.

Rapports de la commission géologique du Canada, 1853, 1854, 1855, 1856, p. 439.

Rapport de la commission géologique du Canada, 1863.

Rapports de la commission géologique du Canada, 1866, p. 294 ; 1888, 1889, page k, 93.

The Journal of the general mining Association of the Province of Quebec, 1891, 1892, 1893, p. 348, 359, 394.

Rapports consulaires anglais sur « Manufacturing of products of Peat in European countries » 1893.

Rapports du Bureau des mines d'Ontario, 1891, p. 180 ; 1892, p. 195 ; 1893, p. 139.

Le Journal de l'Agriculture de Québec, 1892.

The Mineral industry, vol. II, p. 489 ; vol. VII, p. 491.

OCRES. — Se trouve dans plusieurs parties de la province, mais principalement aux environs de Trois-Rivières, à Sainte-Anne de Beaupré, et en immenses quantités sur la rive nord du Saint-Laurent, depuis le Saguenay en descendant.

PÉTROLE. — Des traces de pétrole ont été remarquées en plusieurs endroits du comté de Gaspé et actuellement une compagnie américaine pratique des forages pour découvrir les veines d'huile. (V. chap. IV, 3e partie).

Les *gaz naturels* et les *eaux minérales* existent en abondance dans toute la vallée du Saint-Laurent, depuis Trois-Rivières jusqu'au lac Champlain.

SERPENTINE. — Dans les cantons de l'Est et la région des monts Notre-Dame, ce marbre forme des montagnes entières et se trouve en si grandes quantités qu'on pourrait l'employer, non seulement comme pierre d'ornement, mais aussi comme pierre à bâtir.

NICKEL. — (Voir chap. V, Ire partie). On le trouve sur les bords de la rivière l'Assomption, dans le onzième rang de la seigneurie d'Ailleboust, à Bolton, Sutton et surtout à Orford où il a été l'objet d'une exploitation régulière.

CHAPITRE TROISIÈME

LE FER

La production du fer dans le monde augmente, depuis vingt ans, de 3 pour cent chaque année ; cette production était en 1902 de 49.072.065 tonnes. Sur cette quantité la France en a produit 2.710.400 tonnes et le Canada 341.554 tonnes. Depuis vingt-six ans la production du fer en France a augmenté de 71,3 pour cent ; dans la même période la production du fer du Canada a augmenté de 8,438 pour cent ; et l'on peut dire que l'industrie métallurgique n'est encore que dans la première période d'enfance au Canada.

Il est, croyons-nous, inutile d'entrer dans des considérations générales sur l'avenir du fer dans le monde. On sait qu'aujourd'hui plus que jamais le fer est en usage : ne serait-ce que grâce aux nouvelles voies ferrées qui se créent dans tous les pays nouveaux, l'avenir du fer est pour ainsi dire indiscutable. Que dire maintenant des édifices dont l'armature métallique devient la seule en laquelle on ait confiance ? Que dire des ponts gigantesques qui s'élèvent et qui vont à l'avenir s'élever sur les plus grands fleuves du monde ?

Que dire des nouvelles industries et des machines colossales que réclament ces industries ? Et les constructions maritimes qui, pour la plupart des pays, ne font encore que débuter, tels les États-Unis, le Canada, le Japon, l'Espagne, les républiques sud-américaines...

Mais voyons plutôt ce que le Canada peut offrir d'intéressant à l'industrie métallurgique.

Depuis l'Ile de Vancouver, à l'ouest, jusqu'à celle du cap Breton, à l'est, les minerais de fer se présentent à divers endroits en quantités apparemment illimitées. Les régions les plus connues où se trouve ce minerai sont :

La province de Nouvelle-Écosse.

La province de Québec.

La province d'Ontario.

La province de Colombie Britannique.

La province de Nouvelle-Ecosse. — Sir William Fairbairn, dans son livre intitulé « Le fer, son histoire, ses propriétés et les procédés de fabrication », dit des minerais de la Nouvelle-Ecosse : « Dans la Nouvelle-Ecosse certains des plus riches minerais qu'on a découverts jusqu'à ce jour sont en quantité illimitée. Le fer qu'on en extrait est de la meilleure qualité et ne le cède en rien aux plus beaux produits suédois ». Et Sir William Dawson, dans son livre intitulé « Le fer et le charbon de la Nouvelle-Ecosse », dit : « Même dans la Grande-Bretagne, les deux grands éléments de la richesse minérale (fer et charbon) ne sont pas dans une plus avantageuse proximité et les minerais de fer de l'Angleterre ne sont pas plus accessibles que dans la Nouvelle-Ecosse. »

On a reconnu dans la Nouvelle-Ecosse la présence de tous les minerais de fer, depuis les hématites et les magnétites, jusqu'au fer des marais. Un grand nombre de ces gisements ne sont pas développés; d'autres n'ont pas été l'objet d'assez de travaux pour que l'on puisse se rendre compte de leur valeur; mais il n'y a aucun doute que beaucoup d'entre eux pourraient devenir très importants.

Au cap Breton on connaît des gisements d'hématite à *Big Pond*, aux *Iles Rouges*, à *Loran* et ailleurs sur les lacs *Bras d'or*.

A *Whycocomagh* on trouve à proximité les unes des autres des hématites et des magnétites. Neuf couches ont été mises à découvert : elles ont des épaisseurs de 1 à 3 mètres, et près du lac *Gillies*, on a suivi sur une distance de plus de cinq kilomètres une couche importante dont l'épaisseur varie de 1 m. 30 à 4 m. 30.

Dans le comté de *Guysborough* on a fait quelques travaux sur des dépôts importants; à *Erinville* on rapporte que des fouilles ont mis à découvert une couche de minerai spéculaire de 20 mètres.

Dans le comté d'*Antigonish* on a trouvé des amas lenticulaires de fer spathique, au lac *Polson*, etc.

On rencontre des couches d'hématite à *Arisaig*.

Dans le comté de *Picton* on connaît d'importants gisements de minerais de fer, comprenant du fer spéculaire, des hématites stratifiées, des limonites et du fer spathique.

Dans le comté de *Colchester* une lisière des strata qui longent le versant méridional des collines *Cobequid* contient des quantités notables de carbonates et d'oxydes de fer.

Dans les comtés d'*Annapolis* et de *Digby* situés à l'ouest de la province, on trouve des hématites et des magnétites en abondance.

Les gisements les plus importants sont d'âge devonien et silurien ; ils sont fossilifères.

Voici les résultats de l'analyse du minerai du comté d'Annapolis :

Silice	13 p. cent
Peroxyde de fer.	77 60
Alumine	4 28
Bioxyde de manganèse. . . . . . . , ... , . .	0 38
Chaux.	1 90
Magnésie	0 35
Titanium	indices
Baryte	» »
Matières volatiles	nul
Acide carbonique	» »
Phosphore.	1 25
Soufre.	0 04
Fer métallique	54 3

Dans le comté de *Colchester* à *Londonderry*, on trouve d'abondants minerais de limonite. Ces gisements sont dans les schistes et les quartzites d'âge cambro-silurien ; ils sont sur le versant méridional des collines Cobequid. Ce gisement particulier court dans une direction approximative *est* et *ouest*, et on peut le suivre, par des affleurements, sur une longueur de plus de dix-neuf kilomètres. Il est composé de carbonates et d'oxydes de fer. La puissance des filons atteint, en certains endroits, 70 mètres ; et l'on voit des veines de minerai qui ont jusqu'à 17 mètres d'épaisseur.

Voici les résultats des analyses de limonites faites au labora-
re de la commission géologique du gouvernement :

	Limonite ocreuse sur le ruisseau *Cumberland*.	Limonite compacte à la ferme *Ross*.
Peroxyde de fer	79.68	84.73
Protoxyde de fer	» »	indices
Protoxyde de manganèse	2.51	0.23
Alumine	0.63	0.23
Chaux	0.57	0.14
Magnésie	0.34	0.14
Silice	3.05	» »
Acide phosphorique	0.44	0.19
— sulfurique	0.01	0.01
Eau (hydroscopique)	0.78	0.33
Eau de combinaison	11.65	1.07
Fer métallique	55.78	58.31
Phosphore	0.19	0.083

Le fer en barre a une force de tension de 60.000 livres par pouce
rré et une élasticité de 33 pour cent.

La Province de Québec. — Les gisements de fer de cette pro-
ice comptèrent parmi les premiers minéraux qui furent exploités.
Les anciens minerais comprennent la magnétite, l'hématite et
imonite ou minerai des marais.

On a exploité des gisements de magnétite en plusieurs endroits
la province, dans le district d'Ottawa et dans les cantons de
st; toutefois les principales exploitations sont à présent res-
intes aux minerais de fer des marais de la rivière Saint-
nçois, à l'est du Saint-Laurent et aux gisements de la rivière
int-Maurice à l'ouest. Mais les dépôts les plus riches se trouvent
ns la région de Trois Rivières où ils sont exploités depuis 1737
r les forges de Saint-Maurice et plus récemment par celles de
dnor.

Dans les cantons de l'est on rencontre de gros amas de ma-
étite titanifère dans les roches cambriennes et aussi dans celles
e l'on croit pouvoir rapporter à la période huronienne qui
ment la chaîne de montagnes Sutton. Il y a à Saint-Urbain
ute une montagne de fer titanique. Cette mine serait d'une
hesse inépuisable si l'on pouvait trouver le moyen de fondre le
inerai plus facilement.

Dans son rapport annuel sur les opérations minières de Québec, M. J. Obalski, ingénieur et inspecteur des mines du gouvernement de cette province, expose au long un procédé de traitement électrique des minerais de fer magnétique à l'état pulvérulent. Ce procédé, dit « Ruthenburg », consiste « à projeter ce sable dans un fourneau électrique dans lequel la zône de fusion est comprise dans un champ magnétique formé par des aimants qui sont refroidis par un courant d'eau intérieur et qui font fonction d'électrodes. L'élévation de température formée par l'arc produit la fusion du minerai de fer, qui, une fois fondu, perd sa propriété magnétique : les grains s'agglomèrent et la masse tombe en morceaux de la grosseur d'une fève à celle d'une noix, dans un récipient. Le minerai est distribué d'une façon régulière et la production de minerai fondu est ainsi constante.

Le produit ainsi obtenu a la même composition que le minerai lui-même, sauf que l'humidité et le soufre qu'il pouvait contenir ont disparu, et sa consistance est celle d'un minerai dur et poreux, c'est-à-dire dans les meilleures conditions pour être traité. »

Nous ne croyons pas devoir donner de plus amples détails sur ce procédé, préférant référer le lecteur au rapport de M. Obalski pour l'année 1902 et à la pratique qu'en fait M. Ruthenberg à Philadelphie (E.-U.)

Les sables magnétiques, dit M. Obalski, sont par millions de tonnes sur la côte nord du golfe Saint-Laurent. « L'oxyde magnétique y est mélangé de sables quartzeux et feldspathiques et de fer titané, et s'y trouve dans une proportion pouvant varier de 10 à 80 pour cent. » Les objections à l'exploitation de ces minerais ont été jusqu'à présent 1° l'abondance du titane dans le sable brut et 2° l'état pulvérulent du minerai.

M. Obalski estime que ces deux objections s'évanouissent et il conclut en disant : « Nous aurions donc ainsi à notre disposition une source importante de minerai de fer très remarquable. De fait leur exploitation présente des difficultés d'un autre ordre, mais que la science de l'ingénieur, aidée de forts capitaux, n'aurait pas de difficultés à vaincre. »

Au début de l'année 1904, le gouvernement canadien a délégué une commission d'ingénieurs en Europe pour étudier les divers procédés de traitement du fer magnétique. Le rapport de cette

ımission n'est pas encore publié, mais nous croyons savoir
c'est en France, aux usines du Livet, dans l'Isère, que les ingé-
ırs canadiens ont découvert les meilleures méthodes pour la
cation de la fonte et de l'acier.

ans le Comté de Pontiac on trouve de la magnétite intercalée
e des gneiss hornblendiques rougeâtres et des schistes micacés
ornblendiques d'âge Laurentien. Voici les résultats de l'ana-
de ce minerai :

Peroxyde de fer 65 44
Protoxyde. 14 50
Bisulfure 2 74
Protoxyde de manganèse. 0 11
Alumine. 0 60
Chaux 3 90
Magnésie. 0 45
Silice. 11 45
Acide carbonique. 1 64
Acide phosphorique . . . . indices
Acide tartrique. . . . . nul
Eau 0 14
                                                ———
                                                100 97

ans le cours de l'année 1895, des gisements considérables de
chromique ont été trouvés à *Coleraine*. Ce minerai contient en
yenne 50 pour 100 de métal, est facile à extraire et trouve un
ulement rapide vers les Etats-Unis.

Voici les résultats de l'analyse de fer chromique du canton
lton et du lac Memphrémagog :

	Bolton	Memphrómagog
$Cr_2 O_3$	45 90 p. c.	49 75 p. c.
$Fe\ O$	35 68 »	21 28 »
$Al_2 O_3$	3 20 »	11 30 »
$Si\ O_2$	.. ..	.. .. »
$Mg\ O$	15 03 »	18 13 »
	99 81	100 46

Voici la teneur du minerai chromique de Coleraine :
Analyses diverses :

	1894	1887	1898	
$Cr_2 O_3$	52 82 p. c.	35 46 p. c.	56 06 p. c.	65 16 p. c.
$Fe O$	.. .. »	.. .. »	21 70 »	27 36 »
$Si O_2$	.. .. »	.. .. »	1 60 »	.. »
$Al_2 O_3$	.. .. »	.. .. »	.. .. »	7 48 »

La Province d'Ontario. — Dans la partie *est* on a découvert le nombreux gisements de magnétite et d'hématite dans les com és de Renfrew, Frontenac, Lanark, Hastings, Peterborough et Haliburton.

Dans la partie ouest de la province on connaît depuis longtemps l'existence de gisements d'hématite et de magnétite sur les ri es nord des lacs Huron et Supérieur. A l'ouest de la baie du Tonne re se trouvent plusieurs concessions contenant des amas importa ts de minerais.

Un minerai de belle qualité et de grande valeur se présente en couche épaisse dans le canton de Crosby Nord.

Analyse de l'hématite du Comté de Peterborough.

Oxyde de fer magnétique	72 80
Magnésie.	6 46
Chaux	0 35
Carbonate de chaux.	2 40
Carbonate de magnésie.	0 84
Phosphore.	0 035
Soufre.	0 027
Eau	3 50
Insoluble.	14 73
	101 142

On trouve la magnétite à 45 kilomètres au sud-ouest de la station Bridge River, sur le chemin de fer Canadien Pacifique. Le filon a une puissance d'environ 30 à 40 mètres : il est divisé en certains endroits en deux ou trois veines par des murs de schistes chloritiques verdâtres. Ceux-ci, avec les roches encaissantes, forment une chaîne de collines sur une longueur d'environ deux kilomètres. ayant une largeur de 100 à 140 mètres, et s'élevant à une hauteur variant de 20 à 45 mètres au-dessus de la plaine environnante.

Le minerai est remarquable par l'uniformité de sa qualité et de
sa teneur.

Protoxyde de fer.	28	98
Peroxyde de fer	64	77
Acide titanique.	»	»
Soufre.	0	062
Phosphore.	1	025
Alumine.	0	67
Silice	2	43

Fer métallique : 70.06 0/0.

Certes, nous pourrions donner ainsi quelques indications générales sur une infinité de gisements reconnus et analysés par le
bureau des Mines de la province d'Ontario.

Il en pourrait être ainsi de la région de la Baie d'Hudson également.

La province de Colombie britannique. — On trouve dans la Colombie britannique l'hématite, la limonite et la magnétite. La magnétite de la presqu'île Sechart, par exemple, se trouve dans ce qui
paraît être une diorite ; et elle est contiguë à une étendue de calcaire
qui est complètement cristallisée en gros cristaux le long de son
contact avec la roche éruptive.

L'hématite se trouve sur le crique *Arrow* (Goat River).

La limonite a été signalée au crique *Wild Horse* dans le district
oriental du Kootenay. Déjà en 1900 on en avait des échantillons à
l'Exposition minérale canadienne à Paris.

Les principales exploitations de ce minerai dans la Colombie
britannique sont dans l'île Texada où le minerai se rencontre en
magnétite, à la mine *Glen Iron*, sur le chemin de fer du Canadien
Pacifique à *Cherry Bluff* près Kamloops. Les produits de la mine
Glen Iron ont été utilisés sur place ; ceux de l'île Texada ont été
exportés à Irondale dans le territoire américain Washington et
sont entrés, par la suite, dans la construction des navires de guerre
américains : *Olympia, Monterey, Charleston* et *Oregon*.

On a découvert des gisements de fer sur l'île Vancouver à Sooke,
Chemainus et Barclay Sound, ainsi que sur la côte, à Rivers,
Knight inlet ; on en a également découvert dans les îles de la
Reine-Charlotte et dans les régions intérieures de Similkameen et
Caribou.

Sur la côte méridionale de l'île Texada se trouve une propriété de 2.700 acres; les quelques fouilles qu'on y a pratiquées sont évaluées à 5.000.000 de tonnes de fer commercial pratiquement en vue. Voici l'analyse officielle de ce minerai :

Fer	69 85
Manganèse	indices
Silice.	2 75
Soufre	6 »
Acide phosphorique	indices
Eau.	indices

Ces gisements présentent des avantages essentiels à l'industrie métallurgique par suite de l'abondance du combustible et de la profondeur des eaux de l'océan Pacifique à cet endroit. Diverses analyses du minerai de l'île Copper et de Sechart ont donné les résultats suivants. Ces analyses ont été faites en Angleterre, à Pittsburg et à Vancouver.

Fer	64 00	64.01	66 62	66.60	67.98	69.160
Silice . . .	7.35	....	2.00	....	2.67	1.500
Alumine . .	0.52	....	....	0.14	....	....
Soufre. . . .	0.0054	0.008	0.02	0.006	indic.	indic.
Phosphore. .	0.0071	0.01	0.01	0 003	0 008	0.007
Chaux. . . .	3.76	....	4.00	....	3.000	0.250
Manganèse .	indic.	....	....	....	0.250	0.160
Magnésie . .	....	....	....	....	1.150	0.120

Mentionnons encore les riches dépôts de minerai de fer de Kitchener, sur la Goat River, où des spécialistes ont prétendu que le fer en gueuse pouvait être produit au prix de 50 francs la tonne.

Primes.

Une loi de 1897 autorise le gouvernement canadien à accorder :

1° Une prime de 15 francs par tonne sur l'acier manufacturé des substances dont au minimum 50 0/0 de leur poids consiste en fer en gueuse du Canada.

2° Une prime de 10 francs par tonne sur le fer puddlé en barres fait avec le fer en gueuse du Canada ou manufacturé au Canada.

3° Une prime sur le fer en gueuse manufacturé, provenant du minerai, de 15 francs par tonne dans la proportion produite du

minerai canadien et de 10 francs par tonne d'après la proportion
produite du minerai étranger.

La loi de 1899 décrète que ces primes devront être payées jusqu'au 30 juin 1907 à un taux allant en diminuant de 1902, 90 pour
100 des primes devant être payées en 1902-1903 ; 75 pour 100 en
1903-1904 ; 55 pour 100 en 1904-1905 ; 35 pour 100 en 1905-1906 ;
et 20 pour 100 en 1906-1907.

N. B. — Le gouvernement, pour venir en aide à l'industrie, a
décidé de retarder la marche décroissante de cette échelle des
primes et de maintenir les primes de cette année, 1903-1904, à
90 pour 100.

En vertu d'un décret de cette année le gouvernement s'est engagé
à verser des primes à la fabrication de certains articles, à savoir :

1° Le gouverneur pourra autoriser le paiement des primes
suivantes sur les articles désignés, fabriqués en Canada avec de
l'acier produit au Canada, de substances dont pas moins de 50 pour
100 se composent de fer en gueuse manufacturé au Canada :

a) Sur les tiges à fil métallique, laminées rondes, n'ayant pas
plus de 3/8 de pouce de diamètre, lorsqu'elles sont vendues à des
fabricants de fil métallique pour être manufacturées dans leurs
propres fabriques en Canada : prime de 30 francs par tonne.

b) Sur les pièces laminées, d'angles en mode T, U, en pou-
trelles, en salines, en longrines ou en sections laminées pour
ponts ou constructions et sur autres formes laminées, ni rondes,
ni ovales, ni carrées, ni en plaques, ne pesant pas moins de
35 livres par verge (mètre) linéaire, et aussi sur les ébauches de
barres avec œillets, lorsqu'ils seront vendus pour consommation
en Canada : prime de 15 francs par tonne.

c) Sur les plaques laminées n'ayant pas moins de 30 pouces
(environ 65 cent.) de diamètre et pas moins d'un quart de pouce
d'épaisseur, lorsqu'elles seront vendues pour la consommation en
Canada, pour les fins de fabrication pour lesquelles lesdites plaques sont ordinairement employées ; et ne devant pas inclure les
plaques ébarbées en plaques de moindre largeur : prime de
15 francs par tonne.

Fourneaux.

Les fourneaux qui ont été en opération au Canada en 1902 sont :

1° The Nova Scotia Steel Company. — Haut fourneau à Ferrona (Nouvelle-Écosse).

2° The Hamilton Steel and Iron Company, à Hamilton (Province d'Ontario).

3° The Canada Iron furnace Company à Midland.

4° The Dominion Iron and Steel Company Furnace, à Sydney (Nouvelle-Écosse).

5° The Canada Iron Furnace Company à Radnor (Province de Québec).

6° Deseronto Iron Company à Deseronto.

7° Drummondville Furnaces, à Drummondville (Province de Québec).

La production du fer en gueuse dans la puissance du Canada, telle qu'établie dans des circulaires publiées par les manufacturiers, s'est élevée durant 1902 à 326.962 tonnes comparée à 244.976 tonnes en 1901 ; 86.900 tonnes en 1900 ; 94.077 en 1899 ; 68.755 tonnes en 1898 ; 53.796 en 1897 ; 60.030 en 1896 et 37.829 en 1895.

De la production de l'an dernier 310.118 tonnes ont été produites avec le coke et 16.844 tonnes avec le charbon de bois.

Au 31 décembre 1902 il y avait en Canada 12 hauts fourneaux complets et 4 en voie de construction. Sur les douze premiers 7 étaient en pleine opération et 5 chômaient à la même date.

Production canadienne et importation :

	Production du fer en gueuse.		Importation.	Consommation totale.	Rapport de la production nationale au total consommé.
	De minerai étranger.	De minerai canadien.			
	tonnes				
1899.	46.186	31 861	48.594	126.641	61.6
1900. . . .	67.224	35.648	65.330	107.169	60 9
1901	50.581	99.756	40 282	190 621	78.9
1902.	73.101	268.553	43.064	384.718	88.8

Dernière remarque.

n a commencé à fournir du fer pour la construction des vais-
ux de guerre américains. Grâce à ses inépuisables moyens de
duction (bois, charbon, main-d'œuvre chinoise et japonaise),
ce à sa position géographique et à ses relations toujours gran-
santes avec la Chine et le Japon, la Colombie britannique est
elée à devenir un immense marché de fer, de bois, de char-
et de cuivre.

ientôt il faudra doubler la marine marchande de l'océan Pa-
que pour écouler les produits canadiens qui commencent à
porter au Japon, en Chine et même en Australie.

joutons avec M. Gosnell, conservateur de la bibliothèque du
lement de la Colombie britannique, que si l'on développait ces
es (fer, etc.), et si l'on établissait de puissantes usines mé-
rgiques, la Colombie britannique tirerait une part égale des
tages qui résulteraient de l'exportation des métaux dans les
dont la consommation augmente constamment ; à savoir :
gleterre qui à elle seule en a importé pour 331.750.000 francs
900 ; le Japon qui a importé pour 80.000.000 de francs en 1900 ;
stralasie qui importait du fer pour 217.036.275 francs en 1898 ;
Iles Philippines, le Mexique, le Guatemala, San Salvador,
ragua, Costa-Rica, Colombie, Venezuela, Equateur, Pérou,
i, Brésil, Uraguay, République Argentine, Indes Orientales,
g-Kong.

y a-t-il pas une Société métallurgique française prête à rele-
le gant ? Que l'on choisisse la Colombie britannique ou la
velle-Écosse ou la côte nord du golfe Saint-Laurent, les avan-
s sont à peu près les mêmes : combustible en quantité illi-
e ; marchés ; proximité des transports maritimes, etc.

Bibliographie du fer.

Electro-Chemist et Metallurgist » (revue), mars 1902.
Scientific American » (revue), 1er novembre 1902.
Iron age » (revue), 25 septembre, 18 février 1902.
Electro chemical industry » (revue), février 1903.
pports du département des mines de la province de Québec.

Rapports du bureau des mines d'Ontario.

Rapports du ministère des mines de la Nouvelle-Écosse.

Fairbairn « Iron, its history, Properties and Process of Manufacture ».

Rapports du bureau géologique du gouvernement fédéral à Ottawa.

The Minerals of Nova Scotia Halifax, publication de l'Exposition de 1900.

Les minéraux économiques du Canada, Ottawa (Exposition Universelle, 1900).

Catalogue descriptif de la collection des minéraux du Canada, Ottawa (Exposition de 1900).

The year book of British Columbia, par Gosnell, 1900, à Victoria.

Canada, a memorial volume, par Biggar, 1889, Montréal.

CHAPITRE QUATRIÈME

Dans l'été de 1898, M. A. P. Low a exploré la côte orientale de
a baie d'Hudson depuis le cap de Wolstenholme jusqu'à la rivière
le la Baleine, pour le compte du département de l'Intérieur (sec-
ion géologique). Cette exploration était faite à l'aide de guides
squimaux et avec des chiens. M. Low raconte qu'il a visité une
ribu d'Esquimaux vivant sur la glace de la baie d'Hudson ; ils
taient en train d'assommer des phoques qu'on voyait dans une
mmense crevasse. Les huttes de ce peuple étaient situées sur les
ords de cette crevasse... Nous extrayons du rapport de M. Low
es lignes suivantes :

« Notre enquête nous a appris que le sol exploré sur les bords
le la baie d'Hudson est en grande partie composé de schistes
ristallins, de gneiss et de granites. Une bande de rochers intacts,
ppartenant au prétendu cambrien du Labrador, constitue la plus
grande partie de la côte et des îles situées entre le promontoire
Portland et le cap Jones, tandis que d'autres aires de rocher
semblable paraissent avoir été modifiées par l'intrusion de granites. Les rochers intacts des îles Nastopoka contiennent de
grandes couches de fer presque identique au minerai de la côte
méridionale du lac Supérieur. A la factorerie de l'Orignal nous
avons reçu une publication sur les diamants, faite par le professeur W. H. Hobbs. A la suggestion du directeur nous avons fait
un examen particulier de la rivière de l'Orignal sur les courants
glacials.

» C'est cet examen qui m'a confirmé dans l'opinion que j'avais, à savoir : que le mouvement glaciaire de la baie d'Hudson s'est produit dans une direction sud-ouest, et ceci tend à démontrer que la source du courant diamantifère des États de Wisconsin et Michigan peut fort bien être dans la région de la baie d'Hudson. ou dans un district situé à l'est de la baie où l'on sait qu'il existe des endroits propres à renfermer du diamant, et notamment l'argile schisteuse carbonacée de l'île Longue et des îles du détroit de Manitounuck. »

*
* *

La région de la baie d'Hudson n'est pas, comme on est porté à le croire, un pays trop froid pour être habité ; elle n'est pas non plus stérile. Les missionnaires et les explorateurs nous en ont apporté de vivants témoignages. Il est parfaitement établi aujourd'hui que les rares habitants de Moose Factory y récoltent toutes les céréales et un bon nombre de légumes, tels que le céleri, le potiron, le salsifis, la carotte, le panais, les navets, betteraves, pois, haricots, choux, groseilles, etc.

Ajoutons qu'on y a trouvé des traces de cuivre, notamment à l'embouchure de la *Fish* River, du fer au cap *Hopewell*, du plomb à l'embouchure de la rivière *Great Whale*, du gypse, etc.

Au nombre des produits actuels de la baie elle-même, mentionnons la baleine, l'huile de phoque et une variété considérable de poissons exquis ; nous ne parlons pas du commerce facile des pelleteries de cette région abondamment giboyeuse : loutre, phoque, castor, ours blanc, ours noir, martre, renards divers, renne, élan, etc.

NOUVEAU-BRUNSWICK

Antimoine. — On connaît depuis longtemps l'existence des gisements de minerais d'antimoine à Prince-Guillaume, comté de York (Nouveau-Brunswick); ils consistent en sulfures et un peu d'antimoine natif.

On ignore pourquoi la *Lake George Mining and Smelting Com-*

pany a cessé ses opérations en 1890 ; le filon ne donnait pourtant aucun indice d'appauvrissement.

Manganèse. — Les plus importants gisements de manganèse du Nouveau-Brunswick sont ceux de Marckhamville, comté de King. Les mines sont situées près de la source de la rivière Hammond, à environ dix kilomètres au nord de la ville de Saint-Jean. En 1864, la *Victoria Manganèse Company* commença des exploitations qui durèrent jusqu'en 1893. Les dépôts de surface furent, seuls, d'abord, exploités jusqu'à une profondeur de quatre mètres. Ils consistaient en amas de minerai dans des couches d'argile et de gravier. Plus tard on étendit les opérations aux calcaires sous-jacents, mais le minerai y était à l'état d'amas si irréguliers, occasionnant de si grands aléas dans la production de la mine, que l'on jugea prudent d'abandonner les travaux. On a produit environ 23.000 tonnes.

Il existe d'autres dépôts de manganèse à la montagne Jordan, à la montagne Chepody et à Quacco Head.

Il y a de plus une autre variété de manganèse à Dawson Settlement ; à cet endroit les dépôts consistent en minerais des marais ou oxyde terreux de manganèse. Jusqu'en ces derniers temps on croyait que ces gisements n'avaient aucune valeur industrielle ; néanmoins on a récemment commencé à les employer dans la fabrication du ferro-manganèse et il est possible qu'ils prennent un grand développement.

Gypse. — L'exploitation du gypse est une des industries les plus importantes de la province du Nouveau-Brunswick, la valeur de ce produit s'étant élevée en 1899 à plus de 750.000 francs.

Les dépôts les plus riches sont situés dans le comté Albert, et notamment à Hillsborough. Le gypse n'est produit que dans Ontario, le Nouveau-Brunswick et la Nouvelle-Écosse. La production des trois dernières années fut :

1900. . .	252.001 tonnes. . . .	1.295.045 francs.
1901. . .	293.709 — . . .	1.700.740 —
1902. . .	332.045 — . . .	1.781.585 —

Le plâtre de Paris, fabriqué avec le gypse est de qualité supérieure. L'extraction s'en fait avec la poudre de mine ordinaire.

Grès. — On extrait aujourd'hui beaucoup de grès à meules ; on en fait aussi de la pierre à construire. A signaler les industries de ce genre à Woodpoint, Cobourg, Dorchester.

Le pavillon Langevin à Ottawa est construit avec des grès pris dans ce pays.

Chaux. — Il se fait un grand commerce de chaux dans les environs de Saint-Jean.

ONTARIO

L'or. — Les roches archéennes occupent la plus grande partie de la province d'Ontario et comprennent de nombreuses étendues de roches Huroniennes. Ces dernières renferment un grand nombre de veines dont le caractère aurifère est connu depuis longtemps. Toutefois, diverses causes ont retardé le développement de l'industrie minière et ce n'est que récemment que l'exploitation des filons aurifères de cette province a pris des proportions relativement considérables. Depuis quelques années l'industrie minière s'est développée dans les districts connus et de nouvelles régions aurifères ont été découvertes ; de telle sorte qu'à présent un grand nombre de filons aurifères sont exploités, et beaucoup d'entreprises minières de cette province sont très rémunératrices.

Les principales régions aurifères d'Ontario sont les environs de Shoal Lake, du lac des Bois, de la rivière la Pluie, de la rivière Seine, du lac Shebandowan, etc., toutes situées à l'ouest de la baie du Tonnerre. On fait aussi des travaux d'exploration à l'est de ce point, à savoir à Jackfish Bay, à Michipicoten, sur la rive nord du lac Supérieur ainsi qu'autour du lac Wahnapitæ, au nord de Sudbury. De plus on a trouvé des veines aurifères aux lacs Minnietakie, Wabigoon, Manitou et au nord du lac Huron.

En 1891, on a produit dans la province d'Ontario pour 10.000 francs d'or ; en 1899, 1.680.000 francs. En 1901, la valeur de la production d'or était tombée à 1.220.000 francs.

La plupart des districts aurifères de la province d'Ontario rendent un minerai « free milling », qui peut être traité directement par le mercure, tandis qu'en certains endroits, et notam-

...ent dans plusieurs filons du comté de Hastings, le métal, étant associé à des sulfures d'arsenic et autres, est beaucoup plus diffi-cile à extraire.

Les principales exploitations de cette province sont :

1° *Mikado :* minerai de quartz ; au lac Shoal. Le puits principal est de 80 mètres de profondeur. Matériel, outillage complet. A son affleurement cette mine rendait 1.000 francs par tonne, mais cette teneur a diminué à mesure qu'on descendait.

2° *Bullion :* quartz ; au lac Shoal ; matériel installé.

3° *Gold Hill :* quartz ; au lac des Bois ; puits de 40 mètres.

4° *Sultane :* Cette mine a produit d'une façon constante depuis son ouverture en 1892. Son minerai est un quartzite contenu dans une roche principale du type des schistes chloritiques et amphi-boliques, propre à la formation particulière du district de Kee-watin. On y traite 80 tonnes de minerai par jour. Puits : 130 mètres.

5° *Regina :* au lac des Bois. C'est une veine de quartz de 1 mètre à 1 m. 60. Matériel complet, et en outre l'outillage nécessaire pour le traitement par le cyanure.

6° *Foley :* La plus importante du lac Shoal, sur la Seine infé-rieure. Elle a 65 mètres de profondeur ; à cette profondeur le filon paraît être plus riche et sa largeur devient plus grande.

7° *Indépendance :* au lac Manitou. Les filons exploités ont pro-duit jusqu'à 725 francs par tonne.

Cuivre. — Des sulfures de cuivre ont été quelque peu exploités à environ 40 kilomètres à l'est du Sault-Sainte-Marie : ce sont les mines Bruce, Wellington et Copper-Bay. L'abaissement du prix du cuivre fut cause qu'on cessa les travaux vers 1876. Toutefois les améliorations qui se sont produites, depuis quelques années, dans les moyens de communication et d'exploitation ont donné lieu à une recrudescence d'intérêt pour cette région, et on a fait, depuis, des efforts sérieux qui pourront conduire à une réouver-ture de ces mines, et les mettre de nouveau sur un pied rémuné-rateur.

On connaît aussi depuis longtemps d'autres gisements de sul-fures de cuivre, mais à part ces mines, aucun des dépôts de ces gisements n'a été exploité sérieusement.

Des gisements de cuivre très importants ont été reconnus dans le district de Parry Sound, sur la côte orientale de la baie Georgienne et du lac Huron.

Il y a sur les côtes nord du lac Supérieur des étendues détachées de roches, renfermant du cuivre natif; elles sont semblables à celles de la côte méridionale du même lac, dans les États-Unis. Ces étendues ont été, à plusieurs reprises, l'objet de travaux importants. A Pointe-Mamainse, située à 60 milles au nord du Sault-Sainte-Marie, et sur l'île Michipicoten, des travaux considérables ont été faits; tout a abouti à un échec. Mais on croit que, dans bien des cas, ces premiers échecs sont le résultat d'études incomplètes du sol. Au reste combien de mines n'a-t-on pas vu donner les meilleurs rendements après avoir fait le malheur des *pionniers*?

Dans le district de Sudbury, signalons la *Canadian Copper Co*, dont les opérations ont toujours été très actives; les procédés suivis sont presque toujours les mêmes : le grillage en tas, la conversion en matte dans des fourneaux à manchon et quelquefois un traitement selon le système Bessemer.

Le minerai consiste en un mélange de chalcopyrite et de pyrrhotine, que l'on trouve en amas irréguliers, — mais qui est de grande valeur, — au sein de diabases qu'on rencontre dans les roches Huroniennes. Ce minerai renferme de 1,75 pour 100 à 4 pour 100 de cuivre et environ 1,50 à 4,50 pour 100 de nickel.

Le produit, tel qu'il est expédié, est en une matte contenant environ 25 pour 100 de cuivre et 18 pour 100 de nickel; quand cette matte a été traitée par le procédé Bessemer, elle contient 40 pour 100 de cuivre et autant de nickel. Et elle contient aussi de faibles quantités de cobalt, de platine, de palladium, etc.

CHAPITRE CINQUIÈME

LE NICKEL

Environ la moitié de la production de nickel du monde entier
ovient du district de Sudbury (Ontario) ; la totalité de la matte
oduite dans ce district est à présent expédiée aux Etats-Unis où
a achève le traitement pour l'extraction et l'affinage des diffé-
nts métaux.

Le nickel, allié à l'acier, devient d'un usage de plus en plus
endu et, étant donné les demandes toujours croissantes d'un
étal d'une force plus grande avec un poids moindre, spéciale-
ent pour les constructions navales, l'application de cet alliage
t sûre de se développer, surtout si, comme cela est possible, le
ix du nickel baisse par suite d'une production plus grande et plus
onomique et d'un plus grand pourcentage du rendement du
inerai.

Les Compagnies *Canadian Copper* et *Orford Copper*, qui se sont
unies à la Compagnie Internationale du nickel, sont les produc-
urs les plus importants du Dominion. Les mines et chantiers de
Canadian Company sont en exploitation depuis environ 15 ans.
s usines principales sont à Copper Cliff où elle possède
.000 acres du meilleur terrain minier d'Ontario. L'année der-
ère, une des principales opérations de la Compagnie a consisté
ns l'ouverture d'un immense gisement de pyrrhotite nickel-
ère et de pyrites de cuivre, situé dans le territoire de Snider et
nnu sous le nom de mine Creighton. Ce gisement est distant de
milles de la propriété principale et son exploitation a été

rendue possible par le prolongement du chemin de fer de Sudbury.

Les opérations ont été commencées en juillet 1900, le premier minerai a été expédié en juillet 1901, et actuellement le terrain produit de 500 à 600 tonnes par jour qui sont expédiées aux fours de Copper Cliff.

Le gisement de minerai, d'après les indications obtenues par les puits d'essai et les autres ouvrages à la surface, couvre une étendue de 370 mètres de longueur sur 130 mètres de largeur, traversée par endroits par des barrages mobiles.

L'extraction se fait maintenant à ciel ouvert; sur les parois verticales on ne voit que du minerai pur de pyrrhotite et chalcopyrite, contenant, d'après les essais, une moyenne d'au moins 2 pour 100 de cuivre et de plus de 7 pour 100 de nickel. L'outillage comprend deux grands broyeurs capables de traiter 600 tonnes de minerai combiné, par jour, un broyeur plus petit pour les menues matières, ainsi que les machines ordinaires pour le criblage et le triage. Dans les grandes mines ouvertes de la Compagnie à Copper Cliff, la teneur du minerai continue à être aussi satisfaisante qu'au début; même, dans une de leurs mines au niveau de 330 mètres, un autre gisement de même teneur que le gisement original a été rencontré. Notons que l'exploration se continue dans un rayon de 20 à 50 milles de la Copper Cliff. Le minerai trouvé est un mélange de pyrrhotite nickellifère, de pentlandite, chalcopyrite et diorite.

Le nickel se rencontre sous deux formes : parfois, c'est le véritable minerai de nickel, la pentlandite, qui est d'une couleur bronzée et renferme environ 35 pour 100 de nickel, 35 pour 100 de soufre et 30 pour 100 de fer.

Dans d'autres cas, le nickel se rencontre comme un élément étranger dans la pyrrhotite, dans laquelle le minerai de nickel entre dans une proportion de 3 pour 100 du fer qui s'y trouve.

Le cuivre se rencontre sous la forme de pyrites de cuivre. Le minerai ne contient ni arsenic, ni antimoine et des traces seulement d'or, de platine et de palladium. La cuisson demande 10 à 12 semaines. Plusieurs projets ont été présentés pour l'utilisation des vapeurs de soufre, pour la fabrication de l'acide sulfurique; mais en raison de la composition spéciale du minerai, il paraît que ces conversions seraient impraticables... Le minerai, après

cuisson, a besoin d'environ le sixième de son poids en coke
ur la fusion. La matte (produite par la fusion) contient envi-
17 1/2 pour 100 de cuivre, 17 1/2 pour 100 de nickel, 25 à
pour 100 de fer et 20 à 30 pour 100 de soufre.

La fonderie de cet important établissement comprend 14 fours.
Pour la séparation finale du cuivre et du nickel, la matte est
voyée à New-Jersey (E.-U.) Le procédé consiste en une série de
les avec divers alcalis, puis un traitement électrolytique
tiné à produire le nickel pur.

PROGRÈS DE L'EXPLOITATION DES MINES DE CUIVRE NICKELLIFÈRE

1897-1901

	1897	1898	1899	1900	1901
	tonnes	tonnes	tonnes	tonnes	tonnes
inerai extrait.	93.155	123.920	203.118	216.695	326.945
— fondu	96.003	121.924	171.230	211.960	270.380
atte ordinaire produite.	13.706	21.401	19.109	23.336	295.588
atte à haute teneur. . .	328		106	112	45.546
ickel contenu.	1.199	2.783.3/4	2.872	3.540	4.441
ivre.	750	4.186.3/4	2.834	3.364	4.197
	francs	francs	francs	francs	francs
aleur du nickel.	1.798.255	2.471.100	2.630.520	3.788.130	9.299.850
— du cuivre. . . .	1.006.335	1.340.400	881.630	1.598.405	2.945.400
ages payés	1.266.130	1 577.505	2.219.395	3.644.730	5.229.445
ommes employés. . . .	535	839	839	1.444	2.284

En dehors de la combinaison susdite se trouve aussi la Compa-
ie du Lake Superior Power, dont les travaux sont avancés ; on
produira bientôt des mattes fines. Les mines Gertrude et Elsée
t été ouvertes et produisent de grandes quantités de minerai
nt une partie est grillée, sur la première propriété, où des fon-
ries vont être également construites. Le minerai trié provenant
la mine Gertrude, contenant peu ou pas de cuivre, est amené
chantier de réduction de la Compagnie au Sault Sainte-Marie
ur y être traité. Il y a aussi la Nickel Copper Company dont les
antiers à Hamilton, pour mettre en pratique le procédé de raffi-
age Frasch, n'ont pas encore été mis en œuvre ; la Dominion

Mineral Company et MM. H. H. Vivian and C° qui possèdent l'un et l'autre des terrains et des fonderies dans la région de Sudbury : la Great-Lake Company et d'autres encore.

Pendant les dix dernières années on a produit dans l'Ontario 1.306.722 tonnes de nickel, de cuivre et de minerai de cuivre, ayant rendu 26.606 tonnes de nickel métal et 28.070 tonnes de cuivre métal. La valeur du nickel a dépassé 100.000.000 de francs et celle du cuivre a atteint près de 33 millions de francs. La marche du développement a été beaucoup plus grande dans ces cinq dernières années que dans les cinq précédentes.

Terminons en citant M. Romanet du Caillaud : « Certes leur minerai est moitié moins riche en nickel que celui de la Nouvelle-Calédonie ; le mélange du cuivre au nickel et le caractère pyriteux du minerai rendent l'affinage du nickel beaucoup moins parfait. Mais au Canada, le prix de revient du nickel brut est bien moins élevé qu'en Nouvelle-Calédonie : la livre anglaise (454 grammes) de nickel contenu dans les mattes est vendue, rendue sur wagon à Sudbury, deux *cents* (dix centimes et demi) moins cher que le même poids de nickel contenu dans les minerais néo-calédoniens, rendus sur navire à Nouméa...

« Je résume la situation de l'industrie minière du nickel dans la région de Sudbury.

« Bien que le minerai canadien soit moitié moins riche en nickel que celui de la Nouvelle-Calédonie, bien que son affinage soit plus difficile, — comme il rachète ces inconvénients par des avantages assez sérieux, tels que l'adjonction au nickel de cuivre et même de métaux précieux, — les mines de la région de Sudbury ont attiré l'attention des capitalistes d'Angleterre, du Canada et des États-Unis ; de puissantes compagnies se forment pour les exploiter, et des chemins de fer nouveaux se construisent pour aider à cette exploitation.

« Les capitaux français resteront-ils étrangers à ce mouvement?... Si une usine métallurgique française se créait dans la région de Sudbury, elle se trouverait au milieu d'une population en partie franco-canadienne ; et, comme elle attirerait à elle un certain nombre des émigrants de la province de Québec, qui chaque année se rendent dans les districts manufacturiers des États-Unis, elle contribuerait efficacement à la colonisation par la race fran-

:e de cette partie de la province d'Ontario. Je dois ajouter que
gouvernement de la province d'Ontario serait disposé à soute-
une telle entreprise en lui accordant certains avantages. »
Romanet du Caillaud : Les mines de nickel de la région de
'bury (province d'Ontario, Canada). Paris, Société de géogra-
ucommerciale, 1900).

CHAPITRE SIXIÈME

LE CORINDON

Le corindon, du mot indien *korund*, est une substance composée d'alumine presque pure : c'est la base de presque toutes les pierres précieuses dites orientales, les plus belles et les plus estimées après le diamant. Au point de vue chimique, c'est un sesquioxyde d'aluminium, cristallisant diversement, infusible, insoluble dans les acides. Au point de vue physique, c'est une substance transparente, douée d'un éclat vitreux et présentant les couleurs les plus riches et les plus variées.

On sait qu'il y a trois variétés bien distinctes de corindon :

1° Le *corindon lamelleux* ou *harmophane* quelquefois appelé le *spath adamantin*.

2° Le corindon *hyalin*, *télésie*.

3° Le *corindon granulaire* ou *émeril*.

Nous ne pouvons dire si les deux premières variétés de corindon se trouvent au Canada ; mais quant à la troisième, au *corindon émeril* ou *ferrifère*, nous savons qu'il se trouve en grande quantité dans les cantons Raglan, Carlow, Brudenel, Du Gannon, Monteagle, Methuen et Burleigh, dans la province d'Ontario.

Cette substance, d'une extrême dureté, réduite en poudre, est employée pour polir les métaux, les glaces, les pierres fines. Elle se rencontre généralement en très petits cristaux, très imparfaits, disséminés dans certaines roches cristallines.

Les cristaux que l'on recherche dans l'Inde, au Thibet, en Chine, aux monts Ourals et même en France gisent ici dans des roches

nitiques ; on profite pour les extraire de la désagrégation que
agents atmosphériques font naturellement éprouver à la
que et on récolte ces précieux cristaux au milieu des sables
luvion.

uant à l'émeri, il appartient aux roches schisteuses métamor-
ques, mais on le rencontre dans un grand nombre de localités
rentes. Il est importé en grande partie des États-Unis, de
gleterre et de la France.

es découvertes récentes de corindon au Canada ont suscité de
ies entreprises. Au nombre de celles-ci il convient de citer la
nada Corundum Company que le gouvernement canadien a
gement patronnée en lui concédant 800 hectares de terrain, à la
du 15 septembre 1899, à charge pour la Compagnie d'ins-
er une exploitation de 500.000 francs.

'après le rapport du Bureau des mines d'Ontario (1901), la
ntèle de cette Compagnie a donné spontanément des témoi-
ges flatteurs du nouveau produit canadien. Il résulterait des
miers essais que les meules de corindon compact sont supé-
res à tous les produits abrasifs du genre, soit de corindon,
granit ou d'autres substances. La Compagnie en question fait
même temps l'extraction du mica et du feldspath.

n 1901 on extrayait du minerai 12 à 15 pour 100 de corindon.
e grand problème dans la fabrication des meules de corindon
ide dans le choix d'un bon agent agglutinant. Mais ce pro-
me est, paraît-il, résolu d'une façon très satisfaisante, puisque
meules de corindon canadien sont déjà un article d'exporta-
n même en Europe et particulièrement en France où la Société
dite a établi une agence permanente.

oici comment se fait la composition des diverses meules de
indon.

La meule vitreuse demande beaucoup de soin dans le choix des
staux de corindon, à l'effet d'éliminer toute substance étran-
e pouvant contenir de l'eau. La moindre quantité d'eau peut
e éclater la meule et lui enlever ses propriétés abrasives.

e corindon grenu est mêlé à une pâte spéciale faite d'argile et
utres éléments agglutinants. Celle-ci entre dans la composi-
n en proportion de la consistance voulue de la meule ; après
i le bloc entier est déposé dans des moules de papier et séché.

Puis on place le bloc séché sur une table tournante ou dans un appareil à râper afin de lui donner une forme à peu près définitive. On le remet à sécher ; et enfin on procède à la dessiccation par le feu, qui s'opère dans des fours coniques.

On chauffe graduellement durant plusieurs jours, jusqu'à 3.000° Fahr. L'argile et les autres substances pâteuses fusent et deviennent une espèce de porcelaine compacte. On refroidit lentement et on donne la dernière forme aux meules.

La meule chimique est faite au moyen de silicate de soude comme agent conglomérant. Le silicate de soude est mélangé à l'émeri ou au corindon et à une substance dessiccatrice : puis le tout est chauffé pendant vingt-quatre heures dans des fours, et fini de la même façon que la meule vitreuse. On a fait par ce procédé des meules chimiques du poids de 2.000 livres.

La meule de ciment est faite au moyen d'une pâte composée de laque, de caoutchouc, d'huile de lin et d'autres substances. Les meules faites de laque sont douces ; elles servent à polir les surfaces aussi bien que les corps ronds : les meules qui sont faites avec l'huile de lin servent surtout à la taille des scies ; on en fait aussi les plus minces outils de polissage.

Le corindon canadien demande à être aggluttiné, paraît-il, avec une substance différente de celle employée pour l'émeri ordinaire.

Les cristaux de corindon se rencontrent au Canada dans des couches anciennes minéralisées.

Les magmas consistent en feldspath rose, brun ou vert, en biotite et hornblende, en magnétite disséminée dans les petits et dans les gros cristaux, et en pyrites, moins nombreux.

Le diamètre des cristaux de corindon varie de 5 à 20 millimètres.

Ajoutons que l'on trouve du corindon près du lac des Chênes, ainsi que dans la syénite au nord du lac Methuen.

Le Canada a produit pour la consommation locale et pour l'exportation 444 tonnes en 1901 d'une valeur de 265.575 francs et 768 tonnes en 1902 représentant une valeur de 422.340 francs.

Ajoutons que le gouvernement français a fait tout dernièrement des démarches auprès du gouvernement canadien pour accorder le tarif minimum français au corindon canadien en échange de tarifs de faveur canadiens sur certains produits français. Témoignage évident de l'importance commerciale de ce produit.

CHAPITRE SEPTIÈME

LE SUCRE DE BETTERAVE

Nous attirons l'attention des industriels français sur une industrie des plus importantes : la fabrication du sucre. Cette industrie n'est pas encore bien établie au Canada ; nous sommes tributaires des États-Unis pour cet élément devenu essentiel dans l'alimentation.

Une étude sérieuse de la question, faite sur place, donnerait, croyons-nous, des renseignements précieux pour les industriels.

La betterave, inutile de le répéter, est une plante qui pousse admirablement un peu partout.

Le chimiste attaché à la ferme expérimentale du gouvernement canadien à Ottawa écrit dans son rapport de l'année 1902 :

« En somme nous pouvons dire que nos résultats de cette année, comme ceux du passé, ont fait voir que l'on peut, dans de grandes étendues de pays du Canada, produire des betteraves pour la fabrication du sucre. Dans ces régions favorisées de plusieurs de nos provinces, les betteraves, si elles proviennent de bonne graine et sont cultivées comme il faut, ne le cèdent en rien à celles qui sont produites aux États-Unis et en Europe pour la production du sucre. »

Mais pour quiconque est au courant des avantages que les industriels peuvent trouver pour l'installation de leurs usines, il est facile de se rendre compte des conditions spécialement favorables dans lesquelles on pourrait produire du sucre et des mélasses au Canada.

Ces avantages ne sont pas en tout cas absolument complets. Le gouvernement a le droit d'intervenir pour en confirme la solidité.

Nous croyons toutefois qu'il est plus commode et plus économique d'installer une fabrique de sucre de betterave au Canada qu'aux États-Unis. Nous exposons plus bas ce que coûte la culture d'un acre (40 ares) de betteraves dans l'État de l'Illinois. On y verra que le seul prix du terrain revient à cent quatre-vingts francs (180 fr.) par tonne de rendement ; il est certain que le prix du terrain n'est pas élevé au Canada comme il l'est dans l'État de l'Illinois, que même le terrain pour une usine s'obtiendrait, dans bien des endroits, gratuitement.

Le prix des constructions d'usines pour une tonne de capacité, qui est de mille vingt francs (1.020 fr.) aux Illinois, pourrait être considérablement abaissé au Canada, surtout dans une région avoisinant les forêts ou les carrières de granit qui sont encore peu exploitées.

Mais, admettant que les frais de premier établissement et les frais d'exploitation soient les mêmes, voyons sur quelles bases il est possible de faire des calculs. L'expérience acquise dans l'État de l'Illinois nous fournit les données suivantes pour la culture de 40 ares avec un rendement moyen de quinze tonnes de betteraves.

Labour et hersage. . . . . fr.	11	25
Graines et ensemencement.	16	50
Sarclages, soins divers	60	»
Récolte, livraison, transport.	45	»
Total . . . fr.	132	75

Admettons que la tonne de betteraves livrée ne donne qu'une moyenne de 25 francs par tonne. Nous avons donc quinze tonnes par acre (40 ares), soit 375 francs.

C'est-à-dire un bénéfice approximatif de 250 francs par 40 ares.

Voilà pour la culture de la betterave.

Fabrication du sucre.

Examinons quelque peu la situation de l'industrie proprement dite de la fabrication. Il n'est peut-être pas hors de propos de

ier à ce sujet les chiffres fournis par le directeur de la Ferme
xpérimentale du gouvernement canadien à Ottawa. Ces chiffres
ont pour l'année 1902. Nous croyons devoir ajouter toutefois que
la culture de 40 ares de betteraves coûte plus cher dans cette
zone qu'ailleurs, il n'y a pas lieu de trop s'en effrayer. Elle est
sous le contrôle d'une administration de l'État.

En tout cas le directeur évalue le coût de production de 40 ares
semés en betteraves à 207 fr. 65.

Par contre le rendement obtenu dans cette ferme modèle est
supérieur à la moyenne ordinaire de 15 tonnes; il est à la ferme
expérimentale d'Ottawa de 19 tonnes 367 livres.

Ici, nous devons recourir aux données plus précises des fabriques d'Allemagne, les États-Unis n'exerçant aucun contrôle
sur ces sortes de manufactures. En Allemagne, le traitement
d'une grosse tonne de 2.240 livres de betteraves donne les résultats suivants, — moyenne de cent treize fabriques :

Prix moyen d'une tonne de betteraves . . . fr.	24	50
Salaires.	1	30
Main-d'œuvre	3	65
Intérêt du capital versé.	1	80
Charbon.	3	15
Divers	4	80
Total . . . fr.	39	20

Les frais de production pour le traitement d'une tonne de betteraves sont donc en Allemagne de 39 fr. 20; et comme la valeur
obtenue en sucre, mélasses, résidus de toute sorte, s'élève à une
moyenne de 55 fr. 50 par tonne, il en résulte un profit de 16 fr. 30
par tonne pour le fabricant.

Premier établissement.

Le prix de construction d'une usine de sucre de betterave aux
États-Unis est d'environ 1.250.000 fr. pour une usine d'une capacité de traitement de 300 tonnes par jour.

Il y a dans Ontario (Canada) une usine de sucre de betterave
qui a coûté 3.000.000 de francs; elle a une capacité de traitement
de 700 tonnes par jour; durant l'année 1902, quatre nouvelles

fabriques ont été installées dans l'ouest et le nord-ouest de la province d'Ontario. Aux États-Unis, trente et une usines, traitent 19.000 tonnes de betteraves, soit 612 tonnes en moyenne pour chacune, exigent un capital de premier établissement de 5.485 fr. par tonne de capacité. Et voici comment se répartit ce capital :

```
Terrains . . . . . . . . . . . . . . . . . . . fr.     180
Construction . . . . . . . . . . . . . . . . .       1.020
Machines, outillage . . . . . . . . . . . . . .      3.770
Divers . . . . . . . . . . . . . . . . . . . .         515
                                                    ───────
                        Total. . . . . . . fr.       5.485
```

Ces chiffres peuvent servir de base à de futurs calculs; ils ne peuvent naturellement qu'être approximatifs, surtout pour un établissement au Canada. L'outillage peut s'obtenir aux Etats-Unis à aussi bon marché qu'ailleurs.

Le gouvernement canadien a voté un bill en 1901 pour exempter des droits de douane toutes les machines et la structure métallique nécessaires à l'établissement de l'industrie du sucre de betteraves. Cette loi a donné des résultats : ainsi en 1902 le Canada a importé du matériel pour usines sucrières, pour une somme de 3.328.905 francs.

L'application de cette loi a été décidée, l'an dernier, pour une nouvelle période d'une année.

Pour donner une idée de l'importance de la production du sucre de betterave, il suffit de rappeler qu'en 1900-1901, la production du monde entier s'est élevée à 6.096.850 grosses tonnes. La production du sucre de canne, dans le même exercice, ne s'est élevée qu'à 3.452.022 tonnes. La consommation totale du sucre, par année, s'élève, aux Etats-Unis, au chiffre énorme de 2.219.847 tonnes faisant une moyenne de 66 livres et demie par tête de population. En Europe, la moyenne de consommation du sucre n'est que de 25 livres et demie.

Au Canada, la consommation du sucre doit être à peu près la même qu'aux Etats-Unis, c'est-à-dire 66 livres et demie par tête de population en y comprenant la production du sucre d'érable.

Si donc le Canada consomme actuellement cent mille (100.000) tonnes de sucre importé, cela équivaut à un million de tonnes de betteraves qu'il faudrait produire et traiter pour produire la quantité de sucre nécessaire à l'alimentation du Canada. Il faudrait vingt fabriques traitant chacune 50.000 tonnes de betteraves chaque année pour subvenir à la consommation du pays et pour mettre fin à l'importation du sucre de betterave au Canada. A raison de 25 francs par tonne, cette culture rapporterait donc une somme de 25 millions par année, outre les résidus accessoires pour l'alimentation du bétail et l'amélioration générale qui résulterait de cette branche de l'agriculture canadienne.

Les profits de l'industrie étant de 16 fr. 30 par tonne de betterave traitée, on pourrait escompter un profit total de 4.200.000 fr. par année (1).

Analyses.

On a analysé à la ferme expérimentale d'Ottawa des échantillons de betteraves à sucre provenant de l'île du prince Edouard, de la Nouvelle-Ecosse, d'Ontario, de Manitoba, de l'Assiniboine et de l'Alberta.

Voici les résultats des analyses : nous ne donnons pas les résultats obtenus pour toutes les variétés de betteraves, mais seulement pour celles qui ont fourni le maximum et le minimum de substance saccharine.

Ile du Prince-Edouard.

Variétés	Localité	Sucre dans le jus	Solides dans le jus	Coefficient de pureté	Poids moyen d'une racine
		p. 100	p. 100	p. 100	p. 100
Vilmorin améliorée.	Collège Saint-Dunstan, à Charlottes-town.	20 49	24 25	84 49	1 liv. 373 gr.
» »	Port Hill.	14 89	18 77	79 38	1 liv. 289 gr.

N. B. — Ces betteraves avaient été bien cultivées, dit le rapport, elles n'étaient pas fourchues ni trop grosses.

(1) Nous empruntons ces données au Bulletin de la Chambre de Commerce de Montréal.

Nouvelle-Ecosse.

Variétés	Localité	Sucre dans le jus	Solides dans le jus	Coefficient de pureté.	Poids moyen d'une racine
		p. 100	p. 100	p. 100	
Très riche.	Nappan.	16 95	20 77	81 12	453 gr.
Géant royal.	»	8 75	10 84	80 72	1 liv. 161 gr.

N. B. — Ces betteraves avaient été semées le 20 mai, arrachées le 28 octobre ; distance des rangs : 60 centimètres 92, distance des plantes les unes des autres : 30 centimètres 48. Le sol est argileux, fumé à raison de vingt tonnes par quarante ares. On avait récolté l'année précédente, sur ce terrain, du trèfle dont le regain avait été labouré. Toutes les racines étaient bien développées : elles n'étaient pas fourchues ni trop grosses.

Ontario.

Variétés	Localité	Sucre dans le jus	Solides dans le jus	Coefficient de pureté	Poids moyen d'une racine
		p. 100	p. 100	p. 100	
Vilmorin améliorée ; 1er semis.	Ottawa.	17 74	20 36	87 1	1 liv. 37 gr.
Géant royal. 2e semis.	»	11 06	13 60	81 3	1 liv. 65 gr.

Manitoba.

Variétés	Localités	Sucre dans le jus	Solides dans le jus	Coefficient de pureté	Poids moyen d'une racine
		p. 100	p. 100	p. 100.	
Très riche.	Winnipeg-Pont-Louise.	20 17	23 07	87 50	420 gr.
Sans qualificatif.	Boissevain.	6 91	11 90	58 05	2 liv. 415 gr.

Assiniboine.

Variétés	Localité	Sucre dans le jus	Solides dans le jus	Coefficient de pureté	Poids moyen d'une racine
Très riche.	Indian Head.	16 50	19 8	83 43	453 gr.
Géantroyal.	» »	9 16	12 7	71 89	1 liv. 177 gr.

N. B. — Neuf variétés ont été analysées : les betteraves dites *Vilmorin améliorée*, *Très Riche* et *Klein Wanzleben* ont une bonn e teneur en sucre ; les autres variétés sont au-dessous de la moyenne.

Alberta.

Variétés	Localité	Sucre dans le jus	Solides dans le jus	Coefficient de pureté	Poids moyen d'une racine
Klein Wanzleben.	Strathcona (près Edmonton).	16 04	20 56	78 0	1 liv. 289 gr.
» »	» »	13 77	16 97	81 2	1 liv. 93 gr.

Ces betteraves ont simplement reçu les soins de culture ordinaire en champ.

Nous croyons qu'une entreprise sérieuse aurait un accueil favorable auprès du gouvernement dans le cas où l'industrie aurait besoin d'une législation quelque peu protectrice. En tout cas, les municipalités où l'industrie s'implanterait, aideraient indubitablement dans une large mesure une installation sérieuse.

CHAPITRE HUITIÈME

C'est en 1846 que l'on produisit pour la première fois, avec du bois, de la pulpe pour le commerce. Cette industrie avait pris naissance en Allemagne. Jusque-là on n'avait fait du papier qu'avec des chiffons et les fibres de certaines plantes herbacées.

L'épinette blanche ou noire et le sapin sont les essences les plus précieuses pour la fabrication de la pulpe ; le peuplier et le tremble sont aussi très avantageux.

On évalue à 90 francs le coût de production d'une tonne de pulpe, dans laquelle la main-d'œuvre entre pour 40 francs. Or, si la valeur d'une tonne de papier est de 225 francs à peu près et que le bois dont on se sert pour la fabriquer ne coûte, en moyenne, que 25 francs, il reste 200 francs de profit.

A cette industrie il faut rattacher les pouvoirs hydrauliques, si nombreux dans la province de Québec, et dont l'utilité n'est pas à démontrer. M. Gabriel Hostachy écrivait dans le « Moniteur de la papeterie française et de l'industrie du papier » que la dernière exploration, faite par les agents du gouvernement canadien dans la région du lac Saint-Jean, montre que les nombreux cours d'eau qui se déversent dans ce lac — lequel alimente la rivière Saguenay — peuvent donner une force hydraulique de 700.000 chevaux-vapeur, lesquels peuvent être utilisés pour des industries diverses. On prétend que cette force est supérieure à celle qui peut être fournie par les cours d'eau de la Suède et de la Norvège.

En prenant une moyenne de 5 cordes de bois à l'acre, les estimations de la valeur de la seule région du lac Saint-Jean sont les suivantes :

Rivières.	Acres.	Cordes. de bois à pâte.
Peribonka	8.320.000	41.600.000
Mistassini	4.800.000	24.000.000
Chamouchouan.	3.200.000	16.000.000
Ouiatchouan	3.200.000	16.000.000
	19.520.000	97.600.000

En estimant que 2 cordes de bois sont nécessaires à la fabrication d'une tonne de pâte chimique, on arrive à estimer que la seule région du lac Saint-Jean peut fournir 1 million de tonnes de pâte par an, pendant quarante-neuf années, et cela sans tenir compte de la replantation. L'expérience a prouvé qu'une forêt d'épinettes renaît en vingt-cinq ans, alors qu'une forêt de pins ne se reconstitue qu'en cent ans.

La main-d'œuvre se trouve sur place, en abondance et à bon marché.

Le Canada est donc, en ce qui concerne la matière première, la force motrice et la main-d'œuvre, dans les conditions les plus avantageuses pour le développement progressif de l'industrie de la pâte à papier, laquelle est, à juste titre, considérée, de plus en plus, au Canada, comme une industrie nationale.

On a fait remarquer que chaque tonne de papier manufacturé a donné lieu à un mouvement de fret d'au moins trois tonnes, contribuant ainsi dans une large mesure à la répartition de la richesse nationale, si l'on fait entrer en ligne de compte le transport du charbon nécessaire à l'usine, le transport du bois, le personnel et l'outillage nécessaires, tant à la coupe qu'à la transformation industrielle.

Suivons maintenant avec M. Hostachy les progrès de cette industrie.

En 1881, la statistique accuse l'existence de 5 usines, disposant d'un capital de 92.000 dollars, employant 68 hommes et produisant pour 93.000 dollars.

En 1891, 24 usines, disposant d'un capital de 2.900.910 dollars, employant 1.025 hommes et produisant pour 1.057.810 dollars.

En 1900, le Canada possède 35 usines à pâte, 30 usines pour la fabrication du papier; le capital engagé ou sur le point d'être engagé dans la fabrication de la pâte seulement est estimé entre 15 et 20 millions de dollars (100 millions de francs).

Ci-après la liste des 35 usines à pâte du Canada, ayant une capacité totale d'environ 1.100 tonnes par jour. La plus importante a un rendement quotidien de 250 tonnes, la suivante de 170 tonnes et les autres un rendement moyen de 100 tonnes par jour :

Raison sociale.	Ville.	Province.	Produit fabriqué.
Toronto paper Mill . . .	Cornwall.	Ontario.	Pâte chimique.
Francfort Paper Mill. . .	Francfort.	—	—
Yore Paper Mill.	Dundas.	—	—
Georgetown Paper Mill.	Georgetown.	—	Pâte.
Kiordan Mill	Hawkesbury.	—	Pâte chimique.
Kiordan Mill	Merriten.	—	—
Sault Ste-Marie Mill. . .	Sault Ste-Marie.	—	Pâte méc. sèche.
Glen Millor Mill.	Glen Miller.	—	—
Thorold Mill	Thorold.	—	—
Sturgeon Falls Mill. . .	Sturgeon Falls.	—	—
Chicoutimi Pulp Mill . .	Québec.	Québec.	Pâte méc. hum.
Royal Paper Mill. . . .	Montréal.	—	Pâte à la soude.
Canada Paper Co	Montréal.	—	Pâte ch. blanc.
Laurentide Pulp Co. . .	Grand' Mère.	—	Pâte mécanique.
E. B. Eddy Co Paper Mill.	Hull.	—	Pâte chimique.
Chatham Pulp Mill. . . .	Lachute.	—	—
Lachute Pulp			
Lake Mégantic Pulp Mill.	Lac Mégantic.	—	Pâte mécanique.
Dominion Paper Mill . .	Montréal.	—	—
Old Lake Road Mill. . .	Old Lake Road.	—	Pâte chimique.
Jos. Fort Mill.	Portneuf.	—	Pâte mécanique.
Jacques Cartier Pulp Co.	Montréal.	—	—
J. C. Wilson et Co. . . .	Montréal.	—	—
H. Raymond et Co. . . .	Montréal.	—	—
Société Industrielle du Comté de Maskinongé.	Ste-Ursule.	—	—
British Columbia Mills .	Alberni.	Colombie Brit.	—
Dominion Pulp Co . . .	Chatam.	N. B.	—
Maritime Sulphite Fibre Co	Chatam.	N. B.	Pâte chimique.
St-John Sulphite Fibre Co.	St-Jean.	N. B.	—
Gushing Sulphite Fibre Co	St-Jean.	N. B.	—
Ste-Croix Paper Co. . . .	Elershouse.	N. B.	—
Nova Scotia W. Pulp Co.	Mill Village.	N. B.	—
Acadia Pulp Mill Co. . .	Halifax.	N.-Ecosse.	—
Sheet Harbor Pulp Mills.	Sheet Harbor.	N.-Ecosse.	—
Sissiboo Falls Paper Co.	Weymouth.	N.-Ecosse.	—

La quantité totale du papier employé au Canada est fabriquée dans le pays même, et une autorité en la matière établit que la pro-

...tion quotidienne du papier dans tout le Dominion est évaluée
...0 à 300 tonnes, soit annuellement 100.000 tonnes, production
..., comparée à la population, est de beaucoup supérieure à celle
... Etats-Unis.

...nuellement les 1.000 usines à pâte que possèdent les Etats-
...produisent 2.500.000 tonnes de papiers de toute espèce dont
...leur est estimée à 150.000.000 de dollars.

...rès avoir montré comment s'est effectuée l'exportation de la
...de bois canadienne sur les marchés étrangers et la large
...que les Etats-Unis ont absorbée, M. Hostachy explique
...rêt que les Américains ont trouvé dans cette exportation.

...effet, depuis plusieurs années, les Américains, alarmés de la
...ution croissante de leurs richesses forestières, sont allés au
...nada et, soutenus par de puissants capitaux, ils se sont assuré
...réserves (appelées *limites* au Canada) considérables de bois.
...cune loi prohibitive efficace ne les empêchant d'exporter
...bois aux Etats-Unis, afin de le transformer en pâte et en papier,
...progression ascendante de leurs importations de bois canadien
...xplique aisément.

...Mais les gouvernements provinciaux se sont alarmés de cette
...portation progressive, qui ne laissait aucun bénéfice au pays.
...afin de restreindre l'exportation du bois aux Etats-Unis et pour
...oriser la fabrication du papier dans la province de Québec, le
...uvernement provincial de cette province a frappé d'un impôt
...1 dollar 90 (*Stumpage Act*) chaque corde de bois (de 128 pieds
...bes) abattu, retenant l'impôt total, soit 1 doll. 90, lorsque
...bois est exporté aux Etats-Unis, et remboursant 1 doll. 50 par
...de lorsque le bois est transformé en papier ou pâte dans la
...vince même. Cette loi a eu pour effet d'engager les Américains
...construire des usines à papier au Canada et à y engager
...normes capitaux qui ne peuvent que contribuer à la richesse
...tionale.

...La province d'Ontario a la même loi en vigueur.

...M. Hostachy termine cet exposé de la situation de l'industrie
...la pulpe au Canada, par un relevé très succinct des avantages
...'offre le marché français.

...En 1899, dit-il, la France a importé 86.078.319 kilos de pâtes
...caniques d'une valeur de 17.215.664 francs, dont 56.264.520 kilos

venant de Norvège, 21.111.229 kilos de Suède, 5.605.359 kilos d'Allemagne. En pâtes chimiques, en 1899, la France a importé 46.424.335 kilos valant 16.712.761 francs, dont 11.634.746 kilos venant d'Allemagne, 11.364.049 de Norvège, 6.915 774 de Suède, 9.304.407 d'Autriche-Hongrie, 3.263.596 de Suisse et 2.893.563 de Belgique.

Un marché, tel que le marché français, qui importe annuellement 132.502.654 kilos de pâtes mécaniques et chimiques, soit environ 132.000 tonnes, valant 33.928.435 francs, non seulement n'est pas à dédaigner, mais au contraire est bien digne d'attirer l'attention des pays, tels que le Canada, qui cherchent à créer des débouchés aux produits de leurs industries.

Le marché français est donc de nature à devenir un débouché très important pour la pâte de bois canadienne, qui peut y trouver, d'après les assertions d'autorités en la matière, un écoulement très avantageux.

De plus, la pâte de bois canadienne est comprise dans le traité franco-canadien et jouit à l'entrée en France du tarif de douane minimum. Cependant jusqu'ici la pâte canadienne n'avait pu profiter de cet avantage à son entrée en France, par suite de l'absence de ligne régulière directe de vapeurs entre la France et le Canada. Mais cet obstacle n'existe plus maintenant (1), et tout fait prévoir que l'importation française de la pâte à papier canadienne est appelée à donner lieu à des transactions très étendues et réciproquement avantageuses.

Nous devons mentionner que les règlements de la douane française, exigeant que la pâte soit perforée, ont été souvent un inconvénient et un obstacle aux essais d'exportation en France. Cette perforation entraîne un outillage spécial que les usines canadiennes ne peuvent adopter qu'après avoir eu l'assurance complète que l'exportation sera suivie, et sans qu'elles soient exposées en aucune façon à voir leurs expéditions subir des délais ennuyeux.

Il n'y a pas de doute que les usines françaises désireuses de s'approvisionner au Canada pour leur pâte, interviendront auprès des industriels canadiens et auprès de l'administration des douanes

(1) Une petite ligne de cargoboats finlandaise fait un service de transport des marchandises entre La Pallice-Rochelle et Montréal.

ιçaises afin qu'une réglementation définitive intervienne pour
lus grand profit de toutes les parties intéressées.

'industrie de la pâte au Canada devrait attirer l'attention des
italistes français. Sous le bénéfice de mesures de protection
euses, un des seuls moyens pour de grands établissements
içais, fabriquant la pâte et voulant s'approvisionner au Canada,
de suivre l'exemple des Américains. Ils devront obtenir et
er, dans le pays même, des usines du genre de celles qui s'éta-
sent chaque jour à l'aide de capitaux étrangers.

'ouvrier canadien y trouverait de bons salaires et l'industrie
ionale ne pourrait que profiter de cette mise de capitaux.

*
* *

n estime que les pouvoirs hydrauliques de la rivière Péribonka
vent développer une force motrice de 300.000 chevaux. On
t se faire une idée de la puissance de production que repré-
te cette force.

a rivière *Mistassini* peut développer, croit-on, 40.000 chevaux.
a rivière *Mistassibi*, son affluent, renferme une force motrice
luée à 75.000 chevaux.

a rivière *Aux Rats*, autre affluent de la Mistassini, pourrait
·nir 22.000 chevaux.

n ignore au juste les pouvoirs de l'*Assiemska*, autre tributaire
néme fleuve.

a *Chamouchouane*, cours supérieur du Saguenay qui se jette
s le lac Saint-Jean, peut développer une force motrice de près
100.000 chevaux.

a *Ouiatchouane* effectue une descente de 71 mètres par une
e de cascades et de chutes qui pourraient être utilisées par
lustrie ; on évalue son pouvoir hydraulique à 33.000 chevaux-
eur.

a rivière *Rideau*, 1.300 chevaux.

e Board of Trade d'Ottawa a fait faire une exploration dans la
·on de la rivière Ottawa afin de prendre des renseignements sur
pouvoirs hydrauliques que peuvent produire cette rivière et
affluents. Or on a conclu, à la suite de cette enquête, qu'il n'y

a pas moins, dans un rayon de 75 kilomètres, de 900.000 chevaux-vapeur :

Soit : 664.000 chevaux-vapeur sur la rivière Ottawa, 40.000 chevaux-vapeur sur les tributaires de cette rivière situés dans Ontario, 186.225 chevaux-vapeur sur ses tributaires situés dans la province de Québec.

Mais voici, d'après l'ingénieur civil Surtees, comment est répartie cette force hydraulique.

1°. En amont de la ville d'Ottawa :

Rivières	Chevaux-vapeur
Grande-Chaudière	35.000
Petite-Chaudière	25.000
Deschênes et Britannia	15.000
Chutes aux Chats	141.000
Portage du Fort	49.000
Chute Mountain	62.000
Grand-Calumet	186.000
Coulonge	24.120
Noire	21.000
Galetta (sur le Mississipi)	1.800
Packenham	900
Blackeney	1.080
Rapides Rosamond	720
Almonte	540
Appleton	540
Carlton-Place	1.000
Innisville	540
Rapides Arnprior	1.400
Burnstown	1.400
Rapides Springton	1.120
Lac Calabogne	3.640
Hautes chutes de Madawaska	10.360
Des rapides Castleford (sur la rivière Bonne-chère)	1.120
Renfrew et Douglas	2.000
Quyon	80

2o En aval de la ville d'Ottawa :

Rivières	Chevaux-vapeur
Rapides Farmers (sur la rivière Gatineau) . .	24.500
Chelsea Mills	47.790
Chute Eaton.	24.508
Cascades	14.000
Wakefields.	12.000
Chutes Pangan.	75.500
Pêche	375
Petite-Nation	1.600
Blanche.	1.600
Crique du Prêtre.	240
Blanche (petite)	230
Crique Clay.	120
Buckingham (sur la rivière du Lièvre)	4.000
Chutes Rhéaume.	4.000
Chutes Dufferin	12.500
Upper Falls.	12.500
Little Falls	500
Cascades	2.000
High Falls	36.000

Il n'y a actuellement que 58.400 chevaux-vapeur qui sont utilisés.

Dans la seule région du lac Saint-Jean, la force hydraulique des cours d'eau est estimée à 700.000 chevaux-vapeur.

Les ingénieurs du canal projeté entre Montréal, Ottawa et la baie Georgienne ont évalué la force motrice utilisable le long du parcours du canal à 700.000 chevaux-vapeur. De plus les écluses qu'on se propose de construire pour le canal de Montréal-Ottawa-Baie Georgienne augmenteront le pouvoir d'eau, entre les chutes Esturgeon et Montréal, de 500.000 chevaux-vapeur ; c'est du moins ce que l'on prévoit.

La rivière *Maskinongé* a un pouvoir hydraulique incalculable ; on croit qu'elle ne pourrait alimenter moins de 50 usines.

Règlements généraux.

1° Les concessions forestières sont vendues à certaines époques de l'année, par voie d'enchère.

2° Tout bois de pulpe est frappé d'un droit de 3 fr. 25 par quatre mètres cubes.

3° Tout licencié pour la coupe du bois de pulpe peut prendre le bois de 20 centimètres de diamètre et au-dessus.

4° Sont perçus les droits suivants :

Bois équarri, par 30 centimètres cubes.	16 c.
Plançons (excepté l'épinette, la pruche, le cèdre, le sapin) par 304 mètres de longueur.	6.50
— (épinette, pruche, cèdre, sapin) par 304 mètres de longueur.	5.40
— (petits) pour bardeaux, bobines ou papier de pulpe, par 4 mètres cubes . .	1.25

Législation (Province de Québec).

1° La licence de coupe de bois est sujette à une rente foncière annuelle de trois piastres (15 fr.) par mille ou fraction de mille carré (2 km 59), et à une taxe de « feu » dont le montant est fixé de temps à autre par le commissaire. Elle dure douze mois, du 1er mai au 30 avril ; et, après son émission, aucune réclamation n'est admise pour le remboursement de rente foncière ou de taxe de feu à raison de surcharge dans le calcul de superficie de la « limite » (concession).

2° Toute licence expire le 30 avril qui suit son émission ; mais le licencié qui s'est conformé aux règlements existants a, jusqu'au 1er septembre suivant, droit au renouvellement de sa licence. Pour toute infraction à la loi ou aux règlements il perd ce droit. Mais le commissaire peut permettre le renouvellement, sur paiement de la rente foncière et de toute autre amende qu'il lui plaira d'imposer.

3° En cas de destruction partielle ou totale de la valeur d'une « limite » soit par incendie, par l'extension de la colonisation ou par d'autres causes, le commissaire a le pouvoir discrétionnaire d'en annuler la licence, en tout ou en partie.

4° Le transfert de limites à bois ou de parts divises ou indivises de limites à bois, se fait par écrit, sujet à l'acceptation du commissaire et au paiement d'une prime de quatre piastres (20 fr.) par mille ou fraction de mille carré. Le transfert accepté date du paiement de la prime. Les détenteurs de limites doivent informer le commissaire de toute opération de transfert. Le transfert ne peut être accepté si le licencié transférant est endetté envers la Couronne.

5° Le licencié peut, sans payer la prime, transférer conditionnellement sa limite en garantie de remboursement d'avances, mais il doit, au préalable, payer tout arrérage par lui dû à la Couronne. Le transfert conditionnel doit être écrit, mentionner le chiffre garanti et être noté sur la licence par le commissaire ou par son ordre. Si le créancier prouve à la satisfaction du commissaire que l'obligation garantie n'est pas remplie, le transfert devient parfait, sur le paiement de la prime, et la licence peut être émise en son nom après un avis préalable de 15 jours au porteur de la licence.

6° Les agents des bois de la Couronne doivent tenir registre des licences émises dans leur juridiction et des transferts de limites. Le public a libre accès à ce registre et au plan indiquant les terrains sous licence ou vacants dans chaque circonscription.

7° Le licencié, ou son représentant, doit produire, suivant les formules fournies par le département, avant le 30 juin de chaque année, ou avant le flottage des bois, s'il s'agit d'une limite arrosée par des cours d'eau tombant dans le golfe Saint-Laurent ou dans la mer, ou traversant des provinces ou des Etats voisins :

a) Un état assermenté de tout le bois fait pour son compte durant la saison précédente, ou sur des lots exploités en vertu d'un billet de location, patentés ou autrement;

b) Des états assermentés par ses entrepreneurs, contremaîtres ou autres employés en charge des chantiers, donnant la quantité, la description et la provenance de tous les bois par eux coupés pour son compte, durant la saison précédente, sous leur direction ou à leur connaissance ;

c) Des devis du mesurage de ces bois, assermentés par des mesureurs qualifiés et acceptés par le commissaire (et pour le bois qui doit être mesuré par le surintendant des mesureurs de bois ou ses assistants, un extrait certifié des mesurages officiels mentionnant le nombre de pieds cubes contenus dans ce bois) ;

d) Dans son propre *affidavit* ou celui de son représentant, corroborant les déclarations assermentées de ses employés :

e) Un état assermenté de ses limites non exploitées durant la saison terminée.

N. B. — Pour permettre aux licenciés de remplir fidèlement les obligations susdites, les contremaîtres ou personnes en charge de chaque chantier pourront être obligés de tenir un livre dans lequel sera entré un état détaillé et exact du nombre de pièces de bois carré, bois d'estacade ou de dimension, billots de sciage ou autres bois, coupés et enlevés chaque jour durant la saison des opérations forestières ; et ce livre devra être assermenté à la fin de telle saison.

8° Les mesureurs de bois doivent mesurer tout le bois coupé et utilisable, faire rapport détaillé de chaque mesurage et mettre à part les morceaux défectueux dont ils font déduction, pour examen spécial par le garde forestier. Tout licencié doit rendre compte dans ses rapports du bois qu'il n'enlève pas, et ce bois est sujet aux droits.

9° Les gardes forestiers et autres fonctionnaires chargés par le commissaire de surveiller la coupe du bois sur les terres de la Couronne ont droit de la part des opérateurs à tout ce qui peut faciliter l'exécution de leurs devoirs. Ils peuvent examiner les livres et les documents relatifs aux opérations forestières, régler la manière dont les billots devront être placés pour permettre un mesurage satisfaisant, compter et mesurer librement tout le bois coupé et faire en général observer les règlements.

10° Pour les bois carrés destinés à l'exportation, le licencié devra produire un état indiquant les quantités établies par le devis de mesurage effectué par le surintendant des mesureurs de bois à Québec, ou ses délégués, ou estimé en vertu de tout autre mesurage dûment fait et accepté ; mais lorsque tel mesurage ne pourra être obtenu, chaque morceau de pin blanc sera considéré comme contenant 60 pieds cubes et chaque morceau de pin rouge ou autre bois comme contenant 30 pieds cubes.

11° Avant d'expédier d'une agence (circonscription) le bois qui a été coupé, le propriétaire de ce bois ou son représentant doit en faire rapport à l'agent des bois de cette division, et, s'il en est requis, déclarer sous serment la quantité de chaque espèce de bois à expédier, sa destination, le mode de transport et le nom du consignataire. Pour soustraire au paiement des droits la partie de ce bois provenant de propriétés particulières, il doit produire en sus un *affidavit* mentionnant les lots sur lesquels ce bois a été coupé et la quantité coupée sur chaque lot. Il reçoit alors de l'agent un acquit mentionnant la quantité de bois expédié, ce qui est exempt de droits et les droits dûs sur le reste. A l'arrivée de ce bois à destination, il doit en être fait rapport à l'officier chargé de la perception des droits, et tout bois mentionné dans l'acquit et dont la provenance n'est pas suffisamment expliquée est considéré comme coupé sur les terres de la Couronne et sujet aux droits.

12° Il n'est pas permis au licencié de couper, sur les terres de la Couronne, le pin de moins de douze pouces (30 centimètres), l'épinette de moins de onze pouces, ni les autres arbres de moins de neuf pouces de diamètre à la souche. Mais il lui est permis de couper à un diamètre de sept pouces à la souche l'épinette noire, le sapin, le tremble, la pruche et autre menu bois destiné à la fabrication de la pâte à papier.

13° Il est défendu aux licenciés de couper du bois de cèdre pour en faire des bardeaux ailleurs que dans la puissance du Canada.

14° Tous les bois destinés au sciage seront mesurés, par des mesureurs dûment qualifiés, de la manière indiquée dans les formules fournies par le département des terres, forêts et pêcheries, en pieds de superficie d'un pouce d'épaisseur, d'après la table annexée aux articles de la loi, le commissaire conservant le droit de faire constater au moulin le contenu réel des bois qui auront été sciés et tout autre fait relatif au bois coupé sur les terres de la Couronne. Le diamètre des bois de 18 pieds de longueur au maximum se prend au petit bout. Pour les bois de plus de 18 pieds, le diamètre à prendre est la moitié de la somme des diamètres des deux bouts.

A défaut de ce mesurage spécial pour le grand bois, il sera sujet à un droit de un centin par pied linéaire, pour l'épinette, la pruche, le sapin, le cyprès, le cèdre, le bouleau et le tremble ; et deux centins par pied linéaire pour les autres bois.

CHAPITRE NEUVIÈME

Voici la liste des principales essences et des bois industriels du
Canada. Nous joignons à cette liste quelques observations abrégées, telles qu'elles ont été données dans les publications officielles
de l'exposition de 1900.

BOIS BLANC (*Tilia americana*). — Léger, tendre, résistant. On
s'en sert pour pianos, orgues, etc. ; ébénisterie économique ; cartonnage : boîtes d'emballage légères ; cartonniers ; jouets. Il sert
peu dans la construction. Se trouve principalement dans les provinces de Québec, Ontario et l'est du Manitoba.

PLAINE A LARGES FEUILLES (*Acer macrophyllum*). — Ébénisterie :
lambrissage. Se trouve dans l'île de Vancouver ; au sud-ouest de
la Colombie britannique.

ÉRABLE (*Acer saccharinum*). — Disons d'abord que cet arbre est
particulier au pays. Sa feuille entre dans la composition du blason
du Canada. Excellent pour la construction ; bon combustible ;
placage, meubles de luxe : lambrissage d'intérieur ; ustensiles
domestiques ; quilles de bâtiments ; jantes de roues.

La sève de cet arbre sert à faire un sucre exquis. Se trouve partout entre la Nouvelle-Écosse et le lac Supérieur ; sud-ouest d'Ontario.

PLAINE ROUGE (*Acer rubrum*). — D'un usage moins répandu ;
sert surtout à la confection d'ustensiles domestiques, barattes, etc.
On l'emploie aussi dans l'ébénisterie. Se trouve entre l'océan

Atlantique et le lac Supérieur ; il vit même plus au nord que ne fait l'érable.

CERISIER NOIR (*Prunus scrotina*). — Il ne semble pas y avoir assez de ce bois pour répondre aux besoins du pays ; il faudrait s'appliquer à le cultiver, chose que l'on ne fait malheureusement pas. Il sert dans la fabrication des meubles et pour l'ornementation d'intérieur. Se trouve dans les provinces de Nouvelle-Écosse, Nouveau-Brunswick, île du Prince-Édouard, Québec et sud-ouest d'Ontario.

FRÊNE FRANC (*Fraxinus americana*). — Très bel arbre, grand, utile, fort, flexible et élastique ; sert dans la fabrication des instruments aratoires ; charronnage, carrosserie, traîneaux, planchers, meubles ; ébénisterie. Se trouve en Nouvelle-Écosse et dans l'ouest d'Ontario.

FRÊNE NOIR (*Fraxinus sambucifolia*). — Dur, flexible. Sert dans la tonnellerie. Le frêne *rouge* et le frêne *vert* ont les mêmes qualités. Se trouvent dans l'ouest canadien : rivière Assiniboine, lacs Manitoba et Winnipegosis.

ORME BLANC (*Ulmus americana*). — Dur ; se fend difficilement. Sert à faire des moyeux de roues, poulies, palans, plats-bords, etc. Pesant, fort, mais peu durable. Tonnellerie, chaises, planchers, meubles. Ce bois est d'une grande variété de nuances et de grain. Sert encore pour faire l'imitation d'autres bois. Se trouve dans les provinces maritimes : Nouvelle-Écosse, etc., jusqu'au lac Winnipegosis ; il abonde dans l'ouest d'Ontario, à la rivière Rouge.

ORME ROUGE. — Un peu rare. Sert pour traverses de chemins de fer, poteaux, piquets de clôture. Très durable. Son écorce est employée en préparations pharmaceutiques.

ORME DE ROCHE (*Ulmus vacemosa*). — Dur, fort, flexible, pesant. Sert pour les instruments ou outils agricoles, roues, etc. Se trouve dans le sud de Québec, à l'ouest du lac Supérieur et au sud d'Ontario.

SYCOMORE-PLATANE (*Platanus occidentalis*). — Pesant, dur, faible. Sert aux ouvrages d'extérieur, fonçures de tonneaux, boîtes à cigares, moules à beurre. C'est un bois de qualité réputée inférieure. Se trouve au sud-ouest d'Ontario.

NOYER (*Carya alba*). — Pesant, dur, résistant, fort et élastique ; se détériore au contact prolongé du sol ; comme combustible il est supérieur à l'érable. Sert à faire des essieux, manches de fourches, outils agricoles, etc. Se trouve au sud-est d'Ontario.

MERISIER ROUGE (*Betula lenta*). — Dur, lourd, fort. Le merisier rouge est quelquefois d'une nuance aussi foncée que celle du merisier. Sert dans l'ébénisterie : moyeux, pilotis, travaux d'écluse, navires. Le plus beau merisier se trouve dans la province de Québec, au nord de la rivière Ottawa et du fleuve Saint-Laurent; se trouve encore dans le centre d'Ontario et notamment dans les comtés de Huron, Grey, Bruce, et dans les régions du lac Nénissing, de l'Algoma et du Parry Sound.

BOULEAU (*Betula papyrifeca*). — Blanc, dur, grain serré. Sert à la confection des bobines, fuseaux, poinçons, formes de chaussures; pour l'ornementation d'intérieur, canots d'écorce. Se trouve partout entre l'océan Atlantique et l'océan Pacifique; on le trouve dans les régions septentrionales avancées. Le plus beau bouleau se rencontre le long du Saint-Laurent et de ses tributaires de l'ouest.

CHÊNE BLANC (*Quercus alba*). — Très lourd, dur, fort, durable. On vante particulièrement le chêne *Bur*. Sert pour navires, carrosses, tonneaux, instruments agricoles; ébénisterie, ameublement, planchers, etc. Quand il est coupé de biais, il présente plusieurs variétés de grains et de teintes. Se trouve dans l'ouest de Québec, dans Ontario jusqu'au lac Huron, dans les provinces maritimes, dans l'ouest du Manitoba.

CHÊNE BLANC DE L'OUEST (*Quercus garryana*). — Très beau. Sert dans l'ameublement, la menuiserie. Se trouve dans la Colombie britannique, et au sud de l'île Vancouver.

CHÊNE ROUGE (*Quercus rubra*). — Inférieur au chêne blanc; aussi dur, pesant, fort. Sert dans la tonnellerie; manches d'instruments ou d'outils; roues, palonniers; boiseries; ameublements. Se trouve entre les provinces maritimes jusqu'au lac Supérieur.

CHATAIGNIER (*Castanea dentata*). — Durable, facile à travailler. Sert dans l'ébénisterie; traverses de chemins de fer; bois de charpente. Se trouve dans Ontario.

HÊTRE (*Fagus ferruginea*). — Possède des variétés infinies de grains et de teintes. Sert à faire des meubles, des planchers. Le hêtre *blanc* est plus résistant, durable. Sert à faire des manches d'outils, des varlopes, des formes de chaussures, des maillets.

Se trouve dans les provinces maritimes, Québec, Ontario, dans les environs du lac Huron et de la baie Georgienne.

Tremble (*Populus tremuloides*). — Léger, facile à ouvrer. Sert à l'industrie de la pulpe ; traverses de chemins de fer ; barils légers ; caisses légères ; meubles de ménage. C'est un des arbres les plus répandus ; on le trouve jusqu'aux régions polaires.

Peuplier baumier (*Populus balsamifera*). — Tendre, faible. Sert dans l'industrie de la pulpe, et en général aux mêmes usages que le précédent. On le trouve dans l'ouest canadien. Cet arbre atteint parfois une hauteur de 50 mètres.

Noyer noir (*Juglans nigra*). — Beau, d'une grande valeur pour le fini de l'intérieur : boiseries, lambrissage. Cet arbre devient rare ; seulement, grâce à sa grande précocité, il peut être facilement cultivé. M. Joly de Lotbinière, gouverneur de la Colombie britannique, possède une des plus belles plantations canadiennes de noyer. Se trouve dans Ontario et dans l'ouest de Québec.

Noyer tendre. — Plus pâle que le noyer noir ; n'a pas la même consistance ; durable. Sert pour le lambrissage, là boiserie. Se trouve dans le sud du Nouveau-Brunswick jusqu'à la baie Georgienne.

Cèdre blanc (*Arbor vitæ ; thuga occidentalis*). — Tendre, faible. Il est peu propre à la construction. On en fait des bardeaux, des perches de clôture, des piquets, des traverses de chemins de fer, des poteaux de télégraphe. Bois impérissable. Se trouve dans le Nouveau-Brunswick, Québec, Ontario.

Cèdre rouge, cèdre jaune (*Thuga giganta*). — Bois très gros ; atteint parfois trois mètres de diamètre ; possède une grande variété de nuances ; se polit facilement. Sert aux boiseries, portes, meubles, poteaux. Se trouve dans la Colombie britannique, dans l'île de Vancouver.

Cèdre jaune, cyprès jaune (*Thuga excelsior*). — Cet arbre croît sur les montagnes, à des hauteurs atteignant jusqu'à 800 mètres au-dessus du niveau de la mer. Durable, d'un grain serré, facilement polissable. Sert dans les boiseries, dans l'ébénisterie. On le considère comme un des bois les plus précieux. Se trouve dans l'île Reine-Charlotte et dans la Colombie britannique, au nord.

Pin blanc (*Pinus strobus*). — L'arbre le plus précieux du Canada. Sert à faire des madriers, des planches ; bois à construire ;

les rognures servent à faire des bardeaux, lattes. C'est un bois léger, faible. Se trouve partout; dans la vallée de la rivière Ottawa. Cet arbre a parfois un mètre de diamètre.

PIN BLANC DE L'OUEST (*Pinus monticola*). — Sert aux mêmes usages que le précédent; il lui est cependant inférieur. Se trouve à l'intérieur de l'île Vancouver, dans les montagnes Selkirk (Colombie britannique).

PIN ROUGE (*Pinus resinosa*). — On le confond souvent avec le pin blanc. Sert comme bois à construire. Il est moins répandu que le pin blanc. Se trouve à peu près dans les mêmes régions que celui-ci.

PIN « JACK » (*Pinus banksiana*). — Peu employé dans l'industrie. Il sert à faire des traverses de chemins de fer; charpente; pulpe. Se trouve entre les provinces maritimes et le pied des montagnes Rocheuses. Les plus beaux spécimens de l'espèce se trouvent dans la région située entre le nord du Manitoba et la rivière Arthabasca.

PIN NOIR (*Pinus murrayana*). — Flexible. Sert à faire des traverses de chemins de fer; bon combustible; on en fait des essis, du charbon de bois. Il est incorruptible. Se trouve dans la partie *est* des montagnes Rocheuses et en Colombie.

ÉPINETTE NOIRE (*Picea nigra*). — Sert de bois à construire; pulpe; on en fait des mâts de navires. Se trouve dans les mêmes régions que le suivant.

ÉPINETTE BLANCHE (*Picea alba*). — Résistant, fort, flexible. On en fait des traverses de chemins de fer, des piquets, des poteaux, des pilotis, de la pulpe. Se trouve entre la Nouvelle-Écosse et les régions les plus éloignées vers l'océan Arctique; Labrador.

ÉPINETTE ENGELMAN (*Picea Engelman*). — Sert dans la construction des ponts; grosses charpentes. Se trouve dans les montagnes Rocheuses; montagne Selkirk; vallée de la rivière Colombie.

ÉPINETTE SITKA, ÉPINETTE MENZIE (*Picea sitchensis*). — Bois à construire; portes, châssis, étagères, navires, douves; pulpe. C'est un bois blanc, flexible, incorruptible. Se trouve dans la Colombie britannique.

PRUCHE (*Tsuya canadensis*). — Inférieur au pin blanc. Sert pour charpentes, quais, docks, pilotis. L'écorce de ce bois renferme du tanin. Se trouve dans les provinces maritimes, Québec, Ontario.

Pruche de l'ouest (*Tsuya martensiana*). — A un grain grossier ; écorce riche en tanin, mais trop mince. Se trouve en Colombie britannique.

Sapin douglas (*Pseudo-tsuya Douglasii*). — Le plus productif, le plus précieux bois à construire. Sert pour navires, quais, traverses de chemins de fer, poteaux : écorce tanine. Cet arbre atteint des dimensions colossales. Se trouve en Colombie britannique.

Balsamier (*Abies balsamea*). — Léger, tendre, corruptible ; de qualité inférieure. Se trouve en Ontario et Québec.

Sapin blanc de l'ouest (*Abies grandis*). — Très tendre. Sert pour boites, caisses d'emballage, barils légers. Se trouve sur la côte de l'océan Pacifique.

Épinette rouge, mélèze noir (*Larix americana*). — Dur, lourd, fort. Sert à faire des traverses de chemins de fer, des piquets, des poteaux, des courbes de navire, des poutres, des soliveaux. Se trouve entre la Nouvelle-Écosse et la rivière la Paix, en Colombie britannique.

*
* *

N. B. — Le *Commercial Intelligence* (janvier 1904), organe d'une section particulière du Board of Trade de Londres, passant en revue l'industrie canadienne de l'ameublement, cite les principales villes du Canada qui manufacturent les meubles : Berlin, Waterloo, Guelph, Hanovre, Stratford, Owen-Sound, Goderich, Québec, Montréal, Beauharnois, Danville, Granby, Windsor, Amherst, Saint-Jean (N. B.).

On se rappelle que jusqu'à ces derniers temps les manufactures canadiennes de meubles ne produisaient que pour la consommation locale ; mais cette industrie se développe et prend des proportions brillantes.

On n'a, pour s'en assurer, qu'à demander aux industriels ou aux marchands canadiens, de bien vouloir adresser leurs catalogues illustrés.

Des spécialistes ont été mandés de divers pays afin de renseigner les producteurs sur les styles particuliers des pays susceptibles de devenir des clients et on a obtenu de cette façon des résultats pratiques des plus encourageants.

Déjà certaines manufactures ne produisent plus que pour l'exportation. Au nombre des clients que compte cette industrie canadienne mentionnons l'Angleterre, l'Australie, la Nouvelle-Zélande, les Indes occidentales et le Sud-Africain.

Les Américains font une grande concurrence aux producteurs canadiens, il est vrai, mais ils ne peuvent pas produire à meilleur marché que les industriels du Canada : la preuve en est qu'ils viennent eux-mêmes s'établir *chez nous* pour développer leurs manufactures.

Le *Commercial Intelligence* presse les hommes pratiques, disposant de 50 à 150.000 francs, de se rendre compte par eux-mêmes des chances qu'il y a pour eux dans cette industrie si canadienne.

CHAPITRE DIXIÈME

LES PRODUITS CHIMIQUES

Nous avons eu l'avantage de faire en 1902 une excursion dans
Grand-Nord de la province de Québec, ce pays si pittoresque-
ent boisé et si poétiquement désert. Çà et là, à de grandes dis-
ces les unes des autres, on rencontre un petit village où brille
le flèche d'église en beau granit gris ; on y entend à travers la
et dans les grandes vallées des rivières des bruits de chutes
eau qui disent assez la force hydraulique qu'on y pourrait déve-
pper. Le gouvernement canadien était représenté dans cette
par le dévoué docteur Brisson qui nous accompagnait.
consul général de Russie à Montréal et un chimiste russe fai-
ent également partie de notre expédition. Ne nous arrêtons pas
décrire le parcours du chemin de fer ni celui des routes plus ou
oins carrossables que nous fîmes dans les montagnes et sur le
rd des ravins, ni les enchantements des monts aux noms
ranges, pas plus que le charme des habitations des colons et des
tils villages frais et heureux qui sont fondés depuis quelques
nées dans ce pays du grand apôtre Labelle.
Avouons qu'il y a quelque peu lieu de s'étonner de voir venir
notre pays une délégation russe ; cela suffirait à nous con-
mer dans notre sentiment sur la richesse forestière du pays.
et ce chimiste russe venait, pour le compte d'un riche sujet du
ar, établir quelques usines de produits chimiques. C'était donc
homme de confiance et un spécialiste.
Au mois de novembre 1902, M. Wannag, le chimiste en question

faisait un long rapport de son voyage d'étude à l'assemblée des Directeurs de la Société de colonisation de Montréal. Nous ne saurions mieux faire que de le reproduire en grande partie :

Le chemin Chapleau, de Nominingue jusqu'à Saint-Gérard, traverse un pays plein de montagnes et par conséquent excessivement rude pour les chevaux ; nous ne pouvons nous y avancer que très lentement. Il est vrai que le paysage est très pittoresque. On remarque sur tout le parcours, à gauche et à droite, des lacs environnés de forêts.

Le sol est très pierreux, le fond est rocheux, il n'y a presque pas de terrain plat ; les fermiers prétendent que *tout pousse bien*, mais qu'il est excessivement difficile de rendre le terrain cultivable et que cela prend énormément de temps. Les herbes à pâturage poussent partout très bien, ce qui pourrait rendre cette contrée excessivement favorable à l'élevage des vaches laitières.

La forêt, sur les monts les plus élevés, est composée presque exclusivement de bois franc ; sur les pentes, ainsi que dans les vallées, le bois franc est mêlé avec du bois à feuilles aciculaires ; mais nous n'avons pu apercevoir nulle part un pin ou un sapin d'un âge considérable ; tout ce qu'on a vu était jeune. Dans les parties où le bois mou prévaut, on ne voit que des troncs brûlés.

Près du village Saint-Gérard et plus haut sur la rivière Kiamika, sur une distance d'à peu près 15 à 16 milles, on trouve des plaines habitées et cultivées par de nombreux fermiers ; le sol est sablonneux, mais fertile. Les fermiers s'occupent plus spécialement d'agriculture ; néanmoins, plusieurs sont obligés de gagner leur vie, en partie, en travaillant pour le compte du gouvernement, qui les occupe pour la construction et la réparation des chemins ; d'un autre côté, ils trouvent de l'emploi chez des compagnies pour lesquelles ils coupent et flottent le bois.

A partir de la dernière ferme, sur la rivière Kiamika, on est obligé de remonter la vallée à cheval à travers des montagnes très raides et très rocheuses ; ces montagnes sont couvertes de bois franc, mêlé avec 1 ou 2 pour 100 de bois mou. Après 6 à 7 milles de ce chemin, on arrive aux terrains plus aptes à l'agriculture ; c'est juste l'endroit où le chemin Gouin traverse la rivière Kiamika. La surface plane (mesurée à vue d'œil, sans instrument), contient de quatre à cinq mille acres. Si l'on en juge d'après les débris des arbres brûlés, cette contrée a été couverte d'une épaisse forêt de bois mou. A l'heure qu'il est, toute cette forêt est entièrement détruite par les feux ; le sol est également sablonneux (*Terre Jaune*, comme on dit dans le pays). A une distance de deux milles à peu près du chemin, se trouve une chute sur la Nionika. N'ayant pas d'instruments sur nous, nous avons dû nous contenter de mesurer la chute approximativement.

La chute consiste en une série de cascades de trois cents pieds de long, dont la hauteur entière est de 25 à 30 pieds; sa largeur varie entre 20 et 40 pieds. On peut supposer que cela peut donner à peu près 200 mètres cubes d'eau par seconde, ou 140 chev. v. nominaux.

En s'enfonçant dans la forêt, on trouve les mêmes espèces de bois franc, mêlées dans les vallées avec du bois mou jeune. Ce qui nous frappe le plus, c'est que le bois franc est composé, sur tout le parcours, d'arbres très vieux ou très jeunes. Outre cela, nous avons pu nous convaincre, en examinant une très grande quantité d'arbres coupés, vieux et jeunes, qu'il y en avait très peu qui fussent sains le long de l'axe central.

Ainsi la valeur du bois est minime, car il ne peut être employé que comme combustible ; il y a peu d'arbres qui puissent être utilisés comme bois de sciage et de menuiserie.

Comme il n'y a pas de marché pour le bois, ce dernier ne constitue qu'une charge de plus pour le colon et il ne lui reste rien autre chose à faire qu'à l'abattre et à le brûler pour s'en débarrasser. Cette manière de procéder présente cependant un double danger : d'un côté, un aussi grand feu ne peut guère être contrôlé et il atteint facilement la forêt qui l'entoure ; puis, l'énorme chaleur qui se développe par l'effet du feu, détruit tous les éléments organiques du sol à la profondeur arable, et une partie des compositions minérales, qui peut être facilement assimilée par les plantes, est convertie en matières moins solubles. Ainsi le sol perd beaucoup de sa fertilité. Le fermier, qui ne s'en doute presque jamais, ne peut sans fertilisation artificielle compter sur une bonne récolte que pendant les deux ou trois premières années.

Voici ce que nous proposerions pour la colonisation et le développement économique du pays :

Il est nécessaire d'établir des usines pour l'utilisation du bois

par voie chimique, c'est-à-dire : 1° Par la distillation sèche du
bois sur une grande échelle, avec la possibilité d'en tirer le
maximum des produits dérivés, tels que esprit méthylique,
acide acétique, sels acétiques, acétone, créosote, goudron, charbon de bois, etc., etc. ; 2° Fabrication du sulfate de cellulose.

Vu qu'il est nécessaire d'avoir de la chaux en grande quantité,
il faudra nécessairement construire des fourneaux pour brûler les
pierres calcaires. Or, nous avons trouvé en différentes places
des gisements de pierres calcaires ressemblant au marbre blanc.
La proximité éventuelle du chemin de fer et la grande quantité
de combustible à bon marché auront par la suite l'effet d'établir
cette industrie sur une grande échelle ; on pourra y joindre la
production de l'acide carbonique liquide. La construction des
usines nécessitera l'établissement de manufactures de briques,
qui seront également d'une grande utilité pour la population. On
trouve dans maints endroits, le long de la rivière Kiamika, la
glaise dans le sous-sol et il n'y a pas de doute que plus haut, sur
les bords de la même rivière, on en trouvera davantage.

Le caractère général du pays indique la présence de richesses
minérales et nous autorise à espérer qu'on trouvera des gisements
de minerais dont l'exploitation pourra être profitable. On a trouvé
déjà du mica, des mines de fer, le marbre, le graphite, les phosphorites et les pyrites.

Si les terres et le bois sont contrôlés par l'administration des
usines, on pourra en tirer les avantages suivants : les lots
réservés à la culture par les fermiers ne présenteront plus de si
grandes difficultés de défrichement : tous les arbres et les grosses
branches seront enlevés, et il ne restera plus au fermier qu'à
détruire les petites branches, les herbes et la mousse par le feu,
qui sera facile à contrôler et qui ne pourra jamais atteindre de
grandes proportions et détruire les éléments nutritifs du sol.

Le voisinage d'une usine offrira de l'ouvrage aux habitants
durant toute l'année ; tout employé d'une usine pourra facilement
se décider à venir s'installer avec toute sa famille, sur un lot, qu'il
choisira ou qui pourra lui être cédé. Au printemps ou à l'automne,
cet employé-fermier pourra toujours recevoir quelques semaines
de congé pour labourer sa terre et faire sa récolte.

Les terrains absolument inaptes à l'agriculture ne seront utilisés

que pour le bois cultivé d'après un système scientifique forestier.

Voici la quantité de produits qu'on peut extraire d'une corde
de bois franc (égale à 128 pieds cubes) par la distillation sèche :

Charbon de bois jusqu'à.	800 livres.
Acétate de chaux.	170 —
Esprit méthylique à 90 degrés.	16 —
Goudron	80 —

Pour distiller une corde de bois (4 mètres cubes) de la façon
susmentionnée, il faut employer, comme chauffage, une demi-
corde (2 mètres cubes) de bois de n'importe quelle qualité et à
peu près 100 livres de chaux pour la saturation à l'acide acétique
cru.

Tous les produits énumérés ont un marché illimité ; mais en
établissant l'industrie avec de grands capitaux et sur une grande
échelle, il faudrait tâcher d'en tirer des produits plus précieux
comme :

L'acétone (utilisée dans la fabrication des matières explosives) ;

L'acide acétique (alimentaire et industriel) ;

La créosote ;

Le chloroforme ;

L'iodoforme ;

L'éther acétique ;

Les acétates de plomb, de fer, de soude ;

Le charbon de bois.

En Russie, il est employé plus d'une dizaine de milliers de
tonnes de ce bois-charbon pour la filtration des meilleures qualités d'eau-de-vie par le gouvernement, qui a le monopole de ce
produit.

Le coût d'installation d'une petite usine pour la fabrication du
charbon de bois, du goudron et de l'acide pyroligneux cru, avec
utilisation du gaz pour le chauffage, peut être évalué à 2.000 francs.
La quantité de bois traitée dans une pareille usine est de dix
cordes de bois (demi-stère) par semaine. Mais la fabrication de
ces produits, seulement en petite quantité, ne peut guère être
considérée comme lucrative pour une compagnie qui devrait viser
à extraire elle-même tous les produits possibles.

Il est plus raisonnable d'établir une usine avec une capacité de traitement de 40 à 50 cordes de bois (de 160 à 200 mètres cubes) par semaine, pour en obtenir aussi l'alcool méthylique et l'acétate de chaux. Le coût d'installation d'une pareille usine est approximativement de 37.500 francs. Mais les usines pouvant carboniser 10.000 cordes et plus, annuellement, seraient beaucoup plus profitables.

Voici quels seraient les profits réalisables dans une installation de 37.500 francs employant 45 cordes de bois franc par semaine :

On peut extraire de 4 mètres cubes (une corde) de bois :

1º Acétate de chaux, 170 livres à 0.05 c.	8 fr.	50
2º Alcool méthylique à 90 degrés ; 16 livres à 25 degrés.	4	00
3º Goudron, 80 livres à 0.05 c.	4	00
Charbon de bois, 800 livres à 0.03 c.	24	00
Total.	40 fr.	50

Et pour obtenir ces produits, il faut dépenser :

1º 4 mètres cubes de bois franc à distiller valant, par (corde)	10 fr.	00
2º 2 mètres cubes de bois (combustible), valant, par corde (4 mètres cubes).	3	75
3º 100 livres de chaux environ ; la quantité dépendant de la qualité.	1	25
4º Acide sulfurique et autres produits chimiques.	0	25
5º 3 quarts d'une journée d'homme, à 7. 50 par jour, soit.	5	65
Total.	20 fr.	90

Valeur des produits extraits par corde	40	50
Coût de la production.	20	90
Profit net.		19 fr. 60
Valeur des mêmes produits par 80 mètres cubes.	1.822	50
Coût de la production.	940	50
Profit par semaine.		882 fr. 00
Valeur des produits pour 53 semaines	94.270	00
Coût de la production.	48.906	00
Profit annuel sur un capital de 37.500 francs.	45.864 fr. 00	

Dans ce calcul ne sont pas compris le coût des assurances, l'amortissement et l'intérêt sur le capital.

CHAPITRE ONZIÈME

« Il y a longtemps, dit si élégamment, Arthur Buies, que la pro-
ince de Québec est reconnue comme le paradis des nemrods,
comme le pays par excellence pour les chasseurs et les pêcheurs de profession. Il y a longtemps que le superbe orignal, —
plus grand des fauves du continent américain, haut de 7 à
pieds, quadrupède géant des forêts, qui porte lui-même une
forêt sur sa tête, dont l'encolure est celle du lion, la force et la
rapidité égales, les jambes comme des flèches rasant le sol et le
sabot aussi dur, aussi meurtrier qu'un boulet de canon, — est
objet des exploits cynégétiques des *sportsmen* les plus audacieux
des deux mondes. Il y a longtemps que le noble caribou, ce
dandy des montagnes, svelte, élégant, gracieux, qui court dans
les clairières des bois, le long des lacs et des précipices, avec le
souci de l'art et la correction du gymnaste... partage avec l'orignal la gloire d'être la plus magnifique victime, marquée d'a-
vance aux coups des chasseurs infatigables et convoitée par-
dessus toutes les autres. A un degré moindre, le grand cerf ou
wapiti, le chevreuil, l'ours, le loup, la loutre, le carcajou, le lynx
enfin le castor, celui-ci modèle vivant de l'industrie et de la
sagacité, le plus précieux des quadrupèdes pour les trappeurs
dans leurs longues courses d'hiver, à travers les forêts lorsqu'ils
sont menacés d'inanition ; et toujours en diminuant dans l'échelle
des proportions, mais non de l'utilité, la marte, le renard, le
putois, le vison, l'hermine, l'écureuil gris, font et feront long-

temps l'objet des plus estimables convoitises et livreront,
avec leurs luxueuses fourrures, un élément indispensable de
bien-être, de confort et d'élégance. (*La Province de Québec*,
1900.)

Le plus vaste et le plus important de tous les territoires de
chasse de l'Amérique britannique est incontestablement le Labrador canadien, communément appelé le *Grand-Nord*, qui embrasse
une immense superficie s'étendant entre le 57e et le 61e degrés de longitude ouest sur le littoral du golfe Saint-Laurent, et
dans l'intérieur jusqu'à la limite même des forêts. Sur toute la
longueur du littoral la côte est perpétuellement découpée, pénétrée, échancrée par des anses et des baies étroites, longues, souvent très profondes, qui ont fait, de temps immémorial, de cette
partie du Dominion le lieu d'élection des oiseaux de mer, des
crustacés, des poissons mixtes et des pinnipèdes et carnassiers
terrestres. Le littoral du Grand-Nord est en certaines parties découpé à l'infini et tout garni d'îles et d'îlots rocheux. Entre ces
îles et ces îlots se croisent et s'entrecroisent une multitude de
chenaux quelquefois très profonds, et se forment avec facilité des
bassins intérieurs éminemment propres à la reproduction du
homard... Le plus grand nombre des palmipèdes de la famille des
outardes, oies, canards, nichent à des distances quelquefois assez
considérables du littoral, et échappent ainsi relativement au
chasseur. Mais il est deux ou trois espèces appartenant à ces
familles qui exécutent leurs pontes sur le littoral même ou sur
les flots qui l'avoisinent. La plus exposée de ces espèces, en même
temps que la plus précieuse, est le canard *eider* (*moniac* dans la
langue du bas Saint-Laurent.) On connaît la valeur commerciale
de l'*eider*. Son duvet se vend sur les marchés de Londres au prix
moyen de 32 fr. 50 la livre. Ce canard est en abondance si extraordinaire dans le golfe Saint-Laurent que c'est à peine si l'enlève-
ment persistant de ses œufs a amené une diminution, tant soit
peu inquiétante, de son espèce. Dans tous les cas il serait facile
d'y remédier.

La pelleterie est la plus grande richesse du Labrador canadien.
Le renard, la loutre et la marte se vendent bien ; le renard surtout, dont la dépouille atteint, pour les espèces noires et argentées,
le prix élevé de 600 à 750 francs. Le castor de même, se rencontre

en bonne quantité, quoique la chasse en soit peut-être un peu
plus difficile qu'autrefois.

LOUP MARIN. — Qui croirait que les immenses champs de glace
qui se forment, dès le mois de novembre, dans le golfe Saint-
Laurent, sont le théâtre de la chasse la plus excitante, la plus
meurtrière et la plus lucrative qui se fasse sur notre globe ?
Aussitôt que l'hiver a envahi solidement les parages et serré dans
son étreinte une partie des eaux du golfe, d'innombrables troupeaux de phoques, arrivant de l'Atlantique, pénètrent dans le
détroit de Belle-Isle, qu'ils mettent plusieurs jours à franchir à
cause de leur nombre incalculable, et envahissent les fjords, les
baies et les anses du grand estuaire où foisonnent les petits poissons dont ils font une opulente nourriture.

Voici comment on décrit dans *La Province de Québec* (volume de
l'Exposition de 1900) cette migration des loups marins : « Vers le
commencement de juin, des troupeaux innombrables de loups-
marins, venant du sud, abordent sur les côtes du Groënland. Leur
séjour dans ces régions boréales dure environ trois mois. Dès que
la mer frissonne sous les premiers froids de l'automne, tournant
le dos au pôle, ils prennent leur course dans la direction du
sud-ouest. Ils descendent d'abord à petites journées, faisant ripaille
des harengs qui remplissent, à les faire déborder, les criques profondes du Labrador terreneuvien, puis l'hiver s'avançant, ils reprennent leur route en bataillons serrés que précède une légère
avant-garde d'éclaireurs. Rien d'imposant comme ce défilé de la
famille la plus nombreuse des phoques du nord. La surface de la
mer est radicalement pavée de têtes, et l'on ne peut, même avec
les plus fortes lunettes, mesurer la largeur de la procession. Le
défilé dure de 5 à 6 jours sans interruption, à la vitesse moyenne
de 16 kilomètres à l'heure. Aussi peut-on dire que le nombre des
loups marins qui composent une migration d'automne est mathé-
matiquement incalculable, et qu'au point de vue économique ils
représentent une inépuisable richesse. Ceux qui ont vu ce spectacle ne peuvent se défendre de sourire aux craintes souvent
exprimées « qu'une chasse trop ardemment poursuivie ne finisse
par anéantir l'espèce. » Les plus fortes chasses de Terre-Neuve dépassent à peine un demi-million de têtes, ce qui ne représente
pas plus, eu égard à la masse, qu'une poignée d'herbe arrachée à

un pré. Arrivée à la hauteur du 52e degré de latitude, l'armée des loups marins se sépare en deux corps, dont l'un prend par le détroit de Belle-Isle et pénètre dans le golfe Saint-Laurent, pendant que l'autre se dirige vers les côtes est de l'île de Terreneuve (1). »

Le mois de février venu, les femelles mettent bas sur les glaces qui emprisonnent l'eau sur d'immenses étendues, atteignant des milliers de kilomètres carrés. Les petits croissent avec une étonnante rapidité et sont déjà, vers la fin de mars, époque à laquelle les glaces se détachent des rivages et se fractionnent en vastes nappes distinctes, une proie digne des plus ardentes convoitises du chasseur.

On fait la chasse sur des voiliers et même sur des steamers. Les grands commerçants de Terre-Neuve frètent parfois des navires de 500 tonnes. Les prises sont payantes. On a vu des bateaux à vapeur rapporter jusqu'à 60.000 pièces au retour d'un voyage.

C'est sur la glace que s'opèrent ces tueries énormes, à l'aide d'un bâton et d'un couteau.

Citons encore Arthur Buies : « La chasse aux phoques est si rémunératrice que, malgré les dépenses très grandes que nécessite l'exploitation de cette industrie, les hommes du métier assurent que les capitaux ne peuvent rapporter moins de 25 pour 100, et donnent souvent de 40 à 50 pour 100... La peau, aussitôt détachée du corps de l'animal, est salée et empaquetée pour l'exportation en Angleterre où l'on en fabrique les cuirs les plus recherchés pour la souplesse, le poli et l'imperméabilité. De la graisse on tire de l'huile employée dans les phares, les mines, la lubrification des machines, le repassage des peaux et la fabrication des savons fins. »

Un journal de Londres annonçait, au début de l'année 1904, qu'il n'était pas venu moins de 500.000 commandes de peaux de phoques pour cette année-là, et que les pêcheurs étaient dans l'absolue impossibilité de les exécuter. La raison n'en était pas que le phoque se fait rare, mais que c'est le chasseur qui fait défaut.

Le même journal constate que, tandis que la pêche de la baleine

____

(1) Les descriptions de ce chapitre comme celles de tout l'ouvrage sont en grande partie copiées dans les livres de vulgarisation ; elles sont arrangées pour la convenance du lecteur.

arctique est abandonnée et que la pêche des phoques en Alaska est à peu près disparue, la pêche aux phoques de Terre-Neuve, quoique poursuivie depuis trois cents ans avec une rapidité constamment croissante, continue à être toujours aussi florissante, et ne montre aucun indice de diminution. La prise moyenne des dix dernières années a été de 260.000 annuellement.

*
* *

Énumérons à l'aide du livre de M. de Puyjalon, les principaux animaux et gibiers de la province de Québec et du Grand-Nord, au double point de vue de la chasse et de l'élevage :

ORIGNAL (*Cervus alces : Linné*). — Il atteint la taille du plus gros cheval ; les femelles mettent bas en mai. Si elles sont jeunes, elles n'ont qu'un seul petit ; vieilles, deux petits. L'orignal se nourrit en été de jeunes feuilles de bouleau, de tremble, de *foin de castor*, de jeunes feuilles de nénuphar, des nouvelles pousses de jonc ; en hiver il se nourrit de bourgeons et de l'écorce du cormier, de la plaine, et un peu des bourgeons de sapin.

Dans la fuite, l'orignal décrit un cercle. Cet animal atteint le poids de 1.200 livres. Il se chasse à l'affût, au fusil avec des chiens, au cri, au fusil avec flambeau, et au fusil avec chiens, au piège de fer. Sa chair est excellente, tendre, saine. Ses bois se vendent pour la coutellerie ; son poil sert à la confection des matelas, coussins. On extrait une huile très estimée des os concassés et bouillis de cet animal ; pour l'élevage il faut choisir des terrains où abondent les éléments de sa nourriture.

CARIBOU DES BOIS (*Tarandus rangifer : Gray*). — La femelle met bas en avril un petit, parfois deux et trois. Il se nourrit de lichens, de tripes de roches, de *foin du caribou*, de mousses, de jeunes pousses. Sa chair est savoureuse. Le caribou fuit l'orignal. Il se chasse au fusil avec des chiens, à l'attrape, au cri et au collet ; sa peau fait de bonnes lanières. Les Esquimaux en font des habits. Le poil est utilisé dans la confection des coussins et des matelas. Sa ramure sert aux mêmes usages que celle de l'orignal.

CARIBOU DES PLAINES (*Tarandus arcticus*). — Il est plus petit que le précédent. Son poids moyen est de 90 livres ; il vit en troupe,

et des mêmes éléments que le précédent. Sa chair est excellente.
Son élevage est difficile.

Chevreuil (*Cariacus virginianus: Brehm*). — La femelle met bas
en avril et mai. Il vit des mêmes aliments que l'orignal, et aussi
des feuilles du noisetier. Il se domestique facilement. Son poids
est de 250 livres. Sa chair est délicate ; sa peau est très estimée.

Wapiti (*Cervus canadensis : Erxleben*). — Devient très rare.

Bison (*Bos canadensis*). — Il y a le bison des prairies et le bison
des bois ; son poids atteint souvent 1.000 et 1.200 livres. Sa peau
est très estimée. Il vit d'herbes, de lichens. C'est un animal qui
tend à disparaître. Il vit très au nord. Son élevage est assez facile.
Il donne une viande très estimée. Une tête de bison se vend facilement 1 500 francs et la peau d'un demi-sang 200 francs. En
comptant que la chair du bison se vende 1 franc la livre, on voit
que cet animal a une valeur commerciale appréciable.

Bœuf musqué (*Ovibos moschatus: Brehm*). — Il vit très au nord ;
sa chair est excellente. Il a une toison épaisse et fine très précé-
cieuse. Son cuir est aussi fort estimé. Son duvet donne une laine
qui surpasse toutes les laines connues. Ses cornes pèsent jusqu'à
50 livres. La femelle du bœuf musqué met bas en juin.

Lièvre, Porc-épic. — La peau du lièvre ainsi que son poil sont
très estimés ; le porc-épic est inoffensif. Ce sont bêtes importantes
pour l'alimentation des carnassiers.

Ours noir (*Ursus americanus*). — A un poil noir lustré, très
beau surtout quand il est jeune. Il pèse de 75 à 450 livres. On en
distingue trois espèces, dont le poil est plus ou moins noir. Il se
nourrit de tout, jusque de l'herbe des plaines ; il mange les castors
au printemps, des fruits, du miel, des fourmis. A la fin de l'automne il quitte le bord des rivières et des lacs pour s'enfoncer
dans les bois où il se terre pour l'hiver ; ou bien il se gîte dans le
tronc d'un arbre. Sa chair est excellente ; sa graisse est utilisable.
On le chasse au fusil, au piège de fer, à la trappe, au collet. Une
peau d'ours se vend de 50 à 100 francs. L'ours pourrait s'élever
domestiquement, mais cette entreprise offrirait trop de difficultés
à une époque et dans un pays où l'on peut avantageusement élever
d'autres bêtes à fourrure.

Loup (*Canis lupus*). — On a tout intérêt à le détruire. Sa peau
est fort belle parfois : dans le commerce on appelle souvent

« renard noir » le loup à pelage noir. Il se chasse au fusil, au piège, à la trappe, au poison, à la fosse. On trouve le *loup noir* dans le nord des comtés de l'ouest ; il est rarement au sud du 47e degré de latitude. Le loup gris se rencontre dans le nord-est du Labrador.

CARCAJOU (*Gulo vulgaris : Cuvier ; gulo lucus : Sabine*). — Les sauvages appellent cet animal le *qua-quà-sut* ou « diable des bois » ; on lui prête toutes les diableries, les ruses, les vices possible. Sa plus grande victime est peut-être le chasseur lui-même ; il parvient à manier tous les pièges qui lui sont tendus ; c'est lui-même un chasseur de grand mérite. Il sait, paraît-il, la thérapeutique, la géométrie et les lois de la pesanteur. Il est voleur et pillard ; pour le prendre il faut inventer des pièges dissimulés où s'offrira pour lui une occasion de vous jouer un tour, comme par exemple, le rapt d'un vêtement, d'un fusil, d'une corne à poudre, etc. Sa fourrure est marron foncé, épaisse, très estimée. C'est un animal qu'on a intérêt à détruire.

LOUP-CERVIER (*Felis borealis : Temmink*). — Proche parent du chat ; il s'en distingue par la longueur de ses pattes, la petitesse de sa queue, et par ses oreilles qui sont garnies d'un pinceau de poils rigides. Il est friand du lièvre, des perdrix, des écureuils et des rats musqués. Son pelage épais et très fourni est de couleur gris-jaunâtre. Il se chasse au collet, au piège, à l'attrape, rarement au fusil. Sa chair est excellente. L'élevage du loup-cervier serait assez difficile ; il faudrait peut-être le tenir en bâtiment.

RENARD. — Nombreux sont les pelages du renard. Enumérons-les par ordre de mérite : 1º Renard noir, lustré, long poil ; 2º renard noir, mat, poil court ; 3º renard noir argenté ; 4º renard argenté ; 5º renard double-croisé ; deux raies transversales ; fond noir ; 6º renard croisé noir ; une seule raie transversale ; fond noir ; 7º renard double-croisé, argenté ; deux raies transversales ; fond argenté ; 8º renard croisé-argenté ; une seule raie transversale ; fond argenté ; 9º renard double croisé, fauve ; deux raies transversales ; fond fauve ; 10º renard croisé, fauve ; une seule raie transversale ; fond fauve ; 11º renard gris, assez semblable au charbonnier européen ; 12º renard fauve acajou ou rouge sombre ; 13º renard fauve ardent ou jaune alesan ; 14º renard fauve clair ou jaune pâle.

Les œufs et le gibier sont les mets de prédilection du renard. On le trouve en abondance dans les îles de la côte du golfe Saint-Laurent et au bord des lacs. La peau de renard noir se vend en Europe à des prix atteignant 5.000 et 6.000 francs. L'élevage du renard est facile.

LOUTRE (*Lutra canadensis*). — Elle a un pelage brun, acajou foncé; cette bête a un mètre de longueur. C'est un animal aquatique qui habite le bord des lacs et des rivières. Elle favorise le repeuplement des eaux en mettant un terme aux déprédations de l'anguille. L'élevage de la loutre peut s'entreprendre avec tous les gages de succès. Elle se chasse au fusil, au piège de fer, à l'attrape.

CASTOR (*Castor fiber*). — La couleur de son pelage varie du châtain au brun foncé, sombre sur le dos et plus clair sur le ventre. Il se nourrit de branches sèches, de jeunes pousses de bouleau et de tremble. Sa chair est excellente.

PÉKAN (*Mustela canadensis*). — Espèce de marte qui se nourrit de perdrix, lièvres, écureuils, petits oiseaux, œufs et surtout de poisson. On le prend à l'attrape et au piège. Son pelage est plus gris que celui de la marte. Il en est de tout noirs. On l'élève difficilement.

MARTE (*Mustela martes : Linné*). — D'un pelage jaune, brun ou brun foncé, lustré presque noir. Sa fourrure est très jolie. La marte vit des mêmes aliments que le *pékan*. Il y a des martes blanches et rousses. Il est douteux qu'on puisse en faire l'élevage. La peau jaune de la marte se vend 7 fr. 50 ; la brune 15 francs ; la noire de 35 à 40 francs.

VISON OU SAUTEREAU (*Mustela-vison : Linné*). — A une fourrure très estimée. Cet animal est très friand du poisson. On le chasse au fusil, au piège, à l'attrape. Son élevage est facile.

RAT MUSQUÉ (*Ondrala zibeticus : Lessing*). — Cet animal vit de foin frais, d'avoine, de racines aquatiques ; il est parent du castor ; c'est un animal très prolifique. Il se chasse au fusil, à l'attrape, au piège, au collet. Sa peau se vend de 60 cent. à 1 fr. 25.

MOUFETTE OU BÊTE PUANTE. — A un pelage d'un noir assez luisant; on a déjà tenté, avec des chances diverses, son élevage. Sa peau pénétrée d'une forte odeur désagréable ne se désinfecte pas complètement.

Marmotte. — A un pelage brun acajou. Elle craint l'humidité et se terre. Sa fourrure est peu estimée au Canada bien qu'elle soit assez belle.

Belette, Rozelet, Hermine. — Fourrure peu commerciale. Difficile d'élevage.

GIBIERS

Poule de prairie. — Chair exquise; pourrait être élevée au moyen de clôturages et de semis d'avoine.

Perdrix de bouleau (gelinotte à fraises). — Gibier excellent. Sa propagation serait facile.

Perdrix de savane (tétras canadien). — Habite les bois d'essence résineuse ; chair exquise ; de propagation facile.

Perdrix blanche. — Elle vit de jeunes pousses, de baies, de graines, d'insectes ; chair noire, exquise. Elevage peut-être difficile.

Bécasse (*microptera americana*). — Se nourrit de larves, de lombrics, de vers rouges, de petites sangsues. Sa chair est exquise durant les mois de septembre et octobre. Elevage difficile.

Gibiers de marécages : Bécassine. — Vit de vermisseaux, d'insectes, de mollusques. Gibier apprécié. Elevage difficile.

Courlis. — Il abonde sur les grèves et dans les marécages ; a une chair excellente. Elevage possible.

Pluviers divers.

Gibiers d'eau. Anserides. — Toutes leurs parties ont un usage industriel défini et presque partout recherché : plumes, graisse, chair, os.

Outarde. — Se chasse à l'affut et à la *fascée*.

Bernache. — Variété d'outarde. Chair savoureuse.

Oies sauvages (grise et blanche). — Chair délicate; la peau, comme celle du cygne et de l'autruche, est mégissable. Ces gibiers voyagent dans les régions du pôle.

Canards (ordinaire, noir ou brun). — Canards bucéphales ; plumes estimées ; canard *milouin; siffleux ; chipeau ; histrion* (*histrionus torqualus : Bonaparte*) *; kakawi.* Ce dernier habite en permanence dans ses régions particulières. Il a une chair fort appréciée, mais avec un goût d'huile ; belles plumes.

Souchet, Pilet, Marillon, Sarcelles. — Se domestiquent facilement ; chair délicate.

Canard eider (trois espèces). Se trouve en quantités innombrables sur la côte nord du golfe Saint-Laurent : plume et duvet très appréciés. Chair excellente.

Oiseaux de mer. — Peau et plumes utiles. — Perroquet de mer, Pigeon de mer, Marmette, Pingouin. — Stercoraires divers. — Goélands (plusieurs espèces), appréciables pour leurs jolies plumes. — Cormoran a aigrette, belles plumes ; Grand héron bleu, riche plumage.

*
* *

Voici une liste des fourrures récoltées par la compagnie de la baie d'Hudson durant une année d'opération. Il faut noter que cette compagnie anglaise vieille de deux siècles et demi a été jusqu'à présent la maîtresse dans le Grand-Nord.

Nous devons ajouter toutefois que cet état de choses est sur le point d'être modifié par suite de l'entrée dans les régions de la baie d'Hudson d'un redoutable concurrent français, la maison Révillon, qui a déjà établi plusieurs postes de traite.

	Peaux.		Peaux.
Loutres ordinaires . .	14.439	Rat musqué noir (qualité supérieure). . .	33.944
Pékans	7.192	Loup	7.156
Renard argenté . .	1.967	Carcajou	1.581
Renard croisé . . .	6.785	Ours (toutes espèces)	15.942
Renard rouge	85 022	Bœuf musqué	198
Renard bleu.	1.440	Blaireau.	2.739
Chien de prairie . . .	290	Hermine.	4.116
Lynx	14.520	Cygnes	57
Putois.	682.794	Lièvres	114.824
Marte	98.342	Phoque panaché . . .	43.478
Vison	376.223	Zibeline.	13 777
Castor.	104.279	Renard gris	31.797
Rat musqué	2 485.368		

Législation.

Art. 1417ᵃ. — A même les terres publiques éloignées des établissements de colons, il est loisible au lieutenant gouverneur en conseil, sur la recommandation du commissaire, d'ériger des territoires de chasse dont aucun ne doit excéder 400 milles carrés (900 kil. car.), pourvu que ces terres ne soient pas subdivisées en lots ou soient impropres à la culture.

Le commissaire peut louer soit à l'encan, soit de gré à gré tout territoire de chasse à une ou à plusieurs personnes, pour une période n'excédant pas dix années, convenue entre lui et le ou les locataires, et payable d'avance sous peine de forfaiture du bail.

Ces périodes de bail sont renouvelables.

N.-B. — Chaque lot de chasse peut affecter les formes les plus fantaisistes, mais la superficie ne doit pas excéder 400 milles carrés.

Le prix de location du mille carré (2 kil. car. 59) a été fixé par la loi au prix minimum de cinq francs.

Les lacs et les rivières contenus sur les lots de chasse seront loués de préférence aux locataires de ces lots ; et semblablement les locataires des droits de pêche pourront acquérir, de préférence à tout autre, le droit à la chasse des territoires qui contiendront leurs rivières ou leurs lacs.

Clubs de chasse.

Sur recommandation du Commissaire des terres, forêts et pêcheries et sujet à l'honoraire à être fixé, le lieutenant-gouverneur peut conférer à tout club de pas moins de cinq personnes le demandant, une existence corporative constituant ces personnes et toutes les autres qui peuvent dans la suite devenir membres dudit club, en une corporation ayant pour objet de lui permettre d'acquérir et de posséder les biens, meubles et immeubles nécessaires et requis pour atteindre l'objet et les fins de l'association.

Le but et l'objet de ces clubs est d'aider à faire observer les lois et les règlements concernant la protection du poisson et du gibier dans la province.

Chaque fois qu'il est démontré au lieutenant-gouverneur en

conseil, sur preuve satisfaisante et sur rapport à cet effet, qu'un club établi en vertu des dispositions de cet article s'occupe de choses autres que ce qui est prévu ci-dessus, les pouvoirs conférés à ce club en vertu de l'article précédent seront révoqués.

La chasse est prohibée pour :

Le *chevreuil* et l'*orignal* du 1er janvier au 1er septembre, excepté dans les comtés Ottawa et Pontiac où elle est prohibée du 1er décembre au 1er octobre.

Le *caribou*, du 1er février au 1er septembre.

Les *faons* ou *broquarts*, c'est-à dire les petits âgés de moins d'un an.

La femelle de l'*orignal*.

N.-B. — Nul ne peut chasser, tuer ou prendre durant une saison de chasse plus de deux *orignaux*, trois *chevreuils* et trois *caribous*.

Il EST DÉFENDU de se servir de chiens pour chasser, tuer ou prendre l'*orignal*, le *caribou* ou le *chevreuil*.

Toutefois il est permis de chasser, tuer ou prendre le chevreuil, dit *red deer*, avec des chiens entre le 20 octobre et le 1er novembre.

Il EST DÉFENDU de chasser, tuer ou prendre l'*orignal* ou le *chevreuil* dans les « ravages » d'hiver de ces animaux ou en profitant de la croûte de la neige (neige durcie par l'humidité ou la pluie.

Le commissaire peut néanmoins, s'il le juge à propos, accorder à toute personne domiciliée dans la province, sur paiement d'un honoraire de cinq piastres (5 doll.), un permis l'autorisant à chasser, tuer ou prendre vivants, au maximum, trois caribous et trois chevreuils additionnels.

Toutefois, le commissaire peut dispenser du paiement de l'honoraire ci-dessus tout colon de bonne foi ou tout sauvage, dont la pauvreté lui est démontrée d'une manière satisfaisante, et qui a besoin de ces pièces comme moyen de subsistance pour sa famille.

Castor, Vison, Loutre, Marte, Pékan, Lièvre, Ours et Rat musqué.

Il est défendu de chasser, tuer ou prendre :

1° Le castor, entre le premier jour d'avril et le premier jour de novembre de chaque année ;

2° Le vison, la loutre, la marte, le pékan, le renard et le chat sauvage, entre le premier jour d'avril et le premier jour de no-

vembre de chaque année (cependant il est permis en tout temps
de chasser, tuer ou prendre les variétés de renards connus sous le
nom de renards jaunes ou rouges) ;

2° Le lièvre, entre le premier jour de février et le premier jour
de novembre de chaque année, et l'ours, entre le premier jour de
juillet et le vingtième jour d'août de chaque année ;

3° Le rat musqué, entre le premier de mai et le premier jour
d'avril de chaque année.

Bécasse, *Bécassine*, *Perdrix*, *Canard sauvage*, *Macreuse*,
Sarcelle, *etc*.

Il est défendu :

1° De chasser, tuer ou prendre :

a) Les bécasses, les bécassines, les pluviers, les courlis, les che-
valiers et les maubèches, entre le premier jour de février et le
premier jour de septembre de chaque année ; les perdrix grises et
de savane, entre le quinzième jour de décembre et le premier jour
de septembre de chaque année, et les perdrix blanches (ptarmigan) entre le premier jour de février et le premier jour de novembre de chaque année ;

b) Les macreuses, les sarcelles, ou les canards sauvages de toute
espèce, excepté les harles (becs-scies), les huards et les goëlands,
entre le premier jour d'avril et le premier jour de septembre de
chaque année ; mais il est permis de chasser, tuer ou prendre les
espèces de canards bucéphales communément désignés sous le
nom de canards, cailles ou plongeurs, entre le premier jour de
septembre et le quinzième jour d'avril de chaque année ;

c) En tout temps de l'année, une heure après le coucher du soleil et une heure avant son lever, d'aucune manière, la bécasse,
la bécassine, la perdrix ou les macreuses, la sarcelle, canards
sauvages de toute espèce ; et durant ces heures prohibées il est
également défendu de garder exposés, sous aucun prétexte, des
leurres ou appelants, soit près d'une cache, d'une embarcation ou
du rivage ;

Il est défendu en tout temps de chasser ou tuer, et entre le premier jour de mars et le premier jour de septembre de chaque
année, de prendre, au moyen de filets, trébuchets, pièges, collets,

cages ou autrement, tous les oiseaux connus sous la dénomination
d'oiseaux percheurs, tels les hirondelles, le tritri, les fauvettes,
les moucherolles, les pics, les engoulevents, les pinsons, les mésanges, les chardonnerets, les grives (merles)', les roitelets, les
goglus, les maniates, les gros-becs, l'oiseau-mouche, les cou-
sous, etc., ou d'enlever les nids ou les œufs, sauf et excepté les
aigles, les faucons, les éperviers et les autres oiseaux de la famille
des falconides, les hiboux, le pigeon-voyageur (tourte), le martin-
pêcheur, le corbeau, les jaseurs (récollets), les pies-grièches, les
geais, la pie, le moineau, les étourneaux.

CHAPITRE DOUZIÈME

Nous citons de nouveau le paysagiste canadien Arthur Buies :

Les pêcheries canadiennes sont les plus vastes, les plus prolifiques et les plus variées du monde entier. Toutes les espèces de poissons commerciaux s'y trouvent, et en une telle abondance que la pêche est devenue, en peu de temps, une des industries les plus lucratives, produisant une valeur de plus de cent cinquante millions de francs par année, en tenant compte également des quantités exportées et de celles qui alimentent les marchés locaux, ou sont consommées sur place. On calcule que la superficie des côtes des États-Unis arrosée par le courant du Labrador est de 75.000 kilomètres carrés, tandis qu'il (le courant) occupe 330.000 kilomètres carrés des mers canadiennes. De là l'immense supériorité des pêcheries canadiennes, puisqu'il est admis que le courant arctique est la demeure des poissons commerciaux, et la presque totalité de ce courant arrose les côtes du Canada.

Il faut ajouter les pêcheries maritimes intérieures, telles que celles du fleuve Saint-Laurent qui arrose un territoire de 600.000 kilomètres carrés, de la rivière Mackensie, qui a 3.300 kilomètres de longueur, de la rivière Fraser qui en a 1.000 et d'autres rivières telles que la Nelson, l'Albany, la Saskatchewan, et la Rouge, dans l'ouest, l'Outaouais, la Saint-Jean, le Saguenay, la Ristigouche et la Miramichi dans l'est, qui toutes abondent en poissons des espèces les plus variées et les plus considérables.

En tête de toutes les provinces se place la Nouvelle-Écosse pour la production maritime générale (morue, homard, haddock, aigrefin). Le Nouveau-Brunswick vient après la Colombie britannique (éperlan, sardine). Puis la province de Québec (morue, homard, hareng, saumon).

Principaux poissons. — Saumon, truite, brochet, doré, bar, achigan, esturgeon, maskinongé, truite mouchetée, morue, hareng, caplan, aigrefin, maquereau, homard, huîtres, poisson blanc, truite saumonée, alose, huananiche, flétan.

Pour exploiter ces pêcheries, la Confédération canadienne comptait en 1897 une armée de 78.960 hommes possédant 1.184 vaisseaux ou goélettes, d'un tonnage de 40.680 tonnes, et 37.693 bateaux, 5.602.460 brasses de rets et autres engins de pêche, le tout estimé à 46.853.970 francs. Dans ce chiffre sont comprises 730 homarderies, dispersées dans les provinces maritimes, le tout représentant un capital de 6.750.000 francs. La seule industrie des homarderies emploie 15.000 personnes.

Les pêcheurs sont au nombre de 8.880 dans les vaisseaux ou goélettes et de 70.080 dans les bateaux ou barques.

En regard des chiffres que nous venons de donner mentionnons les 130.000 hommes qui composent le personnel de l'industrie de la pêche aux États-Unis, laquelle se fait en grande partie dans les eaux canadiennes.

Cette armée de pêcheurs produit plus de 220 millions de francs de pêche.

La flotte de pêche américaine, sans compter plusieurs milliers de bateaux de moindre dimension, se compose de 6.650 goélettes, d'un tonnage de 210.000 tonnes. C'est cette supériorité de la marine de pêche des Américains, jointe à celle de leur matériel et de leur outillage, qui leur ont permis de puiser à même dans le fonds inépuisable des eaux canadiennes et de faire une concurrence terrible aux pêcheurs de Québec et des provinces maritimes. Prenons comme exemple la pêche du hareng et celle du maquereau, deux poissons extrêmement appréciés sur tous les marchés du monde, et dont le rendement devrait être triple, tout au moins double de ce qu'il est en réalité, et qui, loin d'augmenter d'année en année, est, au contraire, en pleine décroissance.

« Il est absolument impossible, écrivait naguère le commandant Fortin, de se faire une juste idée de la prodigieuse abondance d'œufs de harengs qui sont déposés tout le long des côtes où ce poisson va frayer. J'ai vu maintes fois plusieurs lieues continues de rivage couvertes de ces œufs, sur une épaisseur de 60 à 90 centimètres.

« Les pêcheurs québecquois, qui pourraient retirer d'immenses avantages de cette industrie, se contentent de prendre précisément autant de harengs qu'il leur en faut pour les besoins de la pêche à la morue, pour quelques marchés intérieurs et la consommation dans leurs familles. L'Angleterre, mieux avisée, emploie à la pêche au hareng une véritable flotte de vaisseaux variant de cinquante à cent tonnes. Elle engage dans cette industrie des capitaux énormes et un personnel de 80.000 hommes. Les pêcheurs, munis de bons engins de pêche et montés sur de bons bateaux, vont à la recherche du hareng jusque dans la mer du Nord La Norvège, la France, l'Irlande, l'Écosse, les États-Unis font de cette pêche une grande industrie et la Hollande lui doit une partie de sa richesse. » (Z. Joncas, *surintendant de la pêche et de la chasse dans la province de Québec*)

Législation.

Voici quelques points importants des règlements de la pêche dans la province de Québec :

1° Les personnes domiciliées dans la province n'ont pas besoin de permis pour faire la pêche à la ligne dans les eaux de la province qui ne sont pas déjà sous bail.

2° Les ventes et octrois gratuits des terres de la couronne sont sujets à une réserve, pour des fins de pêche, de trois chaînes (environ 60 m. 33 centimètres) en profondeur des terres bordant les rivières et les lacs non navigables de la province. Cependant le commissaire peut réduire la profondeur de la réserve, dans l'intérêt public.

3° Les baux de terrain conférant des privilèges de pêche sont faits au nom d'une seule personne ou d'un club constitué en vertu d'une charte spéciale.

4° Le prix de location doit être payé d'avance, et tout locataire qui cesse de payer son loyer n'a pas le droit à la continuation de son bail.

5° Le bail confère au locataire, pour le temps détermi.é, le droit de prendre et de garder la possession exclusive des te ains qu'il embrasse, en conformité avec les règlements qui son éta- blis, et lui donne le droit exclusif de faire la pêche dans le eaux attenantes à ces terrains, conformément aux lois et règl ents provinciaux et fédéraux alors en vigueur, ainsi que le droi d'in- tenter en son propre nom toute action contre tout poss seur illégitime ou toute personne en contravention de la loi.

6° Le droit général de passage, en allant à l'eau et en re   ant, est réservé dans les baux, en faveur des occupants, — s'il   est, en vertu d'un titre de la couronne, des terrains situés imm iate- ment en arrière des terrains baillés.

7° Si une personne, sans la permission du locataire ou   ses représentants, pêche, fait pêcher une autre personne ou l ide à pêcher dans les eaux en front d'un terrain sous location,   e n'a aucun droit au poisson ainsi pris.

8° Le lieutenant-gouverneur en conseil doit réserver dans chaque nouveau canton, un ou plusieurs lacs ou rivière dans lesquels les personnes qui résident dans ce canton peuvent cher librement pour leur subsistance et celle de leurs familles ule- ment.

9° Chaque locataire est responsable des dommages caus par lui-même ou par des personnes sous son contrôle, au b   qui pousse sur ce t rritoire ou sur le territoire avoisinant, soi par le gaspillage ou par le manque de précautions suffisantes e allu- mant, en surveillant ou en éteignant les feux.

10° Une pêche excessive et ruineuse, et la pêche faite en temps de prohibition, font encore encourir la révocation du bail des eaux dans lesquelles elles ont eu lieu à la connaissance ou avec la participation du locataire.

11° Le locataire est tenu de transmettre au département des terres, forêts et pêcheries, le ou avant le 1er janvier qui suit la fermeture de la saison de pêche, un état de l'espèce, du nombre et du poids du poisson capturé dans les eaux affectées par son bail.

12° Si un bail, de terrains affermés antérieurement à quelqu'un, est accordé à un autre, le nouveau locataire est tenu d'indemniser le locataire précédent, jusqu'à concurrence de la valeur réelle des bâtiments ou améliorations utiles qui se trouvent sur le terrain loué.

48° Tous les octrois gratuits et les ventes de terres de la Couronne, faits depuis le 1ᵉʳ juin 1884, sont déclarés être sujets à la réserve, pour des fins de pêche, de trois chaînes en profondeur des terres bordant les rivières et les lacs non navigables de la province.

La pêche est prohibée pour :

Le *saumon*, à la ligne, du 15 août au 1ᵉʳ février.

L'*huananiche*, du 15 septembre au 1ᵉʳ décembre.

La *truite tachetée* (de ruisseau ou de rivière) « salmo fontinalis », du 1ᵉʳ octobre au 1ᵉʳ mai.

La *grosse truite grise*, *lunge*, *touladi*, « salmo confinis », du 15 octobre au 1ᵉʳ décembre.

Le *doré*, du 15 avril au 15 mai.

L'*achigan*, du 15 avril au 15 juin.

Le *maskinongé*, du 25 mai au 1ᵉʳ juillet.

Le poisson *blanc* du 10 novembre au 1ᵉʳ décembre.

Le marché de Terre-Neuve est beaucoup plus important qu'on se l'imagine généralement, puisqu'en cinq ans, de 1898 à 1902, les transactions économiques ont passé de 10.832.428 dollar à 18.084.777 dollars, ce qui représente une augmentation de plus de 40 pour 100 pendant cette période.

La colonie apparaît dans une situation véritablement prospère, tant au point de vue financier qu'au point de vue commercial. A ce dernier point de vue, il importe de remarquer que les exportations (18 millions en 1902), sont plus du double des importations (8 millions) ; et, récemment, M. Jackman, ministre des Finances, au cours de la discussion du budget colonial, n'hésitait pas à déclarer que les résultats atteints par le commerce d'exportation de la colonie pendant les cinq dernières années constituaient un « record » dont les Terre-Neuviens pouvaient à bon droit être fiers.

Ce sont les produits de la pêche et des mines qui, avec les peaux et fourrures, constituent les principaux éléments de l'exportation terre-neuvienne et forment la base des ressources du pays. En effet : le produit des pêches représente à lui seul 77 pour 100 du commerce total ; le rendement des mines, 13,5 ; les peaux et fourrures, 5 ; les autres articles, 4.5 pour 100.

A la date du dernier recensement (1901), le nombre des navires engagés à la pêche était de 1.564, jaugeant 54.504 tonnes, dont 115, jaugeant 6.156 tonnes, destinés à la pêche sur le Grand-Banc, et 927, jaugeant 34.443 tonnes, à la pêche sur les côtes du Labrader. D'autre part, les armateurs de la colonie ne possédaient pas moins de 44 vapeurs, d'un tonnage de 12.508 tonnes, et 1.653 voiliers, jaugeant ensemble 72.220 tonnes ; enfin 26.444 embarcations de pêche.

La population de Terre-Neuve est de 225.000 habitants.

Dans les produits des pêcheries, la morue tient le premier rang ; avec ses sous-produits, nous la voyons figurer dans les statistiques de 1902 pour le joli total de 10 millions de dollars, soit environ 60 pour 100 de l'ensemble des exportations ; le homard vient ensuite en importance ; toutefois son rendement paraît avoir une tendance à diminuer. Pour relever cette industrie, les négociants de Saint-Jean songent à créer des établissements frigorifiques d'où le homard pourrait être expédié frais sur les marchés de New-York, Boston ou Montréal. Ils y sont encouragés par ce qui s'est passé pour les envois de saumon : depuis 1899, les négociants de la côte Ouest exportent ce poisson à l'état frais aux États-Unis et au Canada, et les bénéfices réalisés ont payé largement les aménagements spéciaux que nécessitait cette innovation.

Les peaux de phoques de Terre-Neuve font aujourd'hui l'objet d'un grand commerce de cuir, ce qui est le résultat d'une expérience de tannage faite par un Américain, il y a quelques années. Le résultat de ses efforts se traduit aujourd'hui par le fait que le nombre des commandes de cette année se monte à 500.000 peaux, tandis qu'on ne pourra en fournir plus de 350.000. Tandis que la pêche de la baleine arctique est abandonnée et que la pêche des phoques en Alaska est à peu près disparue, la pêche aux phoques de Terre-Neuve, quoique poursuivie depuis trois cents ans avec une rapidité constamment croissante, continue à être toujours aussi florissante, et ne montre aucun signe d'affaiblissement. La prise moyenne des dix dernières années a été de 260.000 annuellement.

Les capitaux engagés dans l'industrie minière atteignent un total de 12.400.000 dollars, et la valeur du matériel d'exploitation s'élève à 1.800.000 dollars ; le personnel minier et ouvrier est de 1.713 individus, et en 1902 la production des mines a atteint la somme de 1.400.000 dollars.

Les mines exploitées jusqu'à ce jour comprennent des minerais de fer, des minerais de cuivre, de pyrites, des ardoises, de l'or, de l'argent, du pétrole, de la baryte, du mica et du chrome. L'exploitation des quatre premiers produits a seule pris assez d'extension pour donner des résultats appréciables. Des efforts sont faits pour développer l'industrie aurifère et lui donner l'importance que semble comporter la nature des gisements.

D'ailleurs, d'une façon générale, les progrès faits dans la voie industrielle, bien que lents, permettent aux Terre-Neuviens d'envisager l'avenir avec confiance ; et rien, dans l'ensemble de la situation économique, n'est de nature à décourager l'esprit d'entreprise des capitalistes.

Tout au contraire, pourrait-on dire. Et à ce propos, il y a lieu de noter une fois de plus un phénomène qui a été déjà signalé et qui mérite de retenir l'attention. Cette possession de l'Empire britannique est dans un état de transition : ses relations constantes et étroites avec le continent américain, facilitées par le chemin de fer qui traverse l'île de l'Est à l'Ouest, tendent à modifier lentement les coutumes sociales aussi bien que les méthodes commerciales.

« Les us et coutumes du Canada et des États-Unis, dit le correspondant dont nous analysons ici le travail, pénètrent peu à peu dans l'île de Terre-Neuve et tendent à élargir la manière de voir et de penser de ses habitants. »

C'est le côté politique de la question de Terre-Neuve qui se dessine en ces lignes, côté que nous ne voulions pas envisager d'abord. Nous n'en dirons qu'un mot (1).

Il peut être indifférent au Canada que Terre-Neuve reste en dehors de la confédération canadienne aussi longtemps qu'elle relèvera de la couronne britannique ; mais du moment que les us et coutumes du Canada et des États-Unis pénètrent dans l'île et tendent à élargir la manière de voir et de penser de ses habitants, les préparant ainsi à une séparation d'avec la métropole, nous ne pouvons plus rester indifférents.

Ne serait-ce pas en effet un grand malheur pour le Canada de voir Terre-Neuve passer aux États-Unis? C'est probablement ce qui arrivera si de ce jour les Canadiens ne s'appliquent de toute façon à gagner les sympathies des Terre-Neuviens.

____

(1) *La Presse.* Montréal, décembre 1903.

Peut-être y aurait-il un moyen pratique à mettre en œuvre dans ce but : ce serait de fournir à Terre-Neuve l'occasion de désirer l'union avec le Canada au point de vue économique et commercial. Si une immigration canadienne nombreuse s'y dirigeait... une immigration spéciale de pêcheurs ou d'industriels, il y aurait chance de provoquer un sentiment de sympathie et de créer des liens d'intérêt efficaces entre les deux Etats. Il semble que le gouvernement même de l'île soit entré de lui-même dans la voie des propositions salutaires. Qu'on en juge par la loi votée en 1903 au parlement de Terre-Neuve pour aider à l'industrie du fer et de l'acier.

Il faut dire que les Terre-Neuviens croient que leur île contient assez de fer pour en fournir à tout l'univers. Un journal canadien n'a pas hésité à publier en 1903 que « la Terre-Neuve de l'avenir, ce sera celle de l'industrie du fer et de l'acier. » Voici les articles intéressants de la *législation* terre-neuvienne sur l'industrie du fer :

1. — Le gouverneur en conseil pourra autoriser le paiement des primes suivantes sur le fer en gueuse, le fer en barres puddlé et les billes d'acier manufacturés à Terre-Neuve, c'est-à-dire :

1° Une prime de 1 dollar 50 par tonne pour le fer en gueuse manufacturé à Terre-Neuve avec la castine, le minerai et le charbon pris dans l'île même.

2° Une prime de 1 dollar par tonne, pour le fer en gueuse manufacturé à Terre-Neuve, quand la castine et le minerai seuls auront été pris dans l'île même.

3° Une prime de 1 dollar par tonne, pour le fer en barres puddlé, manufacturé à Terre-Neuve, avec le fer en gueuse manufacturé aussi à Terre-Neuve, et du minerai de l'île même.

4° Une prime de 1 dollar par tonne pour les billes d'acier manufacturées à Terre-Neuve avec le fer en gueuse (produit du minerai de l'île et manufacturé sur les lieux mêmes) et tous autres ingrédients entrant nécessairement dans les billes d'acier, la proportion de ces ingrédients devant être réglée par un ordre du gouverneur en conseil.

Il est entendu qu'aucune prime ne sera payée pour le minerai étranger ou le métal qui en sera le produit, employé pour manufacturer les articles ci-dessus mentionnés.

II. — Lesdites primes seront payables jusqu'au 30 juin 1910, dans les conditions suivantes de réduction :

a) Du 1er juillet 1905 au 30 juin 1906, inclusivement, elles seront réduites à 95 pour 100 des sommes fixées par la section I.

b) Du 1er juillet 1906 au 30 juin 1907, inclusivement, elles seront réduites à 75 pour 100 des mêmes sommes.

c) Du 1er juillet 1907 au 30 juin 1908, inclusivement, réduction à 50 pour 100 des mêmes sommes.

d) Du 1er juillet 1908 au 30 juin 1906, inclusivement, réduction à 35 pour 100 des mêmes sommes.

e) Du 1er juillet 1909 au 30 juin 1910, inclusivement, réduction à 20 pour 100 de ces mêmes sommes.

III. — Pour mettre cet acte en vigueur, le gouverneur en conseil pourra faire tels règlements nécessaires pour le paiement de ces primes d'encouragement.

Le discours de sir Robert Bond à l'appui de cette législation fait celui d'un économiste et d'un homme d'Etat. Il a étudié la nécessité, les précédents et les avantages, pour Terre-Neuve, de la mesure proposée.

Il entrevoit un avenir brillant pour l'industrie métallurgique, partant pour le pays tout entier. Il cite l'exemple des entreprises de la Nouvelle-Ecosse à New-Glasgow, de Sydney, et en face des résultats merveilleux constatés à quelques milles de ses côtes, il se demande tout naturellement si Terre-Neuve ne pourrait pas en espérer de semblables.

C'est ici que se pose la question : l'île possède-t-elle les ressources nécessaires au développement de si vastes industries? Et M. Bond cite M. James P. Howley, M. J. B. Jukes, M. Murray, sir William Dawson, pour mettre en évidence les énormes quantités de charbon que Terre-Neuve pourrait produire. Les gisements de ce combustible y sont inépuisables.

Il en est de même des minerais de cuivre et de fer, à Tilt Cove, Wings Bright, Baie de Saint-George, Baie Notre-Dame, etc. Sur la seule île Bell, on calcule un total de 34.000.000 de tonnes de minerai de fer. Les mines de Terre-Neuve seraient assez riches pour alimenter l'univers.

On peut se demander comment Terre-Neuve pourra faire la lutte de la concurrence, dans cette industrie. Elle a pour elle deux avantages exceptionnels : sa position géographique, sa proximité des marchés européens.

Le fer manufacturé dans les Etats du Sud est expédié par la Nouvelle-Orléans et Mobile. Or, les côtes de l'Est de Terre-Neuve sont plus rapprochées de 2.600 milles de Liverpool, que la Nouvelle-Orléans et Mobile, et de 500 milles, de Rio-Janeiro, Pernambuco, le Sud-Africain et les ports du Pacifique.

Avantage fort considérable aussi sur Pittsburg ; et quant à Sydney, comparé à l'île Bell comme port d'expédition, c'est une différence de 400 milles en faveur de ce dernier endroit et par conséquent de Terre-Neuve, pour atteindre les ports européens. Aux Etats-Unis, il faut aller chercher le charbon dans un endroit et le minerai de fer dans un autre. A Terre-Neuve, rien de tout cela : charbon, minerai et castine se touchent, pour ainsi dire.

CHAPITRE QUATORZIÈME

Y a-t-il du radium au Canada?

C'est précisément à propos de ce curieux nouveau-né de la chimie que fut faite à Québec une expérience très probablement nouvelle et en tout cas intéressante.

En juin 1901 M. Obalski, ingénieur des mines du gouvernement de Québec, trouva dans la mine de mica du lac du Pied-des-Monts (Charlevoix) un minerai curieux. Il l'identifia, dans son rapport sur les mines de mica, à la clévéite, composée d'oxyde d'uranium et d'autres métaux rares. Dans plusieurs autres mines de mica il trouva également des échantillons de cette nature, mais moins riches en uranium.

En 1903 l'attention de M. Obalski fut éveillée par la lecture de certains articles sur les propriétés du radium. Il remarqua, entre autres, les expériences révélant dans le radium l'existence de rayons lumineux très intenses. Ces rayons avaient, il est vrai, été observés dans du radium pur ou tout au moins épuré; toutefois le principe lumineux du radium serait peut-être assez intense pour se manifester même dans une substance supposée *radiumifère* grossière.

Partant de cette supposition il prit l'échantillon recueilli dans la mine du Pied-des-Monts, et l'ayant observé dans l'obscurité, il vit qu'il n'émettait pas le moindre rayon lumineux. M. Obalski ne fut pas pour cela découragé. Il confia le précieux caillou à M. Gustave Rinfret, dessinateur au Parlement, et le pria de l'exposer dans l'obscurité en contact avec une plaque photographique.

Ce fut la première expérience. Au milieu de la nuit M. Rinfret plaça le minerai et une plaque photographique vierge dans une boîte hermétiquement fermée. Le lendemain le caillou apparut admirablement reproduit sur la plaque.

Il était évident que le minerai en question possédait un pouvoir éclairant suffisant pour affecter parfaitement une plaque photographique. Mais quel était le degré de ce pouvoir?

M. Rinfret eut l'idée d'une nouvelle expérience. Il prit une planchette de cèdre d'à peu près trois millimètres d'épaisseur, lui superposa une plaque vierge et mit en dessous le morceau de minerai. Celui-ci, pour arriver à impressionner la pellicule, devait traverser la planchette de ses rayons lumineux : le tout fut enfermé dans une boîte, placée elle-même dans l'obscurité la plus complète.

Le résultat fut concluant. Après neuf heures d'exposition, la planchette était admirablement reproduite jusque dans ses plus petites nervures.

Une autre expérience fut encore plus concluante : on colla quatre pièces de monnaie sur le fond d'une boîte; on plaça à côté d'elles le minerai et l'on posa, sur le tout, une planchette de cèdre. Sur celle-ci reposait la plaque photographique. Le cliché porta l'empreinte des quatre pièces, de façon merveilleusement nette.

Comment se faisait-il que ce morceau de minerai parvenait ainsi à traverser des corps opaques? Deux solutions se présentaient : ou bien l'uranium présentait cette propriété inconnue; ou bien le radium jouissait de ce pouvoir inexpérimenté jusqu'aujourd'hui à l'état brut.

Pour savoir à quoi s'en tenir, M. Rinfret, sur le conseil de M. Obalski, mit de l'acétate d'urane en contact avec une plaque photographique; aucun résultat ne fut obtenu.

Il faut donc conclure que le minerai possédé par M. Obalski contient une forte quantité de radium et que c'est ce radium qui agit même à travers les corps opaques.

Ce résultat est déjà très appréciable et nous devons nous féliciter qu'au Canada en revienne l'honneur (1).

(1) Substance d'un article signé Loix du « *Soleil* » de Québec (1903).

CHAPITRE QUINZIÈME

C'est la principale industrie actuelle de la province de Québec et peut-être aussi de la province d'Ontario. C'est une industrie populaire par excellence.

Les beurres et les fromages constituent un des plus importants articles d'exportation du Canada.

Voici les détails de l'exportation du fromage depuis trois ans par le seul port de Montréal.

Année	Nombre de caisses	Valeur par caisse	Valeur totale
1901	1.791,613	35 fr »	62 706.455 fr.
1902	2.109.171	42 50	89.635.000
1903	2.595.932	45 »	107.816.940

Voici les détails de l'exportation du beurre durant la même période :

Année	Nombre de caisses	Valeur par caisse	Valeur totale
1901	410 000	73 fr. 50	40.235.000 fr.
1902	339.845	73 50	39.680.665
1903	338.277	71 »	24.047.666

Cette diminution de l'exportation du beurre est attribuée aux méthodes défectueuses encore en usage pour le refroidissement du beurre ; une autre cause de cette diminution du commerce extérieur de beurre tient à l'irrégularité des expéditions et à l'insuffisance des chambres frigorifiques à bord des navires.

Comme ces produits de la ferme canadienne donnent en somme les meilleurs revenus, le gouvernement s'applique constamment à en améliorer le système de transport et de conservation ; de sorte que les difficultés qui entravent quelque peu ces industries recevront de continuelles attentions de la part des autorités, et l'on peut s'attendre à revoir prochainement ces industries à l'abri de tout danger.

Examinons quelque peu en détail les conditions de l'industrie laitière. Voici le rendement exact d'un troupeau de douze vaches (Jersey canadiennes), dont six sont dans leur maturité :

Poids total des animaux (vif) : 8.467 livres.

Quantité de lait donné en 12 mois : 75 788 livres.

Ce troupeau représente l'équivalent de dix vaches adultes. Le rendement annuel par vache est donc de 7.578 livres de lait. Et pour produire cette quantité de lait, M. Barnard, à qui nous empruntons ces renseignements, estime qu'il y a 158 fr. 20 de frais de nourriture par vache. Admettant que le lait se vende 0 fr. 05 la livre (soit 7.500 livres), cela laisse un bénéfice de 216 fr. 80.

Dans ces calculs le foin a été estimé à 40 francs la tonne, l'ensilage à 12 fr. 50, la paille à 20 francs ; la moulée a coûté 125 francs et le son 70 francs la tonne. A la campagne le prix du trèfle en grange n'excède guère 25 francs la tonne : la paille 10 francs.

Il est impossible de dire d'avance quelle est l'industrie la plus avantageuse, celle du beurre ou celle du fromage. Jusqu'ici, en moyenne, elles ont toutes deux donné à peu près les mêmes résultats. Ce qui paraît établi, c'est qu'il importe de faire plutôt du fromage durant les grandes chaleurs de l'été, et de préférence, du beurre en automne et en hiver.

Le principal inconvénient consiste dans la difficulté qu'il peut y avoir à trouver un bon fabricant (une bonne usine) des deux produits. Car le beurre et le fromage se fabriquent couramment dans une commune, à l'usine syndicale, où tous les matins les laitiers portent leur lait ou leur crème. Seulement, il y a nombre de com-

munes où l'usine appartient en propre à un industriel uniqu : dans
ce cas, les produits ne sont pas toujours de la première qualité. Il
faudrait adopter autant que possible le système syndical de production ; et c'est à quoi tend de plus en plus cette industrie. Aussi les
produits laitiers de la province de Québec ont-ils été généralement hautement récompensés dans les expositions industrielles.

Le fromage se fait dans les usines. Cependant, quelques familles en confectionnent à domicile. Les trappistes, qui font un
fromage dit *Port-Salut*, ont excellé dans cette industrie devenue
domestique. La fabrication du fromage ou plutôt des variétés de
fromages requiert des connaissances spéciales et un apprentis-
sage encore peu répandu au Canada. Un industriel français, M. Bes-
sard Du Parc, a commencé à fabriquer du brie, du camembert et
autres variétés à Sydney (État de New-York). Il est à espérer que
les écoles d'agriculture et les fabricants français propageront au
Canada même la connaissance technique du métier.

Le Canada exporte beaucoup plus de fromage que les États-Unis ;
ainsi, en 1902, tandis que le Canada exportait 200.946.40 livres
de fromage, les États-Unis n'en exportaient que 27.203.18 livres.

En 1899, le gouvernement de la province de Québec a adopté
une mesure qui était appelée à faire faire de grands progrès à l'industrie fromagère. Un des besoins les plus urgents de l'industrie
du fromage canadien consiste dans l'amélioration des chambres
de maturation et du mode de contrôle de la température durant
les phases de la maturation. Le gouvernement a décidé d'y pourvoir en accordant une prime à toute fabrique qui améliorera sa
chambre de maturation suivant certaines conditions. Une prime
spéciale est offerte aux fabricants qui perfectionneront leur installation ; il s'agit de conserver la bonne réputation des produits
canadiens qui se vendent en Angleterre pour du *chester*.

On avait établi une échelle de récompenses aux fabricants qui
obtiendraient 93 à 100 points : soit de 5 à 75 francs. Outre ces
récompenses en argent, les fabricants qui obtenaient 97 points et
plus recevaient une médaille d'argent et un diplôme de 1re classe ;
ceux qui obtenaient de 93 à 97 points recevaient un diplôme de
2e classe et une médaille de bronze.

Les avantages qui devaient résulter de cette amélioration ont
été clairement démontrés. Cependant, les progrès accomplis n'ont

pas répondu à l'attente. Il semblait nécessaire de faire quelque chose de plus, pour convaincre ceux qui sont engagés dans la manufacture du fromage, de ce fait, à savoir qu'il y a économie à dépenser une somme suffisante pour améliorer les chambres de maturation de fromage, de façon à y assurer un contrôle régulier de la température pendant toutes les saisons de l'année.

Chambres de maturation centrales. — Dans le but de faire une démonstration pratique sur une échelle assez grande pour attirer l'attention générale, et pour qu'un assez grand nombre de personnes puissent être intéressées directement dans les résultats, quatre grandes chambres de maturation centrales, ou chambres coopératives, furent établies par le ministère fédéral de l'agriculture au printemps de 1902.

Près de 70.000 fromages, fournis par quelque 40 fabriques, ont été mûris à ces quatre stations durant ces deux dernières saisons. Pour se rendre compte de l'économie réalisée sur le poids, grâce au contrôle de la température, on procéda de la façon suivante : Chaque semaine on mit de côté, pour chaque fabrique, un certain nombre de fromages provenant du même bassin. Après les avoir soigneusement pesés, on mit un de ces fromages dans la chambre de maturation et l'autre dans l'étage supérieur où la température n'était pas contrôlée. Au moment de la vente, les fromages de la même semaine furent pesés de nouveau et on prit note de la différence de poids. On se basa sur cette différence pour calculer le gain total réalisé sur le poids de tout le lot de fromage. Le tableau ci-après montre la perte de poids qui a été épargnée sur tout le fromage qui a passé aux quatre stations expérimentales de maturation durant la saison dernière (1903).

Chambre de maturation	Nombre de fromages	Poids à l'expédition	Perte de poids épargnée, (en livres)	Valeur
Brockville . .	9.536	761.590 liv.	9.869	$ 1.011.59
Cowansville .	14.080	1.137.459	18.694	1.497.44
St-Hyacinthe..	9.255	711.076	6.816	699.76
Woodstock . .	12.898	1.013.562	14.410	1.461.17
	45.769	3.623.396	49.789	$ 4.669.96

La valeur totale de l'économie réalisée, soit $ 4.669.76, représente l'intérêt à 6 pour 100 sur $ 75.000, ou, en d'autres termes, représente un capital de $ 2.000 pour chacune des fabriques qui ont fourni le fromage. Pendant ces deux dernières saisons, la température a été remarquablement fraîche et l'atmosphère humide pendant tout l'été. Dans une saison ordinaire, la perte de poids aurait été beaucoup plus grande parce qu'une haute température et une atmosphère sèche aident à la dessiccation.

Amélioration dans la qualité. — Mais l'économie sur la perte de poids n'est qu'une considération secondaire. C'est l'amélioration très notable de la qualité qui est le point intéressant. Le fromage mûri dans une chambre fraîche et celui qui a mûri à une température variable ont été souvent examinés et comparés par un grand nombre d'acheteurs, de fabricants et de spécialistes, et à chaque examen le fromage mûri à une basse température a été jugé de la meilleure qualité.

Le premier effet d'une haute température est de rendre la consistance du fromage cassante et farineuse, et dans des cas extrêmes, de produire une apparence huileuse désagréable, ou, ce qui revient au même, de gâter cette texture soyeuse toujours apparente dans le fromage de bonne qualité. A une haute température, les mauvaises saveurs deviennent encore plus fortes, et beaucoup de fromages perdent leur arome, tandis que les fromages mûris à une basse température demeurent en bonne condition. A une température élevée, les fromages prennent un goût acide prononcé, beaucoup plus tôt. La maturation à une basse température n'améliore pas la qualité du fromage. Seulement les défauts du fromage, tels que l'acidité, s'accentuent à une haute température.

Telles sont les observations qu'il convenait de rapporter, dans un chapitre sur l'industrie la plus populaire des provinces de l'est.

*
* *

Nous croyons qu'il n'est pas nécessaire de s'arrêter longuement sur les autres articles d'exportation tels que les œufs, qui sont aussi exportés en Angleterre, le lard, le bacon, et le bœuf vif.

(V. 2ᵉ partie : l'*Élevage.*) Le problème de la conservation des œufs n'est pas encore résolu d'une manière définitive.

Pour la consommation locale mentionnons : le miel, qui peut se faire au Canada, dans toutes les provinces, grâce à une abondante flore naturelle ; le tabac dont la culture est à peu près libre ; le houblon et les pommes, dont la culture se fait avec soin dans la province du Nouveau-Brunswick.

CHAPITRE SEIZIÈME

INDUSTRIES DIVERSES. — AUTOMOBILES

L'industrie de l'automobile a-t-elle chance de réussir au Canada?
Nous n'oserions trop l'affirmer pour l'instant pour deux raisons :
d'abord l'état inférieur des routes ; et en second lieu le petit
nombre d'amateurs qu'on est susceptible de trouver.

N'oublions pas tout d'abord que les sports, en général, ne sont
nulle part plus en honneur qu'au Canada.

Nous commenterons brièvement la première raison en laissant
au bulletin du *Board of Trade* de Londres le soin de s'expliquer
sur la seconde.

Le petit nombre d'amateurs : au fait, en y réfléchissant bien,
cette raison n'est pas valable. Et voici pourquoi : c'est que le goût
qu'on a au Canada pour tout ce qui est nouveau, luxueux et utile
est très répandu. Il n'est pas rare de voir dans nos grandes villes
des hommes de condition modeste possesseurs de chevaux, carrosses, voitures anglaises, tilburys, bogheys ou phaétons.

On n'a pas encore au Canada les habitudes d'économie qui
règnent dans les vieux pays et particulièrement en France. On a
même constaté à certaines époques, peu éloignées encore, qu'une
des raisons qui ont malheureusement poussé un grand nombre de
nos fermiers de la province de Québec à émigrer dans les États de
a Nouvelle-Angleterre était précisément la ruine des fortunes par-

ticulières ou la lourdeur des charges hypothécaires qui grévaient les propriétés rurales les plus riches et les plus développées; or, cette ruine d'un grand nombre de cultivateurs canadiens était due à l'amour excessif du luxe. Les fermiers devenus aisés s'endettaient lourdement pour meubler leur maison de luxueux mobiliers, de pianos, et leurs remises de carrosses coûteux et d'attelages brillants.

Ce qui s'observe dans l'esprit des populations de la campagne est tout naturellement la règle dans les villes.

Quand la bicyclette a fait son apparition elle s'est répandue avec une rapidité étonnante dans tous les bourgs les plus reculés de nos campagnes.

Nous ne voudrions certes pas aggraver le mal du luxe qui a sévi déjà et qui n'est pas encore guéri chez nos populations rurales; mais à la ville nous croyons qu'il appartient à un industriel entreprenant de substituer dans bien des cas l'automobile aux coûteux équipages.

Quant à la question des routes, voici ce que reproduit le *Board of Trade* d'une étude du curateur de la section canadienne de l'Institut impérial de Londres : « L'industrie de l'automobile a reçu une bonne poussée au Canada et cet article de luxe est devenu un objet favori de la mode dans la catégorie des gens de fortune qui ont les moyens de s'en pourvoir, et l'on entrevoit une véritable épidémie de cette fantaisie pour l'été prochain.

En général, presque toutes les automobiles qui sont en usage au Canada actuellement ont été fabriquées aux Etats-Unis; et un bon nombre de manufacturiers américains sont déjà représentés au Canada.

L'industrie de l'automobile au Canada n'a pas encore atteint un degré de développement appréciable, mais on annonce que plusieurs industriels doivent prochainement tenter l'entreprise. On affirme que le mauvais état des routes qui dans certaines saisons caractérise quelques régions, n'est pas proprement un obstacle à la vulgarisation de l'automobile ; d'autre part, comme les Etats-Unis sont, relativement à la question des routes, dans une position identique à celle du Canada, il est plus que probable que les industriels américains construisent leurs machines sur un modèle spécialement adapté aux circonstances du pays ».

Avis aux techniciens et aux industriels ingénieux qui désireraient triompher là-bas des routes mauvaises d'un pays très ama-
teur.

Ajoutons qu'il existe à Montréal un *Automobile Club* qui comprend une centaine de membres ; il en existe un également à
Winnipeg.

CHAPITRE DIX-SEPTIÈME

CIMENT — BRIQUE

Dans un pays où les constructions bourgeoises ordinaires se font en bois malgré les terribles inconvénients qui en résultent, il est clair que l'industriel qui pourrait fabriquer à un prix modeste les éléments nécessaires à la construction — et à la construction solide, durable et un peu plus à l'épreuve du feu — ferait une affaire avantageuse.

Il arrive quelquefois que des industriels plus ardents que bien inspirés déclarent pouvoir substituer le ciment armé au bois, à la brique et à la pierre. Nous avons entendu proclamer cette espérance dans la grandissante ville de Winnipeg. C'est dire ce qu'on ne rêve pas de l'avenir de cette matière si répandue aujourd'hui dans l'industrie. Quoi qu'il en soit l'industrie du ciment est une de celles qui se développent avec le plus de rapidité, surtout depuis quatre ou cinq ans.

Il y a une dizaine d'années, l'industrie du ciment était encore une industrie pour ainsi dire en enfance. En 1902, la production totale des usines canadiennes était de 620.000 barils, tandis qu'on était en train de construire des fabriques dont la production totale atteindra 5.400 barils par jour; d'autres compagnies viennent de se créer avec l'intention de produire 4.700 barils par jour. Quand toutes ces exploitations seront établies et mises en marche, elles produiront, dit le *Montreal Star*, en chiffres ronds, 4.000.000 de barils par an. Jusqu'en 1900, il n'y avait au Canada que quatre Compagnies fabriquant le ciment.

En 1901, les approvisionnements excédaient de beaucoup les demandes. Par suite, des stocks considérables restèrent invendus dans quelques Compagnies qui n'étaient pas assez bien placées pour vendre leur production.

Pendant l'année 1902, pas moins de cinq nouvelles compagnies commencèrent la fabrication du ciment avec l'intention d'augmenter leur production de plus du double dans l'avenir.

Les Compagnies en exploitation en 1902 pendant la totalité ou une partie de l'année, ont été les suivantes ; nous y joignons le chiffre de leur production :

	Tonnes.
La Canadian Portland Cement (comprenant les intérêts de la Rathbun C° et de la Beaver Cement C°).	280.000
La Owen Sound Portland Cement C°.	110.000
La Lakefield Portland Cement C°.	65.000
La Imperial Portland Cement C°.	50.000
La Hanover Portland Cement C°.	30.000
La Grey and Bruce Portland Cement C° (3 mois d'opérations)	20.000
La Crescent Portland Cement C°.	50.000
La Sun Portland Cement C° (3 mois d'opérations).	15.000
Production totale des usines canadiennes. . .	620.000
Importations de 1902.	460.000
formant une consommation totale au Canada en 1902 de	1.080.000

Chacune de ces usines avait été créée avec l'espoir de l'augmentation du marché et on avait prévu l'agrandissement de leurs installations dès que les demandes l'auraient exigé; la plupart des constructions avaient été faites de façon à recevoir un nombre de fours double de celui actuellement en marche.

En 1902, un grand nombre de travaux particulièrement importants ont été entrepris, qui ont exigé une quantité de ciment beaucoup plus grande qu'à l'ordinaire. Ce besoin vint s'ajouter à la consommation ordinaire pour les trottoirs et augmenta considérablement les demandes faites aux fabriques locales ; et comme les importations tardaient à arriver, il y eut pendant quelque temps un approvisionnement insuffisant. La situation changea cependant complètement avant la fin de la saison. Durant l'année 1903, la plupart des Compagnies existantes ont augmenté leur installation et leur production. La Canadian Portland Cement Cᵒ a maintenant 4 nouveaux fours. La Lakefield, 3. La Grey and Bruce et la Sun, chacune 1. La Hanover, 2. La National Portland Cement Cᵒ, de Durham, a commencé son exploitation avec 8 fours, de sorte que la production, en 1903, des divers établissements canadiens actuellement en marche est évaluée à 1.500.000 barils.

Il y a lieu d'ajouter les sociétés suivantes qui seront bientôt en opération :

Raven Lake Portland Cement Cᵒ ;

Ontario Portland Cement Cᵒ ;

Belleville Portland Cement Cᵒ ;

International Cement Cᵒ ;

Colonial Portland Cement Cᵒ ;

De plus on annonce que six autres sociétés viennent de se constituer pour la fabrication du ciment. Elles auraient de la difficulté à recueillir tout le capital dont elles voudraient disposer pour leurs exploitations.

Quant à l'industrie de la briqueterie, on n'a qu'à jeter un coup d'œil autour de soi dans une ville du Canada pour constater que la brique est plus répandue que la pierre ; la raison en est qu'elle est plus économique que celle-ci, — qui est très rare, dans les régions du centre principalement.

Nous avons vu des communes, situées sur une ligne de chemin de fer pourtant, faire venir de la ville (à 75 kilomètres), des commandes de 1.000 briques, qui pour la construction d'un four, qui pour la réparation d'une cheminée. Il faudrait si peu de capital pour créer une petite industrie de briqueterie rurale...

Nous croyons qu'avec 25.000 francs, une briqueterie peut s'installer dans de bonnes localités et produire une quantité suffisante de briques pour en faire une affaire rémunératrice.

Les Sociétés d'assurance évaluent habituellement une maison en bois confortablement finie entre 0 fr. 35 et 0 fr. 55 le pied cube ; ils évaluent une maison en brique, 0 fr. 65 à 0 fr. 75 le pied cube.

Une briqueterie, installée modestement auprès d'une petite ville, n'ayant pas beaucoup de frais généraux, pouvant concurrencer les marchands de bois et s'appliquant, au début surtout, à écouler à n'importe quel prix sa marchandise, créerait la mode de la brique dans son voisinage ; les sociétés d'assurance en seraient heureuses et les habitants abandonneraient peu à peu l'usage exclusif du bois dans la construction.

Dans ces conditions, il y a place au Canada pour des centaines de petites industries de la brique.

CHAPITRE DIX-HUITIÈME

L'ÉLEVAGE DU CHEVAL

Il y a un grand nombre de *Sociétés d'agriculture* dans la province de Québec.

Ces Sociétés ont pour but d'organiser périodiquement des expositions agricoles régionales afin d'aider au développement et à l'amélioration des industries agricoles.

Le gouvernement provincial accorde chaque année une subvention à chacune de ces Sociétés, laquelle est versée au fonds commun pour être distribuée en prix et médailles aux exposants de mérite. En 1901, le ministère de l'Agriculture a promulgué une lettre circulaire que nous reproduisons. Cette lettre accordait l'autorisation aux Sociétés d'agriculture d'employer leurs fonds à créer des primes pour encourager l'élevage des chevaux de race. Voici le texte même de la circulaire :

DÉPARTEMENT DE L'AGRICULTURE

Québec, 1er février 1901.

« Monsieur,

» Je me permets d'attirer tout spécialement votre attention sur une résolution du Conseil d'Agriculture, tendant à faciliter aux sociétés d'agriculture les moyens d'améliorer les races d'animaux dans cette province, et que le conseil a adoptée à ses séances des 23 et 24 janvier dernier.

» A l'avenir, les sociétés d'agriculture auront le droit, lorsqu'elles jugeront à propos de ne pas tenir d'exposition, de consacrer la subvention qui leur est allouée par le gouvernement, soit à l'achat d'animaux reproducteurs, soit à créer des primes de conservation à des propriétaires d'animaux reproducteurs et, dans ce cas, les directeurs de la société pourront rembourser aux sociétaires, en graines fourragères ou en engrais chimiques, tout le montant de leur souscription. Les sociétés d'agriculture auront ainsi toute la facilité voulue de recruter des souscripteurs.

» Le Conseil d'Agriculture, en élargissant ainsi la sphère d'action de nos sociétés d'agriculture, n'a fait que répondre à des désirs qui se sont manifestés de plus en plus nombreux et à des besoins que toute la classe agricole voudrait unanimement voir satisfaits.

» L'importance de l'amélioration des races d'animaux est une chose admise par tout le monde, et s'il y a encore divergence d'opinions sur les moyens à employer pour y arriver, il n'y a plus de discussion sur le mérite du problème à résoudre.

» L'élevage des chevaux devrait, en particulier, être l'objet de l'attention des sociétés d'agriculture. Dans ces derniers temps, l'Angleterre a fait de nombreux achats de chevaux, mais, malheureusement, lorsque nous lui vendions de fortes cargaisons de foin, de viande, et de fruits en boîtes, nous n'avons pu lui procurer qu'un très petit nombre de chevaux remplissant les conditions voulues. Nous avons à peine fourni 3 pour 100 des demandes, alors que le Canada est cependant reconnu comme un pays très propre à l'élevage de l'espèce chevaline.

» Nous avons perdu là l'occasion de réaliser de grands profits, non pas parce que nous n'avions pas de chevaux, mais uniquement parce que nos animaux étaient jugés impropres au service.

» Il y a donc, dans l'élevage amélioré de bons sujets destinés à la remonte de l'armée et même au commerce, un avenir pour la classe agricole.

» Si j'ai cru de mon devoir d'attirer tout spécialement votre attention sur la décision du Conseil d'Agriculture, c'est que je suis convaincu qu'elle peut, par une mise en pratique sage, rendre de grands services aux cultivateurs, et que, vous-même, vous saurez joindre vos efforts à ceux de tous vos concitoyens qui s'intéressent au développement et aux progrès de notre agriculture.

» Les nouveaux règlements du conseil, au sujet des primes de conservation et de l'achat des reproducteurs, vous seront tout prochainement transmis. »

Comme on peut le constater par cette lettre, le département de l'Agriculture de la province de Québec est très bien disposé envers les éleveurs et il fera, nous en sommes sûrs, des sacrifices, si cela est nécessaire, pour assurer le succès dans cette branche de commerce qui est une des plus rémunératrices industries du pays.

Ce n'est pas sans difficultés que le ministère est arrivé à fixer les primes qui pourraient être accordées comme primes de conservation.

Lorsqu'une société d'agriculture se prévaudra du privilège que lui accorde le département de l'agriculture, elle pourra accorder :

```
Pour un étalon de pur sang approuvé. de Fr.   1.250 à 1.750
   —     demi-sang. . . . . . . . .    —      1.000 à 1.500
   —     cheval de trait. . . . . .    —      1.000 à 1.250
```

Toutefois pour des étalons dont le prix et le mérite seraient exceptionnels, on pourrait donner :

```
Pour un étalon de pur sang. . . . . de Fr.   1.750 à 2.500
   —       de demi-sang. . . . . . .   —     1.500 à 2.250
   —       de trait . . . . . . . . .  —     1.500 à 2.000
```

La moyenne des primes des étalons serait donc de 1.250 francs.

DEUXIÈME PARTIE

LES PROVINCES DU CENTRE

CHAPITRE PREMIER

LES PRAIRIES DU CENTRE (1)

Topographie. — Cette partie du Canada comprend le *Manitoba*, l'*Assiniboine*, l'*Alberta*, le *Saskatchewan*, l'*Arthabasca;* elle a environ deux cents mètres d'altitude.

Les grandes prairies de l'ouest du Canada qui s'étendent depuis Winnipeg jusqu'aux montagnes Rocheuses renferment plus de cent millions d'hectares de bonne terre arable. Cette terre est de deux sortes : la prairie haute, propre à la culture du blé et des autres céréales, et la prairie basse où le foin atteint de grandes proportions; cette deuxième sorte de terre est plutôt propre à l'élevage. Plus tard l'irrigation pourra la rendre propre à la culture.

Qu'on se figure les grandes plaines de la Beauce, couvertes de hautes herbes, entrecoupées çà et là de rivières et de bouquets de bois, se déroulant sur une étendue de plusieurs milliers de kilo-

(1) On appelle souvent au Canada les provinces du Centre : *l'Ouest Canadien.*

mètres, et on aura une faible idée de ce que sont les prairies canadiennes.

Un sol noir comme de l'encre, d'une richesse extraordinaire, deux pieds d'humus, de terreau, de fumier pourri, reposant sur un fond d'argile marneuse, telle est la composition de cette terre merveilleuse. Le docteur P.-H. Bryce, secrétaire du bureau d'Hygiène de la province d'Ontario, dit, dans son livre intitulé *Les Climats du Canada* : « La plus basse superficie de ces plaines comprend le Manitoba, la rivière Rouge au sud, la rivière Saskatchewan dans l'ouest et leurs affluents qui se déversent dans le lac Winnipeg et de là dans la baie d'Hudson. Cette immense superficie, s'étendant jusqu'à l'élévation des terres dans le Dakota (É.-U.), prouve qu'elle fut autrefois le bassin d'une grande mer intérieure, marquant plus ou moins nettement les niveaux successifs des eaux du grand lac post-glacial Agassiz, selon l'expression des géologues. Une alluvion noire d'une substance extraordinairement riche recouvre presque en entier le pays et constitue les terres à blé du Manitoba où pousse le fameux blé n° 1 *dur.* »

L'analyse du sol du nord-ouest canadien donne les résultats suivants :

Humidité	21.364
Azote	11.233
Phosphate	472
Carbonate de chaux	1.763
Carbonate magnésié	937
Sels alcalins	1.273
Oxyde de fer	3.115
Sable et silice	51.721
Alumine	8.122
	100 000

Sur les cent millions d'hectares de terre arable que contient l'ouest canadien, on peut compter qu'il y a environ trente millions d'hectares propres à la culture immédiate, faisant déduction des terrains montagneux, marécageux et autrement arides. Ces trente millions d'hectares se répartissent ainsi :

	Hectares		Hectares
Manitoba	9.200.000	Saskatchewan	6.800.000
Assiniboine	7.600.000	Alberta	6.400.000

Il y a environ huit millions d'hectares qui ont été pris en *homestead* (c'est-à-dire *concessions gratuites* du gouvernement faites aux colons), et achetés aux compagnies de chemins de fer, dans le Manitoba ; et environ quatre millions d'hectares dans les territoires de l'ouest. De sorte qu'il reste dix-huit millions d'hectares de terre propre à être ensemencée sans frais de défrichement ou d'irrigation. Sur les huit millions d'hectares du Manitoba, 4.475.000 hectares sont cultivés (1903) ; le reste sert aux pâturages ou à rien.

Le sous-ministre d'Agriculture du Canada dit dans son rapport de 1902 : « On peut s'attendre à voir, d'ici dix ans, mettre 4 millions d'hectares de terre en culture. Calculant la moyenne de production par acre, en se basant sur le rendement moyen de l'année dernière, le Manitoba produira dans dix ans 57.155.695 hectolitres de blé, 31.502.798 hectolitres d'avoine et 7.407.641 hectolitres d'orge, soit 86.528.172 hectolitres de céréales. » Ces chiffres ne sont peut-être pas exagérés, car les statistiques officielles du gouvernement accusent une progression tellement rapide qu'on peut prévoir pour 1914 une récolte formidable. Qu'on en juge plutôt par les données statistiques de la production des céréales (blé, avoine, orge) dans le Manitoba seulement :

	Hectolitres		Hectolitres
1883	5.801.675	1901	28.843.841
1890	8.890.533	1902	33.631.567
1898	15.945.974		

A quoi faut-il attribuer cette énorme progression de la culture des céréales dans l'Ouest canadien, sinon à la fécondité prodigieuse du sol d'une part et à l'accroissement très justifiable de la population agricole de ces régions ? Les autres produits de la ferme accusent une progression similaire.

Exportation du Canada en Angleterre (Bêtes à cornes).

Année	Nombre	Valeur	
1875	455	167.355	francs
1880	32.680	11.460.805	—
1885	69.446	28.761.240	—
1890	66.965	32.826.575	—
1895	85.863	33.988.075	—
1900	115.056	37.895.400	—
1902	148.927	48.713.690	—

Nous ne parlons pas de l'exportation aux Etats-Unis, qui dans ces dernières années surtout a été considérable, par suite de la réduction des droits d'entrée.

Exportation du Canada (fromages).

Année	Livres	Valeur
1870.	5.827.782.	3.372.430 francs
1875.	32.342 030.	19.431.130 —
1880.	40.368.678.	19.466.830 —
1885.	79.655.367.	41.326.200 —
1890.	94.260.187.	46.861 060 —
1895.	146.004.650.	61.265.010 —
1900.	185.984.430.	99.281.620 —
1902.	200.946.401.	98.431.455 —

Résumons maintenant les industries ou plutôt les affaires intéressantes qui fleurissent dans ces prairies du centre :

1° La culture de blé, d'avoine, d'orge, de lin, de seigle, de pois;

2° La culture des primeurs ;

3° L'élevage du bétail et des moutons ;

4° L'élevage du cheval;

5° La fabrication du beurre et du fromage ;

6° La conserve de viandes et de gibier.

Chaque habitant cultive une propriété d'au moins 65 hectares; mais on a vu des syndicats se former pour faire la culture sur une plus grande échelle. Dans ces cas l'écoulement des produits est singulièrement facilité par la création de sections spéciales de chemins de fer, que font construire les grands marchands et les exportateurs de blé.

Il y a à chaque station de chemin de fer de vastes hangars dits *élévateurs* auprès desquels les wagons de chemin de fer peuvent approcher et se charger automatiquement à l'aide de tuyaux. Mais si une grande exploitation se trouve éloignée de douze ou vingt kilomètres de la station, il arrive parfois que la compagnie du chemin de fer va s'installer devant cette propriété afin de faciliter l'exportation des produits : elle construit un embranchement de la voie ; cet embranchement est très susceptible d'être prolongé plus tard quand le besoin s'en fera sentir.

Il existe maintenant dans la plupart des villages des fromageries et des beurreries ; il y en a aussi dans les villes ; et les industriels font venir chaque matin, de la campagne, dans de grandes cruches métalliques les contributions individuelles de lait ou de crème. Ces éléments viennent dans certains cas par voie ferrée et d'endroits distants de trente à cinquante kilomètres.

*
* *

L'industrie de la conserve de viande n'est pas beaucoup répandue au Canada et presque pas au Manitoba. Il y a un vaste champ à exploiter dans cette direction. Si le centre canadien est un pays agricole par excellence, les métiers de boucher, de boulanger et autres y sont par contre peu exercés. Chaque fermier fait son propre pain. Quant à la viande, il emploie beaucoup de conserves ; cela ne doit pas étonner : un fermier ne peut pas tuer un poulet, un porc ou un mouton toutes les semaines pour avoir de la viande fraîche ; force lui est donc d'en acheter au village ; mais s'il n'y a pas de boucher au village, il se contentera de viandes de conserve. Au Canada le paysan mange de la viande trois fois par jour. Signalons en passant la colonie de Notre-Dame de France (près Grande-Pointe) dans la province du Manitoba qui a été fondée par des industriels français énergiques et de réel mérite, qui ont été les premiers à concevoir l'importance que devait avoir une usine de produits alimentaires supérieurs dans l'Ouest canadien.

CHAPITRE DEUXIÈME

LA GRANDE CULTURE

Il existe dans l'ouest canadien des fermes d'une grandeur dont on n'a pas d'idée en France ; nous en avons vu d'immenses dans le voisinage de la rivière Rouge. Il n'est pas question ici des fermes minima de 65 hectares, ni des fermes maxima ordinaires de 250 et 300 hectares. Nous voulons parler des grandes exploitations agricoles qui existent sous forme de sociétés ou compagnies fermières et dans lesquelles on fait des labours avec l'aide de charrues à la vapeur. Oui, par la vapeur ! de même qu'on bat les céréales avec des machines à vapeur. Signalons en passant la fameuse machine *Darby* qui peut faire tout à la fois, selon le caprice du fermier, une des quatre opérations suivantes :

1° Premier labour appelé *cassage* ; hersage ; semis.

2° Premier labour (*cassage*) ; relevé du premier labour ; hersage ; semis.

3° Premier labour (*cassage*) ; relevé du premier labour ; hersage avec roulettes d'acier tranchantes ; hersage ordinaire ; semis.

4° Semis sur la prairie vierge ; premier labour (*cassage* ; hersage.

Notons que cet engin ne peut servir avantageusement que dans une très grande ferme et dans un pays plat comme l'Ouest canadien.

Ces fermes sont d'une contenance qui atteint parfois le chiffre de trois mille hectares. Voici quelques renseignements qui pourront donner une idée de la culture au Manitoba.

Disons tout d'abord que le « coût de production du blé s'élève, d'après les données connues, de 62 à 85 francs l'hectare, et, comme, en certains cas, on a réalisé jusqu'à 312 francs de bénéfice par hectare, on peut estimer le bénéfice moyen de 125 à 187 francs l'hectare (1). »

Dans cette évaluation du coût de production du blé, nous ne comptons pas le fonds ; on peut encore aujourd'hui se procurer du terrain pour 62 francs l'hectare ; il y a trois ou quatre ans ce même terrain pouvait s'acheter pour 37 francs ; mais sa valeur augmente constamment par suite de l'invasion croissante des colons nouveaux.

Le terrain dans l'Ouest canadien s'achète aux compagnies de chemins de fer, à la compagnie de la Baie d'Hudson, et aux nombreuses sociétés foncières, qui sont, outre le gouvernement, les principaux détenteurs du sol. On le solde généralement en 5, 8 ou 10 versements annuels avec intérêt à 6 pour 100.

Le seul impôt direct qui soit prélevé est de 100 francs au maximum et de 5 francs au minimum, par an, sur un lot ordinaire de 65 hectares.

Donnons un exemple de l'exploitation en question : supposons qu'il soit possible d'acheter 10.000 acres de terrain à 25 francs ; disons 4.000 hectares à 62 fr. 50 l'hectare ; soit 250.000 francs. L'outillage d'un pareil établissement ne saurait mieux s'évaluer que par le coût total de production que nous avons déjà rappelé, c'est-à-dire environ 62 à 85 francs l'hectare. Ce chiffre a été fourni par les fermiers eux-mêmes.

Si donc les 4.000 hectares sont ensemencés, il faut compter (disons à 75 francs l'hectare) 300.000 francs de frais par an.

Quel peut être le rendement?

Sur soixante-et-onze variétés de blé qui ont été ensemencées dans les cinq fermes expérimentales officielles du Canada, voici les douze espèces de blé qui ont fourni, en moyenne générale, le meilleur rendement (1902) :

(1 Extrait de l'*Ouest canadien* (1900), publié par autorisation de M. C. Sifton, ministre de l'Intérieur du Canada. Nous avons simplement, dans cette citation, converti les mesures canadiennes en mesures françaises.

Variété	Par hectare	
Rio-Grande.	40 88	hectolitres
Roumaine	39 44	—
Colorado.	38 28	—
Vernon.	37 79	—
L'Oie.	37 44	—
Preston	36 81	—
La charnue (*plumper*)	36 55	—
Fougère rouge	36 40	—
Balle blanche de Campbell.	36 33	—
Couronne.	35 68	—
Minnesota n° 181	35 56	—
Hérisson barbu.	35 41	—

Ces fermes sont situées sur tous les points du pays : à *Nappan* (Nouvelle-Ecosse) où le blé a été semé le 26 avril; à *Ottawa* (Ontario), le 15 avril ; à *Brandon* (Manitoba), les 5 et 6 mai ; à *Indian-Head* (Assiniboine), le 27 mai ; à *Agassiz* (Colombie britannique), le 18 avril.

La moyenne du rendement de blé obtenue à Nappan est de 45 hectolitres 28 par hectare ; celle du rendement obtenu à Ottawa est de 37 hectol. 10 ; celle du rendement de Brandon 32 hect. 30; celle du rendement de Indian Head, 39.89 hectol., et celle du rendement obtenu à Agassiz de 45 hectolitres 77. La moyenne générale de tous les essais faits dans le Canada en 1902 accuse un rendement de 37 hectolitres 21 par hectare.

Il ne serait pas prudent d'adopter cette moyenne comme base à nos calculs. Nous qui connaissons le pays, savons très bien que la moyenne totale du rendement du blé n'excède jamais 17 hectol. 44 par hectare. Nous parlons de la moyenne résultant de la culture de tous les citoyens. Or, comme la presque totalité des cultivateurs n'ont pas les connaissances techniques qu'on met en œuvre dans les fermes expérimentales, on comprendra notre restriction. Toutefois, dans une exploitation extensive, le rendement est généralement au-dessus de la moyenne totale parce qu'on s'applique alors à mettre en pratique les méthodes perfectionnées qu'ignorent trop souvent les petits cultivateurs. Disons donc qu'une moyenne de 21 hectolitres 80 par hectare — on pourrait sans exagérer dire 25 hectolitres — est une base raisonnable de calculs. Donc :

Rendement, sur une ferme de 4.000 hectares, 87.200 hectolitres.

Le prix de vente varie beaucoup. On peut toutefois dire que le prix moyen est de 8 fr. 60 l'hectolitre. Il faudrait que la ferme fût aménagée de façon à conserver le grain en attendant la hausse. On a vu cette hausse aller jusqu'à 15 fr. 75 l'hectolitre. Bref, résumons les deux façons dont une affaire de ce genre peut se concevoir :

Frais.

Terrains.	Fr.	250.000
Construction.		90.000
Coût du travail.		300.000
Administration.		30.000
Directeur		15.000
Total.		685.000

Recettes.

87.200 hectolitres de blé à fr. 8.10		749.920
Total		749.920

Ou encore :

Frais.

Terrains.		250.000
Construction.		90.000
Outillage		400.000
Administration		45.000
Total	Fr.	785.000

Recettes.

Récolte	Fr.	749.920

Un capital de 800.000 francs produirait 749.920 francs. Si pour le bon entretien du sol on ne cultive que la moitié de la propriété au bout de quatre ou cinq ans et qu'on ne récolte que 43.000 hectolitres de blé, il faudra pour compenser la diminution résultant du chômage de l'autre moitié, tirer des revenus de l'élevage et de l'industrie laitière.

Du reste la terre monte toujours en valeur, et la société ou compagnie fermière aura intérêt à augmenter son domaine avant qu'elle ne donne naissance à toute une petite ville.

Nous conseillerions pour l'établissement d'une pareille exploitation beaucoup de prudence ; nous connaissons le pays et savons que là comme ailleurs, il y a des aléas. Mais une entreprise agricole au Manitoba a toutes les chances de succès et d'un succès brillant, si elle embrasse à la fois l'élevage et la culture des céréales.

CHAPITRE TROISIÈME

L'AVENIR DU BLÉ AU CANADA

Un des faits les plus nettement établis par la statistique pendant ces dernières années, et surtout depuis deux ans, a été l'augmentation énorme de la consommation du blé, ou, si l'on veut, du pain, dans le monde entier. Telle a été cette augmentation qu'on peut dire qu'elle constitue un des traits les plus notoires de la situation économique universelle, à bien plus juste titre que la constitution de monopoles d'une solidité douteuse ou que les révolutions fiscales, d'ailleurs particulières à un ou plusieurs pays. Tout semble avoir concouru à cet accroissement : la colonisation de nouvelles contrées, l'introduction sur une large échelle de la culture intensive, la découverte d'engrais diminuant le prix de revient, l'ouverture de débouchés pour ainsi dire illimités dans les contrées d'Orient les plus peuplées de la terre et surtout l'augmentation du bien-être général. Nous croyons, en effet, pouvoir avancer que la consommation du pain fait de farine de blé est, du moins en Occident, en raison directe de la prospérité d'une nation, ou, plus exactement, de l'état d'aisance de ses habitants : la France vient en premier lieu sous ce rapport, puis le Canada, la Grande-Bretagne, les Etats-Unis, l'Allemagne, etc. Comme cette sorte de loi paraît tenir à un affinement progressif du sens du goût dans nos sociétés, tout progrès dans une telle direction peut être considéré comme acquis, malgré les fluctuations ultérieures de la consommation du pain, d'une année à l'autre, sous l'influence de causes accidentelles. Bien plus, le pain de blé a pour lui cet avantage que, le cas échéant, il supplée en grande partie toutes les autres denrées alimentaires, au lieu qu'advenant un déficit de blé, tous les autres produits ne se peuvent substituer au pain que de façon plus ou moins collective.

Etant admise l'augmentation inévitable de la consommation du blé (cette augmentation est actuellement d'au moins trois millions d'hectolitres, chiffre équivalent à neuf millions de boisseaux, soit cinq millions d'hectolitres, si l'on s'en tient aux chiffres des deux dernières années), pour nous faire une idée quelque peu juste de la question, il nous faut rechercher quels sont les pays qui, dans un avenir prochain et concurremment avec le Canada, seront appelés à fournir ce supplément croissant de consommation. Seules, les contrées nouvelles peuvent entrer ici en ligne de compte, la France et la Russie, les deux grands pays producteurs de blé en Europe, ne paraissant pas pouvoir augmenter de beaucoup leur production actuelle : la première parce qu'elle ne possède guère plus de terrain à mettre en culture (un droit élevé lui permet seul de défendre son marché intérieur contre la concurrence du blé étranger), et la seconde parce que les statistiques démontrent que, malgré tous les efforts du gouvernement russe, ses récoltes sont sensiblement stationnaires et accusent même une légère tendance à décroître. La production russe augmenterait-elle d'ailleurs, sous l'impulsion d'une ère de prospérité inespérée, que sa consommation s'accroîtrait parallèlement, la masse des cultivateurs russes se trouvant actuellement dans l'obligation de vendre leur blé et de ne garder pour leur propre consommation que les grains grossiers. D'autre part, dans les vieux pays d'Occident comme d'Orient, la population est maintenant trop dense pour que l'on puisse s'y attendre à de fortes augmentations de récoltes.

Les pays dont la production du blé est susceptible d'une notable augmentation sont donc les Etats-Unis, la République Argentine, l'Australie et le Canada. Voyons leurs chances respectives :

Aux Etats-Unis, bien qu'il ressorte des statistiques que la production a doublé jusqu'à présent environ tous les trente ans, on ne saurait s'attendre désormais à un tel taux d'accroissement pour diverses raisons, dont la première est que ce pays est maintenant assez peuplé dans toute son étendue pour qu'on puisse considérer

que la majeure partie de ses terres à blé est occupée. En outre, on
voit par les derniers recensements qu'en dehors de l'accroissement régulier de consommation que nous avons dit être proppor-
tionnel au bien-être des habitants, la production est loin de s'accroître aussi rapidement que la population. A quoi l'on peut
ajouter que cet afflux constant de population, lequel dans ce pays
nouveau et doué d'un système de communications intérieures
aussi perfectionné, se dissémine davantage qu'en Europe, ne peut
que diminuer encore la proportion des terres cultivables.

Au point de vue de la production du blé en excédent de leurs
besoins, on est donc pleinement fondé à croire que les Etats-Unis
sont bien près d'avoir atteint leur apogée et que chaque année les
rapproche maintenant du déclin. Il leur reste, il est vrai, la culture intensive, qui n'y est encore que peu développée. Il faut reconnaître cependant, en se basant sur les données de l'expérience,
que l'introduction de la culture artificielle, soit par la méthode
des engrais chimiques, soit par le croisement des espèces de blé,
ne peut être que graduelle et très lente, eu égard à la transformation du sol ou du grain qu'elle comporte. Au reste, les statistiques
de ces dernières années montrent que les grands Etats producteurs de blé de printemps du Nord-Ouest, le Minnesota et les deux
Dakotas, avec lesquels surtout les blés du Canada paraissent
devoir entrer en compétition, ont plutôt tendance à remplacer la
culture du blé par d'autres, comme celle des légumes, qu'à augmenter encore leurs emblavures. C'est ainsi que, selon le bureau
de l'agriculture de Washington, la diminution de ce chef a été l'an
dernier (1902) d'environ 148.000 hectares, et en 1901 de 1.128.000
hectares, pour une superficie qui est restée, cette année, de
6.990.000 hectares. Or, comme l'admettait récemment le *World*
de New-York, dans un article chaudement controversé par la
presse américaine, les États-Unis ne se maintiennent plus sur la
liste des pays exportateurs de blé que grâce à ces trois Etats.

« Retranchez, disait-il, les récoltes du Minnesota et des deux
Dakotas et nous n'aurions plus rien à exporter. Le reste du pays
ne ferait que suffire à ses besoins. »

Les conclusions de l'article du *World* valent la peine d'être
citées :

« Nous sommes si habitués, continue-t-il, à regarder notre

pays comme un tout qu'il nous est difficile de nous faire à l'idée qu'économiquement il est aussi divers que l'Europe. Quelques pays européens exportent des grains et d'autres en importent. Or, ce ne sont en réalité que certaines sections de notre pays qui exportent du blé, tandis que toutes les autres en importent. Dans toute la région située à l'est du Mississipi, les seuls Etats qui produisent un excédent important de blé sont l'Ohio et le Michigan et c'est à peine s'ils suppléent ainsi aux besoins des Etats environnants. Au dernier recensement, l'Etat tout entier du Massachusetts n'avait que 90 acres de blé (39 hectares) et les six Etats de la Nouvelle-Angleterre ne produisaient pas ensemble de quoi nourrir la petite ville de Pawtucket. Les neuf Etats de la Nouvelle-Angleterre, formant une région aussi étendue que les quatre cinquièmes de l'empire allemand et possédant une population de 21.000.000, achètent chaque année en dehors d'eux plus de 80.000.000 de bushels de blé (26.000.000 d'hectolitres).

« En d'autres termes, ils importent plus de blé proportionnellement à leur population que la Grande-Bretagne elle-même, la seule différence étant qu'ils achètent leur manquant dans d'autres Etats du même pays, tandis que celle-là achète à l'étranger. Notre consommation intérieure de blé s'accroît de 9.000.000 de bushels (3.150.000 hectolitres) par année. S'il nous arrivait maintenant d'avoir une récolte comme celle de 1893, il nous faudrait importer du blé pour échapper à la famine, et même une récolte égale à celle de 1896 suffirait à peine à nos besoins. »

Ce que nous venons de dire des Etats-Unis peut s'entendre aussi en partie de l'Australie, dont la production de blé n'a guère augmenté, en fait, depuis sept ans et est d'ailleurs sujette à des fluctuations tellement grandes que le commerce international ne saurait compter que sur des expéditions très variables de cette source, chaque année. Au reste, ce pays n'exporte jamais que de faibles quantités de blé et l'an dernier il a même dû importer. Aussi toutes les relations écrites, ces derniers temps, sur l'Australie s'accordent-elles à reconnaître que l'on tend de plus en plus à y consacrer les nouvelles terres à l'élevage du bétail, mieux approprié à la nature du sol. Dans la Nouvelle-Zélande, la décroissance de la surface en blé est rapide. Depuis 1898 inclusivement, cette diminution n'a pas été inférieure aux trois cinquièmes de la

superficie totale. Ajoutons au crédit de cette partie du Common-
wealth australien qu'elle vient en tête du monde entier pour le
rendement par unité de surface. Mais cela est loin de compenser
la diminution de ses emblavures. En outre, l'élévation même du
taux de production d'un pays par unité de surface doit être pris
pour un signe certain que sa culture ne saurait gagner en extension, car tout compte fait, la production naturelle, lorsqu'elle est
possible, est encore la moins coûteuse.

La République Argentine resterait donc le seul pays qui puisse
s'opposer au Canada au point de vue des perspectives de la production du blé. On est souvent porté à comparer à divers points
de vue la République de l'Extrême-Sud de l'Amérique avec le
Dominion. On verra, par les faits que nous serons amené à citer
plus loin, à quel point de tels rapprochements sont superficiels
et combien l'Argentine le cède au Canada dans les traits qui leur
sont communs. Et d'abord ce que nous avons dit des vicissitudes
de la production du blé dans l'Australie s'applique également, et
dans une plus large mesure peut-être, à la République Argentine,
comme, du reste, à tout l'hémisphère austral, qui paraît peu propre
à la culture du blé et n'entre que pour un faible chiffre dans la
production universelle de cette céréale.

Si l'on se reporte, par exemple, avec l'auteur du « Corn Trade
Year Book », l'autorité européenne la plus reconnue en ces
matières, à une période de quinze ans en arrière, on voit que sur
les quinze dernières récoltes de blé de l'Argentine, dix exactement ont été déficitaires ou tout au moins décevantes. Dans aucun
pays la production du blé ne subit d'aussi fortes oscillations et il
en est de même pour les autres céréales. Selon la même autorité,
sur les quinze dernières récoltes de maïs de l'Argentine on a
enregistré neuf « failures » ou « disappointments ». La proportion des « failures » est à peu près la même pour la récolte
de lin, la troisième en importance de l'Argentine.

L'auteur du « Corn Trade Year Book » attribue cette incertitude
de la production argentine à « l'insalubrité de la température
d'été, laquelle affecte les récoltes, qui, fréquemment, n'ont pas
été endurcies par les froids et les vents de l'hiver et de la première partie du printemps, comme cela se produit dans la
Grande-Bretagne ». C'est pourquoi, dans ce pays aussi, le peu de

succè? de la culture du blé paraît porter les colons nouveaux, et même anciens, à se livrer de préférence à l'élevage, qui paraît être l'indu?ie naturelle de tout l'hémisphère sud.

Tell?s sont à grands traits, en ce qui concerne les pays rivaux du Canad? pour la production du blé, les conclusions générales qui se dé?.ent de la statistique et d'un examen impartial des faits. Nous ?oyons pouvoir faire ressortir l'énorme supériorité que les circon?ances prêtent au Canada à cet égard, et il nous restera ensuite à montrer la nature des initiatives et des placements qu'appelle l'essor présent de la culture du blé au Canada.

*
* *

Production canadienne de froment. — S'il est vrai, comme le passé semble le démontrer, que le développement de la puissance économique suive une ligne qui oblique toujours dans une direction nord-ouest, il faudrait admettre que le Canada paraît singulièrement bien placé pour recueillir en dernier lieu l'héritage de tous les pays qui, depuis le berceau du monde, l'ont précédé sur la route du progrès. Et si la loi que nous avons cru pouvoir formuler, à savoir que la consommation du blé constitue un excellent critérium de l'aisance du peuple, est également fondée, nous serions aussi amené, au cours de cette étude, à reconnaître que le Dominion, second aujourd'hui, après la France, sur la liste des pays consommateurs de cette céréale, semble devoir conserver encore longtemps le rang qu'il occupe déjà dans la hiérarchie du bien-être. Mais sans plus nous attarder à ces conjectures, nous recherchons quels sont, dès à présent, dans le domaine des faits, les droits du Canada au titre qu'il a pris récemment de « grenier de la Grande-Bretagne », voire du monde.

En général la culture du blé au Canada est plus soignée et plus scientifique que dans tout le reste de l'Amérique, avec ce résultat immédiat et reconnu par toutes les autorités compétentes que le rendement du blé par unité de surface y est d'au moins 25 pour 100 plus élevé qu'aux Etats-Unis et que dans l'Argentine. Dans la province d'Ontario, le rendement moyen du blé d'hiver, d'après les chiffres officiels, est de 20 boisseaux à l'acre, 17 hectolitres 30 à l'hectare, et celui du blé de printemps de 15 boisseaux, soit 13 hectolitres 85. Au Manitoba, la moyenne pour le blé de prin-

temps est de 18 boisseaux à l'acre, soit 15 hectolitres 58 à l'hectare.
En 1902, où le Canada a obtenu sa récolte de record, le rendement a atteint dans Ontario 27 boisseaux, soit 23 hectolitres 20, et
au Manitoba 26 boisseaux, ou 22 hectolitres 50. Or, en consultant
les statistiques officielles des Etats-Unis pour ces dernières
années, on voit que les plus hauts rendements atteints jusqu'à
présent dans ce pays n'ont été que de 23 et 24 boisseaux à l'acre,
et encore dans les rares Etats producteurs de blé d'hiver. Si l'on
ne compare que le rendement des blés de printemps, la différence éclate encore plus grande. Il est rare en effet que le Minnesota et les Dakotas, voisins du Canada, aient obtenu plus de
13 boisseaux à l'acre. Dans ces comparaisons, il faut faire naturellement la part des divergences possibles des méthodes d'estimation des deux gouvernements ; mais en supposant même que les
évaluations du Département de l'agriculture canadien soient quelque peu optimistes, la différence reste quand même évidente et
elle est confirmée d'ailleurs par les statistiques de la circulation
du blé au cours de la campagne.

Le Canada produisit environ 30.000.000 d'hectolitres de blé
en 1903.

C'est peu, pensera-t-on, qu'une production de quelque
30.000.000 d'hectolitres, contre les Etats-Unis une moyenne de
240.000.000, la Russie 145.000.000, la France 125.000.000, etc.
Mais, alors que, comme nous l'avons dit précédemment, la plupart des pays producteurs de blé consomment la majeure partie
de leur récolte, nous allons voir quelles sont les espérances non
seulement théoriques, mais pour ainsi dire matérielles, que
donne la culture canadienne pour ces prochaines années. Cette
partie de notre sujet a justement été mise en lumière au récent
congrès des Chambres de commerce britanniques (tenu à Montréal,
en 1903) par M. Crowe, de Winnipeg, dont on ne suspectera pas
les données, livrées à une aussi docte assemblée, et qui, du
reste, sont plutôt au-dessous de la vérité qu'au-dessus. Il s'agissait de démontrer que le Canada pourrait fournir au Royaume-
Uni de la Grande-Bretagne et d'Irlande toutes les quantités qui lui
manquent pour suppléer chez lui sa production nationale, laquelle,
dans les meilleures années, ne dépasse guère 20.000.000 d'hectolitres et tend à décroître encore.

Pour ne pas diviser inutilement l'attention, nous ramenons au système métrique les chiffres donnés au Congrès :

La quantité de blé ou de farine qui manque annuellement au Royaume-Uni s'élève, a-t-il dit, à environ 70.000.000 d'hectolitres. Durant les cinq dernières années, une proportion d'environ 86 pour 100 de cette quantité a été fournie par des pays étrangers et environ 14 pour 100 par les colonies anglaises, dont 8 pour 100 par le Canada. Cependant, celui-ci possède suffisamment de terre à blé pour produire les 86 pour 100 qui sont actuellement importés d'autres pays. Dans les quatre provinces du Nord-Ouest, qui sont le Manitoba, l'Assiniboine, le Saskatchewan et l'Alberta, il y a, en chiffres ronds, 250.000.000 d'acres de terre disponibles (près de 112.000.000 d'hectares). Il est très difficile de dire quelle proportion de cette terre est propre à la culture du blé, mais on peut avancer sans crainte qu'il y en a 75.000.000. Pour plus de sûreté, on peut s'en tenir à 62.000.000 d'acres (28.000.000 d'hectares). Or, en 1901, cette contrée a produit 22.000.000 d'hectolitres de blé sur une superficie de 1.018.980 hectares, en 1902, 22.400.000 hectolitres sur une superficie de 1.079.325 hectares, et en 1903, avec une étendue d'emblavures de 1.296.000 hectares, bien que le rendement soit moindre, on peut compter sur une production de 22 à 23 millions d'hectolitres. Ce n'est pas non plus exagérer que de dire que les deux tiers de la production actuelle vont à l'exportation. D'où il suit que si 1.296.000 hectares peuvent produire 23.000.000 d'hectolitres, car nos données sont incomplètes pour 1903, il faudrait 6.075.000 hectares pour obtenir les 105.000.000 d'hectolitres nécessaires à la consommation canadienne et à la consommation du Royaume-Uni. Or, on l'a vu, il reste au moins 28.000.000 d'hectares de terre absolument propre à la culture du blé au Canada.

Poursuivant ces calculs pour les besoins de notre sujet, nous trouvons que lorsque les 28.000.000 d'hectares de terre dont il est ici question, seront mis en culture, c'est sur une récolte minimum de 484.000.000 d'hectolitres qu'il faudra compter, c'est-à-dire le double de la production actuelle des États-Unis, près de quatre fois celle de la France, presque autant que les trois moyennes additionnées des États-Unis, de la France et de la Russie. Et si, toujours avec M. Crowe, nous considérons que la moitié au moins des terres non cultivées dans l'Ouest canadien sont propres à la culture du blé, nous arrivons à une estimation de production de 968.000.000 d'hectolitres, chiffre qui équivaut sensiblement à la récolte mondiale du blé. Inutile de pousser plus loin ces calculs. Si modique que soit le prix de revient du blé au Canada, on ne saurait s'attendre en effet à ce que sa production se substitue entièrement à celle des autres pays dans l'approvisionnement universel. Nous allons voir maintenant que si le Canada n'a pas encore la supériorité au point de vue de la quantité de blé produite, il la possède déjà sans conteste au point de vue de la qualité ; et nous signalerons enfin le développement actuel de la culture du blé, de l'industrie meunière et du système de transports du Canada, ainsi que du champ qui s'ouvre là pour l'initiative individuelle aussi bien que collective.

Déplacement de la culture du blé vers l'ouest. — Pour caractériser la poussée économique qui se fait actuellement dans la direction du Canada, il semble que nous n'ayons qu'à puiser, au hasard, dans la masse des faits qui le concernent et qui s'enchaînent, comme en un tissu serré. C'est d'abord l'incontestable supériorité de rendement de ses blés, que nous avons exposée avec chiffres à l'appui. C'est ensuite une supériorité de qualité, reconnue par le commerce international, et qu'attestait encore récemment, au Congrès des Chambres de commerce britanniques, tenu à Montréal, le représentant de l'Association du commerce des farines de Londres, M. Pillman, de la maison Pillman et Philips. Selon les calculs de ce dernier, le blé du Manitoba obtient en moyenne, à Londres, ce débouché des blés du monde entier, au moins un franc de plus par quintal métrique que tous les autres blés, différence très sensible assurément, sur un prix moyen variant de 17 à 18 francs. C'est encore le courant d'immigration qui s'établit, depuis quelques années, du cœur même des États-Unis dans le Dominion. Arrêtons-nous un instant sur ce phénomène si gros de conséquences.

Les statistiques du gouvernement canadien indiquent, par exemple, que, durant l'exercice terminé le 30 juin 1902, les Américains ont fourni plus d'un tiers de l'immigration totale, qui a été de plus de 100.000 colons, dans les quatre provinces de

l'Ouest canadien que l'on pourrait dénommer territoires à blé :
le Manitoba, l'Alberta, l'Assiniboine et le Saskatchewan. On a
évalué l'effet immédiat de cet afflux, sur l'économie nationale, à
plus de 23.000.000 de francs, dont plus de 18.000.000 pour les
seuls Américains des États-Unis, dont la fortune et les moyens
d'action dépassent, en général, de beaucoup ceux des autres
immigrants. Cette nouvelle population est ce qu'on appelle, en
Amérique, « the best colonizing stock », le meilleur contingent
de colons que l'on puisse désirer. Son immigration est due, en
premier lieu, à ce qu'il ne reste plus guère à prendre, aux États-
Unis, de terres économiques et productives, et ensuite à cet autre
fait que le Nord-Ouest canadien s'est révélé meilleur producteur
de blé que les grands États du Nord de l'Union. Aussi ces nouveaux immigrants, qui arrivent quelquefois par colonies entières,
viennent-ils principalement des États où la production du blé est
développée, du Minnesota, des Dakotas et de l'Iowa, et en moins
grand nombre du Nebraska, de l'Illinois, du Kansas et du Missouri. La masse de ces nouveaux venus possèdent, dans ces
États, des fermes qu'ils ont défrichées eux-mêmes depuis vingt
à trente ans, de sorte qu'ils ont toute l'expérience et même
les capitaux nécessaires pour mettre de nouveaux terrains en
valeur. La raison pour laquelle ils émigrent est qu'ils ont, le
plus souvent, plusieurs fils à établir, alors que leurs fermes
des États-Unis ne peuvent guère assurer l'aisance qu'à l'un d'entre
eux.

Le résultat a été que, du mois d'octobre 1901 jusqu'au commencement de l'année 1903, la valeur de la terre canadienne dans
l'Ouest a progressé d'une façon aussi graduelle que sûre. Cette
plus-value s'est faite par bonds d'un demi-dollar ou d'un dollar
l'acre, soit 6 fr. 25 ou 12 fr. 25 l'hectare. Dans l'intervalle, des
compagnies canadiennes et américaines d'exploitation ont surgi
sur différents points, et celles de chemins de fer et de la baie
d'Hudson ont rivalisé avec les premières pour mettre le terrain en
valeur. Jusqu'au 1er janvier 1902, la compagnie de chemins de fer
du Canadien Pacifique, qui possède la plus grande étendue de
terres, vendait sa bonne terre arable, par petits lots, 3 dollars
l'acre, soit 40 francs l'hectare. Or, vers la fin de l'année, des terrains en tout semblables se payaient en moyenne 92 francs l'hec-

tare et atteignaient en quelques cas 120 francs l'hectare. Grâce à cette hausse, la richesse de cette compagnie s'est accrue d'au moins 25.000.000 de francs en un an.

Ajoutons qu'au cours de 1903, cet exode des États-Unis au Canada n'a fait que s'accentuer et que le terrain a continué de hausser proportionnellement. Non pas que l'on soit en présence d'un « rush » pour s'emparer des terres les plus avantageusement situées, car, sans insister sur la nouvelle ligne transcontinentale qui va constituer pour le Canada un nouvel appoint de progrès à la ligne actuelle du Pacifique et mettre en valeur des terrains immenses, les compagnies de chemins de fer existantes accroissent sans cesse leurs réseaux par des additions successives ou par des embranchements multiples.

Les chiffres de l'émigration des États-Unis vers le Canada seront peut-être moins forts cette année. Ils seront, en tout cas, en partie compensés par l'immigration de France qui commence à se produire fort heureusement.

Avouons que nous ne serions pas fâchés de voir diminuer l'immigration américaine ; et en cela, nous serions d'accord avec les compagnies de chemins de fer américains qui se sont liguées pour combattre l'exode de leur population rurale.

Parallèlement aux nouvelles lignes de chemins de fer surgissent de tous côtés des élévateurs ou entrepôts à grains. L'activité a été surtout considérable l'an dernier, sur la ligne principale du chemin de fer du Canadien Pacifique et du côté sud de la ligne du Sault-Sainte-Marie. Nous ne saurions nous dispenser de mentionner ici les élévateurs construits récemment sur la ligne du Great Northern Railway, et dont la capacité est la plus forte que l'on ait encore vue, soit 3.500.000 boisseaux ou 1.225.000 hectolitres.

De plus, pas moins de soixante-dix silos ont été construits l'an dernier, le long de la même ligne de chemin de fer.

Nous avons dit qu'une fois l'élan donné, un progrès en appelle un autre. Un des plus importants résultats du déplacement vers le Canada du centre de la culture du blé en Amérique a été le déplacement correspondant du trafic des grains. Du moment que les débouchés de Winnipeg, Port-Arthur et Montréal ont été en état de rivaliser avec New-York, Philadelphie, Baltimore et

Buffalo pour l'exportation des grains, non seulement ces villes ont ramené à elles la plus grande partie du blé canadien jusqu'alors expédié par la voie des États-Unis, mais encore, en raison de leur situation plus avantageuse, due à leur distance moins grande d'Europe et à la proximité de cours d'eau intérieurs, elles ont attiré à elles la majeure partie des grains américains. C'est ainsi que la ville de Winnipeg est aujourd'hui le plus important centre d'échange de blé de toute l'Amérique. Et voici, à l'appui de cette assertion, les chiffres du mouvement commercial du blé dans les trois principaux marchés américains en 1902 :

Winnipeg.	57.833.000 boisseaux.
Duluth-Superior.	42.406.923 —
Chicago.	37.947.953 —

Tout récemment, une des plus hautes autorités en la matière, le journal le *Railway Age*, des États-Unis, croyait devoir prévenir une assemblée d'exportateurs de grains, réunis à Philadelphie pour réclamer des compagnies de chemins de fer un remaniement de leurs tarifs, propre à les protéger contre la victorieuse concurrence de Montréal, que la diversion de trafic vers les ports canadiens est due à des causes qui ne peuvent être neutralisées par des réductions de tarifs. La plus importante de ces causes, après la mise en valeur des terres canadiennes, est que la route par eau est de beaucoup la plus économique pour l'expédition des marchandises ; et à cet égard le fleuve Saint-Laurent, avec ses immenses lacs intérieurs, semble merveilleusement placé pour desservir les champs de blé de l'Ouest. Aussi, depuis deux ans, tous les ports de la Nouvelle-Angleterre l'ont cédé successivement au port canadien de Montréal pour l'expédition des grains et Buffalo lui-même, le plus septentrional d'entre eux, a vu décroître son trafic, ces dernières années, au point que des centaines de bateaux autrefois employés au transport des grains sont maintenant inactifs dans le lac Érié et que nombre de ces derniers ont été volontairement échoués par leurs propriétaires.

On voit, par tout ce qui précède, qu'en ce qui touche la production des blés canadiens, les perspectives ne manquent pas pour le capital. Ici, les initiatives peuvent revêtir les formes les plus diverses : acquisition et revente des terrains, culture en grand du froment, construction de chemins de fer ou d'entrepôts, achats d'actions de ces derniers, collection et expédition des grains, etc. Ce sont là autant d'aubaines dont les hommes d'affaires de la Grande-Bretagne ont été, jusqu'à présent, en grande partie seuls à profiter. Nous ne ferons que mentionner en passant la formation récente à Londres de la Compagnie de culture du blé canadien, qui a commencé par acheter 20.000 acres de terre dans l'Assiniboine, où elle se propose de cultiver le blé sur une large échelle, par les méthodes les plus récentes.

Nous arrivons à une dernière industrie qui se rattache non moins étroitement que les précédentes à la culture du blé et où le champ d'action reste encore le plus vaste. Nous voulons parler de l'industrie meunière, que les progrès si rapides de la production canadienne de froment ont prise au dépourvu et qui n'a pu, malgré les efforts des compagnies meunières déjà existantes au Canada, marcher de pair avec elle. Les deux tentatives les plus marquantes à cet effet sont celles de la Société Ogilvie, dont les moulins sont les deuxièmes du monde entier par la capacité, et de la Compagnie du Lac des Bois, qui ont fait construire chacune, en 1902, un nouveau moulin d'une capacité minimum de 1.400 quintaux, en vue de l'exportation des farines. C'est peu pour un pays qui exporte 12.000.000 d'hectolitres de blé par an, dont à peine un dixième sous forme de farine, et dont les provinces nouvellement ouvertes à la colonisation augmentent annuellement leur superficie d'ensemencement d'environ un cinquième. Deux voies s'ouvrent ici à l'initiative bien entendue.

La première serait de créer une ligne de paquebots franco-canadienne, pour laquelle le gouvernement canadien offre une prime de 600.000 francs par an pour vingt voyages annuels, afin de faire l'importation du blé canadien, destiné à la réexportation en farine sur la Belgique, l'Orient, voire sur le Royaume-Uni ; de plus une ligne de transports entre la baie d'Hudson et Liverpool pour l'exportation directe de blés en Angleterre, à condition que la baie soit elle-même mise en communication avec le centre du pays à blé, — ce qui ne serait pas une tâche bien difficile. (V. chap. XII, 2e partie). La seconde, qui promet encore plus de résultats, consisterait à construire et à exploiter des moulins dans l'immense ré-

gion déjà qualifiée en certains milieux de grenier du monde et qui,
nous l'avons vu, est en état de produire une quantité de blé
même supérieure à la récolte mondiale actuelle (1).

(1) Ce chapitre est fait en grande partie, d'une étude parue en 1903 dans le
journal, — aujourd'hui disparu, — *Le Canada*, de Paris.

CHAPITRE QUATRIÈME

Le sénateur canadien Bernier publiait, en 1887, une brochure intitulée : *Le Manitoba, champ d'immigration ;* à la page 44 de son ouvrage voici ce que disait l'éminent homme d'État : « Mais à la culture des céréales ou des légumes ne se bornent point les avantages offerts par notre province ; elle est en outre éminemment favorable à l'élevage des animaux. Les vastes prairies forment d'immenses pâturages, dont l'usage est libre et gratuit, et qui fournissent au bétail la nourriture de l'été et de l'hiver. Les territoires du Nord-Ouest seront sans aucun doute des pays producteurs de céréales ; mais l'élevage des bestiaux, et les industries agricoles qui peuvent se greffer sur un système de culture mixte, sont destinés à prendre également de fortes proportions. »

Et après avoir rappelé qu'il y a dans ces territoires une abondance presque inépuisable de fourrages, il ajoute : « Avec une telle perspective ils (nos fermiers) voient l'avantage qu'il y a à combiner la culture avec l'élevage. »

Il serait fastidieux de revenir sur cette question. Il est reconnu : 1° que la vie ne coûte pas cher ni pour le colon ni pour les bestiaux ; 2° que les débouchés sont incontestablement les plus économiques et les plus avantageux. A preuve que l'embaumeur et l'exportateur canadiens se font concurrence dans l'achat du bœuf ; tous deux viennent aux portes des éleveurs acheter le bétail ; 3° que tandis que le troupeau paît au loin, ne coûtant rien à l'éleveur, le blé pousse au proche ; et les deux produits sont d'un écoulement merveilleusement facile.

*
* *

Nous résumerons donc quelques renseignements précis sur l'élevage et l'industrie laitière au Manitoba.

Qu'il suffise de dire : 1° que le bétail se vend 150 à 200 francs la tête de bête à cornes ; 2° qu'une vache laitière rapporte, par été, en moyenne, 125 à 150 francs. Donnons un exemple de chacune de ces industries :

FRAIS

```
Terrain de 250 hectares . . . . . . . . . . . Fr.    16.000
200 vaches à 200 francs . . . . . . . . . . . .     40.000
Constructions . . . . . . . . . . . . . . . . .     50.000
Outillages (faucheuses, chevaux, etc.). . . . . .    5.000
Administration. . . . . . . . . . . . . . . . .     25.000
                                                    ───────
                           Total. . . . . Fr.      136.000
```

RECETTES

1re année

```
Vente de bestiaux : soit 100 veaux à 80 francs . . .   8.000
                                                      ───────
                           Total. . . . . Fr.          8.000
```

2e année

```
Vente de 100 veaux   à   80 francs. . . . . . . . .    8.000
   —        50    —    à 110    — . . . . . . . . .    5.500
                                                      ───────
                           Total. . . . . Fr.         13.500
```

3e année

```
Vente de 100 veaux   à   80 francs. . . . . . . . .    8.000
   —        50    —    à 150    — . . . . . . . . .    7.500
                                                      ───────
                           Total. . . . . Fr.         15.500
```

4e année

```
Vente de 100 veaux   à   80 francs. . . . . . . Fr.    8.000
   —        50    —    à 110    — . . . . . . . . .    5.500
Vente de 25 vieilles vaches remplacées par la
  réserve de 25 veaux ou génisses de la première
  année. . . . . . . . . . . . . . . . . . . . . .     3.750
                                                      ───────
                           Total. . . . . Fr.         17.250
```

et ainsi de suite.

Nous tenons compte d'une perte annuelle naturelle de 25 veaux.

Nous ne comptons rien pour l'élevage des poules, cochons, production d'œufs, lards, etc., dont les profits seraient fort appréciables ; nous ne parlons pas non plus de l'accroissement de la valeur du fonds. (V. Ire partie, chap. xv.)

Nous avons mis dans la colonne des *frais* le prix de 250 hectares de terrain ; il faut entendre que ce terrain peut être acheté à un endroit éloigné du terrain de culture dans les municipalités où les bestiaux ne peuvent plus paître librement. Dans les régions où la liberté d'élevage est encore complète, il suffirait d'avoir une maison en ville, c'est-à-dire au village, ce qui peut coûter 5.000 francs et plus.

*
* *

Dans cette progression double : 1° des revenus et 2° du capital producteur, il y a un facteur qu'il convient de signaler, c'est : *a)* le talent de l'éleveur ; *b)* la culture perfectionnée du fourrage. Il est indubitable qu'une propriété de 250 hectares peut nourrir plus de bétail que nous n'en avons compté. Donc, avec du calcul et du talent, un éleveur pourra, à coup sûr, faire mieux, en réalité, que nous ne saurions prédire théoriquement.

CHAPITRE CINQUIÈME

LE LIN — FONDATIONS D'INDUSTRIES AU CANADA

L'Américain qui visite la France bourre ses malles de toiles, de tissus de toile fine quand il retourne dans son pays ; c'est aussi ce que fait le Canadien. C'est que la belle toile fine, les batistes et autres tissus faits de lin ne sont pas fabriqués en Amérique. Et pourtant Dieu sait si le lin y pousse bien ; les Belges le savent aussi, car si nous en croyons les dernières nouvelles, des industriels belges seraient en train de fonder une grande manufacture de tissus de lin.

Avouons que depuis quelque temps les Belges se sont montrés hommes d'affaires chez nous. Nous pouvons dire qu'ils ont été tout aussi entreprenants, sinon plus, que les industriels français.

Sait-on ce qu'on fait de la paille dans le centre du Canada, aussi bien de la paille de lin que de celle de blé et des autres céréales ? On en fait tout simplement... des feux de paille. Dans les régions où il y a des moulins à farine, on s'en sert en hiver comme de combustible. La paille de lin qui est un bon combustible ne coûte plus que les frais du charroyage.

Au point de vue pratique, voyons un peu quels peuvent être les avantages extraordinaires, nous voulons dire surérogatoires, des industries naissantes :

Telle municipalité canadienne, tel conseil de ville, que nous connaissons, attendent avec impatience l'établissement d'une manufacture, d'une industrie nouvelle et seraient disposés à prêter appui dans une proportion considérable aux entreprenants, quels qu'ils soient. Il y a toujours des avantages généraux dont bénéficie une communauté dans la création et l'exploitation d'industries nouvelles. Les Canadiens ne s'arrêtent nullement à l'idée d'impérialisme commercial que rêve M. Chamberlain ; du moment qu'ils ont la matière première, il n'y a pas de raison pour eux de négliger l'industrie au profit de l'Angleterre. Et le Canada ne sera pas plus exclusivement agricole que ne le sont les Etats-Unis. Il met au contraire beaucoup d'ardeur à l'expansion industrielle, en subventionnant les maisons d'intérêt général, en exonérant les industries des contributions ordinaires, en fermant même les yeux sur l'entrée au Canada des machines-outils qui sont destinées à doter le pays d'industries nouvelles.

Soit donc sous forme de terrains, d'exemption de taxes, soit même sous forme de subvention ou de primes, le gouvernement fédéral et les gouvernements provinciaux, voire les conseils de villes ne demandent qu'à patronner et à encourager la création d'industries.

Ne l'oublions donc pas ; et allons voir si dans telle branche de l'industrie il n'y a pas moyen de produire dans des conditions avantageuses.

CHAPITRE SIXIÈME

LA SPÉCULATION COLONISATRICE

Exposition curieuse d'une opération qui, tout en conservant le caractère de spéculation, n'en est pas moins un placement aussi légitime que sûr et avantageux ; *la spéculation colonisatrice* est un terme que nous employons pour définir « le placement de capitaux dans l'achat du terrain ».

L'achat du terrain dans l'Ouest canadien constitue un placement qui rapporte couramment 100 pour 100 dans trois ou quatre ans ; et quelquefois on a eu des exemples de pareils profits réalisés dans le cours de quelques semaines. Nous appelons cette spéculation *colonisatrice*, parce qu'elle semble avoir pour effet de faire une réclame étonnante pour l'Ouest canadien. En effet, depuis trois ans, l'émigration s'est accrue dans des proportions extraordinaires.

En 1881, quand le Canadien Pacifique ne se rendait encore qu'au Manitoba, il est arrivé dans ce pays une nuée de spéculateurs qui ont fait monter la valeur du terrain dans des proportions fantastiques. Il restera toujours l'exemple du Dr Lynch, qui acheta de l'évêque Taché une propriété de 65 hectares dans les environs de Winnipeg pour 300.000 francs en versant une somme de 250.000 francs comptant et qui dut remettre la propriété quelques mois plus tard, quand le marché, qui était à l'état fiévreux de *Boom*, s'effondra subitement. Cet argent servit à construire le magnifique collège français de Saint-Boniface, tenu actuellement par les jésuites. Les rares colons qui étaient au Manitoba firent des affaires superbes en vendant leurs propriétés. De pareilles effervescences ne se sont plus produites depuis cette époque ; et les spéculateurs se garderont bien désormais de répéter cette expérience.

La spéculation se fait encore aujourd'hui, mais d'une façon toute normale ; et pourtant il ne vient pas moins de 100.000 colons (immigrants) par année, tandis qu'à cette époque, l'immigration annuelle ne dépassait guère le chiffre de 500.

Voici le nombre des concessions gratuites (*homestead*) demandées et obtenues par les colons dans l'Ouest canadien depuis 1874 :

31 octobre	1875	[illegible]
—	1880	[illegible]
—	1885	[illegible]
—	1890	[illegible]
—	1895	[illegible]
—	1900	[illegible]
—	1903	[illegible]

Ces concessions sont données non seulement à tout nouvel immigrant, mais à chaque habitant du pays ; c'est ce qui explique le grand nombre de concessions accordées dans les premières années.

Tous les ans on voit de nouvelles communes se fonder ; les chemins de fer se multiplient et les terrains montent en valeur d'une façon régulière et normale.

Voici le nombre d'immigrants venus dans l'Ouest canadien dans les sept dernières années :

1897	10.[illegible]
1898	28.[illegible]
1899	36.[illegible]
1900	31.500
1901	38.600
1902	84.000
1903	118.716

Des syndicats de capitalistes américains sont en train d'accaparer d'immenses étendues de terrain à des prix insignifiants ; on voit presque tous les mois de nouvelles sociétés se former pour l'achat et la revente des terrains. Le gouvernement fédéral, les gouvernements provinciaux, les Compagnies de chemins de fer et la Compagnie de la baie d'Hudson sont les grands détenteurs du sol.

Pourquoi le capital français ne vient-il pas prendre sa part de terrain et de spéculation ? Parce qu'il ignore totalement ce champ fécond de placement.

Outre les Américains, on voit les Allemands commencer à prendre du terrain, de même que plusieurs congrégations religieuses.

Le professeur Saunders, directeur des fermes expérimentales du gouvernement canadien, constatait ces vastes acquisitions de terrain dans son rapport sur les moissons de l'automne de 1902 : « Le long du chemin de fer de Prince-Albert, une Compagnie des États-Unis a acheté au mois d'avril (1902) 374.000 hectares, et en a déjà revendu 20.000 hectares avec profits. Une autre Compagnie organisée à Saint-Louis (Missouri) a, tout dernièrement, acheté, dans cette même région, 68.000 hectares de terrain. »

L'*Echo de Manitoba* du 23 octobre 1902 publiait ces lignes : « Des capitalistes de l'Iowa viennent d'acheter au Manitoba, dans le district à l'est et au nord-est de Carman, 8.000 hectares de terre pour la somme de 250.000 francs. »

Le même journal publiait dans le numéro de ce même jour cette autre note qui nous a été confirmée par lettres particulières : « Les Révérends Pères Bénédictins de Saint-Paul (Minnesota) viennent de se rendre acquéreurs, de concert et par l'intermédiaire de financiers de ladite ville, d'un domaine de 42.500 hectares dans le Saskatchewan, au sud-est de Bellevue et dans la région de Hoodoo. Les chanoines de l'Immaculée Conception, établis récemment dans ces parages, se sont installés non loin de Bellevue auprès des centres galiciens, hongrois et allemands. »

Le *Free Press* de Winnipeg publiait en date du 19 novembre 1902 une dépêche de Toronto (capitale de la Province d'Ontario) : « On vient d'arrêter les conditions du contrat passé entre le gouvernement d'Ontario d'une part et le juge Utt et M. Egan, de Chicago tous deux représentant un syndicat américain, d'autre part, au sujet de la colonie d'Ontario. Le syndicat acquiert 680.000 hectares de terrain à raison de 5 francs l'hectare, à choisir dans le cours de dix ans; ces terrains ne devront pas être revendus à plus de 37 fr. 50 l'hectare. Le syndicat s'engage à faire venir d'ici dix ans 12.500 colons pouvant parler l'anglais et sachant lire et écrire. »

Nous recevons une lettre du supérieur des Pères Oblats de

Saint-Laurent (Manitoba) dans laquelle il est dit ceci : « Un prêtre, associé avec deux messieurs, a acheté 15.980 hectares de terre non loin d'ici. Ils ont fondé une société au capital de 500.000 francs, etc. »

Voici le texte d'une annonce qui paraît dans un journal du Manitoba : « Grâce à nos annonces aux Etats-Unis, nous nous sommes mis en contact avec de puissants capitalistes américains et nous sommes prêts à transiger de grosses opérations sur les terrains ; nous avons acheté des terres en friche et des fermes établies. Avez-vous une terre à vendre ? Avez-vous de grandes étendues de terrain ? Avez-vous des terres à bois ? Si oui, écrivez-nous avec détails. Nous avons des clients qui achèteront tout ce qui est de nature à augmenter en valeur. Nous avons en vente au Manitoba et au nord-ouest 250.000 acres de beau terrain, les belles terres à cultiver, 500 exploitations agricoles dans le Manitoba. Si vous faites des affaires de cette nature, écrivez-nous : The Haslam land et Investment Company. Hôtel de la *Merchants Bank* (Winnipeg). »

Voici l'explication de cette industrie si bien américaine. Les fermiers des Etats-Unis sont sur du terrain qui vaut, disons 250, 450 et 500 francs l'hectare ; cette compagnie annonce dans les journaux des Etats-Unis qu'elle a des terrains beaucoup plus fertiles à vendre dans le Manitoba à 37, 65 et 100 francs l'hectare. Que se produit-il ? Le fermier américain vend ses propriétés à 400 francs l'hectare et vient recommencer à cultiver sur le sol du Manitoba qu'il paie 60 francs l'hectare. Comme les travaux de défrichement sont à peu près nuls sur les terrains de l'Ouest canadien, il en résulte pratiquement un bénéfice de 340 francs l'hectare pour le fermier américain. Et la compagnie Haslam, qui cède son terrain au prix de 60 francs l'hectare, fait peut-être un bénéfice de 25 et 30 francs par hectare.

Pourquoi ne se formerait-il pas une compagnie française du même genre ?

Nous terminerons cette étude en citant un extrait d'une lettre d'un agent de colonisation canadienne, en date du 30 octobre 1902 : « Il se fait actuellement une émigration considérable vers le Saskatchewan et les terrains ont monté en valeur jusqu'à 30 et 35 francs l'acre — soit 75 et 105 francs l'hectare — et ces prix affecteront même les districts éloignés. Il est malheureux que le colon français ne vienne pas ici en plus grand nombre. Je connais un cent mille acres de terre à vendre dans le district de Yorkton. Ce terrain sera traversé par le chemin de fer l'année prochaine, par le Nord : il l'est maintenant par l'Est. On demande 21 fr. 25 par acre — environ 63 francs par hectare —; un sixième comptant, le reste en cinq versements annuels, et 6 pour 100 d'intérêt. Des Allemands catholiques du Minnesota en compagnie de Bénédictins ont acheté 51.000 hectares à l'Est de Rosthern au prix de 50 francs l'hectare... Autrefois la France abandonnait sa colonie au Canada sans même s'en rendre compte. Ne serait-il pas temps qu'elle se réveillât et qu'elle vînt renforcer nos rangs par des colons et ajouter à nos forces par des fonds. Ce sont des placements qui ne peuvent que lui aider et démontrer son importance. »

C'est du style d'un simple fonctionnaire.

Voici la quantité de terrain vendu dans ces dernières années par quelques compagnies détenteurs principaux du terrain :

| | Cⁱᵉ BAIE D'HUDSON | | CANADIEN PACIFIQUE | | MANITOBA ET S.-O. RAILWAY | |
	HECTARES	VALEUR (FRS)	HECTARES	VALEUR (FRS)	HECTARES	VALEUR (FRS)
1893	.....	....	31.682	1.476 410	4.815	287.795
1894	2.558	241.125	14.672	658.140	2 146	140.015
1895	1.506	116.015	18.754	884.750	1.911	111.650
1896	3.161	262.050	22.652	1.100.800	7.226	442.840
1897	3.666	261.385	46.131	2.155.475	21.392	1.473.220
1898	21 080	1.550.000	82.325	3 788.960	36.200	1.819.910
1899	19.337	1 373.125	89.022	4.074.285	19.646	997.290
1900	23.866	1 766.155	128.890	5 764 180	48.392	2 187.245
1901	27.977	1.999.020	115.594	5.233.325	20.314	1 074.765
1902	91.656	7.061.660	463.242	22.202.500	70.179	3.566.825

Outre ces trois grandes propriétaires nous pouvons citer :

| | HECTARES | |
	1901	1902
La Canada N.-O. Cⁱᵉ.	48.400	306.400
Saskatchewan Vallée Cⁱᵉ (de St-Paul-Minnesota).	......	360.000
Haslam land Cⁱᵉ.	......	120 000
N.-O. Colonisation Cⁱᵉ (de St-Paul également). . .	......	200.000

Pour donner un exemple de ce qu'est cette affaire de spéculation sûre et progressive, qu'il suffise de rappeler que les actions
de la nouvelle société « Eastern and Western land corporation »,
au capital de 5.000.000 de francs, étaient, en 1902, cotées 130 fr.
et qu'aujourd'hui elles sont à 1.125 francs! Il y a au nombre des
directeurs de cette Société l'honorable M. Foster, ancien ministre
des Finances canadiennes, et l'honorable M. Prendergast, juge
français de la Cour des territoires de l'ouest.

Nous répétons donc avec le *Commercial Intelligence* de Londres
du 17 février 1904 :

« Les capitalistes et les hommes d'affaires des vieux pays ne
peuvent-ils donc pas jeter les yeux sur ces moyens de spéculation? Ils trouveront un placement merveilleux pour leur argent,
car le temps n'est pas éloigné où le terrain vaudra cinq fois le
prix actuel, au train dont s'effectue la colonisation de ce pays. Il
y a ici pour le capitaliste des chances qu'il est difficile de trouver
ailleurs. Les sociétés de crédit hypothécaire à Winnipeg obtiennent huit et même dix pour cent sur leurs avances. »

CHAPITRE SEPTIÈME

LES INSTITUTIONS DE CRÉDIT. — BANQUES.

1° Dans ce chapitre nous dirons d'abord un mot de la Bourse de Montréal ; 2° En second lieu nous étudierons le fonctionnement des banques ; et 3° La législation canadienne de ces institutions.

* *
*

La *Bourse de Montréal*, comme toutes nos institutions, a débuté modestement ; elle exista, en fait, durant une vingtaine d'années avant qu'une loi vînt consolider et légaliser son existence. Dans ses commencements les courtiers s'occupaient d'un peu de tout : lard, beurre, mines, actions et obligations de banque, etc., enfin de tout ce qui pouvait rapporter comme commission.

En 1874, les courtiers s'aperçurent que leurs besognes devenaient compliquées et qu'en les simplifiant ils y gagneraient. On fit donc alors reconnaître officiellement la constitution de la *Bourse de Montréal*. Le premier président de cette institution fut M. Donald L. Mc Dougall. Les affaires du haut commerce comme celles de la finance étaient encore, à cette époque, en grande partie aux mains des Anglais. Les Canadiens français acquirent peu à peu l'habitude du métier et ils sont aujourd'hui en bonne posture. C'est ainsi que la plus grosse maison de courtage du Canada est canadienne-française. Les Canadiens ont de rares rois de finance — les Américains en comptent, certes, beaucoup plus qu'eux — mais, par contre, ils revendiquent beaucoup de princes et d'ici vingt-cinq ans, si le capital français veut y contribuer quelque peu, outre le roi d'*Anticosti*, celui de la *Bourse* et celui de la *Presse*, nous aurons peut-être un roi métallurgique, un roi du blé, un roi des tissus, des chemins de fer (1) et du beurre.

Vers 1874, un siège à la Bourse de Montréal se payait 750 à 1.000 francs. Le Canada a donc merveilleusement progressé puisque dans le cours de trente ans un siège à la même Bourse s'acquiert, en 1903, au prix de 100.000 francs.

Il n'est guère ordinaire de voir dans un pays relativement neuf comme le Canada une somme d'affaires aussi grande; en général les fortunes ne sont pas faites; les actions ou obligations ne se placent que difficilement dans le peuple. Il faut pour alimenter l'industrie d'un jeune pays l'argent des vieux pays. C'est pourquoi tous les emprunts canadiens se font encore actuellement en Angleterre et en France. Néanmoins, le fait que des valeurs américaines se soient rendues jusqu'à Montréal prouve assez l'importance qu'a prise au Canada la finance proprement dite. L'univers financier connaît désormais la Bourse de Montréal, sa richesse et sa solidité. Si l'on comparait le chiffre d'affaires d'une semaine à Montréal avec celui des Bourses importantes d'Europe l'on serait étonné de constater qu'un si petit nombre de changeurs fissent tant de besogne. Cette Bourse est en constant rapport avec tous les centres commerciaux du pays grâce au télégraphe *Great North-Western*, et dans les bureaux de presque toutes les maisons de banque ou de courtage, à Montréal, un appareil télégraphique automatique fonctionne, donnant le cours des valeurs de chaque jour.

Au Canada, les courtiers sont eux-mêmes les procureurs des clients; ils touchent eux-mêmes les valeurs et les conservent pour les clients, faisant en cela l'office de banquiers.

Voici, en résumé, le chiffre des affaires opérées à la Bourse de Montréal en 1901 :

(1) M. W. Van Horne a déjà reçu le sacre comme président du Canadien Pacifique.

Actions	N° de ventes
Assurances	10.795
Banques.	50.474
Industries	42.821
Propriétés foncières ; Compagnies de prêt ;	
banques d'épargne	45.823
Éclairage	12.809
Mines (actions de 5 fr. maximum)	1.348.945
Mines (diverses)	39.126
Navigation.	12.924
Chemins de fer	145.811
Tramways.	176.053
Télégraphe, téléphone, câble	23.212
Sociétés fiduciaires.	2.642
Total	1.911.436
Obligations	468.200
Grand total	2.379.636

Constatons en passant la faveur dont jouissent plus spécialement les actions ; celles-ci étant d'un rapport plus abondant font
négliger beaucoup les obligations qui, cependant, sont des valeurs
de repos. Comme l'obligation ne rapporte guère plus de 5 pour
100 (parfois 6 pour cent) on recherche surtout les actions.

Le nombre des sièges à la Bourse était fixé, en 1903, à 65.

Insistons quelque peu en passant sur la question du crédit dont
jouit le Canada, crédit qui va constamment en augmentant. Voici
la moyenne du taux d'emprunt qu'a dû payer le gouvernement
canadien sur les emprunts nationaux depuis 1868 :

Année	Dette nette du Canada	Taux d'emprunt
1868	378.785.673 70	4 64 pour 100
1875	580.041.890 10	4 34 —
1880	762.257.943 05	3 99 —
1885	982.038.460 70	3 55 —
1890	1.187.666.058 85	3 37 —
1895	1.265.374.635 45	3 29 —
1900	1.329.469.034 45	3 09 —
1902	1.359.145.450 00	3 09 —

Le gouvernement canadien a 70 pour cent de son actif qui
porte un intérêt moyen, en 1902, de 2 pour 100.

En faisant la déduction des revenus du gouvernement sur la

somme de ses coupons d'intérêt, il ressort que le taux réel de l'intérêt payé par le gouvernement est de 2.57 pour 100.

*
* *

L'émission de billets de banque — que chaque banque est autorisée à faire — ne doit pas dépasser la somme du capital versé : ces billets peuvent être de cinq dollars ou des multiples de cinq dollars. Le capital d'une banque canadienne ne doit pas être inférieur à 2.500.000 francs, et quand une banque se fonde, le gouvernement exige un dépôt de 1.250.000 francs au ministère des Finances avant la constitution du bureau ; ce versement ne s'effectue que quand 2.500 000 francs sont souscrits sur le capital de la société. Quand l'autorisation d'émettre des billets est donnée, le ministère rembourse les 1.250.000 francs déposés à la Banque, après avoir retenu une somme égale à cinq pour cent du capital représenté par la moyenne des billets de banque qui circulent.

Et toute banque est tenue d'avoir au moins quarante pour cent de son *fonds* de réserve en billets du gouvernement, car le gouvernement ayant le monopole de la frappe émet aussi des billets.

Opérations. — Toute banque peut faire le commerce de l'or et de l'argent, escompter et prêter sur lettres de crédit, billets, et autres valeurs transférables, actions, obligations, débentures gouvernementales, municipales, etc., garanties ou non par hypothèque ou autrement. Elle ne doit pas commercer en marchandises ni s'engager proprement dans aucune industrie ou commerce quelconque ; elle ne doit pas faire d'avances sur la garantie de ses propres actions ou obligations, ni sur celles d'autres banques.

Elle prête sur hypothèque mobilière aux marchands en gros, c'est-à-dire qu'elle peut prendre en garantie des factures, consignations, et en garantie *supplémentaire*, des marchandises, immeubles, navires, etc., pour assurer le remboursement d'une créance déjà existante.

Elle peut acquérir des immeubles par voie d'enchère, quand ces immeubles sont vendus judiciairement, et que la banque a une créance secondaire sur eux. Elle peut posséder des immeubles quand ceux-ci satisfont une créance, mais elle ne les doit garder que durant 7 ou 12 ans au maximum, après quoi elle doit vendre.

Toute banque peut prêter sur garantie d'une licence de coupe de bois dans une forêt. Il existe au Canada une association officielle, c'est-à-dire légale, dite « des Banquiers Canadiens ». Cette association, gouvernée selon les termes de sa charte légale, peut :

a) Dans le cas d'incapacité d'une banque de rembourser ses billets, désigner un *curateur* de la banque qui aura pour mission de conduire les affaires de la banque devenue en danger et de veiller aux intérêts des porteurs de billets et de l'actif de la banque.

b) Payer un traitement au *curateur* à même les fonds de la banque en question.

c) Faire des règlements concernant la désignation des curateurs, la fabrication des billets de chaque banque, la surveillance de l'usage fait par chaque banque de ses billets respectifs, la destruction périodique des billets de banque (annulation), l'établissement d'amendes à imposer en cas de violation de ses règlements.

Résumé de la législation canadienne relative aux banques.

1° Les directeurs d'une banque doivent être au nombre de cinq au moins et de dix au plus.

2° La banque ne peut pas mettre de billets en circulation avant d'en avoir obtenu l'autorisation du Trésor ; le bureau du Trésor n'accorde la permission qu'après s'être rendu compte que toutes choses ont été faites légalement. Il faut un certificat semblable pour l'augmentation ou la réduction projetée de capital.

3° Les actionnaires réglementent : *a)* la date des assemblées générales ; *b)* l'enregistrement des procurations de vote ; *c)* le nombre des directeurs ; *d)* leurs titres, évaluation du degré de leur responsabilité personnelle, etc.; *e)* le mode de remplacement des membres disparaissant ; *f)* émoluments des président, vice-président et des directeurs ; *g)* degré de crédit accordé aux directeurs, actionnaires, sociétés diverses, etc. ; *h)* l'autorisation de créer des fonds de retraite.

4° Tout directeur doit posséder, en capital versé, une somme minima proportionnelle à 15.000 francs pour cinq millions de capital versé de l'institution.

5° La majorité des directeurs doit être des sujets britanniques de naissance ou par naturalisation.

6° La procédure des assemblées est réglée par l'*acte des Banques* : chapitre 31 (1890); chapitre 14 (1899) et chapitres 26 et 27 (1900).

7° L'augmentation du capital doit être annoncée dans le *Canada Gazette*, quatre semaines à l'avance.

8° Dans la répartition du capital nouveau aux actionnaires, la prime — s'il en est accordé — ne doit pas excéder le pourcentage des fonds de réserve au capital versé.

9° Il faut trente jours d'avis pour un appel de fonds, lequel ne doit pas excéder 10 pour 100 par action.

10° Aucun dividende ne doit être payé avec le capital de l'institution.

11° On ne doit pas payer de dividende excédant 8 pour 100 à moins d'avoir un fonds de réserve égal à 30 pour 100 du capital versé.

12° L'émission frauduleuse ou excessive de billets de banque est punie par la prison ou l'amende.

13° Le remboursement, en cas de faillite, des billets de banque, s'opère d'abord, puis le paiement des créances du gouvernement fédéral, et, finalement, le paiement des créances des gouvernements provinciaux.

14° Les banques sont tenues de faire un dépôt d'argent égal à 5 pour 100 des billets en circulation, afin qu'au cas d'incapacité de la banque de remboursement en or ou en billets du gouvernement, le gouvernement puisse, à l'aide du fonds de Rédemption (constitué avec ce dépôt), faire face aux créanciers de ladite banque. Ces dépôts rapportent 3 pour 100 d'intérêt.

15° Rapport mensuel fait par les Banques au ministre des Finances.

16' Dans le cas d'incapacité de remboursement d'une banque, les billets de cette banque portent, dès ce moment, intérêt à 5 pour 100 par an jusqu'à remboursement par les directeurs, liquidateurs ou autrement. Si dans le délai d'un an les directeurs n'ont pu rembourser les billets de leur banque, le ministre des Finances le fait avec les dépôts de garantie (fonds de Rédemption) sans s'occuper de ce que ce remboursement puisse nécessiter une somme supérieure au dépôt propre de la banque. Les autres banques (faisant partie de l'association) contribuent proportionnellement à combler le déficit, jusqu'à concurrence de un pour cent de leurs billets respectifs en circulation.

Elles sont remboursées plus tard par le ministre des Finances au fur et à mesure des recouvrements qu'il effectue du déficit de la banque en défaut ou de ses directeurs.

17° La banque a droit sur ses actions quand celles-ci sont la propriété de ses créanciers.

18° Toute banque peut percevoir 7 pour 100 d'intérêt; elle n'est passible d'aucune peine ou poursuite pour usure. Elle peut, de plus, percevoir sur papiers, billets, lettres de crédit, etc., dont elle est appelée à effectuer le recouvrement.

A 30 jours maximum, 1/8 de 1 pour 100.

A 60 jours maximum, 1/4 de 1   »   »

A 90 jours maximum, 3/8 de 1   »   »

A 90 jours et au-delà, 1/2 de 1   »   »

19° Tout actionnaire est responsable d'une somme égale à son capital, en cas d'insolvabilité de la banque.

20° L'incapacité d'une banque de rembourser ses billets pendant quatre-vingt-dix jours, dans une année, constitue une cause de faillite.

21° Les règlements adoptés par « l'*Association des banquiers canadiens* » doivent être approuvés par le bureau du Trésor.

22° Les banques ne doivent rien compter comme Commission sur le recouvrement des chèques du Gouvernement Fédéral.

*
* *

Dernières observations.

Il faudra que les banques qui s'établiront au Canada dorénavant, soient de grandes banques; car par suite de l'extension de la colonisation et du commerce, les banques se sont vues forcées de prendre des développements considérables et elles ont ainsi grandi avec le pays. C'est ce que faisait dire à M. Thomas Fyshe, gérant général de la Banque des Marchands, un reporter du *Free Press* de Winnipeg (Manitoba) en date du 11 mars 1903 : « Et puis, ajoutait ce monsieur, une autre raison pour laquelle tant de succursales de banques ont été établies, se trouve dans l'augmentation des caisses d'épargne (1). Le peuple cherche maintenant à s'accommoder d'une grande banque, et il semble que le temps de la petite banque est passé. Ce système aura pour effet malheureusement de rendre la situation monétaire de l'Ouest solidaire de la situation monétaire de l'Est et réciproquement ; chose que l'on trouve beaucoup moins fréquemment aux États-Unis. »

Il y avait vingt-huit succursales de banques dans l'Ouest canadien en 1896 ; au mois de mars 1903, il y en avait exactement cent.

En 1893, la circulation monétaire de la ville de Winnipeg (capitale de Manitoba), telle qu'établie par la *Clearing house*, était de 251.555.000 francs. Elle était en 1902 de 941.850.000 francs.

Les banques canadiennes sont prospères et un avenir brillant leur est réservé. Ceci est tellement vrai qu'à l'automne de 1902 un syndicat américain, dont M. Pierpont Morgan fait partie, offert à la *Royal Bank* du Canada d'acheter le quart de son capital, lequel n'était pas encore émis, avec l'intention, cachée naturellement, d'accaparer le reste en Bourse. Ce syndicat offrait 1.250 francs par action, alors que les actions émises de la *Royal Bank* n'étaient cotées en Bourse que 950 francs environ. La question a à être soumise aux actionnaires.

Enfin le *Bulletin de la Chambre de Commerce française de Montréal* du mois d'avril 1903 publiait, sous le titre *Revue Financière* : « L'expansion constante du commerce appelle encore la formation de nouvelles banques. Au 31 janvier 1902 le capital total de ces institutions était, pour tout le Canada, de 338.105.000 francs. Au 31 janvier 1903 de 364.280.000 francs, ce qui fait pour l'année une augmentation de 26.175.000 francs. Depuis cette date, on y a encore ajouté une couple de millions de dollars — c'est-à-dire une dizaine de millions de francs. — Le portefeuille commercial des banques était au 31 janvier 1902 de 1.448.610.000 francs ; au 31 janvier 1903 de 1.612.985.000 francs ; soit une augmentation de 175.000.000 de francs en chiffres ronds. La *demande* du commerce, comme on le voit, va beaucoup plus vite que l'augmentation du capital et, malgré leur faculté de doubler ce capital par l'émission de leurs billets, qui forment la monnaie courante du

(1) Il y a au Canada 39 banques, représentant au total 904 bureaux et succursales; et 938 caisses d'épargne postales et gouvernementales (1902).

pays, malgré l'appoint de leur réserve, qui a augmenté de 35.000.000 de francs dans l'année, les banques se voient par moments forcées, par les besoins de leur clientèle commerciale, à restreindre leurs avances à la spéculation, ce qu'elles font en haussant le taux de l'intérêt de leurs prêts sur titres. Ces prêts ne peuvent pas être obtenus à moins de 6 pour 100, tandis que les bons effets de commerce sont aussi escomptés à 6 pour 100. »

Ceci s'applique surtout aux opérations du Canada oriental. Dans l'Ouest les taux sont beaucoup plus élevés. En 1900, notamment, les effets de commerce n'étaient escomptés qu'à 9 pour 100 sur tous les comptoirs.

CHAPITRE HUITIÈME

LE CRÉDIT FONCIER HYPOTHÉCAIRE

Au sujet du Canada, où tant de ressources naturelles sont pour ainsi dire à la portée de tout le monde et où s'accomplit une évolution économique phénoménale, est-il besoin d'insister sur la valeur du capital? Nous ne le croyons pas. Qu'il suffise de dire que le taux de l'argent est de beaucoup plus élevé qu'en Europe, et pour cette raison les gouvernements se sont appliqués à formuler une législation prudente et sage pour garantir le placement des capitaux.

Nous voulons parler du crédit foncier hypothécaire.

Il convient de résumer ici quelques informations sur la situation des garanties foncières.

Et d'abord le système d'arpentage ou de division des propriétés dans l'Ouest canadien est le plus simple du monde. Chaque canton ou *township* forme un carré ayant six milles de côté (soit 9 kil. 654) ; il y a donc une superficie de 36 milles carrés ou 93 kilomètres carrés dans chaque township. Chaque township est ainsi divisé en 36 sections de un mille carré ou 258 hectares, soit 2 kil. carrés 59 ; ces sections sont elles-mêmes subdivisées en demi-sections de 130 hectares et en quarts de sections de 65 hectares, grandeur minima d'une propriété rurale. Il y a une route de 99 pieds de largeur autour de chaque section (33 mètres).

La plus grande partie de ces territoires appartient au gouvernement (qui en réserve une part pour les colons), aux chemins de fer, et à la Compagnie de la baie d'Hudson. Les terrains que le gouvernement donne gratuitement aux colons doivent être mis en état de culture dès la première année. Ceux que les colons achètent sont développés et mis en valeur beaucoup plus vite que les premiers pour la raison que voici : si un colon a les moyens d'acheter un terrain, c'est qu'il n'est pas obligé de procéder aussi lentement que celui qui accepte un *homestead* ou terrain gratuit. Les conditions d'achat sont les suivantes : un dixième du prix de vente doit être versé au moment de l'achat ; puis une somme égale doit être versée avec l'intérêt à 6 pour 100 chaque année durant neuf ans.

Or dans ces conditions un colon peut, avec une paire de bœufs ou de chevaux, labourer et semer dès la première année ; le sol n'a jamais besoin d'être engraissé, il suffit de le mettre en jachère tous les deux ou trois ans ; c'est un sol très noir, une sorte de terreau lourd et massif.

Il arrive généralement qu'après deux ou trois ans le colon qui a fait de la culture sur son *homestead* ou sur la propriété qu'il a achetée se sent capable d'augmenter son exploitation ; il s'adresse alors à une de ces nombreuses Compagnies de prêt (crédits fonciers) qui font de si belles affaires là-bas. Celle-ci lui avance l'argent qu'il lui faut : 1° pour payer entièrement sa propriété ; 2° pour l'augmentation de l'exploitation.

Cet argent se prête à 8 pour 100 généralement. Si la somme est forte, la Compagnie consentira 7 et demi pour 100. Dans l'Alberta le taux d'intérêt sur l'emprunt est encore plus élevé. On prête encore couramment, à Edmonton, à 12 pour 100. Ces Compagnies font des opérations sur la propriété urbaine à 6, 6 et demi et 7 pour 100. Inutile de dire que nous parlons de prêts sur première hypothèque.

Dans l'*Atlas of Western Canada*, publié en 1901 sous la direction du Ministre de l'Intérieur canadien, M. Sifton, on lit, page 10, ces mots : « Toutes les Compagnies de prêt anglaises et canadiennes ont des succursales qui font des opérations sur la propriété rurale à des taux variant de 6 à 10 pour 100, et même les prêteurs sur gages se contentent de 10 et 12 pour 100. » Ce qui est une appréciation optimiste, étant donné que l'« Atlas » en question est une brochure de propagande coloniale.

Ces Compagnies prennent naturellement la première hypothèque ; elles se font transférer les polices d'assurance contre l'incendie (maisons et dépendances) et donnent, bien souvent, un bail au propriétaire, se réservant ainsi à elles la priorité de saisie. Le prêt est généralement consenti pour cinq ou huit ans, mais l'emprunteur se réserve le privilège de rembourser une partie du capital tous les ans ou tous les deux ans. Il arrive naturellement des cas où la propriété reste à la Compagnie ; mais si, selon l'habitude prudente du pays, on n'a pas prêté une somme supérieure à la moitié de la valeur de la garantie, il n'y a pas de perte possible. La population, augmentant constamment dans les proportions que l'on sait, la valeur de la terre monte toujours graduellement. La Compagnie revend plus tard cette propriété avec bénéfice.

Nous comparerons la procédure canadienne à la procédure française pour mieux faire ressortir la coutume et partant la législation.

Qu'exige le prêteur en France pour consentir un prêt hypothécaire dans les conditions ordinaires?

1° Un établissement de propriété régulier.

2° Une évaluation approximative de la valeur actuelle des biens donnés en garantie.

3° Une assurance des constructions contre l'incendie.

4° Un état de la situation hypothécaire de l'emprunteur.

5° Une déclaration d'état-civil faite par l'emprunteur afin de faire connaître s'il est, oui ou non, soumis à l'effet d'hypothèques légales non inscrites.

Voyons d'abord si toutes ces conditions peuvent se trouver remplies au Canada en général et dans l'Ouest canadien en particulier.

1° *Établissement de propriété.* — Les prêts hypothécaires ne sont consentis, autant que possible, qu'aux individus propriétaires d'immeubles en vertu du système d'enregistrement *Torrens*. Or, d'après ce système, qui part du principe que toutes les terres appartenaient originairement à la Couronne, c'est le gouvernement qui enregistre les mutations, concessions de propriété; et dans son certificat de transfert, c'est lui qui garantit au nouveau propriétaire la possession absolue de son terrain.

Toute personne qui emprunte sur un titre régulier *Torrens*, — fait très facile à vérifier, — est donc le seul propriétaire garanti par l'État, et son prêteur n'a pas à s'inquiéter d'irrégularités antérieures, ni à craindre des réclamations subséquentes. Voilà, semble-t-il, qui est plus simple et plus clair que la nécessité qui existe en France pour le prêteur de s'assurer si la possession trentenaire de son emprunteur est bien établie sans interruption, et s'il n'existe pas, en outre, de privilèges ou d'action révocatoire non éteinte.

2° *Évaluation des garanties*. — En France, l'évaluation se fait quelquefois par le prêteur, souvent par le notaire — le notariat est une chose du passé dans l'Ouest canadien — chargé de la production de l'acte de prêt et, très exceptionnellement, par des experts. Ici, en dehors de toute expertise spéciale toujours invoquée, la valeur du terrain, des constructions et même du mobilier de l'emprunteur est facilement connue par le simple relevé du *rôle municipal* de la commune de sa résidence. Ce rôle contient en effet l'évaluation officielle donnée chaque année par des experts choisis par le Conseil municipal et dûment assermentés. Cette estimation faite séparément pour les immeubles et le mobilier, le propriétaire a le droit, dans un délai déterminé, d'en requérir sa réduction s'il la trouve exagérée ; mais il n'a aucun intérêt à la faire augmenter puisqu'elle servira de base à l'établissement de ses impôts. Cette évaluation officielle, faite régulièrement au commencement de chaque année, peut être d'une grande utilité dans l'estimation faite accidentellement à l'occasion d'un prêt.

3° *Assurance contre l'incendie*. — L'emprunteur est tenu d'assurer contre l'incendie à une compagnie légalement autorisée toutes les constructions édifiées sur les immeubles hypothéqués, pour une valeur déterminée dans l'acte de prêt, de payer toutes les primes et d'en justifier au créancier à toute réquisition. A défaut d'exécution de ce devoir, le prêteur a le droit de faire cette assurance à sa place et de payer les primes qui, naturellement, s'ajoutent à sa créance. En cas de sinistre, la Compagnie d'assurance ne peut valablement se libérer qu'entre les mains du créancier à qui la police doit être transférée.

4° *État de la situation hypothécaire*. — Absolument comme en France tout individu a le droit de requérir du receveur d'enregistrement du district, qui remplit les fonctions de conservateur des hypothèques, la délivrance d'un certificat révélant le montant et la nature des dettes inscrites de l'emprunteur.

5° *Déclaration d'état civil.* — Heureusement pour lui, le Manitoba ne connait pas les douceurs du régime dotal, ni les hypothèques légales, non inscrites, des femmes, mineurs, interdits ou de l'État. L'emprunteur est-il marié ? sa femme, si elle possède quelque bien, peut valablement s'engager avec son mari et hypothéquer ses immeubles propres, qui sont tous paraphernaux. Les déclarations dans l'acte de prêt sont faites devant témoins et jurées sincères par devant un commissaire pour les *affidavits* du Banc du Roi (Cour d'appel) (1).

Gage du mobilier. — En matière de gage, en France, pour que le privilège existe, il faut, en conformité de l'article 2076 du Code civil, que ce gage soit et demeure en la possession du créancier ou d'un tiers. La loi canadienne n'exige pas ce nantissement ; et le mobilier du débiteur, meubles meublants, animaux, ustensiles agricoles, récoltes, semences, etc., peut être donné en garantie au créancier tout en restant en sa possession. En quelques circonstances la valeur du mobilier, au Canada, pouvant atteindre et même surpasser la valeur des immeubles, ce surcroît de sûretés n'est pas à dédaigner.

*
* *

Prévenons quelques objections :

a) Ce mobilier peut-il être engagé antérieurement ? — Un certificat délivré par le commis de la Cour du Comté, qui accomplit des fonctions à peu près similaires à celles du greffier du Tribunal de première instance en France, dira au prêteur, comme le fait le receveur de l'enregistrement pour les immeubles, si le mobilier est libre ou non de charges quelconques ; car chaque gage donné, pour être opposable aux tiers, doit être enregistré à la Cour du Comté.

b) Qui peut empêcher le prêteur de distraire le mobilier qui reste en sa possession ? — Grâce à une formule de vente, insérée dans

____

(1) La femme propriétaire, c'est-à-dire censitaire, a droit de vote aux élections municipales.

l'acte de prêt dont il va être parlé plus loin, l'emprunteur qui disposerait d'une chose ne lui appartenant pas absolument, commettrait une offense punie par la loi.

c) Les gages ainsi donnés sur le mobilier n'affectent-ils point le commerce? — Nullement. Si le débiteur (emprunteur) trouve une occasion avantageuse de vendre tout ou partie de son mobilier, il peut en profiter, pourvu qu'il agisse honnêtement et qu'il remette intégralement le prix de la vente à son créancier qui, ratifiant ainsi le marché, donne une décharge du mobilier, laquelle est enregistrée à la Cour du Comté.

d) Les hypothèques et gages donnés sont en outre des ventes dans le sens des articles 1659 et 1662 du Code civil. — En effet, dans les actes de prêt il est stipulé que non seulement les immeubles et le mobilier sont hypothéqués et gagés, mais que l'emprunteur en fait vente à son créancier et à ses héritiers ou ayants-cause. Le prêteur est donc plus qu'un créancier hypothécaire, qu'un gagiste et qu'un antichrésiste, il devient un réel propriétaire sous condition; tellement propriétaire qu'il peut, pour se garantir davantage, bailler le gage en due forme à son emprunteur afin d'avoir la faculté de saisir, avant maturité même, la récolte dont le produit constitue la rente, c'est-à-dire la somme des intérêts accrus en vertu de l'acte de prêt. De plus le prêteur est autorisé, en cas de non paiement ou d'inexécution de l'une des conditions de l'emprunt, à pénétrer dans la demeure de son emprunteur, personnellement ou par ministère de *bailli* (huissier), forcer portes et serrures, enlever le mobilier, vendre privément ou aux enchères meubles et immeubles et à retenir sur le prix de vente toutes les sommes qui lui sont dues en principal, intérêts et frais.

Ce sont des conditions un peu léonines, mais il faut avouer que ces moyens de coercition sont moins onéreux et plus expéditifs qu'en France, où il faut, après un commandement, 24 heures pour saisir le mobilier et 30 jours pour saisir les immeubles.

Quelques remarques générales.

Peut-on craindre une diminution dans la valeur des terrains? La réponse à cette question se trouve dans le chapitre vi, 2e partie.

Obligations. — Nous avons parlé dans la première partie du crédit foncier par rapport aux particuliers. Cette étude serait incomplète si nous n'ajoutions quelques renseignements sur cette forme de crédit, qui s'applique surtout aux institutions politiques du pays. Voici plus exactement la définition de la question.

En premier lieu nous avons démontré l'importance et le besoin qui se fait sentir au Canada d'institutions de crédit foncier pour les habitants.

En deuxième lieu nous voulons parler de l'importance et du besoin de crédit qu'ont au Canada les corporations civiques telles que :

1° Le gouvernement fédéral ;

2° Les sept gouvernements provinciaux ;

3° Les municipalités ou arrondissements ;

4° Les conseils de paroisse ;

5° Les conseils de ville ;

6° Les fabriques ecclésiastiques ;

7° Les corporations scolaires.

Toutes ces corporations jouissent respectivement d'une autonomie particulière, d'une personnalité civile au point de vue de leur administration propre.

Ainsi que le gouvernement fédéral a le droit d'émettre des obligations d'état tout comme la République française, de même la plus petite corporation scolaire, composée des habitants d'une commune, a le droit, dans une mesure fixée par la loi, d'émettre des obligations pour construire de nouvelles maisons d'école et pour les faire fonctionner. Ces obligations constituent une hypothèque foncière et l'on n'a pas d'exemple que ces corporations se soient ruinées dans leurs opérations financières.

Il est inutile, croyons-nous, de rappeler que des communes nouvelles prennent naissance constitutionnellement tous les ans ; il serait également oiseux de répéter que des municipalités, des villes, des fabriques nouvelles sont incorporées tous les ans. Tandis que d'un côté les communes et les villages surgissent, nombreux et prospères à chaque année, les corporations déjà existantes grandissent, se développent, ouvrent des routes, font des travaux publics considérables à mesure qu'elles prospèrent.

On a donc un besoin toujours croissant de capitaux pour édifier peu à peu ces rouages naturels et ces corps constitutifs d'un pays d'avenir et d'incontestable prospérité.

Or les institutions de crédit manquant bien souvent de fonds pour répondre à toutes les demandes d'argent, se font payer chèr les obligations qu'elles achètent. Nous avons vu des obligations scolaires porter 8 pour 100 d'intérêt. Des villes comme Saint-Boniface, par exemple, dans le Manitoba, ont vendu, en 1902, pour au-delà de 200.000 francs d'obligations à 5 pour 100. Or, comme les institutions de crédit sont quelquefois à court d'argent, ce sont les institutions telles que la Compagnie des Sulpiciens de Montréal qui consentent des prêts d'argent en achetant des obligations à 5 pour 100.

Basant notre opinion sur les rapports officiels et sur notre expérience propre, nous pouvons dire qu'il n'existe nulle part ailleurs de garanties plus parfaites et plus sûres que celles des municipalités, des fabriques, des gouvernements canadiens.

Une municipalité de la province de Québec ne peut emprunter plus de 20 pour 100 de son évaluation officielle. Or cette évaluation en général ne représente pas plus de 50 pour 100 de la valeur réelle des propriétés.

Les projets d'emprunt sont d'abord votés au Conseil municipal; ensuite ils sont soumis à l'approbation des contribuables par moyen de plébiscite ou de referendum, et finalement soumis à l'approbation du Conseil des ministres du gouvernement de la province.

Ces emprunts sont généralement faits pour des périodes variant de 20 à 40 ans, au porteur. Ils se font habituellement par voie d'enchère dans les journaux. Les caisses d'épargne, les banques et les Compagnies d'assurances en sont les principaux acquéreurs.

Les taux sont de 4 à 8 pour 100, selon l'état du marché monétaire.

Disons tout de suite que le gouvernement canadien a donné des constitutions de compagnies de prêt tellement libérales que ces compagnies, de par leur charte, étaient autorisées à faire, dans une certaine mesure, l'office de caisses d'épargne et de banque.

Peut-être faudrait-il ajouter qu'il n'est pas nécessaire, pour qu'un crédit foncier puisse faire des affaires de ce genre, qu'il possède un gros capital; l'argent encaissé au moyen d'émissions obligataires à 4 pour 100 se prête dans le détail à un taux assez rémunérateur, pour qu'une société, relativement faible en capital versé, puisse opérer sur une grande échelle.

Pour appuyer ce que nous exposons ici il suffira de savoir que telle Compagnie de prêt au Canada ayant un capital versé de 100.000 francs a un actif annuel de 14.883.830 fr. 70. Cette Compagnie fait des affaires fructueuses, comme du reste toutes les Sociétés de Crédit Foncier.

*
* *

Il résulte d'un rapport de M. J.-H. Hunter sur les sociétés de Crédit foncier de la province d'Ontario que la moyenne du taux d'intérêt sur propriétés foncières pour l'année 1902 a été de 10 pour 100. Or la province d'Ontario est relativement une vieille province; dans l'ouest du Canada le taux d'intérêt sur prêts fonciers est plus élevé.

L'intérêt sur les dépôts de caisse d'épargne a été pour la même année de 3.84 pour 100.

Mais nous ne voudrions pas fermer le chapitre sans ajouter quelques remarques qui s'adressent plutôt aux corporations canadiennes qu'au lecteur français. Nous désirons inviter les corporations canadiennes à examiner très sérieusement cette question du crédit pour se rendre compte de l'avantage qu'il pourrait y avoir au point de vue national à s'adresser au marché monétaire français plus fréquemment qu'on ne l'a fait dans le passé.

Il importe que les institutions constitutionnnelles politiques canadiennes n'aient pas exclusivement recours aux marchés monétaires d'un pays. Pour la bonne renommée financière et nationale d'un État, il faut que son crédit, de même que ses échanges commerciaux, aient une circulation aussi large que possible. Le jour où les Japonais ont réussi à intéresser les diverses nations européennes à leur développement matériel, ils ont monté dans l'estime universelle. Peut-être, ajouterons-nous, que, si le gouvernement canadien avait contracté quelques emprunts ailleurs qu'en Angleterre, celle-ci aurait été moins libre pour faire de nos justes droits politiques, ce qu'elle vient d'en faire en sanctionnant subrepticement le vol diplomatique de nos frontières en Alaska.

Puisque nous avons entrepris, par nous-mêmes, de développer nos ressources en étendant nos relations commerciales et en prenant part aux expositions étrangères, nous sommes liés aujourd'hui par certaines obligations morales autant qu'économiques. Ces obligations sont de nous manifester au dehors, de publier notre constitution, de montrer aux peuples dont nous pouvons ou dont nous pourrons un jour avoir besoin, nos certificats, notre dossier.

Il y a pour cela deux moyens indispensables : le *commerce*, l'échange de nos produits et l'*établissement* de relations fiduciaires. Il faut commercer ; cela est bien, mais cela ne suffit pas. Le commerce se fait couramment entre gens inconnus, argent comptant. Ce qui est bien plus précieux, c'est la faculté de commercer et de jouir en même temps d'une certaine somme de crédit.

Dans ce cas les relations deviennent plus intimes, les commerçants lient connaissance entre eux et le prêteur ou le créancier s'intéresse au débiteur, lui accorde sa sympathie ; et la sympathie des grands et des forts encourage et fortifie le faible.

Nous sommes déjà forts, il est vrai, mais nous avons besoin d'encouragement et il nous faut devenir plus forts.

Ceux qui, par ressentiment contre la France ou par excès de loyalisme, disent que nous sommes bien sous la protection de l'Angleterre et que nous ne devons pas chercher d'autres liens, n'entendent pas le premier mot de l'économie nationale et ne connaissent pas la vie humaine.

Si donc nous voulons grandir comme tous les peuples jeunes et si nous sommes convaincus des nécessités de la lutte pour la vie, nous chercherons la création de relations utiles.

Il y a moyen. C'est d'avoir quelquefois recours à l'épargne française, pour l'extension de nos établissements. Ce n'est pas que nous veuillions conseiller l'emprunt excessif, mais nous insistons sur la nécessité qu'il y a pour notre réputation nationale à quitter parfois les comptoirs anglais pour obtenir crédit en France. Nos gouvernements fédéral, provinciaux et municipaux, soucieux de leur agrandissement et de leur progrès matériel, ont emprunté

bien des millions à l'étranger ; il n'y a eu que de rares emprunts
contractés en France. Nous sommes à la veille de voir se fonder
une province nouvelle dans l'Ouest : les territoires de Saskatchewan, Alberta et Assiniboine seront prochainement constitués en
province ; des villes nouvelles ont besoin d'argent ; d'autres songent à convertir leur dette, bref, dans l'actif mouvement de vie
qui vibre au Canada, surtout depuis l'établissement de la Confédération, on sent, depuis que les recettes dépassent les dépenses,
qu'il arrivera des années où pour un chemin de fer, un port, des
travaux publics quelconques, on aura quand même besoin d'une
somme de numéraire extraordinaire. C'est d'ailleurs ce qui va se
produire incessamment.

Eh bien, nous invitons les autorités canadiennes à examiner la
question de la possibilité d'obtenir de l'argent en France dans
des conditions aussi avantageuses qu'en Angleterre. Nous connaissons des villes et des municipalités qui paient encore actuellement 6 et 7 pour 100 à des compagnies d'assurance anglaises sur
des emprunts municipaux. Des gouvernements provinciaux paient
jusqu'à 4 1/2 pour 100. Nous croyons qu'il y a moyen de trouver
dans le pays classique de l'épargne, des emprunts aussi avantageux, sinon davantage. Pour cela, il faut que nous brisions avec
de vieilles habitudes, que nous adoptions un système différent
d'obligations et que nous donnions une forme nouvelle à nos
effets.

*
* *

Obligations. — Pour placer rapidement nos valeurs en France, il
faut que nos obligations représentent des sommes moins fortes
qu'on n'a l'habitude de les faire. Ainsi des obligations de cinq
cents dollars, ou de mille dollars, ne se placent pas aussi facilement en France que si elles ne représentent que cinquante ou cent
dollars. Il y a surtout en France des petites fortunes. Au Canada,
les petites fortunes sont ou à la caisse d'épargne ou dans quelque
spéculation, rarement elles sont placées en fonds d'état. L'ouvrier, le domestique, en France, possédant cinq cents francs,
achète quelquefois des rentes de l'État ; souvent il les laisse dans
les caisses d'épargne qui ne paient que deux et quelquefois peut-

être deux et demi pour 100. Il y a donc une grande abondance de capitaux qui ne demanderaient pas mieux que de rapporter du 4 pour 100 et même du 3 3/4.

Qu'on fasse alors des obligations de cent et même de cinquante dollars, et si ces obligations sont suffisamment garanties, elles trouveront des acquéreurs. Nous croyons que cette réforme est absolument nécessaire si les municipalités et les gouvernements du Canada veulent emprunter à bon marché.

Mais une autre réforme, également essentielle, c'est celle de la forme même des valeurs canadiennes.

Forme des valeurs. — En général, les actions, comme toutes les valeurs canadiennes, sont nominatives. Or, ce système n'est pas populaire en France. On veut des valeurs qui se puissent négocier de la main à la main. D'autant plus que ce système est beaucoup plus économique et plus simple. Au Canada, obligations, actions, débentures, sont, en général, soumises à la formalité de l'enregistrement, c'est-à-dire que pour circuler, ces valeurs doivent être inscrites dans les registres du débiteur.

Rendons ces valeurs libres; émettons-les comme de la monnaie, pour qu'elles puissent circuler librement, et offrons-les au crédit français.

Nous savons qu'il existe déjà des municipalités au Canada qui ont émis des obligations au porteur ; mais il est bon que cette habitude se généralise.

Voilà les deux obstacles qu'il importe de faire disparaître dans l'intérêt même des corporations emprunteuses ou des sociétés industrielles.

CHAPITRE NEUVIÈME

Nous tenons à définir ces institutions afin de montrer aux capitalistes français ce que sont ces grandes et importantes maisons de confiance qui ont pour objet d'accepter des legs, des testaments et d'administrer pour leurs clients les fonds qui leur sont confiés. Ces Sociétés comptent parmi leur clientèle, parfois les tribunaux civils eux-mêmes, qui leur confient, à l'occasion, les fonds d'intestats ou de mineurs. Résumons donc dans les termes mêmes de la loi canadienne les prérogatives et les privilèges spéciaux dont jouissent ces Sociétés de confiance qui, non-seulement font l'office de la défunte *Rente Viagère*, mais aussi celui de banque privée, de crédit foncier, d'agents de change et de notaires.

1° Les prérogatives d'une Société de confiance ou de *trust* (fidéicommis), sont définies particulièrement dans l'acte spécial de constitution que le gouvernement vote, article par article, en comité spécial durant les sessions régulières.

2° Cet acte de constitution peut varier quelque peu avec chaque Société différente.

3° Il peut être ultérieurement amendé par décret voté à l'assemblée du Parlement tendant à modifier la constitution déjà accordée et inscrite comme bill particulier.

4° En général, les Sociétés de fidéicommis peuvent consentir et recevoir tous actes, cessions, transports, abandons et contrats nécessaires pour l'application des articles de leur constitution et pour favoriser leur fonctionnement.

5° Une Société de *trust* ou *fidéicommis* est autorisée :

a) A accepter, remplir et exécuter tout fidéicommis qui peut lui
être dévolu, venant de particuliers ou de corporations ou Sociétés,
ou venant de toute cour de justice aux conditions dont on convien-
drait ou que la dite cour de justice approuverait dans tous les cas
spéciaux d'incapacité légale et qui ne seront pas contraires aux règlements du Code civil ;

b) A prendre, recevoir, posséder et céder toutes concessions et
propriétés mobilières et immobilières qui pourront être données,
cédées ou transportées à la Société avec son consentement ;

c) A faire fonctions d'agents d'affaires ou de procureurs pour la
transaction des affaires, les placements, le recouvrement des revenus tels que loyers, intérêts, dividendes, hypothèques, bons,
billets et autres valeurs ; à faire fonctions d'agents pour les fins
d'enregistrement, d'émission, de contre-seings, de transports et
certificats de valeurs (nominatives), bons, obligations et autres
valeurs du Canada ou des provinces qui la composent ou de toute
corporation, association ou municipalité ;

A recevoir et gérer tout fonds d'amortissement pour elles aux
conditions dont il pourra être convenu dans chaque espèce.

d) A construire, entretenir, exploiter et louer des édifices convenables pour la réception et l'entreposage de biens mobiliers de
toute nature et de toute catégorie ;

A faire fonctions d'agents consignataires et dépositaires de ces
biens et à recevoir toute sorte de biens mobiliers en dépôt et pour
les garder en sûreté, aux conditions dont il pourra être convenu,
et à faire des prêts sur ces effets (monts de piété).

e) A prêter de l'argent aux conditions que l'on voudra, avec
pouvoir de prendre garantie pour tout prêt ou pour assurer toute
créance de la Société, sur des biens-fonds, rentes foncières, valeurs du gouvernement de la Puissance du Canada, valeurs des
gouvernements provinciaux, anglais, étrangers ou autres valeurs
publiques ou sur des stocks, actions, bons, obligations ou autres
titres de toute corporation municipale ou autre, ou sur des marchandises entreposées ou engagées en faveur de la Société ou sur
tels autres titres ou valeurs jugés acceptables comme garantie ;
et elle pourra acquérir, par achat ou autrement, lesdites propriétés
ou créances en faveur de la Société comme garantie de prêt et elle
pourra les revendre.

f) Elle ne peut prêter sur la garantie de lettres de crédit ou de billets : mais elle est autorisée :

A faire fonctions d'agents ou d'association pour agir au nom d'autres personnes ou corporations qui lui confieraient de l'argent pour être employé en prêts ou autrement ;

A assurer aussi le remboursement du capital et le paiement de l'intérêt ou les deux à la fois, de toutes sommes, confiées à elle pour être placées, et pour protéger la Société contre toute perte possible sur toute garantie, obligation ou avance faite par la Société ;

A recevoir toutes sortes de créances actives ou valeurs qui sont transportées ou cédées à ladite Société ou engagées ou hypothéquées en sa faveur ou entreposées chez cette dernière, se rapportant à ces garanties, obligations, avances ou placements, et à en disposer librement.

h) A favoriser, ou aider à favoriser, toute autre Société, et pour cela, à acheter, vendre, souscrire des obligations hypothécaires et toutes autres garanties fournies par telle autre société ; à employer autrement les fonds ou à faire servir le crédit de la société de toutes les façons jugées opportunes dans ce but, soit en employant réellement une partie quelconque des deniers de la société à cet effet, soit en plaçant sur le marché ou en garantissant l'émission d'actions ou le paiement de l'intérêt sur les actions, obligations, obligations hypothécaires garanties de telle autre société ; à faire fonctions d'agents pour le recouvrement ou le remploi de valeurs en or de ces garanties et propriétés hypothéquées ; à clore et liquider les affaires des personnes, sociétés, associations ou corporations légales ; à faire tout acte ou démarche nécessaire pour ces fins.

i) A agir comme fidéi-commissaire pour toute débenture, obligation, hypothèque ou toute autre valeur légale en cours pour toute corporation municipale ou pour toute autre corporation constituée par le parlement de toutes provinces du Canada ou par le parlement de la Puissance du Canada.

j) A accepter, remplir et exercer tous les devoirs de receveur, fidéi-commissaire, procureur, fidéi-commissaire pour le bénéfice de créancier, liquidateur, exécuteur testamentaire, administrateur des biens et curateur aux faillites, si elle est désignée par une personne soit par acte entre vifs, ou par testament, ou par une cour de justice quelconque, nonobstant les articles 364,365,366 et 377 du Code civil (de la province de Québec) qui défendent à toute société ou corporation d'agir en ces qualités.

k) En outre des immeubles acquis ou possédés par elle dans le cours régulier de ses opérations, la Société pourra acquérir, posséder et aliéner des propriétés foncières d'une valeur maxima de cinq millions de francs et plus ; en plus : 1° tout immeuble qui peut être pris par elle en compromis ou paiement de toute créance antérieure ; 2° tout immeuble qui peut être acheté par elle à toute vente judiciaire ou autre ou pour la mise à exécution ou recouvrement de toute créance, de toute hypothèque, de tout fidéicommis ou de toute convention de la nature d'un gage ou d'une hypothèque acceptée ou acquise par ladite Société dans le cours régulier de ses opérations.

N. B. — Pourvu toutefois que la Société vende la propriété acquise par elle en vertu des deux paragraphes ci-dessus 1° et 2°, dans les quinze ans qui suivent la date de telles acquisitions.

l Une société de *trust* est aussi autorisée à garantir le titre ou la paisible jouissance de toute propriété, d'une manière absolue ou sujette à des conditions et restrictions, et à garantir toute personne intéressée dans une propriété quelconque ou sur le point de l'être contre toutes pertes, poursuites, procédures, réclamations ou demandes pour cause d'insuffisance, d'imperfection ou de défaut de titre trentenaire ou autre ou au sujet d'empêchements, charges ou droits existants ; et garantir également toute personne ou société de personnes contre toute perte ou dommage résultant du défaut de versement de créances, prêts, avances, hypothèques ou dettes hypothécaires ou autres, ou de l'intérêt ; et à donner ses propres garanties ou certificats de garantie ou police de garantie en telle forme qu'elle voudra et pour telle rémunération qu'elle pourra exiger.

m) A faire des emprunts d'argent à tels taux d'intérêt qui pourront être convenus, avec pouvoir de garantir tel prêt par toute hypothèque sur stock, obligations ou autres valeurs appartenant à la société.

n) A examiner et vérifier les livres, comptes, conditions et situations financières de corporations, sociétés et personnes et à en faire des rapports sur la demande de clients particuliers ou autres quand elle sera requise et autorisée par telles corporations, sociétés et personnes, et aussi quand elle en sera requise par un décret d'un tribunal de juridiction compétente.

o) A faire des achats, ventes, placements en actions, bons, débentures, obligations de corporations municipales ou autres, garanties par hypothèque ou autrement, ou en valeur des gouvernements de la puissance du Canada, des provinces ou en valeurs anglaises ou étrangères ou autres.

p) A garantir tout placement fait par la société comme agent ou autrement.

q) A vendre, engager ou hypothéquer toute hypothèque ou autre garantie, reconnaissance ou toute autre propriété mobilière ou immobilière possédée, de temps à autre, par la société.

r) A déterminer elle-même, recouvrer et recevoir toute rémunération convenue ou raisonnable, les frais légaux ordinaires ou habituels, frais et dépens pour tout service, devoir, fidéicommis ou autre, remplis et exécutés ou accomplis dans l'exercice des fonctions statutaires de la Société.

s) La dite Société aura le pouvoir de recevoir de l'argent en dépôt et de faire porter intérêt à cet argent.

t) La Société pourra se porter garant ou caution pour tout cautionnement requis dans toute procédure judiciaire et à la discrétion du juge ou de l'administration particulière en cause recevant ce cautionnement ; le cautionnement de la Société sera suffisant dans tous les cas où la loi exige deux répondants.

La Société pourra prendre des mesures en vue de recevoir ou de recouvrer, s'il est nécessaire, toute rémunération dont il pourra avoir été convenu.

Voilà certes des attributions dont ne jouit même pas la banque de France ; si les institutions anglaises jouissent de beaucoup de liberté, elles ont aussi une protection généreuse de l'État. Il n'y a pas, au Canada, ces mille chinoiseries de code ou de règlements innombrables d'administrations diverses qui peuvent faire perdre un homme pour une bagatelle.

La surveillance est nécessaire, les rapports au ministère des Finances sont choses indispensables, mais on verra bien que les institutions de confiance qui jouissent de pareils privilèges peuvent créer, fonder et faire prospérer des fortunes ; leur intérêt est dans le succès même des fortunes diverses qu'elles ont à gérer.

Espérons que cette étude minutieuse sur les sociétés de *trust* suscitera la curiosité de quelques personnes entreprenantes et vaudra au Canada français une puissante société française de confiance et de garantie.

CHAPITRE DIXIÈME

Nous ne reviendrons pas sur les conditions d'établissement agricole ordinaires au Canada. Tout le monde sait aujourd'hui qu'en Manitoba, en Saskatchewan, en Assiniboine et en Alberta quiconque, étant âgé de dix-huit ans au minimum, peut aller se choisir dans une région de colonisation un lot de terrain de soixante-cinq hectares, à condition de s'y construire une habitation, d'habiter la propriété durant six mois au moins, chaque année pendant trois ans, et d'y cultiver environ six hectares au moins par année ; après quoi le gouvernement canadien délivre le titre net de la propriété au colon.

Mais il y a une objection que le colon français est en droit de faire : est-on assuré d'être dans un milieu familier ou national : n'y a-t-il pas le danger d'être entouré de fermiers étrangers à notre langue et à nos mœurs ? Car si l'on peut se trouver un bon lot quelque part, il est fort possible que les voisins ne soient pas des Français et qu'à cause de cela le séjour dans un milieu hétérogène puisse manquer de l'agrément social toujours quelque peu recherché, surtout dans la vie des champs.

Nous répondons qu'en effet, dans bien des cas, il sera difficile de trouver une concession dans le voisinage d'une commune française, et que les communes peuvent parfois être très restreintes. Néanmoins, il y a toujours ce fait, qu'il importe de ne pas perdre de vue, — de la grande étendue des domaines et de l'isolement pour ainsi dire inhérent à la condition du fermier colon. On ne se voit guère entre voisins quand la région est peu habitée. Les distances sont trop longues ; mais d'un autre côté, justement pour cette raison même des grandes distances qui séparent parfois les fermes, il est courant de voir, peu après l'installation, les habitants de la région se procurer une voiture légère et un petit cheval spécialement affectés aux courses et aux promenades.

Mais il y a dans la loi canadienne des accommodements ; c'est sur ce point que nous tenons à donner quelques éclaircissements.

Admettant qu'un fermier désirât prendre une concession et s'établir au milieu d'un groupe de même origine ou de même nationalité, il peut, en s'adressant au ministre de l'Intérieur à Ottawa, obtenir l'autorisation de ne pas habiter constamment sa concession, sans pour cela perdre ses droits au titre net de sa propriété, au terme des trois années d'occupation et de culture. Seulement il faut que pour obtenir cette autorisation il y ait un groupe d'habitants d'au moins vingt familles qui manifeste ainsi le désir de vivre en communauté de hameau, ou bourg, ou village. Dans ce cas, les vingt familles pourront, si elles le désirent, établir le petit village à leur gré et l'habiter extérieurement à leurs fermes respectives. Elles ne sont pas pour cela dispensées de mettre leur concession en valeur. Elles sont simplement dispensées de l'obligation d'habitation requise par la loi dans les cas ordinaires.

Nous croyons donc répondre à un désir fréquemment exprimé, en faisant connaître cette manière de s'établir en communautés homogènes. Ceux qui désirent vivre en société choisie, feraient bien de se grouper ainsi ou de se renseigner avant de partir au Canada pour savoir s'il n'y aurait pas des familles qui, sur le point de partir, ne demanderaient pas mieux que de s'unir pour aller ainsi fonder de toute pièce un village homogène.

Il est peut-être, à un autre point de vue, préférable de ne pas trop s'inquiéter de la question de l'entourage, puisque l'on trouve toujours tôt ou tard, quelque part, un voisin canadien ou même français ; nous voulons parler de l'avantage qu'il y a pour un fermier français à ne pas s'isoler et à se mettre en contact le plus tôt possible avec des gens du pays pour étudier plus rapidement la manière de cultiver au Canada et pour se familiariser plus vite avec les mœurs politiques et l'organisation simple et démocratique des municipalités et des communes.

Tout ceci, bien entendu, ne s'adresse qu'aux personnes qui désirent prendre avantage de la concession gratuite. Celles qui ont de l'argent suffisamment pour s'installer dans le voisinage plus rapproché des chemins de fer ou des villages et qui achètent des terrains, sont à même de choisir la localité où elles veulent s'établir.

Ce n'est pas à dire que toutes les concessions gratuites soient peu avantageuses sous le rapport des communications. Elles sont relativement plus éloignées des centres que ne le sont les terrains qui appartiennent aux grandes compagnies ou même aux gouvernements, mais qui sont, ceux-là, vendus et non concédés.

Coopératives agricoles. — De plus tout groupement de dix personnes au minimum, désirant faire en commun l'exploitation d'un domaine agricole au Canada, peut obtenir du ministère de l'Intérieur canadien l'autorisation de se choisir dix concessions gratuites situées au même endroit, et de se faire réserver pour de futurs sociétaires de la coopérative un certain nombre de concessions gratuites qui, sans cette précaution, pourraient être prises par des étrangers à la coopérative. De plus, il est accordé à ces personnes associées la faculté d'habiter dans un village ou hameau. On sait qu'une des principales exigences de la loi canadienne consiste dans l'obligation, pour le colon qui prend une concession gratuite, d'habiter telle concession choisie durant six mois par année pendant trois années consécutives. Or, le ministre dispense facilement les membres d'une coopérative de cette obligation.

Il y a, dans un grand nombre de villes en France, des sociétés qui ont pour but de créer des jardins ouvriers hors de la ville. N'y aurait-il pas lieu pour ces sociétés de bienfaisance d'organiser avec des jeunes gens pris dans les plus nombreuses familles, des groupements coopératifs et de les établir au Canada dans des endroits choisis auparavant sur les avis des consuls français ou des hommes dévoués à l'œuvre de la colonisation ?

Il y a place pour mille hameaux français de ce genre dans l'Ouest canadien. Nous croyons qu'il y a là un moyen très efficace de créer une source de revenus pour les membres de la coopérative s'ils sont travailleurs et pour leurs familles respectives restées en France.

Une coopérative, a pour travailler — nous parlons d'une coopérative de dix membres — six cent cinquante hectares de terrain. Or il est rare qu'un groupement intelligent et travailleur ne puisse mettre en commun une somme de quatre à cinq mille francs pour procéder aux travaux d'exploitation. Cette somme peut suffire pour outiller une exploitation convenable. Soit qu'on veuille faire de l'élevage ou de la culture des céréales, on monte assez aisément une ferme avec quatre ou cinq mille francs. Du reste, n'est-il pas facile d'obtenir des avances d'argent sur la garantie du terrain ? Dans ce cas il faut en demander l'autorisation au ministère ; car il faut observer que si des concessions gratuites sont données aux colons, ceux-ci n'en obtiennent proprement le titre qu'au bout de trois années et si la valeur de l'exploitation totale, dans le cas d'une coopérative, équivaut à 750 francs par concession, soit une valeur totale de 5.700 francs tant en constructions qu'en outillage et en travaux de culture, ce qui est un minimum facile à atteindre.

Comme nous l'avons dit plus haut, il y a place pour des milliers d'établissements de ce genre ; et nous conseillons à ceux qui seraient tentés de créer de pareilles entreprises de ne pas se lancer dans la prairie au hasard. Il importe de s'entourer des avis utiles et désintéressés des agents de colonisation canadiens.

La « Canadienne » (81, boulevard du Montparnasse, Paris) serait toute prête à faciliter l'établissement de pareils groupements coloniaux dans l'Ouest canadien.

Concessions ou Homesteads. — On peut s'inscrire pour ces concessions sans avoir à se rendre au Canada : seulement il faut les occuper dans les six mois qui suivent l'inscription.

Il existe des tarifs de faveur pour le transport des colons ; et il importe que l'on se précautionne d'avance pour avoir de la place sur les paquebots.

Nous insistons sur l'importance qu'il y a pour les futures coopératives de se faire inscrire pour des concessions réservées, avant la fin de l'hiver. En voici la raison : dès les mois de janvier et février, les colons venant de l'Est du Canada ou des Etats-Unis viennent choisir les meilleures localités, et quand arrive le printemps, il ne reste plus que les régions très éloignées des chemins de fer, qui sont disponibles. De sorte que ceux qui ne se sont pas fait réserver leur localité à l'avance sont obligés de se rendre dans des régions moins favorables.

Il n'est peut-être même pas nécessaire que les groupements soient tous complets ; il suffit bien souvent qu'une association de cinq membres manifestent leur intention de former une coopérative pour qu'un intermédiaire bénévole réussisse à leur adjoindre les cinq membres complémentaires d'une autre provenance. Ainsi, cinq personnes du département de la Lozère désirant fonder une coopérative peuvent s'unir à un groupe de cinq autres personnes du département de la Savoie par exemple. Nous ne doutons pas que dix garçons de ferme, énergiques et bons travailleurs possédant une promesse de concession de 650 hectares de terrain, sous forme d'un certificat du ministère de l'Intérieur, réussissent à trouver une avance de cinq mille francs, outre leur passage. Dans ces conditions, il y aura un moyen de faire des communes entièrement françaises.

Quelques-uns objecteront peut-être l'inconvénient qu'il y a pour des Français à se grouper dans un pays neuf et à ignorer, par cela même, les méthodes en usage au Canada. Nous répondons à cela que les agents du gouvernement au Canada veillent à l'installation des nouveaux venus. Et puis il n'est pas difficile de visiter des fermes et des villages canadiens en se rendant à destination. Et comme chaque coopérative peut obtenir la réserve d'un certain nombre de concessions voisines pour de futurs membres de l'association, rien n'empêche que ces réserves soient ouvertes à des sociétaires canadiens qui ne demanderaient pas mieux qu'à venir s'établir dans le hameau tout prêt à les recevoir.

*
* *

Quel avenir peut espérer une coopérative établie dans ces conditions ? D'abord elle n'a aucun impôt à payer avant l'expiration des trois premières années, c'est-à-dire avant d'obtenir le titre propre des concessions qu'elle a prises.

Au bout de trois années elle fait partie de la municipalité dans laquelle elle est située et elle peut élire ses conseillers au Conseil municipal. Le Conseil municipal fonde ses propres écoles en rece-

vant les subventions ordinaires du gouvernement ; il décrète les
entreprises de travaux publics, d'intérêt général à la municipalité,
tels que chemins, routes, égouts, ponts, etc. ; il obtient, pour certains grands travaux, des subventions du gouvernement provincial
dont il relève ; bref, il constitue un petit parlement électif, une
entité parfaite, libre et autonome.

Nous avons vu des groupements français de cette nature réussir
à élire un préfet de leur nationalité ; ailleurs, nous avons vu des
Français devenir secrétaires trésoriers de municipalités nouvelles.

C'est dans un pays en formation qu'il importe de prendre les
premières places et les Français sont parmi les plus aptes à occuper
des situations importantes, d'accord avec leurs frères canadiens.

Nous adressons un appel chaleureux à toutes les Sociétés de bienfaisance françaises, aux directeurs d'écoles d'agriculture, pour se
mettre en rapports avec les personnes autorisées du Canada
afin de créer des moyens d'excursion, et de visite pour faire la
connaissance du pays. Professeurs, journalistes, rentiers, industriels ne voyagent pas assez. Il faut aller voir sur place,
c'est le seul moyen qu'il y ait de réussir dans toute entreprise.

Espérons que cet appel sera entendu et que d'une vigoureuse
expansion française dans l'autre France résultera pour la mère
patrie et pour ses enfants, un peu à l'étroit, plus de puissance et
plus de bien-être.

CHAPITRE ONZIÈME

LES PÊCHERIES. — Nous n'avons pas l'intention de nous étendre longuement sur cette question, qui intéresse plus particulièrement les parties extrêmes du pays : les provinces dites maritimes à l'est, et la province de la Colombie britannique à l'ouest.

On fait la pêche du poisson blanc, du brochet, du doré, de la carpe et de la barbue dans tous les lacs du centre, et particulièrement dans les lacs *Manitoba*, *Winnipeg*, *Winnipegosis* et *Dauphin*. On pêche l'hiver et l'été ; en hiver on n'a qu'à couper la glace et le poisson afflue aux ouvertures.

En 1902 et 1903, il s'est formé plusieurs sociétés de pêche dans les régions situées au nord d'Edmonton. On se rappelle que c'est cette région qui se développe le plus, ces années-ci, pour la culture des céréales.

Sur le lac Winnipeg actuellement les principaux endroits exploités sont l'embouchure de la grande rivière Noire et la dune Warren, sur la rivière Nelson. On prend là de l'esturgeon.

On nous affirme que sur le lac Manitoba les fermiers qui se livrent à la pêche font quelquefois des coups de filet de 70 francs par jour, avec un filet de cent mètres.

Tout ce poisson est mis en appareils frigorifiques durant l'été et expédié par wagons à Toronto, Chicago et New-York.

LE BOIS. — Il y a autour de ces grands lacs des forêts immenses ; seulement on n'a pas pu les exploiter, faute de moyens de transport. Et comme conséquence à cet état de choses on fait venir du bois des États-Unis ou de la Colombie britannique.

Mais tout s'établit : on commence à faire des transports de bois par eau, en attendant les chemins de fer.

Sur les bords de ces lacs, le bois se vend en moyenne 3 fr. 75 et 2 fr. 50 la corde, c'est-à-dire les quatre mètres cubes environ. Or, nous savons pertinemment qu'à Winnipeg le même bois se vend en détail 20 et 25 francs.

Il s'écoulera probablement plusieurs années avant qu'on ait besoin d'utiliser tout le bois de ces régions, pour la consommation locale du moins. Qui sait cependant si la rareté du bois de pulpe qui se fait sentir actuellement dans le Minnesota et le Dakota nord É -U.) ne fera pas jeter les yeux bientôt de ce côté ? Ce qui nous fait entrevoir cette éventualité c'est que la consommation du papier de pulpe est telle dans le nord des États-Unis et le Manitoba qu'on pourrait bien, plutôt que d'importer des autres provinces, tenter de prendre avantage des réserves forestières considérables du nord du Manitoba. Alors on produirait non seulement pour la consommation locale, mais même pour l'exportation dans les États limitrophes.

Il y a place, dans le sud du district de Keewatin et dans le nord du Manitoba, pour des manufactures nombreuses de pâte de bois, de pulpe et de bois à construire, comme de bois combustible.

Les terrains boisés appartiennent au gouvernement fédéral qui les loue sous forme de licence, pour un terme d'années fixe, mais renouvelable; cette location se fait par enchère, à certaines époques de l'année.

Voici l'état actuel des *règlements* concernant la coupe du bois dans le centre du Canada :

1° Les licenciés paient une location annuelle de 9 fr. 60 par kilomètre carré, excepté dans la Passe à l'Aigle (Colombie britannique) où la location annuelle n'est que de 0 fr. 62 par hectare ;

2° Sont perçus les droits suivants :

Bois de charpente ; les 304 mètres (ou 1.000 pieds de longueur) . . . . fr.	2,50
Traverses de chemin de fer (2 m. 40 de longueur). . .	07
Bûches à bardeaux ; 4 mètres cubes.	1,25
Plus un droit, sur la vente, de	05

3° *Des permis particuliers* sont accordés moyennant
(pour chaque lot de 304 mètres de longueur de bois
à construire) (charpente), une somme de. . . . fr.   10   15
4° Plançons de 30 centimètres d'épaisseur.   0,025   0,07
5° Bois combustibles (dits *de chauffage*) par 4 mètres
cubes.   0,62   1,25
6° Traverses de chemins de fer; chacune   0,15
7° Bardeaux, par 304 mètres de longueur.   1   »

N. B. Les colons, établis sur des concessions gratuites (homes-
tead) ont droit à un permis gratuit; ils peuvent couper librement du bois jusqu'à concurrence de 912 mètres de longueur pour
plançons (bois à construire); 400 chevrons; 500 poteaux (piquets
de clôture); et 2.000 perches.

Le gaz d'éclairage. — Les personnes familières avec les questions d'éclairage par le gaz ne peuvent rien faire de mieux que
d'étudier ce que demanderaient toutes nos nombreuses villes
naissantes. Les petites agglomérations de 1.000, 2.000 ou 3.000
habitants seront bientôt de grandes villes et des centres commerciaux importants. Dans certains territoires on rencontre des
villes de 5.000 habitants qu'on appelle des capitales; certaines
ont déjà des systèmes d'égoûts ; elles attendent le gaz, et avec
l'accroissement de la population, les tramways.

Il y a aujourd'hui dans toutes les parties du Canada de petits
villages qui, dans cinq et dix ans, seront des villes; il n'est pas
exagéré de dire qu'il y en a des centaines actuellement; et il en
surgit constamment de nouveaux.

Et pour se payer des tramways, de la lumière et des industries
nouvelles les conseils municipaux, qui sont chez nous autonomes,
offrent des conditions d'établissement extrêmement avantageuses,
des conditions et des subventions de nature à permettre à ces
industries de prospérer et de faire prospérer. (V. chapitre cinquième).

A propos de l'éclairage par le gaz, voici un plan d'organisation
matérielle et financière, qui nous a été fourni par le directeur de
la *Revue Générale de l'Acétylène* à Paris. Les chiffres sont basés
sur les conditions ordinaires d'installation qu'on trouve au
Canada.

Coût d'installation d'un système d'éclairage à l'acétylène pour
une ville de 3.000 habitants :

Canalisation de 4 kil. 300 de longueur. . . . . . fr.   25 000
Installation de 40 candélabres de ville. 4 000
Installation de 80 abonnés. 10 000
Main-d'œuvre. 15 000
Usine, gazomètre et générateur 6 000

           Total . . . . fr.   60 000

EXPLOITATION

Dépenses.			Recettes.		
Carbure de calcium . fr.	38 150		Éclairage public. . . fr.	8 000	
Directeur d'usine. . .	2 000		Éclairage particulier	60 000	
Frais généraux. . . .	2 000				
Total . . . . . fr.	42 150		Total . . . . . fr.	68 000	

BILAN

Recettes . . . . . . fr.	68 000	Amortissement . . . fr.	6 000
Dépenses.	42 150	Intérêt de remboursement (6 pour 100) moyenne en dix ans.	1 980
Bénéfices. . . .	25 850		
Moins . . . . . fr.	13 580	Dividende garanti (6 pour 100). . . .	3 600
Bénéfice net. . fr.	12 580	Aléas.	2 000
		Total. . . . . fr.	13 580

soit un bénéfice de 20.44 pour 100, après dividende payé.

CHAPITRE DOUZIÈME

L'INDUSTRIE DES CHEMINS DE FER

Besoins du pays. — A raison de l'incontestable fertil... du sol des prairies centrales du Canada, la culture du blé et ... autres céréales, l'élevage et l'industrie laitière seront générale...nt pratiqués sur chaque point du pays ; et pour que chaq... région productrice de ces éléments de richesse puisse prospé... il faut que les moyens de transport et d'approvisionnement ...ient répandus sur tout le pays et forment un réseau très dense. Il existe déjà plusieurs voies de communication, mais tous les a... le Parlement d'Ottawa et ceux des provinces sont appelés à ...nstituer de nouvelles compagnies de chemins de fer. Il y a donc ... besoin toujours impérieux de nouvelles voies ferrées pour é...uler les produits de ce pays producteur.

Tous les ans le *Canadien Pacifique* et le *Grand Tronc*, ainsi que le *Canadian Northern* ont été obligés de commander de nouvelles voitures ; et l'année 1902 a vu le *Canadien Pacifique* augmenter son matériel roulant de huit mille wagons de marchandises. Cependant à toutes les saisons on peut lire dans « Le Manitoba », le « Free Press », « l'Echo du Manitoba » et autres feuilles du pays des récriminations ouvertes et des plaintes contre les compagnies de chemins de fer qui ne peuvent pas fournir assez de voitures pour écouler les céréales d'exportation.

L'honorable M. Sifton, ministre de l'Intérieur actuel, écrivait dans le « Canadian Magazine » du mois de mars 1903 un article intitulé « Les besoins de l'Ouest canadien ». Au cours de cet article, après avoir rappelé que le premier besoin du pays consiste dans de nouvelles recrues de population, il en arrive à parler du second et pressant besoin du pays qui, selon lui, serait l'établissement de nouveaux chemins de fer :

« ... La question des transports vient ensuite. C'est une question compliquée et difficile, et pour la connaître à fond il faut savoir quelles sont les conditions du pays qui est situé entre les montagnes Rocheuses et l'Océan Atlantique .. D'abord il faut des transports rapides et économiques qui puissent écouler la production des céréales des différents centres de production. L'an dernier, les chemins de fer furent surchargés; on espérait alors que la situation serait améliorée cette année, mais cet espoir était vain. L'augmentation soudaine du commerce a renversé tous les calculs et a paralysé presque tous nos chemins de fer... Le besoin le plus immédiat et le plus impérieux qu'ait aujourd'hui l'Ouest canadien, c'est que l'accommodation des moyens de transport soit au niveau du trafic du pays... Il est pénible de constater que dans le nord-ouest les chemins de fer sont incapables de répondre aux besoins locaux... Il est donc urgent que plusieurs sections de chemins de fer soient établies... Il y aura demain des foules de colons qui essaimeront dans cette région fertile, située entre Edmonton et la montagne Riding, et la nécessité d'avoir un chemin de fer n'est plus à discuter. »

Ces besoins ne sont pas seulement exprimés par M. Sifton, mais par toute la presse du pays. Ainsi à Manitou (Manitoba), le 5 mars dernier (1903), les fermiers se réunissent en grande assemblée pour voter une adresse au gouvernement demandant la mise en vigueur d'un article de la loi sur les céréales et concernant les facilités de transport. A Brandon (Manitoba), le 3 mars 1903, les fermiers se constituent en association pour demander l'abolition des trusts (charbon, bois, etc), pour obtenir du gouvernement des trains de marchandises supplémentaires, et pour demander de nouvelles voies ferrées.

Tout dernièrement les députés ministériels de l'Ouest Canadien se sont rendus en délégation auprès du gouvernement pour dire le besoin urgent qui s'impose de faire construire certaines sections de voie ferrée dans les territoires de l'ouest. Les réseaux dont la construction a été demandée par cette délégation, comprennent environ 700 kilomètres de voie.

On demandait particulièrement une ligne le long de la vallée de la rivière Saskatchewan jusqu'à Edmonton.

M. Davis, député de Saskatchewan au parlement fédéral, fit au mois de mars 1902 un vigoureux discours pour se plaindre de l'incapacité des chemins de fer actuels d'écouler les produits du centre. Enumérant les résultats de cet état de choses, il prouve que le fermier est forcé de supporter plus de frais à cause du retard imposé aux expéditions et par suite de la longue durée de l'entreposage des blés au nord du lac Supérieur où il est forcé d'attendre l'ouverture de la navigation. Il réclame un chemin de fer conduisant directement les 100.000.000 de boisseaux de blé, qui dans une dizaine d'années seront 400.000.000 de boisseaux — aux ports de mer (1).

ÉTAT ACTUEL DES CHEMINS DE FER. — Voici pour un kilomètre de voie ferrée la quantité de terrain — en kilomètres superficiels — qu'il y a dans certains pays :

Belgique	6.43 kil.	États-Unis	[illegible].22 kil.	
Angleterre	9.01 »	Espagne	[illegible].53 »	
Suisse	10.94 »	Suède	[illegible].79 »	
Hollande	11.01 »	Allemagne	[illegible].12 »	
France	12.71 »	Russie	[illegible].02 »	
Italie	18 51 »	Canada	[illegible].66 »	

La longueur du réseau canadien et son rapport kilométrique à la superficie de chaque province est comme suit :

Province	1867	1902	kil. carrés de superficie par kil. de voie.
Québec	836	5.499	53
Ontario	2 040	11.486	46.4
Nouv.-Brunswick	313	2.323	29
Nouv.-Écosse	148	1.691	30
Ile du Prince-Édouard		336	37
Manitoba		3.423	46
Assinib., Saskatchewan, Alberta, Yukon		3.446	344
Colombie britannique		2.207	354

Au 30 juin 1902 il y avait une longueur de voie ferrée complétée au Canada, de 30.358 kilomètres 47. Nous renvoyons le lec-

(1) V. le Compte rendu officiel le « Hansard », mars 1902, Ottawa.

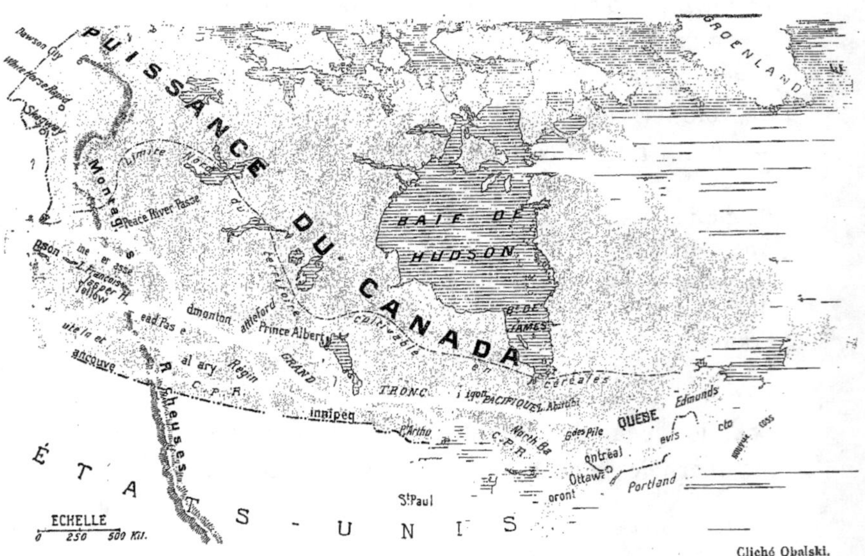

Tracé du projet de chemin de fer de la Compagnie du Grand Tronc Pacifique.

teur aux cartes officielles du Canada où sont indiquées toutes les
lignes de chemins de fer existants, publiées dans « l'Atlas de
l'Ouest canadien » 1902, édition dite « du recensement. » On y
trouvera également les chiffres de la population actuelle du pays,
par provinces, par villes et par villages.

ÉTAT ACTUEL DU PAYS. — Le Canada semble être entré, depuis
cinq ans surtout, dans cette période brûlante d'activité qui caractérise le développement que doit prendre le pays d'ici cinquante
ans ; développement qui sera peut-être égal à celui que les États-
Unis ont atteint dans le siècle dernier. Nous croyons sincèrement
qu'il n'y a pas d'exagération dans cette assertion. Il suffirait pour
s'en convaincre de savoir que : 1° le gouvernement canadien commence à songer à ne plus donner de subventions en terrains, mais
en argent seulement, aux compagnies de chemins de fer ; 2° que
pas moins de 500 millions de francs ont été placés au Canada
dans ces deux dernières années par des compagnies américaines
qui ont acheté des millions d'hectares de terrain qu'elles revendent
à des colons envoyés par elles ; 3° que la seule production du blé,
sans parler de l'élevage, a progressé dans les proportions suivantes :

1883	5.801.675 hectolitres
1890	8.890.533 —
1893	15.945.974 —
1901	28.843.844 —
1902	33.631.567 —

4° Que le gouvernement canadien a sanctionné, depuis 1882 jusqu'à 1902, cinq cent quarante-trois *bills* accordant, dans chacun
de ces *bills*, des subsides à des compagnies de chemins de fer. Le
total voté en subsides s'élève à 240.194.240 francs et le total versé
s'élève à 215.596.110 francs.

Depuis la construction du Canadien Pacifique, l'entreprise la
plus importante de chemins de fer est incontestablement celle du
Grand Tronc Pacifique (V. tracé du projet, p. 205). Ce projet a été
sanctionné par le Parlement en 1903. Il sera exécuté en partie
par la Compagnie du Grand Tronc et en partie par le Gouvernement ; mais la ligne sera exploitée par la Compagnie.

Voici dans quelles proportions les immigrants ou nouveaux

colons sont venus s'établir dans le centre du Canada où nous
souhaiterions attirer l'attention des constructeurs français :

1897.	10.864
1898.	27.857
1899.	36.175
1900.	31.006
1901.	38.000
1902.	65.000
1903.	133.000

Les chiffres pour 1902 et 1903 comprennent l'immigration canadienne totale ; mais comme presque tous les immigrants se dirigent vers le centre, on peut décompter tout au plus 10 pour 100 du
total.

L'accroissement naturel du pays a été comme suit :

1871	3.689.257	habitants
1881	4.324.810	—
1891	4.833.239	—
1901	5.371.315	—

*
* *

HISTORIQUE DES PREMIERS CHEMINS DE FER CANADIENS. — Les
premiers chemins de fer ont été construits en 1835 et 1836.

Voici la longueur de chemins de fer exploitée depuis le début
de l'industrie à différentes époques :

1850	25 kil. 744
1862	3.522 — 101
1872	4.658 — 501
1882	14.993 — 473
1892	22.433 — 476
1902	30.110 — 826

Le gouvernement canadien, désireux de renseigner le public
financier sur les avantages qu'offre le pays aux exploitations diverses, publie tous les ans un annuaire statistique renfermant les
détails les plus exacts et les données les plus justes sur toutes les
grandes questions d'ordre financier et administratif. Nous extrayons de cet annuaire statistique officiel les chiffres que nous
citons ici à l'appui de nos observations.

Il est un tableau résumé des opérations de chemins de fer qui montre que la proportion des dépenses d'exploitation des chemins de fer canadiens par rapport aux recettes a diminué graduellement depuis l'année 1874 jusqu'à présent dans une mesure considérable. Voici, du reste, le tableau de ces données. Nous ne donnons que les chiffres officiels des années 1875, 1885, 1895 et 1902, laissant de côté les rapports des années intermédiaires pour ne pas allonger inutilement le tableau :

ANNÉES	Longueur kilométrique exploitée.	Tonnes de marchandises transportées.	Nombre de voyageurs.	Recettes d'exploitation.	Frais d'exploitation.	Recettes kilométriques.	Frais kilométriques.	Rapport des frais aux recettes.
		millions	millions	millions de frs.	millions de frs.	frs.	frs.	p. 100
1875	7.814	5	5	97	78	12.530	10.155	81.02
1885	16.331	14	9	161	120	9.865	7.350	71.51
1895	25.706	21	13	233	163	9.095	6.365	70.04
1902	30.110	42	20	418	286	13 775	9.440	68.54

Les frais d'exploitation des chemins de fer canadiens étaient en 1875 de 81,02 pour 100 des recettes. Depuis cette année-là ils ont considérablement diminué ; en 1900 ils n'étaient plus que 67,50 pour 100 des recettes. Ils sont même inférieurs à ce chiffre dans la *Compagnie Minneapolis Saint-Paul et Sault Sainte-Marie* où ils sont, en 1900, de 49,6 pour 100 des recettes.

Il serait intéressant, sans doute, de savoir si l'augmentation de la longueur des réseaux qui s'est produite depuis vingt-cinq ans a été, ou non, en avance sur l'augmentation de la population, et dans ce cas si le tonnage des marchandises transportées a été, ou non, dans une augmentation proportionnelle à la longueur de voie exploitée. Nous voyons, en effet, dans le tableau de l'Annuaire statistique du gouvernement canadien, pour l'année 1901, à la page 376, que la longueur des chemins de fer exploités était en 1875, de 7.814 kilomètres : la population du Canada était, en

1871, — recensement du 4 avril — de 3.485.761 habitants. Il y avait donc un kilomètre de voie pour 446 habitants. En 1900 il y avait une population canadienne de 5.150.000 habitants, — ce chiffre est basé sur le recensement de 1901, qui accuse une population de 5.371.315 habitants. — D'autre part, en 1900, la longueur des chemins de fer est de 28.126 kilomètres, soit un kilomètre de voie pour 197 habitants. Il y a donc un excédent de l'accroissement des voies ferrées sur celui de la population.

Or le tonnage kilométrique des marchandises a augmenté au lieu de diminuer ; il a augmenté par rapport à la population totale et également par rapport à la longueur du réseau des chemins de fer. Il en a été de même du nombre des voyageurs. Ainsi le nombre des voyageurs par tête de population s'est accru graduellement de 1,34 en 1875 à 3,60 en 1902. De plus, le nombre des voyageurs par kilomètre de voie exploitée, qui était de 659 en 1875, est de 663 en 1902. Pour le mouvement des marchandises l'accroissement est plus grand : en 1875 les chemins de fer transportaient 1 tonne .46 de marchandises par tête de population ; en 1902 ils en transportaient 7 tonnes .43. Quant au tonnage des marchandises transportées, par kilomètre de voie exploitée, il a passé de 734 à 1.307 tonnes (par kilomètre de voie exploitée). Ces faits sont d'autant plus importants à noter que le trafic des marchandises constitue toujours la principale source de revenus d'une exploitation de voie ferrée.

Résultat des opérations des chemins de fer. — Nous allons voir quels ont été les revenus nets des diverses exploitations des chemins de fer canadiens. Il convient peut-être de dire, auparavant, que dès 1876 le gouvernement a exploité, lui-même, un certain nombre de voies ferrées ; naturellement, dans ces résultats, nous n'avons pas fait le départ des opérations qui sont sous la régie du gouvernement. Les frais d'exploitation sont généralement plus élevés sur les lignes de l'État. Il est inutile, croyons-nous, d'insister sur ce point. En tout cas, les chiffres que nous reproduisons couvrent toutes les opérations des chemins de fer, au Canada (1).

Les revenus nets des chemins de fer étaient de cinquante-six

(1) La longueur des voies ferrées contrôlées par l'Etat était de 1.346 kilomètres en 1876, 1.670 en 1881, 1.860 en 1886, 2.175 en 1891 et 2.188 en 1896.

millions en 1887, soit 3,46 pour 100 du capital engagé ; ils étaient
de soixante-neuf millions en 1890, soit 4,12 pour 100 du capital ;
en 1893 les revenus étaient de soixante-dix-sept million; soit 4,15
pour 100 du capital ; ils étaient de cent douze million; en 1899,
soit 5,76 pour 100 du capital ; et en 1902, cent trente et un millions, représentant 5,72 pour 100 du capital engagé.

Tous les chiffres que nous avons cités dans cette étude servi-
raient à prouver peu de chose, en somme, si nous ne considérions
pas maintenant la somme de capital engagée dans les chemins de
fer canadiens et le rapport des bénéfices à cette somme. Il est
certain que, de même qu'aux États-Unis, les affaires de chemins de
fer, au Canada, ne sont pas d'un rapport aussi considérable au
début qu'elles le sont après quelques années d'expérience. Ceci
s'explique par le fait que les chemins de fer construits dans un
pays relativement désert ne produisent pas autant que ceux que
l'on établit dans un pays dont tout le terrain est mis en valeur et
dont la population est dense. Ainsi, par exemple, le rapport du
produit net des chemins de fer au coût de construction, qui est de
3,99 pour 100 pour la France, de 4,21 pour la Suisse, de 4,40 pour
l'Allemagne, de 3,24 pour la Suède, de 4,32 pour l'Angleterre et le
pays de Galles, de 4,55 pour la Belgique, n'est encore au Canada
que de 2,19 pour 100 (revenu brut) (1).

Mais ici deux remarques s'imposent : 1° le capital versé dans
la construction des chemins de fer canadiens ne comprend pas
exclusivement le capital actions, mais encore toute la somme des
subventions pécuniaires gratuites accordées par les gouvernements
fédéral, provinciaux et municipaux. Nous verrons plus loin que la
proportion du capital versé dans la construction des chemins de
fer canadiens, sous forme d'actions ordinaires, n'est que 28,9
pour 100 du capital total. Le reste est fourni par voie d'emprunt
garanti, d'actions privilégiées, de subventions du gouvernement
fédéral, de subventions des gouvernements provinciaux, municipaux et autres.

(1) Ceci doit contraster avec les résultats obtenus sur le Transsibérien —
bien que le Canada ne soit pas à comparer avec la Sibérie au point de vue
du progrès — qui a, dès la première année, à la grande satisfaction de tous
couvert plus que ses frais d'exploitation. La Sibérie est certainement encore
loin d'entrer dans une ère de progrès comparable à celle où est le Canada
(V. *Études coloniales et maritimes*. Juin 1901.)

Il résulte de ce fait que les 2,19 pour 100 de revenu brut sont répartis sur 28,9 pour 100 seulement (capital ordinaire), sur 36,1 pour 100 (obligations garanties) dans une mesure limitée par le taux de l'intérêt et 11,7 pour 100 (capital privilégié) également dans une mesure fixe et limitée.

Du reste, le Canadien Pacifique paie régulièrement 5 pour 100 de dividende toutes les années où il ne fait pas une dépense considérable pour l'extension de son réseau. Tout dernièrement, il a acheté au prix d'environ 160.000.000 de francs la flotte entière de 18 steamers de la ligne *Beaver*, sans que la cote de ses valeurs en ait éprouvé une affectation sensible.

RENSEIGNEMENTS SUR UN TRANSCONTINENTAL CANADIEN. — Simplement à titre de renseignement, rapprochons les recettes kilométriques du Canadien Pacifique de celles de la Compagnie du Nord. Nous ne songeons pas à faire une comparaison. Le Canadien Pacifique, pourrait-on dire, est encore à la période de développement et d'extension ; il crée de nombreuses lignes nouvelles tous les ans, il établit des lignes de communication par mer, bref il consacre une bonne partie de ses revenus — tout en augmentant aussi son capital par de nouvelles émissions, également, — à établir un tissu merveilleux dont le rapport est appelé, croyons-nous, à étonner, dans un avenir prochain, les hommes d'affaires les plus perspicaces. Ce rapport, comme du reste le rapport de toute industrie qui se crée aujourd'hui avec intelligence, sera proportionnel au développement colossal qui se fait actuellement d'une manière si progressive.

La Compagnie du Nord aura bientôt tissé la mesure maxima du développement que son réseau pourra atteindre dans le territoire déjà sillonné de voies ferrées ; elle est, pourrions-nous dire, relativement au Canadien Pacifique, dans un état quelque peu stationnaire quoique toujours prospère.

Les recettes par voyageur kilométrique sur la Compagnie du Nord (1902) sont de 0 fr. .0339. Les recettes par tonne kilométrique sont de 0 fr. .0404. Sur le Canadien Pacifique les recettes par voyageur kilométrique (1901) sont de 0 fr. .0141. Les recettes par tonne kilométrique sont de 0 fr. .0350.

Si les recettes par voyageur kilométrique sont si peu élevées sur le Canadien Pacifique, il faut tenir compte de ce que tous les immigrants venant d'Europe ou des provinces de l'est du Canada ou des États-Unis jouissent de tarifs excessivement réduits, à savoir 0 fr. 0116 par kilomètre. Cet abaissement de tarif est aussi sensible sur les marchandises, bagages des colons. C'est un moyen de faciliter l'établissement de nouveaux colons, c'est-à-dire de nouveaux exportateurs de grains, de bestiaux, etc.

Sur la Compagnie du Nord, le produit moyen d'un voyageur, sur l'ensemble des voyageurs des trois classes, est de 0 fr. 92 ; sur le Canadien Pacifique, le produit moyen d'un voyageur, sur l'ensemble des voyageurs des deux classes, est de 11 francs.

Que penser de ce fait?

Il s'explique par la longueur des voyages et par la rareté des petits déplacements. Les petites promenades en banlieue par chemin de fer ne se pratiquent pour ainsi dire pas. Comme ce sont en grande partie les enfants des familles établies dans les provinces de Québec, Ontario et Nouveau-Brunswick qui sont venus dans ces dernières vingt-cinq années coloniser l'Ouest, c'est-à-dire le centre du pays, les seuls voyages que rêvent les colons du centre sont ceux qu'ils pourront faire dans leur province d'origine. Aussi tous les ans la Compagnie du Canadien Pacifique fait-elle une réduction de tarif pour les habitants du centre qui désirent venir se promener durant trois mois dans les provinces de l'Est. Les fermiers de Manitoba et du centre canadien n'ont, à proprement parler, qu'à se promener durant l'hiver qui est long et agréable. Et c'est un peu ce qu'ils font.

Or cette promenade du centre du Canada dans l'Est demande un déplacement d'assez longue durée. C'est pourquoi l'excursion commence généralement fin novembre et dure trois mois. Moyennant 200 francs exactement, les habitants peuvent partir de n'importe quelle station du centre et se rendre à Halifax, Montréal ou Québec, — c'est-à-dire une distance d'environ 2.600 kilomètres, et revenir au bout de trois mois.

Voilà donc ce qui explique l'élévation de la moyenne du rendement de chaque voyageur. On peut donc résumer la question comme ceci : il n'y a encore, à proprement parler, qu'une clientèle de grands voyageurs, la petite clientèle commence à venir par suite de l'établissement progressif des nouvelles villes et des nouvelles communes.

La principale source de revenus consiste dans le transport des marchandises, et ce sont justement les marchandises qui aujourd'hui appellent les chemins de fer.

Pour l'élucidation de notre sujet, faisons quelques rapprochements entre les résultats de l'exploitation du Canadien Pacifique et ceux de l'exploitation de la Compagnie du Nord.

Les recettes provenant du transport des marchandises pour le Canadien Pacifique, indépendamment des recettes de télégraphe et de poste, sont 63 pour 100 des recettes totales. Celles de la Compagnie du Nord sont de 66 pour 100. Tandis que le Canadien Pacifique a un réseau de 16.525 kilomètres, la Compagnie du Nord a une longueur exploitée de 3.750 kilomètres, soit 24 pour 100 du réseau du Canadien Pacifique.

En 1899, les recettes d'exploitation pour chaque train kilométrique du Canadien Pacifique étaient de 4 fr. 50 ; en 1901, de 4 fr. 80 et en 1902, de 5 fr. 05. Dans la Compagnie du Nord, les recettes d'exploitation pour chaque train kilométrique, en 1902, étaient de 4 fr. 36. Les frais d'exploitation pour chaque train kilométrique du Canadien Pacifique étaient, en 1899, de 2 fr. 70 ; en 1901, de 3 fr. 05 ; en 1902, de 3 fr. 30. Dans la Compagnie du Nord, les frais d'exploitation par train kilométrique étaient, en 1902, de 2 fr. 39 ; ce qui laisse dans la Compagnie du Canadien Pacifique, pour 1899, 1 fr. 70 de bénéfice par train kilométrique ; pour 1901, 1 fr. 75, et, pour 1902, 1 fr. 75. Dans la Compagnie du Nord, les bénéfices par train kilométrique étaient de 1 fr. 97 en 1902.

Conditions particulières de l'industrie des chemins de fer canadiens. — Le coût moyen de construction d'un kilomètre de voie ferrée est moins élevé au Canada que dans la plupart des autres pays. Les statistiques montrent, en effet, que le coût moyen d'un kilomètre de voie ferrée est, en Angleterre, de 825.000 francs ; en Écosse, de 610.000 francs ; en France, de 445.000 francs ; en Belgique, de 338.000 francs ; en Allemagne, de 306.000 francs ; en Autriche, de 299.000 francs ; en Suisse, de 295.000 francs ; en Hollande, de 280.000 francs ; en Italie, de 255.000 francs, et au Canada, de 173.000 francs (1).

(1) Extraits du *Statesman's Year Book*.

La construction des chemins de fer canadiens coûte en moyenne 173.390 francs par kilomètre ; cette moyenne est chiffrée sur l'ensemble des travaux ; or, il faut tenir compte des incomparables difficultés qu'ont présentées la côte nord du lac Supérieur et les 900 kilomètres de largeur des montagnes Rocheuses. Mais, dans les prairies du centre, le coût de construction dépasse rarement 46.000 francs par kilomètre, à cause de la régularité du sol et de la rareté relative des travaux d'art.

Quand une compagnie de chemin de fer se constitue, elle cherche tout d'abord à s'assurer de la mesure dans laquelle les gouvernements fédéral et provinciaux, et même municipaux, l'encourageront. Cet encouragement se traduit : 1° par l'aide matérielle accordée ; 2° par des garanties d'intérêts sur ses obligations.

L'aide matérielle consiste surtout en octrois de terrains et en subventions pécuniaires. Le Canadien Pacifique a reçu comme aide, un octroi de 8.500.000 hectares de terrain, réparti sur tout le pays.

Pour tous les chemins de fer existants le gouvernement du Canada a contribué d'une somme de 27.945 francs par kilomètre ; — dans le centre du Canada le coût de construction ne dépasse guère 46.612 francs par kilomètre. — Les gouvernements provinciaux, de leur côté, ont contribué pour une somme de 5.... francs par kilomètre, et les municipalités pour 2.883 francs par kilomètre. Bref, la répartition des capitaux versés dans les entreprises de chemins de fer au Canada est comme suit :

Le capital engagé dans l'industrie des chemins de fer au Canada se répartit : en actions (capital ordinaire), 28 pour 100 ; obligations garanties, 37 pour 100 ; subventions du gouvernement fédéral, 16 pour 100 ; actions privilégiées, 11 pour 100 ; subventions des gouvernements provinciaux, 3 pour 100 ; subventions des municipalités, 1 pour 100 ; sources diverses, 1 pour 100.

Mais voici, plus explicitement, les modes selon lesquels l'industrie des chemins de fer est favorisée :

1° Subvention en argent par le gouvernement fédéral ;

2° Subvention en argent par les gouvernements provinciaux ;

3° Subvention en argent par les municipalités ;

4° Prêts d'argent consentis par les gouvernements ;

5° Intérêts garantis par les gouvernements ;

6° Obligations dites « débentures » émises par le gouvernement pour prêt aux Compagnies de chemins de fer.

7° Bons des Compagnies garantis par le gouvernement.

8° Émission de bons, faite par le gouvernement sur première hypothèque des propriétés des Compagnies.

9° Garantie du capital par le gouvernement impérial.

10° Répartition aliquote du capital dans les localités.

11° Dons de terrains.

12° Reports en deuxième ou troisième rang, d'hypothèques gouvernementales.

13° Règlements amiables de créances du gouvernement par composition avantageuse aux Compagnies.

14° Garantie du gouvernement aux créanciers des Compagnies.

15° Construction des voies ferrées par le gouvernement et rétrocession aux Compagnies.

16° Concessions combinées de terrains et d'argent.

Nous ne parlons pas des permis qu'accorde le gouvernement de s'approvisionner dans les forêts, du bois dont les Compagnies ont besoin pour les traverses et du gravier pour l'exhaussement des voies. Nous ne parlons pas non plus de la suppression des droits l'entrée sur la matière première, nécessaire à toute nouvelle Compagnie de chemins de fer.

Pour compléter cette série d'informations, nous devons dire un mot et donner quelques renseignements sur la question des impôts sur les chemins de fer canadiens.

L'honorable M. Lomer Gouin, ministre des Travaux publics du gouvernement provincial de la province de Québec, a publié en 1903 un opuscule intitulé : *Le remaniement des subsides fédéraux en faveur des provinces*. C'est dans ce travail que nous prenons nos informations sur cette question.

Les impôts auxquels sont soumis les chemins de fer des États-Unis ne sont pas uniformes dans tous les États de la République ; ainsi, tandis qu'ils sont de 569 francs par kilomètre dans l'Alabama, ils sont de 375 francs dans l'Arkansas ; de 770 francs dans la Californie ; de 762 francs dans le Colorado ; de 3.084 francs dans le Connecticut, etc. Bref, l'impôt moyen par kilomètre, dans tous les États de la Confédération, est de 672 francs.

Quelle est la moyenne de l'impôt prélevé au Canada sur les réseaux du Canadien Pacifique?

Nous calculons les impôts sur le Canadien Pacifique seulement, parce qu'il nous semble que l'exemple tiré de l'exploitation de cette ligne est le plus juste exposé que l'on puisse trouver des conditions des chemins de fer canadiens.

La moyenne d'impôts prélevés sur le Canadien Pacifique est de 60 fr. 40 par kilomètre !

Terminons en citant M. Gouin :

« Dans aucun pays d'Europe, dans aucun État de la République américaine, peut-être, les gouvernements ne se sont montrés plus généreux qu'ici envers les chemins de fer. Nous les avons dispensés de placer des gardiens aux traverses à niveau (1) d'entretenir les traverses privées, de veiller à la sécurité du bétail. Nous leur avons concédé le droit d'expropriation et la liberté d'entraver l'égouttement des terres. Nous leur payons annuellement 6.750.000 francs pour le service postal, qu'ils font gratuitement aux États-Unis. Tout cela, après les avoir énormément aidés de nos deniers. L'année dernière (1902), nos subventions atteignaient le chiffre énorme de 1.645.000.000, dont 1.125.000.000 de francs en argent et 520.000.000 de francs en terres d'une valeur de 3 francs l'acre (40 ares), — soit une moyenne de 90.000 francs le mille (1.609 mètres). »

L'industrie des chemins de fer au Canada n'offre-t-elle pas un attrait sérieux aux hommes d'affaires français ?

(1) Passages à niveau.

TROISIÈME PARTIE

LA RÉGION MONTAGNEUSE DE L'OUEST

GÉOLOGIE. — « Il est établi que les montagnes Rocheuses sont l'éruption des extrémités des couches inférieures de la grande plaine du nord-ouest, et que leurs murailles massives sont composées de la pierre calcaire dévonienne et de roches carbonifères. L'élévation moyenne des montagnes est 2.500 mètres... A l'ouest des arêtes principales de ces montagnes, le sol revêt une forme plus unie qui fut autrefois à une altitude de 1.200 mètres au-dessus du niveau de la mer. Grâce aux ruptures et aux érosions produites par la répartition des eaux en lacs et en rivières, ce plateau présente aujourd'hui un aspect à peu près semblable aux régions montagneuses. La région tout entière a été recouverte de flots de lave, dont le sol contient encore des traces abondantes. La surface de la Colombie britannique semble avoir été recouverte, tout récemment encore, de glaciers, dont le courant était dans les directions nord-est et sud-ouest. On trouve des traces superficielles de glaise coagulée et de pierres arrondies par l'eau à des altitudes de 1.700 mètres. D'énormes moraines jonchent en quantité considérable la chaîne des montagnes vers la limite du courant des glaciers... On a découvert des indices de roches tertiaires au sud-est de Vancouver. Sous la roche tertiaire, on voit en plusieurs endroits des traces de roche crétacée ; cette dernière comprend les gisements carbonifères de Nanaïmo, Comox et la région anthraciteuse de l'île Reine-Charlotte.

A l'intérieur du pays, les plus vieilles roches sont composées de pierre à chaux massive, de diorite, roches feldspathiques, quartzites et serpentines. La pierre calcaire est d'une constitution marbrée. Une coupe des montagnes Rocheuses, sur le versant occidental de la chaîne, indique 400 mètres de dolomite et de quartzite contenant de l'halysite, 500 mètres d'argile schisteuse, d'argillite noire et de la pierre calcaire mêlée à de la graphtolite, 2.300 mètres de schistes calcaires, d'argiles schisteuses et d'ardoise du groupe de la montagne Chateau, et 2.300 mètres ou plus d'argillite noire. On trouve des indices de perturbation du sol vers la fin de l'âge carbonifère dans l'existence inexpliquée du nicola triasique, superposé sur ces roches dans la partie méridionale de l'intérieur de la province de Colombie britannique.

Les points les plus remarquables de la géologie de la Colombie britannique sont :

1° Le tassement répété ou plutôt la corrugation fréquente, parallèle à un axe identique, unique, déjà observé dans les Cordillères.

2° Les masses considérables de matières volcaniques visibles à quatre points distincts et prouvant l'existence d'une époque très active de volcanisme sur cette limite du Pacifique.

N. B. — Ce résumé de la géologie du Canada occidental a été fait à l'aide du livre de M. Gosnell, intitulé : *The year book of British Columbia, Victoria* (Canada), 1897.

CHAPITRE PREMIER

LES MINES

Nous passerons en revue dans ce chapitre les principaux districts miniers de la Colombie britannique ; nous les décrirons brièvement et nous énumérerons les exploitations connues qu'ils renferment, de façon à ce que l'ensemble de cet examen fournisse une idée de ce qu'est la richesse minière du pays.

Il est inutile, croyons-nous, d'affirmer simplement qu'il y a dans certaines parties du Canada des ressources minières incalculables, pour attirer l'attention des spécialistes et des capitalistes ; il importe d'en faire la preuve. Nous avons pensé que la meilleure preuve qu'on en pourrait donner était de résumer l'état des exploitations actuelles. Ce sont des faits qui seuls devront compter dans le plaidoyer que nous entreprenons.

LE DISTRICT DU CRIQUE TRAIL (1). — Les gisements miniers de ce district se trouvent situés à la tête du crique *Trail*, un tributaire de la rivière Columbia. Ils contiennent du cuivre, de l'or et de l'argent. Les caractéristiques de ce district sont : pyrrhotite, chalcopyrite, arsénopyrite, blende de zinc, galène.

Les principales exploitations sont :

I. Le Roi, au capital de 25.000.000 de francs ; adresse : 43, Lothbury street, *Londres*, E. C. Cette mine a dépensé, jusqu'à ce jour, la plus grande partie de ses profits en frais d'installation. Elle n'a

(1) Les principaux districts miniers des montagnes Rocheuses, dans le Kootanie ouest ont été découverts, par un Canadien français du nom de Joseph Bourgeois.

encore distribué en dividendes qu'une somme de 1.250.000 francs.
Elle avait été exploitée antérieurement par fractions séparées;
ces fractions avaient produit en dividendes 25.275.000 francs.

Voici les détails de l'exploitation de cette mine de cuivre durant
les six derniers mois de 1900.

Mois	Tonnes de minerai	Recettes brutes frs.	Recettes par tonne frs.
Juillet . . .	17.301	1.217.882	70 45
Août	19.302	1.192.135	6[illegible]
Septembre .	15.831	922.815	5[illegible]
Octobre. . .	16.115	1.113.761	6[illegible]
Novembre. .	14.958	1.093.223	7[illegible]
Décembre. .	14.431	1.224.233	8[illegible]

Elle a produit en 1903, 217.500 tonnes de minerai d'une valeur
brute de 13.000.000 de francs. Elle a payé en salaires aux employés, durant l'année 1903, 2.315.750 francs.

II. Le Roi n° 2. — Au capital de 15.000.000 de francs; adresse:
43 Lothbury street, à *Londres* E. C. Cette mine est une agglomméra-
tion des claims situés à l'ouest de la *Le Roi 1°*. On estime que la
valeur moyenne de rendement de cette mine est supérieure à celle
de la *Le Roi 1°*. Elle a produit 53.600 tonnes de minerai en 1901.
En 1901 un dividende de 720.000 francs a été distribué. En 1902,
elle a produit 52.475 tonnes de minerai, d'une valeur de
4.000.000 de francs. Elle a payé en salaires, en 1903, la somme
de 1.072.500 francs.

III. Rossland Great Western. — Au capital de 12.500.000 francs,
adresse : 43, Lothbury street, *Londres*, E. C. C'est une agglomméra-
tion des claims situés à l'est de la *Le Roi 1°*. Elle a produit en 1902
2.400 tonnes de minerai d'une valeur de 180.000 francs; elle a
payé en salaires de toutes sortes 250.000 francs.

IV. Columbia-Kootenay au capital de 12.500.000 francs ;
adresse : 43, Lothbury street, à *Londres*, E. C. On y a surtout fait
des travaux d'installation. Elle n'a produit en 1902 que 50 tonnes
de minerai.

V. War Eagle, au capital de 10.000.000 de francs ; adresse : *War
Eagle consolidated Mining and Development Company limited* à
Toronto, Canada. La production totale de cette mine au 31 jan-
vier 1900 était de 131.976 tonnes de minerai d'une valeur estimée

à 13.233.060 francs. Une somme de 2.725.000 francs avait alors été distribuée en dividende. En 1902, elle a produit 22.000 tonnes d'une valeur de 1.670.240 francs. Elle a dépensé en salaires durant la même année 619.565 francs. Elle avait produit 10.278 tonnes de minerai en 1900.

VI. CENTRE STAR. — Au capital de 17.500.000 francs ; adresse : *Centre Star Mining Company, limited*, à *Toronto* (Canada). La profondeur du puits de cette mine est de 135 mètres. Elle a produit 53.600 tonnes de minerai en 1901 ; en 1903 la Société a distribué 525.000 francs de dividende. Cette exploitation est sous la même direction que la *War Eagle*. En 1902, elle a produit 37.500 tonnes de minerai, d'une valeur de 2.185.020 francs. Elle a payé durant la même année 619.565 francs en salaires. En 1900 elle avait produit 40.875 tonnes de minerai.

VII. IRON MASK. — Au capital de 2.500.000 francs ; elle expédiait, en 1902, 2.739 tonnes de minerai au *smelter*.

VIII. VELVET. — Au capital de 5.000.000 de francs ; adresse : 23, Leadenhall street, à *Londres*, E. C. Les sept huitièmes du capital de cette société sont versés. Elle a produit, en 1902, 1.500 tonnes de minerai, d'une valeur de 125.000 francs. Elle a dépensé 250.000 francs en salaires durant cette même année.

IX. GIANT. — Appartient à une compagnie anglaise; elle a produit en 1902 3.000 tonnes de minerai d'une valeur de 210.000 francs. Elle a dépensé en salaires 25.000 francs, durant la même année.

X. CASCADE. — Sa production en 1902 était de 300 tonnes d'une valeur de 20.000 francs. Dépenses pour l'exploitation de la *Cascade* et de la *Bonanza* réunies : 25.000 francs.

XI. WHITE BEAR. — Sa production en 1902 était de 25 tonnes d'une valeur de 2.500 francs. Elle avait dépensé, dans cette année 1902, 90.000 francs.

XII. SPITZEE. — Sa production en 1902 était de 20 tonnes évaluées à 2.000 francs. Ses frais se montaient à 15.000 francs.

XIII. EVENING STAR. — XIV. I. X. L. — XV. PORTLAND. — XVI. HOMESTAKE. — XVII. MONTE-CRISTO. — XVIII. KOOTENAY.

LE DISTRICT DE SLOCAN (plomb-argent). — Ce district est situé entre les lacs Slocan et Kootenay et la rivière Slocan. Sa superficie est d'environ 6.720 kilomètres carrés. Les caractéristiques du sol de cette région sont les suivantes : granit inférieur gris ; mica ; hornblende ; porphyre brut et feldspar cordé ; cristaux ; veines infiniment profondes ; « pinch outs » et « chutes ».

Les régions les plus productives de ce district sont autour de Sandon, Three Forks, Mc Guigan, Whitewater. Les rendements du minerai de ce district sont, en moyenne, les suivants : le minerai siliceux oxydé de la surface donne de 20 à 30 pour 100 de plomb et une forte proportion d'argent ; le minerai de galène donne 40 pour 100 de plomb, 12 pour 100 de zinc et le reste (quartz et siderite) ; en plus, le soufre, qui entre dans la composition du plomb et du zinc, et enfin 80 à 100 onces d'argent à la tonne.

Aucun travail d'exploitation proprement dite n'a été fait en 1903, sauf des travaux d'installation.

Voici la liste des principales exploitations avec les quelques renseignements que nous possédons sur les résultats :

	Production en 1900.	Nombre d'ouvriers en 1900.	Production en 1902.	Divid. distrib. jusqu'en 1900.
	tonnes.		tonnes.	
I Payne.	9.300	100	2.638	7.500.000 fr.
II Last chance . . .	2.500	60	168	1.300.000
III Whitewater . . .	5 298	65	2.962	1 250.000
IV Ruth.	1.100	50	888	1.750.000
V Star.	1.100	110	815	2.250.000
VI Rambler.	1.500	35	4.187	450.000
VII Arlington	1.335	60	3.580	
VIII Queen Bess . . .	1.223	45	180	175.000
IX Bosun.	1.140	40	2.110	175.000
X Idaho.	1.100	30		1.500.000
XI Enterprise. . . .	1.020	35	2.300	
XII American Boy . .	400	20	1.197	
XIII Wakefield. . . .	3.500	45	220	
XIV Trade Dollar . .		16	20	
XV Sovereign. . . .	121 $\frac{1}{2}$	10		
XVI Vancouver. . . .	120	10		
XVII Mountain Con . .		22		
XVIII Reco	30	4	511	1.750.000

	Production en 1900.	Nombre d'ouvriers en 1900.	Production en 1902.	Divid. distrib. jusqu'à 1900.
	tonnes.		tonnes.	
XIX Sunshine		6		
XX Hewett	85	14	805	
XXI Noble Five	64	30	21	250.000
XXII Ajax Fraction	44	10		100.000
XXIII Surprise Nº 2	39	14	22 (?)	100.000
XXIV Antoine	15	9	207	100.000
XXV R. E. Lee	22	8	144	
XXVI Hartney	20	15	25	
XXVII Galena	20	2		
XXVIII Emily Edith	20	33	20	
XXIX Bondholder	30	12		
XXX Florida	125	11		
XXXI Hampton	10	6	13	
XXXII Capella	7	4	60	
XXXIII The Best				230.000
XXXIV Dardanelles		14	21	250.000
XXXV Monitor		5	1.306	200.000
XXXVI Jackson		15		200.000
XXXVII Goodenough	15	3		175.000
XXXVIII Washington		12	187	175.000
XXXIX Treasure Vault		25		
XL Ajax		14		
XLI Alamo		20		
XLII Comstock		60		
XLIII Galena Mines		12		
XLIV Black Prince		12		
XLV Soho		12	64	
XLVI Carmth		12		
XLVII Hustler Jr.		3		
XLVIII Ivanhoe		20	717	
XLIX Vulture		19		
L Sunset		16	827	
LI Cube Lode		9		
LII Kilo		4		
LIII Two Friends		12		100.000
LIV Slocan Chief		9		
LV Argenta		9		

	Production en 1900.	Nombre d'ouvriers en 1900.	Production en 1902.	Divid. distrib. jusqu'à 1900.
	tonnes.		tonnes.	
LVI Wonderful. . . .		6	181	
LVII Nukowa.		4		
LVIII Peoria		4		
LIX Hillside.	3	3		
LX N. Bell		5		
LXI Topeka		3		
LXII Cain		4		
LXIII Blue Bird. . . .		8		
LXIV Miller creek . .		6		
LXV Caldron Group. .		6		
LXVI Madison.		4		
LXVII Saphir		5		
LXVIII Great Western. .		6		
LXIX Minnehaha. . . .		7		
LXX Red Fox.		6	63	
LXXI Bismark			62	
LXXII Silver glance . .			257	
LXXIII Ottawa			68	
LXXIV Florence			1	
LXXV May.			5	
LXXVI Lavina			85	
LXXVII Neepawa			123	
LXXVIII Marion			80	
LXXIX Paystreak. . . .			7	
LXXX Duplex			7	
LXXXI Prescott			4	
LXXXII Molly Gibson . .			2.100	
LXXXIII Folliott.			2	
LXXXIV London Hill. . .			115	
LXXXV Spectator			4	
LXXXVI Charleston . . .			11	
LXXXVII Fisher Maiden . .			20	
LXXXVIII C. O. D			2	
LXXXIX Mercury.			21	
XC Porcupine			2	
XCI Pinto			13	
XCII République			22	

N. B — La plupart de ces mines (plomb-argent) appartiennent à de petits syndicats de mineurs ou à des compagnies légalement constituées, mais manquant des fonds nécessaires pour pousser les exploitations. Le capital français pourrait faire de précieuses acquisitions dans ces circonstances, à très bon marché. Et dans la plupart des cas, ces pauvres mineurs ne demanderaient pas mieux que s'intéresser, les premiers, à une exploitation sérieuse de leurs propriétés.

LE DISTRICT DE NELSON. — Situé à l'est de la rivière Columbia, et en dehors du district de Slocan. Les caractéristiques du sol de cette région sont les suivantes : filons ; veines ; trois zones : montagne Toad (cuivre-argent), sud de la rivière Kootenay (or libre) et Ymir et Erié (minéraux).

Les principales exploitations sont :

I. HALL MINING AND SMELTING COMPANY (Toad). — Les opérations de cette société furent suspendues en 1902 ; les propriétés ont été données en location et exploitées sur une petite échelle.

Le *smelter* (appareil de broyage) a traité, en 1903, 33.125 tonnes de minerai, qui ont donné 4.136 tonnes de plomb et 578 tonnes de cuivre en matte.

II. ARTHABASCA ET VÉNUS (réunies) (Kootenay). — En 1903, une ligne de tramway a été construite entre ces deux mines. L'exploitation proprement dite n'a commencé que vers la fin de l'année.

III. POORMAN (Kootenay). — Exploitée par la *Duncans united Mines* de Londres, avec assez de succès.

IV. FERN (Kootenay). — On n'a fait à cette mine que des travaux d'installation.

V. BLUE BIRD (Kootenay). — Propriété de la *Montana Gold Mining Company* ; on a installé un appareil complet pour le traitement du minerai.

VI. MAY AND JENNIE (Kootenay). — VII. GRANITE (Kootenay).

VIII. JUNON (Kootenay).

IX. YMIR (Ymir). — Bien servie par les communications de chemins de fer et routes carrossables entre elle et les smelters de Northport, Trail et de Nelson. Le bois est en abondance et les pouvoirs hydrauliques ne manquent pas. Adresse : *Ymir gold Mine limited*, à Londres, au capital de 5.000.000 de francs.

Elle contient comme minéraux : quartz, galène, pyrites, blendes, argent, or.

Production en :

1900....... 42.660 tonnes....... 1.898.060 franc..
1903....... 50.000   —   .... 1.700.000   —

La valeur moyenne d'une tonne de minerai est estimée à 44 fr. 40 ; et le coût moyen de production est de 24 fr. 20.

Des 8.500 tonnes de minerai expédiées aux fonderies de Trail et de Nelson, la valeur moyenne de chaque tonne était de 140 à 150 francs. Les résultats de l'exploitation en 1902 ont été beaucoup moindres, mais un ingénieur anglais vient, parait-il, de faire de nouvelles études qui promettent de fructueuses récoltes pour l'avenir.

X. WILCOX. — Propriété de la *Broken Hill Mining and Development Company*, est en voie d'installation et d'exploitation.

XI. FOGHORN. — Propriété de la *Golden Monarch Mining and Milling Company* à Spokane (État de Washington, E.-U.). On vient d'ériger à cette mine une usine pour le traitement du minerai.

XII. UNION JACK. — Propriété de la *Active Gold Mining Company* à Cincinnati (Ohio, E.-U.). Elle est située sur le crique Porcupine ; en exploitation.

XIII. HUNTER V. — Propriété de la *Standard Development Syndicate*, à Nelson (Colombie britannique, Canada); ainsi que la QUEEN.

XIV. ARLINGTON et SECOND-RELIEF. — La première a produit déjà 8.000 tonnes de minerai avec un produit de 125.000 francs.

On a découvert des gisements d'or (placers) sur la branche nord de la rivière Saumon en 1902 et on annonce que deux compagnies se sont fondées en 1903 pour les exploiter.

Bref, le district de Nelson a produit, en 1902, 70.000 tonnes de minerai d'une valeur de 3.000.000 de francs.

XV. YELLOWSTONE. — XVI. PORTO RICO. — XVII. TAMARACK.

DISTRICT DU KOOTENAY EST. — Ce district comprend les flancs orientaux des montagnes Selkirk et Purcell ; la partie supérieure de la vallée Columbia et Kootenay et le versant occidental de la chaîne des montagnes Rocheuses. L'aire productrice est comprise surtout dans la division du Fort-Steele et la partie de la rivière de Kootenay Supérieur et ses tributaires au sud du crique Findlay.

Les caractéristiques du sol de ce district sont les suivantes : charbon, or, plomb, quartz ; roches crétacées d'une épaisseur de 3.000 à 3.800 mètres.

On lira avec profit le rapport de M. Mac Evoy sur ce district (1). Voici la conclusion de ce rapport : « Bien que l'étendue de cette terre houillère ne puisse encore qu'être évaluée grossièrement, la superficie estimée de 230 milles carrés peut servir de base à certains calculs très rapprochés de la vérité. L'épaisseur de la couche minima est de 100 pieds (33 mètres de charbon exploitable).

« Superficie totale des terres houilleuses : 230 milles carrés, soit 147.200 acres (58.000 hectares). Un acre de superficie, de 33 mètres d'épaisseur, produit 153.480 tonnes de 2.240 livres chacune : 50.000 acres produiront 7.674.000.000 de tonnes de 2.240 livres chacune ; et 147.200 acres produiront vingt-deux milliards cinq cent quatre-vingt-quinze millions deux cent mille tonnes de 2.240 livres chacune (22.595.200.000). »

En 1902 le district a produit 441.000 tonnes de charbon et 112.000 tonnes de coke.

En 1903, 252 demandes de licence ont été faites aux bureaux du commissaire des mines pour la prospection du charbon et du pétrole dans ce district.

Les principales exploitations sont :

I. Crows Nest (*Nid-de-Corbeau*). — Propriété de *Crows Nest Coal Company Limited* au capital de 22.500.000 francs, comprenant 11.169 acres (4.467 hectares), situés près des criques Marten, Coal et Morrissey.

Cette société produit 2.000 tonnes de charbon par jour :
Elle a produit en :

	tonnes.		tonnes.		tonnes.
1898. . .	8.996	1900. . .	232.245	1902. . .	441.000
1899. . .	116.200	1901. . .	425.380	1903. . .	632.000

II. North Star. — Propriété de la *North Star Mining Company Limited*, à l'hôtel du Board of Trade, Montréal (Canada), au capital de 7.500.000 francs. Cette propriété comprend les mines : North

(1) S'adresser au ministère des Mines, à Victoria (Colombie britannique).

Star, O. K. Dreadnaught, Rowan, Daffodil, Notre-Dame, Dorae, Maverich, Good Luck, Canton, Full House, Brandon, Ste... winder et Ontario, situées à 22 kilomètres à l'ouest de la rivière K...tenay.

Le minerai de cette mine contient des sulfures et des c...onates de plomb-argent.

III. Sullivan. — Propriété de la *Sullivan Group Min... Company Limited*, à Spokane (État de Washington, E.-U.), ... capital de 12.500.000 francs. Le minerai est constitué de bel... galène fine, contenant 40 pour 100 de plomb et 360 gramme... d'argent par tonne. Les opérations ont été arrêtées en 1903; et to... récemment la société a commencé à construire un *smelter* (bro... ...

IV. Saint-Eugène. — Propriété de la *Saint-Eugène C... ...lidated Mining Company Limited*, au capital de 17.500.000 fra... . Cette mine comprend les claims : Saint-Eugène, Peter, Moyi... ...een of the Hills, Lake Shore, etc., situés à l'est du village de M... sur le lac Moyie. Cette mine n'a pas été exploitée en 1903 à ...se du mauvais état du marché du plomb. Un appareil à traiter l... ...inerai est installé sur la propriété; il opère économiqueme... car le minerai revient à 0 fr. 35 par tonne. Elle avait produi..., ...1900, 65.000 tonnes de minerai donnant un rendement de ...5 à 70 pour 100 de plomb avec 14 à 18 grammes d'argent au p...entage du plomb.

DISTRICT DE CARIBOU. — Ce district comprend m...ntenant les régions Quesnel et Caribou; il couvre une su...icie de 60.000 milles carrés (soit 150.000 kilomètres carrés). Le... caractéristiques du sol de ce district sont les suivantes : sable, gravier, pierres rondes, quartz, plateaux recouvrant d'ancie... lits de rivières ; *or* (placer). Les principales exploitations sont :

I. Caribou. — Propriété de la *Cariboo consolida... Mining Company* à Toronto (Canada), une des plus importan... entreprises d'exploitation minière d'or du monde entier. Elle est à 6 kilomètres du village de Quesnel et se compose de 35 claims. Les canaux de lavage sont d'une longueur totale de 33 milles (environ 45 kilomètres). Le rendement moyen d'une verge cube (1 mètre cube environ) de gravier est de 1 franc à 4 fr. 60. Cette mine peut produire annuellement 1.500.000 à 2.000.000 de francs. Toutefois, par suite de circonstances défavorables, elle n'a produit que 305.000 francs en 1902 ; on s'est surtout appliqué à faire des

ıvaux d'installation. En 1900 elle a produit 1.750.000 francs. De-
ıis le début de l'exploitation il a été tiré 5.750.000 mètres cubes
ı gravier qui ont produit 7.140.000 francs (fin 1900). On estime
ı'il n'y a pas moins de 500 millions de mètres cubes de gravier
yant dans cette propriété.

II. Horsefly. — Propriété de la *Horsefly Hydraulic Mining
ompany* de Toronto (Canada) comprenant 28 claims ; est située au
d de la rivière Horsefly ; ici on prend l'eau à 16 kilomètres de la
ne au moyen de larges conduits. Les premiers lavages de
avier ont donné en moyenne 7 fr. 30 par tonne. Les travaux de
03 ont été très satisfaisants.

III. Miocène. — Propriété de la *Miocène Gravel Company*, de
orsefly (Colombie britannique); a un puits de 170 mètres de
ofondeur. Nous ignorons si, depuis 1900, cette mine a été en
ploitation.

IV. Onward. — Propriété de la *Onward Company*, de Keithly
olombie britannique), située sur le crique Onward, a, durant
nnée dernière, mis au jour une veine très riche de gravier au-
ère.

V. Roses Gulch. — Propriété de la *Roses Gulch Company*, située
r la branche méridionale de la rivière Quesnel ; cette mine, qui
mblait donner de grandes espérances en 1900 par suite de pré-
euses découvertes d'or libre, n'est pas mentionnée dans le der-
er rapport de M. Gosnell. Dans nombre de cas le problème inso-
ble d'une exploitation pourtant lucrative est l'adduction difficile
l'eau nécessaire aux lavages.

VI. Williams Creek. — Propriété de la *Caribou Gold Fields
mited*, comprenant les claims Mount, Butt et Wintrip. Cette mine
nsi que les suivantes sont peut-être mieux situées que les pré-
dentes pour l'approvisionnement d'eau.

VII. Lowhee. — Propriété de la *Cariboo consolidated limited*.

VIII. Dragon. — Propriété de la *Dragon Creek Company*.

IX. Binns. — Propriété de la *Cariboo exploration Company*.

X. Eight mile. — Propriété de la *Thistle Company*.

XI. Waverley Hydraulic. — Située sur le crique Grouse. Plu-
eurs de ces mines ont donné d'excellents résultats l'an dernier.
n signale particulièrement la suivante :

XII. Slough. — Propriété de la *Slough Creek, limited*. On a percé

un puits de 120 mètres dans le roc, et de ce point une ga[lerie] de
340 mètres. C'est le début des opérations de mine p[rofondes,]
dans ce district ; et cet événement est signalé avec bea[uc]oup de
confiance dans le pays.

XIII. Montgomery. — Situé sur le crique Lightning.

XIV. Point. — Situé sur le crique Lightning ; ce dernie[r] claim a
produit 78 onces d'or dans huit pieds de gravier (soit 2.[..] [g]r.)

N. B. — On annonce, de plus, que l'exploitation des [min]es d'or
de ce district prend une extension nouvelle par suite de l'[ou]verture
des mines de quartz.

LE DISTRICT DU BOUNDARY (cuivre-or). — Compr[end tout] le
sommet des collines qui séparent la rivière Columbi[a et] le lac
Christine à l'est et entre le sommet des collines qui s[épare]nt les
eaux des rivières Okanagan et Kettle, à l'ouest. Entre [ces] deux
extrémités se trouvent la vallée du lac Christine, c[elle] de la
branche nord de la rivière Kettle et celles de petits trib[uta]ires de
cette rivière ; la superficie totale de ce district est de 2 [500] à 3 000
milles carrés (soit 6.000 kilomètres carrés). C'est un di[strict] qui a
été ouvert à la colonisation et révélé aux mineurs vers 1[89]0. Ce ne
fut qu'en 1893 et 1894 qu'on commença à expédier aux s[mel]ters du
minerai cuprifère et aurifère. C'est le district qui a l[e plu]s prospéré depuis sa découverte. On en a extrait en :

    1900 . . . .   97.837 tonnes de mi[ner]ai.
    1901 . . . .   386.675   —   —
    1902 . . . .   519.962   —   —

Si ce n'eût été de l'accident fâcheux arrivé aux mines d[e] charbon
de Frank, et par suite d'une disette insurmontable [de] coke, la
production de 1902 eût été de beaucoup supérieure au chi[ffre] donné.

Les principales exploitations sont les suivantes :

I. Old Ironsides et Knob Hill. — Propriétés de la *Granby consolidated Mining, Smelting and Power Company, Limited*, à Montréal
(Canada), au capital de 75.000.000 de francs. Ces mines sont situées
dans ce qu'on appelle le camp Greenwood ; et les [c]aractéris-
tiques du sol de ce camp sont les suivantes : chalcopyrites, hématite, pyrite de fer, quartz vert, roches recouvertes d'oxyde de fer
magnétique ; pyrites de cuivre ; minerai enclavé dans la chaux et
la diorite. Direction des courants : nord-sud-est. Cette mine a

produit. en 1902, 310.601 tonnes de minerai. Cette société est l'amalgamation de quatre sociétés primitivement indépendantes. Elle possède les claims Old Ironsides, Knob Hill, Victoria, Fourth of July, Phenix, Etna, Grey Eagle, Banner, Tip Top et Triangle Fraction.

II. Mother Lode. — Propriété de la *British Columbia Copper Company, Limited*, à New-York (E.-U.), au capital de 5.000.000 de francs ; cette société possède un smelter à Greenwood et ses mines sont situées dans ce qu'on appelle le camp Deadwood : ce sont les claims Mother Lode, Offspring, Primrose, Ten Broeck, Don Julio et Sunflower. Elle a produit en :

        1900 . . . .   5.564 tonnes de minerai.
        1901 . . . .   99.548   —   —
        1902 . . . .   137.577   —   —

III. Sunset. — Propriété de la *Montréal and Boston Copper Company* à New-York (E.-U.). Cette mine a produit, en 1902, 3.010 tonnes de minerai ; en 1901 elle n'avait produit encore que 900 tonnes de minerai. Elle possède les claims Sunset, Crown Silver, C. O. D. et Florence.

IV. Jewell. — Propriété de la *Jewell Gold mines limited*, à Londres (Angleterre), au capital de 2.000.000 de francs. Cette mine a produit en :

        1900 . . . .   160 tonnes de minerai.
        1901   325   —   —
        1902 . . . .   2.175   —   —

Elle n'a travaillé que durant les premiers six mois de 1902.

V. Emma. — Propriété de la *Dominion Copper Company, limited* à Toronto (Canada), au capital de 25.000.000 de francs ; la société possède les claims Brooklyn, Stemwinder, Montezuma, Rawhide, Standard et Idaho, situés dans le camp Phénix. Cette mine a produit 7.900 tonnes de minerai en 1902. Les traits caractéristiques du sol de ces mines sont ceux de la région de Greenwood (V. Old Ironsides.)

VI. Snowshoe. — Propriété de la *Snowshoe Gold and Copper Company, limited* à Londres (Angleterre.) Cette mine a produit en :

        1900 . . . .   297 tonnes de minerai.
        1901 . . . .   1.731   —
        1902 . . . .   20.800   —

Les traits caractéristiques du sol de ces mines sont ceux de la région de Greenwood (**V**. Old Ironsides). Elle possède les claims Snowshoe, Pheasant, Alma Fraction, Fairplay Fraction.

VII. B. C. — La *B. C. Chartered Company limited*, à Montréal (Canada), possède à deux milles de *Eholt*, sur le sommet de la région, les claims B. C , Truckee, Réveillé, Hilda, Vashti, Falcon, J. W. London, Daisy Fraction, B. C. Fraction et Novelty Fraction, le tout couvrant une superficie de 268 acres. Cette mine a produit en :

    1900. . . . . .   19.618 tonnes de minerai cuprifère.
    1901. . . . . .   47.517   —   —   -
    1902. . . . . .   14.443   —   —   -

En 1902 — il est utile de le noter — le marché du cuivre étant défavorable, les exploitations en général n'ont procédé qu'à des travaux d'installation. Cette mine donne 34 grammes d'or, 68 grammes d'argent et 5,8 pour cent de cuivre.

VIII. WINNIPEG. — La *Winnipeg Mining and Smelting Company* fut la première propriétaire de cette mine. Elle appartient maintenant à la *Winnipeg Mines limited*. Elle a produit en :

    1901. . . . . .   1.040 tonnes de minerai cupri...
    1902.   785   —   —   -

La moyenne de rendement était de 65 francs par tonne : elle a même fourni certaines quantités de minerai donnant des francs de cuivre par tonne. Le rendement d'argent oscille entre 30 et 208 grammes d'argent.

En partie détruite par un incendie, son usine n'a pas fonctionné depuis 1902.

IX. GOLDEN CROWN. — Propriété de la *Golden Crown Mines limited*, à Brandon (Manitoba). Elle n'a produit en tout que 2.800 tonnes de minerai de cuivre, dont 625 tonnes en 1902.

X. GOLD DROP. — Propriété de la *Gold Drop Mining Company limited*, à Montréal (Canada); elle est voisine de la Horseshoe, à l'ouest. On y a fait des travaux d'installation et de sondages.

XI. ORO DENORO. — Propriété de la *Denoro Mines limited* ainsi que d'autres claims du voisinage. On n'y a encore fait que quelques travaux de sondage et d'installation. Le minerai est avantageux. Voisine de la B. C.

XII. R. BELL. — Propriété d'un syndicat, dissout aujourd'hui. En 1901 cette mine avait produit 480 tonnes de minerai. Elle est arrêtée depuis cette époque. Située près Eholt.

XIII. TIGER. — Propriété d'un petit syndicat, comprenant cinq ou six claims dont Champion, Portland Fraction, Bertha; elle est située sur le sommet de la région, voisine de la B. C. et de la Denoro. Cette mine n'a pas été, à proprement parler, exploitée; elle n'a subi que des travaux de sondages et d'installation. L'analyse du minerai de ces claims est très satisfaisante, rendant en moyenne 12 pour 100 de cuivre, sans compter une proportion convenable d'or et d'argent.

XIV. BLUE BELL. — Groupe de claims acquis d'abord par une société américaine, puis abandonnés par suite de la découverte d'une couche de porphyre interrompant le filon cuprifère. Ce fait s'était présenté du reste dans l'exploitation même de la B. C.; mais on a découvert dans la B. C. que le filon interrompu par la couche de porphyre se prolongeait immédiatement après elle.

XV. MOUNTAIN VIEW. — Situé entre la R. Bell et la Blue Bell.

XVI. MAPLE LEAF. — Faisant partie du groupe Rathmullen.

XVII. RAMBLER. — A été prospectée par la *Everett et Spokane Mining Company;* elle est également dans le voisinage de Eholt.

XVIII. MORRISON. — Propriété de la *Morrison Mines limited* à Spokane, (Etat de Washington), E. U. On a tiré de cette mine environ 430 tonnes de minerai jusqu'à ce jour.

XIX. KING SALOMON et COPPER. — Propriétés particulières. Les caractéristiques du sol sont : porphyre, chaux, oxyde de fer, quartz.

XX. RUBY ET GOLCONDE. — Ces claims font partie d'une série de propriétés qu'on dit avantageuses; elles sont situées dans le camp Smith, près Boundary Falls. En 1901, 85 tonnes de riche minerai d'or et cuivre furent expédiées au smelter.

XXI. CLEVELAND. — XXII. LAOCOON. — XXIII. YORK. — XXIV. WILD ROSE. — XXV. GOLD BED. — Toutes dans le camp Smith.

XXVI. WATERLOO. — Propriété de la *Caribou-Mackinney Mining and Milling Company.* Ce claim, ainsi que le claim Caribou, a été quelque peu exploité. On a fait dans le voisinage de ces propriétés quelques travaux de prospection. La production de cette mine a été, en 1901, de 18.862 tonnes de minerai dont 9.439 onces d'or, et en 1902 de 15.616 tonnes et 8.400 onces d'or.

XXVII. Dayton. — XXVIII. Dewey. — XXIX. Jim-Crow. — XXX. Night Hawk. — Près du camp Mac Kinney, en prospection.

Mentionnons encore quelques claims qui sont surtout à l'état de prospection : dans la région Deadwood : *Ah there, Buckhorn, Greyhound, Great hopes, D. A. et Gold Bug ;* dans la région Greenwood : *War eagle.* Dans la région de Eholt : *O. P. Cord* et *Josie,* et plusieurs autres. Dans la région du camp Wellington : *Athelstan Hartford* : Dans la région du camp Central : *Ville de Paris, Majestic, n° 7, Norfolk, Mabel* et *Oro.* Dans cette région du camp Central on a trouvé du minerai siliceux, quartz en veines, de trois mètres de largeur ; ce minerai rendait jusqu'à 400 francs d'or par tonne et 5 k. 600 gr. d'argent.

CAMP CENTRAL. — Les traits caractéristiques du sol de cette région sont les suivants : siliceux, quartz ; or, argent ; galène ; blende ; pyrite et tétrahédrite ; sulfures lourds contenant du cuivre (V. district précédent).

CAMP WELLINGTON. — Caractéristiques : roches feldspathiques noires ; gabbro ; serpentine ; pyrrhotite à la surface ; silice au fond ; or.

CAMP SMITH. — Minerai de quartz, or, argent.

CAMP LONG LAKE. — Caractéristiques : minerai or, quartz ; tellures d'or. Les principales mines de ce camp sont :

XXXI. Jewell, *Denoro Grande, Ethiopia, North Star, Enterprise, Lakeside.*

XXXII. Providence. — Propriété de la *Providence Mining Company.* Situé près Greenwood ; veines étroites, or et argent. A signaler dans cette région :

XXXIII. Strathmore. — XXIV. Last chance. — XXXV. Skylark.

CAMP KIMBERLEY. — Sulfures lourds, cuivre et fer. A signaler dans ce groupe :

XXXVI. Graham. — XXXVII. Midway.

XXXVIII. West copper. — Composé de pyrites arsénieux ; on a trouvé dans ce claim jusqu'à 180 francs d'or à la tonne de minerai.

DISTRICT DE KAMLOOPS. — Tout le pays situé au nord du village de Kamloops et s'étendant sur une ligne de 160 kilomètres est riche en minerais d'or et d'argent. Il est encore malheureusement d'un accès difficile. Les caractéristiques du sol sont les suivantes : chalcopyrite, un peu de magnétite et çà et là des pyrites et un peu partout la calcite; peu de quartz; gabbro, granite et pyrites de fer. On a trouvé dans la vallée de la rivière Thompson nord des gisements de charbon dont l'analyse a donné les résultats suivants :

```
Eau hygroscopique. . . . . . . . . . . . . . .     2.22
Matière combustible volatile. . . . . . . . . .    38.10
Carbone fixe. . . . . . . . . . . . . . . .         46.76
Cendre . . . . . . . . . . . . . . . . . . .        15.92
Côte . . . . . . . . . . . . . . . . . . . .        59.68
```

Et, à la tête des rivières Thompson et Canot, on a trouvé du mica, propre à un usage commercial. Les roches de la région du nord de Kamloops ont un aspect de schistose ou d'ardoise.

Les principales exploitations de ce district sont :

I. IRON MASK. — La proportion du cuivre dans le minerai de cette propriété est de 12 pour cent. On n'a fait à proprement parler que des travaux d'installation et de prospection. La mine a un puits de 170 mètres de profondeur.

II. GLEN IRON. — Cette mine a produit, en 1902, 3.500 tonnes de fer magnétique; la veine d'où l'on a tiré ce minerai a plus de 6 mètres de largeur. Le minerai contient de 4 à 16 p. 100 de cuivre.

III. PYTHON ET HOMESTAKE. — Une société vient de se former pour l'acquisition d'un groupe de claims couvrant une superficie de 760 acres. Cette société doit prochainement construire un smelter.

IV. O. K. — Propriété de la *Cherry Creek Copper King Mines, limited :* une toute nouvelle société.

V. HARDIE. — Propriété d'une compagnie de Londres.

VI. TOONKWA. — A 12 milles au sud de Savona; proportion de 2 1/2 à 3 pour cent de mercure.

VII. RIVIÈRE THOMPSON ET CRIQUE TRANQUILLE. — On annonce que des travaux de dragage n'ont pas réussi sur la rivière Thompson; mais des travaux du même genre ont donné de beaux résultats sur le crique *Tranquille.* On aurait tiré 5.000 francs d'or dans quinze jours de travail.

VIII. KAMLOOPS OUEST. — Une société, la *Empire Development*

Company, vient d'acquérir une grande étendue de terrain houilleux qu'elle se propose d'exploiter.

IX. TENDERFOOT. — Contient 6 pour 100 de cuivre ; 19 fr. d'or à la tonne.

X. SAVONAS. — Mercure.

XI. BRIAR. — 20 à 30 pour 100 de mercure.

XII. CLEARWATER RIVER. — Cette rivière charrie un sable aurifère qui donne, au dragage, 1 fr. 65 d'or au mètre cube.

DISTRICT DE LA RIVIÈRE KETTLE (ouest). — Le district de la rivière Kettle est compris dans celui du Boundary. On doit se référer à ce dernier pour compléter ses informations. Ce sont des mines de cuivre-or, avec quelque peu de fer dans certains minerais. Voici les principales exploitations ou plutôt propriétés, car elles ne sont pas, pour la plupart, exploitées :

I. CARMI. — Celle-ci a produit, en 1900, 800 tonnes de minerai. Nous ignorons ce qu'elle a fait depuis (1).

II. SALLY. — III. WASHINGTON ET IDAHO. — IV. BEAVER.

RIVIÈRE KETTLE (nord). — Caractéristiques : surfaces ferrugineuses, beau quartz ; tellures.

V. ORO FINO. — VI. CROWN POINT. — VII. GROUPE BAYETTE. — VIII. GROUPE PERKINS. — IX. CANYON. — X. COLORADO. — XI. JUILLET.

XII. SILVER DOLLAR. — XIII. BARNATO, arsenic, fer, or, quartz.

XIV. O. K. — XV. FLETCHER, fer, tellures.

XVI. MOGUL. — XVII. RIVERSIDE. — XVIII. HACKLA, etc.

RIVIÈRE KETTLE (branche nord). — Caractéristiques : pyrrhotites de qualité inférieure ; or, argent, cuivre.

XIX. EARTHQUAKE.

XX. GOLDEN EAGLE, peu développé. — XXI. VOLCANIC. — XXII. PATHFINDER. — XXIII. LITTLE BERTHA. — XXIV. SEATTLE.

XXV. HUMMING BIRD. — Celle-ci avait produit, en 1900, 300 tonnes.

XXVI. STRAWBERRY.

XXVII. FRANKLIN, *Banner*, *Mac Kinley*, *Gloster*, *Polard*; ces dernières sont d'un accès très difficile.

DISTRICT DE BURNT BASIN. — Situé à l'ouest de Rossland près du lac Christine et traversé par le chemin de fer *Columbia et Western*. Cette région est peu développée encore ; les capitalistes

____

(1) Ces mines sont situées dans une région qui manque malheureusement de moyens de communication.

ne s'y sont pas encore portés d'une façon notable. On a découvert dans ce district des minerais d'or et de cuivre, des minerais d'argent et des veines de minerai de plomb. A signaler les principaux claims qui ont été prospectés :

Bonanza, *Cascade*, *Christina et Britannia*, *John Bull*, *Mystery*, *Preston*, *Copper*, *Mother Lode*, *Tammany*, *Ennismore*, *Contact*.

DISTRICT LARDEAU ET DU LAC TRUITE. — Ce district est situé dans une région montagneuse et quelque peu boisée ; le pays est coupé fréquemment par de petits criques et par de nombreux vallons. Il offre un avantage en ce qu'il peut être exploité par l'ouverture de tranchées latérales, pratiquées dans le flanc des collines. La nature du sol est caractérisée par des gisements nombreux de schistes ou d'ardoises à demi cristallines et par des couches de chaux appelées « dikes ». Les filons minéraux sont d'une largeur qui varie de 1 à 5 pieds. Les roches caractéristiques de son sol sont : galène, tétrahédrite, blende de zinc, pyrites de fer et de cuivre reposant dans des sédiments de quartz, calcite, sidérite, etc.

Ce district a plus attiré l'attention des mineurs dans ces dernières années que tous les autres de la Colombie britannique : ce qu'on peut attribuer sans doute à la haute teneur du minerai et aussi à l'achèvement d'une ligne de chemin de fer. Les criques les plus importants dans ce district sont *Battle*, *Glacier*, *Kettle*, *Boyd*, *Ruby*, *Silver*, *Lexington*, *Pool*, *Mac Dougall*, *Bullar*, *Mac Rae*, *Sable*, *Scott*, *Menhinick*, et les rivières *Duncan*, *Columbia*. Les principales mines sont :

I. Nettie L. dont la production en 1902 a été de 800 tonnes.

II. Silver Cup dont la production en 1902 a été de 300 tonnes.

III. Fish Creek.

IV. Eva, située sur le mont Lexington ; 2.000 pieds de minerai ont été bouleversés sur ce claim. Ce minerai rend des valeurs allant de 30 à 150 francs par tonne.

V. Oyster Criterion. — VI. Olalla. — VII. Erie.

VIII. Sir Wilfrid.

IX. Camborne, activement développée ; cette mine comprend neuf claims.

X. Scott. — XI. Ruby. — XII. Silver. — XIII. Boyd. Très activement mises en valeur.

On assure qu'entre les criques *Pool* et *Lexington* il y a plusieurs propriétés contenant de l'or libre et du quartz. Ce distric est particulièrement avantageux à cause des pouvoirs hydrauliques qu'il renferme, du bois qui y est en quantité et aussi des vallées fertiles qui le sillonnent.

XIV. Truine. — XV. Alpha. — XVI. Bodshot. — XVII. Sunshine.

DISTRICT DE BIG BEND (*Grande Courbe*). — Ce district tire son nom d'une courbe immense que fait à cet endroit la rivière Columbia qui, après un détour de 100 milles, revient vers le sud, en passant à Revelstoke, qui est le point central du district. Sa superficie est de 5.000 kilomètres carrés. Il y a aujourd'hui un service de navires entre Revelstoke et Laporte, sur la rivière Columbia ; de sorte que le principal inconvénient de ce district est maintenant en partie vaincu.

A l'époque de la découverte de ce district, vers 1866, les mineurs récoltaient parfois jusqu'à 336 grammes d'or par jour : on y a même trouvé une pépite d'une valeur de 1.260 francs. Les principaux gisements sont sur les criques French, Mac Cullogh et Smith. Actuellement les principales propriétés sont :

I. Standard. — Renferme de riches minerais de cuivre.

II. Roseberry. — On a déjà fait sur ce claim pour 100.000 francs de travaux. Le minerai est ferrugineux, avec une certaine proportion d'arsenic et de riches valeurs d'or.

III. Laforme. — On annonce que de fructueuses prospections ont été faites sur le crique de ce nom, ainsi que sur le suivant.

IV. Downie. — V. Ground Hog.

VI. Smith. — VII. French. — VIII. MacCullough. — IX. Camp. — Ces propriétés contiennent de l'or (placer) ; et elles sont exploitées régulièrement.

X. Ophir. — XI. Revelstoke. — XII. Duquesne.

DISTRICT DE LILLOOET. — Les criques de ce district ont été activement exploités depuis quarante ans ; les mineurs ont lavé le gravier aurifère des côtes de la rivière Fraser, du crique Cayuse et de la rivière Bridge. Sur le crique Cayuse on a aussi trouvé de l'or libre dans le minerai de quartz. Ce district offre quelques avantages très précieux par l'abondance d'eau et de bois qu'il renferme. Au point de vue industriel ces éléments constituent de réels appoints.

Mentionnons-en les principales propriétés :

I. FORTY THIEVES.

II. LORNE. — On a récolté jusqu'à ce jour, sur cette propriété,
our 125.000 francs d'or.

III. LE MAY.

IV. FOND D'OR. — Cette propriété a produit pour 425.000 francs
'or.

V. WOODCHUCK.

VI. LITTLE JOE. — Cette propriété a produit beaucoup d'or
epuis 1899.

DISTRICT DE SIMILKAMEEN. — Ce district s'étend du lac
icola et du crique Truite jusqu'à la frontière des Etats-Unis ; à
est il est borné par les rivières Okanagan et Similkameen, et à
ouest par les montagnes Hope. On a exploité plusieurs claims
ans ce district pour l'or libre qu'il contient. On signale particu-
èrement le crique Granite. Ce gravier aurifère contient aussi une
ertaine quantité de platine. A signaler aussi la présence du plane dans la rivière Tulameen. On y trouve également du minerai
uprifère, notamment sur la rivière Similkameen inférieure, sous
orme de chalcopyrite et aussi de molybdénite. La bornite se ren-
ontre au delà du lac Nicola, mêlée à du talc.

Il n'est pas jusqu'à des lits de charbon qu'on n'ait trouvés près
e Princeton et dans la vallée du Nicola ; ces lits sont d'une épais-
eur moyenne de 2 à 6 mètres. Les principales exploitations de ce
istrict sont :

I. NICKLE PLATE. — Quartz ; situé à Hedley.

II. SUNSET. — Situé sur la montagne Copper.

III. FIFTEEN MILE. — IV. SIXTEEN MILE. — V. STERLING. —
I. HENRY. — Pyrites arsénieux.

VII. TWENTY TWO MILE. — Pyrites de cuivre.

VIII. COPPER MOUNTAIN. — IX. MAC KENZIE. — X. FRIDAY. —
ornite.

XI. ONE MILE. — Cuivre.

XII. TEN MILE. — Bornite et talc.

XIII. ASPEN GROVE. — Cuivre.

XIV. FAIRVIEW. — Quartz dit « free milling », d'une teneur de
5 à 50 francs.

XV. STEMWINDER. — Propriété de la *New Fairview Corporation ;*
nstallation complète pour le traitement des minerais de cuivre.

DISTRICT DE OMINECA. — Ce district comprend le. bassins
de la rivière la Paix (c'est-à-dire la portion de cette rivière située dans la province), de la rivière Stuart et de la rivière Nechaco,
ainsi que celui de la rivière Saumon, au-dessus de son point d'intersection avec la rivière Fraser.

Le pays n'a pas encore été à proprement parler entièrement
prospecté ; il contient dans ses parties connues beaucoup de
riches minerais aurifères. On ne doute pas qu'il en soit ainsi du
reste. L'eau est en abondance dans le district ; mais les moyens
de communication font défaut.

Les principales mines de ce district sont (1) :

I. Manson. — II. Germansen. — III. Lost. — IV. Côte. —
V. Kildare. — VI. Black Jack. — VII. Tom. — VIII. Mal. —
IX. Montagne Selwyn. — X. Findlay. — XI. Omineca. — XII. Inge-
nica. — XIII. Quadacha. — XIV. Tocheica, branches de rivière
Findlay. — XV. Paul.

Les deux principales sociétés qui fonctionnent dans cette région sont : *Forty third mining and milling Company*, Ottawa
(Canada), et *Arctic slope hydraulic mining Company*, Victoria
(Canada). Nous ne savons rien des trois autres sociétés qui fonc-
tionnaient en 1900, à savoir : *Saint-Anthony Company*, Santa-
Barbara (État de Californie, E.-U); *Vital creek mining Company*,
d'Angleterre ; *Mayflower Company* ; *Tilton Company*.

DISTRICT DE SKEENA. — Le nom de ce district vient du nom
même d'une rivière — *Skeena*, mot indien signifiant *rivière* — qui
s'étend sur un lit de 200 milles de longueur, et qui est la seule
voie d'accès pratique dans cette région. Ce district est peu peuplé ; il va de soi que la vie y est excessivement chère, bien qu'il
y ait des gisements d'or et de cuivre de chaque côté de ce fleuve;
on assure même qu'il y a sur les bords des rivières Kispyox et
Telkwa des dépôts de charbon, et dans la vallée de la rivière
Bulkley, des minerais de fer. Les rares essais d'exploitation qui
ont été faits sur les bords de l'Océan ont été des plus fructueux.
Les principales exploitations sont :

I. Hocsall. — Propriété d'un syndicat de Victoria (Canada), qui

(1) Les noms des mines sont généralement les noms des criques où elles
sont situées ; ce sont des criques aurifères, comme le sont du reste presque
tous les cours d'eau du pays.

n exploite les pyrites avec la collaboration d'une usine d'acide
ilfurique.

II. Montagne Kitsilas. — Située à 90 milles de Hocsall, sur la ri-
ière Skeena ; cette montagne est divisée en plusieurs claims de
uartz contenant surtout des minerais de cuivre.

III. Ptarmigan. — Situé sur la montagne Kitsilas ; cette pro-
riété est surtout riche en minerai d'argent. Elle appartient
un syndicat new-yorkais, à la tête duquel est un M. Howard
ould. D'un accès très difficile.

IV. Osmond. — V. Four Ace. — Minerai de cuivre.

VI. Bootjack. — VII. I. X. L . — VIII. Emma. — Situés sur les
ords de la rivière Skeena. Les opérations ont été suspendues
ur ces trois derniers claims depuis deux ans, à cause des diffi-
ultés de communication.

IX. Tsimnawess. — Quartz et or libre.

X. Kaleanza. — Propriété située sur la rivière du même nom,
ui est un tributaire de la Skeena. Le minerai de ce claim se
ompose de quartz aurifère.

XI. Monte-Cristo. — Quartz aurifère.

XII. Toulon. — Quartz, bornite et minerai de cuivre rouge.

DISTRICT DE VICTORIA. — Victoria, capitale de la Colombie
ritannique, est située sur l'île Vancouver. L'île Vancouver est
enommée pour ses bassins houillers et pour ses minerais d'ar-
jent et d'or, et ses minerais de fer magnétique. Au point de vue
jéologique on énumère les régions suivantes de l'île Vancouver :
° Au sud, le sol est caractérisé par une série de roches dites
gneuses ; une ceinture de roches ardoisières à demi cristallines
raverse l'île à partir de la péninsule Saanich sur la côte sud-est,
usqu'au port San-Juan sur la côte sud-ouest. 2° La partie septen-
rionale de l'île se subdivise ainsi : la portion orientale est com-
osée de sables et de roches conglomérées et autres sédiments,
andis que la portion occidentale renferme de la chaux cristalline
vec des filons de roches igneuses. Mentionnons :

I. La montagne Skirt. — Qui contient une couche superficielle
le fer et des gisements inférieurs de chalcopyrite d'une forte
eneur. A signaler, sur cette montagne, Goldstream situé à 16 ki-
omètres de Victoria, et la mine Phair, riche en chalcopyrite.

II. La montagne Sooke. — Celle-ci contient, outre les éléments de même nature que ceux de la montagne Skirt, une proportion sensible de graphite, ainsi que des traces de quartz aurifère. On a déjà pratiqué des lavages d'or, du reste, dans les criques voisins : Leech et Sooke.

III. — La montagne Sicker. — Cette montagne est située sur la ligne de démarcation qui divise les roches sédimentaires (dans la portion est de la zone septentrionale) et les gisements cristallins de la portion occidentale de la même zone). La région de la montagne Sicker renferme les propriétés suivantes qui sont les plus importantes :

IV. Lenora. — Minerai lenticulaire ; quelques lentilles ont jusqu'à 10 mètres d'épaisseur ; cuivre. Elle a expédié à divers smelters, en 1902, 14.501 tonnes de minerai.

V. Tyee. — A un puits de 130 mètres de profondeur.

VI. Richard III. — A un puits de 50 mètres de profondeur ; propriété qu'on dit très riche.

VII. Key City. — A un puits de 100 mètres.

VIII. Copper Canyon. — Sur cette montagne Sicker il y a une grande quantité de claims inexploités.

IX. Lac Cowichan. — Endroit prospecté sans grand succès encore.

X. Montagne Malahat. — On compte une vingtaine de claims qui appartiennent à des mineurs ; ces claims sont caractérisés par un minerai de pyrrhotite et de magnétite contenant du cuivre et un peu d'or, susceptible d'exploitation sur une grande échelle.

XI. San Juan. — Peu prospecté encore ; on sait que les terrains avoisinant la rivière San Juan contiennent de riches dépôts de magnétite et de pyrrhotite cuprifère et aurifère. Il en est ainsi des terrains environnant la rivière suivante : XII. Gordon.

XIII. La rivière de Chine. — Dans la région d'Alberni, a été l'objet d'une exploitation de placer (or). De même que la rivière ou crique suivante : XIV. Granite.

XV. Mineral Hill. — On a fait à cet endroit, situé sur la rivière de Chine, des frais d'installation qui n'ont donné aucun résultat pratique appréciable, ainsi qu'à la propriété suivante :

XVI. Golden Eagle. — Situé sur le crique Granite.

XVII. Monitor. — Situé sur le canal Alberni ; cette mine a produit, en 1902, 150 tonnes de minerai ; quartz, or.

VIII. HAYES. — A produit 2.000 tonnes de minerai en 1902
artz, or).

IX. COMSTOCK. — Situé près de la rade de Quatsino ; de riches
ôts de cuivre ont été exploités en 1902. On a trouvé dans le
sinage de cette mine des dépôts de houille.

X. LADYSMITH. — Situé à Oyster-Bay sur la côte orientale de
Vancouver. Exploitation des mines de houille.

XI. NANAIMO. — Houille ; propriété de la *Western Fuel Com—
y* à San Francisco (E.-U.). Production en 1902 : 400 000 tonnes.

XII. WELLINGTON. — Houille ; situé à deux kilomètres au nord-
st de Nanaimo. Production en 1902 : 800.000 tonnes.

XIII. COMOX. — Houille ; cette propriété avait, en 1900, 777 ki-
ètres carrés. Ses gisements sont, dit-on, en quantité inépui-
le.

XIV. UNION. — Houille ; propriété de la *Union Colliery Com—
y of British Columbia, limited.*

XV. CUMBERLAND. — Houille.

XVI. L'ILE COPPER. — Située dans la rade de Barkley ; contient
fer magnétique.

XVII. L'ILE TEXADA. — Cette île a 43 kilomètres de longueur
8 kilomètres de largeur. Elle renferme des minerais de cuivre,
gent et d'or. Les principales exploitations sont : XXVIII. VAN
. — Qui appartient à une société anglaise. — XXIX. CORNELL.

XX. MARBLE-BAY. — En 1899 cette mine produisait 4.133 tonnes
minerai, rendant 442.005 livres de cuivre fin, 266 kilogrammes
gent et 40 kilogrammes d'or.

XXI. QUEEN COPPER. — Dont le rendement moyen est de
francs par tonne.

XXII. GOLDEN SLIPPER. — Minerai de quartz aurifère. — XXXIII.
UNTEER.

XXIV. PUGET. — Propriété de la *Puget sound Iron Company,*
ne superficie de 2.700 acres, située au sud-ouest de l'île Texada.
te mine est exploitée pour le fer qu'elle contient. L'analyse du
ierai, faite par le géologue du gouvernement canadien, a révélé
résence de 68. 40 pour 100 de fer et 0.003 pour 100 de phos-
re.

XXV. ALERT BAY. — Sur la côte nord-est de l'île Vancouver ;
ille.

XXXVI. Sahquash. — Situé entre le port Mac Neil et Alert Bay; houille.

XXXVII. Dunsmuir. — Une des plus puissantes mines de charbon de l'île Vancouver ; on assure que le puits actuel est suffisant pour garantir une production régulière de 3.000 tonnes de charbon par jour pendant cent ans! C'est dire la richesse des couches de charbon de ce pays.

XXXVIII. Alexandra. — Production de 800 tonnes de charbon par jour. Située sur l'île Vancouver (v. chap. iii, 3e partie.

DISTRICT DE LA COTE (le long du Pacifique). — La côte de la Colombie britannique a été l'objet de la plus grande attention des mineurs depuis deux ou trois ans. On y signale des gisements de minerai de cuivre-or d'une teneur payante. La région commence au crique Seymour, situé à 16 kilomètres au nord de Vancouver. Mentionnons l'île Burrard comme faisant partie de ce district et la rade de Howe. La roche de ce pays est schisteuse et granitique à la fois. Sur la rade de Howe on fonde de grandes espérances pour l'industrie du cuivre. Les principales propriétés connues sont :

I. Goldsmith. — Groupe de plusieurs claims.

II. Britannia. — Groupe de plusieurs claims. Ces deux propriétés renferment des minerais de fer et une grande quantité de pyrites de cuivre rapportant de 30 à 35 francs par tonne.

III. Jervis inlet.

IV. Bella Coola. — Les rivières *Skeena* et *Naas*, *Observatory inlet*, *Stickine*, *Princesse Royale*, *Gribbel*, et l'*Ile Banks* n'ont été que très peu prospectées.

V. Ile West Redonda. — Située dans le golfe de Géorgie; minerai magnétique. L'analyse du minerai de cette île a donné les résultats suivants :

Fer magnétique.	65.896	pour 100.
Phosphore	0.	—
Soufre.	0.015	—

VI. Rivers inlet. — Minerai de fer en quantité, mélangé à des roches de granit et de chaux; contient 69,5 pour 100 de fer métallique, et 0,01 pour 100 de phosphore.

VII. Iles de la Reine Charlotte. — Ces îles contiennent des minerais d'argile ferrugineuse, mêlés aux couches houilleuses; ils sont d'une teneur payante.

VIII. Iles WALKER. — Contiennent du minerai de fer donnant 1,57 pour 100 de fer métallique.

IX. MARLBOROUGH. — Situé sur la rade de Howe.

X. EMPRESS. — Situé sur la rade de Howe.

DISTRICT D'ATLIN. — Ce district est situé dans la partie la plus septentrionale de la Colombie britannique ; il a environ 90 kilomètres de longueur sur 45 kilomètres de largeur. Région montagneuse, dont presque tous les criques se déversent dans le lac Atlin. La principale ressource du pays est l'or ; on y trouve aussi du platine et du cuivre. Les montagnes sont suffisamment boisées et le lac Atlin est très poissonneux. Cette région présente des plateaux et des vallons propres à l'agriculture ; mais bien peu de culture a été faite dans le district d'Atlin, la population étant encore un nombre fort restreint. Signalons de plus l'industrie de la pêche qui se pourrait développer sur le lac Atlin. Déjà en 1899 il s'est produit une vive poussée de mineurs vers Atlin et cinq mille personnes vinrent y planter leur tente ; à la suite de difficultés non réglées au sujet de la délimitation des frontières entre la Colombie britannique et le gouvernement des territoires du nord-ouest et du manque des provisions de bouche, cette population disparut peu à peu et en 1901 il n'y restait plus que 1.389 personnes.

La région aurifère connue est située à l'est du lac ; elle couvre une superficie de plus de 300 kilomètres carrés. Elle est arrosée par le crique du Pin et ses nombreux tributaires et par le crique Mac Kee. La formation géologique inférieure est composée de roches métamorphiques contenant surtout de la magnésie, mêlée çà et là à de la diabase. La roche de magnésie est noire et d'une consistance parfois fibreuse qui tire sur la serpentine ; elle contient des sédiments de quartz d'une couleur verte, due probablement à la présence de mica chromifère et peut-être aussi au nickel. Cette formation est interrompue au nord par le granit et au sud et à l'est par de l'ardoise et des quartzites. (Voir le rapport de M. J.-C. Gwillim, du Département géologique du gouvernement canadien, 1899 et 1900. L'or se rencontre sur le *bed rock* qui est situé à un mètre, et, plus souvent, à 10 mètres de profondeur ; on le trouve en quantité exploitable dans une couche de gravier qui recouvre le *bed rock* et que l'on estime être d'une épaisseur moyenne de 2 m. 60. L'or a une valeur de 75 à 85 francs l'once (les 28 grammes). On a trouvé en 1899 une pépite de 83 onces ; en juin 1901 on en a trouvé une sur le crique Mac Kee évaluée à 2.300 francs et en juillet de la même année, sur le crique Canyon Bleu, on en a trouvé une de 36 onces 1/2 (valeur : 3.000 francs).

Les principales exploitations sont :

I. CRIQUE BOULDER. — Propriété de la *Société minière de la Colombie britannique*, dont le siège social est en France. Nous sommes heureux de dire qu'une des plus riches exploitations du district appartient à une société française. En 1901 ce fut précisément le claim *34 au-dessous* situé sur le crique Boulder qui donna le meilleur rendement, ainsi que deux claims situés sur le crique Mac Kee.

II. WRIGHT CREEK. — Propriété de la *Pendugwig Company*.

III. WILLOW CREEK. — Propriété de la *Willow Creek Hydraulic Company*.

IV. CRIQUE PIN. — Propriété de la *Surprise Company*.

V. SPRUCE CREEK. — Propriété des *Columbia Mining Company* et *Blue Canyon Company*.

VI. MAC KEE CREEK. — Propriété de la *Atlin Mining Company*.

VII. IMPERIAL.

VIII. ENGINEER.

Le Canada avait exposé en 1900 à Paris des échantillons d'or provenant des principales exploitations de ce district.

DISTRICT MINIER AURIFÈRE DU KOOTENAY EST. — Il convient de mentionner, outre les mines déjà énumérées du district du Kootenay est, ces autres propriétés qui sont essentiellement aurifères. Disons tout d'abord que ce district comprend la portion septentrionale du district du Kootenay est, située de chaque côté de la rivière Columbia, à partir du sommet des montagnes Rocheuses au nord-est, jusqu'au sommet de la chaîne de montagnes Selkirk au sud-ouest ; il s'étend dans la direction nord-ouest à partir de Galène, au-delà de Spillimacheen jusqu'à environ onze kilomètres au nord du grand *coude* (Big Bend) de la rivière Columbia, sur une étendue de 210 kilomètres.

La nature géologique du sol de ce district est caractérisée par des couches de chaux carbonifère reposant sur un lit d'ardoises argileuses qui surgissent dans les ravins et dans les flancs des collines. Mentionnons :

I. Monarch. — Situé dans la portion nord-est, près de Field ; galène argentifère et blende.

II. Otter Tail. — Plomb, argent.

III. Beaver Fort Creek.

IV. Ice River.

V. Blue Water. — Au nord de Donald.

VI. Camp Spillimacheen. — Situé à 60 kilomètres au nord de Golden, sur la rive sud-ouest de la rivière Columbia ; filons argentifères, galène, minerais de cuivre.

VII. Montagne Jubilé. — Même situation que le camp Spillimacheen ; mêmes remarques.

VIII. Crique Bugaboo. — Cuivre, or, argent, plomb. Son éloignement, à l'ouest de la station Spillimacheen, varie entre 12 et 40 kilomètres, selon les détours qu'il fait.

IX. Crique Vermont. — Cuivre, or, argent, plomb, bismuth ; situé à 29 kilomètres au sud-ouest de la station Carbonate.

X. Crique Copper. — Cuivre, or, argent, plomb ; situé à l'ouest-sud-ouest de Carbonate.

XI. Crique Spruce Tree. — Cuivre, or, quartz ; situé sur la rive nord de la branche mitoyenne de la rivière Spillimacheen.

XII. Crique Carbonate et Montagne Carbonate. — Argent, plomb ; cuivre, or, quartz ; situés sur la rive sud de la branche nord de la rivière Spillimacheen, à environ 36 kilomètres de la station Carbonate.

XIII. Crique Caribou. — Quartz aurifère, galène, cuivre ; situé sur la rive opposée à la branche mitoyenne de la rivière Spillimacheen, à peu près à la même distance de la station Carbonate.

XIV. Robbie Burns Basin. — Quartz aurifère ; situé sur la rive nord de la branche mitoyenne de la rivière Spillimacheen, à 42 kilomètres de la station Carbonate.

XV. International Basin. — Quartz aurifère, plomb, argent, cuivre ; situé à la source de la branche mitoyenne de la rivière Spillimacheen, à 45 kilomètres de la station Carbonate.

XVI. Boston et Bennison. — Quartz aurifère, argent, plomb, cuivre ; situé près du International Basin ; à 46 kilomètres, par voie de terre, de Carbonate ; et à 46 kilomètres par voie de fer (Canadien Pacifique), de la station Bear Creek.

XVII. Mac Murdo Creek. — Quartz aurifère, argent, plomb,

cuivre ; situé à 45 kilomètres de Carbonate à l'ouest de Robbie Burns Basin.

XVIII. MONTAGNE PRAIRIE. — Quartz aurifère, galène, cuivre ; située à 16 kilomètres à l'est de la station Bear Creek, sur le chemin de fer Canadien Pacifique.

XIX. FIFTEEN MILE CREEK. — Cuivre, or ; situé à 11 et 16 kilomètres de la station de la rivière Columbia.

XX. CRIQUE CANYON. — Cuivre, quartz aurifère ; situé à 12 et 16 kilomètres de Golden.

N. B. Toutes ces propriétés sont susceptibles d'un rapport rémunérateur ; elles sont toutes inexploitées, faute de capital, et nous croyons qu'il y aurait là de bonnes entreprises à tenter. Ces propriétés, comme toutes celles qui ne sont pas exploitées peuvent être prises à option.

Il y a des routes convenables conduisant à tous ces claims et il n'en coûterait pas très cher de les visiter. Partout où se trouvent des filons avantageux, il y a des cours d'eau ou criques dans le voisinage, assez puissants pour fournir la force motrice nécessaire ou pour produire l'électricité.

Le bois abonde, et en plusieurs endroits le charbon peut être trouvé sur place en quantité suffisante ; cette circonstance est particulièrement avantageuse, en ce qu'elle permettrait de traiter le minerai sur place et d'économiser jusqu'à 75 pour 100 des frais d'expédition. Le fer et la chaux sont également à proximité relative des claims.

PRIMES A LA FABRICATION DU PLOMB

Dans la région du Kootenay (Colombie Anglaise), si riche en mines d'or, on trouve aussi des gisements considérables de galène argentifère. Le travail de séparation de l'argent que contient ce minerai serait devenu plus profitable que dispendieux, si le plomb provenant de cette séparation avait eu un -marché avantageux. Malheureusement, le marché canadien est approvisionné de ce métal et surtout de ses produits industriels, par les États-Unis et l'Allemagne, à des prix qui ne permettaient pas l'établissement au Canada d'usines pour l'affinage du plomb et pour sa transformation en peintures, etc.

Les producteurs de plomb ont en conséquence demandé au gouvernement de protéger leur industrie soit en augmentant les droits de douane, soit en leur octroyant une prime suffisante.

Le gouvernement a résolu d'adopter la seconde proposition. En conséquence, M. le ministre des Finances vient de faire adopter un projet de résolution dont voici le texte :

1° Le gouverneur général en conseil peut autoriser le paiement d'une prime de 75 cents (3 fr. 75.) par cent livres de plomb contenu dans le minerai extrait au Canada. Cette prime sera payée au producteur ou au vendeur de ce minerai sur preuve qu'il a été vendu au Canada. Pourvu que la somme ainsi payée en primes n'excède pas $500.000 pour chaque exercice budgétaire ; pourvu aussi que, lorsque le ministre chargé de l'application de cette loi aura constaté que le prix régulier du plomb en saumons à Londres dépasse £12.10 schellings par tonne de 2.240 livres, cette prime soit diminuée proportionnellement à l'excédent.

2° Le paiement de cette prime se fera de temps en temps, jusqu'à concurrence de 60 pour 100 de la prime totale autorisée, et le règlement définitif se fera à la fin de l'exercice budgétaire. Si, à la fin de l'année, on s'aperçoit que la quantité de plomb produit dans le cours de l'année, et sur lequel une prime est due, dépasse 33.333 tonnes de 2.000 livres, le taux de la prime sera réduit de façon à maintenir le débours de l'année dans les limites du crédit indiqué plus haut.

3° Si en aucun temps le gouverneur en conseil constate que les frais de transport et de traitement des minerais de plomb au Canada sont excessifs ou qu'il y a des tarifs différentiels qui empêchent la fonte de ces minerais au Canada dans des conditions raisonnables, le gouverneur en conseil peut accorder une prime réduite au taux qui lui paraîtra équitable sur le plomb contenu dans les minerais extraits au Canada et exportés au dehors pour être traités.

4° Ces primes cesseront d'être en vigueur le 30 juin 1908.

CHAPITRE DEUXIÈME

1° Toute personne, homme ou femme, âgée de dix-huit ans au moins, peut devenir *franc-mineur* du moment qu'elle est porteuse d'un certificat de franc-mineur. Ce certificat coûte 25 francs par année.

2° Tout *franc-mineur* a le droit d'entrer sur toutes les terres du gouvernement, et sur toute propriété au sujet de laquelle le droit d'entrée a été réservé par le gouvernement aux francs-mineurs; il a le droit de *prospecter* les minerais et de réclamer des inscriptions sur les mines.

Il ne peut se faire inscrire que pour un claim, mais il peut en posséder d'autres (par achat ou autrement).

3° Nul ne peut réclamer d'inscriptions minières sur les terrains appelés *réserves d'Indiens*, ni sur le jardin attenant à une résidence particulière.

4° Les certificats de franc-mineur sont valables pour un an, après quoi, sauf renouvellement, ils sont périmés, et la propriété retourne à la couronne, à moins qu'elle n'ait été concédée entièrement par cette dernière.

5° Un *claim* (propriété) minier ne peut avoir plus de 500 mètres carrés.

6° Le *claim* est désigné par trois poteaux, ayant chacun quatre pieds de hauteur ; ils sont carrés et ont une épaisseur (sur un pied de longueur) de quatre pouces, dans l'extrémité supérieure. Un tronc d'arbre ainsi taillé peut servir de poteau-borne.

7° Le poteau indiquant la découverte doit être placé à l'endroit
ι le minerai fut trouvé. Les poteaux-bornes nᵒˢ 1 et 2 sont placés
long du filon et marquent les frontières.

8° On doit inscrire sur ces poteaux : *a*) le nom qu'on donne à
mine ; *b*) le nom du franc-mineur qui en prend possession ;
la date de la localisation ; et sur le poteau-borne nᵒ 1 : « Poteau
itial. Direction du poteau nᵒ 2 ;... pieds de ce *claim* s'étendent à
oite, et ... pieds sur le côté gauche de la ligne nᵒ 1 au nᵒ 2. »

9° La ligne de localisation entre les bornes 1 et 2 doit être vi-
ble par des défrichements ou des marques (entailles) sur les
bres, ou, si le sol n'est pas boisé, par des buttes de 65 centi-
ètres d'élévation sur 65 centimètres de largeur à la base.

10° Tout *claim* doit être inscrit au bureau du registrateur mier du district dans les quinze jours qui suivent la localisation.
uand la distance entre le *claim* et ledit bureau excède 10 milles
ι accorde un délai d'un jour ; et ce, pour chaque 10 milles addi-
onnels.

11° Un claim qui n'est pas inscrit à temps est considéré comme
bre ; mais si le propriétaire désire le localiser de nouveau, il ne
ut le faire que sur la permission du commissaire de l'or et en
ιyant un honoraire de 50 francs.

12° Jusqu'à ce que le claim soit concédé par la couronne, il est
ιnsidéré comme pris en location (à bail) à raison de 500 francs
ar année ; ces 500 francs peuvent être représentés par des travaux
ι améliorations de la valeur de 500 francs faits par le proprié-
aire.

13° Ces évaluations de travaux doivent être faites avant la fin
e l'année, sans quoi le claim est considéré comme abandonné.
ι accorde, en plus, un délai de 30 jours moyennant 50 francs.

14° L'arpentage ou les travaux de délimitation d'un claim peu-
ent être évalués 500 francs et satisfaire le prix du bail de la pre-
ιière année.

15° L'excédent de 500 francs de travaux est compté dans l'éva-
ιation.

16° Quand 2.500 francs de travaux ont été faits sur un claim, le
ιanc-mineur a droit à une concession définitive de la couronne,
ιoyennant 125 francs.

17° PLACER. — L'industrie du *placer* est définie : le travail d'exploitation minière fait dans le lit d'un ruisseau, crique ou ravin ; dans les gisements situés dans les côtes, entre les niveaux minimum et maximum des eaux d'une mer, rivière, lac, ou autre grand amas d'eau (*c'est le placer sec*) ; dans les dépôts de pierres précieuses en veines, couches ou graviers.

18° Un claim de placer est de 83 mètres carrés (250) pieds carrés).

19° Le claim placer doit être travaillé continuellement durant la saison propice, et ne doit pas chômer pendant 72 heures consécutives.

20° On peut obtenir du commissaire de l'or des jours de chômage pour raison d'insuffisance d'eau, de maladie ; on peut obtenir des permis de passages, de coupes de galeries et canaux de drainage, en offrant des garanties contre la création de dommages aux voisins.

21° Le commissaire de l'or accordera des claims de faveur à ceux qui établiront la découverte d'une région minière importante : ce claim de faveur a 200 mètres de longueur sur 66 mètres de largeur.

22° Un franc-mineur ne peut pas localiser plus de deux claims dont l'un est situé sur un crique.

23° Le commissaire de l'or peut toujours louer du terrain placer, moyennant 100 francs, et pour une période n'excédant pas 20 ans.

24° Tarif de location minimum : 1° Bail hydraulique, 250 francs par an pour 80 acres (5.000 francs de travaux doivent être accomplis annuellement) ; 2° Bail de drague, 250 francs par an par mille (1.609 mètres) pour 5 milles de longueur au maximum ; 5.000 francs de travaux par mille de longueur, par année, sont requis) et 2.500 francs par once d'or de redevance à l'État ; 3° Bail de crique : 375 francs par demi-mille.

25° Une taxe annuelle de 1 fr. 25 est perçue sur chaque acre (40 ares) de claim, excepté si des travaux sont faits sur ledit claim pour une somme minima de 1.000 francs.

26° Tout minerai produit est passible trimestriellement de 2 pour 100, excepté le minerai d'une propriété qui produirait moins de 25.000 francs par année ; dans ce cas, la moitié de cet impôt est remboursée au propriétaire. L'exploitation du placer

qui ne produirait que 10.000 francs, ou moins, n'est pas sujette à
cet impôt.

27° C'est le seul impôt qui grève le sol mis en exploitation minière.

28° Le gouvernement exige 2 fr. 50 par mille pieds de bois
(7 m. c.) pris pour les travaux de mines, sur les terrains publics.

29° CHARBON, PÉTROLE. — Des licences de prospection sont accordées sur 30 jours d'avis donné au bureau des terres du gouvernement pour la recherche des gisements de charbon et de pé-
role; cet avis doit être publié dans la *Gazette officielle*, dans un
ournal local et affiché dans le district visé.

30° La demande doit être accompagnée de 250 francs et des
plans du terrain, en double ; et elle doit être faite au commissaire
e l'or.

31° La licence peut être accordée pour une location de 256 hec-
ares.

32° La licence peut être prolongée pour trois ans.

33° Le terrain peut être loué pour 5 ans à raison de 50 centimes
es 40 ares par année ; plus, une redevance de 25 centimes par
onne de charbon produit, et 5 centimes par baril de pétrole tiré.

34° Dans un délai de trois mois après l'expiration du bail, le
ocataire peut acheter le terrain à raison de 25 francs l'acre (ou les
40 ares) pourvu qu'il ait travaillé sa propriété continuellement en
ertu du bail.

35° Si les découvertes sont faites dans des régions éloignées des
Régistrateurs, les mineurs forment ensemble une communauté,
lisent un Régistrateur et se conforment par eux-mêmes aux lois
minières ; le Régistrateur ainsi élu se met aussitôt en relation
vec le commissaire de l'or ou le Régistrateur le plus rapproché
t lui communique les résultats de son administration.

CHAPITRE TROISIÈME

LA HOUILLE

Dans la vie économique actuelle il n'y a peut-être pas de problème qui plus que celui du combustible offre de réelles craintes et fait redouter les hasards. Les aléas dont la production du combustible menace continuellement le consommateur sont aussi redoutables à l'homme que pourrait l'être une grève même du froment.

C'est bien en connaissance parfaite de cause que les provisions de charbon ne se font plus guère aujourd'hui que par contrats de trois, quatre ou cinq ans. Nous parlons des provisions particulières un peu considérables et des provisions commerciales.

On ne songe pas à faire de traités pour l'alimentation ou simplement pour la fourniture de farine dans les grandes maisons.

Le charbon est la plus terrible des menaces.

On est toujours porté à se demander si l'Angleterre, les États-Unis, la Belgique ou la France ne sont pas à la veille d'être épuisées en houille ou si les difficultés croissantes de l'exploitation des puits houillers ne rendront pas prochainement la production houillère impossible, surtout avec la concurrence facile que les pays neufs pourront opposer.

Depuis trente ans l'Angleterre a produit une moyenne annuelle de 200.000.000 de tonnes de houille. La production des États-Unis, qui est aujourd'hui de 300.000.000, augmente sa quantité annuelle de production d'environ 20.000.000 de tonnes; l'Allemagne, avec une production annuelle de 168.000.000 de tonnes, ne semble pas

on plus s'affaiblir; l'augmentation de la production houillère
française n'est guère sensible; elle semble même à certaines époques traduire une sorte de gêne comme en 1901, où la production houillère non seulement ne s'accrut, même dans une faible
proportion, mais fut inférieure aux trois années précédentes.
Voici les chiffres de la production houillère française pour quatre
années :

        1898. . . . . 35.748.644 tonnes
        1899. . . . . 35.655.426   —
        1900. . . . . 36.811.536   —
        1901. . . . . 35.596.536   —

Il en a été de même en 1901 pour la Belgique qui ne produisit
que 24.473.178 tonnes contre 23.856.024 en 1900. La production
de l'Autriche-Hongrie marque également une diminution de
1.000 tonnes sur le chiffre de production de l'année précédente,
c'est-à-dire sur 43.000.000 de tonnes en 1900.
Mais d'un autre côté la production totale du monde va toujours
augmentant. Il est vrai que la quantité requise pour la consommation grossit chaque année ; les nouvelles usines, les nouveaux chemins de fer, les nouveaux paquebots de commerce et
armements maritimes nouveaux font augmenter la production. Seulement, si l'on ne produit guère plus qu'une certaine
quantité presque invariable dans certains vieux pays, il en est
en autrement dans les pays nouveaux où l'industrie houillère
commence à peine à se développer.
Le Canada, abondamment boisé, comme l'on sait, dans ses parties septentrionales, orientales et occidentales, consomme néanmoins une certaine quantité de charbon dans ses usines, sur ses
chemins de fer et dans ses maisons particulières. Or nous voyons
d'après les statistiques houillères que le Canada consommait, en
1901, 9.759.338 tonnes de houille et en 1902, 10.283.546 tonnes.
Quantité de consommation, inutile d'insister sur ce point, continuera indéfiniment à augmenter.
Mais d'où vient le charbon que le Canada consomme? La moitié
de ce charbon vient des États-Unis et une quantité insignifiante
de l'Angleterre.
Ce n'est pas à dire que le Canada ne peut pas trouver dans

son sol la quantité de charbon dont il a besoin pour sa propre consommation; nous n'en voulons pour preuve que le seul fait de l'exportation croissante de houille que fait annuellement le Canada, exportation dont nous donnerons les chiffres à la fin de cette étude.

Le Canada possède donc de la houille et en quantité prodigieuse; nous essaierons d'apprécier, d'une façon bien grossière et tout approximative, la valeur et l'étendue des gisements houillers du Canada, nous servant pour cela des données officielles des gouvernements fédéral et provinciaux.

APERÇU DES RÉGIONS HOUILLÈRES CANADIENNES

On estime qu'il y a, au Canada, outre les régions houillères encore inconnues, une superficie houillère de 241.748 kilomètres carrés, c'est-à-dire près de la moitié de la France. Elle se répartit ainsi :

1° Charbonnages de la Nouvelle-Ecosse et du Nouveau-Brunswick :

2° Charbonnages des territoires de l'Ouest ;

3° Charbonnages des montagnes Rocheuses ;

4° Charbonnages de la Colombie britannique.

La Nouvelle-Ecosse et le Nouveau-Brunswick. — On distingue, dans la Nouvelle-Ecosse, cinq bassins houillers :

Le bassin de Sydney, au cap Breton.

Le bassin de Pictou.

Le bassin de Cumberland.

Le bassin d'Inverness.

Le bassin de Richmond.

Les trois premiers sont de beaucoup les plus importants; tous sont d'âge carbonifère.

L'épaisseur de couche de houille exploitable est très grande : à Sydney, elle varie de 8 à 20 mètres; à Pictou, elle est au moins de 10 mètres. Les terrains houillers de Sydney au cap Breton occupent une étendue de 518 kilomètres carrés, ayant environ 50 kilomètres de longueur sur une largeur de 10 kilomètres, avec, comme bornes de trois côtés, l'océan Atlantique. Ces terrains sont remarquablement bien partagés, au point de vue des commodités naturelles pour l'extraction et l'expédition de la houille. Il y a

me notable absence de failles, et la côte offre un nombre illimité
le havres naturels. La majeure partie de ce bassin est cachée sous
l'Océan, mais on exploite facilement, même sous les eaux mari-
imes.

Nous avons dit la moyenne générale d'épaisseur de la couche
houillère ; les filons ont des puissances individuelles de un à
quatre mètres ; les couches plongent sous un angle peu élevé,
environ de cinq à douze degrés vers l'Océan, et semblent avoir
subi très peu de perturbation.

La production annuelle de ce bassin est d'environ 300.000 tonnes.

Une analyse de la houille faite par le professeur Howse de
Windsor (N. E.) donne les résultats suivants :

Eau	3.04 pour 100
Matière combustible	31.14 —
Carbone	61.50 —
Cendres	4.32 —

Dans ce bassin, il faut signaler la houillère *Calédonia* située à
a baie *Petite-Glace*. Son étendue superficielle est de 181 kilomètres
carrés. On remarque dans cette mine l'absence de grisou. La production annuelle est d'environ 300.000 tonnes.

La houillère *Dominion* située à 13 kilomètres de Sydney : production, 270.000 tonnes. L'inclinaison de la couche est de 1 à
4 pieds.

La houillère *Réserve* ; production, 300.000 tonnes par an.

La houillère *Internationale* à Bridgeport : production, 130.000
tonnes par an.

Houillère *Hub* : production, 115.000 tonnes par an.

Le *bassin Pictou*. — Superficie, 64 kilomètres carrés. Les filons,
dans ce bassin, semblent être très puissants. En 1900, on en con-
naissait deux d'une épaisseur respective de 13 et 14 mètres.

La géologie est compliquée : gisements coupés par une multitude de failles, presque complètement entourés d'une ceinture de
failles : le bassin comprend trois divisions :

1° *Centre* (Albion).

2° *Ouest* (Westville).

3° *Est* (East Vale).

L'analyse du *Centre* du bassin a donné les résultats suivants :

Eau. . . . .   1.48 pour 100
Matières combustibles . . . .   24.28   —
Carbone. . . . .   66.50   —
Résidu. . . . .   7.74   —

L'inclinaison des couches houillères varie de dix à plus de trente degrés.

Bassin Cumberland. — Situé à 20 kilomètres à l'ouest de Springhill. Peu grisouteux.

Les résultats moyens de l'analyse ont donné :

Eau. . . . .   1.02 pour 100
Matières combustibles 34.38
Carbone. 60.82
Résidu 3.78

On lit dans l'Annuaire statistique du gouvernement canadien (1902), p. 454 : « Si nous réduisons d'un quart la surface exploitable, soit de 407.400 à 300.000 acres, et si nous mettons à 5 pieds l'épaisseur moyenne de cette couche, à 1.000 tonnes de houille par pied d'épaisseur dans l'acre, nous aurons comme chiffre de la richesse houillère de la Nouvelle-Ecosse 7.000.000.000 de tonnes. »

MANITOBA. — Il y a au Manitoba environ 38.850 kilomètres carrés de terrain houiller. On n'en retire que des lignites mais qui sont parfois d'excellente qualité. L'analyse de cette houille donne les résultats suivants :

Eau. . . . .   15.46 pour 100
Combustible volatile. . . . .   37.97   —
Carbone. . . . .   42.21   —
Cendres. . . . .   5.36   —

Ces gisements sont une branche de ce qu'on appelle *le champ de charbon* de l'Ouest ; cette branche s'étend des montagnes Rocheuses jusqu'à la rivière Souris dans le Manitoba et la montagne Tortue. Le champ de charbon du Nord-Ouest s'étend du pied des montagnes Rocheuses vers le 49e degré de latitude jusqu'à la rivière La Paix, distance de 500 milles sur une largeur moyenne de 130 kilomètres, formant une superficie houillère d'environ 129.500 kilomètres carrés. Voici les résultats des analyses faites au cours de cette bande houillère :

	Rivière Pelly	Rivière Bow	Rivière La Paix
Eau	6.52	12.37	2.10
Combustible volatile.	31.03	32.33	21.54
Carbone	56.54	46.39	71.63
Cendres	5.91	8.91	4.73

MONTAGNES ROCHEUSES. — Cette région n'est pas très étendue, mais par contre la houille anthracite qu'on en extrait est de qualité supérieure, particulièrement les gisements reconnus sur la rivière Bow et Cascade.

Il convient de signaler comme faisant partie de cette région houillère les exploitations de la passe du Nid de Corbeau. 60 sur 100 du charbon produit là sont vendus au Canadien Pacifique, tandis que 75 pour 100 des charbons de la côte du Pacifique vont en Californie. La moitié de la production des charbonnages du Nid de Corbeau est transformée en coke. Le ministre des mines de la Colombie britannique écrit dans son rapport annuel de 1901 : « Les débouchés qui s'offrent aux produits de ces charbonnages sont illimités, et quand nous aurons là plus de facilités de transport et plus de travaux d'ouverture, l'augmentation de la production sera considérable. » On employait dans cette région, en 1901, 974 ouvriers.

Les principaux charbonnages de cette région sont Fernie, Michel, Morrissey; tous ces gisements sont sous les montagnes; les couches ont des épaisseurs variant de 4 à 10 et 12 mètres.

COLOMBIE BRITANNIQUE, ou plus proprement appelée la côte de l'océan Pacifique. — La superficie de cette région houillère est estimée à 35.483 kilomètres carrés.

La houille de cette région se décompose ainsi :

	Cuisson lente	Cuisson rapide
Eau	1.47	1.47
Combustible volatile.	28.19	32.69
Carbone	64.05	59.55
Cendres	6.29	6.29
Sulfure.	1.53	0.89

Dans l'île de la Reine-Charlotte on a trouvé des couches d'anthracite de 1 et de 2 mètres d'épaisseur rivalisant en excellence avec celles de la Pensylvanie. Les échantillons analysés ont donné les résultats suivants :

	Echantillon 1	Echantillon 2
Eau	1.60	[illegible]
Combustible volatile.	5.02	[illegible]77
Carbone fixe	83.09	[illegible]76
Cendres	8.76	[illegible]69
Soufre	1.53	[illegible]89

On compare souvent, à San Francisco, les charbons de la côte de l'océan Pacifique aux charbons dits *West Hartley*.

Les principaux puits sont à l'île Vancouver et dans les îles voisines et particulièrement à Nanaimo, Northfield, Southfield, Harewood ; les îles *Protection* et *Newcastle* ; et encore sur l'île Vancouver à *Comox*, *Wellington*, *Extension* (où l'on produit 2.000 tonnes par jour). Les puits de Wellington, d'après les calculs faits à l'aide de la sonde à pointe de diamant, pourront rendre 2.000 tonnes par jour pendant cent ans.

Il y a à Oyster Bay un quai où les chargements de charbons peuvent se faire sur cinq gros navires simultanément.

Les mines Comox ont leur débouché par la baie Union ; elles couvrent une superficie de 777 kilomètres carrés. Ce sont elles qui fournissent le charbon aux escadres anglaises et américaines de l'océan Pacifique. On y produit 1.600 tonnes par jour, et on se croit fondé à dire, d'après plusieurs sondages, que ses gisements sont virtuellement inépuisables.

Sur l'île Vancouver il n'y a donc que les deux groupes miniers connus sous les noms de *Nanaimo* (ou Dunsmuir) et *Comox*, situés sur le côté oriental de l'île. Ces deux grandes exploitations sont, paraît-il, séparées par une muraille géologique de conglomérat et de sable ; ce qui laisse à croire que la partie occidentale de l'île, qui est à peine connue, doit recéler des trésors de charbonnages : du reste le bibliothécaire du Parlement de la Colombie britannique, M. R.-E. Gosnell, affirme que certains indices ont été reconnus sur les parties occidentale et septentrionale de l'île, qui font croire à l'existence de précieux gisements. On voit notamment des saillies de roches carbonifères au havre de Hesquoit et à la pointe de Carmanah sur la côte sud-ouest.

*
* *

Nous avons vu rapidement les quatre grandes régions houillères
canadiennes; elles couvrent approximativement une superficie
égale à la moitié de la France, à savoir 241.748 kilomètres carrés.

Mais combien de régions ne reste-t-il pas à découvrir! Combien de gisements éloignés, inconnus des explorateurs, restent à
l'unique disposition des mineurs et des bûcherons!

C'est ainsi qu'au lac Blanc, à la montagne Kennedy, dans la
Colombie anglaise, l'absence de moyens de transports paralyse
l'exploitation.

Et nous n'avons pas parlé des gisements de pétrole, corollaires
des charbonnages.

Il suffirait d'un peu d'initiative et de quelques capitaux pour
mettre en valeur d'immenses propriétés houillères. Chaque mineur n'a-t-il pas le droit de s'inscrire pour 260 hectares de terrain
houiller?

Les débouchés manquent-ils?

Certes non. Les deux plus importantes régions houillères canadiennes se trouvent de chaque côté du pays : l'une dans l'océan
Atlantique, l'autre dans l'océan Pacifique ; ces gisements, précieux
pour un grand pays et un pays maritime, sont d'un avantage
immense. Le Canada n'est-il pas placé au futur centre du monde
commercial et industriel?

Voilà que le Japon et la Chine entrent en communication plus
intime avec les peuples civilisés. Sera-ce la Russie qui pourra concurrencer les produits canadiens d'exportation dans ce marché
considérable du Japon? Les transports maritimes sont plus économiques que les transports par voie de fer ; d'un autre côté,
l'océan Pacifique n'offre pas les dangers de la navigation que l'on
connaît dans l'Atlantique.

N'y a-t-il pas déjà, dans toute la côte occidentale du Canada,
une proportion notable de main-d'œuvre japonaise et chinoise?

En effet, on trouve des Chinois et des Japonais dans les mines
de charbon, de cuivre et d'or de la Colombie britannique, et jusque
dans la région d'Atlin.

Puis, il n'y a pas que le marché de l'Extrême-Orient — lequel
se trouve, par rapport au Canada, l'*Extrême-Occident* — qui est
ouvert aux charbonnages canadiens.

Les principaux pays où le Canada exporte du charbon sont :

l'Angleterre, Terre-Neuve, l'Afrique du Sud, les Antilles, la Guyane, l'Australie, les États-Unis, Saint-Pierre, Hawaï.

La Californie achète de plus en plus son charbon à l'île Vancouver. Qu'on en juge par les chiffres d'importation californienne:

	1896	1897	1898	1899
	tonnes	tonnes	tonnes	tonnes
Colombie britannique .	551 852	558.372	651 208	622 193
Australie	273.851	281.666	201.931	129 333
Angleterre, Belgique . .	156 368	107.969	75.115	9 263
Ecosse	8.356	4.081	5.056	
Etat de Washington. . .	128.919	220 175	283.963	271 094
» Tacoma	255 923	286.205	318.474	502 156
Montagne Diablo Coos Bay et Tesla.	110.237	115.150	172 506	185 507
Japon et Montagnes-Rocheuses.	2.247	6.587	25.560	25 390

Les charbonnages de la Nouvelle-Écosse et du Nouveau-Brunswick et ceux de la Colombie britannique sont sur des îles situées à proximité d'une infinité de ports de mer de la plus grande importance.

Il doit en résulter un sensible avantage pour le prix de vente de ces charbons, et c'est dans des conditions pareilles que les mines sont souvent requises de signer des traités fort avantageux pour la fourniture de Compagnies de transports maritimes et de chemins de fer et pour les escadres de guerre.

Que dire du champ de charbon des territoires du Nord-Ouest? Ce grenier de l'Angleterre, où l'on récoltait 100.000.000 de boisseaux de céréales en 1902, et qui n'est qu'à son début, aura toujours besoin de charbon. N'est-ce pas, en effet, la Grande-Prairie, où l'on ne voit de tout côté, à l'horizon, que des étendues infinies de pâturages sans bois ni montagnes? Et pourtant, on consomme, là aussi, beaucoup de combustible. Et, si le bois fait absolument défaut, on fera venir du charbon de régions aussi éloignées que la Colombie britannique et le Montana. C'est bien ce qui se pratique.

Quant aux habitants des régions houillères, ils se contentent d'aller, à l'aide d'un pic et d'une pelle, charger leur charrette dans les collines de la rivière et faire leur provision. Les villageois paient 2 fr. 50 par tonne (prix de charroyage) et, n'ayant pas les

apitaux qu'il faudrait pour exploiter ces richesses naturelles du
ol, ils remercient une nature généreuse et ne demandent qu'à
tre ignorés des industriels et des charbonniers.

Voici quelques données statistiques sur la consommation, la
roduction et l'exportation de la houille au Canada :

TONNES DE CONSOMMATION		
ANNÉES	IMPORTATIONS	PRODUITS CANADIENS
	pour 100.	pour 100.
1886.	3.480.111	54.1	45.9
1891.	5.586.712	53.3	46.7
1896	5.845.511	54.9	45.1
1901.	9.759.338	52.3	47.7
1902	10.283.546	46.1	53.9

Nous résumons, pour terminer, la substance d'une étude qui a
aru cette année dans le *Financial News* de Londres, sur le charbon
u Canada.

Après avoir rappelé que la Compagnie de la Baie d'Hudson a été
la première à exploiter les gisements houillers de la Colombie
britannique, l'auteur de l'article en question cite certains faits
d'actualité : il y a actuellement trois exploitations principales :
Nanaimo, Wellington et Union, sans parler de Quatsino. Le charbon qu'on extrait est un bitumineux de première classe, tenant de
70 à 75 pour 100 de matières combustibles et 3 à 9 pour 100 de
cendres.

Le charbon de l'île Vancouver est réputé non seulement en
Canada, mais à l'étranger ; sur une production totale en 1902 de
1.247.665 tonnes, on a exporté 591.732 tonnes en Californie (E.-U).
Par suite de l'usage que l'on fait du pétrole comme combustible
en Californie, il y a eu une diminution dans la quantité de charbon consommé. Néanmoins, si l'on compare l'exportation du
charbon canadien en Californie à celle du charbon de l'État plus
rapproché de Washington, on voit que la qualité du charbon canadien l'emporte sur les avantages locaux d'une production voisine.
En dépit de l'impôt de 3 francs par tonne que les Américains paient

sur notre charbon importé, la quantité de charbon canadien exporté en Californie augmente, tandis que celle de l'État voisin de Washington diminue : et notons que sur celui-ci les Américains n'ont pas d'impôt à payer.

On a trouvé de l'anthracite à Comox, mais on n'a pas encore commencé à l'exploiter sérieusement ; on y fait cependant un peu de coke ; les fours sont bien situés, le long des quais, offrent toutes les facilités désirables de chargement.

On trouve du charbon crétacé dans les îles Vancouver et Reine-Charlotte, à Quatsino et à la passe du Nid de Corbeau dans les montagnes Rocheuses. Il varie en qualité, de lignite pauvre au bitumineux de première classe et à l'anthracite. La couche principale de l'île Vancouver (côté occidental) couvre une étendue de kilomètres de longueur. Cette île n'est pas encore toute exploitée.

A Nanaimo, les filons au nombre de deux ont 3 m. 30 d'épaisseur ;

A Comox, les filons au nombre de neuf ont 5 m. 30 d'épaisseur ;

A Union, les filons au nombre de dix ont 10 mètres d'épaisseur.

On estime que ces gisements peuvent rendre 16.000.000 de tonnes de charbon par mille carré (1.609 mètres carrés).

A Reine-Charlotte, les filons ont de 2 à 6 mètres d'épaisseur. Ce groupe d'îles, dénommé îles de la Reine-Charlotte, comprend environ 150 îles et îlots s'étendant sur une longueur de 251 kilomètres et sur une largeur maxima de 83 kilomètres.

Des montagnes élevées, abruptes, des forêts denses et à peine éclaircies çà et là, des îles et îlots à profusion, des voies d'eau merveilleuses, telle est la nature pittoresque qui agrémente cette côte occidentale du Canada sur une longueur de 1.600 kilomètres !

On rapporte qu'un Indien de ces régions désirant un jour renseigner un explorateur sur la nature de cette côte n'avait pas d'autres réponses à faire que celle-ci : « Toujours des montagnes, des forêts et de l'eau. »

La production brute du charbon dans la Colombie britannique a été de 1.644.627 tonnes dont on a converti 244.232 tonnes en coke. Ceci représente une petite diminution de la production de charbon, mais une augmentation de celle du coke comparé aux rendements de 1901 ; la perte d'un côté se trouvant gagnée de l'autre. Sur cette quantité les charbonnages de l'île Vancouver ont rendu 1.173.893 tonnes de charbon et 20.178 tonnes de coke : di-

nution de 87.951 tonnes de charbon et augmentation de 4.780
nes de coke.

Si l'on considère que 75 pour 100 de cette production vont à la
iforni et que d'autre part c'est durant cette année qu'on
pta dans plusieurs industries l'usage du pétrole comme com-
stible, on conviendra que cette diminution de 8 pour 100 n'est
préjudiciable. D'un autre côté l'augmentation de 30 pour 100
la production du coke ne peut être exclusivement attribuée à
ablissement de deux usines à broyer puisque la presque totalité
coke est exportée.

Mais tandis que la production du charbon peut sembler limitée
la demande dans la région de la côte, il en est autrement des
rbonnages de la passe du Nid-de-Corbeau où le marché est
s favorable que ne le sont encore à l'heure actuelle les facilités
transport et de production. Les charbonnages de la passe du
l-de-Corbeau dans les montagnes Rocheuses ont produit en 1902
.501 tonnes de charbon et 107.837 tonnes de coke; en résumé
st une augmentation sur la production nette du charbon et une
le diminution sur celle du coke.

A Nanaïmo, les salaires des mineurs sont élevés : 16 fr. 80 à
francs par jour pour les mineurs de profession et 10 fr. 80 à
francs par jour pour les mains-d'œuvre.

Le charbon est livré au puits aux prix de 12 à 14 francs la tonne.

Enfin nous terminons en donnant un tableau des exportations
deux principales régions houillères canadiennes : *Nouvelle-
osse et Colombie britannique :*

| | NOUVELLE-ÉCOSSE | | COLOMBIE BRITANNIQUE | |
ANNÉES	TONNES	VALEUR	TONNES	VALEUR
		dollars.		dollars.
1875.	179.626	404 351	65 342	356.018
1880.	199.552	344.148	219.878	775.008
1885.	176.287	349 650	250 191	1.009.764
1890.	202.387	426.070	508.882	1.977.491
1895.	241.091	534 479	728 283	2 692.562

Législation. — Le gouvernement fédéral a publié des règlements relatifs à la disposition des terrains houillers qui lui appartiennent dans le Manitoba et les territoires du nord-ouest. Ces règlements stipulent que des terrains d'une étendue n'excédant pas 320 acres (130 hectares) pourront être réservés à celui qui en fera la demande, pendant une période de soixante jours pour y chercher les gisements de houille, moyennant un droit de 50 francs et une dépense de 10 francs par jour pour ses travaux. Un terrain pourra être vendu au taux de 50 francs par acre (comptant), à moins qu'il contienne de l'anthracite; et dans ce cas le prix en sera de 100 francs par acre.

Les colons établis à une certaine distance des mines exploitées par les acheteurs pourront se procurer des permis les autorisant à miner pour l'usage domestique, sur paiement d'un droit régalien de 1 franc pour l'anthracite, 75 centimes pour le charbon bitumineux et 50 centimes pour la lignite. Les règlements stipulent que la location devra être indiquée sur le terrain, que le côté de front n'excédera pas 3 chaînes et l'étendue dix chaînes; que le requérant devra, dans les trente jours, déposer une demande entre les mains de l'agent préposé à la distribution des permis, au loyer de 25 francs par acre ou fraction d'acre, par année.

Dans le territoire du Yukon, toute demande de terrain houiller doit être faite à l'agent des terrains de l'État (de la *Couronne*), qui a le pouvoir de vendre ces terrains à 200 francs l'acre (comptant) si la houille n'est pas anthraciteuse, et 100 francs pour toute autre houille.

CHAPITRE QUATRIÈME

LE PÉTROLE

Nature du pétrole canadien. — Le pétrole brut est une huile lourde, foncée, ayant un poids spécifique variant de 0.804 à 0.808, : même de 0.860. Il a une odeur pénétrante très caractéristique, ue à la présence d'éléments sulfureux.

Voici les résultats moyens de diverses analyses du pétrole ut :

	Poids spécifique	Pour 100
Naphte	0.735	12.5
Huile combustible	0.820	35.8
Huile à lubrifier		43.7
Paraffine dure		3.0

Dans la pratique, ces substances ont produit relativement peu, savoir :

	Pour 100
Benzine et naphte	1.6
Huile combustible	38.7
Paraffine et huiles lourdes	25.3
Divers	34.4

(Rapports de 1889.)

Le pétrole canadien rend en moyenne actuellement 40 pour 100 'huile d'éclairage. La *Compagnie impériale des huiles* de Sarnia roduit, outre le pétrole, des huiles à lubrifier, des huiles à ylindre, la paraffine, les bougies et les graisses lubrifiantes.

Toutefois un échantillon de pétrole provenant du Comté de

268   LES RICHESSES DU CANADA

Westmoreland dans le Nouveau-Brunswick, analysé au Départe-
tement scientifique de l'Institut impérial de Londres en 1902, a
révélé la composition suivante :

	Pour 100
Pétrole léger (naphte).	5.
Pétrole d'éclairage	28.
Huiles lourdes et hydrocarbures solides. . .	58
Eau.	7.

Le poids spécifique de cet échantillon était 0.857.

Gisements pétroliers. — Province d'Ontario. — Dans le comté
de Kent, le pétrole se trouve sur une étendue de 66 kilomètres
carrés. Dans le comté de Kent et dans celui de Lambton on le
trouve à des profondeurs de 156 et 128 mètres respectivement. Il
y a actuellement dans ces comtés environ 10.000 à 11.000 puits.

Dans le comté de Kent, on signale le champ Bothwell qui a
240 puits ; en 1902, le rendement de pétrole variait de 1.575 à
7.875 litres par mois pour chaque puits.

En 1902, un puits connu sous le nom de *Gurd gusher* rendait au
début 7.875 litres à l'heure ; mais cette quantité était considérablement moindre dès le début de 1903 ; il ne rendit plus que
15.570 litres par jour.

Ce puits est situé à Chatham et il a une profondeur de 110 mètres.

Les autres gisements importants de la province d'Ontario sont
situés dans le comté de Elgin à Dunwich ; dans le comté de
Oxford, à Tilsonberg.

Province de la Nouvelle-Écosse. — On n'a pas encore trouvé
de pétrole en quantité suffisante pour y établir des industries ;
mais des gisements ont été reconnus à Cheverie dans le comté de
Hants et du lac Ainslie au Cap Breton. On ignore encore si ces
gisements sont propres à une exploitation profitable.

Province du Nouveau-Brunswick. — On croit à l'existence d'une
veine pétrolière traversant cette province du sud-est au nord-
ouest. Les rendements d'essai sont plutôt faibles jusqu'à présent.
Il n'y a encore que quelques puits, dont l'un est à Memramcook ; à
Baltimore, on a trouvé des argiles pétrolifères qui ont rendu, par
la distillation, 283 litres de pétrole (par tonne d'argile).

Province de Québec. — La seule région pétrolière connue dans

cette province se trouve sur la côte orientale de la péninsule de
Gaspé, à la pointe Tar et près du bassin de Gaspé.

TERRITOIRES DU NORD-OUEST. — Les formations connues sous le
nom de *sables de goudron* sont composées de grès imprégnés de
pétrole ; ils couvrent une étendue de 250 kilomètres carrés le long
de la rivière Arthabasca, se retrouvent sur la rivière la Paix et
beaucoup plus au nord encore sur la rivière Mackenzie.

L'origine de ce bitume se rapporte, dit-on, à la pierre à chaux
dévonienne. Il fond à 24 degrés C. et contient les substances suivantes :

	Pour 100
Bitume.	12.42
Eau (mécanique comprise).	5.85
Silice (sable)	81.73

On évalue à 4.700.000.000 de tonnes, le bitume superficiel,
c'est-à-dire pratiquement accessible, en évidence.

Prétendant que le pétrole s'était volatilisé après une période
l'abondance superficielle, le département des mines du Canada
a fait forer quelques puits qui ont révélé l'existence du pétrole
dans un état de demi-fluidité. Par contre, on y a trouvé des quantités prodigieuses de gaz. On trouve encore du pétrole liquide sur
la côte nord du grand lac des Esclaves ; les échantillons de celui-ci
sont excellents et révèlent la présence de la paraffine.

On en a trouvé également près de Calgary à une profondeur de
340 mètres.

COLOMBIE BRITANNIQUE. — On a trouvé du pétrole à la surface
du sol dans les Kootenay est et sud.

TERRE-NEUVE. — Il y a probablement à Terre-Neuve une aire
pétrolière de plus de 600 kilomètres carrés, située sur le versant
occidental de l'île ; quatre puits ont été forés en 1898 à Port-à-
Port, et on y a trouvé du pétrole brun, possédant d'excellentes
qualités lubrifiantes, à des profondeurs de 45 et 228 mètres. Le
plus petit puits a fourni durant le premier mois une moyenne de
1.575 litres par jour.

On signale un puits très fécond à Parson ; durant la première
heure ce puits aurait rendu 2.835 litres de pétrole.

Bref, voilà, pour le Canada en général, de l'huile dans la lampe
pour longtemps.

CHAPITRE CINQUIÈME

La côte de la Colombie britannique, sur l'océan Pacifique, est profondément dentelée. Les îles Reine-Charlotte et Vancouver sont séparées du continent par de nombreux détroits et des centaines d'îles groupées par petits archipels. Une quantité de petites baies coupent le continent et facilitent considérablement les industries de la pêche.

La richesse de ces innombrables masses d'eau est infinie. Voici selon l'ordre d'importance les principaux poissons que renferment ces eaux :

1. Quinnat (1), chinook ou tyee (*Onchorhynchus tschawitscha*) ; on en trouve qui pèsent jusqu'à 75 livres ; c'est le meilleur poisson de table ;

2. Saumon argenté ou cohoe (*O. Kisutch*) ;

3. L'Œil chaussette ou sockeye, ou dos bleu (*O. Nerka*) ; on le préfère pour l'industrie de la mise en conserve. On comptait 62 usines de conserves, pour l'œil chaussette, sur la rivière Fraser, en 1900. Il pèse de 3 à 10 livres ;

4. Saumon chien (*O. Keta*) ;

5. Bossu (*O. Gorbusca*) ;

(1) On met le quinnat en conserve. C'est un poisson qu'on exporte beaucoup et particulièrement de la rivière Columbia ; mais la grande industrie de la mise en conserve se fait avec le Sockeye (œil chaussette). On a vu jusqu'à 200 barques à la fois à l'embouchure de la rivière Fraser ; on assure que, dans la bonne saison, chaque barque prend de 200 à 500 saumons par nuit.

, TRUITE A LA GORGE COUPÉE (*Salmo Mykiss*). La truite abonde
s toutes les rivières et dans tous les lacs du pays ; on la trouve
si en eau salée ;

TÊTE D'ACIER (*S. Gairdneri*) ;

TRUITE DOLLY VARDEN (*Salvenilus Malma*) ;

SAUMON ARGENTÉ. Il remplace quelquefois le *sockeye* quand ce
nier vient à manquer pour l'industrie de la mise en conserve.
t cependant moins estimé que le *sockeye*. Toutefois le *saumon
mté*, pris en eau salée, est supérieur à l'autre.

ne faudrait pas confondre l'*Onchorhynchus* de l'océan Paci-
c, appelé couramment *saumon*, avec le *Salmo* de l'océan Atlan-
e. Les saumons de l'océan Pacifique meurent presque tous
s leur première couvée.

. B. — La vie de ce poisson n'a pas encore été suffisamment
liée ; de sorte qu'on n'est pas bien fixé sur les avantages
sibles des couvées artificielles ;

). FLÉTAN (*Hippoglossus vulgaris*). Ce poisson se trouve surtout
nord de l'île Reine-Charlotte ; du reste, il est courant, dans
ays, que le flétan fait de plus en plus concurrence au saumon.
flétan atteint parfois le poids de 200 livres. Par un temps
ne, un petit vapeur peut prendre entre 20.000 et 60.000 livres
flétan dans deux jours.

e poisson est emballé dans des caisses frigorifiques, com-
les de neige ou de glace, et expédié en grande vitesse à New-
k ; poisson excellent, et destiné à prendre une plus grande
ortance encore. Jusqu'à ce jour, le manque de capitaux a été
use qu'il n'y ait pas encore une exploitation durable de ce
son. Deux millions de livres de flétan ont été récoltés en
 ; 5.701.000 en 1901 ;

l. CARRELET. Ce poisson n'a encore trouvé qu'un marché
l ;

2. MORUE NOIRE OU SKIL. Poisson délicieux : il ressemble au ma-
reau ; à cause de sa graisse abondante ce poisson est d'expor-
on difficile ;

3. OOLACHAN (*Thaleichthys pacificus*). Se trouve en quantité con-
rable dans les rivières et les baies. De même que la morue
e il est d'exportation difficile. L'huile que donne ce poisson
rrait avoir une importance commerciale notable. Il faudrait

adopter, pour sa conservation, des mesures de protection contre les autres poissons ;

14. ANCHOIS (*Stalephorus ringens*). Se trouve en très grande abondance ; mais rien n'a encore été fait pour son exploitation ;

15. ÉPERLAN (*Osmerus thaleichthys* et *Hypomesus pretiosus*) ;

16. CARRELET (*Pleuronectes vetulus*) ; petit ; excellent ;

17. HARENG (*Clupea mirabilis*). Une usine pour la conserve de ce poisson a été détruite par un incendie à Burrard-Inlet, on n'a pas été reconstruite ;

18. CAPELIN (*Mallotus villosus*). Se trouve surtout dans les eaux de l'Alaska ;

19. MORUE (*Ophiodon elongatus*). Très bon ; abondant en toutes saisons ;

20. MORUE (*Hexagrammus decagrammus*). Poisson très demandé ; d'autres affirment qu'il est d'une qualité douteuse ;

21. BAR (*Acipenser pinniger*) ; bar (*Sebastodes ruberrimus*) ; bar (*S. Melanaps*). Trois poissons supérieurs, mais fort coûteux ;

22. ESTURGEON (*Acipenser transmontanus*). Se trouve dans la rivière Fraser. Il atteint parfois le poids de 700 et 900 livres. Une société s'est établie à New-Westminster pour l'exploiter ; mais nous ignorons quels ont été ses résultats ;

23. POISSON CHIEN. Il y en a deux variétés : *Squalus acanthias* et *Geleorhinus galens*. Ce poisson, bien qu'impropre à la consommation, est néanmoins très apprécié industriellement pour l'huile qu'il donne. On le trouve sur toute la côte du Pacifique jusqu'en Alaska ;

24. POISSON RAT (*Hydralagus callæi*). Huile ;

25. REQUIN FRILEUX (*Cethorinus maximus*). Se trouve dans les environs de l'île Reine-Charlotte. Il donne une huile appréciée ;

26. RAIE, CLAM, CRABES. Se trouvent en abondance. Ils servent surtout aux pêcheurs comme appât.

Nous avons dit que l'industrie de la conserve du saumon se pratique surtout dans l'exploitation du saumon dit *dos bleu* (œil chaussette). Voici comment se répartit le chiffre de 625.982 caisses [1] de poisson récolté en 1902 :

____

(1) La caisse est de 48 livres.

	Nombre de sociétés.	Nombre de caisses.
Dans la rivière Fraser.	33	327.095
Dans la rivière Skeena	10	154.875
Dans le Rivers Inlet.	5	70.298
Dans la rivière Naas	2	23.218
Dans le Lowe Inlet.	1	7.538
Dans le China Hat	1	3.608
Dans le détroit de Dean.	1	7.907
Dans le port de Namu	1	4.966
Dans le Bella Coola.	1	4.867
Dans le Smiths Inlet	1	5.200
Dans la baie Alert	1	10.806
Sur la côte Ouest de l'Ile Vancouver.	1	5.604
Dans les eaux du Nord	diverses	298.887

		fr.
cette récolte de saumon représente une valeur de . .		18.769.370
la récolte du flétan « « « . . .		2.104.250
— du hareng « « « . . .		636.650
— de l'oolachan « « « . . .		418.250
— de la truite « « « . . .		175.670
— de la morue « « « . . .		135.000
— d'huile de poissons « « . . .		283.440
— de divers autres poissons « . . .		2.114.020
— des clams « « « . . .		79.200
— phoques (peaux) « « . . .		1.688.300
TOTAL . . .		26.404.120

Dans les diverses usines on a employé, pour la mise en conerve, 17.098 ouvriers et sur les barques, 607 pêcheurs.

A la chasse du phoque on a employé, dans les diverses sociétés, 858 ouvriers ; soit au total 18.563.

Législation piscicole.

1° Nul ne peut pêcher sans une licence du ministère de la Marine et des Pêcheries du gouvernement fédéral à Ottawa.

2° On prend le quinnat entre le 1er mars et le 15 septembre ; les mailles des filets ne doivent pas être inférieures à environ 18 centimètres (7 pouces 3/4).

3° Pour les autres variétés de saumon : 12 centimètres (ou 5 pouces 3/4). Ouverture : du 1er juillet au 25 août et du 25 septembre au 31 octobre.

4° On n'emploiera que des filets dits *flottants* et dans les eaux courantes, pour la pêche du saumon, laquelle pêche est prohibée entre le 15 et le 25 septembre, et aussi entre le 31 octobre et le dernier jour de février.

5° Les filets flottants ne doivent pas obstruer plus d'un tiers de la largeur du courant d'eau ; et ils doivent être distants les uns des autres de 250 mètres.

6° On ne doit pas pêcher à l'aide d'un filet qu'on appelle *seine* dans les 500 mètres comptés de l'embouchure.

7° On ne doit pas pêcher depuis le samedi matin à 6 heures, jusqu'au dimanche soir à 6 heures.

8° Les filets, bateaux, appareils, etc., portent un numéro et le nom du propriétaire.

9° Tout pêcheur de bonne foi habitant la Colombie britannique a droit à une licence pour la pêche au saumon.

10° Toute société ou personne faisant l'industrie d'exportation du saumon a droit à 7 licences.

11° Toute société ou personne faisant la conserve et l'exportation du saumon a droit à 20 licences.

12° A la fin de chaque année, tout pêcheur doit rendre compte de la quantité de saumon qu'il a prise.

13° Tout pêcheur ou membre de société de pêche doit être sujet britannique.

14° Tout filet de pêcheur commerçant ne doit pas excéder 300 mètres de longueur. Honoraires pour licence : 50 francs.

15° Une licence de pêche n'est transférable qu'avec la permission du ministre de la Marine.

16° On accorde des licences de pêche domestique moyennant 5 francs.

17° On ne doit pas prendre de saumon d'un poids inférieur à 3 livres.

18° Les filets *gill* (ouïes) ne doivent pas excéder 100 mètres ; mailles : 10 centimètres. Honoraires : 5 francs.

19° On ne prend pas de truite saumonée, ni de poisson blanc, entre le 1er octobre et le 30 novembre.

)° On ne prend aucune truite entre le 15 octobre et le 15 mars ;
opté, cependant, pour les Indiens.

)° On ne peut se servir d'explosifs ni de torches.

)° Toute écluse ou chaussée devra être munie d'un passage
le poisson, quand le ministre l'exigera.

)° Nul appareil de pêche ne doit obstruer la navigation.

)° On ne doit pas infester les cours d'eau de saletés telles que
ix, sciure de bois, poissons morts, etc.

)° Toute dispute ou discussion surgissant entre pêcheurs doit
déférée à l'officier des pêcheries du district.

n terminant ce chapitre il est peut-être intéressant de signaler
écouverte que vient de faire un Français de la Colombie bri-
nique, découverte qui peut être d'une grande utilité pour les
leurs de sardines de la Bretagne. Une *rogue* nouvelle fournie
les œufs de saumon pourrait remplacer fort avantageusement
ogue de morue importée de Norvège en France à grands frais.
ous laissons la parole à M. Monin, Consul de France à Van-
ver, (Colombie britannique) Canada, qui écrivait en date du
vril 1903 :

La disparition de la sardine sur les côtes de Bretagne paraît
ir été attribuée, parmi d'autres causes, à la diminution de la
rriture artificielle. La *rogue* qui se compose exclusivement
ufs de morue, ayant atteint un prix élevé, ne serait plus dis-
uée avec l'abondance d'autrefois.

Partant de ce fait, un de nos nationaux, qui réside depuis long-
ps dans ma circonscription consulaire et qui s'occupe de ques-
is de pêche, aurait songé à utiliser les œufs de saumon. Ce
sson, qui est pêché en grande quantité sur la côte de la Co-
bie britannique, est employé à la fabrication des conserves,
s ses œufs, qui constituent le déchet de cette fabrication, ne
t, jusqu'à présent, l'objet d'aucun emploi et pourraient s'ob-
ir en grande quantité et à très bas prix.

Notre compatriote vient de me remettre à ce sujet une note
il on trouvera le texte ci-après :

Ayant suivi avec intérêt, écrit notre compatriote, tout ce qui
té dit au sujet de la disparition de la sardine sur les côtes de
nce, j'ai pensé qu'il serait peut-être utile à notre industrie de
naler une nouvelle *rogue* qui serait destinée à remplacer

celle de la morue provenant de Norvège, dont l'usage est très restreint, à cause de son prix de plus en plus élevé et cela au grand détriment de l'industrie sardinière en France.

» Il est à souhaiter qu'une ou plusieurs maisons françaises tentent un essai sur une petite quantité de cette *rogue*, essai qui, à mon avis, serait peu coûteux : je veux parler de la *rogue* de saumon. L'industrie de la pêche du saumon, pour conserve, en Colombie britannique est d'une importance considérable : chaque année, de juin en octobre, le passage des différentes espèces de saumons occupe plus de cent usines réparties sur tous les points de la province, principalement à l'embouchure des fleuves et rivières. Ces saumons remontent les eaux douces pour y déposer leurs œufs et sont, par conséquent, *rogués*. Cette *rogue*, jusqu'à présent, n'est point utilisée et, aux endroits où on la jette pour s'en débarrasser, les truites et autres poissons se trouvent en abondance. Cette *rogue* est tellement efficace que le gouvernement l'a défendue comme appât. L'ayant essayée moi-même, j'en ai constaté les résultats.

» Il serait facile d'en obtenir annuellement une grande quantité en s'adressant aux fabriques de conserves et de l'expédier, salée, par voilier, viâ « Cap Horn », directement de Victoria en Europe. Le prix du fret des bateaux qui chargent les saumons pour l'Angleterre est de 18 fr. 50 environ la tonne. »

CHAPITRE SIXIÈME

LES BOIS

Bien que la Colombie britannique ait été souvent ravagée par
le terribles incendies de forêts, elle n'en reste pas moins la province du Canada et de toute l'Amérique qui produit le plus de
bois à construire.

Il faut, à ce propos, noter qu'en Amérique, le bois à construire
est beaucoup plus en usage qu'en Europe. C'est à peine si l'on
construit 10 maisons en brique ou en pierre contre 90 en bois.
L'exploitation du bois constitue donc une des industries natio-
nales les plus importantes. La côte du Pacifique est boisée jusqu'à
Alaska ; on y voit successivement les zônes des conifères (*sa-
pins*) — et entre autres le célèbre PIN DOUGLAS (*pseudo-tsuga
Douglassi*) — des cyprès, des cèdres jaunes, des cèdres ordinaires,
des cèdres noirs, des épinettes. Le pin Douglas atteint parfois une
hauteur de cent mètres, et son tronc un diamètre de quatre mètres.
C'est le principal bois commercial du pays. Il a, à peu près, le
même poids spécifique que le chêne.

Puis vient le CÈDRE ROUGE (*Thuya gigantea*) et le CÈDRE JAUNE
Thuya excelsa). Ces bois sont de la plus grande utilité : 1° pour le
colon ; 2° pour l'industrie de l'ornementation, étant faciles à travailler et à polir.

L'ÉPINETTE BLANCHE (*Pitea sitchensis*) est un des bois les plus
utiles ; il est rare et d'une valeur commerciale supérieure à celle
du pin Douglas. C'est par excellence le bois propre à la fabrication de la pulpe.

Le sapin noir (*Tsuga mertensiana*) est plus commun ; il joue à peu près le même rôle que le sapin Douglas.

Le pin blanc (*Pinus monticola*) sert pour l'ébénisterie.

Le baumier (*A. grandis*), a peu de valeur commerciale, sauf pour l'industrie de la pulpe.

Le mélèze américain (*L. occidentalis*) appelé vulgairement *Tamarack*.

L'érable à grandes feuilles (*Acer macrophyllum*).

L'érable a vin (*Acer circinatum*), ébénisterie.

L'aune (*Almus rubra*), ébénisterie.

Le pommier sauvage (*Pirus rivularis*).

Le chêne (*Quercus garryana*) situé au sud de l'île Vancouver.

Le peuplier (*Populus balsamifera*). Pulpe.

Le peuplier (*P. trychocarpa*). Pulpe.

Le tremble (*P. tremuloïdes*). Pulpe.

L'arbousier (*Arbutus Menziesii*), ébénisterie.

Le bouleau (*Betula occidentalis*).

Le saule.

Le genévrier.

Les bois durs se rencontrent surtout dans les terrains bas. La densité de la végétation est telle en certaines régions que l'on tire parfois jusqu'à 15.000 mètres cubes de bois d'une surface de 40 ares.

On estime qu'il y a environ 285.554 milles carrés de forêt dans la Colombie britannique ; et sur cette quantité on ne compte qu'environ 1.175 milles carrés qui aient été concédés pour l'exploitation. Ces 1.175 milles carrés de forêt appartiennent à quatre-vingts sociétés ou scieries.

L'industrie presque naissante de la pulpe de bois a un avenir, au Canada, tel qu'elle pourrait bien avant longtemps conquérir le monopole entier de la fabrication du papier et des ustensiles de pâte chimique.

Une scierie mécanique, en Colombie britannique, pouvant produire une moyenne quotidienne de 37 mètres cubes (journée de dix heures), coûte environ une somme de 3.500 francs.

La production du bois dans la Colombie britannique s'accroît d'année en année ; qu'on en juge par le tableau suivant :

ANNÉES	NOMBRE DE SCIERIES	PRODUCTION QUOTIDIENNE	SUPERFICIE EXPLOITÉE	PRODUCTION ANNUELLE	VALEUR NETTE
		pieds. —	a cres (1) —	pieds. —	francs. —
1888 . . .	25	759 000	135 063	31.868.884	
1892 . . .	57	1.752.000	376.122	64.186.820	
1893 . . .	85	1.903.000	496.746	112.947.106	
1900 . . .	35	1.742 000	476.297	276.236.470	728.830
1901 . . .	32	1.412 000	430.697	241.311.709	744.900
1902 . . .	105	1.901.000	453.251	281.945.866	1 076.375

N. B. — Tout récemment le gouvernement de la Colombie britannique a donné à bail pour un terme de 20 ans, à une maison anglaise (Maclean frères), toute une forêt de la contenance de 12.800 hectares sur l'île Vancouver.

La maison Maclean est tenue de construire une section de chemin de fer de 35 kilomètres pour l'expédition de son bois. Le coût de ce chemin de fer sera d'environ 40.000 à 50.000 francs par kilomètre.

Cette importante concession consiste en bois de sapin et de cèdre.

Il y a place pour d'autres. (V. 1re partie, ch. VIII.)

Législation forestière.

1° Toute licence s'obtient à l'enchère ; le gouvernement vend les concessions forestières, à diverses époques de l'année ; les concessions comportent le droit de la coupe du bois.

2° Le licencié paie une rente de 25 fr. par mille (1609 mètres) carré ; pour tout terrain situé à l'ouest de la passe de l'Aigle, dans la Colombie britannique, la rente est de 0 fr 25 l'acre (40 ares).

3° Le licencié paie, en plus, un droit régalien de 5 pour 100 sur la valeur du bois à plançon.

4° Le droit régalien perçu sur les bois à construire, faits de bois mort (à moitié brûlé, etc.), est de 2 1/2 pour 100.

(1) L'acre équivaut à 40 ares.

5° Tout licencié doit fournir au bureau préposé à la gestion des affaires de forêts un état assermenté établissant la quantité de bois produit, et le nombre de plançons coupés durant les 12 derniers mois.

6° Tout licencié doit produire au moins 37 mètres cubes de bois par 24 heures, dans le délai d'un an après la signification faite par lui au ministre de l'Intérieur d'un plan de sa concession forestière, (plan qui doit, du reste, être fourni tous les ans).

7° Il faut le consentement du ministère pour disposer d'une concession forestière.

8° Le licencié ne peut obtenir un renouvellement de concession qu'en vertu d'un ordre en conseil.

9° On ne doit pas couper le bois qui n'a que 20 centimètres (10 pouces) de diamètre.

10° Tout colon peut couper ce dont il a besoin (gros ou petit bois), librement.

11° Tarif des redevances, exigibles des licenciés :

Bois de chauffage, 1 fr. 25 par corde (environ 4 m. c.).

Bois mort (pour l'usage du colon), 50 centimes par corde.

Poteaux de clôture, haie (2 mètres 15 de longueur sur 10 centimètres d'épaisseur), 0ᶠʳ05 chacun.

Poteaux de clôture, haie (2 mètres 40 de longueur sur 15 centimètres d'épaisseur), 0ᶠʳ10 chacun.

Perches (tremble), 10 cent. d'épaisseur, 10 fr. par 1.000.

Perches (autres bois), 6 cent. d'épaisseur, 0ᶠʳ0705 chacune.

Plançons de construction (peuplier), 30 cent. d'épaisseur, 0ᶠʳ0250 par 30 centimètres ou 12 pouces.

Plançons de construction (autres bois), 30 cent. d'épaisseur, 5 centimes par 30 centimètres.

Plançons de construction (chêne, orme, frêne, érable), 30 centim. d'épaisseur, 0ᶠʳ0750 30 par centimètres.

Bardeaux (tuiles), 2 fr. par 1.000.

Poteaux de télégraphe ; 7 m. 24 de longueur, 0ᶠʳ15 chacun.

Poteaux de télégraphe ; tous les 30 centimètres excédant 7 m. 24 long, 0ᶠʳ05 par 30 centimètres.

Dormants (traverses de chemin de fer), 2 m. 48 long, 0ᶠʳ15 chacun.

Poutres; plançons (peuplier), par 37 m. c., 10 fr. chacun.

Poutres ; plançons (cèdre, pin, épinette, mélèze, etc.), 12 fr. 50
r 37 m. c.

Piquets (pieux), 17 fr. 50 par 1.000

Piliers, 0 fr 0750 par 30 centimètres.

Pièces pour bardeaux (tuiles), 2 fr. 50 par 1.000.

12° Chaque permis coûte 1 fr. 25.

13° Les mineurs, prospecteurs, voyageurs, savants et explo-
ceurs ne sont pas tenus de payer les honoraires requis par la

14° Les colons obtiennent des permis de couper 600 mètres de
is de construction, etc.

15° L'exportation de la Colombie britannique dans le Manitoba
les territoires de l'Ouest est frappée d'un droit de 5 pour 100.
lle faite ailleurs n'est sujette qu'à un droit de 5 pour 100 détaxé
-même de 40 pour 100.

N. B. — Il y a dégrèvement de 2 fr. sur chaque lot de 304 m. de
igueur de bois à construire exporté.

CHAPITRE SEPTIÈME

LES FRUITS

Plusieurs expositions provinciales et régionales ont eu lieu en Colombie britannique et on a toujours remarqué à ces expositions des échantillons de fruits qui feraient envie aux producteurs de la Californie.

Cependant il est nécessaire de dire que la partie de la Colombie britannique qui est située sur la côte de l'océan Pacifique n'est pas très avantageuse ; les fruits y poussent trop vite. Le climat de la côte n'est pas favorable, paraît-il, à la culture du blé ni à celle des fruits. Mais le centre, qui est situé entre les pyramides fantastiques des montagnes Rocheuses, est réellement avantageux. Seulement en plusieurs endroits il faudrait faire des travaux d'irrigation. Le *houblon* et le *lin* poussent en abondance ; le *tabac* réussit très bien. On sait que la culture du tabac est encore à peu près libre dans la Colombie britannique.

Il existe dans la Colombie britannique un Bureau d'Horticulture officiel, dont la mission consiste à éclairer les producteurs sur les meilleures sélections à faire et sur les méthodes de culture.

Le climat de la Colombie britannique est le plus doux et le plus favorable du Canada pour l'horticulture.

Les *pêches*, les *abricots* et les *nectarines* ont donné des résultats peu satisfaisants dans l'ensemble, quoiqu'on ait obtenu d'assez bonnes récoltes dans les localités les plus favorisées au point de vue du climat. Les *vignes* du pays et les *arbustes* y croissent remarquablement bien et y sont d'une grande fécondité.

,es principaux fruits mis en conserve sont les *pommes*, les *poires*, prunes, les *cerises*, les *pêches*, les *fraises*, les *framboises*, les sis et les *groseilles*.

,a ferme expérimentale officielle de la Colombie britannique est gassiz. On a fondé à cet endroit d'immenses vergers d'expéri-ntation, et depuis une quinzaine d'années, on y a ajouté un grand nbre de variétés venant de toutes les parties du monde. Cette lection est l'une des plus considérables qui existent. On y comp-, en 1899, 2.262 sortes de fruits, à part les groseilles, les cerises out ce qu'on est convenu d'appeler les petits fruits. Il y avait ette époque, à la ferme d'Agassiz, 1.215 variétés de *pommes*; variétés de pommes de Sibérie; 568 variétés de *poires*, 325 va-lés de *prunes*, 161 variétés de *cerises*, 218 variétés de *pêches*, variétés d'*abricots*, 25 variétés de *nectarines*, 8 variétés de ngs, 7 variétés de *nèfles* et 6 variétés de *mûres*.

VIGNE. — On a planté des vignobles en certains endroits de la vince de Colombie britannique. Ces vignobles ont pris des pro-tions considérables et aujourd'hui la fabrication du vin com-nce à avoir quelque importance ; mais on n'en fait que pour e très petite consommation locale. Il y aurait certainement là c industrie à développer avec avantage.

POMMES. — On fabrique aussi un peu de cidre ; mais il faudrait avoir le produire à des prix populaires, de façon à le rendre n usage plus général. On boit encore surtout du thé ou de lu.

*
* *

M. Gosnell, dans le *Year-Book* de la Colombie britannique, oue que les étrangers qui ont entendu parler de la fertilité du pays raient certainement étonnés de constater le peu d'avancement qui été donné à l'horticulture, étant donné les conditions avanta-uses où est cette industrie. La vérité est que les débuts furent rqués par une série d'erreurs graves ; tout est à recommencer. faut surtout se rendre bien compte des faits suivants : 1° choix s variétés convenables et en bonne proportion ; 2° préparation sol ; 3° soin des arbres ; 4° le triage et la vente des fruits.

SOL. — Il y a dans la province de Colombie britannique autant de sols divers qu'il se trouve de climats. Il est difficile de dire quelle est la nature du sol qui prédomine. Il en est des sous-sol comme de la surface ; ce qui toutefois semble plus généralement répandu c'est un humus rougeâtre, sablonneux, recouvrant un sous-sol pierreux (gravier). Cet humus se trouve souvent voisin d'une argile terreuse, de glaise et de forts graviers. Le sous-sol ne paraît pas être en rapport de nature avec la couche superficielle ; il est irrégulièrement composé de sable, de gravier et d'argile lourde, tirant souvent sur le conglomérat, quelquefois assez dur. Le sol rougeâtre caractérise surtout les régions de haute futaie. Les lits de rivières et les fonds des vallées sont généralement composés de matières d'alluvions appelées *much noir*, très fertiles quand ils sont drainés.

Le terrain avoisinant le pied des montagnes et des collines est une espèce de mélange granitique. Le terrain le plus densément boisé n'est pas le plus riche, comme c'est le cas dans les provinces de l'Est, où le gros bois pousse de préférence dans les terrains les plus féconds.

Le terrain désigné par le mot *fond alder* est le plus fécond ; ce terrain produit généralement : l'érable, le saule et le cèdre.

L'atmosphère, qui est habituellement humide, aide singulièrement à la végétation et particulièrement à la végétation des légumineuses. L'expérience a démontré que les flancs de collines et de montagnes peuvent être cultivés dans une mesure qui sera plus appréciable plus tard, au fur et à mesure que le sol arable deviendra plus rare.

CHAPITRE HUITIÈME

LA FAUNE

Nous énumèrerons rapidement les principaux animaux et gibiers du pays en donnant des indications sur les régions qu'ils habitent.

Ce chapitre peut s'adresser plus particulièrement aux amateurs de grande chasse ; la Colombie britannique, comme le nord de la province de Québec, abonde en animaux de toutes sortes. Des parties de chasse très intéressantes s'y font tous les ans : ce sont surtout les Américains et les riches Anglais qui en profitent. C'est un avantage pour le pays, en ce sens que les personnes fortunées y viennent dépenser un peu de leur fortune, et il arrive souvent qu'une excursion cynégétique détermine indirectement la création d'entreprises réelles d'exploitation agricole ou autre. N'est-ce pas l'attrait de la chasse qui a contribué le plus à peupler le nord-ouest canadien vers 1830 ?

Voici donc quelques détails sur la faune et les conditions dans lesquelles on peut organiser de grandes parties de chasse dans la Colombie britannique :

LE MOUTON DES MONTAGNES se trouve dans les régions de la rivière Bridge (District de Lillooet), dans celle du crique du *Bar français* (French Bar), dans le *Chilcoten* et l'*Ashmala* (District de Similkameen) à partir de Golden. Le meilleur temps pour la chasse de cet animal est en octobre et novembre.

LE BOUC DES MONTAGNES se trouve généralement sur les côtes du Pacifique, à partir du 49e degré de latitude jusqu'aux régions boréales. Il peut être chassé en tout temps. Cet animal habite la plupart du temps les sommets des montagnes. On recommande spécialement les régions Chilcoten et Bridge.

LE WAPITI (cerf américain) se trouve au centre de l'île Vancouver.

LE CARIBOU ne se trouve plus avant la région Okanagan. Il y en a, paraît-il, en abondance, dans le district du Kootenay et dans les régions de Caribou, Omineca, Cassiar, Atlin et de la rivière la Paix. On le chasse plus facilement en septembre et en octobre.

L'OURS GRIZZLY se trouve dans la région de la rivière Bridge, dans le Kootenay, dans les montagnes *Espérance* (Hope) et sur les côtes du Pacifique jusqu'en Alaska. On le chasse de préférence en mai et juin.

L'OURS NOIR et L'OURS BRUN se rencontrent partout dans le pays et particulièrement dans l'Okanagan et dans le district de la rivière Kettle en partant de Vernon.

LE CHEVREUIL ORDINAIRE se trouve partout.

LE CHEVREUIL MULET (daim) se trouve dans le Chilcoten et la région de la rivière Bridge ; on le trouve aussi dans l'Okanagan et dans le district de la rivière Kettle en partant de Vernon.

LE MOUTON (*ovis faunini* ou *ovis stonei* ou *ovis dalli*) se rencontre dans le district d'Atlin.

L'ORIGNAL (*moose*) se trouve dans le district d'Atlin.

L'OURS NOIR se trouve dans l'île Vancouver.

LE CHEVREUIL A QUEUE NOIRE se trouve dans l'île Vancouver.

LE LOUP se trouve aussi dans l'île Vancouver.

LA PANTHÈRE (*puma*) se trouve aussi dans l'île Vancouver. On la chasse avec des chiens.

LE CASTOR se trouve dans l'intérieur septentrional de la province et particulièrement dans les environs du lac Ootsa.

LE RENARD ne se trouve pas facilement, excepté dans les régions de l'extrême nord.

LA LOUTRE se rencontre en grande quantité dans l'île Vancouver et quelque peu dans la province continentale.

LE LYNX se trouve un peu partout dans toute la province.

Ajoutons à cette liste quelques gibiers tels que les FAISANS (*phasianus torquatus*), qu'on rencontre dans la partie sud de l'île Vancouver et dans toute la province en général.

COQS DE BRUYÈRE (*bonasa umbellus togata*), etc., de toutes variétés, se rencontrent un peu partout.

ES, CANARDS, sont sur toute la côte et dans tous les lacs.

NGOUINS, MACAREUX (*lunda cirrhata, ptychorampus aleuticus, hliceramphus antiquus, brachyramphus marmoratus*).

ILLEMOT (*cepphus columba, uria Troile californica*).

IUETTES, GOÉLANDS (*gavia alba, larus glaucesceus*), etc... (*Herr-Bonaparte*).

RONDELLES DE MER (*sterna paradisœa, hydrochelidon nigra iamensis*).

BATROS (*diomedea nigripes, d. albatrus*).

TREL (*fulmarus glacialis glupischa, puffinus tenuirostris, nodroma furcata, o. lencoroa*).

RMORANS (*phalocrocorax dilophus cincinatus, p. pelagicus sius*).

LICANS (*pelecánus erythrorynchos, pel. californicus*).

IQ DE BRUYÈRE BLEU (*dendragapus obscurus fuliginosus, d. klinii*).

TARMIGAN (*logopus lagopus, l. rupestris, l. leucurus*).

IULE DE PRAIRIE (*pediocœtes phasianellus columbianus*).

ERDRIX DES MONTAGNES (*areortyx pictus*).

IQ DE BRUYÈRE (*centrocercus urophasianus*).

INARDS, trente-six espèces de canards.

ES (*chen hyperborea, chen rossii, anser abbifrons gambeli, anadensis, a. nigricans*), etc.

IGNES (*orlor columbianus, orlor buccinator*).

ÉRONS, IBIS (*plegadis guarauna*).

UTORS (*botaurus lentiginosus, ardea herodias, a. candidis-i*).

RUES (*grus canadensis, g. mexicana, rallus virginianus, por-a carolina, fulica americana*).

HALAROPES (*crimophilus fulicarius, phalaropus lobatus*).

ÉCASSES (*gallinago delicata, macroramphus scolopaceus, tringa ulus, t. maculata, bairdii, t. minutilla, t. alpina pacifica, eren-s pusillus, e. occidentalis, totanus melanoleucus, tot. flavipes, solitarius, heteractitis incanus, tryngites subroficallis, actitis ularia*).

OURLIS (*numenius longirostris, n. hudsonicus*).

LUVIERS (*charadrius squatarola, c. dominicus, ægialitis vocifera, semipalmata*).

Tournepierre (*aphriza virgata, arenaria interpres, ar. mela-nocephala*).

Mangeurs d'huitres (rousic ?) *hæmatopus bachmani.*

Pigeons (*columba fasciata, zenaidura macoura*).

Vautours (*pseudogryphus californianus, cathartes aur...*.

Faucons, hibous, aigles, éperviers, coucous, martins-pêcheurs, piverts, engoulevents, martinets, colibris, attrape-mouches, alouettes, corbeaux, geais, pies, étourneaux, loriots, pinsons, hirondelles, gros-becs, becs croisés, moineaux, bouvreuilles, oiseaux-bouchers, laniers, viréos, chanteurs, fauvettes, hoche-queues, bergeronnettes, plongeurs, roitelets, grimpereaux, casse-noisettes, mésanges, grives, solitaires, oiseaux bleus.

Les amateurs de chasse ou les futurs colons, qui désireraient se documenter d'une façon plus précise et plus complète, feront bien de s'adresser à l'imprimeur officiel du gouvernement de la Colombie britannique, pour obtenir la brochure qui vient de paraître intitulée : Bulletin n° 17 *Game of British Columbia.*

C'est dans le nord de la Colombie britannique que sont allés l'an dernier, en expédition de chasse, le prince et la princesse Alexandre de Thurn et Taxis, ainsi que le major et madame Edge. Ils avaient à leur service six guides canotiers indiens, deux Canadiens et un cuisinier chinois ; leur chasse fut plus que fructueuse, si l'on en croit les récits qu'ils en ont faits.

En général on estime qu'il suffit au minimum d'une somme de 1.500 francs par mois pour couvrir les frais d'une partie de chasse. Mais on peut compter 2.500 francs pour avoir une organisation absolument complète.

Avec cette somme on peut payer un cuisinier, un guide et cinq poneys. On se procure tout le nécessaire de chasse, à bon marché, au pays même. C'est une erreur que d'apporter à grands frais des bagages d'Europe. On paie un guide environ 12 fr. 50 à 17 francs par jour.

CHAPITRE NEUVIÈME

ui n'a vu sur les cartes géographiques, à l'extrémité nord
.dentale du continent américain, l'archipel dentelé et généra-
ent incolore de l'Alaska? C'est l'*Amérique russe* qu'en 1867 les
s-Unis ont achetée à la Russie pour la somme de 36.000.000 de
cs. Tout en arrière, appuyée sur un trait noir régulier, qui
pe cet archipel du nord au sud, se trouve l'Amérique du Nord.
t le Yukon! et un peu plus loin le grand fleuve Mac Kenzie
couru par les missionnaires français, et qui va se déverser
s la mer polaire.
ur le littoral de l'océan Pacifique, dans un dédale d'îles, d'ar-
els, de baies infinies, seuls, au printemps, les phoques,
ies et baleines, viennent braver les dangers de ces parages
arts. C'est le Groënland de l'occident, hérissé, déchiqueté,
ultueux, âpre hurleur des avant-postes que le capitaine Ber-
, marin canadien, se propose de traverser dans son expédition
recherche du pôle nord.
e passage par le nord-ouest à l'Asie a été l'objet des rêves les
s brûlants des Cook, des La Pérouse, des Etienne Marchand,
Malespina, des Chateaubriand. Ne vous y trompez pas; les
as de montagnes, d'îles, de baies, de cette *Amérique russe*
stent le passage des grands explorateurs français du dix-hui-
ne siècle ; et si sur certaines cartes anglaises vous voyez
unt *Peruse, Mount Cullon, Mont Saint-Elias,* lisez *Montagne*

La Pérouse, *Montagne Crillon* (ministre de la marine française, 1786), *Montagne Saint-Élie*.

Les montagnes Rocheuses ont été découvertes au siècle dernier par le chevalier Varennes de La Véraudrye, en compagnie de missionnaires français. Où est son nom sur la carte? La ville qui s'appelle aujourd'hui *Dawson* a été fondée par Joseph Ledoux: les lacs *Laberge*, *Juneau*, les montagnes *Morin*, *Racine*, attestent hautement le passage d'explorateurs français dans ces régions merveilleuses du Yukon.

Et comme ce territoire fait partie du Canada, les Français peuvent avec raison revendiquer l'honneur d'en avoir été les premiers occupants.

Il n'y a donc pas lieu de s'effrayer de ce que d'autres géographes soient venus changer ou défigurer quelque peu les noms de lieux pour fausser l'histoire. Du reste, les Canadiens français se sont montrés assez actifs et entreprenants au siècle dernier pour qu'il soit permis de convier avec assurance les capitalistes français à venir partager avec eux les richesses immenses de ce coin de la Nouvelle-France.

Les Alpes de Saint-Elie! Quel décor! Quel site boréal attrayant et mystérieux! Il y a au Yukon un pays qui a près de trois fois la superficie de la France. La région du Klondike, située sur la rivière de ce nom, ne constitue qu'un point infime dans cet immense territoire. Il reste les neuf dixièmes de ce pays à explorer, à découvrir et à baptiser.

Le pays est inaccessible, direz-vous?

Mais demandez aux nombreuses agences parisiennes de voyage et vous verrez si elles ne peuvent pas vous vendre un billet qui vous permette d'aller à deux pas de la mer polaire, dans moins de trente jours; demandez à l'agent consulaire français de Dawson ce qu'il pense de ce pays de glace, où règne une nuit continuelle en hiver et un jour sans fin en été; il vous répondra par le texte même de son rapport officiel de l'année 1902 :

« Si l'on jugeait de l'avenir d'une région aurifère uniquement par sa production annuelle, au lieu de considérer celle d'un groupe d'années, tel que cinq ou dix ans, par exemple, il faudrait voir celle du Yukon en noir, parce que le chiffre de millions, arrachés en 1902 à son sol, ou plutôt à ce point infinitésimal dans l'étendue

erritoire, le Klondike, ce chiffre sera certainement inférieur à
i de 1901, soit 18 millions de dollars (90.000.000 de francs),
el représentait déjà une diminution sur la production de 1900.
Devant ces chiffres officiels, ceux qui, dès la découverte du
ldike, ont répété chaque année que les placers seraient vite
sés et qu'on ne verrait bientôt, le long du Yukon, que des
es de conserves vides, ces prophètes triomphent enfin : Je
; l'avais bien dit. Que pensez-vous de ces chiffres? Dawson
un sépulcre dans cinq ans.
Tout autre est la réalité pour un observateur attentif. Il est
ent que les fameux claims de l'Eldorado, du Haut-Bonanza,
; le rendement variait de 2.500 à 25.000 francs au pied courant,
aux trois quarts épuisés. Travaillés à n'importe quel coût,
:e qu'il était possible que les profits ne s'élevassent au moins
louble des dépenses, gaspillés par des mineurs mourant de
i hier, millionnaires aujourd'hui, et dont la fièvre de jouis-
:e voulait extraire le plus d'or possible dans le moins de temps
sible, ces claims produisirent la majeure partie des millions
1900, l'année du record (111.375.000 francs). C'est incontes-
ement à leur appauvrissement qu'est due la diminution ac-
le de la production aurifère. D'autre part, il y a autour de
rson, dans un rayon de 150 kilomètres, une étendue énorme
errains aurifères qui, abandonnés ou négligés depuis 1897,
imencent à être repris et exploités chaque jour.
Les terrains dont nous parlons commencent à passer des
ns des simples prospecteurs à celles des sociétés. De grands
aux, moins hâtifs, mais de plus longue haleine, s'entrepren-
t un peu partout dans le pays. On sera surpris des résultats de
;s exploitations avant que peu d'années s'écoulent. La progres-
i du rendement aurifère passera alors le record de l'an-
1900. Tel sera le résultat prévu de l'évolution de l'effort
ividuel vers l'effort des coopérations, soit des capitaux.
Résumons l'avenir du Yukon, ce nouveau pays, que le Fran-
; et l'idée française, il ne faut pas l'oublier, se partagent paci-
iement et loyalement avec l'Anglais et le jugement anglais. Il
aisé de s'abuser sur le nombre des réussites individuelles qui
feront et s'y font chaque jour ; il est impossible d'estimer à
r valeur les richesses minières du jeune territoire.

» Et qu'est-ce que le Yukon, qu'un point tel que le Klondike ? Pas même un trou d'aiguille sur la carte ! Tout cet extrême nord, continuation des champs d'or californiens, sera la grande réserve minière du vingtième siècle. L'Alaska sera bientôt envahi à son tour par l'excédent des races blanches. Il ne faut pas que la France, il ne faut pas que ses commerçants, ses capitalistes, laissent aux seuls Anglo-Saxons le partage de tels trésors. »

Ces lignes ne sont-elles pas empreintes de l'accent de sincérité la plus pure et du patriotisme le plus français ?

Si Chateaubriand, réalisant son rêve de découverte du passage du Nord-Ouest, se fût rendu sur les bords du Yukon, il nous eût laissé des pages, certes, d'une poésie troublante sur les Alpes de Saint-Élie, sur les aspects grandioses du lumineux massif central du Yukon appelé le Dôme ; il nous aurait certainement parlé de ce monstre de roc porphyrique micacé noir, strié de schistes verts, sur les flancs duquel descendent dans les criques ces flots de pépites jaunes qui atteignent parfois la grosseur du poing. Jules Verne ne nous a-t-il pas parlé de certain pays imaginaire où l'or est considéré comme le plus vil des métaux ? Le voilà, ce pays chimérique du cerveau du romancier ! L'or était pour les sauvages de bien mince valeur autrefois ; ils préféraient de beaucoup un beau et tranchant silex, une pointe de fer ou de cuivre aux rugueux corpuscules jaunes inconsistants et trop malléables. Les hordes de Tartares ou de Mongols qui, disent certains ethnographes, sont venues d'Asie au Canada, par le détroit de Behring, ont foulé sans s'y arrêter ces sables jaunes improductifs ; ils ont traversé rapidement ces « creeks », aux lits d'or, stériles, parce que dépourvus de poisson.

Ce pays, quoique découvert, ne devait se révéler réellement qu'à l'aurore du vingtième siècle, après la Californie, après l'Australie, après le Transvaal et la Guinée. A-t-on jamais vu un ministre d'État écrire que dans une province de son pays (Colombie britannique), plus grande que la France, toutes les rivières charrient le précieux métal ? A-t-on jamais vu un ministère publier des cartes géographiques, en indiquant, par des mots bizarrement significatifs, les départements où l'on n'a qu'à remuer le sol pour découvrir l'or en grain ? C'est ce que le gouvernement canadien a fait. Cet appel magique fait au monde a eu pour résultat d'attirer

s hommes, les pauvres surtout, qui, avides d'or, sont venus à la
urée : ils ont raclé la surface et rempli de trop grandes outres de
eaux : le poids de l'or les a fait trébucher et ils sont morts sous
 faix ; ils sont aussi morts de faim.

Après avoir dilapidé quelques pactoles du Yukon, ils ont, pour
 plupart, abandonné la partie. Il appartenait à la mécanique et à
 science de procéder à l'extraction méthodique et raisonnée des
ésors du sol. Il en résulte l'établissement d'exploitations coopé-
tives ; à l'effort individuel a dû succéder l'effort collectif, de
çon à ne pas gaspiller. C'est ce que répètent tous ceux qui vont
 rendre compte des conditions de ce pays.

Le Yukon est sillonné par un certain nombre de cours d'eau,
fluents du fleuve qui donne son nom au pays. Jusqu'à ces der-
ers temps cette région était l'une des plus éloignées de toute
vilisation et des moins connues du monde. La compagnie de la
ie d'Hudson y avait établi quelques comptoirs mais la plupart
 ses postes furent peu à peu abandonnés. On considérait ces
gions comme de grands déserts arctiques ; pourtant, c'est au-
urd'hui un fait admis, les étés sont assez longs pour permettre
 récolter certaines céréales.

Vers 1878 les chercheurs d'or commencèrent à explorer ces dé-
rts du nord et on peut dire que l'exploitation des gisements au-
fères commença modestement sur les bords des rivières Saumon
 Lewis en 1881 et sur la rivière Stewart en 1882. Vers la fin de
utomne de 1886 on trouva de l'or *gros* (en pépites) pour la pre-
ière fois sur la rivière Forty Mile, tributaire du fleuve Yukon.
s quelques centaines de mineurs qui se trouvaient alors dans le
strict se centralisèrent à Forty Mile en 1887 ; et en remontant les
fluents de cette rivière ils trouvèrent des graviers aurifères très
ches. Dès lors, la région féconde s'agrandit, en s'étendant gra-
uellement vers le sud, dans le bassin de la rivière Sixty Mile et
ux de ces affluents.

Les mineurs s'y rendirent de plus en plus nombreux jus-
'en 1896 ; c'est alors que la nouvelle des riches découvertes de
 rivière Klondike se répandit dans le monde. Tous les centres
iniers attirèrent l'attention universelle en 1897 et 1898. Nombre
 mineurs attirés par la renommée des trésors du Klondike,
 ayant aucune expérience, endurèrent de terribles souffrances

dans leurs efforts pour atteindre ce nouvel Eldorado. Quelques-
uns firent fortune ; beaucoup d'autres revinrent désillusionnés,
mais le travail accompli par ces pionniers avait révélé la richesse
phénoménale de ces *placers*. Une ville pleine d'activité s'éleva rapidement au centre de la région merveilleuse. Cette ville fut fondée
par un nommé Joseph Ledoux.

Le gouvernement canadien se mit promptement de la partie, y
installa un gouverneur ou commissaire, fit faire quelques routes
et établit des communications. On va aujourd'hui de Ottawa à
Dawson en dix-sept jours, sans difficultés.

L'exploitation des graviers aurifères a produit, dans les années 1897, 1898 et 1899, 142.500.000 francs dont 80.000.000
en 1899.

Les champs aurifères du district du Klondike comprennent une
étendue de 2.072 kilomètres carrés, entre les rivières Klondike et
Indienne qui sont des tributaires du fleuve Yukon, près du 64°
degré de latitude nord.

Le district du Klondike est un plateau élevé, sillonné de vallées
profondes, formées par les affluents des rivières susdites. De nombreuses petites vallées et gorges, criques, etc., formées par de
moindres cours d'eau, descendent du massif central qu'on a appelé le Dôme. L'or se trouve dans les dépôts de sable et de gravier
qui couvrent le fond et les flancs des collines. Ce métal est apparemment d'origine toute locale, car les pépites ne sont pas polies
par le frottement ; elles contiennent très souvent du quartz ; et les
sédiments où on les recueille sont composés de roches locales dis-
sociées. On a noté la présence de dépôts de gravier, dont la nature
diffère les uns des autres ; ils ont été décrits par M. Mac Connel,
du corps géologique du gouvernement canadien, et signalés par le
professeur Miers de l'Université d'Oxford. Les plus importants
sont désignés sous le nom d'*alluvion quartzeux* et de *graviers de
crique*. Les premiers se rencontrent sur les plans supérieurs, au
niveau des cours d'eau actuels et couvrant les parties inférieures
des anciennes vallées qui étaient moins profondes que les vallées
actuelles. Dans l'alluvion quartzeux se trouve un dépôt aurifère
ancien, provenant de la désagrégation des roches quelque peu décomposées des plateaux environnants, tandis que les graviers de
crique représentent une période plus avancée de concentration, et

doivent leur origine à l'érosion des dépôts d'alluvion quartzeu x ainsi qu'à la dissociation des roches, opérée par les cours d'eau.

GÉOLOGIE. — La région qui environne le massif central appelé *Dôme* est vallonnée grossièrement par les larges criques *Eldorado*, *Bonanza*, *Gold Bottom*, *Hunker*, *Dominion*, *Gold Run*, *Sulphur*, et *Quartz*; cette région contient surtout des schistes de mica vert et les schistes chloreux. Il y a notamment une certaine espèce de schiste qui est d'un blanc presque pur; on l'appelle schiste *siliceux*. M. Mac Connell, dans son *Premier Rapport sur les champs d'or du Klondike*, attribue ces roches à une époque de volcanisme où l'éruption se serait faite dans des lits quartz-porphyriques. C'est, en tout cas, une roche qui pourrait bien contenir du quartz aurifère; et cela ne serait pas de nature à nous étonner. A vrai dire, nous la connaissons encore bien peu.

Les strata subsidiaires de cette région — ardoise, chaux, schistes graphitiques, la diabase et la serpentine du mont Mooschide, granit scellé dans la roche tertiaire — sont signalés par M. Mac Connell. On a observé des corrugations récentes dans la crique Hunker; résultats d'éruptions tardives, ces tassements contiennent des indices d'acides et de bases dont quelques-uns se présentent sous forme de porphyre quartzeux, d'étholote, de diorite et probablement aussi d'anorthosite. Il n'est pas permis l'affirmer quoi que ce soit sur les rapports qui peuvent exister entre ces roches tertiaires et la présence de l'or. Les schistes, de même que leurs éléments constitutifs, sont indubitablement la matière la plus propre à caractériser les gisements du métal en question ; mais c'est un fait notoire que la seule substance proprement rémunératrice que l'on connaisse jusqu'à ce jour soit le simple gravier des ravins. Cette question mérite considération :

1° Ou bien ces graviers sont formés de matières identiques à celles qu'on observe géologiquement dans la région du Klondike ;

2° Ou ils sont formés de sédiments d'une autre nature et qui ont entièrement disparus comme constituants géologiques (1).

Dans ce dernier cas, nous ne serions nullement fondés à chercher l'or dans les schistes.

(1) Pour cette étude nous nous servons du rapport du prof. Miers (d'Oxford) au ministre de l'Intérieur.

Les graviers en question ne contiennent rien qui n'ait pu être
le résidu de la dissociation des roches identiques à celles qui constituent le *Dôme* et les piliers voisins. Voici les minerais qui se
trouvent dans ces graviers : Magnétite, Hématite, Rutile, Pyrites,
Eraphytites, Kyamites, Gemmes, Cassitérite, Epidote et Tourma-
line ; ces minerais se trouvent naturellement dans les schistes,
et ne paraissent pas avoir été charriés à de longues distances. Il
en est de même, du reste, des cailloux du gravier. Les pyrites
notamment semblent être restées à l'état de cristallisation ; elles
peuvent, en vérité, être surgies de strata fondamentaux iné-
branlés.

L'or est généralement aplati, mais relativement peu arrondi ;
aussi bien, les rares cristaux d'or, comme les pépites cristalliformes
ou dentelées qu'on y trouve, conservent presque constamment leur acuité naturelle des contours, et ne sont généralement
ni brisés, ni arrondis. « *Bref, rien n'indique que les graviers et
l'or qu'ils contiennent aient été charriés à des distances considérables, ni qu'ils aient été formés de roches différentes de celles
qui caractérisent la région.* » Il importe, toutefois, de noter que
M. Mac Connell reconnaît qu'à l'embouchure des criques Hunker et
Bonanza il est des graviers étrangers aux criques aurifères et
n'ayant aucune valeur minière. On a rapporté que la présence du
cuivre pur aurait été constatée dans une laverie du crique Bonanza ; mais ce fait aurait besoin d'être confirmé.

Sur le crique Gold Run, on constate qu'une certaine substance
vert pâle, ressemblant à l'épidote dissoute, caractérise les couches
les plus abondantes en or. Ce fait a-t-il une importance sur la
genèse ? On l'ignore.

On classe de la manière suivante les différentes sortes de gisements aurifères au Klondike :

1° Les claims de crique ;
2° Les claims de colline ;
3° Le Sillon Blanc (White Channel) ;
4° Les gisements quartzeux.

LES CLAIMS DE CRIQUE. — L'or, est dans le gravier du lit des
cours d'eau, des ravins ; ce gravier est recouvert d'une végétation
marécageuse appelée *mush* (mousse), sous laquelle repose le gravier aurifère. Cette couche végétale a quelquefois jusqu'à trois

.tres d'épaisseur. Dans ces conditions on procède de deux ma-
.ières :

1° Ou bien on fonce un puits jusqu'au *bed-rock*, ou stratum
.idamental, duquel puits on pratique des tranchées transversales
.ur atteindre le gravier, lequel est remonté à la surface et versé
.ns les canaux qu'on appelle laveries (*sluice-box*) ;

2° Ou bien, l'on commence par découvrir le gravier, en enlevant
.couche entière de végétation qui le recouvre.

.Ce procédé est plus coûteux, mais il donne de meilleurs ré-
.itats.

LES CLAIMS DE COLLINE. — L'or est dans les graviers anciens
.ués au-dessus du niveau du courant des criques : dans les
.lines. On perce des tranchées horizontales dans ces flancs de
.line pour en retirer le gravier.

LE SILLON BLANC (White Channel). — Au nombre des strata su-
.rposés dans les flancs de colline on en a trouvé un tout parti-
.lier, qu'on appelle le White Channel. Il est composé de cailloux
.quartz et de schiste sériceux blanc. Le schiste mou est en gru-
.aux plats et arrondis ; mais le quartz est plutôt sous forme de
.rres et de cailloux anguleux : il est évident que ceux-ci n'ont
.s été charriés loin et que l'eau ne les a pas usés. Le Sillon Blanc
.quelquefois jusqu'à 30 mètres d'épaisseur ; mais il n'atteint
.ère une altitude supérieure à 140 mètres au-dessus du niveau
.la rivière Klondike. A cette altitude il arrive quelquefois qu'il
.verse le ravin, et alors le gravier du crique se trouve être le
.lon Blanc, comme, par exemple, au 12 b au-dessus du claim
.scovery dans le crique Gold Run. Au delà de l'intersection
.Sillon Blanc et du crique le gravier n'est guère rémunéra-
.ır.

L'origine de ce stratum est incertaine. Jusqu'à présent on s'est
.rné à laver les cailloux du Sillon Blanc, sans les broyer, pour
.retirer l'or qui y est contenu. Autant qu'on le peut voir, il y a
.sence complète d'indices de période glacière. Les géologues du
.ys prétendent que ce Sillon Blanc fut produit par des chutes
.eau.

LES GISEMENTS QUARTZEUX. — Dans toute la région du Klondike,
.1 fait des recherches très actives de gisements quartzeux qui,
.1 règle générale, font d'une exploitation une industrie per-

manente. On trouve plusieurs échantillons de quartz aurifères.
On a trouvé de riches quartz dans la rivière Gros Saumon. Le fait
n'a cependant pas été confirmé. Mais il n'y a pas moins de
4.000 à 5.000 inscriptions de claims quartzeux au greffe officiel.

Le professeur Miers n'a vu qu'une propriété de quartz aurifère;
elle se trouve située à 700 mètres au-dessus du niveau de la ville
de Dawson, et, située à la tête de Victoria-Gulch qui se jette dans
le crique Dominion, en face de Gay-Gulch, tributaire du crique
Bonanza. C'est une veine purement quartzeuse, riche en pépites.
On a signalé des découvertes de quartz aurifère dans le massif
central. Celui-ci, comme nous l'avons donné à entendre, est d'un
intérêt immense, parce qu'il est la source des criques de la
région du Klondike. Dans les claims *Lone star* et *New Bonanza*, il
est à remarquer que l'or est à l'état cristallin et que les cristaux
sont d'une forme toute particulière ; ils sont triangulaires ; l'or
qu'on trouve en bas de la Victoria offre, du reste, des caractères
extérieurs identiques.

*
* *

Il y a plusieurs méthodes d'extraction de l'or : les unes vieilles
et peu pratiques pour l'industrie proprement dite ; les autres,
toutes nouvelles et bien supérieures. C'est à celles-ci que nous
nous arrêterons quelque peu.

Mais indiquons tout d'abord les premières : on opère la dissociation du gravier aurifère congelé :

1° En laissant tomber, dans une fosse taillée au préalable, des
pierres chaudes;

2° En faisant des petits feux de bois sec au fond de la fosse
pour réchauffer et dégeler les parois qu'on retire ensuite sous
forme de vase et qu'on lave au tamis.

MÉTHODES NOUVELLES. — On use beaucoup, aujourd'hui, des tubes
ou pointes de vapeur. Ces pointes ont de 4 à 6 mètres de longueur;
elles sont en fer ou en acier et ont un diamètre de 4 à 5 centimètres.

Ce sont des lances, terminées par une pointe d'acier tubu-
laire, par laquelle la vapeur est poussée dans le gravier sous une
pression mécanique de 120 livres.

On pratique un trou dans la terre à l'aide d'une pince de fer;

puis on y introduit la pointe qu'on fait opérer durant une période variant de 6 à 12 heures. De temps en temps on l'enfonce au moyen d'un marteau. La vapeur est fournie par une petite chaudière qui alimente ces pointes par l'extrémité opposée. Au moyen de gants dits *antipyrins* (protégeant du feu) les mineurs manient librement les pointes dans leurs positions de travail. On emploie une pointe pour chaque mètre cube de gravier.

Quand la dissociation du gravier est terminée on en opère le transport à la surface ; il est effectué dans des wagonnets mûs par un cabestan ou une grue.

Dans ces dernières années on a vu introduire dans de grandes exploitations un système plus perfectionné encore : il se compose d'une pompe dite *pulsomètre* qui opère le dégel, non plus au moyen de la vapeur, mais de l'eau chaude ; puis dans certaines exploitations le cabestan primitif est remplacé par un appareil qui offre plus de célérité dans son fonctionnement : le cabestan automobile, ou à vapeur.

Mentionnons en passant le procédé usuel de lavage : les *sluice-box* sont des auges mises les unes à la suite des autres et faisant ainsi un long canal de bois, légèrement incliné. Ces canaux sont munis d'entailles ou crans creusés sur le fond, et servant à arrêter l'or et les graviers dans son cours, charrié qu'il est par le torrent d'eau continu qu'on y fait passer. Le gravier en passant avec l'eau se lave, dépose l'or au fond du canal, et va s'amonceler dans la vallée.

Les conditions dans lesquelles l'on extrait l'or aujourd'hui sont totalement différentes de ce qu'elles étaient en 1898. L'introduction de nouveaux appareils et de méthodes systématiques de travail, la faculté pour une même personne ou pour une société de pouvoir agrandir son domaine en y adjoignant librement les claims avoisinants, la division du travail, enfin tout aujourd'hui tend à :

1° Favoriser le travail d'exploitation ;

2° A le rendre plus économique, et partant plus rémunérateur ;

3° A faciliter le développement des propriétés qui, par les anciennes méthodes, ne pouvaient pas être rémunératrices.

Un ingénieur américain, M. Treadgold dit qu'un homme trouve son intérêt à travailler dans un sol de 1 fr. 25, c'est-à-dire dans un gravier rapportant 1 fr. 25 par pelletée, ou 140 grammes d'or par trois mètres de gravier.

Le grand obstacle à l'exploitation de certains claims réside dans le fait de la pénurie d'eau et de bois.

L'état actuel des choses dans ce pays indique que le rapport qu'il y a entre la production et le prix de revient est très variable à cause des conditions diverses dans lesquelles se trouvent les claims; il semblerait que les méthodes supérieures de la grande industrie se soient introduites trop tôt. De fait elles l'ont été avant que le prix des transports, des matières premières, de la main-d'œuvre et des choses nécessaires à la subsistance ait été suffisamment abaissé pour compléter l'harmonie de l'ensemble.

Le gouvernement a tout récemment fixé une sorte de prix étalon du travail quotidien d'un ouvrier, à savoir 40 francs par jour. Il est vrai qu'il faut au moins 12 fr. 50 par jour pour vivre, que tout ouvrier doit verser l'honoraire réglementaire du franc mineur (250 francs pour la licence); que le taux de l'intérêt dans ce pays est encore presque régulièrement de 5 pour 100 par mois...

Bref tout tend vers l'établissement de la grande industrie et la disparition de la petite.

Le rapport du commissaire de l'or pour 1901 signale la découverte du charbon dans certains terrains du pays; ce qui serait d'un immense avantage, car pour le dégel du sol exploité il faut beaucoup de combustible et beaucoup d'eau. Nombre de criques ne peuvent fournir assez d'eau pour l'exploitation hydraulique des claims qu'ils arrosent. C'est ce qui a fait penser le gouvernement canadien à créer un vaste système d'irrigation pour le district du Klondike. Nous croyons bien que cette hardie entreprise qui ne coûtera pas moins de 20 à 25.000.000 de francs attirera au Yukon des foules de travailleurs, des capitalistes nombreux et peut-être même des touristes moins intéressés. Pour répondre au nouveau flot de population qui se répandra dans ce pays, il faudra des hôtels, des restaurants, des épiciers, etc.

Que ceux qui veulent tenter fortune dans cette région prennent les premières places; qu'ils n'y aillent pas, toutefois, accompagnés de leur famille, surtout s'ils n'ont pas de fortune.

Nous leur conseillerions plutôt de procéder, comme a fait tel ancien cocher d'omnibus à Paris, qui, possédant quelque notion de boulangerie, s'y est rendu et a gagné assez d'argent pour faire venir, après lui, sa famille et quelques-uns de ses camarades.

Législation minière.

1. Toute personne au-dessus, mais pas au-dessous de dix-huit ans, et toute compagnie à fonds social, jouiront de tous les droits et privilèges d'un franc mineur, sous ces ordonnances et sous les règlements qui régissent le minage du quartz, et seront considérées comme francs mineurs, en prenant un certificat de franc mineur. Un certificat de franc mineur accordé à une compagnie à fonds social sera émis sous son nom corporatif. Un certificat de franc mineur ne sera pas transférable.

2. Un certificat de franc mineur peut être accordé pour un an, à partir de la date qu'il porte ou de l'expiration du certificat alors en existence, en possession du requérant, sur payement de 50 francs, à moins que le certificat ne soit émis en faveur d'une compagnie à fonds social, dans lequel cas l'honoraire sera de 250 francs, pour une compagnie ayant un capital nominal de 500.000 francs, au maximum ; et pour une compagnie ayant un capital nominal excédant 500.000 francs, l'honoraire sera de 500 francs. Une seule personne ou compagnie à fonds social sera nommée dans un certificat.

3. Un certificat de franc mineur sera rédigé d'après la formule suivante :

PUISSANCE DU CANADA

CERTIFICAT DE FRANC MINEUR

(Non transférable)

Date. . . . .   N°. . . . . ,
Je certifie par la présente que. . . . . de . . . .m'a payé
ce jour la somme de . . . . et qu'il a droit à tous les titres et privilèges d'un franc mineur, conformément aux lois et règlements du gouvernement du Canada, pour une année à partir du . . . . jour de
. . . . .18...

Ce certificat accordera aussi au détenteur le privilège de pêche et de chasse, sujet aux dispositions de tout acte actuellement en vigueur, ou qui sera établi dans la suite pour la protection du gibier ou du poisson, ainsi que le privilège de couper du bois pour les besoins véritables, pour construire des maisons, des embarcations et pour les opérations minières en général : tel bois devant servir exclusivement à l'usage personnel du mineur ; mais telle permission ne s'étendra pas au bois qui a été concédé antérieurement ou sera concédé dans la suite à d'autres personnes ou corporations.

4. On peut se procurer des certificats de franc mineur en s'adressant en personne au Département de l'Intérieur, à Ottawa, ou aux agents des Terres de la Puissance à Winnipeg (Manitoba) ; Calgary, Edmonton, Prince-Albert (dans les Territoires du Nord-Ouest) ; Kamloops, Ashcroft et New Westminster (dans la Colombie britannique) ; Dawson City (dans le District de Yukon) ; ainsi qu'aux agents du gouvernement à Vancouver et à Victoria (Colombie britannique) et aux autres endroits qui sont fixés de temps à autre par le ministère de l'Intérieur.

5. Une personne ou compagnie à fonds social qui fait sa demande pour obtenir un certificat de franc mineur au bureau d'un agent en l'absence de celui-ci et dépose l'honoraire exigé par ces règlements entre les mains de l'employé ou autre personne ayant soin du dit bureau, aura droit à tel certificat à partir de la date de telle demande ; et un franc mineur aura droit en tout temps d'obtenir un certificat de franc mineur, entrant en vigueur à l'expiration du certificat de franc mineur alors en existence, pourvu qu'en faisant sa demande de tel certificat il exhibe à l'agent ou, en cas d'absence, laisse à l'employé ou à une autre personne ayant soin du bureau de l'agent, tel certificat existant.

6. Si un certificat de franc mineur est détruit ou perdu par accident, le possesseur peut, en payant un honoraire de deux dollars (10 fr.), en obtenir une copie conforme, signée par l'agent ou par toute personne autorisée ou représentant du bureau qui a émis tel certificat. Chacune de ces copies portera l'inscription : « Certificat substitué », et à moins qu'il ne soit démontré qu'il est entaché de quelque irrégularité, tel certificat original ou substitué de franc mineur servira à toute fin que de droit et fera foi de sa teneur.

7. Aucune personne ou compagnie à fonds social ne sera reconnue comme ayant un droit ou intérêt quelconque dans un lot minier ou quartz, bail minier, concession de source d'eau (bed rock flume) ou dans les minéraux contenus dans les terrains y compris, ou dans un droit de cours d'eau, fossé de mine, conduite, tunnel ou coursier (flume), à moins que celle-ci et chaque personne à son emploi ne soient pourvues d'un certificat de mineur non expiré. Et, à l'expiration d'un certificat de franc mineur, le possesseur de celui-ci sera absolument déchu de tous ses droits et intérêts dans tout placer, bail de mine, concession de source d'eau (bed rock flume) et dans les minéraux contenus dans les terrains y compris et dans tout droit de cours d'eau, fossé de mine, conduite, tunnel ou coursier (flume) qui puisse être détenu ou réclamé par tel porteur de certificat expiré de franc mineur, à moins que tel porteur n'obtienne un nouveau certificat de mineur le jour de l'expiration de tel certificat ou le jour suivant. Pourvu, néanmoins, que dans

e cas où un copropriétaire manque de tenir son certificat en règle,
el manquement n'entraînera pas la déchéance ni l'abandon du lot
claim), mais l'intérêt du copropriétaire qui manquera de tenir en
ègle son certificat de franc mineur, sera réparti *ipso facto* entre ses co-
ssociés, au *prorata* de leurs intérêts antérieurs ; toutefois un action-
aire dans une compagnie à fonds social n'a pas besoin d'être un franc
mineur, et il aura le droit d'acheter, de vendre, de retenir ses actions
u d'en disposer à son gré.

8. Tout franc mineur, pendant toute la durée de son certificat, mais
on après, aura le droit d'entrer dans le District du Yukon, de s'établir,
e faire des explorations et d'exploiter des mines d'or ou d'autres mi-
éraux sur tous les terrains du district appartenant à la Couronne ou
utrement, excepté sur les terrains réservés par le Gouvernement pour
es emplacements de villes, les terrains occupés par une construction
telconque ou par une habitation et dépendant de celle-ci, ou les ter-
ains occupés légalement dans un but d'exploitation minière et les ré-
rves des Indiens.

9. Avant de pénétrer dans un terrain légalement occupé, tel franc
mineur devra donner une garantie suffisante à la satisfaction du regis-
ateur des mines, pour toute perte ou dommage qui pourrait résulter
e son entrée sur tel terrain ; et après telle entrée il donnera pleine et
ntière compensation à l'occupant ou au propriétaire de tels terrains
ur toute perte ou dommage qui aura résulté de telle entrée ; telle
mpensation, en cas de dispute, sera déterminée par une cour de jus-
e ayant juridiction dans les contestations minières, avec ou sans
ry.

10. Un lot de crique ou de coulée sera de 270 pieds (75 mètres) de
ng, mesure prise dans la direction générale du crique ou coulée. Les
ontières du lot qui suivent la direction générale du crique ou coulée
ront des lignes longeant le lit ou le bord du roc à un niveau
3 pieds (1 mètre) au-dessus du bord du crique ou du niveau gé-
ral le plus bas de la coulée dans le lot, tirées et marquées de manière
e trouver sur tous les points à un mètre au-dessus du bord du crique
du niveau général le plus bas de la coulée, touchant à angle droit
direction générale du lot dans le sens de sa longueur, mais telles
mites n'excéderont dans aucun cas 1.000 pieds (330 mètres) de chaque
té du centre de tel cours d'eau ou coulée.

11. Si les limites sont distantes de moins de 100 pieds (33 mètres)
rizontalement, elles consisteront dans les lignes tracées le long
lit ou du bord du rocher à 100 pieds (30 mètres) l'une de l'autre
rizontalement, en suivant dans la mesure du possible la direction de
vallée quant à la longueur du lot.

12. Un *lot de rivière* sera situé sur un côté de la rivière et n'excé-
ra pas 75 mètres en longueur, mesurés dans la direction générale
la rivière. L'autre frontière du lot qui suit la direction générale de

la rivière consistera en des lignes qui suivent le lit ou le bord du roc à un mètre de niveau au-dessus du bord de la rivière compris dans le lot, lesquelles lignes seront tirées ou marquées de manière à se trouver sur tous les points à un mètre au-dessus du niveau du bord de la rivière, vis-à-vis, touchant à angle droit la direction générale du lot quant à sa longueur, mais telles frontières ne mesureront en aucun cas moins de 75 mètres, ni n'excéderont la distance de 300 mètres de la marque des basses eaux de la rivière.

13. Un *lot de colline* (hill claim) n'excédera pas 75 mètres en longueur, parallèlement à la direction principale du cours d'eau ou du ravin auquel il aboutit. Les lignes parallèles tirées de chaque bout de la base partant à angle droit de celle-ci et se dirigeant vers le sommet de la colline (pourvu que la distance n'excède pas 300 mètres) constitueront les frontières des bouts du lot.

14. Tous les autres lots dits *placers* seront carrés et auront 75 mètres de côté.

15. Chaque lot dit *placer* sera, autant que possible, de forme rectangulaire et marqué par deux bornes légales, fixées fermement dans le sol de la manière légale. La ligne entre les deux poteaux sera bien déblayée, de manière à ce que d'un poteau on puisse voir l'autre, autant que faire se pourra, en raison de la nature de la surface du sol. La partie aplatie de chaque poteau doit faire face au lot, et sur chaque poteau sera écrit, sur le côté faisant face au lot, un avis lisible, indiquant le nom ou le numéro du lot, ou l'un ou l'autre si c'est possible, sa longueur en pieds, la date de l'établissement des bornes et les nom et prénoms du locateur.

16. Tous les dix lots alternatifs seront réservés à l'État. Cela veut dire que, lorsqu'un lot est localisé, le lot du découvreur et neuf lots faisant suite à celui-ci et portant des numéros consécutifs seront ouverts à l'inscription. Puis les dix lots suivants de 75 mètres chacun seront réservés à l'État, et ainsi de suite. Il sera disposé des groupes alternatifs de lots réservés à l'État de la façon dont en décidera, à l'occasion, le ministre de l'Intérieur.

17. La peine encourue pour tout empiètement fait sur un lot réservé à l'État consistera dans l'annulation immédiate de toute inscription illégitime ou légitime ou de toute acquisition de propriétés minières, et le retrait des droits civils de *franc mineur* relativement à la propriété. De plus, sur mandat du registrateur des mines, le délinquant pourra être expulsé du pays.

18. En faisant la délimitation des lots, ceux-ci seront mesurés horizontalement, abstraction faite des inégalités de la surface du sol.

19. Si un franc mineur ou une association de francs mineurs découvre une mine, et si telle découverte est établie à la satisfaction du registrateur des mines, des lots de crique, de rivière ou de colline,

es lots de faveur pourront être accordés ; et ces lots auront les dimensions suivantes :

a) A un découvreur, un lot de 330 mètres de longueur ;

b) A deux découvreurs associés, deux lots d'une longueur totale de 30 mètres ;

c) A chacun des mineurs d'une association composée de plus de deux francs mineurs, un lot de grandeur ordinaire.

20. Une nouvelle couche de terre ou de gravier aurifère, située dans une localité où les lots ont été abandonnés, sera considérée pour cet objet comme une nouvelle mine, bien que la même localité ait été exploitée précédemment, à un niveau différent.

21. Les formules de demandes pour la concession d'un *placer* et acte de concession seront rédigés d'après les formules exigées par la loi.

22. Un lot sera enregistré chez le registrateur des mines dans le district duquel il est situé, dans les dix jours qui suivent sa location s'il est situé en deçà de dix milles (16 kilomètres) du bureau du registrateur des mines. Un jour de plus est accordé pour chaque dix milles additionnels ou fraction de dix milles.

23. Dans le cas où un lot est situé à plus de cent milles d'un bureau d'enregistrement et dans le voisinage d'autres lots délimités, les francs mineurs, au nombre de cinq au moins, sont autorisés à se réunir et à nommer l'un d'eux registrateur des francs mineurs, lequel agira en cette qualité jusqu'à ce qu'un registrateur des mines ait été nommé par le commissaire de l'or.

24. Le registrateur des francs mineurs avertira le plus tôt possible, après sa nomination, le registrateur officiel le plus rapproché, et à l'arrivée du registrateur officiel il lui livrera ses inscriptions et les honoraires perçus pour l'inscription des lots. Ensuite le registrateur officiel accordera à chaque franc mineur dont le nom apparaît dans le dossier qui lui aura été transmis, une entrée pour son lot d'après la formule I de la loi, pourvu qu'une demande soit faite par celui-ci conformément à la formule II. L'entrée doit porter la date à laquelle le registrateur des francs mineurs a enregistré la demande.

25. A défaut du registrateur des francs mineurs de notifier dans les trois mois au registrateur du gouvernement sa nomination, les concessions de lots qu'il a enregistrées seront annulées.

26. Durant l'absence du registrateur des mines de son bureau, la concession d'un lot peut être accordée par toute personne chargée par lui de remplir ses devoirs en son absence.

27. Il ne sera pas accordé d'entrée pour un lot qui n'aura pas été jalonné par le requérant en personne de la manière spécifiée dans ce règlement. Un affidavit (déclaration assermentée) que le lot a été jalonné par le requérant sera contenu dans la formule II susdite.

28. Un honoraire d'inscription de 75 francs sera exigé la première

année, et un honoraire de 75 francs pour chaque année subséquente. Cette disposition s'appliquera aux lots sur lesquels des inscriptions ont déjà été accordées.

29. Un état des inscriptions accordées et des honoraires perçus sera remis par le registrateur des mines au commissaire de l'or au moins tous les trois mois, lequel sera accompagné des sommes perçues.

30. Un droit régalien de 2 et demi pour 100 sur l'or extrait sera levé et perçu sur le rendement brut de chaque lot. Ledit droit est payable aux bureaux de banque établis sous les auspices du gouvernement du Canada, ou au commissaire de l'or, ou à tout registrateur des mines autorisé par lui. La somme de 12.500 francs sera déduite du rendement brut annuel d'un lot pour l'estimation du montant servant de base au calcul du droit régalien, mais cette exemption n'est seulement accordée si le dit droit est payé à un bureau de banque ou au commissaire de l'or ou au registrateur des mines. Si ce droit est payé mensuellement ou à des périodes plus longues, la déduction sera faite proportionnellement à la base de 12.500 francs par année pour le lot. S'il n'est pas payé à la banque, au commissaire de l'or ou au registrateur des mines, il sera perçu par les officiers de police lorsque le mineur franchira les postes établis à la frontière d'un district. Tels droits régaliens formeront partie du revenu consolidé, et les officiers qui les perçoivent doivent en rendre compte de la manière ordinaire. Le temps et la manière dont la perception de ces droits doit se faire, seront prévus par les règlements préparés par le commissaire de l'or.

31. Le défaut de payer tel droit régalien, s'il se prolonge six jours après qu'un avis à cet effet a été affiché sur le lot au sujet duquel tel payement est demandé, ou dans le voisinage de tel lot, par le commissaire de l'or ou son agent, entraînera l'annulation de la concession. Toute tentative de fraude contre la Couronne en retenant une partie du revenu tel que prévu, en faisant des rapports faux sur la quantité extraite, sera punie par l'annulation de la concession à laquelle se rapporte la fraude ou les rapports faux qui auront été faits ou commis. Au sujet des faits se rapportant à telle fraude ou tels rapports faux ou le non-payement du droit régalien, la décision du commissaire de l'or sera finale.

32. Après l'enregistrement d'un lot, le déplacement d'une borne par le détenteur de ce lot ou une personne agissant sous sa direction dans le but de changer les limites de ce lot, entraînera la confiscation du lot.

33. L'inscription de chaque détenteur d'une concession de placer doit être renouvelée et son reçu doit être retiré et remplacé chaque année, l'honoraire d'inscription étant payable chaque fois.

34. Le détenteur d'un lot de crique, de coulée ou de rivière peut, dans les soixante jours après la délimitation de son lot, obtenir une inscription pour un lot de colline y attenant, en payant au registrateur

mines la somme de 500 francs. Cette permission sera accordée au
nteur d'un lot de crique, de coulée ou de rivière obtenu en vertu
règlements antérieurs, pourvu que le lot de colline soit disponible
emps où la demande est faite à cette fin.

5. Aucun mineur ne recevra plus d'une concession d'un lot de
e dans un district minier, dont les limites seront fixées par le
strateur des mines, mais le même mineur peut aussi détenir un
de colline, acquis par lui en vertu de ces règlements, faisant suite
lot de crique, de coulée ou de rivière, et n'importe quel nombre
ots par voie d'achat; et un nombre quelconque de mineurs peuvent
ir pour exploiter leurs lots en commun, aux conditions arrêtées
e eux, pourvu que telles conventions soient enregistrées chez le
strateur des mines et qu'il soit payé un honoraire de 25 francs
r tel enregistrement.

6. Tout franc mineur ou association de francs mineurs peut vendre
hypothéquer ses lots et en disposer, pourvu que toute mutation soit
rite chez le registrateur des mines, et qu'il lui soit versé un hono-
e de deux dollars (10 francs), moyennant quoi il livrera à l'ac-
reur ou au prêteur un certificat rédigé d'après la formule T de la

7. Chaque franc mineur aura le droit exclusif d'occuper son propre
pendant toute la durée de sa concession pour l'exploitation minière
l'y construire une habitation ; les produits de son lot, sur lesquels
era cependant tenu de payer les droits régaliens prescrits par ces
lements, lui appartiendront exclusivement; le registrateur des
es pourra établir, pour l'avantage des détenteurs d'autres lots, telles
itudes qui pourraient être absolument nécessaires pour leurs
loitations, aux conditions qu'il jugera nécessaires. Il pourra aussi
order aux mineurs des permis de coupes de bois pour leur usage
sonnel.

8. Tout franc mineur aura droit à l'usage de telle quantité d'eau,
lant naturellement à travers ou au-delà de son lot et non appro-
e légalement par d'autres, qui, dans l'opinion du registrateur des
es, sera jugée nécessaire pour son exploitation, et il aura le droit
écoulement des eaux de son lot sans avoir à donner de compensa-
pour cela.

9. Un lot sera considéré comme abandonné et ouvert à tout venant,
l lot reste inexploité aux jours non fériés, excepté pendant la
on fermée, durant un laps de 72 heures, à moins que ce chômage ne
excusé par la maladie ou par d'autres raisons plausibles, au jugent du registrateur des mines ; le registrateur des mines, sur
uve à lui faite du chômage illégal d'un lot, pourra annuler l'ins-
ption dudit lot.

0. S'il se présente des cas non prévus par ces règlements, ils seront
lés d'après les dispositions qui régissent les terrains miniers autres

que les terrains carbonifères, approuvées par le Gouvern... ...énéral
du Canada en conseil, à la date du 9 novembre 1889, ou par ... ...s autres
règlements qui pourraient être adoptés ultérieurement.

N. B. — Des règlements ont aussi été adoptés pour concéde... ...baux à
des individus ou sociétés porteurs de certificats de francs min... ...rs, leur
permettant de draguer des minéraux autres que le charb... ...ans les
lits ou dans les bancs (*dunes*) submergés des rivières du ... ...rict du
Yukon. Ces baux couvrent une longueur de cinq milles, ...plus de
six baux ne seront accordés au même individu ou à la mê... ...compa-
gnie ; ils seront pour un terme de 20 ans, et le locataire de... ...avoir à
chaque saison au moins une drague en opération sur les... ...illes de
rivière loués. Un loyer de 500 francs par année et par mill... ...rivière
sera exigé et un droit régalien de 2 et demi pour 100 ser... ...rsé sur
le rendement total, quand ce rendement sera de 75.00... ...ncs au
minimum.

L'Agriculture au Yukon. — M. Macoun, envoyé par ... ...gouver-
nement canadien en mission au Yukon, dit, dans le r... ...t de son
voyage :

« Depuis Edmonton jusqu'au Klondike, la plus gran... ...ortie du
pays est bonne pour la colonisation ; beaucoup de te... ...ns sont
excellents pour la culture du blé et des étendues imm... ...s peuvent être consacrées à l'élevage du bétail, des mout... ...et des
chevaux. Ce sont des déclarations sérieuses, mais j... ...vais vous
montrer maintenant pourquoi je les fais.

» Quand je fus envoyé là-bas, l'an dernier, j'avais un... ...ée con-
fuse du pays du Yukon et cela parce que des rappor... ...très con-
tradictoires avaient été faits à son sujet. Un monsieur ... ...i venait
du Yukon nous racontait que le pays était entièreme... ...ouvert
de marécages et qu'en outre il y avait une couche de g... ...de là
2 pieds d'épaisseur. Un autre disait qu'il n'y avait pas d... ...bois dans
le pays. Un autre prétendait que seuls les végétaux les p... ...vivaces
pouvaient pousser, à cause de la situation trop septen... ...ionale du
pays.

» M. Tyrrell, un de nos inspecteurs, fut envoyé là-ba... ...en 1898.
La règle, pour les membres du service géologique, est, lorsqu'ils
se trouvent dans un pays nouveau, de recueillir les sp... ...mens de
la flore (les arbres, fleurs, arbustes et plantes) et de m'envoyer
ces spécimens d'après lesquels j'indique le caractère de la contrée
sans l'avoir jamais vue. M. Tyrrell me rapporta un certain nombre

spécimens, environ 160 espèces, qu'il me soumit. Lorsque je
eus examinés et classés, je me suis trouvé en mesure d'affir-
dans mon rapport sur les plantes que, à l'exception de huit
dix spécimens, l'ensemble de la collection aurait pu être trouvé
30 milles au nord d'Ottawa et je disais que le climat du prin-
ps et de l'été dans le voisinage de Dawson était aussi doux
dans l'Est du Canada. Ceci se passait en 1899.

L'année dernière notre directeur, sur le conseil du ministre de
térieur, émit l'idée que je devais aller examiner la contrée du
on pour le compte du gouvernement, et j'y allai. Je ne voulus
partir avant la fin de juin, car j'avais été dans les contrées sep-
rionales et je disais à notre directeur : « Je vais tout simple-
it perdre mon temps si je pars si tôt, car rien ne sera sorti de
e » Je ne partis que dans la deuxième quinzaine de juin et
ival à Dawson le 10 juillet de l'année dernière. Dawson est
iron à 20 degrés au nord de la ville d'Ottawa et à la latitude
64° 13'. Lorsque j'arrivai à Dawson, j'y trouvai des groseilles
ges, des mûres et des fraises parfaitement mûres sur les flancs
collines, et cela le 10 juillet. Vous pensez que j'étais plus
étonné. Il y a une rose qui croît là-bas et qui est connue sous
om de *Rosa acicularis;* le 3 juin de l'année dernière j'ai trouvé
e rose avec les premières fleurs épanouies à Aylmer (Province
Québec) à 9 milles d'Ottawa. Il arriva que le frère de M. Tyrrell,
James Tyrrell, était sur le flanc de la colline à Dawson le
in et qu'il y trouva la même espèce en fleur, un jour plus tôt
lle ne l'était ici. Ceci fut pour moi une révélation. J'étais parti
as avec des opinions préconçues de ce que j'avais entendu
et ce fut en réalité une surprise très vive. Je vais vous
itrer ce que signifie la floraison de cette rose ici et à Dawson.
même somme de chaleur a dû être dépensée dans les deux
ricts pour produire des résultats semblables. Lorsque je suis
vé dans le pays, j'ai trouvé les roses rouges prêtes à éclore
lis que je croyais qu'elles devaient commencer seulement à
rir, etc... »

ous citerons encore un passage du rapport de M. Auzias Tu-
ne, agent consulaire français à Dawson :

AGRICULTURE. — Il faudrait dire plutôt « culture maraîchère. »
quoique plusieurs grandes fermes aient été fondées aux en-

virons de Dawson, avec faucheuses, lieuses, etc., le plus clair de leurs revenus consiste dans la culture du foin qui se vend ensuite 0 fr. 20 à 0 fr. 25 la livre.

» En général, les céréales ne parviennent pas à maturité. Les légumes croissent très bien pendant les courts mais intenses étés. Leur grosseur est remarquable ; leur saveur — comme le parfum des fleurs — est bien inférieure à celle des produits des climats tempérés.

» Il y a un certain nombre de maraîchers français autour de la ville ; également des laitiers. Une petite émigration du sud-est de la France, de la Savoie et de l'Ardèche, a eu lieu vers le Klondike. »

QUATRIÈME PARTIE

RENSEIGNEMENTS PRATIQUES

___

CHAPITRE PREMIER

CONCESSION GRATUITE DE TERRAIN

'oici au sujet de cette question les renseignements que fournit
ninistère canadien de l'Intérieur.

'oute section portant un numéro pair des terrains de la puis-
ce au Manitoba ou dans les territoires du Nord-Ouest, à l'ex-
tion des sections 8 et 26, de celles déjà prises comme home-
ad, de celles réservées comme terres à bois pour les colons, ou
ir toute autre fin, peut être prise comme homestead par
te personne, chef de famille ou toute autre personne mâle âgée
plus de 18 ans, chaque homestead étant de l'étendue d'un quart
section comprenant 160 acres, plus ou moins (65 hectares en-
on).

ENTRÉE. — L'entrée peut être faite personnellement à l'agence
ale pour le district dans lequel est situé le terrain ou, si l'inté-
sé le préfère, il peut en s'adressant au ministre de l'Intérieur à
awa, au commissaire d'immigration à Winnipeg ou à l'agent

local pour le district, être autorisé à faire son entrée par l'intermédiaire d'une autre personne.

Le prix d'entrée pour un homestead dans les conditions ordinaires est de $ 10 (50 fr.).

Conditions a remplir. — Un colon à qui une entrée de homestead a été accordée est tenu, de par les termes de la loi sur les terres de la puissance et les amendements y ajoutés, de remplir les conditions requises d'après l'un ou l'autre des modes ci-après :

1. — Durant trois ans demeurer sur le terrain et le cultiver, au moins six mois chaque année.

2. — Si le père (ou la mère, le père étant mort) de la personne qui a pris un homestead réside sur une ferme dans le voisinage dudit homestead, le colon satisfera aux exigences de la loi s'il demeure avec son père ou sa mère.

3. — Si un colon a obtenu la patente (titre net) pour son homestead ou un certificat de délivrance de ladite patente, contresignée suivant les prévisions de cette loi, et a obtenu une entrée pour un second homestead, il satisfera aux conditions de résidence imposée par la loi, en résidant sur son premier homestead, si le second se trouve dans les environs du premier.

4. — Si le colon a sa demeure permanente sur une terre qu'il cultive et qui lui appartient dans le voisinage de son homestead, il satisfera à la loi en y demeurant.

Le terme « environs », employé ci-dessus, désigne le même township ou un township adjacent ou attenant par l'angle.

Un colon qui se prévaut des conditions des clauses 2, 3 ou 4 doit cultiver 30 acres sur son homestead, ou élever 20 têtes de bétail, avec les bâtiments requis pour ces animaux, et, de plus, avoir 80 acres convenablement clôturés.

Tout « homesteader » qui ne se conforme pas aux conditions requises par la loi des homesteads est exposé à se voir retirer son entrée de homestead, et le terrain susceptible d'être pris de nouveau.

Demande de patente. — La demande de patente doit se faire au bout de trois ans en s'adressant à l'agent local ou sous-agent ou à l'inspecteur des homesteads.

Six mois avant de faire cette demande le colon doit en donner avis par écrit au commissaire des terres de la Couronne à Ottawa.

)EMANDES DE RENSEIGNEMENTS. — Les immigrants pourront se
curer à tous les bureaux des terres de la Couronne toutes les
ormations concernant les terrains disponibles comme home-
id. Il leur sera donné gratuitement tous les renseignements et
de nécessaires, en faisant la demande au secrétaire du Dépar-
lent de l'intérieur à Ottawa, au commissaire de l'immigration
Winnipeg (Manitoba), ou à tout agent des terres dans le Mani-
a ou dans les Territoires du Nord-Ouest, ainsi que toute infor-
tion concernant le bois, le charbon, et tous autres minéraux.
peuvent également obtenir copies des lois et des règlements. On
t obtenir aux mêmes bureaux les renseignements concernant
terres de la Couronne dans la ceinture du chemin de fer du
adien Pacifique dans la Colombie britannique.

COMMENT UN COLON DOIT PROCÉDER

l est bon d'abord de se mettre dans le voisinage de centres
nçais; ou bien de former un noyau entre colons de même ori-
e. Voici maintenant comment procéderont :
° Ceux qui ont de l'argent.
n arrivant au nord-ouest avec 4.000 ou 5.000 francs, un colon
t, ou bien s'acheter un terrain, c'est-à-dire 65 hectares au prix
62 à 100 francs l'hectare, ou bien en réclamer un gratuitement
agent du gouvernement ; il n'y a dans ce dernier cas que
francs à payer pour l'inscription. Ces terrains qu'on appelle
« homesteads » sont naturellement moins commodes à cause
l'éloignement des habitations et des chemins de fer. Tout
on ou fils de colon a droit à un *homestead* gratuit dont la pro-
été n'est définitive qu'après naturalisation et trois ans de sé-
r.
Reprenons le cas de celui qui s'achète un lot : soit 62 francs
ectare ; 65 hectares coûtent 4.030 francs. Les conditions d'achat
t toujours les mêmes, soit qu'on achète d'une compagnie de
emin de fer ou d'une compagnie de prêt ou de la compagnie de
Baie d'Hudson qui sont les principaux détenteurs des terrains
ants : c'est-à-dire qu'un dixième du prix d'achat doit être versé
uptant, et le reste en neuf versements annuels consécutifs avec
érêt à 6 pour 100.

Le colon se construira ensuite ce qu'on appelle un *chantier*, c'est-à-dire une cabane en planches à la façon du pays, pour la somme de 400 francs, et un abri de 100 francs pour les bêtes. Soit donc :

Premier versement sur le terrain. . . . . fr.   400
Maison (chantier) et abri.   500
Une paire de chevaux domptés. 1.000
Un harnais double.   150

Et *comme les facilités de crédit sont considérables dans l'Ouest canadien*, le colon pourra se procurer, à crédit, une charrue (125 fr.), une herse (70 fr.).

Il fera un jardin, s'achètera au printemps autant de jeunes porcs que possible, deux vaches et des poules. Les vivres (farine, etc.), petits outils, vêtements, lui seront fournis à crédit par le marchand de l'endroit qui vend ordinairement de tout ; ou encore pourra-t-il échanger des produits domestiques (beurre, œufs, lait, etc.) contre les articles nécessaires à la subsistance pendant la première année. Au besoin, le colon pourra ne verser que la moitié du prix des chevaux.

Et il se met à labourer, sans répit, durant l'été, de façon à pouvoir ensemencer au printemps suivant autant de terrain que possible. S'il parvient à casser, c'est-à dire à labourer une centaine d'acres (environ 40 hectares) dans son été, il trouvera également, au printemps suivant, un marchand ou un fermier voisin qui lui avancera le grain de semence. Si, à la récolte, il a en moyenne 17 hectolitres à l'hectare, et si le blé se vend en moyenne, comme dans ces dernières années, 60 centins le boisseau (ou 2 fr. 50 l'hectolitre), il réalisera 5.780 francs. Ceci — sans compter les petits revenus provenant des deux vaches, d'une dizaine de porcs et des poules, — le mettra dans la voie du succès. Il sera alors de son intérêt d'augmenter le stock des bestiaux et non d'agrandir la culture, car les revenus de ceux-là sont plus constants et moins aléatoires que ceux de la culture.

En résumé : 1re année :

DÉPENSES		RECETTES	
rrain.	403	100 acres en blé.	5.780
oris	500	moins les frais de cul-	
evaux (moitié).	500	ture, instruments agri-	
ches, cochons, etc. . .	375	coles (lieuse, 1.800 fr. ;	
rnnis.	150	battage, 750 fr. ; chevaux,	
Total. . . . . fr.	1.928	500 fr.) ; 2e versement et	
		intérêts, 650 fr. ; grain de	
		semence, 200 fr. ; soit à	
		déduire.	2.860
		Total. . . . . fr.	2.920

Admettant même que les dépenses imprévues d'installation ou outillage se montassent à 1.500 ou 2.000 fr. en plus, le colon sera encore en bonne situation, outillé, et en état d'augmenter n stock de bestiaux qui doivent être une source importante de venus.

2° Ceux qui n'ont pas d'argent.

Ceux-là devront, comme les autres du reste, prendre un billet passage colonial, à prix réduit, jusqu'à Winnipeg (Manitoba). billet peut coûter environ 225 francs. Ils s'engageront comme rçons de ferme dès le mois d'avril, à raison de 75 francs à 125 francs r mois, logés, nourris et blanchis. De cette façon, ils apprenont, non pas à cultiver, — car le paysan français peut en remoner à tout autre dans cette opération, — mais les méthodes et les ages.

En arrivant au Manitoba au mois d'août, le paysan pourra s'enger dans une batterie à raison de 7 à 8 francs par jour, logé et ourri jusqu'au mois de décembre. Alors il peut entrer chez un rmier pour l'hiver où il gagnera encore 20 à 40 francs par ois, logé, nourri et blanchi. Il n'a presque rien à faire durant iver, si ce n'est la litière et quelques charroyages de foin ou de ain. En somme, c'est un repos de 4 ou 5 mois. Il pourra s'enger comme bûcheron et gagner 7 à 15 francs par jour (il traillera *aux pièces*). Dans un ou deux ans, il aura économisé un u d'argent et pourra lui-même prendre un homestead. Il peut le oisir en arrivant, mais pour le garder, il doit en faire l'exploitaon immédiatement, ce qui lui est impossible de faire sans quelue argent.

DISPOSITION DES LOTS

Voici la façon dont le pays est divisé : la terre a la forme d'un damier, en ce sens qu'elle est toute divisée en carrés de même dimension. Chaque carré numéroté compose une *section* et chaque section est divisée en quatre *quarts de section* de 65 hectares ou 160 acres. Les 36 sections forment un *township*.

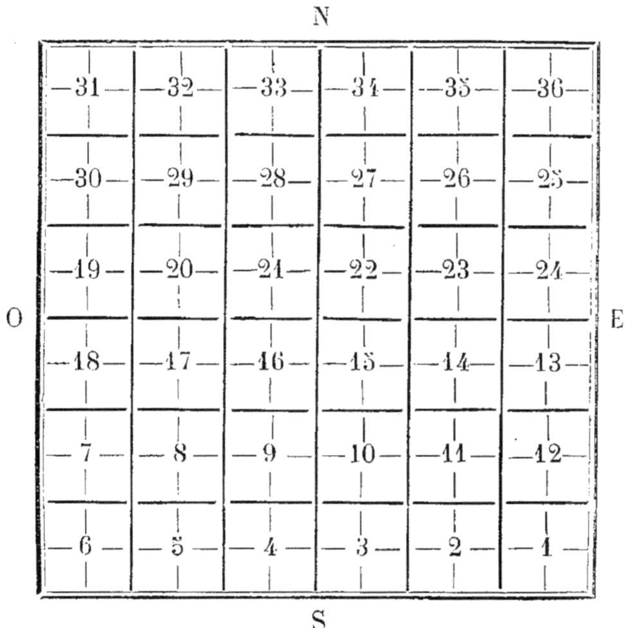

N.-B. — Rappelons brièvement quelques points importants :

1° Le système municipal qui est établi, constitue au Canada de véritables petites républiques. Il y en a une soixantaine dans le Manitoba. Chacune de ces municipalités fait ses élections en décembre, chaque année. Elle prélève librement des impôts. 2° Le seul impôt direct qui soit prélevé est 100 francs au maximum et 25 francs au minimum par an sur un lot ordinaire de 65 hectares. Ces revenus sont employés pour les routes, ponts, égouts. 3° Des écoles sont établies partout et entretenues par des conseils scolaires électifs ; les municipalités versent à ces conseils l'argent qu'elles accordent, ainsi que les subventions proportionnelles qui sont fournies par le gouvernement fédéral. (Subventions proportionnelles au nombre d'élèves). 4° Tout étranger est bien accueilli et il reçoit un certificat de naturalisation après trois ans de séjour au pays. La naturalisation est une simple allégeance et ne comporte aucune renonciation pénible. *Il n'y a pas de service militaire* (1). 6° Le climat, de l'avis de tous ceux qui ont vécu dans l'Ouest canadien, est très agréable, sain et vivifiant. Il n'y a pas de maladies particulières au pays ; les épidémies y sont inconnues. Pas d'humidité. 7° Des halles offrant un abri temporaire et gratuit aux colons ayant l'intention de s'établir au Canada ont été établies par le gouvernement canadien dans les villes suivantes : Québec (Prov. de Québec) ; Halifax (Nouvelle Ecosse) ; Winnipeg (Manitoba) ; East Selkirk (Manitoba) ; Dauphin (Manitoba) ; Brandon (Manitoba) ; Yorkton (Saskatchewan) ; Saskatoon (Saskatchewan) ; Lethbridge (Alberta) ; Calgary (Alberta) ; Red Deer (Alberta) ; Strathcona (Alberta) ; Edmonton (Alberta) ; Mac Leod (Alberta) ; Prince Albert (Assiniboine).

(1) Voici le texte exact du serment d'allégeance canadienne tel qu'il est contenu dans l'atlas de l'Ouest canadien, publié avec autorisation du ministre de l'Intérieur du Canada : « Je promets sincèrement et je jure (ou affirme) que je serai fidèle et observerai une véritable allégeance à sa majesté Edouard VII, comme souverain légal du royaume de la Grande-Bretagne et l'Irlande et de la puissance du Canada, dépendante du, et appartenant au dit royaume, et que je le défendrai du mieux de mes capacités contre toute conspiration de trahison ou attentat quelconque, qui pourrait être fait contre sa personne, sa couronne et sa dignité, et, que je ferai tout en mon pouvoir pour découvrir et porter à la connaissance de Sa Majesté, de ses héritiers, ou de leurs successeurs, toutes les trahisons ou conspirations et tentatives de trahison que je saurai être tramées contre lui, ou l'une quelconque d'entre elles ; ce à quoi je m'engage sans aucune équivoque ou aucune réserve mentale ou secrète. Que Dieu me soit en aide ».

CHAPITRE DEUXIÈME

L'ÉLEVAGE — COUT DE LA SUBSISTANCE AU CANADA

On fait l'élevage de deux manières différentes dans l'ouest canadien, qui sont *l'élevage* tout primitif *au grand air* et *l'élevage à la ferme*. Le Manitoba, le sud-est de l'Assiniboine, l'est du Saskatchewan et le nord de l'Alberta sont surtout des régions propres à l'agriculture mixte, c'est-à-dire à *l'élevage à la ferme;* tandis que dans les prairies ondulées de l'ouest de l'Assiniboine, du Saskatchewan et du sud de l'Alberta, *l'élevage au grand air* du bétail est la seule industrie pratique.

Dans cette région, le bétail vit librement toute l'année à l'état de nature ; ceci est particulièrement le cas dans la zône des vents doux qu'on appelle « le Chinook ». Toutefois, l'éleveur se précautionne contre les années exceptionnellement mauvaises en faisant dans la prairie des meules de foin, à raison de 200 tonnes pesant par 500 bêtes à cornes, de 50 tonnes par 1.000 moutons et 200 tonnes par 100 chevaux. On estime que le produit moyen annuel des vaches est d'environ 55 pour 100 du stock producteur; à peine compte-t-on 5 pour 100 de pertes sur les produits.

On importe du jeune bétail de Manitoba et même d'Ontario pour l'élever dans les prairies de l'ouest ; on en importe également des États-Unis. On en a ainsi importé 54.750 de ces provinces en 1902. Ce jeune bétail est naturellement plus délicat que le bétail élevé sur la prairie, mais il finit par s'acclimater facilement.

Voici dans quelles proportions les produits et les pertes sont
valués pour l'année 1902 :

ASSINIBOINE	ACCROISSEMENT DU BÉTAIL	PERTES
À la Montagne de Bois.	60 °/₀ dans les grands troupeaux ; un peu plus dans les petits.	5 °/₀.
Crique Maple	45 °/₀ grands troup. 60 °/₀ petits —	3 °/₀.
Medecine Hat	65 à 80 °/₀.	1 à 2 °/₀.
ALBERTA		
Mcleod . . . . } Lethbridge . . . . . . }	67 °/₀.	moins de 4 °/₀.
Crique Pincher.	60 à 85 °/₀.	1 à 5 °/₀.
Montagne Porc-épic . .	50 °/° au grand air. 80 °/₀ à la ferme.	5 °/₀.
Riv. Haute (High) . . .	50 °/₀ grands troup.	
— au Mouton (Sheep).	75 °/₀ petits —	5 °/₀.
— à l'Arc (Bow) . . . } Red Deer (est). . . . . }	70 °/₀ à la ferme.	1 °/₀.
Calgary . . . . } Riv. à l'Arc (ouest) . . }	60 °/₀.	3 à 7 °/₀.
Nord Alberta	60 °/₀.	3 °/₀.
— (ferme). .	75 °/₀.	moins de 1 °/₀.

Les pertes éprouvées dans les régions de Calgary, montagne
Porc-épic, Mac-Leod et Lethbridge, sont occasionnées par les
périodes de pluies et de froid excessif au printemps. Les loups
des prairies contribuent aussi dans une certaine mesure à ces
pertes de bétail.

La valeur du bétail, dans les diverses régions, était, en 1902, la
suivante :

	Veaux d'un an.	Veaux de deux ans.
Medecine Hat. . . . . Francs.	80 à 90	115 à 125
Calgary.	90 à 100	125 à 137,50
Rivière Haute.	90 à 92,50	140 »
Millarville	95 à 105	125 à 135
New Oxley	85	125 »
Crique Maple.	85 à 95	110 à 120

Le progrès de l'élevage se poursuit toujours grâce aux efforts
qu'a fait le gouvernement pour importer dans l'ouest des animaux
producteurs de race, moyennant des réductions avantageuses

sur les prix de transports, soit, en moyenne, 25 francs par tête.

Les races importées sont surtout les Shorthorns, quelques Angus et quelques Herefords.

L'importation des vaches de race a provoqué, d'autre part, l'élevage spécial des mâles de race ; et on assure qu'il y a de bonnes affaires possibles dans cette industrie.

Les marchés pour le bétail se trouvent surtout auprès des nouveaux colons, à la Colombie britannique, dans les centres miniers qui dépendent entièrement des territoires de l'Ouest pour leur alimentation, et en Angleterre. Le meilleur bétail est exporté en Angleterre. On a exporté des territoires 60.053 têtes de bétail en 1902 contre 39.683 en 1901. Les prix de revient sont très avantageux. Le bétail expédié des ranches près de Calgary se livre à 0 fr., 1750 et 0,2250 la livre de 454 grammes, vif ; les vaches se livrent à 0,15 et 0,1750. Les taureaux à la rivière Red Deer Est (Alberta), ont rendu en moyenne 235 francs la pièce. Le stock de race est évalué à 130 et 160 francs la pièce. A la rivière Haute et à la rivière au Mouton (Alberta), le bétail a rendu 0 fr., 15 et 0,1750 la livre ; à la montagne Pince-Épic (Alberta,) 0 fr., 13 et 0 fr., 20 la livre pour les bœufs, soit environ 225 à 275 francs la pièce ; les vaches 175 francs. A Mac Leod et Lethbridge (Alberta), le bœuf se vend 200 à 275 francs la pièce ; à Medecine Hat (Assiniboine), le bœuf se livre à 0 fr., 16 et 0 fr., 20 la livre, soit 225 et 285 francs la pièce, et les vaches à 0 fr., 15 et 0,1760 la livre ; au Crique Maple (Assiniboine), les bœufs sont à 210 et 300 francs la pièce, les vaches grasses de 150 à 300 francs la pièce ; à la montagne de Bois (Assiniboine), le bœuf rend en moyenne 215 francs et les vaches 100 francs ; à Prince Albert (Saskatchewan), les veaux de l'année sont à 50 et 75 francs ; les veaux de deux ans à 75 et 125 francs la pièce ; les veaux de trois ans à 125 francs. A Dundurn (Saskatchewan), les bœufs rendent 215 à 250 francs, et les vaches grasses 160 à 175 francs la pièce.

Capital. — Pour ce qui est du capital nécessaire à l'élevage, on peut dire que 60.000 francs sont suffisants pour un troupeau de 500 têtes. On obtient des baux de pâturages du gouvernement à des prix insignifiants : à savoir 100 francs pour 400 hectares, environ 10 centimes pour 40 ares, à condition d'y faire de l'élevage plus ou moins amélioré.

On estime que 4 hectares suffisent pour le pâturage d'une bête
cornes ou d'un cheval, et 2 hectares pour un mouton.

Le bétail d'élevage coûte en moyenne 80 à 150 francs la tête, les
evaux 175 à 375 francs la tête et le mouton 15 à 22 fr. 50 la tête.

En dehors des régions propres à l'*élevage au grand air,* on est
rcé de limiter le nombre du troupeau à cause des étables et des
ngars qu'il faut construire, et aussi à cause de la provision
fourrage qu'on doit forcément faire. La conséquence en est que
qualité des animaux est supérieure; les rendements sont aussi
is forts, les pertes de l'hiver étant beaucoup moindres. L'ac-
oissement est d'environ 70 à 75 pour 100 et parfois même de
à 50 pour 100 du stock producteur, dans les bonnes années,
ors que les pertes ne représentent guère plus de 2 pour 100. Les
veurs trouvent qu'il est plus avantageux de vendre leur bétail
ine et de garder le vieux stock producteur.

On estime qu'il faut à un colon 12.500 francs pour faire l'élevage
ondition qu'il s'installe sur une concession gratuite. Sur cette
nme, 5.000 francs doivent être employés de la façon suivante :
ison et étable, 1.250 francs; une paire de chevaux, 875; har-
is, 125 francs; charrette, 330 francs; charrue, 80 francs; herse,
francs; ameublement d'intérieur, 375 francs; alimentation do-
stique pour un an, 500 francs; graines de semence pour
ectares, environ 100 francs; avoine, foin, etc., 250 francs;
ches à lait, 300 francs; porcs et volailles, 75 francs; total,
25 francs, soit 5.000 francs. Les 7.500 francs qui restent servi-
t à l'achat d'un petit troupeau de vaches ou de moutons. L'éle-
ge du mouton donne des revenus plus rapides, mais il ne semble
s être en faveur autant que l'élevage des bêtes à cornes.

Dans le cas d'un troupeau de bétail, il faudra se procurer
veaux de l'année, 20 veaux de deux ans et 20 vaches produc-
ces; le tout peut être acquis au prix moyen, par tête, de 100 francs.
bien on peut se procurer 50 vaches à 150 francs chacune. On
lue les résultats de l'exploitation d'un pareil troupeau comme
t, — estimant que les génisses deviennent productrices à 2 ans
que les veaux se vendent à 4 ans :

	VACHES	GÉNISSES	BOUVILLONS	BÉTAIL DE VENTE
1re année	50	20 (1)	(1) 20	—
2e année	50	20 (2)	(2) 20	—
3e année	(1) 70	30 (3)	(3) 20	—
4e année	(2) 90	35 (4)	35	—
5e année	(3) 120	45 (5)	45	(1) [illegible]
6e année	(4) 155	60	60	(2) [illegible]
7e année	(5) 200	80	80	(3) [illegible]
	200	140	220	70 à 20[illegible]

C'est-à-dire qu'un homme débutant à 22 ou 23 ans avec 12.500 francs, serait, à l'âge de 30 ans, en possession d'un troupeau de 5 à 680 têtes de bétail avec un rendement annuel croissant de bouvillons évalués à 200 francs la pièce, et aurait remboursé, grâce à la vente de 70 bouvillons à 200 francs, tout le capital mis dans l'exploitation.

La concession gratuite lui aurait fourni la subsistance. Dans le cas d'un stock mixte, les revenus de la vente des bœufs de 4 ans sont plus vite touchés, mais l'augmentation définitive n'est pas aussi considérable. Et dans le cas d'un troupeau de moutons, la tonte rendra dès la première année.

LE MOUTON. — Les meilleures régions pour l'élevage du mouton en grand, sont l'ouest d'Assiniboine et le sud d'Alberta. Dans l'ouest d'Assiniboine il y a encore beaucoup de terrains de l'État à louer pour pâturages, au prix de 100 francs les 400 hectares. L'accroissement moyen des troupeaux dans cette partie du pays est de 80 à 90 pour 100 et les pertes occasionnées par les loups de prairie, d'environ 5 pour 100 ; on doit aussi compter la perte due aux graminées pennées et aux plantes vénéneuses. Le poids moyen de la toison est de 5 à 7 livres. Le prix obtenu pour les laines écrues (non blanchies) oscille entre 45 c. et 0,6250 la livre.

La récolte actuelle de laine est d'environ un million de livres, laquelle est vendue dans le pays même ou aux industriels des provinces de l'Est ; le reste est exporté aux États-Unis. On s'attend toutefois à voir s'établir avant longtemps quelques filatures de laine dans les territoires de l'Ouest.

.e principal débouché pour le mouton se trouve être actuelle-
n: la Colombie britannique; il est susceptible de beaucoup
xtension encore.

.u point de vue de l'élevage, les moutons mérinos et les béliers
il particulièrement recommandés selon le but qu'on se propose
t'aindre, à savoir la laine ou le mouton alimentaire, car plus
.aine est fine, moins bonne est la viande de mouton, et inverse-
n: plus la viande de mouton est bonne, moins avantageuse est
.aine. Actuellement, il y a une grande demande de laine fine.
Ainsi que l'élevage de race du bétail, de même l'élevage des
ic.s de race a contribué largement à l'amélioration de la pro-
ction générale du pays ; il y a du reste une demande constante
bons produits dans les ranches et chez les fermiers des Terri-
res. L'acheteur préfère aujourd'hui le bétail du pays ou le
.ail qui a été acclimaté au pays. L'année dernière, les béliers de
.e ont rapporté, en règle générale, 78 francs. On mentionne le
.ord d'un bélier Shropshire, hors concours, qui s'est vendu
) francs. On a une préférence particulière pour les races
ropshire et Downs. Sur cette question, il est facile du reste de
renseigner plus minutieusement en s'adressant à la *Territorial*
ep Breeders Association, à *Calgary* (Alberta).

On ne devrait pas fonder un ranche de moutons avec moins de
)00 têtes, qui reviendraient aux prix actuels, environ de 15.000 fr.
.7.500 francs. Il faut ajouter à cette somme les frais de han-
rs, de charrettes, de chevaux, de harnais, de maison, d'étables,
nstruments agricoles, etc., lesquels peuvent être d'environ
500 francs ou plus, selon les goûts de l'éleveur. On compte habi-
ellement 2 hectares ou tout au moins 80 ares pour le pâturage
un mouton. Pour l'hiver, il est bon de faire une moyenne de
tonnes de foin pour 1.000 moutons. Un bon berger peut se char-
r de 2.000 moutons ; il gagne en moyenne 150 francs par mois,
us les chevaux fourbus dans le service.

Ailleurs, dans les territoires de l'Ouest, les troupeaux sont plus
tits ; et en conséquence on clôture les pâturages ; un pâturage
16 hectares peut être clôturé pour une somme d'environ 750 à
000 francs.

LE CHEVAL. — D'après le rapport de l'Association des Éleveurs
erritorial Horse Breeders Association) pour 1902-1903, le marché

a été des plus avantageux, durant l'année dernière ; on a demandé surtout des gros chevaux de trait et à des prix vraiment rémunérateurs. La rareté de ces chevaux s'est surtout fait sentir depuis l'augmentation considérable des colons de ces deux ou trois dernières années, et l'on s'attend à un marché encore meilleur pour les années prochaines.

Les bonnes années ont été cause qu'un grand nombre de fermiers se sont livrés à la culture du blé ; de sorte que les chevaux de trait sont devenus si rares, que les fermiers sont incapables de conserver leur bétail d'élevage ; il leur faut même en acheter de nouveaux. Les territoires, qui exportent environ 1.000 chevaux annuellement, en ont importé 15.000 des États-Unis en 1903.

Ajoutons que dans l'intérêt de l'élevage de race, 252 chevaux de race ont été importés en franchise l'année dernière (1903).

Les chevaux canadiens ont donné une entière satisfaction dans l'Afrique du Sud ; à tel point que le War Office de Londres a décidé d'établir un *dépôt de remonte* dans l'Ouest canadien ; de sorte qu'un certain nombre de chevaux seront achetés tous les ans dans ce but.

Les chances de succès de pareilles exploitations sont donc particulièrement grandes ; seulement, il faut ajouter une chose, c'est que ceux qui se lancent dans cette industrie doivent bien connaître leur affaire ; ils doivent de plus prendre connaissance des conditions spéciales du pays avant de procéder par eux-mêmes. On peut toujours se renseigner sur l'élevage du cheval en écrivant à la *Territorial Horse Breeders Association*, à Calgary (Alberta).

*
* *

Nous donnons, dans les pages qui suivent, les prix des articles de consommation courante au Canada, dans les différentes provinces.

N. B. — Le prix des articles marqués d'un astérisque varie selon les saisons.

ARTICLES	PROVINCES					
LA LIVRE DE 454 GRAMMES	QUÉBEC	ONTARIO	NOUVELLE-ÉCOSSE	NOUVEAU-BRUNSWICK	MANITOBA	COLOMBIE BRITANNIQUE
	Francs.	Francs.	Francs.	Francs.	Francs.	Francs.
Bœuf (rôti)	0 50 à 0 75	0 50 à 0 75	0 60 à 0 75	0 40 à 0 70	0 50 à 0 60	0 60 à 0 90
— (salé)	0 40 0 50	0 30 0 90	0 40 0 50	0 40 0 50	0 40 0 60	0 50
Veau (devants)	0 35 0 50	0 30 0 40	0 30 0 40	0 25 0 35	0 50	0 62
Mouton (cuisse)	0 40 0 60	0 50 0 75	0 50 0 75	0 60	0 75	0 75 à 0 90
Porc (frais)	0 50 0 60	0 60 0 75	0 50 0 60	0 60	0 62	0 60 0 70
— (salé)	0 50 0 60	0 60 0 75	0 50 0 60	0 65	0 62	0 50 0 60
Bacon	0 60 0 90	0 75 0 90	0 60 0 75	0 90	0 75	0 75 1 25
Saucisse	0 50 0 60	0 50 0 60	0 50 0 60	0 70	0 50	0 60 0 75
Lard	0 50 0 60	0 50 0 60	0 50 0 60	0 65	0 50	0 70
Beurre (frais)	1 » 1 25	0 90 1 10	1 » 1 25	1 25	1 » à 1 25	1 » à 1 25
— (salé)	0 95 1 10	0 75 1 »	1 » 1 25	1 » à 1 25	0 75 0 85	0 90 1 25
Fromage canadien	0 50 0 75	0 55 0 75	0 70 0 80	0 80 0 90	0 62	1 » 1 20
* Œufs frais (la douzaine)	0 75 2 »	0 65 1 50	0 90 1 50	0 80 1 30	0 50 à 0 75	1 » 3 »
— ord. —	0 50 1 25	0 60 1 »	0 75 1 25	0 75 1 25	0 75	1 » 3 »
Lait (1 litre 13)	0 30 0 40	0 25 0 30	0 30 »	0 30	0 25 à 0 30	0 50 1 25
Pain (blanc)	0 10 0 12	0 12	0 12 »	0 15	0 12	0 20
— (brun)	0 10	0 12	0 12 »	0 15	0 12	0 20
Pommes de terre (boisseau : 34 litres)	2 50 à 3 75	2 50 à 3 75	2 » à 3 50	2 50 à 4 »	1 25 à 3 »	2 50 à 5 »
Navets (boisseau : 34 litres)	1 50 2 50	1 » 2 »	1 50 3 »	1 50 3 »	1 25 2 »	3 » 5 »
Tabac (la livre)	1 25 2 »	2 50 3 50	2 50 3 »	1 50 2 75	3 » 3 75	3 50 4 »
Charbon dur (la tonne)	—	30 »	30 »	25 » 27 50	32 50	32 50
Charbon mou	25 » à 35 »	25 » à 30 »	17 50 à 20 »	20 » 25 »	20 »	17 50
Bois mou (combustible), 3 stères 624	10 » 17 50	—	—	15 » 20 »	17 50 à 22 50	—
Bois dur — —	—	—	—	—	25 » 30 »	—

ARTICLES	PROVINCES					
LA LIVRE DE 454 GRAMMES	QUÉBEC	ONTARIO	NOUVELLE-ÉCOSSE	NOUVEAU-BRUNSWICK	MANITOBA	COLOMBIE BRITANNIQUE
	Francs.	Francs.	Francs.	Francs.	Francs.	Francs.
Épiceries.						
Farine (25 livres).	3 » 3 25	2 50	3 25	3 75	2 50	3 25 à 3 75
Farine (d'avoine).	0 17 0 30	0 12 à 0 25	0 17	0 45	0 45 à 0 20	0.20 0 25
Riz.	0 20	0 20 0 25	0 25	0 25	0 30	0 25
Flageolets (1 litre 30).	0 60	0 50	0 40 à 0 50	0 40 à 0 50	0 20 à 0 25 la liv.	0 25 à 0 50
Thé.	1 25 à 1 35	1 25 à 2 50	1 50 2 50	2 50	1 25 à 2 50	3 »
Café.	1 50 2 »	2 »	1 25 2 »	2 »	1 » 1 50	2 »
Sucre granulé.	0 22	0 22 à 0 25	0 25	0 25 à 0 30	0 25	0 25 à 0 35
Sucre brun.	0 17	0 20	0 22	0 20	0 22	0 25
Mélasse (4 litres 6).	2 »	1 50 à 2 50	1 50 à 2 »	2 » à 2 50	2 50 à 3 75	2 50
Savon.	0 30	0 25	0 45 0 25	0 25	0 20 0 30	0 25 à 0 30
Empois.	0 30	0 25 à 0 30	0 40 0 50	0 60	0 40 0 50	0 30 0 50
Pétrole (4 litres 6).	1 10	0 80 1 »	1 25 1 40	1 05 à 1 25	1 50 1 75	2 »
Tissus.						
Par verge (yard) 914 millim.						
Shirting 4 × 4 (écru).	0 25 à 0 50	0 25 0 50	0 25 0 50	0 37 0 40	0 25 0 60	0 62
— (blanchi).	0 30 0 75	0 25 0 50	0 30 0 75	0 25 0 80	0 30 0 75	0 62
Shirting domest. (checks).	0 40 0 75	0 40 0 60	0 35 0 75	0 40 0 70	0 40 0 80	0 62
Toile de coton (écrue).	1 » 1 25	0 70 1 »	0 65 1 »	0 85 1 10	0 80 1 25	0 90 à 1 »
— (blanchie).	1 25 2 50	1 » 1 50	1 » 1 50	1 10 1 35	1 10 1 75	1 25
Flanelle de Canton (écrue).	0 85 1 20	0 30 0 50	0 25 0 75	0 40 0 85	0 40 0 75	0 62
— (blanchie).	[illegible]	[illegible]	[illegible]	[illegible]	[illegible]	[illegible]
Flanelle de Canton.	0 85 [illegible]	0 25 [illegible]	[illegible]	[illegible]	[illegible]	[illegible]
Flanelle rouge (unie).	1 50 3 05	0 75 2 50	1 25 2 »	1 10 2 »	0 30 2 50	2 50

ARTICLES	QUÉBEC	ONTARIO	NOUVELLE-ÉCOSSE	NOUVEAU-BRUNSWICK	MANITOBA	COLOMBIE BRITANNIQUE
	Francs.	Francs.	Francs.	Francs.	Francs.	Francs.
Flanelle rouge (twill).	1 50 à 3 05	1 75 à 2 »	1 50 à 2 05	1 45 à 1 80	1 » 3 »	2 »
Coutils, toiles	0 50 1 75	0 40 1 25	0 60 1 »	0 55 2 »	0 60 1 25	1 »
Indiennes	0 50 1 »	0 50 0 62	0 40 0 70	0 30 0 65	0 40 0 75	0 62
Cachemire	1 25 3 65	1 75 2 50	1 75 3 »	3 05	1 75 5 »	3 »
Guillaume, batiste ou indiennes.	0 85 1 »	0 50 1 25	0 40 0 60	0 50 à 0 70	0 40 0 75	0 62
Confections.						
Complets de trav. (hommes) en tweed, serge ou worsted.	40 » 75 »	30 » 50 »	30 » 40 »	40 »	40 » 50 »	62 50 à 75 »
Habit et gilet (tweed, serge ou worsted).	40 » 75 »	30 » 40 »	32 50 35 »	20 » à 50 »	37 50	45 » 55 »
Pantalons (tweed, serge, worsted). . . .	15 » 20 »	7 50 15 »	8 75 15 »	5 » 8 75	15 »	12 50 20 »
Paletots (frize)	50 » 75 »	40 » 60 »	40 »	30 » 50 »	45 »	50 »
Paletots (tweed)	40 » 60 »	25 » 35 »	40 »	70 » 90 »	40 » à 50 »	62 50
Confections pour enfants.						
Culotte et gilet pour garçonnets (4 à 11 ans) tweed	7 50 12 50	10 » 15 »	8 75 à 15 »	7 50	12 50 17 50	17 50
Culotte et gilet pour garçonnets (serge).	7 50 12 50	12 50 17 50	8 75 15 »	10 » à 15 »	12 50 17 50	15 »
Culotte, gilet et veston (tweed)	20 »	12 50 20 »	15 »	15 » 25 »	20 »	25 »
— — — (serge)	25 »	17 50 30 »	15 »	17 50 30 »	27 50	30 »
Chemises (homme).	5 »	3 75 5 »	3 75	3 05 5 »	5 »	5 »
— coton (couleurs)	2 50 à 3 75	2 50 3 75	2 » à 2 50	1 25 3 75	2 75	5 »

ARTICLES	PROVINCES					
	QUÉBEC	ONTARIO	NOUVELLE-ÉCOSSE	NOUVEAU-BRUNSWICK	MANITOBA	COLOMBIE BRITANNIQUE
Hommes.	Francs.	Francs.	Francs.	Francs.	Francs.	Francs.
Gilet ou caleçon (laine)	2 50 à 7 50	2 50 à 5 »	5 »	2 50 à 3 75	5 »	6 05
— (autre)	1 25 3 75	1 25 3 75	1 25 à 3 »	1 75 3 »	3 » à 3 75	3 75 à 5 »
Chaussures, etc.						
Bottes de travail	6 25 7 50	6 25 12 50	10 » 15 »	4 50 10 »	7 50 12 50	12 50
Chapeaux (feutre)	5 » 7 50	5 » 10 »	7 50 10 »	5 » 15 »	8 75	12 50
Robes de ch. (dames) flanellette (coton)	7 50 10 »	5 » 7 50	6 25 7 50	5 » 10 »	7 50 à 12 50	5 » à 15 »
— flanelle	15 » 20 »	7 50 15 »	10 »	10 » 15 »	25 »	22 50
Loyers.	par mois	par mois	par mois	par année	par mois	par mois
Maison en ville (4 pièces)	35 » 45 »	30 »	30 »	240 »	50 » 60 »	30 » à 40 »
— (6 pièces)	50 » 65 »	40 »	35 »	360 »	50 » 75 »	60 »
Demi-maison en ville (4 pièces)	30 » 35 »	30 » à 40 »	40 »	360 »	60 » 80 »	35 » à 40 »
— (6 pièces)	40 » 60 »	50 »	50 »	480 »	75 » 100 »	45 » 60 »
Maison en banlieue (4 pièces)	35 » 50 »	25 » à 30 »	35 »	500 »	—	25 » 30 »
— (6 pièces)	45 » 65 »	35 » 40 »	40 »	550 »	50 »	35 » 45 »
Demi-maison banlieue (4 pièces)	20 » 35 »	30 » 40 »	40 »	550 »	50 » à 60 »	35 » 50 »
— (6 pièces)	45 » 75 »	50 »	50 »	600 »	60 » 70 »	45 » 60 »
Pension et logement (ville) tout compris (pour ouvrier)	par semaine 15 » 20 »	par semaine 15 » à 21 25	par semaine 15 » 17 50	par semaine 15 » 17 50	par semaine 17 50 22 50	par semaine 22 50 27 50

N. B. — Ces données ont été fournies par les marchands des villes et villages du Canada ; elles sont aussi justes que possible, et l'on peut même ajouter qu'elles représentent en général les maxima.

CHAPITRE TROISIÈME

LA TEMPÉRATURE DU CANADA

Nous reproduisons, page 330, convertis en *centigrades*, les
oyennes des températures du Canada dans les différents mois
l'année, avec les données officielles des bureaux météorolo-
ques, sur la chute de la neige et des pluies. Renseignements
cueillis à la ferme expérimentale d'Ottawa :

Températures maxima et minima à la ferme expérimentale
ficielle de Nappan (Nouvelle-Écosse) en 1898 :

MOIS	TEMPÉRATURE MAXIMA	DATE	TEMPÉRATURE MINIMA	DATE
1897 Décembre. . . .	13.3	Le 16	— 18.8	Le 30
1898 Janvier.	5 0	8	— 34.6	31
Février.	7.2	13	— 27.2	4
Mars.	11 1	30	— 16.1	3
Avril.	16.6	13	— 6.6	11
Mai	23 8	27	— 4 6	10
Juin	25 5	26	0 5	18
Juillet	31.1	28	4 6	6
Août	26.1	4	5.5	29
Septembre . . .	26 6	6	— 3 3	25
Octobre.	25 0	4	— 4.6	11
Novembre . . .	10 0	25	— 6.1	27

MOIS	Moyenne des maxima	Moyenne des minima	Variations	Moyenne générale	Maximum	Dates	Minimum	Dates	Pluie continue Centimètres	Neige continue Centimètres	Nombre de jours de pluie ou de neige	Chute maxima 24 heures pluie ou neige Centimètres	Dates
Janvier.	6 39	17.40	6.72	12.27	3.8	Le 8	31.4	Le 30	1.676	96.52	19	2.032	Le 24
Février.	2.87	11.61	9.03	7.25	6.4	» 11	29.1	» 2	2.286	86.99	18	30.480	» 21
Mars	5.76	3.93	8.08	0.91	13.8	» 26	18.4	» 1	5.410	—	11	1.426	» 13
Avril.	12.73	0.94	4.95	6.31	21.6	» 13	11.8	» 4	1.397	5.08	9	838	» 20
Mai.	19.85	8.19	6.56	14.02	28.2	» 31	0.5	» 6	5.223	—	14	1.701	» 22
Juin	24.88	13.12	6.01	19.00	30 5	» 30	7 2	» 15	5.336	—	13	2.082	» 12
Juillet	28.31	14.56	0.80	21.43	35.0	» 3	5.0	» 10	7.289	—	12	1.981	» 18
Août	25.28	14.17	6.66	19.73	29.4	» 11	5.8	» 28	8.178	—	16	2.032	» 25
Septembre . . .	22.30	9.87	5.46	16.08	31.6	» 4	0.6	» 21	8.788	—	19	2.590	» 23
Octobre. . . .	12.27	3.98	9.50	8 43	25.0	» 2	3 3	» 28	14.427	—	15	2 844	» 22
Novembre . . .	10.02	3.76	9.54	0.35	15.5	» 5	14 1	» 12	914	27.30	15	1.016	» 10
Décembre. . . .	2.22	12.65	8.46	7.99	4.8	» 23	30.7	» 14	1.011	69.21	22	2.794	» 5

Températures maxima et minima, chute de neige, pluie et jours
le soleil à la ferme expérimentale de Brandon (Manitoba) :

MOIS	MAXIMA	DATES	MINIMA	DATES	PLUIE CENTIMÈTRES	NEIGE CENTIMÈTRES	HEURES DE SOLEIL
1897							
Novembre . .	13.8	2	—32.2	27		52.070	107.5
Décembre . .	2 2	28	—34 6	18		16 610	90 7
1898							
Janvier. . . .	—1.1	5	—28.8	31		28.575	120.4
Février. . . .	3.3	12	—35.5	18		31.750	127.8
Mars.	2.2	12	— 28.3	22		6 985	130.4
Avril.	27.2	26	—16.6	2			217.8
Mai	30.5	24	6.1	11	635	1.270	264
Juin	35 0	18	— 1.6	14	8.890		190.1
Juillet	33 8	13	3.8	31	13.970		253.9
Août.	31.1	19	0 5	12	5.715		249.6
Septembre . .	31.6	27	— 3 8	9	5.715		186 2
Octobre . . .	12 7	11	—12.6	30	6 985	6.985	90.5

Températures maxima et minima, etc., à la ferme expérimentale
e Indian Head (Assiniboine) :

MOIS	MAXIMA	DATES	MINIMA	DATES	PLUIE CENTIMÈTRES	NOMBRE DE JOURS DE PLUIE	NEIGE CENTIMÈTRES	HEURES DE SOLEIL
1897								
Novembre	18.8	1	— 35 5	27			33.02	53.4
Décembre	5.5	28	—35.5	1				58.6
1898								
Janvier. .	0.5	11	—30.5	31			10.16	95.2
Février. .	3.3	12	—34.6	17			5.08	74.3
Mars. . .	1.6	6	—35.5	27			7.62	113.9
Avril. . .	25.0	26	—23.3	5	2.54	1		198.8
Mai . . .	28.8	24	— 6 6	28	2.54	1		251.3
Juin . . .	35.0	19	— 2.7	14	27.94	11		182.4
Juillet . .	37.2	12	1.6	20	15.24	6		243.5
Août. . .	32.2	8	0 2	12	10.16	4		210.2
Septemb .	31.6	27	— 3.7	9	12.70	5		202 6
Octobre .	13.3	13	— 8.8	21	12.70	5	15 24	66.2

Températures maxima et minima, etc., à la ferme expérimentale de Agassiz (Colombie britannique) :

MOIS	MAXIMA	DATES	MINIMA	DATES	PLUIE CENTIMÈTRES	NEIGE CENTIMÈTRES	HEURES DE SOLEIL
1897							
Décembre	11.1	28	—9.4	12	8.457	7.62	31.1
1898							
Janvier . .	9.4	31	—6.6	23	11.582	12.70	28.
Février . .	17 2	26	—1.1	1 et 2	18.415		49.
Mars . . .	19.4	5	—5.0	25-26	5 207	7.62	111.
Avril . . .	25.5	24	0	3	8.910		208.
Mai	33 8	25	2 2	20	6.654		193.
Juin . . .	32.2	8 et 9	5.5	1	10.642		168.
Juillet . .	37.7	30	7.7	15	8.661		248.
Août . . .	39.4	10	9.4	22, 27, 20	2.057		221.
Septembre	55 5	8	2.2	30	9.982		125.
Octobre .	22.2	2	1.1	5	18.313		75.
Novembre.	14.6	1	—6.6	21	9.372	30.48	38.

Températures maxima et minima à Dawson (Yukon) de juin 1901 à juin 1902 (Centigrade) :

Mois.	Date.	Maxima.	Date.	Minima.
1901				
Juin	19	26	14	2
Juillet	26	28	21	5
Août	23	23	20	—2
Septembre	12	20	28	—5
Octobre.	2	7	31	—27
Novembre.	6	—1	18	—36
Décembre.	16	—7	31	—47
1902				
Janvier	28	—7	8	—47
Février	24	—3	2	—43
Mars	29	5	14	—40
Avril	30	10	10	—24
Mai	25	22	1	—5

1901. — Premier bateau arrivé du Haut-Yukon à Dawson
le 23 mai ;
Premiers glaçons dans le fleuve Yukon le 25 octobre ;
Derniers steamers du Haut-Yukon le 8 novembre ;
Prise des glaces dans le Yukon le 12 novembre ;
Arrivée par voie de glace du premier courrier
le 18 novembre.

1902. — Première pluie le 26 avril ;
Débâcle du fleuve à Dawson le 11 mai ;
Premier bateau du Haut-Yukon le 18 mai.

CHAPITRE QUATRIÈME

Nous croyons être utile à nos lecteurs en leur donnant un résumé des diverses comparaisons de mesures françaises aux mesures canadiennes :

Mesures Canadiennes :

Acre (mesure de superficie) . . .	40 ares 467.	
Baril (mesure de capacité). . . .	1 hectolitre 13.	
Boisseau ou Minot (capacité) . .	36 litres 348.	
— — — . .	0 hectolitre 352.	
— — (poids, blé). .	60 livres canadiennes.	
— — (orge)	48 —	—
— — (avoine) . . .	34 —	—
— — (maïs)	56 —	—
— — (seigle) . . .	56 —	—
— — (pois)	60 —	—
— — (haricots) . .	60 —	—
Boisseau ou Minot (graine de trèfle).	60 —	—
Boisseau ou Minot (graine de mil).	48 —	—
Boisseau ou Minot (sarrasin) . .	48 —	—
— — (beaucuit) . .	48 —	—
— — (lin)	50 —	—
Boisseau ou Minot (graine de		

chanvre). . . . .   44 livres canadiennes.
Boisseau ou Minot (*légumes :*
   pommes de terre, carottes, pa-
   nais, oignons, betteraves). . .   60   —   —
Cent ou centin (monnaie). . . .   0 fr. 052
Chaîne (longueur) . . . .   20 m. 11
Chaîne carrée (superficie). . . .   4 ares 4
Corde (volume). . . . .   3 stères 624
Dollar ou piastre. . . . .   5 fr. 18
Gallon (canadien) (capacité) . . .   4 lit. 543
Gallon (américain) (capacité) . .   3 lit. 785
Grain (poids). . . . .   6 centigr. 477
Gramme (poids). . . . .   99 centigr. 959
Livre (avoir du poids). . . . . .   453 gr. 592
Mille (longueur) . . . .   1.609 m. 315
Mille marin (longueur) . . . . .   1.852 mètres.
    —   —   . . . .   120 nœuds.
Mille carré (superficie) . . . . .   2 kilom. car. 59
Minot (*voir* boisseau).
Once (avoir du poids). . . . . .   28 gr. 349
Once (Troy) . . . .   31 gr. 104
Pennyweight ou Dwt (poids). . .   1 gr. 555
Piastre (*voir* dollar) (monnaie).
Pied (longueur). . . . .   30 centim. 48
Pinte (capacité). . . . .   0 lit. 47
Pouce (longueur). . . . .   2 centim. 540
Tonne (grosse) (poids). . . . . .   1.016 kilos
Tonne (petite) (poids). . . . . .   907 kilos
Verge ou Yard (longueur) . . . .   914 millimètres.

Mesures Françaises :

Centimètre (longueur) . . . . .   0 pouce, 394
Hectare (superficie). . . . . . .   2 acres, 471
Hectolitre (capacité) . . . . . .   22 gallons.
Hectolitre (blé). . . . .   78 kil. ou 172 liv. Ca., 2.
Kilogramme (poids). . . . . . .   2 liv. 205
Kilomètre (longueur) . . . . . .   0 Mille, 621
Litre (capacité). . . . .   0 Gallon, 220
Mètre (longueur) . . . .   Verge 1,094

Comparaison des thermomètres Fahrenheit et Centigrade :

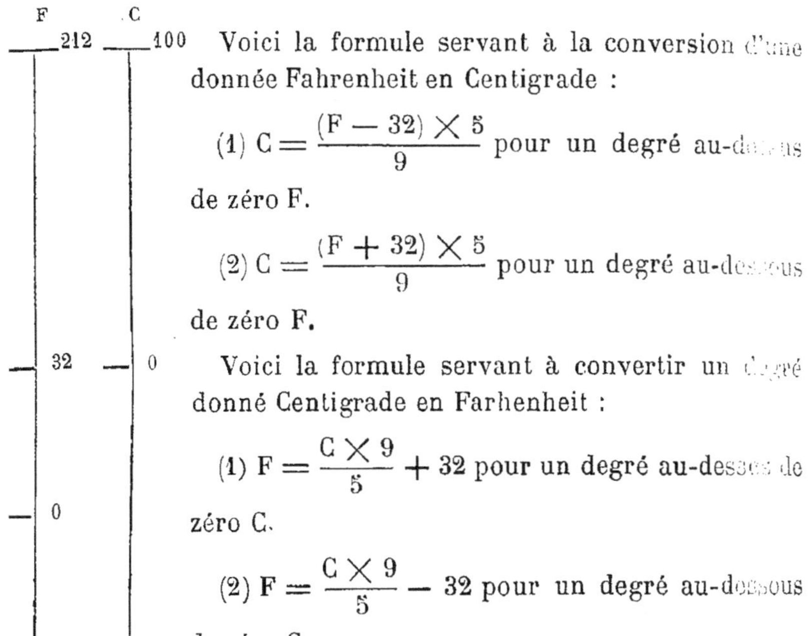

Voici la formule servant à la conversion d'une donnée Fahrenheit en Centigrade :

$$(1)\ C = \frac{(F - 32) \times 5}{9}$$ pour un degré au-dessus de zéro F.

$$(2)\ C = \frac{(F + 32) \times 5}{9}$$ pour un degré au-dessous de zéro F.

Voici la formule servant à convertir un degré donné Centigrade en Farhenheit :

$$(1)\ F = \frac{C \times 9}{5} + 32$$ pour un degré au-dessus de zéro C.

$$(2)\ F = \frac{C \times 9}{5} - 32$$ pour un degré au-dessous de zéro C.

CHAPITRE CINQUIÈME

Voici quelques données statistiques sur diverses formes du
ogrès matériel au Canada depuis 1868, c'est-à-dire depuis la
amière année du régime de la Confédération :

POPULATION. — Elle était de 3.485.761, au recensement de 1871 ;
4.324.810 en 1881, et de 5.371.315 en 1901.

REVENUS DE L'ÉTAT. — Les recettes du gouvernement canadien
ient de 68 millions en 1868 ; de 163 millions en 1885 et de
9 millions (de francs) en 1902.

DÉPENSES DE L'ÉTAT. — Elles s'élevaient en 1868 à 67 millions ;
1885 à 175 millions et en 1902 à 253 millions.

TERRAINS DE L'ÉTAT, VENDUS. — Le gouvernement a vendu
1.000 acres de terrain en 1885 ; en 1902 il en vendait 3.681.000
'es.

SOMMES ENCAISSÉES. — La seule vente des terrains rapportait au
uvernement 1.442.000 francs en 1885 et 1.905.000 francs en 1902.

SUPERFICIE CULTIVÉE. — Il y avait en 1871, 7.934.000 hectares
culture ; en 1881, 8.759.000 hectares ; et en 1901, 11.414.000 hec-
'es.

BUREAUX DE POSTE. — Il y avait en 1868, 3 638 bureaux de
ste ; en 1885, 7.084 et en 1902, 9.958.

NOMBRE DE LETTRES EXPÉDIÉES. — 18 millions en 1868, 58 mil-
ns en 1885 et 213 millions en 1902.

NOMBRE DE NAVIRES (à l'entrée). — 8.038 en 1868, 10.639 en 1885
15.329 en 1902.

Tonnage (à l'entrée). — 2 millions de tonnes en 1868 ; 3 mill[illegible] en 1885 et 7 millions en 1902.

Nombre de navires (à la sortie). — 7.000 en 1868, 10.000 en [illegible] et 14.000 en 1902.

Tonnage (à la sortie). — 2 millions en 1868 ; 3 millions en [illegible] et 7 millions en 1902.

Nombre de navires construits. — 355 en 1868, 287 en 18[illegible] et 260 en 1902.

Construction (tonnage). — 87.000 tonnes en 1868, 57.000 en [illegible] et 28.000 en 1902.

Navires inscrits. — 539 en 1868, 353 en 1885 et 316 en 1[illegible].

Navires inscrits (tonnage). — 113.000 tonnes en 1868, [illegible] en 1885 et 34.000 en 1902. Il convient de dire ici que si l'ind[illegible] maritime canadienne semble diminuer en apparence, il n'[illegible] cependant rien en réalité ; c'est que l'industrie de la constr[illegible] des navires n'est pas pratiquement fondée encore, faute de [illegible] tiers convenables. D'un autre côté les transports maritimes [illegible] une tendance à se faire de plus en plus par les gros steam[illegible] ceux-ci n'ayant pu être construits au Canada, l'apport de [illegible] nous est surtout venu de l'étranger, tandis que les voili[illegible] une tendance à disparaître. Mais l'établissement de chanti[illegible] construction, que l'on prépare dans nos principaux ports, [illegible] au Canada une industrie qui ne pourra que marcher dans la voie du progrès ouverte par le commerce toujours croissant.

Importations. — 367 millions en 1868, 544 millions en [illegible] et 1.064 millions en 1902.

Importations (pour la consommation). — 359 millions en [illegible], 513 millions en 1885 et 1.013 millions en 1902.

Exportations. — 287 millions en 1868, 446 millions en [illegible] et 1.058 millions en 1902.

Exportations (produits indigènes). — 242 millions en [illegible], 395 millions en 1885 et 980 millions en 1902.

Dette nationale (brute). — 484 millions en 1868, 1.323 millions 1885 et 1.831 millions en 1902.

Actif de l'État. — 105 millions en 1868, 341 millions en 1885 et 472 millions en 1902.

Dette nationale (nette). — 378 millions en 1868, 982 millions en 1885 et 1.359 millions en 1902.

ÉPENSES DU GOUVERNEMENT (pour chemins de fer). — Le gou-
nement fédéral a dépensé, pour les chemins de fer, en 1868,
illions ; en 1885, 58 millions et en 1902, 37 millions.

ÉPENSES DU GOUVERNEMENT (pour canaux). — En 1868, 644.000
cs ; en 1885, 7 millions et en 1902, 11 millions.

ÉPENSES DU GOUVERNEMENT (autres travaux publics). — 1 million
868, 11 millions en 1885 et 21 millions en 1902.

ANQUES INCORPORÉES (capital). — Le capital versé des banques
adiennes était de : 154 millions de francs en 1868, de 309 mil-
en 1885 et de 347 millions en 1902.

ANQUES (actif). — L'actif des banques canadiennes était de :
millions en 1868, de 1 milliard en 1885 et de 2 milliards
millions en 1902.

ANQUES (passif). — De 218 millions en 1868, 662 millions
1885 et plus de 2 milliards en 1902.

AISSES D'ÉPARGNE (postales). — Il y avait, au Canada, 81 caisses
argne en 1868, 355 en 1885 et 915 en 1902.

ÉPOSANTS. — Il y avait 2.000 déposants (dans les caisses
argne) en 1868, 73.000 en 1885 et 162.000 en 1902.

NCAISSE. — L'encaisse d'épargne s'élevait à 1 million en 1868,
millions en 1885 et 211 millions en 1902.

PROGRÈS DES INDUSTRIES CANADIENNES

ous reproduisons une statistique montrant les progrès accom-
, au Canada, de 1891 à 1901, dans les principales industries :

NOMBRE DE MANUFACTURES DE :

	En 1891	En 1901		En 1891	En 1901
ls agricoles. .	95	114	Véhicules.	367	349
udières, ma-			Matériel de chemin		
ines	42	59	de fer	18	33
assures. . . .	269	179	(Ciment Portland),	11	7
uits, pâtisse-			Confections (hom-		
c.	269	258	mes).	1.373	735
nes, tuiles, po-			Fabriques		58
rie.	520	573	Confections		
ts; fer et acier.	6	6	(dames).	768	334
rre, fromage. .	1.735	3.576	Fabriques.		26

	En 1891	En 1901		En 1891	En 1901
Fruits secs	30	50	Imprimeries et re-liures	349	412
Poisson en con-serve	805	1.097	Caoutchouc (ar-ticles en)	9	7
Farine, son, etc. .	230	400	Navires	132	39
Ameublement . . .	234	169	Abattoirs, mar-chés	62	457
Porcs (salaisons) .	2.143	2.075	Broyeurs, concas-seurs (mines) . .	13	12
Fer et acier (pro-duits)	23	29	Savon	30	23
Cuirs	170	143	Raffineries (sucre).	7	4
Bois	420	467	Tabac	31	22
Huile	43	14	Tabac (cigares) . .	93	138
Papier	32	28	Pulpe de bois . . .	23	25
Peinture, vernis. .	75	3	Laine (articles en).	213	157
Médecines breve-tées	14	35			

Dans bien des cas la réduction du nombre des usines doit s'expliquer par les opérations de fusionnement.

CHAPITRE SIXIÈME

(*Résumé.*)

NOUVELLE-ÉCOSSE. — Dans la Nouvelle-Écosse, le gouvernement
 se départit pas de la propriété de ses terrains miniers; il ne
 t que céder à bail, de 40 ans pour les gisements d'or et d'ar-
 nt, et de 20 ans pour les gisements de toute autre nature; ceux-
 sont cédés pour 80 ans en quatre termes renouvelables de
 ans.
Les concessions minières, en ce qui regarde l'or et l'argent, sont
 80 mètres (250 pieds) en longueur et de 50 mètres (150 pieds)
 largeur dans le sens du filon s'étendant à l'est et à l'ouest.
nt concessions, moyennant le paiement de 2 fr. 50 chacune,
 uvent être obtenues par la même personne avec un permis de
 uze mois pour faire des recherches. Pendant cette période, des
 ux peuvent être accordés pour un nombre quelconque de ces
 ncessions : moyennant 10 francs pour chaque concession et un
 er annuel de 2 fr. 50 par concession ; ces baux permettent au lo-
 aire de ne faire aucun travail sur ses terrains, s'il le juge à
 opos. La somme dudit loyer de 2 fr. 50 sera prélevée sur toute
 ncession sur laquelle il s'opérera certains travaux d'une valeur
 lle égale au travail de 40 jours d'ouvrage. Il est entendu qu'un
 oit régalien de 2 pour 100 est exigible par le gouvernement sur
 r fondu, évalué à 19 dollars l'once, et à 18 dollars l'once

pour l'or non fondu, et 2 pour 100 sur l'argent évalué à un dollar l'once.

Pour les autres minéraux, toute personne peut se procurer un permis de recherche (*licence de franc-mineur*) moyennant 150 francs pour une période de 18 mois, sur une étendue de terre de 5 milles carrés n'excédant pas 2 milles 1/2 de longueur.

DROITS RÉGALIENS. — *Houille :* 50 centins par tonne de 2.240 livres, vendue ou enlevée de la mine, ou employée à la fabrication du coke. Rien n'est prélevé sur la houille utilisée par les ouvriers ou employés, pour les travaux faits dans la mine même ou dans son voisinage.

Cuivre : 20 centins par unité, c'est-à-dire par 1 pour 100 de cuivre contenu dans chaque tonne de 2.352 livres de minerai vendu ou fondu.

Plomb : 10 centins par unité.

Fer : 25 centins par tonne de 2.240 livres de minerai vendu ou fondu.

Étain, pierres précieuses et *autres minéraux réservés ultérieurement :* 3 pour 100 de leur valeur.

Le gouverneur en conseil a la faculté d'abaisser les droits régaliens établis sur le fer, cuivre, plomb, étain, pierres précieuses, si une demande à cet effet lui est adressée, établissant que les concessionnaires ont commencé sérieusement des travaux d'exploitation.

Les titres de concession des mines de houille contiennent un article réservant au gouvernement le droit d'augmenter ou de diminuer les droits régaliens actuels sur le charbon.

PROVINCE DE QUÉBEC. — La législation minière de la province de Québec établit que les gisements de cuivre sont propriété distincte de celle du sol qui recouvre les mines et minéraux, à moins que le propriétaire de la surface n'ait acquis du gouvernement, comme concession minière ou autrement, la propriété du sous-sol.

Les concessions de mines sont de trois sortes :

1. Dans les territoires non encore arpentés, (*a*) la première classe comprend les concessions de 400 acres ; (*b*) la seconde, celles de 200 ; (*c*) la troisième, celles de 100.

2. Dans les townships arpentés, les trois classes comprennent un, deux ou quatre lots respectivement.

Toute terre qu'on croit contenir des mines ou minerais et appartenant à la Couronne, peut être acquise du commissaire des terres de la Couronne (*a*) comme concession de mines, par voie d'achat ; ou (*b*) en vertu d'un permis d'occupation et d'exploitation.

Aucune concession de mine ne peut être faite par le commissaire des terres à une même personne pour une étendue de plus de 400 acres. Toutefois, le gouverneur en conseil peut, dans certaines circonstances spéciales, faire des concessions de plus grande étendue, et couvrant jusqu'à 1.000 acres.

Les droits imposés et qu'il faut acquitter entièrement au moment de l'achat, sont de 5 dollars (25 fr.) et 10 dollars (50 fr.) par acre pour les terrains renfermant les métaux supérieurs (1).

Le premier chiffre mentionné étant pour les terrains situés à plus de 12 milles, et le second chiffre pour les terrains situés à moins de 12 milles, d'un chemin de fer.

Pour les terrains contenant les métaux dits inférieurs, les prix demandés sont de 2 dollars (10 fr.) et 4 dollars (20 fr.) suivant l'éloignement du chemin de fer.

A moins de dispositions contraires insérées dans les lettres patentes, quand il s'agit de l'extraction des métaux supérieurs, le titulaire a le droit de faire l'extraction de tous les métaux qu'il découvrira dans l'étendue de sa concession ; quand il s'agit de l'extraction des métaux inférieurs, ces derniers *seulement* doivent être extraits.

Les terrains miniers ne sont vendus qu'à la condition expresse que l'acquéreur commencera sérieusement l'exploitation de la mine dans l'intervalle de deux années à partir de la date de la vente, et emploiera, à cette fin, au moins 500 dollars (2.500 fr.) s'il s'agit des métaux supérieurs, et au moins 200 dollars (1.000 fr.) s'il s'agit des métaux inférieurs. A défaut de ce faire, la vente du terrain se trouve résiliée.

On peut obtenir des permis ou des patentes, aux conditions suivantes : demande de permis d'exploitation et de recherche, si la mine est située sur une propriété particulière, 2 dollars (10 fr.)

---

(1) Les métaux supérieurs sont l'or, l'argent, le plomb, le cuivre, le nickel, la plombagine, l'amiante, le mica et le phosphate de chaux. Les métaux inférieurs comprennent tous autres métaux ou minerais.

par 100 acres ou fraction de 100 acres ; si la mine fait partie des terres de la Couronne : 1° en territoire arpenté, 5 dollars (25 fr.) par 100 acres, et 2° si en territoire non arpenté, 5 dollars (25 fr.) par mille carré, le permis étant valable pendant trois mois et renouvelable. Le porteur de ce permis peut ensuite acheter la mine en payant les prix mentionnés.

Les patentes minières sont de deux sortes : celles relatives aux propriétés particulières où les gisements miniers appartiennent à la Couronne, et celles relatives aux terres qui forment partie du domaine public. Ces patentes sont accordées sur paiement d'un droit de 5 dollars (25 fr.) et d'un loyer annuel de 1 dollar (5 fr.) par acre. Chaque patente couvre 200 acres au maximum. Elle est valable pendant une année, et peut être renouvelée aux conditions premières. Le gouverneur en conseil peut en tout temps demander le paiement de droits régaliens, au lieu de l'honoraire généralement exigé pour l'octroi d'une patente minière et du loyer annuel. Ces droits régaliens, à moins de dispositions contraires contenues dans les lettres patentes émanant de la Couronne, ne doivent pas excéder 3 pour 100 de la valeur sur place du minerai extrait, déduction faite des frais de l'extraction.

Province d'Ontario. — La loi minière d'Ontario règle l'abolition de tous droits régaliens imposés sur les minerais ou minéraux dans la province, antérieurement au 4 mai 1891. Les réserves au sujet de mines d'or ou d'argent, contenues dans toute patente accordée antérieurement à la date précitée, sont annulées, et toutes telles mines trouvées sur ces concessions sont réputées avoir été accordées en toute propriété et être passées aux mains du propriétaire en même temps que la terre, si ce n'est en ce qui regarde les concessions gratuites faites en vertu de la loi dite « Free Grants and Homestead Act » (Statuts Refondus, Ontario, 1897).

Tous minerais et minéraux extraits de terrains concédés, vendus, accordés ou cédés à bail par la Couronne, le, ou après le quatrième jour de mai 1891 au 1er janvier 1900, sont sujets à un droit régalien. Le droit ainsi imposé est, sur le nickel-argent, ou le nickel-cuivre en fer, 2 pour 100 ; sur tous autres minerais, il sera ce que le gouverneur en conseil en statuera, n'excédant pas toutefois 2 pour 100 et étant calculé sur la valeur du minerai sur place, après déduction du coût de la main-d'œuvre, des frais de mines

t de transport du minerai jusqu'à la surface. Aucun droit ne doit
tre imposé ou perçu jusqu'à l'expiration de sept années de la date
e la patente ou concession.

Toute personne est libre de faire des recherches de mines ou de
minéraux sur les terres de la Couronne non délimitées et inoccu-
ées. Les terres de la Couronne que l'on croit contenir des mine-
us ou minéraux peuvent être vendues comme terrains miniers,
u peuvent, lorsqu'elles sont situées dans un endroit minier, être
xploitées en vertu d'une patente ou d'un permis de mineurs.

Les concessions minières en territoire non arpenté bordant les
lcs Supérieur et Huron, côté nord, ainsi que celles qui sont
tuées au nord de la rivière des Français et de la rivière Mat-
twa, doivent être de forme rectangulaire, de la contenance de
0 acres. Ces concessions minières sont vendues de la manière
suivante : en territoire arpenté, et à une distance de 6 milles d'un
hemin de fer, 3 dollars (15 fr.) de l'acre ; au delà de 6 milles,
dollars 50 (12 fr. 50). En territoire non arpenté, 2 dollars 50
2 fr. 50) et 2 dollars (10 fr.) suivant l'éloignement du chemin de fer.
our tout autre territoire, 2 dollars (10 fr.) et 1 dollar 50 (7 fr. 50),
uivant l'éloignement du chemin de fer. Toutes ces concessions
inières retournent à la Couronne, si le concessionnaire, dans les
pt premières années, ne fait pas une dépense, en travaux de
ine et d'extraction, de 1 dollar (5 fr.) par acre, pour les deux
emières années et 1 dollar (5 fr.) par acre dans chacune des
nq autres années.

Outre ces concessions de terrains miniers en fief absolu, la
ovince concède aussi de semblables terrains pour une période
dix années, sujets à renouvellement pour une seconde période
mblable.

Le loyer, à moins de dispositions contraires, est de 1 dol-
r (5 fr.) par acre la première année, et de 25 centins (1 fr. 25) par
re par année, les années subséquentes, pour les terrains situés
Algoma et dans cette partie du district de Nipissingue au nord
la rivière des Français et de la rivière Mattawa ; le loyer est de
francs pour la première année et de 0 fr. 75 par année, les années
uivantes, pour les terrains situés en dehors de la région ci-dessus
entionnée. Ces baux sont tous renouvelables, à l'expiration du
cond terme, par des baux subsidiaires de 20 ans.

Les permis de mine sont accordés pour le cours d'une année moyennant le paiement de 50 francs, renouvelables l'année suivante moyennant le versement d'une somme égale.

Le Parlement d'Ontario a établi un *bureau des mines* en 1891.

Carte cynégétique du Canada.

Cliché Obalski.

CHAPITRE SEPTIÈME

Les personnes dont les noms suivent sont chargées par le gouvernement canadien de s'occuper gratuitement de renseigner, conseiller et installer les personnes qui viennent au Canada pour s'y établir.

Les noms qui sont marqués d'un astérisque sont ceux des personnes qui, correspondantes de *La Canadienne* (1), pour la plupart, sont prêtes à se mettre à la disposition des colons pour leur fournir tous les renseignements nécessaires.

France.

Paris. . . . . Le commissaire général du Canada, 10, rue de Rome.

« La Canadienne », 81, Boulevard Montparnasse (au fond de l'impasse).

L'agent commercial du Canada, 101, rue Réaumur.

Mademoiselle Durieu *, 75, rue des Batignolles.

Mouveaux (Nord) . . . . L'abbé Gaire*, missionnaire canadien, 95, rue de Roubaix ou à Wauchope (Assiniboine), Canada.

Guingamp (Côtes-du-Nord) . . . L'abbé Le Floch*, missionnaire canadien ; poste restante ; ou à Prince-Albert (Saskatchewan), Canada.

(1) Association pour le développement des relations franco-canadiennes, 81, boulevard Montparnasse, Paris.

Belgique.

Anvers. . . . . Tréau de Coeli, 75, Marché Saint-
Jacques.

Angleterre.

Londres . . . . M. le Secrétaire du Haut Commissa-
riat Canadien, 17, Victoria Street,
S. W.

Canada : Province de Québec.

Québec. . . . . Bureau d'Immigration, 23, rue Saint-
Louis.
Ministère de la Colonisation et Mines,
au Parlement.
Société de Colonisation du Lac Saint-
Jean, Gare, rue Saint-André.
Lévis. . . . . George Lebel.
Montréal . . . . L.-E. Carufel, 1546, rue Notre-Dame.
Dr Brisson, 1546, rue Notre-Dame.
Émile Marquette, 813, rue Craig.
J.-O. Fournier*, 16, rue Saint-Jacques.
Amédée Denault*, 342, rue Lagauche-
tière.
M. Bodard*, 523, rue Saint-Jacques.
M. l'abbé Blais, angle des rues Saint-
Jacques et Cathédrale.
Cap Chat. . . . . Delphis Roy.
Bassin de Gaspé. . . . . John Carter.
Saint-Jean de Matha . . . . . . L'abbé Morin.
Batiscan . . . . L'abbé Gouin.
Percé. . . . . J.-A. Lespérance.
New Carlisle . . . . W. Mc Guire.
Carleton Ouest . . . . Nicolas Arsenault.
Roberval . . . . Georges Audet.
Saint-Félicien. . . . . Arthur Poliquin.
Hébertville . . . . Sévérin Dumais.
Chicoutimi . . . . A. Sturton.
Sainte-Monique de Nicolet . . . M. Denis*, notaire.

N. B. — Concessions : 2 fr. 50 l'hectare ; conditions de paiement faciles.

Province d'Ontario.

Verner. . . . . M. Moffet*, député.

Boucherville. . . . . W. Campbell. Concessions gratuites : 65 hectares.

Emo. . . . . W. Stephenson. Concessions gratuites : 65 hectares.

Fort Francis . . . . C. J. Holland. Concessions gratuites : 65 hectares.

Dryden. . . . . A.-E. Annis. Concession : 6 fr. 25 l'hectare.

Port Arthur. . . . . J.-F. Ruttan. Concession gratuite.

Massey Station . . . . D.-M. Brodie. Concessions : 6 fr. 50 l'hectare.

Mattawa. . . . . A. Ribout.

Sault Sainte-Marie. . . . . . H.-N. Young. Concessions : 6 fr. 50 l'hectare.

Thessalon. . . . . Thomas Buchanan. Concessions : 6 fr. 50 l'hectare.

Sudbury . . . . T.-J. Ryan. Concessions : 6 fr. 50 l'hectare.

Sturgeon Falls. . . . . J.-D. Cockburn. Concessions : 6 fr. 50 l'hectare.

Warren. . . . . Alexandre Hamilton. Concessions : 6 fr. 50 l'hectare.

Toronto. . . . . Commissaire des terrains du Gouvernement Fédéral (crown lands). Directeur de la Colonisation.

Ottawa. . . . . Ministère de l'Intérieur.

Province de Manitoba.

Winnipeg. . . . . Obed-Smith, Commissaire de l'Immigration.
Thomas Gelley, commissaire d'immigration et du bureau de Placement gratuit, 617, rue Main.
J.-J. Golden, 617, rue Main.
M. H. d'Hellencourt*, rédacteur de l' « Écho de Manitoba », rue Lombart.

Saint-Boniface. . . . . M. Joseph Bernier*, avocat, ancien député, rédacteur du « Manitoba ».
M. l'abbé Cloutier*.

Grande-Clairière. . . . . M. l'abbé Gaire*.

Saint-Laurent. . . . . Le Père Péran, missionnaire*.
Louis Viel*.

Saint-Pierre-Jolys . . . . M. l'abbé Jolys*.

Saint-Jean-Baptiste . . . . . . Pierre Gérard, meunier*.

Dauphin . . . . C. Tomlin.
                                    L'Agent des terrains du Gouverne-
                                    ment Fédéral.
Sifton . . . . Paul Wood.
Brandon . . . . L'Agent des terrains du Gouverne-
                                    ment Fédéral.
Minnedosa . . . . L'Agent des terrains du Gouverne-
                                    ment Fédéral.
Sainte-Rose du Lac. . . . . P. Lecoq*.
Swan River. . . . . H. Harley.
N.-D. de Lourdes . . . . Le Père Dom Benoit*.
N.-D. de France (près Gde Pointe). Charles Dufour, industriel*.

   N. B. Concessions gratuites; terrains à vendre, etc.

Territoire d'Assiniboine.

Yorkton . . . . J.-S. Crerar.
                                    L'Agent des terrains du Gouverne-
                                    ment Fédéral.
Moose Jaw . . . . W.-D. Agnew.
Médecine Hat . . . . L.-B. Cochran.
Regina. . . . . Paul Bredt.
                                    L'Agent des terrains du Gouverne-
                                    ment Fédéral.
Alameda . . . . L'Agent des terrains du Gouverne-
                                    ment Fédéral.
Sintaluta. . . . . Dr Bouju*.
Manor . . . . De Trémaudan*.
Willow Bunch. . . . . Joseph Lapointe, agent des terrains
                                    du Gouvernement Fédéral.

Territoire d'Alberta.

Edmonton. . . . . Eudore Voyer*, agent d'immeubles.
                                    Wilfrid Gariépy, avocat*.
                                    C.-W. Sutter.
                                    L'Agent des terrains du Gouverne-
                                    ment Fédéral.
Lacombe . . . . J.-N. Burdick.
Strathcona . . . . Thomas Bennett.
Morinville. . . . . L'abbé Ethier*.
Calgary. . . . . James Winn.
                                    L'Agent des terrains du Gouverne-
                                    ment Fédéral.
Macleod . . . . Joseph Nixon.
Pincher Creek. . . . . E. A. Cox.

Lethbridge . . . .   S. Gray.
                                   L'Agent des terrains du Gouverne-
                                   ment Fédéral.
                                   P.-A. Miquelon.
Wetaskawin. . . . .   L'Agent des terrains du Gouverne-
                                   ment Fédéral.
Red Deer . . . .   W. H. Cottingham, agent des terrains
                                   du Gouvernement Fédéral.

Territoire de Saskatchewan.

Saskatoon. . . . .   Robert Mc Intosh.
Rosthern . . . .   G. Ens.
                                   H. de Deftal, agent des terrains du
                                   Gouvernement Fédéral.
Hague . . . .   W. Braun.
Prince Albert . . . .   W. Plaxton.
                                   G. W. Hannon, agent des terrains
                                   du Gouvernement Fédéral.
                                   Mgr Pascal.
Lac des Canards. . . . .   J. Dubois, agent des terrains du Gou-
                                   vernement Fédéral.
Battleford. . . . .   R. F. Chisholm, agent des terrains
                                   du Gouvernement Fédéral.

Province de Colombie britannique.

Kamloops. . . . .   L'Agent des terrains du Gouverne-
                                   ment Fédéral.
New Westminster . . . .   L'Agent des terrains du Gouverne-
                                   ment Fédéral.
Victoria. . . . .   Commissaire des terrains.

Territoire du Yukon.

Dawson. . . . .   Le Père Supérieur de la Mission Ca-
                                   tholique.
                                   Auzias Turenne*, agent consulaire de
                                   France.
                                   J. E. Girouard, Registrateur.

CONCLUSION

Nous avons fait, d'une manière bien incomplète, le dénombre-
ment des ressources du Canada. Ce travail est livré, néanmoins,
avec confiance, à la méditation des hommes d'action. Puissent-ils
se trouver nombreux, ceux qui, détachés des ambitions de clocher
ou de coterie, sevrés des jeux d'un milieu restreint, élèveront le
regard au delà des frontières et découvriront à l'horizon les
champs d'action ouverts à leur activité et à leur talent! Il n'y a
pas que les hommes entreprenants que ces carrières doivent sé-
duire ; le bourgeois, le rentier, l'homme d'un métier ou d'une
industrie végétante quelconque, *père de famille*, qui n'a appris la
géographie comme l'histoire que dans les livres et qui, par conséquent, n'a rien vécu de ce qu'il sait, doit se réveiller de sa tor-
peur naturelle et s'aller donner, au Canada, l'activité saine et
honnête que l'air ambiant d'une patrie trop douce a paralysée.

Secouer l'atavisme, sacrifier la béatitude des pantoufles, déserter
la douceur des sentiers battus et partir... Le départ de France sera,
sans doute, quelque chose d'osé, d'incompréhensible, d'impie, de
fou, mais dans quelques années, quel contraste! quel renverse-
ment ! voilà que le retour sera lui-même une chose impossible...
Comment ! quitter ces fermes immenses, ces troupeaux innombrables, ces infinis territoires de chasse, ces lacs poissonneux, ce
soleil éternel d'hiver et ces aurores boréales de chaque nuit, cette
usine qui continue à s'étendre... pour rentrer dans sa bonne ville
ou dans son village de province, vieux, éteint, silencieux et où
ceux de sa génération ne sont plus ?... Ah ! jamais ! Tel est le lan-

gage que tiennent ceux qui ont eu l'audace, la folie de partir au Canada, il y a quelques années. Nous pourrions citer des noms et donner des adresses.

Et tels devraient être les exploits de milliers de bons Français, qui se confinant dans la petite sphère de leur activité, ignorent le monde, et ne soupçonnent même pas l'existence de ressources vitales hors de chez eux. En présence d'énergies nouvelles, ils se rendront compte du peu qui leur restait à faire dans leur pays.

En vérité, n'est-ce pas rien faire que de cultiver à trois ou quatre le champ qui suffisait à peine à faire vivre le père? Comment voulez-vous qu'on songe à élever une famille, même si un des voisins consent à se faire évincer comme dans le roman de Zola? Que serait la propriété de cinq hectares pour la famille de Mathieu Froment? Aussi bien, l'auteur de *Fécondité* a-t-il conseillé à Nicolas d'aller faire souche au Soudan.

Voilà ce que chaque famille devrait faire : déléguer au Soudan, en Algérie ou au Canada l'enfant ambitieux et travailleur que le minuscule héritage du domaine paternel ne pourrait que rendre malheureux. La fortune que ferait le colon servirait plus tard à agrandir la ferme patriarcale elle-même, au détriment d'autres malheureux qui finiraient peut-être par suivre l'exemple des autres.

La commune ne pourrait-elle pas inaugurer un système facile d'extension de la patrie en développant une cellule, en apportant une pierre à l'édifice national : ce système consisterait à faire l'avance d'argent strictement nécessaire à l'établissement d'un gars du pays au Canada. Des municipalités donnent bien des bourses d'études de plusieurs années à des jeunes gens méritants.

De plus, tel conseil général qui voit avec regret une industrie régionale péricliter, ne pourrait-il pas se mettre en relations avec telle municipalité canadienne ou tel conseil de ville du Canada pour savoir dans quelles mesures l'industrie qui est en danger, ici, pourrait refleurir là-bas ? Nous le répétons : il y a quantité de métiers ou d'industries que l'initiative et le capital pourraient créer au Canada. Nous ne voulons pas dire seulement les grandes industries des mines, du tissage et des chemins de fer, nous voulons parler des petits métiers tels que l'ameublement, la menuiserie, la sculpture, la sparterie, la chaudronnerie peut-être, l'horticulture, l'horlogerie, le plaquage des métaux, la dentelle, la poterie, la viticulture, la fabrication des huiles (noix, olives), la confiserie, etc.

Ne serait-ce pas là un moyen de développer le régionalisme et l'autonomie régionale? Nous faisons appel à la vaillante Fédération Régionaliste Française, où nous comptons tant de confrères et d'amis, et l'invitons à stimuler le zèle des groupements régionaux pour la cause canadienne. Elle pourrait sans doute décider ces petites entités régionales ou communales à déléguer au Canada des hommes de la région, des experts chargés de faire un rapport sur les chances industrielles, agricoles ou autres, que peut offrir ce pays. Espérons qu'elle y travaillera.

Nous terminerons cet appel, en résumant pour les futurs colons dans un bref tableau les conditions de vie qui deviendront les leurs au Canada, — dont les Richesses viennent d'être étalées sous leurs yeux dans leur stricte réalité.

La vie des champs. — Dans quelque région du Canada où il s'établisse, l'agriculteur, soit qu'il fasse de l'élevage, soit qu'il s'adonne à la culture, fera ses trois repas par jour en viande; quant à la boisson, c'est le thé que les Canadiens boivent ordinairement en mangeant. Quelques-uns cependant ont pris l'habitude du vin ou de la bière; ce sont ceux à qui les Français nouveaux venus ont appris à faire cuver le raisin de Corinthe et le houblon des bois. On fait très peu de cidre.

Tout le monde travaille fort à l'époque des semailles et durant toute la saison d'été; à peine les semailles sont-elles achevées que les travaux des labours d'été et du cassage de nouveau terrain commencent, pour ne cesser qu'à l'époque *des foins* dans le mois de juillet. Puis viennent les mois d'août, septembre, octobre et même novembre consacrés aux moissons et aux labours d'automne.

Ceux qui ne font que de l'élevage passent une partie de l'été à couper du foin sur les terrains publics. Il y a dans la coupe du foin une véritable industrie rémunératrice pour les débutants, dont l'état de fortune ne permet pas de faire de culture ou d'élevage. En hiver ces mêmes débutants vont dans les régions boisées s'engager pour le compte des marchands de bois, ou bien ils utilisent eux-mêmes la licence de coupe de bois qu'ils peuvent réclamer et font un négoce du bois de chauffage qu'ils coupent et livrent en ville. Ces travaux sont assez pénibles.

Il est certain que les fermiers établis sont plus heureux; ils n'ont, pour ainsi dire, rien à faire en hiver. Leur seule occupation consiste à faire les charroyages de grains aux gares ou entrepôts, à rentrer du fourrage et du combustible. Les soirées sont longues, c'est l'époque où se font les mariages, les festins de famille, les bals, les parties de cartes à la veillée, les élections municipales, scolaires, etc. Précisément parce qu'on n'a rien à faire en hiver on donne beaucoup d'importance aux fêtes du nouvel an et du carnaval. Bref, à la campagne, il est difficile de dire qu'on s'ennuie, en cette saison.

Comme les chevaux n'ont presque pas de travail, on s'en sert facilement pour se promener. Ces promenades consistent en excursions (en traîneaux de luxe), de plusieurs semaines, faites d'une commune à l'autre chez des amis ou parents qui sont enchantés de vous recevoir pendant quatre ou cinq jours. Ce sont alors festins et repas qui gardent le caractère des fêtes familiales normandes. Ces visites se font à des distances de 75 à 180 kilomètres, parfois même davantage. Il n'y a rien à dépenser; partout où l'on est reçu il y a de l'avoine et du foin pour les bêtes, du cognac, du whisky, du boudin, des pâtés, des confitures, etc., pour les voyageurs.

On trouve du tabac chez tous les épiciers de la campagne. En somme voilà, réalisée dans les prairies ou les savanes du Canada, la vie large et ronde de la plantureuse Normandie de nos pères.

D'autres, amis de la ville, cultivateurs ou éleveurs *gentilshommes*, viennent villégiaturer dans la capitale de la province, durant un mois de l'hiver, pour participer aux divertissements sociaux de la ville. Là, ce sont les soirées de la bourgeoisie, les réceptions officielles, les sports d'hiver : patin, raquette, courses, voire théâtres... Ajoutons les excursions pour trois mois d'hiver organisées par les compagnies de chemins de fer, qui réduisent spécialement leurs tarifs afin de permettre aux habitants de l'ouest de venir dans les vieilles provinces de l'est. C'est l'époque à laquelle les colons français, belges, anglais, viennent en Europe rendre visite à leurs parents d'outre-mer. Puis, dès le mois de mars tout le monde rentre se remettre aux travaux des champs.

La vie à la ville. — Les occupations de la ville sont certes beaucoup plus absorbantes, et à l'exemple néfaste de l'Angleterre il y a, hélas! la vogue des clubs ou cercles qui, sous prétexte de délasser le bureaucrate ou l'homme d'affaires, offrent comme antidote à l'ennui trop de cocktails et de scotch whiskys. Les maîtresses de maison s'ingénient à pallier l'effet de ces détestables mœurs en organisant des tournois de whist, des soirées dansantes, des promenades en raquette. Les directeurs des palais de glace (ronds à patiner) organisent des concours interprovinciaux de hockey, de patin, des bals masqués. Ajoutons les soirées théâtrales, les conférences, les débats parlementaires, qui attirent toujours beaucoup de monde.

En été les citadins vont, les uns à la campagne, les autres dans les régions nouvelles de la colonisation louer un lac pour la pêche ou un territoire de chasse. C'est aussi la période des pique-niques, fêtes champêtres organisées avec le concours des compagnies de chemin de fer ou de navigation.

Voilà, rapidement énumérés, les attraits de la vie au Canada.

Au point de vue purement intellectuel, on peut l'avouer, il n'y a presque rien, sauf quelquefois la représentation théâtrale d'une pièce de théâtre classique dans les collèges; il y a même certaines pièces à grand spectacle du théâtre de Racine qui ont été représentées, avec les chœurs, à Montréal notamment; et même avons-nous vu le collège de Saint-Boniface (Manitoba) offrir à un public varié le spectacle de la tragédie de Philoctète dans sa langue originale.

Ce n'est pas à dire que l'instruction y est négligée complètement; seulement si la gent étudiante est bien pourvue de cours et de conférences dans les universités et les collèges, par contre le profane n'a que de rares occasions de s'instruire en s'amusant. Il y a certes la presse qui s'est développée dans une large mesure; aussi bien devons-nous le proclamer, le journal qui a le plus fort tirage du pays est rédigé en français; il s'imprime sur douze grandes pages tous les jours et sur une trentaine de pages tous les samedis. Les journaux canadiens sont bien renseignés; les quotidiens surtout ont des services télégraphiques aussi étendus que les journaux européens, (*la Presse* de Montréal reçoit même quelques dépêches par son installation particulière de télégraphie sans fil); ils publient des feuilletons de la littérature française; ils reproduisent des nouvelles, articles, extraits d'auteurs français; et les débats de la Chambre des députés de France sont parfois reproduits *in extenso* du *Journal officiel* (1).

L'auteur ne compte pas sur l'influence de ces derniers renseignements pour déterminer l'industriel ou le colon français à passer au Canada. Il devrait sembler à tout le monde que ce sont là considérations secondaires. Le seul principe qui doit guider en cette matière est le suivant : *On est toujours bien, là, où on fait son affaire;* à plus forte raison si le pays où on se trouve est une seconde patrie.

(1) Il y a maintenant au Canada une *Association des journalistes canadiens-français*, 1600, rue Notre-Dame, à Montréal. Le nombre de ses membres qui était de quarante dès l'année de sa fondation, s'est accru rapidement et d'après les prévisions d'un membre du conseil de cette association, M. Amédée Denault, il sera de cent à la fin de l'année 1904.

FIN

TABLE DES CHAPITRES

TROISIÈME PARTIE

La région montagneuse de l'Ouest.

QUATRIÈME PARTIE

Renseignements pratiques.

TABLE ANALYTIQUE

ÉMILE COLIN — IMPRIMERIE DE LAGNY

PRÉFACE

Le premier voyage que j'ai entrepris dans les Indes en l'année 1887 a duré plus de huit mois et je n'ai pu visiter qu'une partie des provinces du Nord de ce pays. Pendant ces longues excursions, le charme du voyage consiste surtout dans la variété extrême des monuments qu'on y rencontre à toutes les étapes. L'intérêt était d'autant plus grand pour moi, qui voyageais en architecte. L'aspect pittoresque des villes et de leurs habitants ajoute encore à l'agrément du touriste, qui n'a plus qu'à admirer à des points de vue divers et suivant ses goûts ; sa curiosité, toujours en éveil, ne peut se lasser.

Le désir de continuer le voyage augmente de plus en plus, mais la longue saison des pluies vient malheureusement mettre un terme aux belles excursions. Il faut songer à vivre retiré dans un hôtel monotone pour attendre le retour de jours plus heureux ou rentrer en sa patrie avec l'espérance de faire un second voyage.

En 1890, il m'a été possible de faire ce second voyage rêvé. Je voulais cette fois connaître les provinces méridionales de l'Inde, visiter l'île de Ceylan, puis enfin, pousser plus loin encore, voir la Chine et le Japon et rentrer en France par l'Amérique.

Dans l'Inde, grâce au gouvernement libéral anglais, tout est facile, mais il n'en serait sans doute pas de même en Chine et au Japon pour le touriste désireux de travailler sérieusement, afin de rapporter de nombreux documents, s'il n'avait pas de recommandations. Pénétré de cette pensée, je demandai au gouvernement la faveur *d'une mission archéologique en ces pays, le ministre de l'Instruction publique voulut bien me l'accorder. Certain d'être bien accueilli en ces lointaines régions et d'être protégé s'il était nécessaire dans mes travaux, j'ai pu accomplir ce voyage autour du monde et rapporter plus de deux cents dessins qui ont été exposés à mon retour, en juin 1891, à la Société de géographie. Quelques-uns, parmi les plus caractéristiques, habilement reproduits par les procédés de MM. Ch.-G. Petit et Cie, constituent les principales illustrations de ce livre qui contient le récit de mes deux voyages réunis.*

Pour la mission accordée, toute gratuite mais cependant bien utile pour le touriste, on ne demande qu'un simple rapport marquant les principaux traits du voyage. Cela était aisé à faire dès mon retour. Mais je dois dire ici, avec reconnaissance, la gracieuse hospitalité qui m'a été offerte par messieurs les ministres plénipotentiaires et les consuls de France, qui partout ne m'ont témoigné que sympathie et bienveillance. Les touristes qui vont bien loin au delà de leur patrie, sont sensibles plus que d'autres aux bonnes réceptions offertes par d'aimables compatriotes. Elles prennent place dans leurs souvenirs de voyage comme autant d'heureux moments qu'ils ne peuvent oublier.

VOYAGE
AUTOUR DU MONDE
INDE ET CEYLAN — CHINE ET JAPON

CHAPITRE PREMIER

ous quittons le 22 mai 1887 Marseille; je suis à bord de l'*Oxus*, l'un des beaux navires des Messageries maritimes. Trente-cinq passagers seulement sont en première classe; ils ne remplissent guère les grands salons, mais ils forment une petite société qui ne manque pas de variété. Quelques dames, une dizaine de Japonais de distinction, jeunes et paraissant fort instruits, qui viennent de faire leur tour d'Europe, des officiers du génie de Portugal, des Hollandais, des Anglais, enfin quelques Français complètent le nombre des voyageurs. On ne tarde pas à fraterniser et les causeries intéressantes ou aimables ne s'arrêtent plus, chacun ayant le désir d'employer le mieux possible les longs jours qu'on doit passer à bord de l'*Oxus*. Les chaleurs qu'il faudra supporter sur la mer Rouge semblent surtout préoccuper les passagers. Je pense que les craintes qu'elles excitent sont exagérées. Parce que quelques voyageurs retour de Chine ou des Indes, anémiés par un long séjour en

1

ces pays et parfois presque mourants à bord, n'ont pu résister à la traversée, on a fait à la mer Rouge une réputation sinistre qui n'est pas tout à fait méritée. Des personnes valides supportent ces chaleurs qui montaient, lors de mon passage en mai, le plus souvent à 30° et 33° sur le pont, et à 35° et 37° dans les cabines. Ce qu'il y a de plus pénible pour tous, c'est surtout le manque d'air : on en éprouve par moments une fatigue réelle. Cela a été quelquefois, parait-il, mortel à des personnes atteintes par l'anémie. Ceux qu'il faudrait plaindre, ce sont le machiniste et les chauffeurs. Ils sont réellement malheureux sur la mer Rouge ; leur métier semble être, dans ces parages, un métier de martyr : ils ont à supporter une température moyenne de 55 degrés. Le machiniste est remplacé toutes les quatre heures et les chauffeurs, choisis parmi des Arabes vigoureux, sont relayés d'heure en heure. On envoie de l'air dans la fournaise où ils sont forcés de vivre par les poches installées sur le pont et c'est grâce à ce moyen qu'ils peuvent y séjourner.

Pendant la nuit les cabines sont étouffantes, aussi les passagers préfèrent-ils reposer sur le pont. Les dames s'installent sur des hamacs ou des chaises longues en bambou, les messieurs font monter un matelas du lit de leur cabine et s'installent d'un autre côté. Tous vêtus à l'aise dans des costumes légers de mousseline ou de toile nous passions la nuit à rêver aux étoiles, aidés quelquefois par un demi-sommeil bienfaisant. Les pauvres voyageurs commenceraient à dormir tout à fait vers l'aurore, mais la consigne de bord est inexorable ! il est cinq heures du matin, l'heure fatale où il faut laver le pont. Adieu les installations sommaires auxquelles on s'habituait depuis quelques heures ! les jeunes mousses de l'*Oxus* arrivent pieds nus, armés de seaux et d'éponges. Il faut déloger pour rentrer dans sa cabine où l'on ne saurait respirer.

Le temps s'écoule néanmoins. Une première escale à Port-Saïd, la traversée intéressante du canal de Suez et celle de la mer Rouge ont occupé les premiers jours ; nous voici enfin à Aden où nous resterons plusieurs heures. On met l'ancre à deux heures du matin, tout le monde est sur le pont pour voir *Steamer Point* au clair de lune. L'*Oxus* semble être en plein branle-bas, tant le mouvement est grand à bord ; ce sont des allées et venues perpétuelles des matelots faisant les manœuvres nécessaires à l'atterrissement. Voici bientôt le jour avec le soleil resplendissant, il éclaire de lueurs dorées les rochers calcinés de *Steamer Point* qui parait, à ce moment, être un endroit agréable. Il est fort pittoresque, sans nul doute, à cette heure matinale. Je descends l'un des premiers à terre, grâce à l'obligeance de M. Nœtinger, l'aimable agent des postes de l'*Oxus*, qui m'offre une place dans sa barque ; mais, tenu par ses occupations, il me laisse libre bientôt et seul à mes observations. Il fait presque frais au lever du jour en ce coin de terre brûlée, et je vois tout d'abord, sur le rivage, les jeunes habitants faire leur toilette dans la mer bleue.

Aden est à 7 kilomètres environ de Steamer Point; il faut prendre une petite voiture pour faire ce trajet. Je choisis un beau cocher, noir comme l'ébène, habillé d'une longue tunique blanche; son cou est orné de boules d'ambre jaune enfilées dans un ruban de cuir. Sa figure est souriante et expressive, il me fait d'agréables grimaces pour me faire voir qu'il comprend l'anglais que je lui parle; je ne puis demander mieux et nous partons promptement en suivant la route où règne un grand mouvement d'indigènes. Ce sont ensuite des processions sans fin de dromadaires accablés sous le poids des outres pleines d'eau qu'ils vont porter chez l'habitant, ou chargés de fagots formés de menus branchages ou d'autres provisions. Leurs maîtres, drapés à l'antique, les conduisent. Voici maintenant de nombreux attelages de bœufs, aux cornes recourbées vers la terre, superbes d'allure. Leur cocher, à peine vêtu, semblable d'aspect à un beau bronze florentin aux couleurs chaudes et dorées, les mène debout du haut de son chariot. Nous passons dans des défilés fortifiés, Aden apparait enfin, tout entière au milieu d'une étroite vallée desséchée, entourée d'un côté par des rochers arides, et éclairée de l'autre par l'horizon de la mer. Cette ville produit ainsi un effet étrange presque extraordinaire. Ses rues poussiéreuses sont pleines d'Arabes de toutes les races, tous fort affairés par suite du marché aux dromadaires et aux bœufs qui avait lieu ce jour-là.

L'heure s'avance, le soleil monte peu à peu à l'horizon, les rochers dorés par les lueurs de l'aurore reprennent leurs teintes sombres et lugubres, la foule commence à diminuer, car la chaleur torride est déjà menaçante. Je monte sur les rochers pour visiter les fameux réservoirs, travail considérable assez intéressant puisqu'il contribue à donner le bien-être aux habitants, mais, à cette époque, il n'avait pas plu depuis deux ans au moins, les bassins étaient presque vides. Sur les terrasses, quelques jasmins ou mimosas luttent contre la sécheresse : on les contemple avec plaisir, ce sont les seuls échantillons de verdure qu'on puisse rencontrer en ce pays d'anciennes roches volcaniques.

Les heures accordées par le commandant pour l'escale sont bientôt passées; l'*Oxus* a renouvelé sa provision de charbon, nous quittons Aden si curieux d'aspect, mais où personne ne voudrait se retirer pour y finir sa vie.

Le vingtième jour de traversée va commencer; nous voici à Ceylan et bientôt débarqués à Colombo. L'*Oxus* continuera sa route vers la Chine, je dis adieu à mes compagnons de route pour monter sur un autre petit navire des Messageries, le *Tibre*, qui me mène à Calcutta.

Dans cette seconde partie du voyage, une escale surtout est intéressante pour un Français, c'est Pondichéry. Le *Tibre* ne peut y accoster, mais une quantité de bateaux, des *chelingues* viennent vous chercher pour vous mener à terre. Le chelingue possède un équipage de huit et quelquefois douze rameurs, tous presque nus. Il est lourd d'aspect et de forme des plus primitives, c'est une grosse barque de sauvage formée de planches grossières très souples et cousues ensemble avec des fils de cocotier, on ne saurait voir un clou dans toute la construction.

POUSSE-POUSSE DE PONDICHÉRY.

Très profonde, elle pourrait être pontée ; le pont est remplacé par six barres de bois qui composent les banquettes : rameurs et passagers s'y perchent comme ils peuvent. A l'arrière du chelingue, un homme armé de sa godille dirige les manœuvres. La barque est lente dans ses mouvements, les rameurs s'égosillent suivant leur force, criant un rythme bizarre marquant bien la mesure. Ils font mouvoir alors en cadence leur rame qui ne se compose que d'une petite palette ronde ficelée à l'extrémité d'une longue perche. On débarque en cet équipage devant la Grande Place, ornée de la statue de Dupleix aux glorieux souvenirs. Elle est placée au milieu de beaux jardins et d'agréables promenades. Les rues, propres et coquettes, bordées de jolies villas, préviennent aussitôt en faveur de Pondichéry qui semble être un séjour des plus agréables.

Le commandant du *Tibre* nous avait assuré que nous avions le temps d'aller aux environs de la ville pour visiter les curieuses pagodes hindoues de Villenoor avant le départ de son navire, aussi nous nous empressons de prendre, quelques camarades de bord et moi, des *pousse-pousse*, bien connus maintenant des Parisiens depuis l'exposition, pour nous rendre en ces lieux sacrés. Ce sont les voitures publiques de Pondichéry et c'est dans cette ville que l'usage en est venu pour la première fois.

D'une grande légèreté, élégant et gai d'aspect avec sa toiture couverte d'étoffes

et de passementeries aux couleurs brillantes, le pousse-pousse est pour le voyageur le moyen de transport le plus pratique qu'il puisse désirer. Dans la ville,
un homme suffit pour pousser la légère voiture, mais nous allions à Villenoor,
à 10 kilomètres de distance, nous devions prendre trois indigènes qui, courant
toujours, se remplaçaient à tour de rôle pour faire leur office de pousseur.
Nous dirigions nous-même notre voiture, comme il est aisé de le voir sur
la gravure, mais la besogne n'est pas facile pour les personnes inexpérimentées

comme nous l'étions ; ce n'est pas sans
quelques accrocs que nous pûmes arriver
à destination. Il faut, en effet, une véritable habitude pour diriger convenablement un pousse-pousse et sous la belle
avenue d'arbres où nos hommes nous
poussaient en galopant, nous avons été
heureux de n'avoir point d'accidents
sérieux.

Les pagodes de Villenoor sont curieuses
à visiter, avec leurs portiques intérieurs
et l'étang sacré au milieu duquel se trouve
un petit temple pittoresque ; mais ce qui
frappe surtout les yeux, ce sont les
énormes chariots tout de bois sculpté
qui sont placés sous de hauts abris de
chaume près de l'entrée des sanctuaires.

CHAR DE PROCESSION DE VILLENOOR (PONDICHÉRY).

Ces chars servent tous les ans, au mois d'avril, pour les grandes processions religieuses. Les fidèles les sortent de leur abri et commencent à les
pavoiser d'oriflammes et de banderolles ; un magnifique dais brodé recouvre en
partie les quantités de sculptures dont ils sont ornés, elles représentent des dieux
ou des déesses du paradis hindou. Quatre chevaux ailés, conduits par un dieu,
semblent tirer le chariot, mais ils ne sont là que comme motif d'ornementation. De longues cordes y sont attachées et c'est la foule elle-même qui se
charge de traîner tout ce lourd appareil semblable à un véritable monument
de 10 à 12 mètres de haut. L'enthousiasme religieux pendant les fêtes est poussé
à l'extrême ; on a vu quelquefois des fidèles tellement excités par leur foi superstitieuse, se jeter sous les roues épaisses des chariots sacrés pour être écrasés,
persuadés qu'ils étaient d'aller plus vite ainsi en paradis.

Nous quittons Pondichéry pour nous arrêter quelques moments à Madras
et reprendre la mer. Un temps superbe, assez rare en cette saison de juin, où la
mousson règne encore fréquemment, favorisait notre voyage. Dans le golfe du
Bengale, c'est l'isolement complet pendant des journées entières. Quelquefois des
poissons volants ou une petite escouade de grosses tortues à carapace jaunâtre
et nageoires rouges, viennent seuls, en se montrant autour du navire, apporter
quelques distractions au voyageur suffoqué par le manque d'air et les 30° qu'il
a toujours dans sa cabine.

Le *Tibre* continue son voyage, faisant environ 250 milles en moyenne par vingt-
quatre heures. Un navire ensablé se voit à l'horizon ; il a été poussé par un cyclone
deux mois auparavant, mais, quoique entièrement perdu, tous les naufragés ont
cependant pu être sauvés.

Les drames en mer sont fréquents dans ces parages, les cyclones y sont terribles. Le commandant de notre navire, M. Trocmé, me citait de nombreux et
effrayants naufrages ; le *Tibre* cependant, bien conduit par lui, a toujours échappé
aux tempêtes. Les dangers, les difficultés augmentent à mesure qu'on s'approche
des terres.

Le pilote du navire, M. Anderson, a bien voulu me laisser recueillir quelques
notes, dans son livre spécial fort intéressant, *Tide Tables for Dublat (Sangor Island)
diamond Harbour and Kidderpore*, — (Calcutta), 1887, by major A. W. Baird, qui
traite des précautions à prendre pour vous mener avec succès dans les mille
détours ensablés de l'Hoogly.

Il y a tout d'abord les recommandations nécessaires aux capitaines des navires au
sujet des nombreux phares et signaux divers, etc., puis les instructions relatives
aux naufrages et à tous ceux qui, se trouvant en détresse, pourraient atteindre les
lieux de refuge.

Au milieu des sables et des jungles du Delta, le Gouvernement anglais a fait
construire, à des endroits marqués, des cabanes pour l'usage des naufragés. On
y trouve de l'eau, des vêtements, des fournitures de toutes sortes, nourriture,
cordages et outils, des cartes du littoral et une série d'instructions diverses
écrites en langues anglaise, française et indigène, dans des boites de fer-blanc
fermées hermétiquement.

On est prié d'apporter la plus stricte économie dans l'emploi de tous ces
objets. Si les provisions qui se trouvent dans un lieu ne sont point utilisées, ce
qui sera laissé devra être empaqueté et recouvert afin de servir à d'autres naufragés, qui auront soin d'éviter tout gaspillage. Les naufragés, ne voulant pas

rester dans les cabanes, devront voyager en troupe serrée, en côtoyant les grandes baies ou le littoral de la mer; personne ne devra s'écarter, car les tigres abondent dans ces jungles désertes. Dans le cas où les provisions des refuges manqueraient par malheur, on vous indique un moyen de subsister quelques jours en mangeant les cœurs des jeunes palmiers qui croissent en grand nombre dans ces parages ou en faisant cuire de l'herbe au scorbut ou criste marine, abondante également dans le Delta.

On devra faire des feux en signe de détresse, avec les morceaux de bois qu'on trouve aisément tout le long de la côte et sur les rives des bras du Gange.

Après les cyclones et les violents coups de vent, un navire à vapeur est envoyé près de tous les lieux de refuge; il est donc préférable d'y attendre l'arrivée des secours plutôt que de courir les hasards d'un voyage en radeau ou en petite barque parmi les jungles ou les marécages déserts.

Nous arrivons enfin à Calcutta. Ici la rivière l'Hoogly, dont nous avons côtoyé les curieux rivages depuis de longues heures, offre un coup d'œil saisissant. On comprend l'importance commerciale colossale de la ville à la vue des milliers de barques qui sont à l'ancre le long de la rivière, ou qui la sillonnent dans tous les sens. Nous passons devant les promenades du Strand, magnifiques pelouses garnies de nombreux bestiaux, et du fort William. Près du grand pont qui relie les deux rives, le nombre des navires est si considérable que le spectacle devient véritablement grandiose. La ville de Calcutta, située ainsi que ses environs sur une plaine immense, n'excite pas autant l'intérêt que son port. Quoique, au dire des Anglais, ce soit la ville des palais, elle ne saurait être comparée à Bombay. Calcutta a cependant un grand attrait lorsqu'on se promène dans l'immense quartier marchand indigène. Il est difficile de s'imaginer un ensemble pareil, où, pour ainsi dire, aucun détail, aucun passant ne soient intéressants ou amusants à observer. Il y a, dans ces petites rues, un mouvement extraordinaire, justifié d'ailleurs par le nombre des habitants de la ville et de ses faubourgs, qui s'élève aujourd'hui à 685 000. Tous ces quartiers populeux ne sont pas toujours aussi propres qu'on pourrait le désirer, malgré les efforts constants de l'administration anglaise. Les Indiens ne comprennent pas, comme les Européens, les besoins de l'extrême propreté, ils travaillent le moins qu'ils peuvent pour se donner ce luxe et aiment mieux laisser la besogne aux corneilles nombreuses et aux philosophes, grands oiseaux à l'air vénérable, marchant majestueusement dans les rues. Les habitants ne les inquiétant jamais, ils sont presque familiers et semblent toujours occupés consciencieusement à leur besogne peu délicate.

La nuit, la promenade dans ces rues marchandes est encore plus pittoresque, surtout dans celles où se trouvent les cuisines et pâtisseries, les fritures de poissons et de viandes qu'on prépare pour les indigènes.

Les boutiques, misérables d'aspect, sont éclairées avec des lampes à huile, analogues aux lampes antiques ; elles sont encombrées d'une foule de passants en quête de leur dîner ; c'est un mouvement extraordinaire jusqu'à onze heures du soir ; puis tout s'éteint peu à peu. Chaque boutique, presque toujours fort petite,

Le figuier multipliant du Jardin Botanique de Calcutta (*Ficus Bengalensis*).
(D'après nature.)

contient souvent six à sept personnes qui se couchent l'une près de l'autre ; elles sont empilées d'une façon effroyable. D'autres marchands ferment leur magasin avec des volets et couchent en plein air sur la petite terrasse qui, chargée de marchandises dans la journée, forme la devanture du magasin.

Il y a des théâtres à Calcutta, des théâtres Bengalis et Parsis. Rien, certainement, n'est plus primitif, mais pour cela même, ils sont curieux. Un grand hangar de bois, avec des loges et galeries au premier étage, constitue la salle de spectacle.

Les loges sont garnies d'un panka qui, manœuvré par un jeune Indien, vous

Pl. II. — Ruines du temple de Bhaniyar, près Rampoor (Kashmir).
(Dessin d'après nature, voy. p. 55.)

fournit, pour quelques sous, la ventilation indispensable en ce climat. Pour le même motif, sur chaque fauteuil d'orchestre on trouve généralement un éventail.

Les spectateurs, presque tous du sexe masculin, sont habillés d'une veste de brocart et de robes de mousseline blanche drapée de toute façon sur leur corps. Ils sont ornés souvent d'une jolie guirlande de fleurs odoriférantes qu'ils portent en bandoulière par-dessus leur léger vêtement ; sur leur tête on remarque une riche calotte brodée de fleurs d'or.

C'est la toilette de soirée des Indiens. Quant à la pièce qu'il faut écouter, elle est pour l'Européen d'une monotonie et d'une naïveté désespérantes. Les indigènes, il faut l'avouer, ne paraissent pas être de cet avis. Les décors grossièrement peints, mal éclairés, sont faits à une échelle trop petite pour les acteurs et seraient dans la proportion voulue pour des poupées demi-grandeur naturelle. Quant aux acteurs, ils ne se doutent pas un instant de ce que peut être l'art de jouer le drame ou la comédie ; leurs chants, cependant, ne manquent pas d'un certain charme. Le ton élevé des mélodies oblige les chanteurs à prendre souvent la voix de tête, surtout pour les jeunes hommes qui jouent les rôles de femmes. L'orchestre se compose de quelques tambourins cachés dans la coulisse et d'un Indien qui joue du *sarunghi*, sorte de violon indigène. Installé sur un des côtés de la scène, il accompagne les chanteurs tout en mâchonnant du bétel et tire de son instrument des sons plaintifs et doux qui sont souvent d'une grande délicatesse.

Les quartiers luxueux de Calcutta où se trouvent les Européens sont peu intéressants.

Les grands bâtiments à l'italienne, ornés de colonnes et couverts en terrasse, que les Anglais ont construits, sont en briques enduites de stuc pour la plupart et peints de couleur claire ; ils sont entourés de jardins, leur aspect est singulièrement monotone et ennuyeux. La chose la plus curieuse de Calcutta est son Jardin Botanique, c'est un parc délicieux. Situé sur les bords de l'Hoogly, assez loin de la ville, ses cours d'eau et ses lacs artificiels viennent ajouter encore à son agrément.

Les fleurs superbes et les échantillons les plus rares des arbres des tropiques sont un véritable enchantement.

Le plus bel arbre du jardin est le célèbre figuier multipliant, le *Ficus Bengalensis*, Linné (p. 8). Cet arbre est âgé de cent ans environ, la circonférence de son tronc est de 14 mètres et on peut compter deux cent trente-deux tiges aériennes qui viennent prendre racine dans le sol et soutenir les immenses branches qui partent du tronc principal. Ce figuier colossal forme un bouquet de verdure qui

n'a pas moins de 290 mètres de tour. On ne connaît pas, m'a-t-on dit, de *Ficus
Bengalensis* plus grand dans le monde entier.

Revenu à l'hôtel, je devais m'occuper d'avoir un guide régulier pour m'accompagner pendant la durée de mon voyage. C'est l'usage aux Indes : un *boy*, votre
guide, interprète, et votre domestique tout à la fois, est indispensable. A l'hôtel
Français, où j'étais descendu, le directeur put bientôt m'en présenter un en m'assurant de son honnêteté. Sa physionomie intelligente, éclairée par des yeux
flamboyants, prévenait en sa faveur et ce fut bientôt marché conclu ; les prétentions de mon *boy* n'étaient pas bien considérables, je devais lui remettre tous les
mois 22 roupies, environ 40 francs, sans avoir jamais à m'occuper de sa nourriture.

Son costume est tout de mousseline blanche et sa tête est ornée d'un grand
turban à bordure bleu et or. Il est musulman, son nom est Shaïk Moguljaun.
Pour éprouver la valeur de ses services, je fis avec lui tout d'abord une courte
excursion en compagnie de quelques officiers du *Tibre*, qui étaient devenus
mes amis. Il s'agissait d'aller en France, à *Chandernagor*. Le chemin de fer nous
y conduit en une heure et demie ; le docteur Rougier, du *Tibre*, nous menait
déjeuner chez son jeune ami, M. Goron, le docteur de l'hôpital de la ville.

Mon *boy*, fils d'Indiens français de Chandernagor, se retrouvait d'ailleurs dans
sa patrie et sa présence parmi les domestiques de notre aimable hôte devint aussitôt nécessaire. La visite de Chandernagor est bientôt terminée ; notre possession
de l'Inde semble avoir comme grandeur les proportions du parc de Versailles comparées à celles de toute la France, mais si la colonie est petite, 6 kilomètres de
longueur sur 3 de largeur environ, il faut avouer qu'elle est charmante, boisée,
remplie de fleurs et arrosée par l'Hoogly. Ses habitants, simples et insouciants
Indiens, semblaient y vivre fort heureux sous la protection de M. Farine, alors
gouverneur de la possession. Lui seul, logé dans une installation élégante, presque
semblable à un palais, ne semblait pas très satisfait de son séjour aux Indes. Ses
jolis jardins, les souvenirs de Dupleix conservés dans la résidence comme des
reliques, ne suffisaient pas certainement à son bonheur et j'ai su depuis qu'il n'a
pas tardé à demander son changement.

M. Farine nous fait cependant bien gracieusement les honneurs de son palais ;
lorsque nous venons lui présenter nos hommages, il nous offre des rafraîchissements sous une grande colonnade remplie de fleurs. On boit à la France (comment
faire autrement à Chandernagor !), mais notre conversation est bientôt interrompue
par le bruit de plusieurs coups de fusil. Nous voyons alors accourir quelques

Indiens portant dans leurs bras un superbe boa de plus de 2 mètres de longueur,
qu'ils viennent déposer à nos pieds. On venait de fusiller ce magnifique reptile;
les Indiens l'avaient surpris traversant à la nage les 700 mètres de largeur de
l'Hoogly, et, attiré sans doute par les jardins, il était venu pour son malheur
dans notre possession française. Le boa n'est guère dangereux pour les hommes;
on aurait pu le laisser vivre; mais tout en admirant la peau aux brillantes couleurs
de la victime, le docteur nous parlait des méfaits des reptiles terribles, comme les

LE CHEMIN DE FER DE SILIGURI A DARJEELING PRÈS CALCUTTA.
(D'après une photographie.)

cobras, qui abondent à Chandernagor, et partout aux Indes. Une pauvre femme
était morte dernièrement en vingt minutes, complètement paralysée par la piqûre
de l'un d'eux; un Indien, mordu dans les champs, n'avait même pas pu être transporté à l'hôpital : ces faits sont continuels dans le pays. Profitant de l'émotion
occasionnée par ce petit événement, M. Farine avait songé à nous préparer une
agréable excursion en dehors du territoire français. Des voitures sont prêtes,
nous traversons d'abord Chandernagor pour aller visiter le beau pont et la grande
mosquée qui ont rendu célèbre le village *Hoogly* des Indes anglaises. La campagne,
aux alentours, est verdoyante et agréable d'aspect, semblable aux jardins par-

fumés de Chandernagor où nous ne tardons pas à revenir, pour achever notre journée chez le gouverneur et dîner dans sa résidence. Le soir nous étions déjà sortis de nos frontières, pour rentrer à Calcutta.

Une nouvelle excursion est bientôt préparée pour moi, c'est un départ pour Darjeeling, le séjour d'été des Anglais. Mon *boy* arrange mes malles, il enlève les fourmis qui déjà en avaient fait leur domicile, et brosse les moisissures qui couvrent mes habits et mes souliers : ce sont des besognes habituelles en ces climats chauds et humides, il faut les renouveler souvent dans le voyage. Le commandant du *Tibre*, M. Trocmé, Breton de Douarnenez, qui, toujours sur mer depuis sa jeunesse, n'avait jamais vu de près les montagnes, voulut bien être mon aimable compagnon de route.

Dans la saison des grandes chaleurs, Calcutta est déserté en partie par les Européens. Ils ont créé dans les montagnes de l'Himalaya, à 2387 mètres de hauteur, un séjour agréable entre tous, Darjeeling, qui, il y a trente ans environ, n'était qu'un pauvre village indien. Pour arriver en ces lieux élevés de la montagne, il faut voyager en chemin de fer une nuit et un jour, mais le trajet est curieux.

Au sortir de Calcutta, la campagne bien cultivée réjouit la vue, puis il faut passer le Gange en bateau ; c'est un *ferry-boat* à l'américaine qui vous transporte à l'autre rive en douze minutes. Après la nuit passée en chemin de fer, on remarque le changement de paysage : ce sont d'immenses rizières mêlées de bambous, puis des plantations de thé et les montagnes à l'horizon.

Nous voici enfin au pied même des montagnes, à *Siliguri* ; il faut s'installer dans le petit chemin de fer Decauville qui vous montera en quelques heures à Darjeeling. La route suivie devient peu à peu une des plus belles choses qu'on puisse voir. Du wagon où le touriste est installé, il admire les immenses montagnes de l'Himalaya toutes couvertes de verdure.

Les grandes fougères arborescentes de 10 ou 15 mètres de hauteur, les orchidées pendues aux branches des arbres sont splendides. Le train marche lentement en suivant des lacets nombreux aux détours les plus invraisemblables et à pente peu rapide (p. 13). Il s'arrête fort souvent, de sorte qu'on peut jouir à l'aise de toutes les vues de la montagne. Les stations sont fort pittoresques également, les quelques habitants qui viennent voir passer les voyageurs et leur vendre des bijoux ou des insectes aux ailes brillantes ont un type tout différent de ceux de la plaine du Gange. Ces pauvres gens des montagnes du Népaul ressemblent déjà presque à des Chinois avec leur figure plate et leur nez écrasé.

Au moment des pluies, ils ont une existence bien difficile dans leurs huttes misérables; aussi, dans la belle saison, ils laissent leurs petits enfants demander quelques sous aux voyageurs.

Darjeeling est charmant. Ses cottages bâtis en amphithéâtre sur le versant méridional de la montagne et ses belles allées, plantées de nombreux sequoias de la Californie qui poussent à ravir en ce pays, tout est à souhait. Des promenades délicieuses sont à faire autour de Darjeeling, le *Birch Park*, avec ses arbres et ses lianes, est une merveille de la végétation tropicale. Sur les sommets les plus élevés de cette jolie localité, de l'Observatoire, ou un peu plus loin, du mont Jalapahar (2628 mètres), on jouit d'un panorama exceptionnel. Les cimes neigeuses de l'Everest ou Gaouri Sankar (8839 mètres) et celles du Kantchijunga (8581 mètres) remplissent une partie de l'horizon et quoique bien éloignées, elles apparaissent merveilleuses de clarté dans le haut des nuages; ce sont des spectacles incomparables.

D'épaisses forêts environnent Darjeeling, elles sont réunies entre elles par des terres de culture et de plantations de thé. Nous pûmes jouir des beautés de ce pays en allant à cheval jusqu'à Teesta, petite localité frontière du Thibet. La promenade est longue, aussi change-t-on quatre fois de monture et de guide pour arriver au but. Ils vous attendent dans des points connus de la forêt. Les jeunes guides sont des coureurs remarquables, ils ont la légèreté d'un chien de chasse et vont toujours courant ou trottant devant vous, réglant leurs pas sur l'allure de votre cheval, sans jamais perdre haleine. Si l'excursion est difficile à cause des provisions qu'il faut emporter, les merveilles de la forêt, qui partout se multiplient le long de la route, offrent une large compensation à la fatigue qu'on peut éprouver après une journée de quatorze heures à cheval.

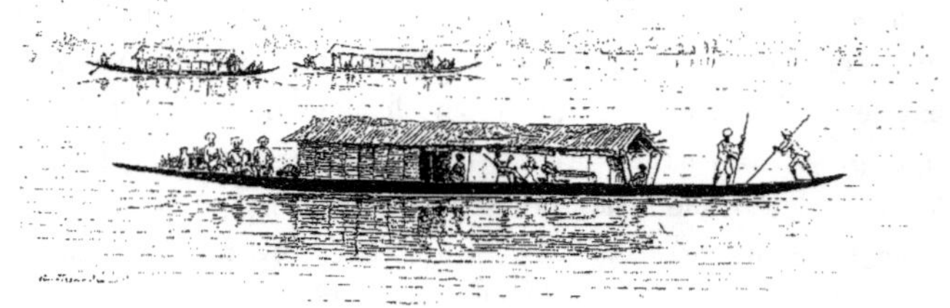

CHAPITRE II

De Calcutta, il faut près de dix-huit heures pour se rendre à Bénarès par le
chemin de fer. Le Gange qui, en ces lieux, a près d'un kilomètre de largeur,
est traversé sur pont superbe récemment construit par les Anglais, on arrive
bientôt à l'hôtel ou *dak bungalow* situé dans un parc qui se compose de belles
avenues plantées d'arbres et d'un certain nombre de villas habitées par les Européens. Comme toujours aux Indes, les résidences sont placées à une assez grande
distance de la ville indigène : on les visite sans intérêt; le voyageur, au contraire,
est toujours attiré vers le centre indien.

Bénarès reste actuellement la ville de l'Inde la plus intéressante entre toutes.
La religion hindoue y est encore observée comme dans les temps antiques. Si le
voyageur a pu souhaiter quelquefois de voir les civilisations qui existaient il y a
deux mille années, son vœu est chose accomplie lorsqu'il se promène dans les
rues étroites et pittoresques de cette ville véritablement extraordinaire. Les
monuments n'y sont pas cependant très anciens, sauf un seul qui est en ruine
aujourd'hui. C'est le Tope de Sarnath, que les anciens pèlerins venant de Chine
ont souvent décrit. Construit tout en briques, il possède encore quelques parties
de son ancien revêtement de pierres de grès rouge. On voit encore les restes

d'une belle frise sculptée qui servait de soubassement à une série de petites niches contenant sans doute autrefois des statues de Bouddha.

D'après les recherches du capitaine Willfort (*Asiatic Researches*, t. IX, p. 203), le Tope de Sarnath aurait été commencé par les fils de Mohi-Pala, et détruit, avant d'être terminé, l'an 1017 de notre ère, par les mahométans. Ceux-ci firent d'autres méfaits à Bénarès à des dates plus rapprochées de l'histoire des Indes. L'empereur mogol Aurungzebe (1658-1707) détruisit Vishweshare, le plus beau temple de la ville, ne pouvant supporter, dans son fanatisme, la vue d'un sanctuaire hindou. Vishweshare fut reconstruit au siècle dernier, sur les fondations de celui qui avait été détruit et exactement sur l'ancien modèle. Il en est de même pour les mille petits temples où se voient encore les sacrifices d'animaux domestiques et des curieuses pratiques superstitieuses. Ils remplissent tous les carrefours de Bénarès, et les rues, semblables en bien des points à celles qu'on voit avec étonnement à Pompéi, sont aussi un spectacle attrayant. Les scènes intéressantes se multiplient lorsqu'on visite en bateau les bords du Gange, au lever du jour.

On voit à ce moment le plus grand nombre des habitants plongés presque tous dans l'eau jusqu'à la ceinture, priant avec ferveur quelques-uns des innombrables dieux du paradis hindou. Hommes, femmes, enfants, tous mêlés et souvent presque serrés les uns contre les autres, ne pensent qu'à remplir dévotement leur devoir de conscience. Ils se baignent ensuite, leur corps est enveloppé des mêmes voiles que ceux qu'ils ont dans les rues pour aller à leurs affaires. Quelques-uns les changent seulement sur les bords ou les laissent sécher directement sur leur peau, comptant pour cela sur l'ardeur des rayons du soleil.

Le Gange est bordé de palais somptueux, construits en amphithéâtre sur de hauts gradins de pierre qui les relient au fleuve. Ce sont des quais colossaux, mais, au moment des hautes eaux, ils sont recouverts en partie, et les indigènes ont moins d'espace pour se livrer à leurs dévotions matinales. Je voyais cette foule compacte, aux vêtements éclatants admirables de couleur, encombrant les soubassements de ces superbes demeures des anciens rajahs, montant les degrés de pierre et les ruelles étroites pour regagner leur maison. Les palais enfin, avec leur majestueuse silhouette, puis les temples, les sanctuaires, aux sculptures éblouissantes reflétées par les eaux, forment un superbe tableau.

Le courant rapide du Gange, augmenté par les hautes eaux, obligeait mes rameurs à quitter le milieu du fleuve, nous longions par instants les murailles des palais. Quelquefois l'un de mes hommes, presque nu, se jetait à la nage pour gagner les gradins et nous remorquer avec une corde tout en marchant parmi les baigneurs en prière. Nous remontons lentement le Gange, ma barque s'éloigne insensiblement de toute cette foule extraordinaire, et comme je contemplais encore l'un des palais, mes regards s'arrêtèrent involontairement sur une masse informe échouée sur le rivage, environnée de chiens et de corbeaux. C'est le cadavre d'un enfant ! Un des chiens, effrayé par le bruit que font mes rameurs, se sauve avec une main qu'il vient d'arracher, les oiseaux s'envolent, emportant dans leur bec des lambeaux de chair.

Ce spectacle lugubre me fit une impression pénible, il devient de plus en plus rare heureusement, grâce aux ordonnances sévères et aux efforts constants du gouvernement anglais. Arrivés au terme ordinaire de notre navigation sur le Gange, mes rameurs, lassés de leurs efforts, me conduisent au milieu du fleuve pour redescendre rapidement le courant, et en peu de temps me voici à l'autre extrémité de la ville où je puis visiter la belle mosquée musulmane construite par Aurungzebe. Du haut d'un des minarets, j'admire la vue complète de Bénarès avec ses jardins et ses terrasses. Une quantité de pigeons et de perruches vertes voltigent autour de moi, je les ai effrayés, sans doute. Ce sont les oiseaux aimés de la ville, on les

LE « BURNING GHAT » A CALCUTTA.
(D'après nature.)

considère comme sacrés, aussi sont-ils nombreux ; certains de n'être jamais inquiétés, ils établissent leurs nids où bon leur semble. Revenu à ma barque, je vais encore à un autre temple, hindou cette fois. Les sculptures dont il est orné sont remarquables, sa corniche principale est supportée par des anges à figure de femme jouant de la musique. Ils forment des consoles ajourées, découpées d'une façon inouïe, et toutes sont autant d'objets d'art. Il reste encore de nombreuses traces de peinture sur ces sculptures ; on y découvre sur des fonds blancs, des oiseaux et des fleurs. Cette pagode intéressante se trouve placée près de l'un des endroits le plus curieux des bords du Gange, à côté d'une petite place connue sous le nom de Manmenka, où se fait journellement la triste opération de la crémation des morts.

Autrefois, avant l'occupation anglaise, les Hindous, comme on sait, se contentaient de jeter les morts à la mer ou dans les fleuves. Il n'en est plus ainsi; les Hindous sont obligés actuellement de les brûler. A Bombay, à Calcutta et dans quelques villes également, il existe des lieux spéciaux pour cette cérémonie. Ils ont été construits par le gouvernement. L'établissement élevé à Calcutta est un des plus complets, on le nomme le *Burning Ghat*. Ce monument se compose d'une assez longue galerie à ciel ouvert, ornée d'arcades élégantes qui donnent sur l'Hoogly, l'un des bras du delta du Gange. La vue est admirable et ne don-

LE MANMENKA, LIEU D'INCINÉRATION DES MORTS A BÉNARÈS.
(D'après nature.)

nerait à vos pensées que des idées plutôt riantes et agréables si on n'avait pas sous les yeux le lugubre spectacle de cadavres brûlant lentement, à peine cachés sous un amas de branches desséchées. Quelques hommes sont chargés d'attiser le feu et de surveiller la combustion. Les cadavres, posés simplement sur la terre, sont réduits en cendres au bout d'environ quatre heures, puis jetés avec les restes du bûcher dans le fleuve même. Le mort est porté sur un brancard par les amis ou les parents jusqu'à la porte du *Burning Ghat*. Tous se retirent après la déclaration nécessaire faite dans le bureau d'entrée et la cérémonie est terminée. Les curieux peuvent cependant assister à ces sinistres opérations des plus primitives.

A Bénarès, la ville sainte des Hindous par excellence, l'incinération s'accomplit tout à fait en plein air et en public. Elle se fait sur les bords du Gange même, dans plusieurs endroits de la ville. J'étais justement au Manmenka, qui est entouré de petits temples hindous admirables d'architecture, et l'un des marchés les plus fréquentés (voy. p. 19). Le jour où j'ai fait ce dessin, un cadavre était déjà sur les bords du fleuve, quelques Hindous portaient sur leurs épaules le corps d'une femme enveloppée dans son linceul. Elle était couchée sur une longue planche recouverte d'une étoffe de cotonnade rouge et quelques fleurs étaient placées sur sa poitrine. Les hommes ont posé leur fardeau à terre, ils ont levé le voile rouge. Quelques Hindous chargés de l'incinération se sont emparés du corps pour l'approcher près du fleuve, de manière qu'il fût presque entièrement recouvert par le mouvement des petites vagues qui se produisent sur les bords. La morte, ayant reçu ainsi dans les eaux du Gange un dernier baptême, devait aller, d'après les croyances hindoues, plus sûrement en paradis. Pendant ce temps, on préparait le bûcher qui allait la réduire en cendre. Ces préparatifs, qui nous laisseraient des impressions douloureuses et des souvenirs désolants, sont loin de produire le même effet sur les habitants de Bénarès.

Le public passe constamment auprès des cadavres exposés devant tous les yeux, les enfants jouent et crient auprès des bûchers, les femmes regardent sans émotion et continuent à causer entre elles de leurs affaires. Cependant la fumée monte dans l'air avec une odeur nauséabonde de chair grillée et les branches enflammées recouvrent souvent mal les corps. Une tête grimaçante ou un pied sont visibles. Ce spectacle devrait impressionner la foule, il n'en est rien cependant; on ne peut voir sans étonnement l'indifférence absolue peinte sur tous les visages.

Mes explorations continuent dans la ville pendant plusieurs jours, et mon *boy* fidèle, qui semble s'intéresser à ma grande curiosité, me fait voir toutes choses. Nous allons passer un après-midi au palais du Maharajah, situé dans les environs, de l'autre côté du Gange : c'est le fort Romanagar. Mes bateliers, avertis depuis le matin, hissent à mon approche une voile trouée comme une écumoire, mais le vent est favorable et nous arrivons sans encombre au pied des hautes murailles du palais, à l'heure même où les éléphants du Rajah prenaient leur bain. Sept d'entre eux, amenés par leur cornac, prenaient leurs ébats dans le Gange et se couchant dans les eaux du fleuve au point de ne montrer que le haut de leur tête, s'arrosaient ou plutôt se donnaient des douches sur le crâne, à l'aide de leur trompe. Le Rajah était absent de ses domaines, mais je présente ma carte et après quelques instants d'attente, je vis un jeune Indien s'approcher de moi, c'est le capitaine aide de camp, M. Vindheshwary, qui veut bien me recevoir en l'absence de son maître. Présenté tout aussitôt par lui à l'architecte, au peintre et au photographe de Sa Hautesse le Rajah, on me montre les appartements et les curiosités du palais, qui sont à vrai dire peu intéressants. Pendant ce temps, une voiture est attelée par les soins du capitaine et nous allons de compagnie visiter une pagode nouvellement construite ainsi que l'étang splendide orné de bosquets et de perrons de pierre qui est situé dans les jardins; les anciennes splendeurs indiennes se retrouvent alors dans ce parc grandiose qui possède de beaux ombrages. Mon nouveau guide parle anglais presque comme s'il avait vécu à Londres, aussi nous pouvions fraterniser jusqu'à un certain point. Il me questionnait étrangement sur Paris et sur les plaisirs divers qu'on peut y trouver. Il m'écrit quelquefois depuis mon retour, m'appelant son seul ami français, il m'envoie des photographies de son beau pays en me priant de ne pas oublier la journée que nous avons si bien passée ensemble à Bénarès. Sur sa demande je lui ai fait parvenir des vues de Paris : pour achever de lui monter la tête sur mon pays et ses beautés, j'ai joint à mon envoi quelques portraits de nos plus célèbres Parisiennes. Ce sont ces dernières qui semblaient préoccuper le plus mon jeune ami hindou, l'aide de camp du Rajah.

Bénarès, avec ses mille pagodes, ne peut s'oublier ; on conserve de cette ville une vive impression : on ne pourrait en dire autant de Lucknow, qui a un tout autre aspect. En 1857, les Anglais en ont fait le siège ; il y a eu des combats terribles, dans maints endroits on contemple des tombes et des colonnes, souvenirs de ces tristes événements. Lucknow était une grande ville avant cette date, mais aujourd'hui elle est diminuée de plus de moitié par suite des guerres et aussi par la destruction régulière de quartiers entiers que les Anglais ont dû faire disparaître de par les lois de la stratégie militaire. Des palais immenses avec leurs jardins existent encore, bâtis à la hâte pendant la courte période de puissance des rois d'Oude au xviiie siècle ; ils sont abandonnés et presque tous tombent en ruine. Construits seulement en briques enduites de stuc, couverts de peinture, ils font à distance un effet extraordinaire par leur masse et leur silhouette étrangement découpée. Ils ont coûté aux anciens rois bien des millions sans doute ; élevés avec des matériaux sans consistance, les effets de la guerre et le manque d'entretien achèvent de les détruire.

L'un de ces palais vous frappe par son aspect bizarre, il est devenu aujourd'hui un établissement connu sous le nom d'école de la Martinière, en souvenir du

Français qui l'a fait construire. Le style du monument est indéfinissable : c'était le style de **M.** Martin, caporal français, qui, par son habileté, a su se faire accueillir par le roi d'Oude en 1760 et devint ensuite son favori, puis enfin général en chef de la ville de Lucknow.

Vus de près, ces palais et leurs ornements manquent de caractère, on en est vite lassé ; de loin, on croyait admirer de splendides décors d'opéra, il semble ensuite que ce ne sont plus que de colossales pièces de pâtisserie. La ville est moderne, peu intéressante, et vous laisse une impression de tristesse. Il y a eu tant de morts à Lucknow, tant de deuil et de désolation que la pensée ne peut s'en délivrer. En voyage il faut tâcher de chasser les idées sombres : une scène agréable vient à point nommé faire diversion à mes pensées. C'est pendant la promenade du samedi où l'on voit, sur une belle route située près de la ville, le Longchamp de Lucknow, les Indiens élégants se promener en voiture. Couverts de bijoux, ils viennent montrer leurs beaux costumes de satin ou de mousseline brodés d'or. De nombreuses bayadères, parées comme des châsses, vêtues de soie et de broderies, apparaissent ensuite. Leurs beaux cheveux noirs et leurs yeux brillants les font paraître semblables aux fées des contes orientaux. Le long du chemin, près d'un ancien mur ruiné entouré de grands arbres, une autre scène vous attend. Ce sont de nombreux singes qui, perchés sur les pierres ou dans les branches et faisant mille gambades, attendent le bon plaisir de cette foule élégante. Heureuse de voir leurs grimaces, elle leur jette des poignées de riz ou des gâteaux pour les exciter encore, et remarque joyeusement la face vermillonnée et la robe jaune verdâtre de ces grotesques animaux.

Il ne faut que passer à Lucknow et considérer cette ville comme une étape à faire entre Bénarès et Agra, où les monuments sont vraiment dignes de leur renommée.

Agra et ses environs ne ressemblent en rien à Bénarès, ses habitants ne sont plus des Hindous aux antiques croyances, la plus grande majorité est musulmane, aussi les mœurs et les monuments sont-ils tout autres.

Aux Indes, parmi les conquérants mahométans, les Arabes jouèrent primitivement un grand rôle, déjà vers l'an 700 de notre ère. Le califat, dont l'époque la plus glorieuse fut celle du règne de Haroun-al-Raschid, vers l'an 800, ne tarda pas à dégénérer ; sa puissance s'affaiblissait graduellement, des hordes nomades tartares de race touranienne purent pénétrer à leur tour en ce pays, et s'y établirent peu à peu. Ces conquérants de même religion, mais de caractères différents, formèrent des dynasties dans de nombreuses provinces, et, malgré des guerres fréquentes, leur influence s'affermissait dans les Indes.

Ces dynasties, longtemps prospères à des époques diverses de l'histoire de ce pays, rendirent leur souvenir impérissable par la quantité de monuments superbes qu'elles firent élever par des architectes qui étaient des maîtres dans l'art sarracénien. Leurs œuvres sont admirables, et, ce qui augmente leur intérêt, c'est que presque toutes, suivant les régions où elles se trouvent, ont un caractère particulier. Avec la suite des temps, par les intrigues ou les révolutions intestines, ces petites puissances s'affaiblirent mutuellement, une dynastie nouvelle, née avec le glorieux Baber, en l'an 1494 de notre ère, les absorbait presque toutes. Le grand empire mogol, qui contenait Agra et Delhi et qui devait rester prospère pendant plus de deux cents ans, disparut à son tour avec son dernier représentant le chah Bahadûr, en l'an 1707.

Aux environs d'Agra, à 24 milles de distance, Futtehpore Sikri, l'ancien séjour favori du grand Akbar (1556-1605), le sixième roi de la dynastie fondée par Baber, forme un ensemble de monuments splendides, dont une partie malheureusement est tout à fait en ruine. On peut juger, surtout en ces lieux, de l'art merveilleux avec lequel tant de colossales constructions furent élevées durant les quarante-neuf années du règne de ce grand roi.

Parmi les choses les plus remarquables conservées actuellement, on admire la grande mosquée avec ses nombreux piliers de grès rouge remplis de sculptures et de peintures à fresque. Elle est placée sur l'un des côtés d'une cour immense où sont élevés, comme dans un *Campo Santo*, les tombeaux de hauts personnages.

De magnifiques portiques entourent cette cour dont la principale entrée, d'aspect triomphal, complète l'imposant ensemble. En dehors, parmi des portiques sans nombre, à demi brisés, dont les détails et les différents arrangements rappellent l'art véritablement hindou, on remarque les gracieux pavillons tout en grès rouge et merveilleusement sculptés où les sultanes favorites faisaient, dit-on, leur séjour ; plus loin, auprès des jardins se trouve le palais d'Akbar, construit de même tout en grès rouge avec un luxe incroyable, couvert de sculptures exquises. La visite se continue au travers d'autres ruines ; à chaque pas, ce sont de nouvelles merveilles.

Les palais de Futtehpore Sikri semblent avoir été construits pour loger des dieux, peut-être n'approchent-ils pas en magnificence du mausolée que Akbar fit élever pour lui-même à Secundra près de la ville d'Agra.

Une grande fête a lieu une fois l'an à Secundra, j'eus le bonheur de m'y trouver justement ce jour-là. Cette fête a lieu dans le mausolée d'Akbar, et près de quinze mille Indiens en costume de fête viennent y faire un pèlerinage.

Le monument lui-même est merveilleux. Les marbres rares, les mosaïques et sculptures combinées avec les peintures à fresque, rien n'a été épargné pour le rendre parfait. Ce mausolée, situé au centre de grands jardins, est enfermé dans de hautes murailles de grès rouge formant un immense rectangle dont chaque côté possède un monumental pavillon d'entrée. Des chaussées de pierre ornées de vasques d'eau conduisent à une grande place centrale où le mausolée s'élève grandiose et élégant tout à la fois. Les trois étages couverts en terrasse sont ornés de portiques et de pavillons détachés supportés par des colonnettes de marbre.

L'effet général est saisissant, surtout un jour pareil, où une foule paisible et souriante remplit tous les portiques, les terrasses et les pavillons aériens qui composent le monument tout entier. J'étais peut-être le seul Européen parmi tout ce monde étonnant pour moi, chacun me regardait sans doute, mais avec politesse; souvent dans le mausolée on se dérangeait pour me laisser passer, ou me permettre d'en mieux voir les magnifiques détails.

Les points les plus brillants dans la foule sont les enfants et les bayadères, toujours habillés d'étoffes aux couleurs chatoyantes, tandis que presque tous les hommes sont vêtus de mousseline blanche. Les portiques des mausolées sont encombrés par les boutiques des marchands de jouets, d'images ou de fruits, ce sont des processions perpétuelles d'une grande animation. En dehors de l'enceinte, on ne voit partout que des campements de toutes sortes vous donnant un spectacle non moins pittoresque avec la foule des chevaux, dromadaires et ânes qui paissent l'herbe auprès des voitures dételées.

Le soir, la grande fête de Secundra est terminée, il faut rentrer près d'Agra au *bungalow* dans lequel on reste toujours le moins possible. Ces hôtelleries, placées généralement au milieu de jardins, sont bien nécessaires pour les touristes; on aurait tort de les calomnier, car elles sont le plus souvent propres et confortables. Les chambres sont grandes, bien aérées et munies d'un panka qui vous garantit de la chaleur souvent terrible à laquelle on a quelque peine à s'habituer. Pour une faible rétribution, de pauvres indigènes font mouvoir jour et nuit, pour vous, cette sorte d'éventail accroché au plafond des salles. L'Indien choisi pour être le patron de l'établissement parle rarement l'anglais; l'hindoustani étant une langue difficile à apprendre rapidement, c'est votre *boy* qui sert alors d'interprète. Ce gérant indigène aurait sans doute quelque envie d'exploiter le voyageur, mais le gouvernement anglais a prévu le cas. Il a su tout d'abord le forcer à être poli et obligeant, puis faisant afficher un tarif réglementaire raisonnable auquel il doit se conformer sous peine de renvoi à la moindre observation de l'Eu-

Pl. III. — Ruine du palais le Jal Mahal, près d'Amber (Inde).
(D'après nature, voy. p. 69.)

ropéen : les touristes sont certains de vivre en toute confiance sans être dépouillés. C'est ainsi que les *bungalows* de l'Inde, tout primitifs qu'ils peuvent être, valent mieux souvent que bien des auberges d'Europe.

Dès votre réveil, à peine a-t-on eu le temps de prendre son bain, vous êtes presque toujours assiégé par des marchands de toutes sortes qui viennent vous offrir leurs services en entrant chez vous par toutes les issues. Ils vous montrent les objets d'art, les broderies ou les étoffes précieuses qu'on a remarqués d'ailleurs avec plus de plaisir dans le bazar de la ville, puis ce sont quelquefois des jongleurs ou des charmeurs de serpent qui viennent vous offrir le spectacle. Ces visites finissent à la longue par ennuyer, mais j'étais trop nouveau venu dans le pays pour ne pas y prendre plaisir encore, et avant de commencer de nouvelles excursions, j'employais quelques moments à ces entrevues. Un matin, j'ai eu la visite d'un charmeur de serpents fort habile, qui savait magnétiser de superbes cobras d'une façon réellement curieuse à l'aide de sa flûte, puis, moyennant un petit supplément de roupies, il me proposa un spectacle beaucoup plus intéressant. C'était la lutte entre un de ses plus vigoureux reptiles et une simple mangouste, carnassier ressemblant beaucoup à la fouine. Ce petit mammifère, l'ennemi le plus acharné de tous les reptiles, est aussi grand destructeur de rats et de souris. De même race que l'ichneumon des Égyptiens, il est facile de l'apprivoiser et il devient alors familier et docile comme un chien, aussi est-il fort aimé des Indiens.

La bataille commence. Le cobra semble bien maladroit, malgré son extrême vivacité. Sorti du panier où il était caché, on le croirait d'abord inerte ; en moins d'une seconde, à la vue de son ennemi, il dresse une partie de son corps en s'appuyant sur son épine dorsale et, devenant effrayant, il se met en position de défense. La moindre distraction de son ennemi suffirait pour le perdre. Le cobra est bien en face de la mangouste, à chaque seconde, par des mouvements saccadés, pareils à ceux du marteau frappant toujours sur un objet dans la même direction, il aurait dû mordre son ennemi déjà bien des fois. Mais la mangouste, dans les mêmes instants, a su se garantir ; elle attaque le reptile par les côtés et avec ses dents pointues lui fait des blessures à la tête. Le cobra, déjà aveuglé par son propre sang, continuant le même mouvement devenu cette fois fébrile, manque toujours celui qu'il voudrait mordre. En quelques minutes, la mangouste lui a presque dévoré la tête. Dans les rues d'Agra ou des villes environnantes on assiste en plein vent à des séances d'un autre genre. Je vis ainsi un jour un escamoteur. Il commence à jouer de la flûte pour attirer un serpent hors d'un trou imaginaire qu'il fait semblant de découvrir sous quelques feuilles tombées ou entre deux cailloux. Puis d’un mouvement rapide il se précipite sur l’endroit indiqué pour en tirer un serpent de près de 2 mètres de longueur. Il recommence sa musique et au moment où on s’y attend le moins, il en attrape un second. L’escamoteur n’a pour tout vêtement qu’une légère ceinture et un turban ; on a peine à comprendre comment il a pu cacher d’aussi longues couleuvres pour les faire apparaître à vos yeux sans qu’on puisse se douter de l’endroit d’où elles sortent.

Mon *boy* intelligent n’avait pas voulu me faire manquer la fête exceptionnelle de Secundra, j’avais maintenant tout le loisir de voir Agra.

Ma première visite fut pour le Tadj-Mahal, le fameux mausolée de la sultane favorite du chah Jehan (1628). Parmi les monuments du pays, c’est presque le seul qui soit dans un si parfait état, il a été respecté par les révolutions, et le gouvernement anglais fait tous les sacrifices actuellement, il faut le reconnaître, pour sa conservation. Il est loin d’en être de même, malheureusement, pour la plupart des autres monuments de l’Inde. Ce tombeau merveilleux, qui domine la rivière Jumna, forme un ensemble considérable. Placé sur une terrasse assez élevée, sur laquelle on monte par de grands perrons de marbre, il est au centre d’une vaste plate-forme dallée et forme un carré dont les angles sont coupés. Un dôme de 25 mètres de hauteur, de proportion parfaite, le surmonte. Le mausolée est accompagné de quatre minarets qui contribuent à lui donner une silhouette pleine d’élégance ; à sa droite et à sa gauche sont placées deux mosquées. Rien ici ne rappelle des motifs d’architecture hindoue comme à Futtehpore Sikri ou Secundra : c’est l’art sarracénien dans toute sa pureté.

Ces monuments se détachent au milieu d’un jardin délicieux, orné de bassins de marbre, dont le plan général rappelle ceux de nos anciens parcs français. Des portiques latéraux règnent le long des murs d’enceinte et de beaux pavillons d’entrée donnent accès dans ce séjour enchanteur.

La décoration intérieure du mausolée est d’un luxe extraordinaire. Sous le dôme féerique, on ne saurait voir que des marbres rares délicatement travaillés ; le tombeau enfin, avec sa clôture de marbre ajouré, rempli de mosaïque de pierres précieuses, telles que cornaline, lapis-lazuli, etc., formant des arabesques et des rinceaux de fleurs, est un véritable chef-d’œuvre.

Le fort qui renferme le palais, les pavillons de grande réception et la mosquée de Muti Musjid, a conservé un grand caractère avec ses hautes murailles crénelées, mais il a subi bien des désastres, et, dans beaucoup de ses parties, de nombreux changements l’ont défiguré. Ce qu’on peut voir encore des appartements royaux donne cependant l’idée de la splendeur de ces habitations des anciens rois.

Le sérail est placé sur une haute terrasse rectangulaire d'où l'on découvre d'un côté le vaste panorama de la campagne avec la belle rivière Jumna. Les trois autres côtés sont occupés par les différents bâtiments qui constituaient le palais, la terrasse est remplie par des jardins et des bassins de marbre où les femmes venaient se baigner au milieu des jets d'eau et des fleurs sous les yeux de leur seigneur et maître. Lui-même se plaçait alors avec la sultane favorite sous un magnifique pavillon soutenu par de légères colonnettes, rempli de peintures à

Le Tadj Mahal a Agra.
(D'après nature.)

fond d'or. Le pavillon particulier de la reine, tout de marbre blanc, est décoré intérieurement comme ceux des princesses des *Mille et une Nuits*. Les murailles sont garnies de plaques de marbre sur lesquelles une mosaïque de pierres précieuses dessine des rinceaux de fleurs ou des motifs gracieux.

Dans la salle de bain du roi, la voûte et les parois des murailles sont couvertes d'une mosaïque faite de menus morceaux de glace maintenus par de légers brins de stuc finement découpés, formant des enroulements variés. Cette décoration originale, pareille à une belle guipure posée sur un miroir, est d'un effet véritablement éblouissant de richesse.

La ville d'Agra, par elle-même, n'offre pas un intérêt bien considérable : ce n'est qu'à une étape plus éloignée, à Muttra, que le touriste peut satisfaire sa curiosité. Cette petite ville, comme celle de Bénarès, a su rester hindoue, malgré le voisinage des Indiens musulmans ; elle possède un beau temple, très fréquenté par les habitants, qui y font de nombreux pèlerinages. La grande pagode de Bindrabun, quoique inachevée, est un intéressant exemple du style aryen. Relativement moderne, comme les monuments construits par Jehan et Akbar, les sultans d'Agra, il a été élevé par Man Singh, qui régnait à Jeypore de 1592 à 1615, dans le Radjpoutana. Akbar, tout-puissant alors dans son séjour de Futtehpore Sikri, était assez libéral quoique mahométan, et loin d'agir comme d'autres rois de sa dynastie, qui souvent ont détruit les anciens temples hindous et en ont pris les matériaux pour élever leurs mosquées, il tolérait les idées religieuses hindoues et permettait même l'érection de nouveaux temples qui n'étaient pas voués à Mahomet.

Le plan de Bindrabun est en forme de croix à trois branches égales. Les façades extérieures et les murailles intérieures du temple sont couvertes de sculptures aux motifs variés dont les compositions témoignent d'une imagination extraordinaire. La pierre de grès rouge, employée partout pour les grandes constructions du pays, se prête étrangement à ce genre d'architecture. Coupée en forme de dalle relativement peu épaisse et posée comme un plancher sur de légers piliers, elle sert de plafond à des portiques qui ont souvent plus de 4 ou 5 mètres de portée. Ces pierres se découpent en forme de colonnettes ou de balustrades finement ajourées, et grâce à leur élasticité peuvent s'assembler entre elles comme des pièces de menuiserie ou de charpente. Les murailles réelles, élevées en briques, sont recouvertes intérieurement et extérieurement de ces plaques de pierre ou de marbre dont les faces sont ornées de gravures ou d'ornements sculptés.

Les rues de Muttra, surtout celles qui descendent vers la Jumna, sont remplies de maisons particulières fort riches en curieux ornements de bois sculpté. J'étais en contemplation devant l'une des plus jolies ; son propriétaire me voyait de son balcon et me fit signe d'entrer chez lui. Enchanté de pouvoir visiter une maison de la ville de Muttra, j'entrai bientôt dans la cour intérieure ornée d'un joli jardin. Mon Hindou était déjà descendu pour me recevoir et, me prenant la main, il me conduit aussitôt sur sa terrasse qui domine la rivière. Il me fait asseoir sous un pavillon soutenu par huit colonnettes de bois, ornées de fines sculptures. J'échangeai quelques mots avec mon aimable hôte, grâce à mon *boy*, et sachant que j'étais Français, il me conduisit dans une petite galerie pour me montrer parmi ses curiosités une mappemonde. Il m'indiqua Paris avec son doigt, me disant qu'il avait entendu quelquefois parler de cet endroit si éloigné de son pays. Je vis avec lui d'autres salons et chambres de sa maison spacieuse : tous étaient simplement arrangés d'ailleurs, n'ayant presque pas de meubles ni d'ornements. Les curiosités consistent surtout en lustres à pendeloques de cristal venant d'Angleterre et en mauvaises lithographies coloriées, encadrées sur les murs blanchis à la chaux, où l'impératrice des Indes et le prince de Galles ne sont pas représentés à leur avantage. Tout le luxe de l'Hindou était certainement dans un corps de bâtiment caché sous les fleurs au fond de son jardin; mais le logis des dames est un lieu impénétrable : il fallait me contenter de la terrasse avec son pavillon sculpté, seule partie luxueuse de l'hôtel, permise aux amis ou aux visiteurs. Avant de nous quitter, je lui donne ma carte, en souvenir de moi; mon hôte n'en avait pas, mais tout joyeux de pouvoir me rendre ma politesse, il me remit une bande de son journal avec son nom : « Lala Sri Gorinda Sahed » — et me donne en même temps un mot de recommandation qui pouvait me permettre de visiter, à une petite distance de la ville, la campagne d'un riche joaillier de ses amis. Les jardins, avec leurs parterres droits, remplis de fleurs arrosées à grands frais et de beaux bassins de marbre, formaient un ensemble charmant. Sur une terrasse qui domine la rivière, j'admirai deux petits temples en marbre dédiés à la déesse Parvati. Plus loin, sous les ombrages, dans les quinconces du parc, il y avait une ménagerie peuplée de toutes les espèces rares des singes de l'Hindoustan et d'oiseaux au brillant plumage. Je sortais de cette demeure somptueuse, les gardiens respectueux m'offrent un beau bouquet et des fruits; c'est la manière hindoue de demander un pourboire.

CHAPITRE III

Grâce à l'obligeance de M. Gosselin, consul de France à Calcutta, qui remplaçait
alors M. Harmant, en congé, mon arrivée à Delhi était signalée et des recommandations gracieuses m'avaient précédé. M. Edward O'Brien, *deputy commissioner*
du gouvernement, me présentait tout d'abord aux membres du Club de Delhi et
me faisait donner mes entrées à la bibliothèque de la ville, où je pouvais recueillir
tous les renseignements historiques du pays. Puis le colonel Bridges, auquel j'avais
été rendre visite, me fait inviter par messieurs les officiers du 22ᵉ régiment du
Punjab infantery qui m'invitent à leur mess. Me voici bien étonné et charmé
de n'être plus seul comme les jours derniers et d'être si bien reçu par de nouveaux amis anglais empressés à me rendre service.

M. O'Brien veut me montrer lui-même tout ce qui a rapport à ses occupations.
Je visite avec lui les prisons où sont enfermés près de 500 hommes et 300 femmes.
Ceux qui sont condamnés aux travaux forcés deviennent peu à peu d'habiles ouvriers
et même quelquefois des artistes; on leur enseigne l'art de faire les tapis et bon
nombre de ceux que nous achetons en Europe et que nous admirons, ont été
tissés par eux. Quelques-uns sont au secret, ce sont des solitaires, comme on dit
ici. Presque tous des assassins ils ont, à la manière des bêtes féroces du Jardin
des Plantes, une sorte de niche où ils peuvent se retirer et une petite cour à ciel
ouvert pour se promener; trois d'entre eux étaient condamnés à mort et devaient
être pendus dans peu; ces Indiens paraissaient cependant dans une indifférence

complète de leur sort, ils chantaient pour passer le temps ou sommeillaient comme des gens qui ont la conscience tranquille. Nous rentrons pour déjeuner chez **M. O'Brien** : le dessert était à peine fini que je vois entrer, sur un signe de mon hôte, deux Indiens chargés de paniers qu'ils déposent sous la véranda. Ces paniers étaient remplis de serpents les plus dangereux du pays.

Les Indiens ouvrent le couvercle avec précaution, un cobra ou un serpent minute sortent graduellement et sont tout aussitôt décapités par eux. Le sol dallé est bientôt jonché de cadavres, 80 têtes sont comptées pour chacune desquelles ces chasseurs de reptiles reçoivent quatre annahs (menue monnaie du pays, quatre annahs valent environ cinq centimes).

Parmi les victimes, les cobras étaient les plus nombreux et la taille de quelques-uns d'entre eux atteignait 1^{m},60 de longueur. Les Indiens savent les prendre dans les vieux troncs d'arbres, les murs en ruine où ils se trouvent le plus souvent : ces serpents, aidés il est vrai par les tigres et les crocodiles, sont cause tous

LE COBRA (NAJA TRIPUDIANS).
(D'après nature.)

les ans de la mort de plus de vingt mille personnes, aussi les indigènes les craignent-ils à bon droit. L'attitude étrange que ces reptiles prennent dès qu'ils sont inquiétés et leur venin mortel exercent une impression profonde dans l'esprit de la population disposée à ajouter foi à toutes les superstitions et à toutes les légendes. D'après les croyances populaires, le cobra est un serpent favori de Bouddha et de nombreux autres dieux ; s'il vous a mordu, on pense qu'il est l'instrument de la vengeance divine. Aussi le cobra est-il souvent considéré comme un être sacré ! M. O'Brien me disait que quelquefois un riche Hindou de Delhi avait essayé de protester contre son désir de destruction en faisant donner cinq annahs au lieu des quatre qu'il offre habituellement par tête de reptile à ceux qui les lui apportent, et qu'alors les cobras avaient été aussitôt rendus par lui-même à la liberté dans son propre jardin.

C'est ainsi d'ailleurs que les Anglais et les Hindous s'entendent sur presque toutes choses ; malgré leurs efforts, les Européens n'arrivent à faire qu'un progrès bien lent sur l'esprit des indigènes. Les mœurs, les idées religieuses surtout, sont tellement différentes qu'il faudra bien des années pour que des changements réels puissent s'accomplir. Les Hindous sont polis et quelquefois aimables avec les étrangers, mais une barrière infranchissable existe toujours entre les deux races ; ces derniers ne peuvent que bien rarement compter sur une réelle sympathie.

Delhi est d'origine beaucoup plus ancienne qu'Agra : on sait qu'en l'an 1193 de notre ère les Gourides, peuples musulmans dont l'origine première est restée inconnue et qu'on suppose être venus de Gouri, ville de la Russie d'Asie, pénétrèrent dans l'Inde et vainquirent le roi hindou de Delhi Prithiray, ayant à leur tête le sultan Shahab-Ud-din. Celui-ci mourut en 1206, son grand général en chef, Kutub-Ud-din-Ibek, originaire de l'Afghanistan, lui succéda. Une dynastie fut fondée par lui, connue sous le nom des Patans, et pendant un siècle et demi elle régna sur ce nouvel empire. Des révolutions intestines survinrent, affaiblissant la puissance des Patans ; en l'an 1494 elle fut complètement réduite par les efforts de Baber, l'empereur mogol dont nous avons parlé précédemment.

La splendeur des monuments d'Agra nous éblouit, ceux de Delhi excitent en nous des étonnements nouveaux.

C'est en dehors de la ville et aux environs que l'architecture plus ancienne, celle de la dynastie des Patans peut être étudiée. Le palais de Delhi et la célèbre mosquée Jumma Musjid, élevés par les soins des empereurs mogols, appartiennent au même genre d'architecture que les monuments d'Agra.

Delhi est entourée de ruines, comme l'antique Rome, elle possède des voies sacrées bordées de tombeaux dont l'architecture est bien différente, il est vrai. Elle se rapproche de celle des monuments de l'ancienne Perse : les murs et les dômes de ces tombeaux sont couverts de faïences encore éblouissantes de couleur ou revêtus de plaques de marbre. Ils devraient cacher les restes des héros musulmans, mais les tombes ont été violées pendant les guerres ainsi que les mosquées qui étaient faites pour les protéger. Vainqueurs des Aryens, les premiers occupant du nord de l'Hindoustan, ils ont été subjugués à leur tour.

La campagne forme un vaste cimetière dont les tombes majestueuses se perdent jusqu'aux derniers plans de l'horizon. Le minaret de Kutub et le tombeau d'Ala-Ud-din sont, avec d'anciens cloîtres hindous, les plus beaux monuments parmi ces restes grandioses. Ils constituent, avec quelques grands tombeaux voisins, une vaste nécropole qui se mêle aux vestiges de l'ancien Delhi. A cinq milles de distance, le fort de Toogluckabad, qui abrite une cité ruinée dans ses murs crénelés, et le tombeau du chah Toogluck (1321), le quatrième de la dynastie des Patans, continuent pour ainsi dire la suite de ces merveilleux souvenirs. L'esprit reste confondu devant un tel amas de débris, mêlés à des œuvres incomparables. Les temples hindous de Kutub, qui existaient avant l'apparition des musulmans, appartenaient à la secte des Jaïnas, qui se rapproche de la religion bouddhique. On remarque encore leurs anciennes colonnades, ornées de caissons, formées de dalles de pierres superposées et dont tous les piliers sont couverts de sculptures.

La plus grande partie de ces temples a été renversée par les musulmans, qui mirent à leur place les monuments voués à leur religion.

Les architectes mahométans, tout en élevant les belles murailles qui enfermaient leur mosquée, surent utiliser ou déplacer les piliers hindous suivant les besoins des constructions nouvelles. Quoique leur ensemble soit encore superbe, ce n'est pas ce qu'on admire le plus au Kutub, les monuments des conquérants musulmans les dépassent de beaucoup à tous les points de vue.

Les arcs monumentaux qui faisaient autrefois partie de la façade de la mosquée datent du règne de Kutub-Ud-din (1106). Le minaret fut construit par son successeur Shum-Ud-din Altumsh (1210). Il s'élevait autrefois à une hauteur de près de 80 mètres. Aujourd'hui, le pavillon qui le couronnait s'étant écroulé, c'est le quatrième des balcons dont il est orné, qui marque sa hauteur actuelle, elle est de 65 mètres environ. La base du minaret est de 14 mètres. Construit tout en pierre de grès rouge dont les assises sont coupées, à des hauteurs voulues, par de hautes bandes de marbre blanc couvertes d'inscriptions sculptées, il est la véritable merveille de Kutub.

Le tombeau d'Altumsh et surtout celui du roi son successeur Ala-Ud-din (1310) sont des chefs-d'œuvre du style créé sous la dynastie des Patans. S'inspirant encore de l'ancien art hindou, les artistes musulmans savaient en prendre les plus beaux détails pour embellir leurs monuments et les mettre au rang des grandes œuvres de l'art.

Si nous rentrons dans Delhi, nous voyons le palais enfermé dans ses murs d'enceinte. Il forme un ensemble plus considérable que celui d'Agra et il est construit comme ce dernier sur les bords de la Jumna, mais il est moins pittoresque d'aspect. Toutes les constructions qui le composent, élevées par le chah Jehan, empereur mogol (1628-1658) se trouvent sur un terrain plat, presque au niveau de la Jumna. L'ensemble des pavillons et des bâtiments en façade sur la rivière, avait un développement de près de 700 mètres. Malheureusement la plus grande partie en est détruite ou défigurée. L'admirable salle d'audience privée, le *Dewanni Khas*, existe cependant. Toute resplendissante avec les ornements de pierres précieuses incrustées dans ses piliers de marbre blanc et les peintures d'or de ses voûtes, elle apparaît peut-être plus belle encore que celle d'Agra; les salles de bains et la petite mosquée de marbre, enfin la grande salle de justice où le public pouvait être admis, composent les restes magnifiques de l'ancienne demeure du chah Jehan.

La grande mosquée de Delhi, le Jumma Musjid peut compter parmi les monuments d'architecture sarracénienne qui ont le plus d'importance dans la province.

L'édifice entier est élevé sur un haut soubassement de pierre. Des escaliers monumentaux conduisent les fidèles aux trois pavillons d'entrée et dans la cour intérieure, dont le centre est occupé par une magnifique fontaine de marbre qui sert aux ablutions.

A l'heure du coucher du soleil, les musulmans de Delhi viennent dans cette cour faire leurs prières à Mahomet. Caché discrètement sous les portiques, j'allais souvent assister à leurs dévotions. Je voyais plus de quatre cents fidèles accroupis sur un long tapis posé sur les dalles de marbre. Placés sur deux rangs, bien alignés les uns auprès des autres, ils sont en extase devant la belle mosquée. Les dernières lueurs du soleil couchant illuminent ses minarets et ses dômes de marbre, ainsi que les magnifiques perspectives des portiques, qui apparaissent à ce moment, semblables à des temples d'apothéose. Les prières et les génuflexions continuent dans le plus grand recueillement, puis chacun se retire en silence. La simplicité extrême de cette cérémonie contraste étrangement avec la splendeur du lieu grandiose où elle s'accomplit, mais le spectacle en est imposant, il laisse dans l'esprit une impression qu'on ne saurait oublier.

Après une visite à Delhi, tout voyageur doit aller à Simla, capitale d'été du gouvernement anglais depuis l'année 1864, située dans les monts Himalaya, à

2154 mètres au-dessus du niveau de la mer, à une distance de 259 milles de Delhi.

Simla, charmant séjour rempli de luxueuses villas, est placé sur les montagnes d'une façon admirable. Les rues indigènes, avec leurs primitives maisons de bois construites en bordure le long des grands degrés de pierre qui suivent les pentes inégales de la montagne, offrent un coup d'œil très pittoresque. Ce sont des montées, des descentes perpétuelles et partout les yeux sont charmés par les brillantes devantures de magasins nombreux. Certains d'avoir, dans cette petite ville d'été, l'occasion de vendre plus que partout ailleurs à la haute société anglaise, les marchands indiens ont su créer, dans les rues de Simla, une véritable exposition permanente, composée de tous les objets intéressants qu'on peut trouver aux Indes et dont quelques-uns, les bijoux et les broderies, atteignent des prix très élevés. Les environs sont superbes, et, grâce aux routes créées par le gouvernement, les promenades peuvent se faire aisément dans les forêts. Les panoramas de la montagne, toujours intéressants, se déroulent devant vos yeux, mais ils ne sont pas comparables cependant à ceux de Darjeeling qui possèdent, comme derniers points de vue parmi les nuages, les monts Everest et Kantchinjunga.

J'étais assez heureux à Simla pour posséder une lettre de recommandation qui fut remise aussitôt mon arrivée à la résidence du vice-roi : je ne tardai pas à en constater les gracieux effets.

Rentré d'une longue excursion, à l'hôtel, on me remet une grande lettre qu'un garde habillé d'une robe rouge a apportée. C'est lord Dufferin, alors vice-roi des Indes, qui me fait prier par son secrétaire particulier de bien vouloir venir le lendemain à deux heures pour partager son *titfin*.

Lady Dufferin est une personne d'une distinction rare, et, malgré sa haute situation, sa simplicité est extrême ; présenté par elle à ses fils et à ses filles, je pouvais me figurer aussitôt que j'étais reçu en ami. Lord Dufferin vint ensuite me serrer la main et nous avons *titfiné* fort gaiement, étant dans l'intimité de la famille avec quelques aides de camp. Le repas est rapidement terminé ; nous saluons les dames, qui disparaissent, et lord Dufferin me prie de l'accompagner pour visiter avec lui les travaux d'un superbe palais qu'il faisait construire sur un endroit découvert de la montagne tout auprès des jolis chalets qui lui servaient provisoirement de résidence. Le monument est grandiose, surtout intérieurement, les salons avec leurs larges fenêtres s'ouvrant sur les vues des montagnes étaient merveilleux.

Les travaux achevés monteront sans doute à plus d'un million. Une quantité d'ouvriers tous Hindous, garnissaient le chantier et beaucoup de femmes travaillaient avec eux, ce sont elles qui gâchent le mortier, mais tout en faisant leur besogne, elles ne quittent pas pour cela la collection de bijoux qui chargent leurs oreilles et qu'elles possèdent sur leur tête, au cou, aux bras, et aux pieds. Elles sont chargées des menus ouvrages de la construction et jouent dans ces travaux le rôle de nos jeunes gâcheurs de plâtre parisiens. J'en ai vu d'ailleurs souvent aussi le long des routes occupées à tailler avec un marteau les cailloux.

J'allais prendre congé de lord Dufferin, lorsqu'il voulut bien me demander ce que je pouvais désirer pendant mon voyage. « C'est d'avoir une entrevue avec l'un des plus importants rajahs de l'Inde, lui ai-je dit, si cela n'est pas trop indiscret. — Je vous ferai obtenir une entrevue avec le rajah de Jeypore et vous donnerai toutes les facilités pour votre séjour en Kashmir. » C'était plus que je n'aurais osé demander.

Je quitte Simla au bout d'un court séjour et prenant place dans un *tonga*, voiture de façon indienne, que des loueurs indigènes vous procurent, je suis conduit en quinze heures à Umballa, où le chemin de fer vous mène à Lahore. Au pied des montagnes, près du curieux petit village Kalka où j'avais passé la nuit quelques jours auparavant, la rivière Gamba doit être traversée à gué ; on dételle les deux chevaux du tonga pour les remplacer par quatre bœufs qui me tireront dans la rivière. La manœuvre me paraissait fort bien comprise, mais il y a le service de la poste qui se combine d'une autre façon. Des éléphants sont chargés du soin de porter sur leur dos les facteurs et les lettres de l'autre côté de la Gamba.

Nous étions arrivés assez péniblement au milieu du parcours qu'il faut traverser, les roues s'enfoncent dans le sable et les bœufs tirent courageusement, conduits par des Indiens qui marchent dans l'eau, lorsque j'aperçois les éléphants courriers des postes, qui viennent en sens contraire. Les quatre bœufs de mon tonga prennent peur à leur vue ; malgré leurs conducteurs, ils font un si brusque mouvement que ma voiture allait être renversée sans le secours immédiat de quelques Indiens qui passaient en même temps que nous la rivière. Les eaux peu profondes de la Gamba, entraînées par un courant assez rapide, entrent dans le tonga où j'étais assis sur des coussins et me procurent un bain inattendu. Mon boy, qui était resté sur le siège, tombe en même temps que quelques paquets mal attachés, dans la rivière : l'émotion devient générale, mais rien de grave n'ayant eu lieu, nous rions de l'accident. Tout mouillés à notre arrivée à Umballa, il faut raconter notre aventure aquatique à l'Indien du *bungalow* et nous nous séchons assez rapidement à la manière des Indiens de Bénarès qui chargent le soleil de la besogne.

Le jour n'était pas encore assez avancé pour ne pas nous permettre d'aller à six milles de distance visiter les baraquements considérables qui servent à loger un petit corps de l'armée anglaise.

Umballa, qui possède près de 26 000 habitants, est fort pauvre d'aspect ; beaucoup de ses maisons sont construites en terre. La résidence anglaise y est assez importante par suite des baraquements militaires et le gouvernement en a fait en même temps un centre pour le service civil.

Les principaux monuments qu'on peut remarquer aujourd'hui à Lahore sont de diverses époques rappelant les règnes d'empereurs mogols. Jehan Gir (1605-1628), le septième de la dynastie de Baber, fit de cette ville son séjour préféré.

Son palais a subi bien des révolutions, et de son ancienne splendeur il reste peu de souvenirs. La mosquée du Padishah construite par les ordres de Jehan Gir est presque aussi belle que celle de Delhi, mais de proportions moins grandioses, on ne la voit pas moins avec une curiosité nouvelle à cause de sa décoration intérieure qui ne ressemble en rien à celle de cette dernière. Toutes les murailles et les voûtes, dans Padishah, sont enduites de stuc blanc rehaussé de peintures à fresque. Les sujets des panneaux représentent des palmes brillantes semées dans des rinceaux de fleurs. Il en est de même dans la mosquée plus moderne de Wazeer Khan, située dans la ville même. Les cinq travées qui forment le motif principal de la mosquée sont garnies de fresques composées, de dessin et de couleur, comme les plus beaux cachemires de l'Inde. Les murs semblent tendus de ces admirables étoffes ; leur couleur délicate et harmonieuse fait un contraste étonnant avec celle des faïences brillantes qui ornent toutes les façades des portiques de la grande cour et des minarets qui sont auprès. Le mausolée qui renferme les tombeaux de Jehan Gir et de sa femme Nurjehan est certainement ce qu'il y a de plus intéressant. Il est situé aux environs de la ville, près de la rivière Ravi, au milieu d'une campagne remplie et de dattiers de beaux arbres. Quatre hauts minarets surmontés de gracieux pavillons dont les soubassements sont de pierres de grès rouge incrustées de marbre blanc, s'élèvent aux angles d'une immense terrasse rectangulaire. Celle-ci est couverte d'un dallage de marbres de couleur formant un merveilleux tapis au centre duquel se trouve le mausolée.

Les tombeaux, comme ceux de Secundra ou du Tadj, sont de marbre blanc incrusté de pierres rares. Le haut soubassement de la terrasse se compose de portiques ornés de faïences colorées, mélangées à des peintures à fresque. De nombreux monuments, dont la variété dans la décoration semble inépuisable, charment vos regards à Lahore. Les anciens empereurs mogols ont laissé encore, aux environs de cette ville, d'autres traces de leur splendeur. Les pavillons et jardins de Shalimar, connus également sous le nom de *Séjour de la joie*, sont composés avec un art sans égal. Ils ont été construits par le chah Jehan (1628-1658).

Le plan général, conçu comme les parcs français du xviiᵉ siècle, forme trois vastes amphithéâtres ornés de bassins de marbre d'où jaillissaient mille jets d'eau se communiquant entre eux par des cascades. La pièce d'eau centrale, dominée par de grands pavillons couverts de peintures, est encore aujourd'hui une merveille. Sous les arbres, presque tous des manguiers séculaires au feuillage sombre, et près des murs d'enceinte, se trouvent les bains des femmes du roi. De délicieuses peintures à fresque en ornent les murailles. Le gouvernement anglais réalise tous les ans une somme considérable avec tous les fruits du jardin, mais il laisse tomber en ruine toutes choses en ce séjour enchanteur.

La ville de Lahore est fort attrayante à visiter ; elle possède maints endroits pittoresques, surtout dans le quartier où se trouve le bazar.

Le carrefour que représente la planche nᵒ I peut compter parmi les points les plus curieux. La maison placée à gauche du dessin est seule enduite de stuc couvert de peintures de couleurs, ocre, bleu ou rouge du plus heureux effet, mais les autres ont leur façade chargée de *vérandas* ou de *moucharabis* s'étageant les uns sur les autres, terminés par des terrasses aux balustrades découpées ou coiffées de dômes gracieux. Toutes en bois, ces maisons rivalisent d'élégance et de richesse. Chacune d'entre elles apparaît aux yeux comme un véritable petit chef-d'œuvre de sculpture.

Je venais de terminer mon dessin lorsqu'un orage, qui se préparait déjà depuis quelques moments, vint à éclater. J'eus à peine le temps de regagner la voiture qui m'attendait à quelques pas de distance ; la pluie devint torrentielle. Nombre de rues par lesquelles je devais passer sont changées instantanément en rivières à courant rapide. Il faut attendre la fin de cette inondation subite. Les Hindous ôtaient vivement leurs babouches pour mieux courir dans les eaux et ne craignaient pas de montrer leurs jambes, en relevant leurs légers vêtements de mousseline qui collaient déjà sur leur peau bronzée. Les nombreux gamins, heureux de voir la pluie, accourent au contraire : profitant de la circonstance, ils enlèvent le peu de vêtements qu'ils possèdent pour pouvoir barboter à l'aise dans les cascades improvisées par l'orage. On n'entend que des rires, des cris de gaieté et je me réjouissais, abrité comme j'étais, de toutes les bousculades

Pl. IV. — Temple souterrain de Bhaja et ses vihâras (Inde).
(D'après nature, voy. p. 88.)

aquatiques de cette populace si amusante, si pittoresque à observer pour un étranger. Rentré à l'hôtel, j'eus la visite des marchands qui, prévenus de mon prochain voyage en Kashmir, venaient me faire choisir mon équipement. Il faut des tentes, des ustensiles de cuisine, des lits, etc., pour aller passer une dizaine de jours dans les montagnes des forêts de l'Himalaya kashmirien et vivre de la vie ancienne de l'Inde, celle d'avant la création des chemins de fer.

Ces préparatifs sont promptement terminés; mon boy, qui devait devenir encore mon cuisinier pendant mon séjour à Kashmir, prend la responsabilité de tous les vivres nécessaires, nous quittons Lahore pour gagner en douze heures la station de Rawal Pindi.

CHAPITRE IV

Depuis les guerres que les Anglais ont eu à subir dans leur immense colonie des Indes, ils ont construit des chemins de fer qui réunissent toutes les villes principales entre elles.

On les a commencés en 1850, et des lignes nouvelles ne cessent de s'établir.

Le terrain, presque toujours uni, a favorisé singulièrement la construction rapide de ces voies ferrées. La distance considérable qu'il faut parcourir pour se rendre de Calcutta à Peshawar, 2543 kilomètres, la dernière ville frontière avant l'entrée dans l'Afghanistan, est faite sur un sol dont les mouvements ne sont pas apparents pour ainsi dire. Delhi, le point le plus élevé, est à 260 mètres au-dessus du niveau de la mer.

Il ne faudrait pas croire cependant que sur tout ce parcours il n'y a point, de temps à autre, de travaux d'art importants. L'un des principaux est le magnifique pont qui a été construit en 1880 sur la Jhelum, près de la petite ville de Wazirabad, par les ingénieurs anglais Westwood, Baillie and C°. Il a 4827 mètres de longueur et une seule voie avec deux petits chemins de chaque côté pour faciliter le service et le passage des piétons. Les wagons de première classe sont confortables, on peut s'y étendre aisément, tous possèdent des cabinets de toilette. Dans quelques-uns d'entre eux, il est possible de prendre des douches, aussi sont-ils fort recherchés des voyageurs.

Depuis Calcutta, le pays qui se déroule devant vos yeux est presque toujours plat et monotone.

Les trains marchent lentement, s'arrêtant à toutes les stations pour prendre
le plus souvent un grand nombre d'indigènes des deux sexes, car ils sont très
amateurs de déplacement. Ces gens affairés, chargés de paquets, criant et gesti-
culant entre eux avec une volubilité extrême, donnent à l'Européen le seul spectacle amusant qu'il puisse avoir en dehors de la monotonie de la route. Ces
malheureux sont empilés outre mesure dans leur wagon de troisième classe,
cependant la chaleur ne paraît pas trop les incommoder. Ils descendent seulement à toutes les stations permises pour remplir d'eau le petit vase de cuivre que
tout bon Hindou ne quitte jamais, et aidés de quelques gâteaux frits qu'ils ont en
réserve, ils continuent leur
voyage.

C'était Rawal Pindi ma
dernière étape en chemin de
fer, avant de gagner la frontière du royaume encore indépendant de Kashmir. On
loue un *tonga*, et en quelques
heures, par une belle route
de montagne, nous montons
jusqu'à Murree, petite ville
située à 2000 mètres d'altitude. A partir de là commence
véritablement le voyage de
Kashmir.

TERRASSIERS DE LA VALLÉE DE KASHMIR.
(D'après nature.)

Pour porter tous les bagages, il me fallait huit coolies, j'avais en outre pour
moi un cheval et un autre pour mon domestique; cela formait presque une petite
expédition : il ne faudrait pas croire cependant que tout cet équipage soit très
dispendieux. On le renouvelle à chaque étape; les huit coolies coûtent 4 roupies
(7 fr. 20); les deux chevaux, la même somme; bien entendu, on n'a pas à
s'occuper de la nourriture des hommes et des bêtes. Le voyage à travers les
montagnes est assez facile d'ailleurs et n'offre pas de grandes fatigues. Il y a des
relais bien disposés aux endroits voulus, de sorte qu'avec les tentes et provisions tout se passe aisément. Les grandes pluies ont détruit une grande partie
de la route à suivre. Les talus n'ont aucune consistance. Ils sont composés
presque partout d'un mélange énorme de roches roulées, de galets mêlés à la
terre qui font voir les révolutions considérables et les changements de lits de

la rivière la Jhelum, de sorte que lorsqu'ils sont détrempés ils glissent en emportant les ponts et les ouvrages de soutènement. J'étais souvent forcé de faire d'assez grands détours par les forêts pour retrouver un peu plus loin un bout de route réparée ou non éboulée. Le gouvernement anglais, d'accord avec le maharajah de Kashmir, a mis tout un monde d'ouvriers pour refaire le plus vite possible cette route si nécessaire. Mais ces ouvriers sont loin de travailler comme les nôtres. Nos terrassiers, par exemple, enlèveront de leurs bras vigoureux et jetteront au loin toute une pelletée de terre ; il faut deux hommes, en ce pays, pour faire cette besogne. Le premier ouvrier enfonce sa bêche dans la terre, le deuxième, à l'aide d'une corde attachée au bas du manche de l'instrument, la retire mollement et en verse le contenu à quelques pas de distance (p. 45). Là où chez nous quelques hommes suffisent, il en faut à Kashmir plus du double et encore ils dorment souvent. Cette route est terminée actuellement ; des bungalows sont confortablement installés à tous les relais, et les touristes ne sont plus obligés de faire le voyage d'une façon pittoresque

HINDOU TRAVERSANT LA JHELUM.
(D'après nature.)

comme celui que j'entreprenais en 1887. La route est presque constamment sur les bords de la Jhelum, il faut suivre la vallée qu'elle creuse tous les jours de plus en plus. Je la voyais souvent traverser par les ouvriers hindous ; comme le courant est fort violent, ils emploient un moyen original pour s'aider. Ils s'attachent sous la poitrine et le ventre une grande outre gonflée d'air. Soutenus parfaitement par cette énorme vessie, ils n'ont plus qu'à nager en s'aidant d'un bâton. C'est de cette manière que l'armée d'Alexandre le Grand traversa l'Oxus. Les soldats purent tous arriver sur la rive opposée en six journées, car l'opération était difficile, et l'armée se remit en marche à la poursuite de Bessus (1).

Le paysage de la route ressemble souvent à celui de nos montagnes d'Europe. On y rencontre les mêmes plantes et les mêmes arbres, on oublie donc quel-

(1) Quinte-Curce, livre VII.

quefois qu'on se trouve à Kashmir; mais cela ne dure guère, les spectacles délicieusement pittoresques des Indes viennent bientôt vous rappeler où vous êtes.
Dans les étroits sentiers mal tracés, sous les grands cèdres, on est arrêté
par une longue file de cent dromadaires et souvent plus, chargés de lourds
bagages. Une corde passée dans les narines du second est attachée à la queue
du premier et ainsi de suite. Les dromadaires s'en vont lentement, formant
un ruban interminable; puis plus loin encore vous voyez cette fois une petite
troupe de quarante ou cinquante coolies portant péniblement sur leur dos des

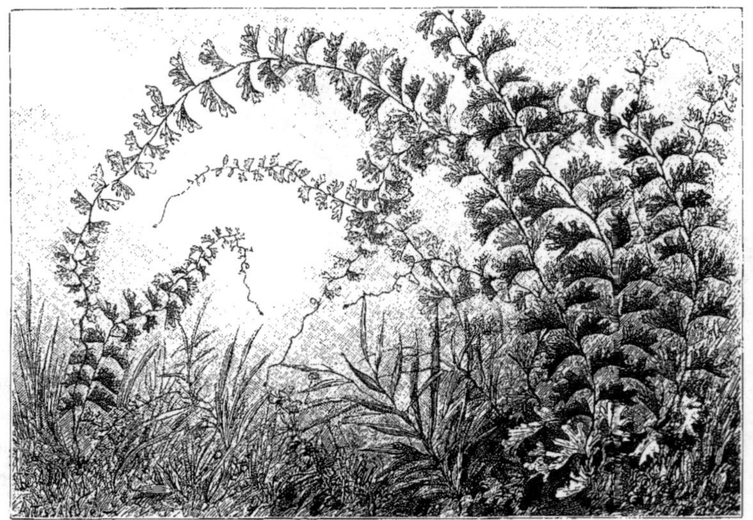

ADIANTUM EDWARTHI, FOUGÈRE KASHMIRIENNE.
(D'après nature.)

marchandises de toutes sortes, des fruits ou du bois qu'ils vont vendre aux Anglais.

Ma petite troupe s'avançait lentement ainsi au milieu des bois, arrêtée dans
sa marche par tous ces défilés divers; souvent j'étais égayé par l'amusant tableau
de nombreuses familles de singes gambadant et sautant parmi les jujubiers et
les grenadiers couverts de fruits en cette saison (août).

Quelques plantes sont intéressantes à étudier sous ces ombrages, une espèce
d'*Adiantum* (*Adiantum Edwarthi*) y croit en abondance. Cette fougère pousse
dans les lieux humides; elle jouit d'une propriété singulière, celle de pouvoir
se replanter d'elle-même. Lorsque sa feuille atteint son développement, l'extré-

mité de la tige s'abaisse vers le sol. Elle est pourvue d'un petit bulbille qui prend aussitôt racine et donne naissance à une nouvelle fougère (p. 47).

Nous arrivons à Orie, l'une des plus importantes étapes du voyage. Une ancienne forteresse construite en terre semble défendre l'entrée du défilé autrefois sans doute inexpugnable ; mais, aujourd'hui, un seul coup de canon de l'armée anglaise suffirait pour réduire en poussière le château fort et les quelques Hindous qui en ont la garde. La plus grande curiosité d'Orie est certainement la passerelle suspendue construite sur la Jhelum, au pied de la forteresse kashmirienne. On descend par un étroit sentier de pâtres au fond d'un précipice, et bientôt on est étonné à la vue de ce pont léger, entièrement fait de menus branchages. Trois cordes tressées constituent toute la passerelle. La plus grosse, d'un diamètre de 15 centimètres environ, sert de tablier ; elle est traversée de distance en distance par de légères branches d'arbres choisies, en forme de V, aux extrémités desquelles sont passées les deux autres cordes qui font l'office de parapet. Ces trois cordes réunies vont s'attacher sur les deux rives du torrent à de longs mâts de bois de cèdre fortement enfoncés dans un mur de maçonnerie grossièrement travaillé. Tout cet ensemble offre une assez grande solidité pour qu'un ou deux hommes puissent passer à la fois. La passerelle peut avoir 50 mètres environ de longueur, le torrent la Jhelum ayant en cet endroit une largeur de 35 à 40 mètres.

Pendant ce charmant voyage de quelques jours dans toutes ces forêts, il y a quelquefois de petites difficultés auxquelles les Européens ne sauraient s'attendre. Mon domestique est musulman, un guide supplémentaire que j'avais est d'une secte hindoue. Ils se méprisaient parfaitement l'un et l'autre, et, aux heures de nos repas, l'Hindou allait déjeuner seul dans un coin isolé de mon campement tandis que le musulman choisissait un autre endroit. Ils font leur cuisine à part et mangent leur riz à leur façon, adorant ainsi Bouddha ou Allah suivant les rites voulus. Enfin pour moi, l'Européen, mon domestique faisait aussi un repas spécial auquel aucun d'eux n'aurait voulu toucher. Ces ménages à part ne sont pas fort pratiques en voyage. Quant aux coolies, on ne s'en occupe guère, ils sont d'une caste inférieure et sont considérés presque autant que les bêtes de somme. De fait, on peut penser que leur intelligence ne dépasse guère celle des animaux. Voir ces hommes réduits à l'état de mulets ou de dromadaires donne de tristes pensées aux Européens ; mais qui songe à cela dans le royaume de Kashmir?

Nous arrivons bientôt à la ville de Baramula. On doit changer totalement sa manière de voyager cette fois ; c'est dans un bateau, un *doonga*, qu'il faut s'ins-

taller. Pendant un jour et demi environ au milieu de la Jhelum et du lac Woolar,
tantôt remorqué par les bateliers ou voguant sur les eaux avec les rameurs, le
touriste a des sujets de distractions fréquentes (p. 15). De nombreux troupeaux
de moutons viennent se baigner et boire dans la Jhelum, puis les pâtres leur
font leur toilette. Chaque animal est maintenu par un berger tandis qu'un autre
peigne sa laine épaisse avec une sorte de lame de bois courbée ; il est lavé en-

PASSERELLE SUSPENDUE SUR LA JHELUM (KASHMIR).
(D'après nature.)

suite avec soin et ces braves Hindous, aidés par leur femme ou leurs enfants,
font à toutes leurs bêtes la même opération (p. 46). Au-dessus des champs de
maïs on remarque aussi de petites huttes aériennes plantées sur quatre grosses
branches d'arbre. Elles sont habitées par une ou deux personnes qui veillent
constamment sur leur champ afin d'en écarter la foule d'oiseaux qui viendraient
voler les graines. Cette surveillance pénible est obligatoire ; pour un Hindou, les
oiseaux sont sacrés comme toutes les bêtes de la création ; n'osant les tuer, il faut
bien les écarter pour avoir ensuite de quoi vivre soi-même et payer l'impôt au
maharajah. — Nous arrivons bientôt au bout de notre excursion.

La ville de Kashmir est surnommée avec raison la Venise de l'Inde ; elle ne ressemble guère à cette dernière que par ses canaux, car les palais et les sculptures ne sauraient s'y voir. La grande rue principale, c'est la Jhelum. Cette rivière n'est point bordée par des quais dans la ville, mais quelques ports formés de gradins de pierre mal entretenus servent de débarcadère aux centaines de barques ou *doongas* qui y voguent perpétuellement.

Rien n'est plus original que ces *doongas* allant dans tous les sens et donnant au voyageur le plus joli spectacle qu'on puisse voir. Tout se fait par bateaux à Kashmir; dans les ruelles étroites et malpropres de la ville on ne se promène guère, elles sont curieuses à visiter cependant. Les petites maisons de bois, dont un grand nombre semblent avoir perdu leur aplomb par suite des tremblements de terre, sont intéressantes à étudier et on resterait volontiers longtemps à parcourir les rues tortueuses, si les odeurs nauséabondes ne vous obligeaient à en sortir promptement.

Les rues de Kashmir communiquent entre elles d'une rive à l'autre de la Jhelum par sept ponts de bois. Ce sont les types de presque tous ceux qu'on voit dans la vaste vallée kashmirienne. Les piliers sont composés de gros troncs de cèdre de 6 à 7 mètres de longueur sur 80 centimètres de diamètre environ. Ils sont placés les uns par-dessus les autres et à contresens, comme en quelque sorte on établirait un bûcher. Dans les interstices laissés entre ces larges poutres non taillées et posées d'abord dans le lit de la rivière sur pilotis garnis de grosses pierres, quelques graines apportées par les oiseaux ont pu germer. Les piliers de bois sont ornés ainsi par de nombreuses fleurs brillantes ; quelquefois même en grandissant, des arbustes viennent donner de l'ombre aux promeneurs qui passent sur le tablier du pont.

D'après les études faites par le baron Charles Hügel, dans son livre intitulé *Travels in Kashmir and the Panjab*, ces ponts ont été construits probablement par les mahométans à l'époque de leurs conquêtes. Ils auraient ainsi cinq à six cents ans environ.

Malgré ce grand nombre d'années, il est curieux de voir la solidité actuelle et le bon état de ces antiques piles de bois de cèdre. On sait la première date de leur restauration qui a eu lieu sous le règne de la dernière reine de Kashmir, Rani Kotadivi, en 1364. Une seconde restauration aurait eu lieu au xviie siècle pendant le règne de l'empereur Jehanghir, le prédécesseur de Rundjit-Sing, l'ami de Victor Jacquemont, lors de son voyage aux Indes en 1830.

Le tablier du pont est fort grossièrement établi; il se compose de longs madriers à peine taillés, posés directement sur les poutres transversales qui relient

les piles entre elles, et il est bordé de chaque côté par une grossière balustrade.
Les ponts de la ville de Kashmir ont généralement trois travées, mais à Sopoor
et à Baramula, la Jhelum étant moins encaissée, on les voit avec cinq ou six travées. Malgré la façon primitive dont ses larges piliers de bois ont été faits, ils
n'ont pas moins résisté jusqu'ici aux courants rapides qui viennent chaque année
les ébranler au moment des hautes eaux. C'est un sujet d'étonnement pour tous

PONT DE BOIS A KASHMIR.
(D'après nature.)

les voyageurs, mais les Kashmiriens, avec leur indifférence, continuent à ne prendre
aucun soin de ces ponts qui leur sont cependant si nécessaires.

Lorsque le touriste arrive à Kashmir, les bateliers le font débarquer près des
grandes prairies nommées les *Chenar-Bags*, qui appartiennent au maharajah.
Il doit choisir en ces lieux charmants, bordés de grands peupliers, l'emplacement
nécessaire pour planter ses tentes et tout son équipage. Un cipaye du maharajah
vient vous demander votre nom et vous offre ses services ; voilà toutes les forma-
lités remplies. Vous êtes absolument chez vous ensuite, ayant le droit de circuler
partout sans être inquiété. Le résident anglais, M. Plowden, vient encore faciliter
aux étrangers l'accès difficile du fort de Kashmir et de quelques temples hindous

en vous faisant obtenir un cipaye qui devient votre guide. M. Plowden est certainement le gentleman le plus obligeant qu'on puisse rencontrer en d'aussi lointains pays. Reçu par lui et sa charmante femme dans leur luxueuse villa, embellie par les fleurs les plus brillantes, il faudrait être bien ingrat pour oublier l'accueil gracieux fait par des hôtes si aimables.

Les journées entières à Kashmir se passent en bateau et le lac Srinagar, qui n'a pas moins de 1500 mètres de longueur, voisin de la ville, est du plus grand attrait. La vallée, située à 1763 mètres d'altitude, est absolument délicieuse. Rien n'est comparable à la couleur de son ciel aux heures du crépuscule, à celle des brumes matinales qui s'élèvent de la surface du lac. Bordé par les immenses montagnes aux silhouettes bleues de l'Himalaya, Srinagar a des aspects célestes ; lorsque les rameurs vous font parcourir ses eaux limpides parmi les nelumbium roses et ici des roseaux il semble qu'on ait perdu le sentiment de la réalité ; c'est un rêve perpétuel tant le paysage est vaporeux et idéal.

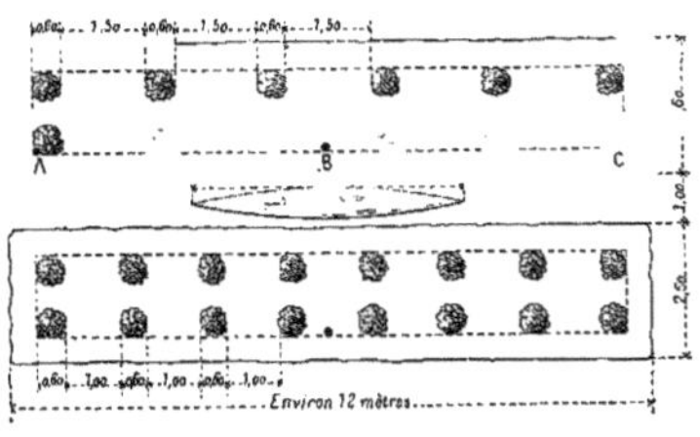

PLAN DES JARDINS FLOTTANTS DU LAC
SRINAGAR (KASHMIR).

L'un des endroits du lac où la vue générale est la plus merveilleuse, est le petit îlot surnommé l'île du Soleil, où Victor Jacquemont allait travailler à l'écart des importuns. Rundjit-Sing lui en avait donné la jouissance ; elle était ornée alors d'un gracieux pavillon dont les fondations, qui existent encore aujourd'hui, sont cachées sous les plantes et les arbres. Les platanes séculaires dont parle Jacquemont sont seuls debout actuellement, ils ont été témoins des travaux du sympathique Français qui aimait à se reposer sous leurs beaux ombrages.

Le lac n'est pas seulement le plus bel ornement de la vallée, il est aussi pour les habitants une source de fortune. Ils ont su établir sur ses eaux des jardins maraîchers dont les produits sont merveilleux. Les jardiniers choisissent des endroits qu'ils jugent propices et plantent des perches de bois de peuplier de 7 à 8 mètres de longueur, sur deux ou trois rangs et à 4 ou 5 mètres de distance les uns des autres, comme on le voit en ABC suivant les grandeurs qu'ils veulent donner à leurs plantations. Cette opération faite, ils entrelacent aux pieux déjà posés un réseau d'herbes du lac munies de leurs racines et celles-ci, en continuant à végéter, constituent un véritable radeau sur lequel on met encore des couches nouvelles de plantes aquatiques, pour former ainsi un talus, hors de l'eau, de 70 centimètres de hauteur environ. Le jardinier dispose alors en petits monticules des débris d'herbes desséchées, décomposées sous l'action du soleil, et fait ses semis de melon, potiron, courge, tomate, aubergine, etc. La récolte des légumes se fait tout l'été, au fur et à mesure de leur développement, au moyen de petites embarcations qui circulent entre les parterres flottants.

Le lac, outre ses produits obtenus par la culture en fournit une grande quantité d'autres qui viennent naturellement. Les racines de lotus sont fort recherchées des Kashmiriens, surtout leurs fruits qui sont excellents et ont le goût de nos noisettes ; enfin, les châtaignes d'eau et les espèces variées de nymphæacées dont on cueille les racines ou les fruits.

La pêche est aussi importante, le nombre de poissons d'espèces variées étant considérable. Le lac de Srinagar fournit ainsi au gouvernement du maharajah un revenu important, car pêcheurs et jardiniers payent un loyer annuel dont l'im-
·   · ·.   >ro ortionnée à la >artie affermée.

Le maharajah possède actuellement une nouvelle source de revenu procuite par la culture des vignes. Cette industrie prend une importance considérable dans le pays. C'est un Français, M. Ermens, qui fut chargé il y a une douzaine d'années environ par le maharajah d'étudier cette intéressante question. Directeur des travaux agricoles et viticoles du royaume, il put observer les espèces de vignes du pays qui pouvaient remplir le mieux le but désiré. Trois sortes, connues d'ailleurs des Kashmiriens, qui déjà les cultivaient dans leurs jardins, furent distinguées par lui. Elles se nomment l'Opiman, le Katchebourié et le Kavaury. L'Opiman donne un vin rouge et le Katchebourié un vin blanc fort agréables à boire. Les fruits sont délicieux comme raisins de table ; avec la troisième sorte, le Kavaury, on obtient un vin de qualité inférieure, mais on pouvait en faire de bon vinaigre. M. Ermens ayant pris sa retraite depuis six ans environ, le maharajah de Kashmir a prié deux Français de venir le remplacer. M. Bouley, ancien élève de l'École d'horticulture de Versailles, est le directeur des travaux agricoles et viticoles, tandis que M. Peychaud est le chef des caves et distilleries de Sa Hautesse.

M. Bouley a singulièrement fait prospérer les vignobles plantés sur les premières pentes des montagnes qui se trouvent au bord du lac Srinagar.

Des caves spacieuses et bien disposées sont construites auprès du lac, M. Peychaud me montrait avec plaisir les deux cent cinquante pièces de vin produites par la récolte de la dernière année. M. Bouley espérait que le maharajah se déciderait bientôt à commander de nouvelles plantations, et s'il a pu faire agréer son projet, le produit réalisé par les vignobles nouveaux doit sans doute remplacer aujourd’hui l’ancien et considérable produit de l’industrie des cachemires, actuellement perdue presque complètement.

Cette industrie tout artistique occupait dans la vallée près de 40 000 ouvriers, hommes et femmes; elle faisait la fortune du pays. Un caprice de la mode a tout détruit; les dames européennes sont loin de se douter de la misère qu’elles font subir à tant d’ouvriers en ne portant plus ce joli vêtement fabriqué par les Indiens.

Les anciens temples de la vallée de Kashmir sont particulièrement curieux. Commencés au temps du règne d’Asoka, deux cent cinquante ans avant Jésus-Christ, continués jusqu’à la fin du règne d’Avanté Verma en l’an 875 de notre ère (G. T. Vigne, *Travels in Kashmir*), leur architecture ne ressemble en rien à celle des monuments des autres provinces de l’Inde.

Un des sanctuaires le plus ancien est celui qui se trouve au sommet de la montagne de Takt-i-Suleiman à 2000 mètres au-dessus du niveau de la mer et 300 mètres environ au-dessus du lac de Srinagar. Il aurait été construit, d’après les observations et les études faites par le lieutenant Cole pendant son voyage de Kashmir en 1868, deux cent vingt années avant Jésus-Christ.

Ce temple, de petite dimension, est placé sur une terrasse et un escalier, composé de marches fort hautes enfermées entre deux murailles épaisses, en permet l’accès.

Le couronnement du temple n’existe plus, on voit encore cependant des restes de maçonnerie qui soutenaient les anciennes assises de pierre. Il est remplacé actuellement par une légère petite coupole de briques agrémentée de boules dorées. Intérieurement, l’unique salle est ronde, quatre petites colonnes hexagonales supportent le dallage de pierre du plafond. Au centre un *Lingam* de marbre noir sur lequel s’enroule un serpent, emblème de l’éternité, forme tout l’ornement de ce sanctuaire voué à Brahma.

Les ruines de Martundh ou Pandu Koru, situé à cinq milles environ de l’ancienne capitale du royaume, Islamabad, sont moins anciennes que le temple de Takt-i-Suleiman, mais elles sont, de beaucoup, plus intéressantes à cause de leur importance. Placées sur un plateau élevé, absolument isolées dans une vaste plaine, ces ruines semblent d’autant plus majestueuses.

La date du temple de Martundh ne saurait être jusqu’à présent précisée d’une façon certaine. On sait qu’il existait déjà en partie à l’époque où le rajah Lalitaditya fut gouverneur de Kashmir, en l’an 814 de notre ère. Pendant les trente-six années de sa domination il fit de grands travaux à Martundh. Un grand nombre de maisons de pierre, dont il ne reste aucune trace aujourd'hui, furent construites, dit-on, par lui; il put aussi terminer le temple.

A quelque distance d'Islamabad, presque sur les bords de la Jhelum, les ruines du temple d'Avantipore montrent des vestiges peut-être plus ornés et plus riches encore que ceux de Martundh, mais elles sont loin d'être aussi complètes.

Un autre temple également en ruines, dont l'ensemble donne bien l'idée de ce genre de monuments, est celui qu'on découvre sur le bord de la Jhelum, à *Rampoor*, non loin d'Orie, lieu d'étape habituel des voyageurs. Il se nomme Bhaniyar ; sa façade principale est située sur les bords du torrent, il est abrité sur ses autres faces par la montagne couverte de vieux cèdres (voy. pl. II, p. 9).

Les délicates sculptures, les fins profils qu'on remarque à Martundh et à Avantipore ne peuvent être vus dans ce temple ; tout est sauvage en ces lieux. Les architectes ont choisi dans le lit même de l'Hydaspe les plus beaux blocs de granit qu'il roulait à cette époque et dont nous voyons encore des spécimens dans le torrent. Son nom seul a changé, c'est la Jhelum aujourd'hui, mais il est toujours comme autrefois terrible en certaines saisons. Les preuves des désordres qu'il produit depuis des siècles sur son parcours, sont partout visibles.

Le granit ne pouvait se prêter aux ornements gracieusement sculptés, mais les proportions générales sont restées presque aussi belles et ont gardé la même originalité.

Bhaniyar avec son enceinte forme un rectangle de 44 mètres sur 36 mètres, son temple central est un carré de 8 mètres de côté environ. Il possède intérieurement une salle d'entrée dans le fond de laquelle est placé le sanctuaire.

La galerie d'enceinte de Bhaniyar est fort étroite, à peine peut-on passer entre les colonnes et le mur du fond. Elle se compose d'une série d'arcades trilobées qui sont construites par joints horizontaux; les fûts des colonnes du portique sont des monolithes de granit assez grossièrement taillés, de même que les chapiteaux, bases et architraves.

Les soubassements de Bhaniyar et ceux de son portique d'enceinte existent presque dans toutes leurs parties; on peut ici se rendre compte, mieux que partout ailleurs, de ce que pouvait être ce qu'on appelle aujourd'hui la cour intérieure de ces temples. Tout semble indiquer dans les détails qu'elle n'était pas autre chose qu'un vaste bassin dans lequel se reflétait, comme dans un miroir, les colonnes des galeries et le sanctuaire principal. Placés sur leurs soubassements aux larges profils, ils s'élevaient majestueusement hors des eaux limpides.

Le général Cunningham, dans les remarquables études qu'il a faites sur les temples de Kashmir, dit que les eaux arrivaient par un petit canal solidement maçonné dans les bassins intérieurs et que leur niveau était réglé. Il venait à environ un pied au-dessous du soubassement de la galerie d'enceinte. Avec la suite des siècles, la terre délayée par les pluies a fini par tout recouvrir, le lac des anciens temps est devenu une sorte de champ rempli de pierres brisées et de fleurs sauvages.

Il manque à ces ruines intéressantes une partie principale, c'est le couronnement de leur temple central. Il serait difficile d'en avoir une idée exacte sans le délicieux petit sanctuaire bouddhique de Pandratton, qui date des mêmes époques, et dont le couronnement existe encore presque entièrement. Ses formes pyramidales sont bien accusées et leur élégante proportion donne une originalité extrême à ce joli monument.

Le temple de Pandratton est situé non loin de la montagne de Takt-i-Suleiman, dont nous avons parlé précédemment, et fort près du lac de Srinagar. Ombragé par de vieux platanes, son aspect est encore actuellement le même, sans doute, que celui qu'il avait autrefois : il est entouré de son étang sacré ; mais, par suite du manque absolu d'entretien, ce curieux sanctuaire est souvent inondé.

TEMPLE DE PANDRATTON (KASHMIR).
(D'après nature.)

Pendant que j'étudiais les ruines de Martundh, un grand ennui se préparait pour moi sans que je m'en doutasse. La fièvre paludéenne me guettait dans ces parages malsains.

Je cessai de dessiner aux dernières lueurs du soleil couchant, à peine étais-je monté sur le poney qui devait me ramener à ma barque que je commençai à grelotter d'une façon étrange. J'avais peine à comprendre un mal qui me venait si subitement ; il fallait cependant le supporter et j'arrivai péniblement jusqu'à mon *doonga* pour me coucher aussitôt.

Je pus regagner Srinagar, mes coolies remontèrent mes tentes à Chenar-Bag et le docteur anglais, M. Deane, vint me soigner avec la plus grande obligeance.

PL. V. — INTÉRIEUR DU CHAITYA Nº 19 A AJUNTA (INDE).
(D'après nature, voy. p. 96.)

8

La fièvre était intermittente, j'eus plusieurs accès venant régulièrement aux mêmes heures. Au bout d'une semaine, j'étais en convalescence. Ma faiblesse était extrême, mais, heureusement pour moi, elle fut assez vite dissipée, grâce aux soins du docteur et aux attentions de mes amis français, MM. Bouley et Peschaud, qui m'envoyaient des raisins exquis, des perdrix de leur chasse et du bon vin de Kashmir.

Mes forces, à peu près revenues, je donnai les ordres nécessaires pour mon départ, afin de regagner la frontière kashmirienne par le même chemin. C'était d'ailleurs l'époque où ceux qui ne doivent pas rester l'hiver dans la haute vallée quittent Srinagar.

Mon campement était déjà formé près de l'ancienne forteresse d'Orie, lorsque, pendant la nuit, nous eûmes à supporter une violente bourrasque.

En sortant le matin de ma tente, je vis le sol et les cimes des montagnes recouvertes d'une mince couche de neige, qui annonçait déjà les approches de l'hiver dans ces hautes régions : nous n'étions cependant qu'au milieu du mois de septembre.

La station de Rawal Pindi fut gagnée bientôt, le chemin de fer me conduisit à Umritsir dont je m'étais réservé la visite pour mon retour, au lieu de retourner à Lahore.

Les habitants d'Umritsir sont presque tous de la secte hindoue des Sikhs, fondée au xvi⁰ siècle par Nanek-Chah. Ils sont loin d'adorer un dieu unique comme les musulmans, mais ils ont épuré l'antique religion de Brahma. L'idolâtrie grossière qui appartient aux sectes superstitieuses de Bénarès et d'autres localités des provinces du Nord de l'Inde, n'est point admise chez eux.

Depuis le xvi⁰ siècle, les Sikhs restèrent en pleine prospérité jusqu'à la fin du règne de Rundjit-Singh. La ville d'Umritsir, sous l'influence anglaise depuis 1840, est restée néanmoins le centre religieux de la secte et le lieu consacré pour des pèlerinages continuels.

Rundjit-Singh fit élever à Umritsir un temple délicieux, digne du dieu protecteur des Sikhs, c'est le temple d'Or, placé au centre d'un magnifique étang sacré, *l'étang de l'Immortalité*. Une chaussée de pierres avec mosaïques de marbre vous conduit dans ce sanctuaire construit avec un luxe dont il est difficile de se faire une idée. Le soubassement est tout de marbre incrusté de délicieux ornements, en pierres précieuses. La cornaline, les agates, le lapis-lazzuli, la nacre y sont employés à profusion. Le temple avec ses dômes, tout plaqués de feuilles d'or repoussé, est aussi couvert de ciselures en marbre composées avec un goût parfait. Intérieurement, ce sont des peintures aux dessins délicats et harmonieux.

Dans le temple d'Or, véritable bijou qu'on ne peut se lasser d'admirer, les *acalis*, c'est-à-dire les prêtres de la secte des Sikhs, font jour et nuit des invocations en accompagnant leurs prières d'une musique qui étonne les oreilles européennes. Ils font grincer leurs instruments et même leur voix pour faire plaisir à la Divinité préférée.

Tout autour du grand bassin de l'Immortalité, le long d'une chaussée magnifique, les *acalis* vendent des chapelets sikhs et autres objets de sainteté.

En dehors de ce lieu sacré, exceptionnel en son genre aux Indes, Umritsir possède des jardins charmants qui remplissent les anciens fossés de ses murailles et les alentours. Les Anglais ont fait depuis vingt ans des travaux importants pour combler ou irriguer des étangs qui étaient près de la ville, ils ont creusé des puits et nivelé des terres, ont enfin installé des jardins maraîchers, des vergers et des pépinières.

Umritsir aura bientôt un revenu considérable, par l'exploitation de ces jardins qui se fait déjà sur une assez grande échelle ; grâce au chemin de fer, les environs seront toujours pourvus de légumes frais, ce qui est rare aux Indes ; car, par suite du manque d'eau, leur culture est difficile. Les vergers occupent une grande surface, ce sont presque des forêts d'arbres à fruit, et je voyais avec envie les oranges qui commençaient à mûrir en cette saison.

La grande curiosité d'Umritsir, pendant les 27, 28 et 29 septembre, consistait dans les grandes fêtes religieuses musulmanes, qui ont lieu tous les ans à cette époque. Le premier jour, c'est une grande procession dans toutes les petites rues marchandes de la ville. Cent cinquante dromadaires montés par des Indiens portant tous des bannières sacrées ou jouant du tambourin, un nombre égal de chevaux ayant chacun un cavalier costumé richement et tenant une oriflamme en soie brodée d'or ou d'argent, commencent à défiler. Les voitures chargées d'Indiens et d'enfants suivent la procession ; dans les intervalles laissés par elles, de nombreux cipayes font de la musique ou marchent, armés de longs bâtons, pour maintenir l'ordre. La foule enfin faisait la haie dans ces rues étroites, de 4 mètres de largeur tout au plus ; les terrasses des maisons étaient littéralement couvertes de femmes voilées, ornées de leurs nombreux bijoux.

J'étais monté sur le siège de ma voiture et bien installé dans un carrefour de la ville, pour tout voir à l'aise ; mais, au bout d'une heure, la procession semblant monotone, je commençai à songer à ma retraite. Je vois alors que je suis prisonnier dans toute cette foule et qu'il est impossible de quitter la place. Étant dans ces lieux le seul Européen, je suis bientôt remarqué par un Anglais en grand costume officiel, qui appartenait sans doute à l'administration de la ville; il vient à mon secours en faisant rompre la procession interminable. J'étais délivré.

La deuxième série des fêtes a lieu au clair de lune, à minuit : les processions recommencent d'abord par les rues. Les défilés sont comme ceux de la veille, éclairés cette fois à la lueur des torches, puis viennent ensuite de grandes mosquées de papier doré et argenté, illuminées intérieurement comme des lanternes et portées sur des brancards.

Dans tous les carrefours, les prêtres musulmans, abrités sous de grands velums disposés pour la circonstance, font des prières. Une quantité de lampes éclairent ces mosquées improvisées, entourées d'une foule recueillie. Les hommes seuls sont dans les rues, assistant à ces pieuses cérémonies; quant aux femmes, on les voit dans l'ombre sur le haut des terrasses.

Le troisième jour, le dernier des fêtes, est le plus intéressant. Depuis le matin, le mouvement est tellement considérable dans les rues qu'il est presque impossible d'y pénétrer en voiture, la foule commence à se préparer vers quatre heures après-midi pour se former en une immense procession. Elle sort de la ville pour aller à cinq milles de distance sous des avenues d'arbres escortée de nombreux Indiens portant de hautes tiges de canne à sucre. Le défilé des mosquées de papier arrive bientôt en grande pompe; les brancardiers les déposent à terre sur les bords d'un vaste étang plein de fleurs de lotus roses.

On prend alors toutes les mosquées couvertes de paillettes resplendissantes, et elles sont noyées dans les eaux de l'étang. L'esprit du mal, parait-il, est ainsi écarté pour toute l'année.

Avant la noyade des mosquées, les prêtres musulmans ne négligent jamais une cérémonie importante. Accroupis dans l'herbe, ils reçoivent de nombreuses offrandes, bonbons, gâteaux, etc., apportés par des femmes pieuses. Ces prêtres font sur chaque objet apporté quelques prières et gardent pour eux plus de la moitié de l'offrande, donnant le reste à la dévote qui l'emporte avec un grand recueillement. Cette pieuse opération terminée, la fête continue de plus belle. Des marchands de gâteaux et de fritures diverses, des cuisiniers en plein vent, sont installés de tous côtés et chacun ayant fait ses achats, s'installe avec ses amis ou sa famille pour dîner sur l'herbe à l'ombre des grands arbres. Pendant ce temps les saltimbanques n'en continuent pas moins leurs exercices, les luttes et les jeux reprennent avec enthousiasme.

Ces jeux sont pleins d'originalité. On voit d'abord celui des bâtons.

Chaque adversaire tient de la main gauche un petit bouclier de bois et de la main droite un long bâton emmanché à une poignée qui entre dans la main comme un gantelet. Il s'agit de frapper seulement sur le bas des jambes, le reste du corps est défendu. Rien n'est plus amusant à voir que les sauts et contorsions des jouteurs qui cherchent à éviter d'avoir les mollets ou les pieds atteints; quelques-uns d'entre eux avaient une agilité surprenante. Le jeu de l'épée vient ensuite.

Un Indien prend une longue épée dont la poignée forme une sorte de brassard qui pénètre jusqu'au coude; c'est d'ailleurs le modèle d'une ancienne arme de guerre du pays. Le bras, presque tout entier ainsi soutenu, continue en quelque sorte l'épée elle-même. L'arme est lourde et la manière dont on la fait mouvoir en tout sens en simulant le combat, soit au-dessus de la tête, soit autour des reins, témoigne de la force et de la grâce du combattant. Tous ces jeux s'exécutent au son de la musique, car les tambours, tambourins et grelots ne sauraient manquer.

Au coucher du soleil, les fêtes sont terminées, les processions se remettent en mouvement pour rentrer en ville, drapeaux et bannières ne brilleront plus que l'année suivante.

CHAPITRE V

Lorsqu'on a quitté Delhi pour se rendre à Ulwur, le paysage change complètement d'aspect. On entre dans la province du Radjpoutana et bientôt nous voici
près des montagnes. La vieille cité d'Ulwur, protégée par son fort placé au sommet
de hauts rochers, apparaît à vos yeux, étonnante comme situation pittoresque.

La ville appartient ici au maharajah Mangal-Singh. Pour pouvoir visiter toutes
les curiosités, il faut des permissions qui, d'ailleurs, sont facilement accordées,
grâce à l'obligeance du résident anglais qui vous donne une lettre de recommandation pour le maharajah et un cipaye pour vous conduire à son palais d'été.

Cette résidence superbe est placée au milieu de jardins dessinés à la française,
ornés de vastes bassins de marbre, et remplis à profusion de fleurs admirables.
Ma lettre remise, des gardes viennent peu d'instants après me dire que Sa Hautesse ne peut me recevoir, étant trop occupée ; mais, suivant le gracieux usage
adopté par elle envers les étrangers, on me donne une personne de son palais pour
me servir de guide dans la ville ; une calèche est à ma disposition pour le nombre
de jours qu'il me plaira de rester à Ulwur.

Dans la ville, le palais moderne, résidence d'hiver du maharajah, est assez intéressant. Son véritable joyau est le salon privé, situé au fond de la grande salle
d'audience. La décoration est composée tout entière de mosaïque de glaces sur
lesquelles sont peintes des guirlandes de fleurs. Les chambranles et les dessus des
portes ainsi que les caissons des plafonds sont rehaussés de cabochons de verre
imitant l'émeraude et le rubis ; des personnages de fantaisie, parés de brillants
costumes, figurent sur les glaces qui recouvrent les panneaux des murs.

Les grandes fenêtres de ce salon s'ouvrent sur un vaste étang de forme rectangulaire dont la vue d'ensemble peut certainement compter parmi les plus délicieuses qu'on puisse voir aux Indes. En face des fenêtres, ce sont des montagnes de rochers arides dominées par les forts ; à leur pied, des petits temples hindous, aux silhouettes gracieusement découpées, sont alignés le long d'une terrasse de marbre dont les grands escaliers descendent au niveau de l'eau. Du côté gauche, le tombeau d'un des ancêtres du maharajah se découpe sur les montagnes ; à l'opposé, le vert feuillage de grands arbres fait un heureux contraste avec les rochers sauvages contre lesquels s'appuyent les temples. Douze kiosques élégants enfin, soutenus par de légers portiques de pierre de grès rouge, ornent les escaliers, les murs de quai de l'étang et se reflètent dans ses eaux.

Mon guide me menait visiter ensuite les jardins de Sa Hautesse lorsque je vois sur la route une nuée de poussière et de nombreux lanciers indiens arrivant au galop. C'est l'avant-garde de l'escorte de la première femme du maharajah qui rentre au palais. Je descends aussitôt de voiture et me range sur le bord du chemin pour rendre hommage à cette grande princesse ; l'étiquette du pays le veut ainsi. Les cavaliers bien montés sont déjà passés, un énorme break entièrement couvert d'une étoffe écarlate munie de petites ouvertures à treillis d'argent apparaît bientôt, il est suivi d'un grand nombre de nouveaux lanciers. La reine avec son escorte ont disparu en un moment, comme une apparition de contes de fées. La *maharajate* est jeune et fort jolie, dit-on dans Ulwur ; il faut le souhaiter pour Sa Hautesse, qui possède encore trois autres princesses dans son sérail. Cette manière de voyager ne doit pas être bien attrayante pour les grandes dames du pays, elles ne peuvent jouir des distractions de la route et vont par les chemins comme la fameuse princesse Désirée (la Biche au bois) qui devait rester toujours enfermée dans son char sans voir les rayons du jour.

La cité d'Ulwur est bien entretenue ; elle possède de jolies promenades et de nombreux jardins, grâce au beau lac artificiel qui a été construit à 10 milles de la ville. Ce travail est considérable ; il a fallu faire un grand barrage, puis des aqueducs et tout un réseau de canalisation à ciel ouvert, qui amènent les eaux partout dans la ville. Le lac, entouré de jolies montagnes boisées, a une longueur d'environ 8 milles sur 5 de largeur.

Le chemin qui y conduit est verdoyant, agréable au possible ; les figuiers multipliants et autres beaux arbres vous donnent de frais ombrages, la vue est charmée par le nombre des jolis oiseaux qui volent parmi les bocages fleuris sans être effarouchés. Les paons surtout sont les plus hardis. Ils savent sans doute

PLANCHE VI. — FAÇADE DU CHAITYA DE WISWAKARMA A ELLORA (INDE).
(D'après nature, voy. p. 102.)

qu'ils sont les oiseaux sacrés, favoris de Kartikeya, dieu de la guerre, fils de Siva
et de Parvati (voy. p. 62), aussi s'approchent-ils jusque sous les roues de ma
voiture pour montrer leurs plumes brillantes et toute leur majesté. Les hommes
ne sauraient, dans ces conditions, être les ennemis d'aussi nobles paons sauvages. Ils se contentent d'aller faire la récolte des grandes plumes qu'ils perdent
au moment de la mue, en les recueillant avec patience dans les champs et les
jardins. Ils en font de superbes bouquets qu'ils vendent dans le bazar d'Ulwur,
ou s'en servent encore pour confectionner des éventails.

Si les paons s'écartent trop des environs de la ville, ils rencontrent alors des
ennemis redoutables qui ne respectent pas leur haute noblesse ; ce sont les tigres,
qui sont encore assez nombreux dans les forêts et les montagnes voisines d'Ulwur.
Le maharajah a fait construire, au bord de son lac artificiel sur la lisière des
forêts, un grand pavillon qui lui sert de résidence ; quand il va les chasser c'est
pour lui un plaisir favori.

Cette chasse demande toujours de grands préparatifs ; aussi, pour satisfaire
ses goûts, Mangal-Sing a-t-il, dans Ulwur, des haras importants. Ses écuries sont
spacieuses ; dans une immense cour plantée d'arbres, il possède aussi une trentaine d'éléphants qui servent les grands jours de cérémonie et surtout pour sa
chasse préférée.

Tout auprès des écuries, dans la rue même, sous les arbres, une douzaine de
lynx sont attachés à des poteaux, un jeune tigre apprivoisé dort étendu sur un
lit. Des gardiens surveillent tous ces animaux protégés par le maharajah ; les
habitants viennent souvent les contempler avec admiration. Les lynx, avec leurs
hautes oreilles noires tordues, sont des animaux fort gracieux : ils sont devenus
familiers au point de lécher les mains de leur gardien. Celui-ci les fait sauter à
volonté devant vos yeux, rien n'est plus joli. Leur agilité est surprenante, l'un
d'eux pouvait faire des bonds de plus de trois mètres de hauteur pour aller
attraper un petit morceau de viande attaché à l'extrémité d'un léger bambou.

Je quitte bientôt Ulwur pour gagner Jeypore. La route en chemin de fer est
assez intéressante ; les montagnes bleues, les rochers qu'on voit dans le lointain
font diversion aux paysages éternellement plats que l'on a depuis Calcutta jusqu'à
Delhi. Je voyais une quantité de femmes et d'enfants occupés, comme les habitants
de Kashmir, autour de leurs champs pour les garantir des oiseaux qui dévoreraient
tout en un moment. Les jeunes gens agitent au-dessus de leur tête une longue
courroie dont l'extrémité est armée d'un grand rond de cuir, et les femmes tiennent
des bâtons qu'elles remuent dans tous les sens. Ils font tous ensemble, en

même temps, des cris ou des chants extraordinaires et les oiseaux effrayés disparaissent.

Jeypore date de cent cinquante ans à peine : elle a été construite d'un jet après la mort du maharajah. C'était encore l'usage à ces époques, de changer la place de la capitale à la suite de la mort du roi. Palais, maisons des habitants, tout était abandonné pour aller s'installer ailleurs, suivant le caprice du nouveau maharajah. La capitale primitive se nommait Amber ; elle se nomme aujourd'hui Jeypore. C'est une ville sans grand caractère, et, sauf les maisons hindoues peintes en jaune et en rose qui la composent, on pourrait se croire dans une ville américaine. Ses avenues sont larges et droites, formant des blocs réguliers tout comme à New-York ou à Chicago. Les jardins, fondés depuis quarante années environ, sont délicieusement plantés de fleurs et d'arbres de tous genres, mais, étant tous modernes, ils sont dessinés à l'anglaise. Ils contiennent des serres, une ménagerie et un véritable palais qui sert de musée. Un grand mouvement commercial règne dans la ville ainsi que dans le bazar, qui est fort curieux à visiter dans tous ses détails.

Le maharajah de Jeypore, comme celui d'Ulwur, est aimable pour les étrangers ; on obtient de lui toutes les permissions désirables, il accorde même un de ses éléphants pour pouvoir monter jusqu'à l'ancienne capitale de ses pères. Le palais d'Amber est au milieu des montagnes, il fait partie de l'ancienne forteresse qui domine les ruines de la vieille ville et tous ses étangs.

Les appartements des femmes, ceux du maharajah, les salles du conseil, sont tous en stuc incrusté de mosaïque avec ornements d'or et d'argent ; le sol de toutes ces pièces est dallé de marbres rares venant de tous les coins de l'Inde. Tout cet ensemble est d'une richesse dont nous n'avons pas d'exemple en nos pays.

On me fit attendre un moment dans la vaste cour intérieure de la forteresse, afin que le moment soit venu d'assister à une cérémonie religieuse qu'on fait presque tous les matins dans le sanctuaire du palais. Il s'agissait du sacrifice d'un pauvre chevreau en l'honneur de Siva.

Bientôt on me fait pénétrer dans le saint lieu. Un prêtre est en prières au milieu du sanctuaire : on lui présente la victime qui est aussitôt aspergée par lui de quelques gouttes d'eau. Le prêtre monte plusieurs marches pour gagner l'autel, fait de nombreux saluts et de nouvelles prières en agitant des sonnettes ; il revient près de l'animal en remettant au sacrificateur une solide lame d'acier. Le chevreau est alors maintenu par deux personnes afin qu'il ne

puisse bouger et sa tête tombe d'un seul coup. Autrefois, au lieu d'un chevreau
c'était une vache qu'on sacrifiait, quelquefois même un homme. Un vieil Hindou,
qui avait terminé ses prières, faisait à mon *boy* ses doléances. « Siva, disait-il, le
grand Siva ne saurait être clément aujourd'hui, il trouve qu'un chevreau est trop
peu de chose, aussi n'accorde-t-il que rarement ce qu'on lui demande, tout allait
mieux autrefois ! » Le bonhomme superstitieux regrettait les sacrifices humains ;
un grand nombre d'Hindous sont encore de cet avis ; les Anglais, heureusement pour ces pauvres gens, restent les maîtres aux Indes et personne ne
reverra plus ce que le pauvre Hindou semblait appeler l'heureux temps.

Après la cérémonie funèbre du chevreau blanc, je remonte sur le dos de
mon docile éléphant richement caparaçonné d'une housse écarlate bordée d'or
et m'assois sur des coussins de couleur rouge et blanche. En sortant de la
ville d'Amber et de ses murailles, on est frappé à la vue d'un délicieux palais,
orné de dômes éclatants de blancheur dont les silhouettes s'harmonisent avec
le fond du paysage formé de jolies montagnes bleuâtres. Ce palais, le Jal Mahal,
était autrefois la résidence d'été des femmes du maharajah d'Amber. De délicieux
jardins parfumés, de beaux ombrages l'entouraient et le site était merveilleux.
Aujourd'hui les eaux ont tout envahi ; elles ont formé autour du palais en ruine
un vaste étang qui sert de demeure à de nombreux crocodiles. Je m'arrête dans
ces lieux encore charmants malgré leur état d'abandon ; j'étais désireux d'en
conserver le souvenir (voy. pl. III, p. 25) avant de rentrer dans la grande ville
moderne.

La démarche de mon éléphant n'est pas agréable, on est fortement secoué,
mais avec de l'habitude on ne doit plus éprouver la moindre fatigue. Le trajet de
Jeypore à Amber n'est pas de longue durée, il suffit cependant pour donner au
voyageur une idée de l'agrément de cette monture. Le maharajah possède, dans
de vastes enclos, environ cent éléphants dont une vingtaine sont des éléphants
de combat qui servent à son plaisir ; Sa Hautesse aime ce spectacle cruel qui cause
souvent la mort d'un de ces animaux. On les conduit dans une grande enceinte
fermée et le maharajah, placé sur une haute tribune, peut assister sans danger
à ces luttes émouvantes.

Les corps de bâtiments et les cours qui renferment ces éléphants sont considérables, ils exigent une grande dépense d'entretien. Chaque éléphant a quatre
domestiques : son cornac, l'homme qui lui donne à boire, celui qui lui donne
à manger, enfin l'Indien nécessaire pour le nettoyer. La nourriture principale de
l'animal consiste en une sorte de pain, il en mange deux cents livres environ par

jour. Le prix d'achat d'un éléphant varie entre 6000 et 10 000 francs. Mais le maharajah de Jeypore passe pour être un des plus riches des Indes, il peut satisfaire amplement à des goûts si luxueux, enviés de tout seigneur oriental.

A Jeypore, presque tous les habitants sont de religion hindoue, comme ceux de Bénarès, aussi poussent-ils fort loin la protection des animaux. Bénarès possède un temple charmant entouré d'arbres séculaires, situé près d'un bel étang : c'est le séjour des singes sacrés. Aux portes de Jeypore, on remarque un vaste étang dans lequel sont entretenus près de trois cents crocodiles. Ils sont sacrés, et malgré les protestations fréquentes du gouvernement anglais le rajah tient à les conserver. Il a bien voulu cependant enlever les plus gros d'entre eux, à cause de récents accidents. Plusieurs enfants avaient été dévorés.

Les Hindous se baignent quelquefois imprudemment dans l'étang des crocodiles, et une jambe est bientôt happée par les sauriens. Les crocodiles coupables ne sont pas tués cependant, on se contente de les chasser dans la rivière voisine où, sans doute, ils feront d'autres victimes.

Dans les rues de la ville, on voit à l'extrémité d'une des principales avenues, une ménagerie qui contient une vingtaine de tigres superbes qu'on a pris au piège dans les campagnes des environs, les Indiens viennent les contempler souvent avec une crainte respectueuse.

Ces pièges sont le plus souvent posés auprès d'une route ; ils ont la forme d'une grande souricière, de 4 mètres de profondeur environ, et sont construits avec de grosses pierres non maçonnées. Un petit chevreau attaché tout au fond du piège attire le tigre, qui est forcé de déplacer une mince tige de bois pour arriver jusqu'à sa victime. De gros barreaux de bois s'abaissent aussitôt par suite de ce déplacement : le tigre reste emprisonné. Les Indiens n'ont plus qu'à amener devant le piège une grande cage de fer dans laquelle on fait passer le féroce animal.

Dès mon arrivée à Jeypore, j'avais été chez le résident anglais pour régler mon entrevue avec le maharajah. Elle me fut bientôt accordée. Sa Hautesse m'attendait à l'heure fixée par elle dans un vaste salon meublé richement, mais d'assez mauvais goût, tout à l'européenne. Il était préoccupé des préparatifs des illuminations qu'il faisait faire dans ses jardins pour la fête de nuit qu'il donnait à ses femmes. Nous étions au 16 octobre, date de la fête nationale et religieuse de son royaume ; dans la ville, également, on prenait toutes les dispositions pour la soirée. A ma venue, le maharajah s'est levé gracieusement et m'a serré la main en écoutant mon compliment qu'un interprète lui traduisit aussitôt. Sa Hautesse a bien voulu sourire, paraissant satisfaite, et me fait asseoir auprès d'elle. Je lui présente la lettre de lord Dufferin, qui fit bon effet certainement, car le maharajah me tendit une seconde fois la main avec cordialité, offrant de m'obliger pour toutes les choses qui pourraient dépendre de lui. Ses chevaux et ses éléphants sont à ma disposition ainsi que les gardes de son palais, si je désirais en prendre à titre de guide.

Je n'avais pas de grandes faveurs à lui demander, mais j'étais bien aise de prolonger quelques instants l'entretien pour mieux le voir. Il était vêtu entièrement de mousseline blanche ; autour de son cou brillait un collier à six rangs d'émeraudes et de rubis de grande valeur, une plaque d'émeraudes ornait son turban de toile fine mêlée de fils d'or.

Le maharajah a près de trente ans, légèrement marqué par la petite vérole ; il est grand et bien fait encore de sa personne, mais il m'a semblé qu'il commençait à prendre trop d'embonpoint. Son intelligence n'est pas, paraît-il, à la hauteur de la situation qu'il occupe, et son instruction laisserait quelque peu à désirer. Ces derniers détails ne sont pas indifférents aux Anglais ; le résident anglais de Jeypore, tout en restant respectueux, sait persuader et obtenir par son influence les choses les plus importantes demandées par son gouvernement.

Le maharajah voulut me conduire lui-même dans son jardin. Si le palais me semblait insignifiant par comparaison à celui d'Amber, les jardins dessinés à la française sont superbes. Un vaste bassin en forme de croix, rempli de jets d'eau et bordé de dalles de marbre, est leur principal ornement. Des parterres ornés de plantes rares, parfumés par de belles charmilles fleuries du henné (*Lawsonia*), contournent les bords de ce bassin dont l'extrémité est fermée par un pavillon de plaisance. Sa Hautesse me montre dans les salons, les nombreuses peaux des tigres et des léopards qui ont été ses victimes, mais elle paraissait plus fière de ses billards venus de Londres, ainsi que des nombreux et vilains lustres à pendeloques de cristal de toutes couleurs, accrochés au plafond de son riche pavillon. D'autres jardins viennent encore, ornés de kiosques luxueux, terminés cette fois par un lac où se reflètent de belles montagnes.

Le maharajah ne pouvait mieux me prouver le plaisir qu'il éprouvait de ma visite qu'en la prolongeant pour me montrer les beautés de son palais, mais il fallait prendre congé. Mes remerciements et compliments terminés, j'eus une troisième poignée de main et un dernier sourire de Sa Hautesse.

Revenu dans les rues de la ville, il était six heures du soir, juste l'heure du commencement de la fête au coucher du soleil. Les avenues de Jeypore s'illuminent peu à peu avec de petites lampes à huile placées sur toutes les corniches des maisons et sur les moindres saillies des façades ; les boutiques brillent aussi de mille lumières; tout est resplendissant et tout respire une tranquille gaieté.

La foule considérable se compose d'éléments bien divers. Parmi cette jolie population indienne, parée de costumes multicolores, il ne faut pas s'étonner de voir circuler un aussi grand nombre de bœufs et de vaches qui se mêlent à elle. Une fête religieuse, placée sous la protection des divinités des Purânas, ne pourrait exister sans la présence de ces animaux qui rendent à leur manière hommage au noble Nundi, le taureau divin qui sert de monture à Siva (voy. p. 43). Nombre de petites boutiques ambulantes, placées au hasard par leur propriétaire dans cette foule extraordinaire, sont pleines de bijoux de verre coloré, montés avec un art curieux sur des moules de terre cuite; les bayadères et les femmes du peuple les regardent émerveillées. D'autres sont garnies de petites statuettes peintes, naïvement modelées en plâtre, qui représentent les dieux les plus populaires. La déesse Lakshmi, femme de Vishnou, est figurée prenant son bain assise sur une fleur de lotus, deux éléphants divins lui donnent, à l'aide de leur trompe, une douche d'eau céleste (voy. p. 35).

Voici Siva jouant de la flûte sous la forme d'un berger, lorsque, dans un moment de disgrâce, il descendit parmi les mortels; son fils Gonesh apparaît aussi avec sa tête d'éléphant et monté sur un rat, emblème de la prudence et de la sagacité (p. 127), puis enfin le demi-dieu Hanuman, roi des singes, considéré par les Hindous comme le plus influent intercesseur auprès des divinités du ciel.

Ces statuettes se fabriquent tous les ans pour être vendues en ce jour solennel et chacun en achète pour orner sa maison.

La nuit ne tarde pas à venir complète, la fête semble plus animée et plus jolie encore, lorsque tout à coup l'effet des illuminations devient merveilleux. La ville est fermée d'un côté par des montagnes dominées par des murs crénelés et des forts dont les moindres silhouettes se détachent sur le ciel à l'aide d'une quantité innombrable de lampions.

Des flammes de Bengale, allumées toutes à la fois, simulent bientôt un incendie colossal des montagnes et des forteresses : c'est l'apothéose de cette fête magnifique.

Jeypore est une place forte, et, malgré les réjouissances publiques, les portes de la ville sont fermées à huit heures du soir. Je fus obligé, à mon grand regret, de rentrer à mon *bungalow*, situé hors les murs, sans avoir pu rester jusqu'à la fin de la fête.

La ville d'Ajmere, peu éloignée de Jeypore, possède, grâce à son ancienneté, des monuments intéressants. Son temple hindou ruiné, Adhai-din-ko-Jopri,

PLANCHE VII. — CHOULTRIE DE TIRUMULLA-NAYAK A MADURA (INDE)
(D'après nature, voy. p. 123.)

que les musulmans ont autrefois converti en mosquée, est plus vaste et non moins magnifique que les anciennes constructions que j'admirais au Kutub près de Delhi. Ses murailles crénelées et ses portes pittoresques sont curieuses, mais je dois parler ici de monuments d'un autre ordre qui appartiennent à l'architecture civile du pays et dont les exemples ne laissent pas que d'offrir un grand intérêt.

Ce sont les citernes et réservoirs luxueux, les pièces d'eau et les bassins construits dans presque toutes les localités. Ils y ont souvent une grande importance et ce genre de construction est typique dans l'Inde tout entière.

En cet immense pays, la plupart des rivières sont à sec une grande partie de l'année, aussi les Indiens de toutes les religions, les Mahométans comme les Hindous, à toutes les époques de leur ancienne splendeur, ont-ils toujours fait les plus grands sacrifices pour amener les eaux de sources lointaines ou les conserver le plus possible dans leurs villes ou leurs forteresses. Elles leur procurent plus que le bien-être : pour eux, c'est la vie.

Nous verrons plus tard à quel degré ces constructions ont été quelquefois grandioses, mais à Ajmere il ne s'agit que de citernes plus modestes, fort élégantes d'ailleurs. La citerne est enfermée par des murs élevés. Une seule entrée monumentale donne accès dans l'intérieur, vaste enceinte ornée de portiques surmontés d'une large terrasse flanquée aux quatre angles de gracieux pavillons. Les colonnes de marbre et les balustrades finement découpées sont d'une richesse extrême d'ornementation (p. 76). Les habitants de la ville peuvent trouver, sous les portiques, un abri contre les chauds rayons du jour et y dormir à l'aise, étendus sur des nattes ou des coussins. Un grand nombre de femmes viennent renouveler leur provision d'eau quotidienne. Des hommes, qui font le métier de porteur d'eau, descendent à tout instant les hautes marches des perrons de marbre. L'eau changeant de niveau d'une façon considérable, leur travail est plus ou moins pénible suivant les saisons. Mais l'animation qui existe à la citerne durant tout le jour offre un spectacle agréable, d'un aspect pittoresque et des plus curieux pour le touriste.

Il existe aussi dans la ville de Lahore une citerne de même genre; elle est plus grande comme surface, et de même que celle d'Ajmere, sa construction est moderne.

Avant de quitter la belle province de Radjpoutana, je devais aller visiter une des nombreuses merveilles de l'Inde, les temples de la secte hindoue des Jaïnas, élevés sur le mont Abou, à 1500 mètres au-dessus du niveau de la mer.

Ce mont, isolé sur tous ses côtés, s'élève au-dessus de la plaine, formant une masse inégale défendue par des rochers abrupts, couverte de forêts. Pour monter sur le plateau supérieur où se trouvent les temples, il n'existe qu'un seul chemin tracé par des ravins naturels et des lacets dont les aspects variés sont charmants.

Autrefois, lorsque la secte hindoue des Jaïnas était prospère, des pèlerinages nombreux se faisaient annuellement au mont Abou, mais aujourd'hui les sanctuaires paraissent délaissés, beaucoup sont en ruine complète.

Les deux principaux temples qui restent presque intacts actuellement sont de véritables merveilles. Construits tout en marbre blanc, on a peine à comprendre les efforts qu'il a fallu tenter et les dépenses extraordinaires qui ont été occasionnées pour l'exécution de semblables travaux. Chaque bloc de marbre a été apporté sur la montagne et ne pouvait venir que de fort loin, aucune carrière n'existant dans le pays qu'à une distance d'au moins 300 milles.

Le plus ancien de ces temples a été élevé par les soins du prince Vimala Sah vers l'an 1032 de notre ère.

Le deuxième fut construit par les frères Tejpala et Vastupala pendant les années 1197 et 1247.

Une citerne a Ajmere (Radjpootana, Inde).
(D'après nature.)

L'entrée de ces lieux sacrés et les façades extérieures ne donnent aucune idée des splendeurs de l'intérieur, mais lorsque le prêtre des Jaïnas vous ouvre la porte du temple principal le Vimala Sah, on éprouve tout à la fois un sentiment d'admiration et d'étonnement profonds. Un grand cloître, formé de deux rangées de colonnettes, entoure la pagode centrale qui elle-même est précédée d'une salle composée de coupoles et de caissons soutenus par des colonnes semblables à celles du cloître. Le temple et tout ce qui l'entoure est petit de proportion. On admire souvent les ivoires chinois si fouillés et travaillés de la manière la plus invraisemblable, les centaines de colonnes du Vimala Sah, ses coupoles de marbres sont sculptées d'une façon plus merveilleuse encore. Dans chacune des niches du cloître, un dieu orné de pierres précieuses et de parures d'or est assis, il vous regarde avec ses grands yeux d'émail. Le sol est dallé de marbre blanc incrusté de mosaïques, les marches qui donnent accès à toutes les niches des divinités qui forment autant de petites chapelles, sont aussi sculptées de façon étrange. Elles sont ornées de figures fantastiques, ce sont des monstres de l'enfer hindou. Tous les détails, dans ce temple, sont composés de motifs différents traités avec un art parfait, se faisant valoir mutuellement; partout on ne voit que ciselures ou dentelures extraordinaires.

Le deuxième temple est presque aussi riche d'ornementation que le Vimala Sah; on en visite un troisième de moindre importance, puis le prêtre vous fait pénétrer dans deux salles basses assez curieuses. On voit dans la première un dieu à cheval qui semble vous défendre le passage; entre les colonnes qui soutiennent le plafond, dix grands éléphants, conduits par des dieux subalternes, sont sculptés dans de beaux blocs de marbre blanc. Dans la deuxième, dix éléphants de même matière sont les gardiens d'une petite pagode contenant des statues en marbre noir représentant des divinités diverses parées de pierres précieuses.

Au dehors, sur le plateau pittoresque du mont Abou, dont la surface est de sept milles en longueur environ sur trois en largeur, on ne voit que des vues charmantes et des paysages riants. Des petits lacs délicieux bordés de fleurs, de beaux rochers granitiques, se mêlent à la verdure sombre des beaux arbres. Aussi les Anglais ont su choisir ce séjour, agréable entre tous, pour se faire des résidences où ils peuvent, sur ces hauteurs, se soustraire à la chaleur torride des étés de l'Inde.

Un village hindou et quelques champs de culture se trouvent aussi sur ce haut plateau, l'ancien séjour des dieux des Jaïnas.

Le Vimala Sah du mont Abou compte parmi les plus beaux exemples de l'art ancien de la secte Jaïn, on en voit d'autres encore non moins extraordinaires dans la ville d'Ahmedabad, peu éloignée de ce lieu célèbre entre tous. Tout à fait modernes et moins purs de style, ils ne cèdent cependant en rien à ce dernier par sa magnificence. Le temple fameux, élevé par un riche marchand de la ville, Shet Hutti-sing, il y a à peine cinquante ans, dépasse par son luxe, de même que ceux du mont Abou, tout ce qu'on peut rêver. Les architectes, croyant rendre plus riche encore le nouveau temple, ont dépassé leur but par l'excès des ornements.

Le cloître et les chapelles du Vimala Sah sont couverts simplement en terrasse, par cela même ils font valoir le sanctuaire central qui apparaît d'autant plus magnifique. Les chapelles du cloître du temple de Shet Huttising sont toutes couronnées de cônes de marbres remplis de sculptures à la manière des temples hindous de Bénarès ; le sanctuaire et ses bas côtés en sont ornés également, de sorte que les regards éblouis ne savent où s'arrêter.

La ville d'Ahmedabad est remplie de temples superbes, hindous et musulmans, tous plus intéressants les uns que les autres ; comme partout, les guerres et les révolutions ont contribué à les détériorer.

Fondée en 1411 par le sultan Ahmed, elle a conservé dans bien des endroits l'aspect qu'elle pouvait avoir à cette époque. Quelques-unes de ses rues possèdent encore des maisons de bois couvertes de charmantes sculptures, plus belles dans leur genre que celles de nos anciennes demeures du xive et du xve siècle que nous admirons dans nos vieilles villes de France. Malheureusement on cherche à assainir la ville, il faut pour cela détruire les anciens souvenirs et la vieille cité d'Ahmedabad deviendra de moins en moins curieuse.

Un parabara ou refuge pour les oiseaux
a Ahmedabad (Inde).
(D'après nature.)

Le touriste, cependant, a mille choses à voir encore. Les tombeaux, mosquées et anciens palais d'été du sultan Ahmed, la superbe pièce d'eau de Sirkhey, construite par lui à une distance d'environ sept milles de la ville, peuvent compter parmi les curiosités les plus importantes.

Les habitants d'Ahmedabad, dont une partie sont de la secte des Jaïnas, respectent, dans leurs idées superstitieuses, surtout les oiseaux ; aussi, dans un grand nombre de rues, les riches propriétaires font installer de charmants refuges à leur intention.

Ce refuge, qu'on nomme dans le pays un *parabara*, est simple comme construction, mais il est souvent d'une grande ornementation. Le parabara représenté sur le croquis est un joli pavillon hexagonal en bois sculpté sur toutes ses faces, soutenu par des consoles ornées de statuettes gracieuses et posé sur un mât garni d'échelons.

Un homme est chargé de remplir toujours d'eau la petite coupe suspendue, et de graines, le plateau.

Les moineaux et perruches d'Ahmedabad, les corneilles et même les écureuils qui viennent des jardins voisins se donnent rendez-vous dans ces pavillons : c'est leur asile sacré.

Il est souvent placé cependant dans une rue des plus passantes de la ville, mais personne, les enfants même, ne songeraient à en inquiéter les habitants.

Après les merveilles du mont Abou et d'Ahmedabad, les villes de Baroda et de Broach, où l'on peut s'arrêter avant de gagner Bombay, semblent insignifiantes. Surat est plus curieux, je ne pouvais manquer de faire un pèlerinage au cimetière français et aux ruines qui témoignent encore de notre ancienne présence dans cette ville qui a changé bien des fois de maîtres à différentes époques de son histoire. Tour à tour portugaise, hollandaise ou française, elle restera toujours maintenant aux Anglais.

CHAPITRE VI

Bombay a subi depuis une vingtaine d'années une transformation complète, les Anglais en font une des plus jolies villes qu'il soit possible de voir sous tous les rapports. On est frappé tout d'abord de sa situation exceptionnelle. Elle est construite sur une longue et étroite presqu'île, qui permet de jouir presque à la fois, d'un côté, de la vue d'une baie splendide ayant comme fond de belles montagnes aux silhouettes curieusement découpées et, de l'autre, du spectacle de l'horizon sans limite de la mer d'Oman. Une jolie montagne, *Malabar-Hill* dont le pied se baigne dans la mer, couverte de villas et de jardins, est reliée à la ville par des avenues, des promenades magnifiques et d'immenses terrains gazonnés. Tout est soigné et bien entretenu, partout de pauvres coolies qu'on nomme des *Bhisti* arrosent les avenues et les places en vidant les outres pleines d'eau qu'ils portent sur leurs épaules (voy. p. 103). On ne voit que les tours et clochetons, les dômes et les coupoles qui ornent les églises, les écoles, bibliothèques et autres monuments publics. L'aspect général est grandiose, mais, comme toujours, c'est la ville indigène avec son bazar immense la partie la plus intéressante.

Les Indes possèdent actuellement 250 millions d'habitants, fort divisés entre eux par les idées religieuses. Une partie est musulmane, l'autre est de religion hindoue; cette dernière se compose d'une infinité de sectes différentes, jalouses entre elles; elle est loin d'être, à cause de cette circonstance, la plus forte, quoiqu'elle soit cependant la plus nombreuse. Les premiers ridiculisent à tout propos la mythologie invraisemblable des seconds; aussi, dans certaines provinces, il n'est pas toujours aisé d'organiser les processions différentes qui ont lieu, pour toutes ces églises, quelquefois le même jour, dans une même ville, chacune d'elles voulant passer dans les rues principales. Le gouvernement anglais se contente actuellement de maintenir, par sa sage et grande influence, toute idée de révolte. Quelquefois des rixes ou des disputes ont lieu, mais elles sont de peu d'importance. Les Anglais comprennent combien ces dissensions religieuses indigènes leur donnent de force; aussi ils ne font rien pour changer cet état de choses et préfèrent protéger toutes les superstitions diverses de cet immense pays, le plus impartialement possible. Une seule observation fera comprendre aisément ce sentiment des Anglais. Ils possèdent dans les Indes une armée de 70 000 hommes, dans cette colonie merveilleuse on compte, tout compris, 200 000 Européens. Il est admirable de voir qu'un si petit nombre d'hommes aux idées libérales et vraiment civilisés puisse contenir aisément une masse de population si considérable.

Outre ces deux grandes religions populaires dans le pays, il y en a encore d'autres qui ont aussi, suivant les villes où elles se trouvent, une grande influence. C'est ainsi qu'à Bombay la religion des parsis est fort accréditée. Cette religion est une des plus anciennes, ses prêtres enseignent encore à leurs adeptes les lois et préceptes de Zoroastre. Ce sont les adorateurs du feu. Ils ont aujourd'hui les mêmes idées philosophiques de leurs ancêtres de la Perse antique.

Cette classe des parsis est une des plus intelligentes de l'Inde, ils ont l'esprit commercial au plus haut degré et sont fort libéraux à leur manière. Leurs idées ne ressemblent en rien à celles des hindous et des mulsumans de ce pays. Ils admettent mieux que tout autre le pouvoir anglais dans les Indes et quelques-uns, parmi les plus riches d'entre eux, ont su même y contribuer de toute leur force. C'est ainsi qu'un grand citoyen parsi, M. Jamsetjee Jejeebhoy, a donné au gouvernement près de la moitié de la somme de 6 millions de francs qu'il a fallu dépenser pour construire un barrage dans la ville de Poona, située à 119 milles de Bombay, à 550 mètres au-dessus du niveau de la mer. Les parsis ont un quartier spécial dans la ville de Bombay : c'est un des plus riches et des plus élégants. Il est situé, sur les bords de la mer, autour de la montagne de Malabar. Chacune des villas est ornée de jardins, de terrasses, et ces lieux sont si beaux, avec des vues de la mer si grandioses, que les Européens viennent aussi à l'envi s'installer auprès des Parsis, luttant à qui aura la demeure la plus princière. Le haut de la montagne de Malabar est couronné par un vaste jardin soigneusement fermé. On y monte par une rampe fort douce encadrée d'arbres délicieux, et son entrée est religieusement gardée. C'est le cimetière parsi où se trouvent les *Dakhmas* ou Tours du Silence, les dernières demeures des adeptes de Zoroastre. Trois temples ou *Sacris* sont à l'entrée des jardins sur des terrasses qui nous offrent le panorama splendide de Bombay et de la baie. Dans le principal de ces temples est conservé le feu sacré qui ne doit jamais s'éteindre.

Les parsis n'enterrent point leurs morts et ne veulent pas non plus les brûler. Leur religion leur enseigne qu'ils doivent simplement les exposer en plein air; les oiseaux du ciel et le temps se chargeront d'en détruire les derniers vestiges. Les anciens Perses se contentaient d'exposer les morts sur le haut des montagnes, les parsis ont créé les *Tours du Silence*. Sur le mont Malabar, on peut en voir cinq de différentes dimensions. Ce sont des constructions de forme cylindrique, la principale d'entre elles a 100 mètres de diamètre. A l'extérieur, on ne voit qu'un grand mur nu peint à la chaux, mais à l'intérieur c'est un vaste amphithéâtre composé de trois étages distincts. L'amphithéâtre supérieur contient des cases qui toutes rayonnent vers le centre de la tour; elles reçoivent les corps des hommes et sont construites en forme de sarcophage.

TOUR DU SILENCE POUR L'EXPOSITION DES MORTS A BOMBAY.
(D'après nature.)

Le deuxième cercle, situé au-dessous, contient les sarcophages des femmes, et le troisième, le dernier, reçoit les corps des enfants. Toutes ces cases sont à ciel ouvert, dallées de marbre et cimentées avec soin. On vient y déposer les cadavres qui sont aussitôt dépouillés de leur linceul, car les préceptes disent : « Nus, nous sommes venus sur terre, nus, nous devons la quitter. » Les vautours qui viennent en foule à l'heure exacte des enterrements ou plutôt du dépôt des corps se précipitent sur le mort, en deux heures à peine tout est dévoré. Les fossoyeurs, qui sont divisés en deux classes distinctes, les *Nassasalars* et les *Khandias*, sont seuls chargés des céré-monies et seuls ils peuvent entrer dans l'intérieur des tours. Dès que les ossements sont devenus secs, ils vont les jeter dans l'enceinte centrale dont les parois et le fond sont également dallés de marbre. Cette enceinte a 50 mètres de diamètre. Les derniers restes de tous ces squelettes ne tardent pas à se décomposer complètement sous l'action de la pluie et du soleil et tombent en poussière. L'égalité devant la mort est un fait accompli ; le riche ou le pauvre, le grand ou l'humble sont tous irrévocablement mêlés pour l'éternité.

Dans le fond de cette enceinte centrale, des conduits souterrains ont été établis ; ils forment une sorte de drainage qui mène à quatre puits dont le sol est garni d'une épaisse couche de sable. Avant de tomber dans le fond des puits, les eaux du ciel chargées de la poussière des ossements passent dans des filtres garnis de morceaux de charbon et de grès qui sont renouvelés de temps en temps. Elles sont alors purifiées avant de se perdre dans les profondeurs de la terre. Les parsis exécutent ainsi les lois de Zoroastre : « La terre, notre mère à tous, ne sera point souillée. »

L'enterrement d'un parsi est une cérémonie simple et fort touchante. Les parents et les amis montent à pied en haut de *Malabar-Hill*, vêtus de tuniques blanches et se tenant deux à deux par la main, ayant de l'autre un foulard blanc en signe d'amitié. Ils suivent le corps qui est placé dans un sarcophage de fer et porté par les fossoyeurs dont nous avons parlé, pour le quitter seulement au moment de son entrée dans la Tour du Silence. Ils ont rendu leur der-

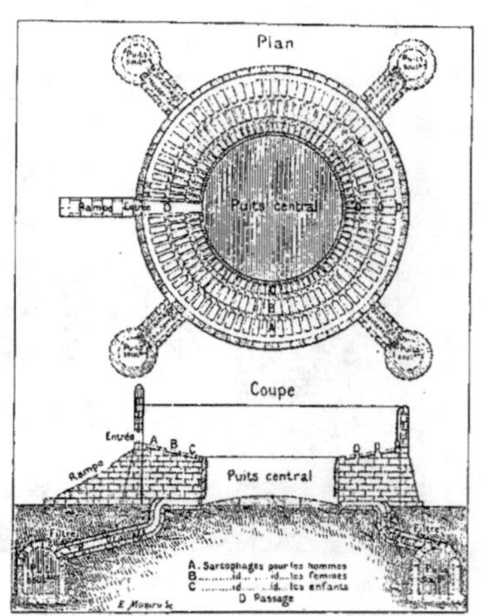

PLAN ET COUPE DE LA TOUR DU SILENCE
À BOMBAY.

nier devoir à leur parent, croyant, comme dans notre religion, son âme immortelle, et à la punition ou à la récompense éternelle des mauvaises ou des belles actions qu'il aura accomplies durant sa vie.

En descendant la montagne de Malabar je me dirigeai vers les bords de la mer où se trouvait une foule considérable. C'était le 22 mars 1890, les parsis fêtaient le lever du premier croissant de la lune.

Tous étaient en contemplation devant l'astre à peine encore visible dans le ciel à cause de l'éclat des derniers rayons du soleil couchant. Les femmes, vêtues de leur grand voile aux brillantes couleurs et parées pour la circonstance, sont assises avec leurs enfants sur les rochers de la plage et se montrent avec recueillement le nouveau croissant en lisant des prières. La marée basse permet aux hommes de descendre plus loin vers la mer pour chercher des roches éloignées sur lesquelles ils vont adorer plus tranquillement l'astre de la nuit, et tous, avec une dignité recueillie, remplissaient leur devoir religieux sous le ciel resplendissant, devant l'horizon sans limite de la mer.

Les Hindous sont encore aujourd'hui très fidèles à toutes les règles de leur antique religion, qui comporte une mythologie plus considérable que celle des anciens Romains. Cette pluralité extraordinaire de divinités les conduit à des superstitions extrèmes. La métempsycose, entre autres, est une de celles qui sont les plus répandues. Un Hindou pensera volontiers que les âmes de ses anciens parents viennent résider dans le corps du bœuf qui l'aide aux travaux de ses champs ou dans celui de la jolie perruche verte qui fait son nid sur son toit pour mieux le protéger.

C'est la secte religieuse hindoue des Jaïns qui pratique le plus cette croyance. Elle a pour tous les animaux en général un respect qui passerait à nos yeux pour une grande exagération. Le Jaïn ne saurait tuer aucun animal, et il poussera l'attention si loin, qu'avant de s'asseoir sur la terre, il essuiera avec soin la place, afin de ne pouvoir écraser aucun insecte. J'ai vu souvent sur les routes indiennes, des mères de famille faisant sous les ombrages des platanes la toilette de la tête de leurs enfants. Elles retirent les puces ou les autres insectes avec délicatesse et rejettent à distance le vilain parasite, mais elles n'oseraient jamais le détruire. On dit même que, poussant plus loin cette superstition bizarre, un Jaïn vraiment dévot a toujours soin de voiler sa bouche dans la crainte qu'une mouche imprudente ne puisse y entrer. Il pourrait alors l'avaler, ce serait péché mortel.

La secte des Jaïns, toujours fidèle à cette croyance, a fondé à Bombay un hospice ou refuge pour les animaux de toutes les espèces. Cet asile occupe dans le quartier indigène de la ville un espace assez considérable, c'est le Pinjrâpool. Une administration complète est organisée pour garder les animaux qui y sont admis.

On entre tout d'abord dans une très vaste cour entourée de hangars ; un grand jardin avec des quinconces d'arbres occupent la partie centrale.

Plus de 300 vaches, bœufs et veaux, en compagnie de buffles, occupent les hangars. Ils reçoivent, de la part des employés hindous, les soins les plus attentifs. La plupart d'entre ces animaux sont estropiés ou accablés de vieillesse, les moins invalides se promènent en rêvant à leur manière dans le jardin central à l'ombre d'un immense *Ficus indica* plusieurs fois centenaire.

Dans une autre partie du jardin se trouvent les volières qui sont habitées par plus de 500 poules et canards. Des grues et des hérons en liberté, apprivoisés par suite de leur long séjour dans l'hospice, s'approchent de vous à l'aide de leurs jambes de bois pour vous saluer, puis sur les toits des hangars et des volières on voit voltiger une quantité de pigeons. Ceux-là vivent à l'aise et sont respectés, la maladie ne les atteint guère. Plus loin enfin, sous les arbres, on remarque des cages séparées où j'ai vu 40 perroquets et des oiseaux divers. — Les singes, les porcs-épics ont aussi dans ces lieux leur maison de retraite. Les animaux atteints de maladies sérieuses trouvent dans des hangars fermés par des nattes une infirmerie parfaitement aménagée. Des rebouteurs et des vétérinaires

LE PINJRAPOOL OU HOSPICE DES ANIMAUX A BOMBAY.
(D'après nature.)

sont attachés à l'établissement pour les soins à donner ou pour les opérations chirurgicales à faire.

Dans d'autres cours plus petites on visite les chenils qui contiennent presque toujours environ 250 à 300 chiens malades ou recueillis dans les rues de la ville comme chiens errants, puis des abris pour les chevaux, les moutons, les chèvres, etc. — Lorsqu'on sort de ce curieux établissement, semblable à une arche de Noé d'un genre exceptionnel, on ne peut se défendre d'une certaine admiration, on pense malgré soi aux faibles résultats de nos sociétés protectrices des animaux.

En même temps que Bombay est devenue une ville superbe, ses environs se sont également améliorés. Les Anglais ont su y créer des séjours agréables, dans lesquels ils peuvent, pendant la saison des chaleurs accablantes, venir respirer avec leur famille un air plus pur. Le chemin de fer vous mène en quelques heures à Matheran, situé au milieu des bois, à près de 800 mètres d'altitude, à Kandallah, ou plus loin encore, à 80 milles de distance de Bombay, à Lonauli ; ces localités sont placées sur un haut plateau ; partout, les beaux rochers, les vues grandioses charment vos regards. Je restai quelques jours à Lonauli et, contre mon attente, mon *dak bungalow* était fort agréablement habité. Trois jeunes ladies, toutes trois femmes d'officiers anglais, y étaient installées avec leurs enfants en attendant l'arrivée de leurs maris.

Elles furent assez aimables pour faire bon accueil à l'étranger français. Nous prenions nos repas à la même heure, nos excursions réciproques faisaient le principal sujet de nos conversations agréables qui se prolongeaient encore dans la soirée sous la véranda de l'hôtel en prenant le thé, et n'ayant d'autres lumières que les étoiles du ciel. J'allai visiter le haut plateau de Sakar Patar, situé à 900 mètres d'altitude et son joli lac bordé de beaux arbres. Les Anglais aiment à chasser dans ces parages la panthère, ils y trouvent aussi un grand nombre de cailles. Les Indiens de Lonauli ont un autre genre de chasses assez original ; j'en voyais souvent occupés à chercher les rats des champs qui abondent dans le pays. Les Hindous savent choisir les bons trous, qui sont d'ailleurs partout visibles, ils en agrandissent l'entrée avec un bâton, et, plongeant les bras jusqu'au fond, ils amènent bientôt un à un chacun des membres de la famille de rats qui s'y trouvent. En moins d'un quart d'heure, ces hommes en avaient déjà une quinzaine et ils comptaient les faire cuire et les mettre dans leur kari pour leur déjeuner du matin.

J'ai essayé de décrire les beautés des monuments que j'ai vus en parcourant les provinces du nord de l'Inde, ils sont véritablement merveilleux, mais, sauf quelques exceptions, les dates de leur construction sont relativement récentes. Les temples souterrains qu'on peut visiter dans les environs de Bombay sont parmi les plus anciens de la contrée ; ils ne ressemblent en rien aux autres monuments, par cela même ils doivent intéresser davantage. Il m'avait été donné de les voir lors de mon premier voyage, mais, dès mon retour à Bombay en 1890, je désirai les visiter encore pour les étudier plus complètement.

C'est aux environs de Lonauli que se trouvent deux des plus curieux temples souterrains ; Bhaja et Karli, tous deux sont placés dans des lieux pittoresques et il est aisé de s'y rendre à cheval.

On pensait autrefois que les temples souterrains de l'Inde étaient d'une antiquité extraordinaire. Les Hindous disent encore volontiers aujourd'hui que les dieux ont construit ces ouvrages, mais l'histoire nationale du pays est perdue totalement pour la plupart d'entre eux et ils ne savent pas, pour ainsi dire, se rendre compte de la valeur d'un siècle.

Les recherches qui ont été faites de 1830 à 1840, par M. James Prinsep, ont éclairé le monde savant sur l'antiquité des monuments de l'Inde.

M. James Prinsep a su déchiffrer les inscriptions bouddhistes qui existent dans tout le nord de l'Inde, au delà de l'Indus jusqu'aux rives du Bengale. Ces découvertes ont ouvert la voie aux travaux que M. Turnour a pu faire sur la littérature bouddhiste de Ceylan ; c'est ainsi que la date de la naissance de Çakya-Mouni, le fondateur de la religion bouddhiste, a pu être déterminée. Fils de Jobon, roi de Makada, il est né vers l'an 623 avant Jésus-Christ; sa mort eut lieu 80 ans plus tard, en 543. Il est aussi certain que le bouddhisme n'est devenu une religion d'État que trois cents ans environ après ces événements, sous le règne d'Asoka. Cette religion nouvelle produit une révolution artistique extraordinaire dans le pays et l'art indien ne commence réellement qu'à cette époque. Les hommes d'alors se transforment tout à coup en grands artistes et arrivent à creuser les monuments que nous admirons aujourd'hui. Les recherches récentes des archéologues anglais confirment de plus en plus les remarques anciennes, on ne peut plus douter que ces temples ont été exécutés dans une période de quatorze siècles.

Dasaratha, petit-fils d'Asoka, creusait d'abord les temples connus sous le nom de Milkmaid dans le Behar (Bengale) [200 av. J.-C.]; l'achèvement du dernier monument d'Ellora, voué à Indra Subha par Indradyumna, a lieu pendant le xiiᵉ siècle de notre ère.

Si les conquêtes d'Alexandre le Grand (356 av. J.-C.) servent à donner aux Indiens des idées nouvelles, s'ils empruntent peut-être aux Grecs l'usage de se servir de la pierre dans leurs constructions, il est à remarquer que primitivement l'art reste toujours indien. Les temples souterrains, en effet, semblent être les copies exactes d'anciens sanctuaires dont l'architecture était tout entière de bois. Ils sont évidemment des réminiscences de ces antiques monuments, depuis longtemps à jamais détruits. Les Indiens d'alors ne prennent pour modèles que leurs œuvres d'art plus anciennes, leur appartenant absolument. Les temples souterrains peuvent être étudiés, tout démontre cette préoccupation des premiers artistes à imiter l'architecture de bois; ils s'en écartent, il est vrai, dans la suite des siècles de plus en plus, et on peut en voir aisément les transformations successives.

Le temple de Bhaja est certainement le plus ancien de toute la province;

aucune date, aucune inscription n'ont pu y être relevées malheureusement, mais lorsqu'on en étudie l'architecture et les détails qui la composent, il ne peut y avoir aucun doute et les archéologues sont d'accord à cet égard. Le motif principal de la façade de Bhaja a complètement disparu ; il était construit en bois et sur le roc, en élévation ainsi que sur le seuil taillé en 5 et 5, on remarque encore tous les trous qui étaient destinés à recevoir les pièces de charpente, ou maintenir les différents éléments qui le composaient.

Ce motif avait d'ailleurs beaucoup de rapport avec ceux qu'on voit sur les deux côtés du sanctuaire (pl. IV, p. 41) avec leurs ornements en forme de fer à cheval. On distingue, sur la pierre, les parties qui devaient être en bois et qui, invariablement, ornaient les antiques façades des chaityas, d'après les bas-reliefs connus de cette époque. A l'intérieur, la charpente qui décorait la voûte creusée dans la montagne existe encore dans toutes ses parties.

PLAN D'ENSEMBLE DU CHAITYA DE BHAJA ET DE SES VIHARAS.
(Relevé sur place.)

Quand on examine le plan de ce chaitya, on est frappé tout aussitôt de l'analogie qu'il peut avoir avec un temple du christianisme. La proportion de la nef avec ses bas côtés, la place réservée dans le fond du temple au Dagoba (D), ou maître-autel, de forme cylindrique surmonté d'un dôme, avec son Tée, ou reliquaire, placé au-dessus, l'abside circulaire, sont autant de points remarquables qui frappent les esprits les moins observateurs. Le chaitya a 15 mètres de profondeur sur 7^m,50 de largeur environ, les 25 piliers qui forment la nef sont dépourvus de base et de chapiteau, ils ont été découpés dans le roc et dans leur aspect primitif ils sont semblables à de simples poteaux de bois. On remarque cependant, sur les piliers marqués en 1, 2, 3, 4, les gravures sculptées d'emblèmes bouddhiques : le trident, la roue, le bouclier et un quatrième dont la forme est indécise. Au dehors, sur les parois ruinées de la montagne, étaient creusées les cellules pour les prêtres de Bouddha et les salles qui leur servaient de lieu de réunion. Leur ensemble formait le vihara ou monastère qui accompagne toujours le chaitya ou sanctuaire.

Planche VIII. — Bouddha de granit de Aukana, près du lac Kalawewa (Ceylan).
(D'après nature, voyez p. 142.)

Ce vihara avait deux étages qui communiquaient entre eux par des escaliers taillés dans le roc, une belle source d'eau limpide était auprès des cellules des prêtres. Elle existe actuellement au bord du sentier.

Non loin de Bhaja, je pouvais visiter, pendant une autre journée, le temple de Karli qui est le plus grand et le plus complet qu'on puisse voir aux Indes. Les archéologues ont pu fixer la date de ce chaitya ainsi que celle des viharas qui sont auprès, grâce aux inscriptions qui existent sur le grand pylône de l'entrée. Elles prouvent que le chaitya a été creusé par les ordres du *Maharajah Bhuti* ou *Deva Buthi,* d'après les *Puranas,* il régnait 78 ans avant Jésus-Christ. Les premiers travaux de Karli ont dû avoir lieu à cette époque où le style indien était encore dans sa plus grande pureté.

La dimension du chaitya, depuis son porche jusqu'au fond, donne une longueur totale de 46 mètres environ; la nef seule depuis sa porte d'entrée mesure 38^m,40: sa largeur est de 13^m,70. — La hauteur de la nef est de 12 à 13 mètres.

A l'intérieur, la voûte est portée par deux piliers octogonaux ornés de chapiteaux composés d'éléphants agenouillés, montés par un homme et une femme et dont la base simule des vases gigantesques. Les sept piliers qui se trouvent derrière le Dagoba restent octogonaux, mais ils sont dépourvus d'ornements. Le Dagoba est presque semblable à celui de Bhaja, mais on remarque sur le Tée de celui-ci le parasol de bois de cèdre, emblème sacré que les adorateurs de Bouddha ne manquaient pas d'y placer. Fixé sur le haut de ce Dagoba depuis près de deux mille années, ce parasol, malgré son état de ruine, résiste encore aux injures du temps. La façade est d'une grande richesse de sculpture; elle était accompagnée autrefois de deux pylônes colossaux surmontés d'un groupe de lions fantastiques. Ils donnaient à l'entrée du chaitya un aspect triomphal absolument imposant, mais aujourd'hui il ne reste plus qu'un de ces majestueux monolithes.

Il faut quitter Karli pour nous rapprocher de Bombay, où nous verrons encore une série curieuse de constructions monolithiques. Elles sont plus connues des voyageurs, grâce à leur voisinage avec la grande cité.

Kenheri et ses sanctuaires sont placés au milieu des forêts et des jungles malsaines de l'île de Salsette, au nord de Bombay; creusés, comme tous les autres temples, sur le haut de la montagne, dans des lieux solitaires. La plus grande curiosité de ce groupe d'excavations consiste dans son superbe chaitya qui offre de grandes ressemblances avec celui de Karli. Les nombreuses inscriptions qu'on remarque sur son porche et dans la nef lui donnent une date beaucoup moins ancienne. Ses sculptures sont moins soignées d'exécution que

celles qu’on admire à Karli ; l’architecture est en général plus grossière, et il est
facile de voir que les artistes qui ont exécuté ce chaitya sont bien inférieurs à
ceux qui ont creusé Karli. En longeant le ravin qui est au pied du grand temple,
on monte des escaliers grossièrement taillés dans le roc, c’est le chemin qui
conduit au vihara principal, connu sous le nom de *Durbar Cave*, et à d’autres
salles de moindre importance. Il faut aller ensuite jusqu’en haut de la montagne.
Les moines ont su creuser, sur la pente naturelle du rocher dénudé, des gradins
pour pouvoir se rendre aisément dans leur cellule isolée ou prier dans leurs
sanctuaires nombreux. Rien n’est plus curieux que l’ensemble étrange de toutes
ces excavations diverses de différentes dimensions : on les découvre à chaque
détour des rochers, dans chaque anfractuosité. Leur nombre est considérable,
on peut en compter plus de cent actuellement; il en reste encore sans doute de
nouvelles à découvrir.

L’origine de ces lieux sacrés daterait d’environ un siècle avant Jésus-Christ.
Ils ont été prospères et se sont accrus pendant plusieurs centaines d’années ensuite,
pour être abandonnés vers le xe siècle de notre ère.

Après Bhaja, les excavations les plus anciennes se trouvent à Nassik. Cette
ville était autrefois un centre important de la religion bouddhiste : tous ses sanctuaires, consacrés à Bouddha, recevaient chaque année une foule de pèlerins qui
venaient l’adorer et lui faire des vœux nombreux. Aujourd’hui Nassik compte
35 000 habitants environ, mais plus de 10 000 sont devenus les adorateurs de
Brahma. Les idées religieuses sont modifiées et Bouddha a perdu son ancienne
influence dans cette ville: Les bords de la Godavery, la rivière délicieusement
pittoresque qui la traverse, sont les lieux les plus fréquentés par les habitants.
C’est là qu’ils font leurs ablutions quotidiennes, et c’est le centre des affaires
civiles et religieuses. On voit une foule de petits sanctuaires et de temples qui
appartiennent au culte de Brahma. A chaque pas, pour ainsi dire, ce ne sont que
des *lingams* avec le taureau divin *Nundi* sculpté dans la pierre; il y en a de toutes
les grandeurs.

Quelques-uns de ces emblèmes sont placés au fond de petites niches et tous ces
monuments sont inondés souvent, ou découverts par les eaux, suivant les saisons.

Nassik, malgré ces changements, est toujours considérée comme une ville
sainte par les Indiens; elle compte aujourd’hui parmi les plus curieuses pour les
Européens.

Les temples bouddhistes et les monastères souterrains de Pandu Lena sont
situés à cinq milles de Nassik. Creusés sur les flancs d’une montagne pyramidale,

on les voit à une hauteur de 80 mètres environ au-dessus du sol de la vallée, située elle-même à 547 mètres au-dessus du niveau de la mer. L'accès en est facile, un sentier en lacet y conduit. Dix-sept salles creusées dans le roc, y compris le *chaitya*, suivant le langage indien, complètent les monuments de Pandu Lena.

Nous reproduisons la vue du chaitya auprès duquel sont deux des plus anciens viharas de Pandu Lena.

On a trouvé sur la façade de ce temple et à l'intérieur, sur l'un des piliers des

CHAITYA DE PANDU LENA PRÈS NASSIK.
(D'après nature.)

inscriptions qui nous apprennent qu'il a été creusé par un habitant de Nassik sous le règne du roi Krishna en l'honneur du roi Badrakaraka, le cinquième de la dynastie de Sunga, qui monta sur le trône en 129 avant Jésus-Christ[1].

La façade de ce chaitya, toute taillée dans le roc, est surtout remarquable par la perfection de ses ornements. Son unique fenêtre, en forme de fer à cheval, est accompagnée par des bandes horizontales qui représentent autant de balustrades sculptées supportant des colonnes engagées, avec des Dagobas dans leurs entre-

1. *History of Indian and Eastern Architecture*, by James Fergusson.

colonnements. Les colonnes sont ornées de chapiteaux représentant des éléphants agenouillés montés par des hommes, et supportent une corniche assez haute qui reçoit elle-même les jolis motifs de quatre fenêtres simulées dans le rocher, de forme analogue à celle de l'ouverture centrale. La petite porte d'entrée, de proportion originale, est aussi pleine d'élégance.

L'intérieur de ce sanctuaire est beaucoup plus sobre d'ornements que sa façade, la voûte est nue actuellement; cependant on voit encore, sur les parois du rocher, les trous creusés à des distances égales, destinés à recevoir les pièces de charpente qui étaient disposées sans doute comme celles de Bhaja.

Le Dagoba est ici plus riche qu'à Bhaja, un bandeau simulant une balustrade ornée de compartiments légers est taillé à la naissance de son dôme et le Tée possède aussi quelques ornements. Les artistes d'alors savaient donner au Dagoba un aspect mystique admirablement compris, lui seul est éclairé dans la nef. La grande ouverture de la façade envoie directement les rayons de lumière en cet endroit sacré entre tous.

Les voyageurs qui ont pu visiter Pandu Lena près Nassik, Karli et Kenheri, qui possèdent les plus grands chaityas connus, peuvent se rendre compte de l'importance des excavations antiques de l'Inde, mais ils ne sauraient avoir idée de leur richesse artistique en sculptures et en peintures murales, s'ils n'ont vu Ajunta. Ces temples dépassent de beaucoup ces derniers en splendeurs de toutes sortes, cependant ce sont les moins fréquentés. Les artistes qui ont contribué à leur achèvement ne sont point à comparer avec ceux qui ont creusé les autres; il semble que les Indiens ont quelque raison de dire que des dieux seuls ont pu les créer.

Pour se rendre de Bombay à Ajunta, il y a premièrement 232 milles à parcourir en chemin de fer jusqu'à la station de Pachora. Arrivé dans cette petite localité indienne, le touriste doit voyager dès lors à la manière antique du pays et s'installer dans un *bullock,* chariot non suspendu attelé de deux zébus. Trente milles sont à faire ainsi par des chemins presque impraticables. Ce sont des ornières profondes et de fréquents passages à gué où le char risque de se briser à tout moment. Rien n'est plus pittoresque, mais cela, à vrai dire, est peu pratique. Le bullock continue péniblement son chemin; au bout de quinze heures, on arrive enfin au village de Furdapore, la dernière étape.

Les temples d'Ajunta sont situés dans les gorges assez étroites de Lenapur. Creusés à 50 mètres de hauteur environ dans la roche volcanique (amygdaloïde) de la montagne, ils sont tous placés à la suite les uns des autres et ont un développement de 500 mètres environ sur un alignement presque demi-circulaire. Le paysage qui leur sert de cadre se compose des belles pentes verdoyantes des montagnes de Chandor, dans l'intérieur desquelles les temples sont creusés. A leur pied le torrent le Wagora roule ses eaux claires au milieu des fleurs, en formant des cascades dont la principale, située tout au fond de la gorge, peut avoir 25 mètres de hauteur environ.

Ajunta se compose de vingt-sept grottes : quatre seulement sont des chaityas, les vingt-trois autres sont des viharas. Ils ont été commencés, comme ceux de Kenheri, cent ans avant Jésus-Christ : depuis le x⁰ siècle de notre ère, ils sont restés tels que nous les voyons aujourd'hui.

Tous voués au culte de Bouddha, ils offrent un intérêt d'autant plus grand qu'ils font comprendre, par leur merveilleux ensemble, les phases artistiques par lesquelles les architectes d'alors ont dû passer progressivement. Les chaityas des premiers âges ressemblent à celui de Bhaja et de Pandu Lena à Nassik, dont nous avons donné l'aspect ; mais celui que les archéologues anglais désignent par le numéro 19, marque, de la façon la plus sensible, une ère nouvelle dans l'art indien. Ce chaitya ne possède aucune inscription qui puisse lui donner une date précise ; comme il appartient évidemment au groupe des viharas voisins désignés sous les numéros 16 et 17, il est présumable qu'il a été creusé pendant le vi⁰ siècle de notre ère[1].

Ce temple a un caractère tout particulier, on n'y rencontre aucune trace d'anciennes charpentes, mais tout ce qui pouvait être en bois dans les monuments plus anciens s'y trouve reproduit, sculpté dans le roc. A l'intérieur, les colonnes, toutes différentes, sont remarquables par leurs cannelures et leurs arabesques sculptées. L'architrave est nue, la grande frise divisée en panneaux de différentes grandeurs contient des figures de Bouddha assises ou debout entre lesquelles sont des compartiments de forme allongée remplis de riches rinceaux. Ce qui frappe le plus les yeux, dans l'intérieur du temple, c'est le Dagoba avec le dieu Baghavat, qui n'est autre que Siva lui-même placé dans sa niche centrale. Sa forme est différente de celle des plus anciens. Il est facile d'en constater les changements divers en considérant celui de Pandu Lena qui a été sculpté six cents ans auparavant. La base prend plus d'importance que le dôme, elle est ornée de belles moulures aux larges saillies et, sous la statue du dieu, nous voyons des bas-reliefs représentant des enfants divins ou *gandharvas* aux mouvements gracieux,

1. *Gazetteer of Aurungabad.* Bombay, 1884.

dansant parmi les fleurs. Le cylindre nu d'autrefois est orné de pilastres engagés, remplis d'ornements variés. Le détail le plus curieux est certainement le triple parasol de pierre qui couronne le Dagoba et qui tient encore à la voûte par sa partie supérieure (voy. pl. V, p. 57).

C'est le seul qu'on puisse étudier, qui soit réellement exécuté dans la roche, mais on en voit de nombreuses représentations dans les peintures murales et dans les bas-reliefs des autres excavations d'Ajunta. Il remplace dans ce chaitya le parasol de bois de cèdre que nous avons vu sur celui de Karli.

Je ne puis décrire ici tous ces temples, ni parler de leurs façades admirables couvertes de divinités sculptées et de gracieuses statuettes, de frises aux sujets de chasse, combats d'éléphants ou guerriers en lutte, des rinceaux de fleurs et de feuillages composés avec une fantaisie, un art vraiment délicieux. Si les façades sont intéressantes, les intérieurs le sont encore davantage.

Dans les vingt-sept grottes sculptées d'Ajunta, on ne voit de traces de peintures que dans treize d'entre elles : d'après le style des caractères employés dans les nombreuses inscriptions qui sont mêlées aux motifs des fresques, il est probable que les plus anciennes peintures dateraient du iie siècle de notre ère et que les plus récentes seraient du viie siècle.

Les peintures murales ont été exécutées d'une façon primitive, et il est facile de retrouver la recette dont se servaient les artistes indiens en observant des débris ruinés tombés à terre. Sur la surface assez grossièrement taillée du rocher, une couche de bouse de vache, pétrie sans doute à la main, mélangée avec des poussières d'écorces de grains de riz, a été posée. Un léger enduit de plâtre la recouvre ensuite, c'est sur lui que le tracé des dessins, puis la peinture ont été terminés.

Ces fresques n'ont point été faites pour être vues de trop près, elles ne prennent de valeur que lorsqu'on les considère à une petite distance. La perspective n'est pas observée dans ces peintures ; les compositions ont en quelque sorte la même naïveté d'exécution, et elles ont aussi le même charme que celles des miniatures qu'on admire dans les missels des xiie et xiiie siècles. Celui qui sait regarder attentivement a devant les yeux les tableaux les plus curieux des mœurs de l'Inde antique, avec les scènes principales de la vie domestique, telles que la chasse et la pêche, la préparation du riz et le transport de la provision d'eau quotidienne, les danses et concerts de musique, les combats d'éléphants, les luttes, etc. Les sujets religieux entrent pour la plus large part dans la décoration murale. Toutes les légendes relatives à Bouddha, à ses miracles et aux divinités multiples de son paradis y

PLANCHE IX. — Le Pokuna et le serpent cobra à cinq têtes de Mihinthale (Ceylan).
(D'après nature, voy. p. 143.)

sont traitées au complet et traitées de main de maître. Dans la foule des personnages représentés, on remarque l'expression gracieuse ou farouche de chacun ainsi que le mouvement rapide et juste de leurs gestes différents. Ces peintures sont malheureusement bien détériorées, mais il en reste encore assez pour pouvoir juger de leur ancienne splendeur.

Le gouvernement anglais a fait fermer, par de légères cloisons de bois, les plus beaux viharas, pour conserver tout ce qui existe encore de plus important parmi ces ruines que les chauves-souris innombrables qui habitent ces lieux déserts détérioraient de jour en jour.

Le voyage de Bombay à Ellora n'est pas comme celui d'Ajunta : les difficultés de transport n'existent plus. Le chemin de fer vous conduit à la station de Nandgaon et dans cet endroit on loue aisément un *tonga*. Le touriste peut alors visiter en quelques jours, Aurungabad, curieuse cité de la province du Nizam, puis Doulatabad, célèbre par son immense forteresse creusée dans la roche volcanique, enfin Roza, petite ville placée sur le sommet de la montagne qui contient les temples d'Ellora.

A mon arrivée à Roza, il y avait une foule extraordinaire, près de 20 000 pèlerins étaient accourus de tous les points des environs pour faire leurs dévotions dans la mosquée d'un grand saint de la religion mulsumane. Tous étaient campés sur le vaste plateau situé près de la ville et faisaient leur cuisine en plein air ou se préparaient pour passer la nuit à la belle étoile. Jamais je n'aurais pu trouver place au milieu de cette foule sans l'obligeance de M. le major Hameltin, le résident anglais d'Aurungabad, qui m'avait fait annoncer par avance à Roza auprès du *subhar*, le gouverneur de cette partie du royaume du Nizam.

Je pus ainsi avoir un abri dans un ancien tombeau musulman, que les Anglais ont fait arranger pour recevoir leurs officiers ou ingénieurs qui ont affaire dans le pays, et le partager avec l'un d'eux, M. Marrell, qui s'y était installé pour quelques jours. Le *subhar*, prévenu de ma venue, a l'obligeance de m'inviter chez lui à dîner avec mon compagnon qui, heureusement pour moi, sait l'hindoustani. Il faut s'habiller pour faire honneur au *subhar* et nous entrons à huit heures dans sa maison. On nous introduit dans un vaste salon d'une simplicité remarquable. Les murs sont peints de couleur vert d'eau, quelques meubles recouverts de housses blanches, sur le sol un tapis de toile blanche, c'est tout.

Le *subhar* nous reçoit cordialement et nous présente au chef de justice du pays qui dîne avec nous. La salle à manger est aussi peu décorée que le salon ; sur la table trois grosses lampes à pétrole, posées sur une nappe blanche, sont les seuls ornements qu'on puisse remarquer. Les convives, quinze en tout avec les enfants de notre hôte et les personnes de sa maison, prennent place autour de cette table nue ; le *subhar* nous met près de lui avec le chef de justice.

Des domestiques apportent à chacun de nous une assiette dans laquelle il faut manger quatre à cinq mets divers tellement poivrés qu'il est difficile de savoir quelles sont les choses qui vous sont données. Nous avons après deux plats de riz et de l'eau à discrétion. Le deuxième service commence avec un changement d'assiette dans laquelle nous mettons tour à tour trois plats sucrés différents ; le dîner est terminé.

Le *subhar* nous fait revenir dans son salon pour fumer et manger du bétel ; il paraît que c'est fort digestif, surtout après le poivre.

Grâce à M. Marrell, qui voulait bien me servir d'interprète, la soirée se passa agréablement avec ces aimables Indiens ; le *subhar*, homme simple et modeste, est fort accueillant, le chef de justice est gai et d'allure *bon enfant*.

Nous rentrons cependant de bonne heure pour gagner notre tombeau et dormir sous le grand dôme qui abritait autrefois les restes d'un grand personnage musulman.

Dans la matinée je vais visiter le campement des pèlerins. Les Indiens n'aiment guère le changement, ils sont fidèles aux anciens usages. Je pouvais, sans grand effort d'imagination, en voyant cette fête curieuse, me transporter à deux mille années en arrière, dans les époques lointaines où les Indiens venaient alors adorer Bouddha et d'autres dieux dans les temples souterrains que j'allais visiter. Leur antique pèlerinage était sans doute organisé, à peu de chose près, comme ceux qu'ils font actuellement.

Les temples d'Ellora ne sont pas moins étonnants à étudier que ceux d'Ajunta, mais ils sont loin d'offrir le même ensemble artistique. Voués à des cultes divers, ils ont un caractère tout spécial. Il y a trente superbes temples souterrains à Ellora, qui peuvent être divisés en trois séries distinctes : Dix d'entre eux appartiennent au culte de Bouddha, ce sont les plus anciens. Viennent ensuite quatorze excavations qui sont vouées au culte de Brahma, les six dernières représentent enfin l'art créé par la secte dravidienne qui se rapproche de celle des Jaïns ou Jaïnas.

Les dravidiens sont entrés dans les Indes quelque temps avant l'ère chrétienne. Venus de Babylone ou de villes du sud du continent asiatique, ils ont commencé par occuper l'extrême sud de l'Inde et remontant dans le nord, ils se sont mêlés à la race aryenne. Leur émigration dans cette contrée a été consi-

dérable puisqu'ils sont arrivés, à cette époque, à être presque aussi nombreux
que les Aryens eux-mêmes. Ils représentent encore aujourd'hui un sixième de la
population. Leurs monuments, qui marquent la dernière époque de l'art antique
de l'Inde, sont encore en assez grand nombre dans le pays.

Les temples d'Ellora sont creusés, comme ceux d'Ajunta, dans la roche amygdaloïde, mais ils ne leur ressemblent en
rien à cause de la forme de la montagne.
Ajunta est une muraille presque verti-
cale; à Ellora, la roche forme une pente
plus douce, de sorte que, pour donner
aux viharas et chaityas une hauteur suffisante et pour tailler les immenses nefs
ou les salles de réunion, il a fallu tout
d'abord creuser des cours d'entrée ou
parvis restant à ciel ouvert devant chaque
excavation. Quelques-uns des chaityas
ont, par cette raison, leur entrée ornée
de portiques et les monastères immenses
qui ont quelquefois jusqu'à trois étages,
des entrées et des façades latérales.

On a creusé la montagne en d'autres
endroits de manière à former une entrée
relativement étroite qui donne accès à la
cour intérieure d'un de ces viharas, il

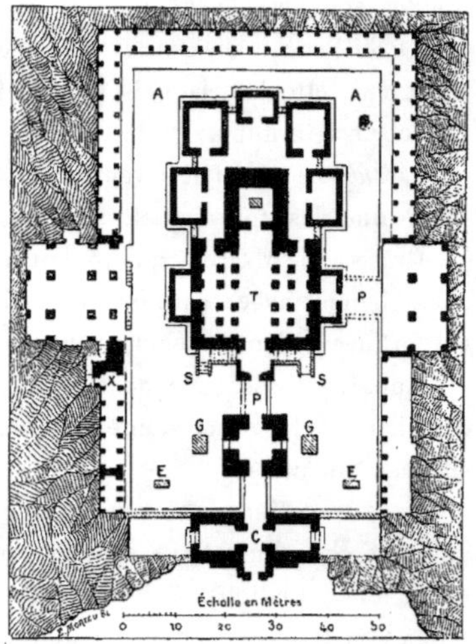

PLAN GÉNÉRAL DES SANCTUAIRES DE KYLAS A ELLORA.
(Relevé sur place.)

devient alors presque invisible pour celui qui côtoie le chemin tracé sur la pente
de la montagne.

C'est dans ces conditions que se trouve placé le vihara, le Das Avatara qui
possède deux étages. Des escaliers creusés dans le roc vous y conduisent. Les
grandes salles intérieures du vihara ont, comme la façade, 30 mètres de largeur
environ sur 32 de profondeur, leur plafond est porté par 42 piliers carrés, richement ornés de rinceaux fleuris au milieu desquels s'enroulent des figures de nains
grotesques et des serpents. Sur la muraille qui entoure les piliers, de larges
niches contiennent des sculptures en haut relief, représentant les divinités du
paradis de Brahma ou des scènes qui se rattachent aux principaux événements
de cette mythologie compliquée.

Le célèbre chaitya, connu sous le nom de Wiswakarma, appartient à la secte bouddhiste. Il est fréquenté encore aujourd'hui, surtout par les charpentiers qui adorent Bouddha sous la forme de Wiswakarma, leur vénéré patron. Ce chaitya est dans le même cas que le chaitya n° 19 d'Ajunta, quant aux dates précises ou aux traditions relatives à sa construction. Taillé et sculpté cependant auprès des autres excavations dont on a pu déterminer l'époque, on peut supposer que le Wiswakarma a été terminé vers la première moitié du vii° siècle après Jésus-Christ (voy. pl. VI, p. 65). La plus grande curiosité des monuments d'Ellora est le groupe de temples connus sous le nom de Kylas. Les religieux ont creusé la pente des rochers sur trois faces, de façon à isoler complètement au centre un immense bloc dans lequel ils ont su tailler un temple admirable (voy. en T sur le plan p. 101) avec ses chapelles annexes. Ces temples sont ainsi à ciel ouvert; taillés extérieurement en forme de pagodes et couverts de sculptures composées avec art, ils forment un ensemble tout à fait inouï. Ces temples semblent posés sur un soubassement fantastique où tous les dieux de la mythologie hindoue, avec des monstres symboliques et des rangées d'éléphants, sont sculptés dans le roc en haut relief. Ce sont autant de cariatides, d'allure étrange et mystérieuse, destinées certainement à frapper l'imagination de l'antique population indienne.

Deux perrons placés en S et S près de la première entrée de Kylas mènent au-dessus de ce soubassement sur le sol même des temples.

L'intérieur de la pagode centrale, ornée de seize magnifiques colonnes revêtues autrefois de peintures ainsi que les murs latéraux, le sanctuaire du milieu qui contient la grande idole, sont composés avec une entente parfaite des proportions architecturales. On sort de ce temple par deux portes taillées sur ses bas côtés. Elles donnent accès sur une plate-forme où se trouvent cinq pagodes de moindre importance qui accompagnent le temple central par le luxe de leurs sculptures, et l'élégance de leurs proportions.

Autour de ces temples isolés, des excavations grandioses ont été faites dans les flancs latéraux de la montagne. On voit en A, à rez-de-chaussée, un grand cloître orné de toute une série de bas-reliefs représentant les principaux dieux du paradis hindou. Les murailles renferment de grandes salles de deux étages entièrement ornées également de sculptures superbes de divinités diverses. Des colonnes aux proportions trapues en supportent les plafonds. Un petit escalier, X, mène à l'une de ces salles. On communiquait autrefois à celle qui lui fait pendant par un pont de pierre aujourd'hui rompu. Il en existe encore deux actuellement (en P), ils mènent du sol du temple central au premier étage du pavillon détaché D ou *mantapa* et à celui du pavillon d'entrée C ou *gopura*. En G nous

voyons encore deux sortes d'obélisques ornés d'arabesques destinés à porter des
feux durant les fêtes religieuses ; en E on admire deux éléphants colossaux taillés
également dans le roc. Ces temples, faits sur un plan d'un ensemble remarquable, sont véritablement sans pareils dans le monde entier.

On voit ainsi combien les artistes de ces époques lointaines avaient le sentiment de leur art, et on admire le goût extrême qui présidait à toutes ces merveilleuses constructions.

Pour compléter mon pèlerinage aux temples souterrains, il restait à voir les
grottes d'Elephanta. Leur voisinage de Bombay a contribué à les rendre populaires. On y va en barque ; c'est un capitaine hindou avec ses hommes qui vous
mène, en se servant tour à tour de la voile ou de la rame ; il vous fait traverser
une partie de la baie et vous débarque en une heure et demie environ au pied de
la montagne qui contient les sanctuaires. Un bel escalier de près de quatre cents
marches, bordé de beaux arbres vous conduit à l'entrée des temples.

Creusés vers le milieu du viiie siècle de notre ère, ils sont relativement modernes ; l'état déplorable dans lequel ils se trouvent ôte beaucoup de leur intérêt,
et depuis trois siècles environ, après les invasions successives des Portugais et
des musulmans, ces lieux sacrés sont abandonnés.

Mes excursions autour de Bombay étaient terminées : je devais m'occuper
des préparatifs de voyage pour l'Inde méridionale. Il me fallait, comme à mon
premier voyage, un *boy* fidèle, qui fût capable de parler le dialecte hindou des
provinces du Midi, c'est-à-dire la langue dravidienne ou tamil, qui ne ressemble
guère à celle dont se servent les Indiens des provinces du Nord. Mon nouveau
guide est noir comme l'ébène, s'appelle Naïnifa et Bouddha est son Dieu. Nous
ne tardons pas à nous entendre et nous quittons la grande ville.

CHAPITRE VII

Bijapur, l'ancienne ville forte, est la première qu'il faut visiter en quittant
Bombay et ses environs. Elle est située à 240 milles dans les terres, au centre
d'un immense plateau. Des dynasties musulmanes ont été puissantes dans les
provinces du nord de l'Inde, à Agra comme à Delhi; il en a été de même à Bijapur.
Yusaf-Khan-Adil-Chah créait cette ville, alors petite bourgade inconnue, et la fit
s'accroître d'une façon extraordinaire pendant son règne (1489-1510). Devenue
la capitale de la province du Dekkan, elle fut prospère pendant plus de deux cents
ans. A la suite de révolutions intestines et de guerres fréquentes, elle tomba sous
la dépendance des rois de Delhi; sa ruine s'acheva avec la suite des années.
Aujourd'hui cependant, Bijapur est encore extraordinaire à visiter. Cette ville,
toute musulmane comme autrefois, possède d'admirables monuments. Les palais
des rois, leurs tombeaux merveilleux construits dans la ville ou en dehors des
murailles, les mosquées splendides, les rues bordées de palais et de somptueuses
demeures qui abritaient les grands personnages de l'époque, indiquent le luxe et
la richesse extrême de leurs anciens habitants. Actuellement, c'est la décadence
complète. Nombre de rues anciennes sont cachées sous les décombres, dans les
hautes herbes, et de grands vautours au plumage blanc et noir planent majestueusement sur la vieille ville. Un Bijapur moderne, pauvre d'aspect, habité par une
population musulmane s'occupant d'agriculture et quelques résidents anglais,
remplace la ville ancienne aux glorieux souvenirs.

Le mausolée d'Ibrahim-Adil-Chah (1557-1579), construit au dehors des rem-
parts, n'est pas très considérable dans ses proportions, mais comme il a été com-

PLANCHE X. — INTÉRIEUR D'UNE PAGODE DU MONASTÈRE DE HONAM A CANTON (CHINE).
(D'après nature, voy. p. 156.)

14

plètement élevé sous la direction de ce grand roi, rien n'a été épargné pour le rendre parfait. La profusion des sculptures taillées dans le marbre précieux, les ornements gravés sur les piliers des portiques, les panneaux des murailles, peuvent ici défier toute description. L'œuvre d'art tout entière est exquise. A chaque pas, pour ainsi dire, dans cette ville morte de Bijapur, de magnifiques monuments frappent vos yeux : celui qui étonne le plus est sans doute le mausolée de Muhammad (1626) ou le Gol Gumbaz, situé tout près des anciennes et curieuses murailles. Son plan, très simple, forme un carré parfait dont les quatre angles sont ornés de tours polygonales ajourées, dans lesquelles sont pratiqués les escaliers qui montent à 17 mètres de hauteur, jusqu'à une plate-forme qui devient à l'intérieur du mausolée une magnifique tribune circulaire, et à l'extérieur une terrasse superbe d'où l'on a la vue de la ville et de toutes ses murailles. Sur cette plate-forme, soutenue en partie par des pendentifs combinés avec art, commence le dôme admirable qui abrite le tombeau. Le diamètre est de 37 mètres à la base, sa hauteur intérieure est de 53 mètres à partir du sol du mausolée, et sa hauteur extérieure est de 60 mètres. La sobriété, la simplicité des ornements sont évidemment voulues dans ce mausolée ; les artistes qui l'ont élevé ont pensé qu'avec ses admirables proportions seules ils feraient certainement une merveille. Il faut avouer qu'ils ont réussi, car parmi les œuvres d'architecture sarracénienne, si le Tadj Mahal vous charme par sa richesse et son élégance idéale, le Gol Gumbaz frappe l'imagination par sa majesté tout à la fois simple et grandiose.

Étant à Ajmere, dans le Radjpoutana, j'ai parlé de ses citernes luxueuses ; à Bijapur, parmi les beaux monuments qu'on visite, deux constructions importantes sont remarquables : ce sont les magnifiques réservoirs.

Le réservoir que représente notre dessin (p. 108) est le plus ancien de Bijapur, c'est le Chand Bauri ; il a été construit par le chah Ali Iᵉʳ en 1579, suivant le désir de la noble reine Chand Bibi. Le plan forme un carré de 50 mètres environ de côté. Un large perron de pierre aux marches monumentales, magnifiquement décoré par une arcade triomphale, vous conduit au niveau très variable des eaux qui sont encaissées sur tous les autres côtés par un mur de quai sur lequel est un chemin de ronde assez étroit. Deux entrées, placées à droite et à gauche de la grande arcade, y donnent accès. Les faces latérales qui enferment le réservoir sont décorées par une série d'arcades murées ; dans l'axe de chacune de ces façades se trouve un motif en saillie continuant le même genre d'architecture. Le motif qui fait face à l'entrée principale renferme la source du réservoir. Des escaliers de pierre mènent à ses eaux limpides, et les habitants de

Bijapur peuvent y descendre directement par une entrée spéciale pratiquée dans la muraille (Voy. plan, p. 109).

Dans une autre partie de la ville, un réservoir plus considérable que le Chand Bauri a été élevé en 1620 par les soins de la sultane Taj, femme d'Ibrahim II.

Pour compléter ces grands travaux, les rois de Bijapur avaient su aussi amener des eaux de sources assez éloignées de la ville en construisant à grands frais des aqueducs souterrains pour alimenter, non seulement ces réservoirs somptueux,

Le réservoir Chand Bauri a Bijapur (Inde).
(D'après nature.)

mais d'autres de moindre importance, ainsi que les bains et les bassins placés dans leurs nombreux jardins. Ces conduits souterrains pouvaient malheureusement être détruits par les ennemis en temps de guerre, mais les habitants de Bijapur, grâce à l'immensité des réservoirs enfermés dans leurs murs, pouvaient résister long-temps à un siège sans trop souffrir de la privation d'une eau nouvelle.

La chaleur était véritablement écrasante à Bijapur ; dans l'après-midi mon thermomètre marquait presque toujours de 38 à 40° centigrades ; sous les grandes voûtes de la mosquée du tombeau de Muhammad, qui sert actuellement de *bungalow* aux voyageurs, il descendait à 33. Ce nombre de degrés est encore assez pénible à supporter, cependant on s'habitue à cette température, et je sortais quand même à toute heure, au grand désespoir de mon boy Naïnifa, qui aurait préféré faire sa sieste à la manière de tous les Indiens, pendant la durée de la plus forte chaleur du jour.

La nourriture n'est pas toujours fort aisée à se procurer et souvent il faut se contenter de maigres repas. Une chose vous sauve cependant dans cette misère momentanée, c'est la glace qu'on peut presque toujours se procurer. J'en faisais acheter par Naïnifa de gros blocs qu'il mettait dans une caisse de bois, après les avoir enveloppés dans une couche de sable et roulés dans une couverture. Cette petite provision de glace peut durer plusieurs jours, et je pouvais boire frais : c'est le luxe le plus indispensable qu'on puisse se donner. Rentré de mes chaudes excursions, mon boy me préparait mon *peg*, quelques gouttes d'eau-de-vie versées dans un soda glacé ; cela me remettait de ma fatigue.

C'est d'ailleurs la boisson populaire des Européens de l'Inde : on ne saurait s'en passer. On ne peut sortir à pied pendant longtemps aux Indes, une heure de promenade vous fatigue en ce pays plus peut-être que quatre ou cinq dans nos climats, aussi faut-il avoir toute la journée une voiture à ses ordres. Son toit vous

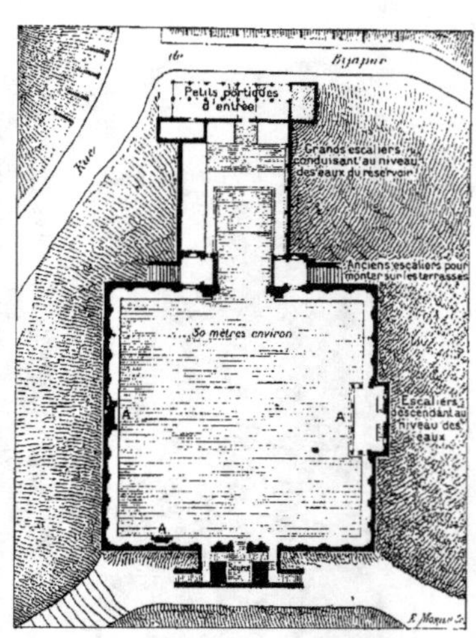

PLAN DU RÉSERVOIR CHAND BAURI.
(Relevé sur place.)

abrite des rayons ardents du soleil ainsi que le casque indien qu'on a sur la tête, et le parasol vous garantit suffisamment lorsqu'on descend quelques moments pour parcourir les ruines ou les rues.

Je quittai Bijapur pour gagner par chemin de fer, en vingt-deux heures, la capitale du Nizam, Hyderabad. Le trajet est long et n'offre guère de distractions.

En cette saison torride de mars et avril, l'immense panorama de plaines et de champs desséchés, brûlés par le soleil, se déroule sous nos yeux toujours le même, absolument monotone. Ce n'est qu'après le temps des pluies que ces pays redeviennent plus riants d'aspect, les champs brûlés se changent alors rapidement en magnifiques champs de culture.

Hyderabad ne possède pas de monuments anciens, et la curiosité n'y est pas excitée fort longtemps. Sa situation sur un vaste plateau élevé (600 mètres d'altitude environ) est cependant fort intéressante au point de vue du paysage.

Ce plateau est composé d'un banc granitique dont les grands rochers dénudés et calcinés par le soleil apparaissent de tous côtés hors du sol, sous les formes les plus étranges. La ville et le vaste étang le *meer Aline*, qui est auprès de ses portes, sont au centre de ce plateau. Les nombreux jardins d'Hyderabad, qui sont charmants grâce aux eaux bienfaisantes de l'étang, forment un contraste extraordinaire avec les rochers granitiques d'aspect désolé qui les environnent.

Le grand bazar, qui constitue la plus grande partie de la ville, est construit en forme de croix dont le centre est occupé par un énorme pavillon orné d'un dôme et flanqué de quatre minarets fort élevés. Ce monument, le *Charminar*, sert de poste de police; grâce à sa situation, les gardiens peuvent aisément surveiller et voir tout ce qui se passe dans le bazar, dont les quatre extrémités sont ornées de grandes portes triomphales. Une promenade dans ce vaste bazar suffit presque pour donner idée de la ville entière; quant au palais tout moderne du roi, il semble bien insignifiant et bien pauvre auprès de ceux qu'on a vus dans les autres provinces.

Avant de gagner Madras je fis un court séjour à Tadputri, petite localité étonnante située au bord d'un lac presque entièrement desséché en cette saison ; on me dit à la gare que le *bungalow* est fort éloigné. Naïnifa se disposait déjà à me louer deux voitures traînées par des bœufs et j'allais partir, comptant faire la route au clair de lune, quand trois Hindous viennent me parler en anglais. Ces messieurs, le magistrat de la ville, le docteur et un de leurs amis, avaient vu mon embarras; ils m'offrent leur voiture pour m'accompagner et insistent avec tant d'obligeance que je ne pouvais refuser.

Mes nouveaux amis sont instruits et distingués, ils connaissent les nouvelles d'Europe, mais ne lisant toujours que des journaux anglais ; ils savaient fort bien les choses qui pouvaient être désagréables pour notre pays et semblaient parfaitement en ignorer les bonnes. Je fis de mon mieux pour les détromper et tâchai même de prendre un peu ma revanche. Je voyais alors que les Hindous sont blessés de la manière avec laquelle les Anglais les traitent. Ils leur font trop souvent comprendre combien ils sont persuadés de leur supériorité et les considèrent presque toujours comme des êtres inférieurs à eux-mêmes.

Arrivés à Tadputri, le magistrat me fit descendre devant sa demeure, des serviteurs apportent aussitôt des tapis pour ces messieurs et un fauteuil à l'européenne pour moi. La petite fille et le jeune enfant de mon hôte viennent nous voir un moment et m'apportent une limonade fraîche. Je bois seul, les Hindous ne sauraient rien prendre avec un étranger. En signe de bienvenue, on met autour de mon cou un grand collier de jasmin et de fleurs odorantes et nous causons comme de vrais amis, au clair de lune. Pendant ce temps, le magistrat avait fait porter au *bungalow* qui, dans ce petit pays, est un simple abri sans meubles, un lit de sangle avec un fauteuil et je pus prendre congé de mes Hindous, véritablement touché de leur amabilité.

Dès mon réveil le docteur vient prendre de mes nouvelles et veut me faire visiter son hôpital ; il était tout fier de me montrer deux cas d'influenza. Jamais Tadputri n'avait entendu parler de cette maladie. Il mit ensuite à mon service, de la part du magistrat, un guide pour me mener aux temples.

Entre le nord de l'Inde et sa partie méridionale, la différence des races est considérable. Dans le nord, venus des provinces de l'Asie centrale, les Aryens ont pénétré dans l'Inde par le haut Indus. Dans le sud, ce sont les Dravidiens qui occupaient, dans les âges inconnus, les provinces méridionales de Babylone, qu'on suppose avoir pénétré en ce pays par mer en suivant les côtes.

La révolution extraordinaire qui s'est faite dans les Indes, lors de la grande apparition du bouddhisme sous le règne d'Asoka (300 av. J.-C.), a créé chez les Aryens le sentiment artistique qu'ils ont possédé pendant des siècles. Les Dravidiens sont restés presque tous rebelles à cette religion ; continuant à être fidèles au culte de Vishnou et de Siva, ils ont su conserver à leur art ses beautés et son extrême originalité et même leur langage spécial, le tamil.

Le plan général des temples de l'Inde méridionale est toujours exécuté avec les mêmes principes ; il est fort simple d'arrangement. Ce sont des sanctuaires plus ou moins importants comme grandeur, précédés de belles salles ou *mantapas* dont le plafond dallé est supporté par de nombreux piliers. Ces salles sont elles-mêmes entourées et reliées souvent entre elles par des portiques. Une pièce d'eau accompagnée de perrons de pierre forme, avec les temples, le principal attrait de ce genre de construction. Le tout est fermé par un grand mur d'enceinte ou *maddal* dans lequel sont pratiquées, aux quatre points cardinaux, des entrées monumentales ou *gopuras*. Les murs, nus extérieurement, sont à l'intérieur ornés de portiques élégants, de même que la pièce d'eau sacrée qui sert aux ablutions des fidèles. D'autres salles souvent magnifiques, que l'on nomme des *choultries*, analogues en quelque sorte à nos salles de pas perdus, se trouvent devant les principales entrées, accompagnant ainsi les gopuras.

La dynastie des Nayak a gouverné, pendant plus de deux siècles, une partie des provinces du sud de l'Inde; ils ont élevé pendant cette longue période des monuments qui font aujourd'hui l'admiration des voyageurs. Tadputri possède encore deux temples presque en ruine, qui peuvent être cités comme les chefs-d'œuvre du genre, quoiqu'ils soient cependant d'une importance relativement médiocre. Ils ont été élevés au commencement du xvıᵉ siècle pendant le règne d'un des premiers rois de la dynastie nayak.

Le plus ancien temple, qui appartient encore aujourd'hui au culte de Vish-

MANTAPA OU PORCHE D'ENTRÉE DU SANCTUAIRE DE TADPUTRI.
(D'après nature.)

nou, est rempli de sculptures exécutées avec beaucoup d'art et de finesse.

Le mantapa, ou porche d'entrée du sanctuaire que représente notre dessin, peut donner un aperçu de la richesse d'ornementation de l'œuvre tout entière. Le temple est isolé au milieu d'une vaste cour entourée par les portiques qui ornent le mur d'enceinte. Les portes triomphales ou *gopuras* sont surmontées de pyramides s'élevant par gradins dans le ciel, couvertes de sculptures en terre cuite autrefois peintes et dorées. Le soubassement seul de ces entrées est en granit, il est fort riche en ornementations diverses. Ceux des *gopuras* du deuxième temple existent actuellement sans leur couronnement, mais les sculptures qui les couvrent sont parfaites d'exécution. Elles représentent, au milieu de rinceaux et d'autres ornements, des sujets mythologiques.

Madras est une grande ville peu intéressante pour un touriste qui aime les anciens souvenirs ; tout y est affreusement moderne ; le bord de la mer lui-même, dans ces conditions, semble monotone. Quelques heures suffisent pour voir le musée qui possède des antiques raretés indiennes, le bazar indigène et les promenades ; tout est terminé alors, il ne faut plus songer qu'au départ. Hors la ville, la campagne est agréable, elle est remplie de riches villas anglaises dont les jardins sont admirablement soignés, et dans les champs, péniblement arrosés deux fois le

jour par des moyens primitifs d'irrigation, les cocotiers et les bananiers, en pleine prospérité, apportent le bien-être à la population indigène.

Les environs de Madras sont remplis de monuments intéressants. C'est à Mahavellipore, localité située au bord de la mer et connue depuis longtemps par les marins et les pêcheurs sous le nom des *Sept Pagodes*, qu'on peut visiter les plus anciens d'entre eux.

PAGODE DE MAHAVELLIPORE.
(D'après nature.)

Il y a quelques préparatifs pour cette excursion qui demande au moins trois journées complètes, c'est en barque qu'on doit la faire. J'allai avec mon boy assez loin dans les faubourgs de Madras à la recherche des bateliers.

Pour éviter les chaleurs, je m'embarque le soir et, faute de vent, les bateliers me remorquent dans le canal qui conduit aux ruines. Naïnifa m'installe sur le toit de ma cabine, avec mes couvertures, et ma nuit se passe ainsi sous les étoiles.

Mahavellipore aurait été habitée avant le vii° siècle de notre ère par une population à peine civilisée, les Kurumbas, dont la secte religieuse appartenait aux Jaïnas. Un peu plus tard, c'est la religion de Brahma qui prévalut et resta puissante pendant de longues années. D'après le récit de M. W. Chambers, qui a pu visiter ces lieux en 1772 et 1776, un village existait alors tout auprès des temples ;

15

beaucoup de ses habitants, adorateurs de Brahma, semblaient encore en connaître la mystérieuse histoire. Mahavellipore, ou cité du grand Bali, l'un des principaux héros de la mythologie hindoue, possède des temples souterrains taillés dans le roc, des pagodes monolithiques et des sculptures taillées en haut relief dans le granit, presque uniques dans leur genre.

La gravure ci-contre (voy. p. 113) représente l'un des plus curieux spécimens des pagodes ou *rathas* de Mahavellipore. Ce *ratha* est accompagné de quatre autres monolithes analogues placés non loin de la mer. Depuis de longues années les sables poussés par le vent ont formé une sorte de dune entre eux et l'océan, ils commencent même à envahir le *ratha* qui fait le pendant de celui que nous représentons, entre lesquels on remarque, taillées dans le roc, les figures d'un éléphant de grandeur naturelle et d'un lion, qui semblent veiller sur ces lieux sacrés. Rien n'est plus étrange que la composition des sculptures du monument qui nous occupe.

La forme gracieuse des nombreux petits dômes qui marquent ses étages, le détail des piliers qui supportent la corniche principale et les nombreux ornements qui l'enrichissent, produisent un effet original et inattendu.

A deux milles de Mahavellipore, non loin des huttes de pêcheurs connues sous le Sàluwan-Kuppam, il existe d'autres monuments plus curieux encore. Ce sont aussi des blocs énormes de granit qu'on nomme Idaiyan Pudal; ils sont placés sur une petite hauteur ensablée dont le niveau est assez élevé au-dessus de la mer. On y a creusé une sorte de niche accompagnée de deux animaux fantastiques, qui semblent supporter un entablement à la manière de nos cariatides.

Il y avait sans doute autrefois quelque statue divine dans cette niche, des marches élevées sont taillées pour y donner accès et pour aider les fidèles à se prosterner; ce motif central est entouré d'ornements d'une composition remarquable. Les sculptures forment une sorte d'auréole toute garnie de têtes de lions fabuleux, des *simhas* qui appartiennent, suivant les idées poétiques des Hindous, au paradis de Vishnou. Tout à côté de ce sanctuaire primitif, sur le même rocher qui devient moins important comme hauteur, on découvre les sculptures grossières à peine indiquées d'éléphants portant sur leur dos de petites statuettes des dieux placées dans des niches carrées assez profondément creusées dans la roche granitique, puis un cheval à peine dégrossi (voy. p. 116).

D'après les inscriptions en langue tamil ou malabar qu'on a découvertes sous le portique d'un petit temple voisin de Idaiyan Pudal et voué à Brahma, ces sanctuaires ont dû être taillés sous le règne d'un des principaux rois de la dynastie des Chola, au commencement du xiie siècle de notre ère [1].

Tout ce qu'on voit à Mahavellipore a un caractère spécial, unique dans cette partie méridionale de l'Inde. Arrivé à Vellore, près Madras, je retrouvai l'architecture plus habituelle du pays : son temple et son porche sacré surtout, situés dans l'intérieur du fort et qui dateraient de l'an 1350, d'après les traditions, vous offrent des spécimens merveilleux de sculptures.

Pour faire diversion dans le voyage et cesser pour quelques jours de voir des temples anciens, je me dirigeai vers Mysore et Seringapatam, deux villes intéressantes à visiter, dont les souvenirs sont plus modernes. Mysore est la capitale d'un royaume indépendant et son roi est un jeune homme de vingt-sept ans, qui achève d'enlever tout caractère à sa ville en y créant des boulevards et des constructions à l'européenne. J'ai visité son palais ou du moins les pavillons d'été qui le composent : ils sont plus qu'ordinaires, le grand luxe de ce jeune homme paraît être tout entier dans ses écuries, qui sont très spacieuses et fort bien soignées. Quatre-vingt-dix chevaux superbes, ayant chacun un palefrenier spécial, occupent les corps de bâtiment auprès duquel se trouve un immense manège gazonné qui sert aux exercices journaliers des nobles animaux du roi.

Chaque cheval est dans un compartiment isolé : il n'y a pas de litière ni de mangeoire. Aux heures des repas, le foin est mis sur le sol soigneusement damé et quant aux grains, on apporte aux heures dites la mesure ordonnée, dans une auge munie d'un trépied. Les pieds de derrière du cheval sont attachés avec des entraves et sa tête est maintenue par un licol.

Le palais du père du jeune roi a gardé un peu de l'originalité ancienne : ce n'est plus le luxe merveilleux des séjours de Bijapur et autres lieux, mais on y trouve encore quelques objets magnifiques. Des éléphants en argent, entre autres, et un cheval de bronze doré, placés auprès du trône royal dans la grande salle d'audience, sont des pièces artistiques dignes d'être mises dans les plus beaux musées ; les portes de cette salle sont aussi remarquables par leur richesse : deux d'entre elles sont revêtues de plaques d'argent repoussé représentant des scènes mythologiques hindoues, une autre a des panneaux d'ivoire sculptés de motifs analogues.

A Seringapatam, j'ai eu une surprise agréable ; le bungalow n'est pas comme tous les autres, on a la permission de loger dans l'ancien palais d'été du sultan

1. *Description and historical papers relating to the Seven Pagodas on the Coromandel coast*, edited by captain M. W. Carr. Madras, 1869.

Tippoo, qui a joué un si grand rôle à la fin du siècle dernier dans les guerres avec les Anglais. Cette résidence est splendide; les salles nouvellement restaurées sont couvertes de belles peintures rehaussées d'or, et toutes les larges baies, sans fenêtres aucunes, prennent vue sur des parterres dessinés à la française. J'étais au premier étage, dans une des pièces principales. De la tribune dorée s'avançant en encorbellement sous les grands portiques qui entourent le palais, j'avais la vue délicieuse des jardins embaumés et du vaste bassin dans lequel les femmes de Tippoo se baignaient sous ses yeux.

Ce sultan farouche, qu'on surnommait le Tigre de Mysore, était d'humeur plus douce avec les dames, et dans ce ravissant séjour d'été, il venait quelquefois se réjouir avec elles. La ville de Seringapatam est pleine des souvenirs des anciennes guerres avec les Anglais. On vous montre les prisons où Tippoo faisait enfermer et mourir les malheureux qui tombaient en son pouvoir, ainsi que les ruines de l'ancien fort d'où le grand sultan vaincu et trahi par les siens pensait s'enfuir pour rejoindre un de ses

MONOLITHE DE IDAIYAN PUDAL, PRÈS DE SÀLUWAN-KUPPAM.
(D'après nature.)

corps d'armée. Les Anglais avertis le firent fusiller au moment de sa sortie d'un des souterrains de la forteresse. La ville de Seringapatam est pauvre et sans commerce, le jeune roi cependant se fait un revenu assez considérable avec le bois de santal qu'on peut recueillir en assez grande abondance dans le pays. La Cauvery, rivière qui baigne Seringapatam, est pittoresque, le grand pont de la ville, de construction hindoue, refait depuis trois ans par suite d'une crue excessive, est une des choses les plus curieuses du pays. Ce pont, construit en 1690 par le roi Chikka Deva Rajah Wadier, a près de 79 mètres de longueur d'un bord à l'autre; il est soutenu par une série de piliers monolithes de granit placés sur trois rangs, à 2^m,50 environ d'axe en axe. Ses piliers sont reliés entre eux par de longues pièces de granit taillées comme des madriers de charpente, ils y sont assemblés par tenons et mortaises exactement comme s'il s'agissait d'une construction en bois. Ils supportent le tablier composé de dalles de granit, et les deux parapets sont en briques enduites de stuc. Afin de mieux résister à la force du courant, le pont est construit dans la forme d'un angle obtus dont le sommet se trouve en amont de la Cauvery.

De Seringapatam l'étape est longue pour gagner Trichinopoly; je m'arrête quelques heures à Bangalore, l'un des centres civils et militaires anglais. Malgré la présence des Européens, les Hindous ne gardent pas moins leurs superstitions et leurs vieilles croyances.

Lors de mon passage, il y avait, paraît-il, une épidémie vraiment sérieuse d'influenza et les pauvres gens n'étaient plus fiers comme ceux de Tadputri, qui n'en avaient que deux cas. L'influenza prenant trop de place parmi eux, les Hindous avaient trouvé un moyen qui réussissait presque infailliblement quand on avait la foi. Il fallait sacrifier simplement un chevreau au dieu Jaghernat en lui adressant en même temps quelques ferventes prières, la guérison ne se faisait pas attendre. Dans les chemins en dehors de la ville, les femmes hindoues, qui viennent souvent déposer leurs fardeaux sur les hauts supports de granit installés par les Anglais pour leur usage, ne manquaient pas de se raconter les miracles récents opérés par le dieu redouté (voy. p. 79).

Trichinopoly est un centre d'où l'on peut rayonner pour voir les grandes merveilles de l'Inde méridionale. Les temples de Srirangham y resplendissent dans toute leur beauté et forment à eux seuls une ville sacrée qui contient dans ses sept enceintes de murailles crénelées 12 000 habitants et pèlerins et 300 prêtres pour le service des sanctuaires et de ses annexes. Les murs d'enceinte ont environ $7^m,60$ de hauteur sur $1^m,20$ d'épaisseur et la grande muraille de clôture de tous les édifices réunis mesure sur un de ses côtés 752 mètres et sur l'autre 875 mètres. La date de fondation de ces monuments relativement modernes est connue par des faits historiques certains.

Les Dravidiens les avaient commencés dans les premières années du xviiie siècle; ils n'étaient pas terminés lorsque les Français commandés par Dupleix s'y fortifièrent et purent s'y maintenir pendant près de dix années, jusqu'à la prise définitive de Trichinopoly par les Anglais vers l'an 1747.

Chaque mur d'enceinte possède des *Gopuras*; il y en a vingt et un et leurs masses pyramidales de briques couvertes d'ornements en terre cuite se découpent dans le ciel bleu. Les portiques intérieurs des temples, les salles immenses soutenues de mille piliers couverts de sculptures sont d'un effet extraordinaire. Le bazar de cette ville sacrée et ses habitants sont seulement dans les trois premières enceintes; dans les quatre autres se trouvent les salles merveilleuses et les sanctuaires dans lesquels on ne peut pénétrer. Le guide vous fait monter cependant dans l'un des grands Gopuras le plus proche, afin d'avoir une vue générale de tout ce qui constitue Srirangham; on en comprend mieux la grandeur et la richesse, et il est possible de voir le petit étang sacré situé dans une cour des sanctuaires où les pèlerins en foule peuvent aller se baigner une fois l'an après avoir passé sous un Gopura nommé la porte du Paradis. S'ils ont prié Vishnou avec ferveur, ils sont absous de leurs péchés et ont gagné des indulgences pour l'année qui suivra.

Je visitai ensuite Trichinopoly et son temple voué à Siva, situé sur un rocher de granit de 160 mètres environ de hauteur. On y monte par une longue suite d'escaliers magnifiques dont chaque palier donne accès à des salles qui servent à abriter les pèlerins les jours de fête; elles sont aussi remplies de curieuses sculptures. Le sanctuaire de Siva domine enfin le sommet de l'immense bloc de granit sur lequel on jouit du panorama de toute la ville avec sa rivière, la Cauvery, qui est considérée comme sacrée, de même que le Gange à Bénarès. Elle coule au milieu des bois de cocotiers et des rizières verdoyantes, enveloppant le temple de Srirangham, et ces vingt et une pagodes perdues dans un océan de verdure qui apparaissent merveilleux dans ce paysage grandiose.

Les pagodes et sanctuaires de la ville de Tanjore occupent une surface moins considérable que ceux de Srirangham, mais les compositions générales des sculptures m'ont semblé d'un goût plus pur. Elles sont moins compliquées et laissent mieux voir les belles lignes d'architecture. Le grand temple aurait été construit par le roi Kadu, Vettiga Soran, de la dynastie des Cholas, au commencement du XIVᵉ siècle [1], et celui de Soubramanié, le fils de Siva, d'une origine moins ancienne, sont de vrais chefs-d'œuvre du genre dravidien.

Dans les *Gopuras*, les motifs de sculpture appartiennent au culte de Vishnou, mais sous le portique intérieur qui orne le grand mur d'enceinte on remarque dans chaque entre-colonnement des *lingams* de toute grandeur : il y en a plus de cent, ils appartiennent au culte de Siva.

La grande cour intérieure, qui renferme les temples, les jardins et pavillons réservés aux prêtres, est ornée d'un motif curieux dont l'importance est unique dans les temples de l'Inde.

C'est un grand pavillon soutenu de légers piliers sculptés qui contient une statue colossale de Nundi, le taureau sacré de Siva. Taillé dans un monolithe qui semble être un marbre noir, Nundi, dont le cou est orné de nombreux colliers

---

1. *History of Indian and Eastern Architecture*, by James Fergusson.

sculptés, est accroupi sur un piédestal de granit. De la tête à la croupe, l'animal a 5 mètres environ, la hauteur prise à la tête est de $3^m,60$ et la largeur de 2 mètres. Les fidèles ne cessent, en venant rendre hommage à Nundi, d'arroser d'huile son corps tout entier, il en est couvert d'une couche épaisse: par cette raison, il est difficile de savoir exactement la matière qui compose le monolithe, qui reste caché sous cet enduit graisseux.

Mon pèlerinage aux temples continue, et grâce au chemin de fer me voici en peu de temps à Combaconum, considérée par les Hindous comme une ville sainte et comme l'une des plus anciennes capitales de la dynastie des Cholas. Dans les temples actuels de la ville on voit de nombreux fragments de portiques ou de temples plus anciens ; ses anciens vestiges sont perdus dans les constructions plus modernes dont quelques-uns des Gopuras ne sont pas moins splendides que ceux de Srirangham. La construction la plus caractéristique de Combaconum consiste dans la pièce d'eau, l'une des plus belles de l'Inde. La rivière Cauvery, qui baigne la ville, reste à sec pendant de longs mois ; aussi, les habitants ne peuvent y faire leurs ablutions et leurs prières comme au Nord, ceux de Bénarès, dans le Gange. Ils ont construit une pièce d'eau qui forme un rectangle d'environ 60 mètres sur 100. Elle est bordée sur deux côtés par un mur de quai, avec chemin de ronde ; de larges escaliers de pierres conduisent au niveau de l'eau aux deux extrémités. Seize élégantes pagodes, contenant un sanctuaire voué à Siva et à d'autres dieux, ornent le quai et servent aux pèlerins qui viennent y prier. Un aqueduc souterrain amène, lorsque la saison le permet, les eaux de la rivière dans la pièce d'eau qui est assez profonde pour que les habitants soient certains de ne jamais la voir à sec. Dans les nombreux temples de la ville, des pèlerinages considérables s'y font annuellement ; et il s'y passe tous les douze ans une fête religieuse qui attire une foule immense. Pendant quelques journées, la ville est transformée ; plus de 30 000 personnes venant des environs y accourent. Une partie des cérémonies consiste à se baigner dans la pièce d'eau sacrée : le bassin est bientôt rempli d'une foule compacte. Les rues de la ville, les jardins et cours des temples, regorgent de visiteurs et les bazars sont assiégés par eux, car il n'est pas un pèlerin qui ne veuille rapporter à son foyer quelque objet de piété qui lui rappellera le grand jour sacré entre tous.

Une procession féerique a lieu autour du lac avec les éléphants sacrés couverts d'étoffes éclatantes. Les Indiens, à la belle figure bronzée, portent respectueusement les reliques d'or et les objets sacrés. Sous les grands arbres qui bordent en partie l'étang, on remarque des pierres sculptées grossièrement. Elles représentent des

cobras à plusieurs têtes ou des serpents enroulés en forme de caducée. Ce sont des
ex-voto déposés par les époux qui désirent avoir des enfants, et qui invoquent les
dieux pour que leur souhait soit exaucé. Plus loin, ce sont des femmes voilées
qui rendent hommage à leur déesse préférée Tulci, en plantant sur ses autels le
basilic, fleur sacrée (*Ocimum gratissimum*) qu'elles cultivent souvent aussi auprès
de la porte d'entrée de leur demeure. D'un autre côté de la procession, les prêtres
font des largesses à la foule, en jetant à profusion des bananes ou d'autres fruits
ramassés avec des cris d'enthousiasme par les enfants.

FAÇADE DU CHOULTRIE OU SALLE DES PILIERS A MADURA (INDE).
(D'après une photographie.)

La ville de Chidambaram et ses temples sont des lieux vénérés par les Hindous,
on y vient aussi en pèlerinage comme à Combaconum. Les temples passent pour
être parmi les plus anciens de l'Inde du Sud, mais les dates ne sauraient être
données avec certitude.

Presque au centre de la vaste muraille d'enceinte des temples, existe près de
l'étang sacré, sur le côté ouest, une seconde enceinte de murailles qui enferment un
petit sanctuaire dédié au dieu de la danse, Verma. Les constructions passent pour
être en partie celles du temple primitif dont l'origine daterait du x° ou du xı° siècle.

Planche XI. — Pagode de Lampotaï près Amoy (Chine).
(D'après nature, voy. p. 164.)

16

Le temple dédié à Parvati, situé au nord de l'étang, aurait été construit pendant le XIVᵉ et le XVᵉ siècle; c'est le plus beau de tous et la grande salle des mille colonnes, sur le côté sud de l'étang, a été élevée de 1595 à 1685 par suite des nombreuses donations des rois de la province[1]. Tous ces monuments ont beaucoup de rapports avec ceux de Srirangham près Trichonopoly.

La ville de Madura est celle qui offre, dans la présidence de Madras, le plus d'intérêt; ses temples dépassent encore en splendeur ceux de Srirangham, Tanjore et Chidambaram.

Les Dravidiens de l'Inde méridionale eurent une longue suite de rois dont les dates de règne restent bien incertaines. On sait que quelques-uns furent vaincus par des rois de Mysore, de la dynastie de Bellala, et ils eurent aussi à souffrir, en 1310, de l'invasion des musulmans. L'anarchie et les révolutions vinrent ensuite jusqu'à l'apparition du fameux Hindou Viswanath Nayak, le fondateur de la dynastie des Nayak, en 1532.

C'est sous le règne prospère de Tirumulla Nayak (1621-1657), le dixième roi de cette dynastie, que l'art de la construction arrivait à son apogée. Dans la ville de Madura, devenue la capitale, les temples sont absolument extraordinaires. La gravure placée page 120 représente une des façades du choultrie ou grande salle des piliers. On pense que ce monument célèbre, d'une grande magnificence, fut bâti par les soins de Tirumulla.

La salle principale, formée de portiques de granit, n'a pas moins de 101 mètres de longueur sur 32 mètres de largeur. Chacun des piliers est orné de sculptures superbes et de différentes compositions. Le portique central surtout, plus large que les deux autres, tout rempli de figures des dieux et de statues représentant des membres de la famille de Tirumulla, est resté resplendissant. La reine régente Mangammâl (1689-1704), qui protégeait les arts et les sciences à l'égal de ses ancêtres, contribua également à l'achèvement des temples de Madura[2]. Aujourd'hui, cette immense salle est livrée entièrement au commerce; elle est devenue un grand bazar (voy. pl. VII, p. 73). Des marchands de toutes sortes y étalent les objets qu'ils désirent vendre, sur les dalles de granit, ou accrochent aux saillies des belles sculptures les étoffes bariolées et autres objets. Ces statues des dieux sont défigurées ainsi et souvent mutilées par le manque de soin des Hindous. Cette salle est pour ainsi dire le premier vestibule des temples eux-mêmes. On passe sous le gopura qui lui fait face pour pénétrer dans la pre-

1. *Madras Journal*, n° 20, p. 15.
2. *A political and general history of the district of Tinnevelly*, by Rev. R. Caldwell. Madras, 1881.

mière enceinte des temples. Les yeux sont alors éblouis par le spectacle des portiques ornés de peintures à fresque qui ornent la pièce d'eau sacrée, et des salles grandioses composées de mille piliers monolithiques chargés de sculptures merveilleuses ou de statues des divinités. Puis c'est la visite du trésor, où se trouvent entassés des objets qui servent les grands jours de fête pendant les processions. Ce sont des idoles de bois toutes plaquées de feuilles d'or et d'argent avec ornements repoussés. Elles sont superbes sous leur aspect naïf mais voulu. On nous montre encore les bœufs sacrés, éléphants, lions et chevaux demi-grandeur naturelle, le lit de Vishnou, le cygne et le paon tous plaqués également d'or et d'argent et qui sont portés triomphalement par les fidèles. Puis les colliers, les coiffures d'or ornés de pierres précieuses, perles, émeraudes, etc., qui sont d'une richesse inestimable.

A l'ombre des hauts piliers des portiques, l'éléphant sacré, vêtu d'une longue housse écarlate, est entouré de ses nombreux cornacs, son front est tatoué du signe du Vishnou, le trident aux couleurs blanches et rouges. La familiarité de cet éléphant est étonnante et malgré son caractère sacré, les prêtres l'ont fort bien dressé à la mendicité la plus indiscrète. Pendant le temps que, sans penser à son voisinage, je regardais les sculptures et les détails des salles, je sentis quelque chose de mouillé me toucher mes mains que j'avais derrière mon dos. C'était la trompe de l'éléphant sacré qui venait pour me caresser et surtout pour fouiller dans mes poches afin de ramasser quelques pièces de monnaie. Je jette alors sur le sol une petite pièce d'argent (2 annahs) grande comme nos pièces de 20 centimes. L'éléphant l'a cherchée un moment sur les dalles de pierre et ne tarda pas à la renifler avec sa trompe pour la remettre dans les mains de son gardien.

On approche enfin bientôt du sanctuaire principal, dont l'entrée est inaccessible au commun des mortels. Le jour pénètre à peine sous la forêt de piliers qui l'entourent, le séjour habituel d'une foule de chauves-souris (roussettes) qui s'envolent effrayées à votre approche et vont s'accrocher plus loin, aux saillies des sculptures. La perspective des portiques ornés de ces innombrables divinités semblables à des apparitions fantastiques continue, se perdant dans l'ombre. L'aspect n'en est que plus étrange et, dans ce vaste ensemble où tout est exceptionnel et mystérieux, on se croit transporté dans le monde des rêves.

Le palais du roi Tirumulla à Madura, ou du moins ce qu'il en reste, est d'une magnificence incomparable. On entre premièrement dans une vaste cour entourée de portiques d'ordre dorique fort élevés et surmontés d'arcades superbes aux ornements hindous. Ils servent d'entrée à l'immense salle dont la partie centrale possède un dôme couvert de peintures, dans laquelle le roi tenait autrefois ses grandes audiences annuelles.

Une autre salle, ornée de galeries et de sculptures de stuc, est plus belle encore que la première; elle sert aujourd'hui de salle de justice. Ces magnifiques constructions ne formaient qu'une partie du palais; le reste, qu'on aurait pu garder, les appartements des femmes, les pavillons de repos et les jardins, les écuries des éléphants royaux ont disparu peu à peu, la dépense d'entretien, dit-on dans la ville, était trop considérable ! Quand on est à Madura, il faut bien avouer qu'on déplore la sage économie du gouvernement anglais. Aux environs de la ville les curieux temples de Sobramanié ou Kartikeya, dieu de la guerre, fils de Siva, construits contre la paroi d'un immense rocher de granit auprès de beaux étangs, et, dans les champs, les petits sanctuaires voués aux dieux protecteurs des chevaux et des bœufs intéressent à des titres différents. Ces petits temples surtout construits seulement par le pouvoir de la superstition sont curieux. Ils sont remplis de statuettes grossières en terre cuite, qui ne sont pas autre chose que des ex-voto, la plupart peintes de couleurs brillantes et représentant des bœufs, des vaches ou des chevaux, quelquefois

FEMME HINDOUE FAISANT SÉCHER DES BOUSES DE VACHE
CONTRE UNE MURAILLE.
(D'après une photographie.)

des hommes et des femmes. Il y en a des monceaux, et toutes ont été déposées dans ces lieux pour conjurer la maladie dont était attaquée la personne ou l'animal en question. Quelquefois, à l'entrée de ces sanctuaires rustiques, des habitants plus riches ont fait construire des chevaux de terre cuite de grandeur naturelle ou d'autres animaux; ces ouvrages rustiques font un effet étrange dans les champs cultivés.

En allant hors la ville visiter la prison où, comme à Delhi, les condamnés font des nattes et des tapis, je longeais les bords de la rivière Vygah à l'endroit où l'on brûle les morts et je pus assister à une cérémonie. Je vis un cortège de parents et d'amis s'avancer : ils entouraient un cadavre placé sur une litière portée par quatre hommes. Deux jeunes gens précèdent ce cortège en jouant une marche funèbre dont la musique est lugubre. Ils soufflaient dans des coquillages, sortes de turritelles, munis d'une plaque de fer-blanc, semblables à la *buccina* des anciens. Le cortège approche et je vois le cadavre; c'est une vieille femme enveloppée d'un linceul, sa figure est découverte sauf la bouche, qui est cachée d'un linge blanc. Avant que le cadavre soit déposé à terre, les porteurs lui font faire trois fois le tour de l'arbre sacré situé au bord de l'eau. Le fils de la morte doit avoir une partie de la tête rasée avant de rendre les derniers devoirs à sa vieille mère et pendant le temps que le barbier fait son office, les parents se réunissent sous l'arbre et causent de toutes choses en fumant des cigares. L'un d'eux, voyant que je m'intéresse à la cérémonie, m'en offre un, je le remercie, mais mon *boy* Naïnifa profite de l'aubaine inattendue, et, prenant un cigare, se met à fumer avec eux. Le fils de la morte est rasé enfin; sa figure n'exprime aucun chagrin. Il va chercher assez loin dans la rivière presque desséchée, de l'eau qu'il apporte dans un vase pour la verser sur le cadavre, puis faisant encore trois fois le tour de l'arbre sacré, il répand sur lui du safran et du riz. Les derniers devoirs sont remplis.

Il faut alors allumer le feu du bûcher, qui se compose de plusieurs couches de mottes faites de bouses de vache desséchées, le cadavre est posé directement dessus. De pauvres femmes apportent dans des paniers d'autres paquets de ces mottes pour achever la combustion complète. Pendant toutes ces opérations l'indifférence des assistants est étonnante; il n'y a pas une larme, ni la moindre manifestation. Une fois le feu du bûcher commencé, tous se retirent, il semble qu'ils aient achevé la chose du monde la plus ordinaire.

Les mottes desséchées qu'on utilise pour la crémation ne sont pas toujours employées à cet usage dans les Indes. On en fabrique dans toutes les localités du Nord et du Sud, elles servent aussi dans les ménages pour la cuisine et partout, dans les villages et les faubourgs, on voit les femmes et les enfants pétrir, le long des routes, les bouses de vache dans leurs mains et les plaquer sur les murs de leur maison ou sur des rochers pour les faire sécher au soleil (voy. p. 125).

De Madura, j'arrivai à Tinnevelly où se trouvent d'importants sanctuaires dont l'ensemble remarquable n'offre cependant qu'un intérêt moindre après tous ceux que je venais de visiter. Une charmante excursion peu connue fut la dernière que je devais faire aux Indes. Ce sont les temples de Païmvera, voués à Siva, situés à 25 milles de Tinnevelly dans de petites montagnes de granit couvertes de verdure. Le temple principal est placé dans une véritable oasis, sous des platanes séculaires, auprès d'un cours d'eau qui s'écoule en gracieuses casca-

telles. On a quelques peines pour se rendre en ces lieux, et il fallait passer tout
une nuit dans un chariot attelé de zébus pour s'y rendre. Ces chariots sont d'une
forme semblable à celle de nos voitures qui servent à transporter les morts,
ils sont cependant munis de fenètres. On s'étale tout de son long sur le plancher
de cette voiture non suspendue, les coussins et couvertures n'atténuent guère
les secousses affreuses qu'on subit en chemin et le sommeil y est difficile. Il me
semble cependant avoir dormi, surtout la deuxième nuit pour le retour.

Mes pérégrinations dans l'Inde étaient terminées et j'allai pour m'embarquer à
Tuticorin. Il arrive malheureusement des déboires à ceux qui sont toujours en
route, le choléra était à Tuticorin ; les bateaux pour Ceylan ne partaient plus.
La mesure de précaution était, suivant l'avis de tous, fort exagérée, cependant elle
restait inexorable et la menace d'une quarantaine sévère donne lieu à de sérieuses
réflexions. Je ne pouvais que demander conseil au directeur de la Compagnie des
bateaux. « Le mieux est de repartir pour Madras (28 heures de chemin de fer) pour
prendre en temps voulu le steamer anglais. » La plage de Tuticorin et la mer
étaient à peine vues, qu'il faut replier bagage et renoncer à une pêche aux perles
fines que j'avais déjà commandée. J'arrive à temps à Madras pour partir sur le
navire le *Clan Macpherson* qui me transporte à Ceylan.

CHAPITRE VIII

Aucun spectacle n'est plus beau, plus attrayant, que celui de la ville de
Colombo à Ceylan. Les parcs éblouissants de fleurs, les villas construites par les
Anglais au bord de la mer et le bazar de Pettah, qui constitue presque toute la
ville indigène, sont des plus intéressants.

Les rues du bazar, fort mouvementées, toutes remplies de chariots attelés
de zébus trotteurs, de petits cabriolets traînés par des coolies, et les voitures
européennes, puis toute la foule d'indigènes nus jusqu'à la ceinture, drapés
d'étoffes colorées et presque tous agréables à voir, forment un coup d'œil
absolument extraordinaire. Il semble qu'on soit au milieu d'une fête perpétuelle
tant le soleil est éclatant. Ce premier aperçu de Ceylan éblouit le touriste
fraîchement débarqué ; lorsqu'il pénètre plus au centre de l'île, pour aller à
Kandy et dans les montagnes éloignées, son admiration augmente de plus en plus.

Le gouvernement anglais n'a construit jusqu'à présent à Ceylan que deux
lignes de chemin de fer. Elles partent de Colombo. L'une d'elles suit le bord de
la mer et se dirige vers Pointe-de-Galles. Cette ligne est superbe à parcourir d'un
bout à l'autre ; sur presque toute sa longueur, elle se trouve sous les ombrages
des plantations de cocotiers qui abondent à Ceylan et les aperçus de la mer sont
merveilleux. L'autre ligne, qui va à Kandy et jusqu'à Newara Aliya, est plus
admirable encore. Le chemin de fer monte par des pentes douces construites sur
la montagne ; les panoramas que le voyageur contemple de la fenêtre de son
wagon sont uniques en leur genre. Rien de plus beau, en effet, que cette
végétation tropicale qui couvre entièrement les cimes et les vallons. A la sortie

Planche XII. — Pailoo de granit dans la grande rue de Foochow (Chine).

(D'après nature, voy. p. 168.)

de chaque tunnel, fort nombreux sur le parcours, on a des surprises nouvelles, des points de vue d'une resplendissante beauté. Kandy, avec son petit lac encadré de verdure, est un séjour délicieux entre tous, mais son plus beau joyau est certainement le jardin de Peradeniya, fondé en 1821 par les Anglais, six années après leur occupation définitive de l'île. Baigné par la jolie rivière de Mahavéli, placé dans des lieux pittoresques à 456 mètres d'altitude, il est à une distance de 4 milles à Kandy et il occupe une surface de 150 acres. La température chaude et humide mais assez égale de la localité — 25° centigrades en moyenne — favorise singulièrement la culture des plantes et des arbres tropicaux de toutes espèces qui remplissent ce jardin d'une beauté exceptionnelle. On y remarque de véritables merveilles végétales, parmi lesquelles sont les superbes *Ficus elastica* importés d'Assam (Inde) depuis 1833 (voy. p. 132). Ils ont prospéré à Peradeniya, et leurs racines contournées, semblables à de grands serpents endormis autour du tronc principal, font le plus curieux effet qu'on puisse voir. On a peine à croire que ces beaux arbres sont les mêmes que les vulgaires caoutchoucs que nous gardons à Paris avec tant de soins dans nos appartements. Il faut citer l'avenue superbe des *Oreodoxa regia* plantés depuis trente-cinq ans et aussi les bambous gigantesques de Malacca, *Dendrocalamus giganteus*, qui ont été plantés à Peradeniya en 1856. Ils atteignent la hauteur de près de 30 mètres, formant un admirable bouquet de feuillage. Les tiges des bambous poussent fort près les unes des autres, se touchant presque et leur croissance rapide est extraordinaire. Dans la saison des pluies, en juin et juillet, on commence à voir les jeunes pousses sortir de terre ; elles grandissent d'un pied en vingt-quatre heures. Lorsque le bambou parvient à sa hauteur maximum, le plus gros diamètre de sa tige atteint près de 23 centimètres.

Kandy, outre ses magnificences tropicales et ses promenades, a des environs d'une richesse extrême par sa culture du riz et du thé. Pour bien se rendre compte de l'importance de l'exploitation du thé dans l'île, c'est à Hatton qu'il faut aller. Cette région est encore fort belle avec toutes ses forêts qui couvrent le haut des montagnes, mais les Anglais déboisent de plus en plus malheureusement, pour mettre les terres en culture. Dans quelques années le thé sera la seule plante du pays.

On coupe actuellement des arbres séculaires et leurs troncs restent sur la terre s'ils n'ont pas servi à construire les demeures des bungalows anglais, les hangars nécessaires à la fabrication du thé ou les huttes des ouvriers cinghalais. Le transport de ces arbres coupés coûterait trop cher sans doute au planteur, il aime mieux les laisser pourrir sur place au milieu de ses champs de thé. Ces grands cadavres d'arbres couchés à terre donnent au pays, en certains endroits, un aspect sinistre et le voyageur regrette les grandes forêts d'autrefois qu'il voit diminuer de plus en plus.

Hors de la ligne du chemin de fer, il est difficile pour un étranger de visiter l'île, s'il n'a point de relations avec quelques colons européens ; il ne trouverait

FICUS ELASTICA A L'ENTRÉE DU JARDIN DE PERADENIYA (CEYLAN).
(D'après une photographie.)

nulle part un abri et de la nourriture à moins de faire de véritables préparatifs d'excursion.

Grâce à l'obligeance de M. Ruinat, le très aimable agent des Messageries maritimes françaises, j'ai pu avoir les lettres de recommandation nécessaires pour M. George Christie, l'un des principaux planteurs de thé des environs de Hatton. Descendu à cette station, je trouvai aussitôt un coolie envoyé à ma rencontre par ce gentleman, pour me guider jusqu'à Maskeliya où se trouvent son bungalow et ses ateliers.

M. Christie m'a reçu chez lui. Je ne pourrai oublier sa gracieuse réception et son hospitalité presque fraternelle. En voyant un homme si jeune chargé d'une exploitation considérable, faisant tout par lui-même dans un pays si lointain, je ne pouvais me défendre d'un certain sentiment d'admiration pour mon hôte. Bien des jeunes Français, évidemment, ne voudraient pas s'exiler ainsi et vivre quelques années dans l'isolement comme ce jeune Anglais, même avec l'espérance presque certaine de rentrer dans sa patrie avec fortune faite.

Il y a une douzaine d'années ; la richesse de Ceylan consistait en grande partie dans la culture du café ; mais un terrible fléau, le *Fungus pest*, parvint à tout ravager. C'était un insecte, l'*Hemileia vastatrix*, qui détruisait toutes les feuilles des plantes ; il apparut dans l'île dès l'année 1869, et, pullulant bientôt d'une façon effrayante, il menaçait le pays d'une ruine presque complète.

Les cultivateurs cherchèrent alors à remplacer la culture du café par celle du thé, ils purent bientôt constater avec joie le succès inespéré de leurs efforts.

Dans l'ouvrage intitulé *Colonial and Indian Exhibition*, 1886 (Clowes and Sons, London), on peut constater la progression constante de cette culture. Les premiers essais faits en 1876 produisirent 282 livres de thé ; en 1880 les planteurs en recueillaient déjà 103 624 ; en 1883, 1 522 882 ; enfin, en l'année 1886, ils firent une récolte de 3 796 694 livres.

Les planteurs vendent, sur leur propriété, environ un shelling, une livre de thé. Les récoltes sont si fructueuses à Ceylan que bientôt, jointes avec celles qu'ils font dans les Indes, les Anglais n'auront plus besoin d'acheter leur thé en Chine. Ils prétendent actuellement que le leur est de qualité bien supérieure à celui des Chinois, qui ne le fabriquent pas avec la même méthode. Ceux-ci, en effet, n'emploient pas des machines, mais ils roulent et aplatissent les feuilles de thé à l'aide de leurs mains.

Le bungalow de M. Christie est fort peu éloigné du pic d'Adam, le Sumanakûta des anciens Cinghalais : je ne pouvais donc résister au désir d'en faire l'ascension. C'est une excursion curieuse entre toutes et qui est loin d'être aussi difficile à faire que bien des voyageurs ont voulu le prétendre.

Le pic est à 2235 mètres au-dessus du niveau de la mer, mais Maskeliya est déjà à 1200 mètres de hauteur. La nature de la végétation varie sensiblement de celle qu'on voit à Kandy, à cause de la différence d'altitude, mais elle n'est pas moins belle. En quittant les champs d'exploitation de M. Christie, mon guide me fit suivre un sentier à peine tracé. Je voyais des deux côtés des cascades et mille filets d'eau courir le long des roches. Il faut traverser plusieurs fois des torrents ; le dos de mon guide cinghalais m'était fort utile en ces occasions ; puis enfin la véritable ascension commence. Elle est parfois assez rude à cause des inégalités des rochers qu'il faut gravir constamment, mais elle n'est pas de très longue durée. Presque toujours sous les ombrages épais des beaux arbres ornés d'oiseaux aux éclatantes couleurs, accompagné d'une quantité de singes qui se sauvaient devant moi en gambadant dans les lianes, je ne manquais pas de distractions diverses durant la montée. Près de la cime du pic, les pentes des rochers auraient été trop raides pour les visiteurs : des marches ont été taillées dans le roc et des chaînes de fer solidement scellées servent encore à hisser les moins alertes jusqu'au but final. C'est là que des milliers de pieux Cinghalais des deux sexes viennent chaque année, à l'époque des pèlerinages, adorer les derniers vestiges des pieds de Bouddha. Sur le plus haut rocher de granit on voit deux empreintes assez incertaines laissées par Bouddha qui, s'il faut en croire la légende, après avoir fait connaître ses lois à ses disciples, se reposa sur la cime de Sumanakûta avant de s'envoler dans le ciel [1]. Pour les préserver des intempéries, ces traces sacrées sont abritées sous un petit pavillon de bois. Quelques huttes pour les prêtres boud-

VOITURE DE VOYAGE A CEYLAN.
(D'après une photographie.)

dhistes ont été construites tout auprès, ainsi qu'une petite plate-forme en maçonnerie qui forme la terrasse d'observation.

Le panorama qu'on admire du haut du pic d'Adam est d'un caractère particulier. C'est le point le plus élevé de l'île, toutes les cimes des montagnes d'alentour, couronnées de forêts, semblent descendre graduellement et se perdre dans un océan de verdure ; la mer bleue enfin borne l'horizon.

Il est certain que Ceylan, avec sa végétation splendide, est pour le touriste un pays merveilleux : c'est l'été perpétuel dans sa plus complète beauté, mais, par cette raison, les paysages sont toujours semblables à eux-mêmes. Les feuillages toujours verts, les plantes toujours en fleurs amènent à la longue la monotonie, et les Européens que j'ai vus en ce pays me disaient qu'ils regrettaient les saisons

1. *Mahavansa*, chap. I, p. 7.

de nos climats qui ont chacune leur charme en amenant dans l'existence une variété qu'on ne trouve plus dans les régions tropicales.

L'île de Ceylan est remarquable aussi par ses souvenirs archéologiques, intéressants au plus haut degré. Les ruines de ses villes antiques, Anuradhapura, Pollonarua et les localités qui les environnent se trouvent dans l'intérieur du pays et sont encore peu connues. Pour les visiter, il ne faut plus penser aux facilités auxquelles le chemin de fer a habitué les voyageurs. A partir de la station de Matalé, située non loin de Kandy, on doit consentir à vivre de la vie ancienne des Cinghalais et voyager dans un grand chariot traîné par des bœufs à la manière des anciens personnages du moyen âge.

Ce grand chariot, non suspendu, est recouvert d'une bâche faite de roseaux qui vous abrite du soleil. Grâce à l'épaisse couche de feuillage et aux couvertures que les conducteurs ont soin d'étaler dans le char, les secousses sont amoindries. Les bœufs, touchés souvent par leur guide, trottent quelquefois, mais ils ne tardent pas à reprendre la marche lente qui leur est habituelle.

Le voyage, quoique assez fatigant, est agréable néanmoins. De belles routes ont été faites pour aller à Anuradhapura. On parcourt tout d'abord des plantations de café et de cacao pour gagner la première étape, Dambulla, célèbre par ses anciens sanctuaires placés dans des grottes naturelles formées par de colossales roches granitiques.

Dambulla se compose d'une longue avenue de cabanes de bois habitées par les indigènes ; un *rest house*, sorte d'hôtellerie confortablement aménagée pour les Européens en voyage, y est installé par les soins du gouvernement anglais.

Le sentier qui mène aux temples, continuellement parcouru par les fidèles, est facile à reconnaître ; en quelques minutes, on est parvenu près des grottes qui renferment les images des dieux. Les Cinghalais n'ont jamais creusé de temples dans les montagnes, comme les Indiens. Ils se sont contentés de profiter des nombreuses excavations ou cavernes naturelles de leur pays, pour y installer des sanctuaires, en choisissant les endroits les plus beaux, au point de vue pittoresque. C'est ainsi que les temples de Dambulla ont été créés. Les hauts rochers de granit voilent d'un côté la vue, mais leur aspect grandiose excite l'étonnement, puis l'immense panorama des champs de culture et des jungles lointaines qu'on découvre au travers des grands arbres qui abritent l'entrée des grottes, complète par sa beauté l'impression première éprouvée.

L'intérieur des cinq grottes qu'on doit visiter est caché par de mauvaises clôtures de briques recouvertes d'une peinture blanche et des portiques de bois

grossièrement taillé. Ces entrées délabrées et mesquines sont pour le touriste une
véritable déception, mais aussitôt que le bonze qui vous conduit a ouvert la lourde
porte d'un des sanctuaires, appelé Maha Dewa Dewale, le contraste est saisissant.
Les yeux s'habituent à l'obscurité qui règne en ces lieux sacrés et ils en découvrent
peu à peu les beautés. La gigantesque figure de Bouddha, couché, vous frappe
tout d'abord, elle semble une apparition fantastique avec sa coiffure dorée et
ses longs vêtements de couleur jaune. Taillée dans le roc, cette sculpture a

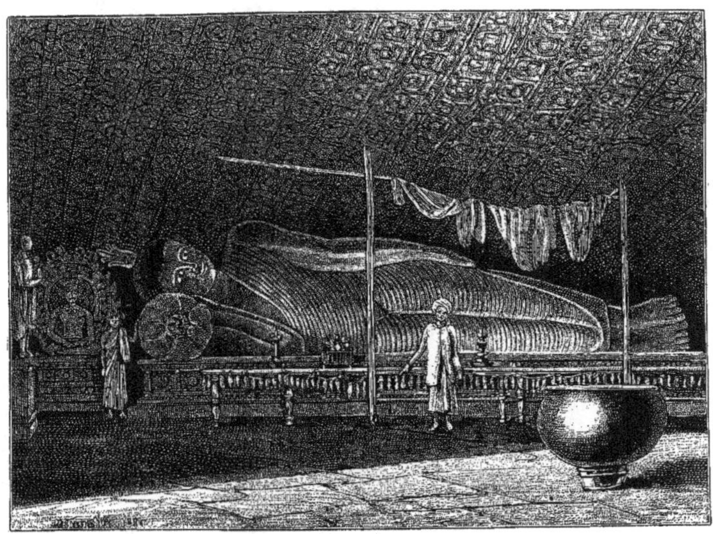

STATUE DE BOUDDHA COUCHÉ DANS LE SANCTUAIRE DE DAMBULLA A CEYLAN.
(D'après nature.)

près de 14 mètres de longueur. On suppose qu'elle a été exécutée par les ordres
du roi Vatta-Gamani-Abhaya qui régnait à Anuradhapura, environ quatre-vingt-huit
ans avant Jésus-Christ. Forcé de fuir de son palais et de quitter sa capitale à
la suite de l'invasion des Malabars dans l'île de Ceylan, il se cacha dans maintes
cavernes et lieux solitaires des forêts de Vessagiri et de Velanga [1]. Proscrit
pendant près de quinze années, il vécut, dit-on, de longs mois dans les cavernes
de Dambulla. Il put remonter enfin sur le trône et reconquérir son pouvoir. C'est

1. *The Mahavansa*, by L. C. Wijesinha Mudaliyar (1889). — Colombo, G. J. A. Skeen, Government
Printer, Ceylon.

Planche XIII. — Monastère du San-yu-tung, grotte des trois amis près de Ichang (Chine).
(D'après nature, voy. p. 192.)

alors que, reconnaissant envers les dieux, il voulut embellir les temples qui
l'avaient si bien caché. Outre cette grande sculpture de Bouddha, la caverne de
Maha Dewa Dewale possède la statue de Vishnou et d'autres idoles construites en
briques enduites de terre. La paroi tout entière de la caverne est recouverte
d'une fresque peinte à sujets réguliers représentant les dieux innombrables de
la mythologie cinghalaise. — Un autre sanctuaire voisin de Maha Dewa Devale,
le Maha Vihare ou grand temple, est d'un effet plus impressionnant encore que
ce dernier. Cette grotte naturelle mesure environ 49 mètres sur 15. Elle possède
aussi un grand Bouddha couché et tout autour des murs de la caverne cinquante-
trois statues de dieux, souvent plus grandes que nature, semblent veiller sur son
repos. De curieuses et anciennes fresques ornent les rochers d'une petite salle
voisine de ce temple qui possède encore des Dagobas et des statues parmi
lesquelles on vous montre celle du roi Vatta-Gamani dont nous venons de parler.
Sauf deux ou trois statues qui sont taillées dans le roc même, toutes les autres,
plus modernes et même renouvelées de nos jours, sont faites de briques enduites
de terre et recouvertes d'une brillante peinture.

Je quitte bientôt Dambulla pour reprendre la grande route qui est bordée par
des jungles épaisses et monotones. Nous arrivons enfin à Anuradhapura.

Cette capitale existait déjà quatre cents ans avant Jésus-Christ; elle resta
florissante pendant plus de mille années jusqu'en l'an 769 après Jésus-Christ. Les
révolutions intestines et les invasions fréquentes finirent par causer sa ruine. Les
habitants l'abandonnèrent en suivant la fortune de leur roi. Un autre lieu, plus
éloigné dans les forêts, fut choisi par eux: Pollonarua fut fondée et pendant près
de mille autres années, cette nouvelle capitale resta prospère et fut aussi belle
peut-être que sa devancière.

Anuradhapura, la première capitale, avec ses immenses *Topes*, dômes de
briques voués à Bouddha, qui contenaient les reliques saintes, ses palais d'été,
séjours des anciens rois, ses viharas (monastères), ses nombreuses constructions
destinées au culte bouddhique, forme encore actuellement un ensemble extraordinaire. En cherchant sous les lianes et dans l'épaisseur des bois, on découvre
le séjour des anciens bonzes pèlerins, qui vivaient sous des rochers ; on remarque
des traces de rues, des réservoirs et des bassins luxueux, les restes des écuries
pour les éléphants royaux, un puits grandiose aux parois de granit et une foule
de petits monuments ornés de fines sculptures dont il ne reste plus que les piliers
de granit et les beaux perrons de marbre. Cette civilisation d'un autre âge dont
on peut connaître en partie l'histoire en lisant le poème national cinghalais, le

Mahavansa, excite en nous un sentiment étrange d'admiration et de curiosité. Dans ce livre, les récits historiques qui donnent les dates exactes des constructions grandioses accomplies par ce peuple, leurs victoires, leurs défaites contre les invasions fréquentes des Indiens, sont racontés d'une façon tellement précise qu'on ne peut douter un moment de leur exactitude. Vient ensuite le côté fabuleux, comparable aux contes orientaux.

L'avènement de la religion bouddhique produisit à Ceylan une révolution plus extraordinaire encore que dans l'Inde et la superstition parvint à exciter les esprits à un degré presque surnaturel. Nous voyons le roi Duttha Gamani (161 ans av. J.-C.) construisant un monastère de neuf étages, le Lowamahapaya ou palais de cuivre, qui contenait mille chambres, pour loger les disciples de Bouddha. Ces appartements avaient des ornements qui brillaient comme autant de pierres précieuses et éblouissaient les yeux. La grande salle de réunion était formée par des piliers plaqués de feuilles d'or et soutenus par des lions de pierre ; un trône d'ivoire avec un soleil d'or, une lune d'argent et des étoiles de perles faisaient aussi l'admiration des pèlerins.

LE THUPARAMA A ANURADHAPURA (CEYLAN).
(D'après une photographie.)

Modifié, puis détruit, enfin réédifié par le roi Maha Sena, ce monastère fut encore restauré une dernière fois, au xiie siècle de notre ère, par le roi Prakrama Bahu. De ce séjour tant de fois chanté, il ne reste plus que seize cents colonnes de granit qui remplissent un vaste carré de 70 mètres de côté environ et qui formaient les premières fondations du palais. Nous voyons ainsi combien, à ces époques lointaines, l'esprit religieux était poussé : 119 ans avant Jésus-Christ, à l'occasion des fêtes du Girikumbhila Vihara, le roi Lajjitissa offrit en présent des vêtements sacerdotaux aux soixante mille prêtres qui faisaient partie du monastère.

On doit donc comprendre qu'à Anuradhapura les ruines importantes ont presque toutes un caractère religieux. Nous citerons une des plus anciennes, le

Thuparama, tope élevé sous le règne de Dewananpia Tissa, 307 ans avant Jésus-Christ, destiné à recevoir les ossements sacrés de Bouddha. La hauteur du monument est de 19 mètres, construit entièrement de briques enduite d'un stuc d'une blancheur éblouissante, suivant les traditions antiques; il a été restauré il y a quelques années. Le Thuparama, placé sur un haut soubassement, est entouré de trois rangs de piliers monolithes de granit. Au-dessus de presque tous les chapiteaux de ces piliers on remarque de hauts ténons sculptés. Ceux-ci servaient

LE JETAWANARAMA, TOPE EN RUINE A ANURADHAPURA (CEYLAN).
(D'après nature.)

sans doute à recevoir des pièces de bois munies de mortaises qui venaient s'y adapter et qui, reliant les piliers entre eux, servaient aussi à porter une couverture quelconque composée d'étoffes ou de nattes pour abriter les fidèles des rayons du soleil pendant les processions. Cette coutume existe dans les Indes. Pendant les grandes fêtes, on établit près des temples des portiques provisoires faits de bambou et de nattes; à Ceylan, les habitants avaient pensé sans doute à un moyen plus durable et plus élégant en construisant des piliers autour de leur sanctuaire. En continuant l'excursion plus loin dans les ruines, sous les grands arbres, on arrive auprès d'un des plus grands topes ou dagobas de la ville antique.

C'est le Jetawanarama, construit par le roi Maha Sena à la fin du IIIe siècle après Jésus-Christ. Ce tope a près de 76 mètres de hauteur ; il forme un dôme immense. La base est flanquée de quatre sortes de chapelles dont les vestiges restent cachés sous les arbres. Un pavillon, sur soubassement de granit, précédait le Jetawanarama (voy. p. 141).

Le Thuparama, restauré, donne un aperçu de l'effet que pouvait produire ce tope lorsque son dôme tout couvert de stuc resplendissait au soleil. Aujourd'hui, le Jetawanarama n'offre plus qu'une masse compacte de verdure et d'arbres séculaires dont les racines vigoureuses achèvent la destruction de jour en jour. De nombreux singes habitent ces lieux antiques et le touriste, en visitant les ruines, fait lever dans les hautes herbes quelques biches ou daims effarouchés par sa présence.

La grande capitale Anuradhapura avait un luxe d'eau sans pareil, des bassins considérables y étaient partout installés. Les lacs artificiels de Kalewewa, créés par le roi Dhatu Sena (463 ap. J.-C.), dépassaient par leur magnificence tout ce qu'on peut rêver. Ils forment à eux deux une surface d'environ 7 milles carrés avec un contour de 30 milles. Un canal grandiose, le Yodi-Ela, qui a 25 lieues de longueur, amenait les eaux dans la ville et en même temps les habitants riverains pouvaient, tout le long de son grand parcours, prélever ce qui leur était nécessaire pour l'irrigation de leurs champs.

Non loin du lac, un sanctuaire, le Aukana, existe encore au milieu de grands rochers de granit. Une statue colossale de Bouddha, de 12 mètres de hauteur, est taillée dans l'un d'entre eux. L'expression sereine et majestueuse de la figure et la finesse relative de tous les détails en font une œuvre remarquable. Bouddha sanctifiait par sa présence (voy. pl. VIII, p. 89), aux yeux des Cinghalais, toutes les terres cultivées que le canal Yodi-Ela arrosait ; on le voyait du haut des berges du grand lac et il était le protecteur de ces belles campagnes qui restent cachées depuis des siècles sous des jungles épaisses. Anuradhapura possédait encore un autre lac, le Jayawewa qui fut construit par le roi Pandukhabaya (400 av. J.-C.). On longe quelques moments ses bords, en allant visiter la montagne de Mihintale, célèbre par le tombeau élevé à son sommet et qui contient les restes de Mahindo, l'apôtre de la religion bouddhique qui mourut en anachorète à Ceylan l'an 267 (av. J.-C.). Au milieu des forêts, on découvre encore de nombreuses ruines d'anciennes constructions bouddhistes, mais Mihintale possède des vestiges plus curieux peut-être, qui appartiennent à la religion primitive des Cinghalais. On remarque partout, dans les ruines de Ceylan, des pierres sculptées représentant des serpents cobras à cinq ou sept têtes, et dans les stèles qui sont toujours placées sur les premières marches des perrons de chaque monument, les Dwarpals ou dieux gardiens qui y sont sculptés sont aussi coiffés de têtes de serpents.

Ces emblèmes n'appartiennent en aucune façon au culte de Bouddha, ils y sont mêlés cependant et toujours sculptés, d'après les traditions antiques, ils devaient rappeler au peuple superstitieux ses croyances primitives.

Ce culte des serpents, mêlé à celui des arbres, existait également aux Indes avant l'arrivée des Aryens et ses adorateurs jouèrent un grand rôle dans ce pays (700 av. J.-C.). Ils obéissaient aux Nagas rois qui avaient formé une dynastie et qui personnifiaient ce culte inconnu dont on parle dans l'antique épopée hindoue le *Mahabharata*. D'après la légende, cette race des Nagas existait aussi à Ceylan, six siècles avant Jésus-Christ [1].

Lorsqu'on monte presque tout en haut des nombreux degrés de pierre qui conduisent au tombeau de Mahindo, on découvre, en longeant un sentier tracé au milieu des bois, un curieux étang ou *pokuna*, de près de 40 mètres de longueur, qui a été creusé dans un banc de roche granitique. Un colossal cobra à cinq têtes est sculpté en haut relief sur la paroi du rocher ; il s'élève dans une attitude menaçante au-dessus du niveau des eaux (voy. pl. IX, p. 97). La présence de cette sculpture étrange dans ces lieux permet de supposer que la montagne de Mihintale était déjà, avant l'avènement de la religion de Bouddha, un endroit de dévotion qui appartenait alors à ce culte mystérieux des Nagas. Ce culte du serpent semble délaissé aujourd'hui, mais celui de l'arbre se mêla à la religion bouddhique et il est resté encore en honneur, surtout à Ceylan.

Les fidèles viennent en foule de toutes les provinces du pays faire leur pèlerinage au figuier sacré d'Anuradhapura (*Ficus religiosa*).

D'après le Mahavansa, la princesse Sanghamitta, fille du grand roi des Indes, Asoka vint avec son frère le prince Mahindo pour y propager la religion bouddhique ; elle apporta elle-même dans un vase d'or, en l'an 245 avant Jésus-Christ, une branche de l'arbre sacré sous lequel Bouddha rendit le dernier soupir. La branche fut plantée par la princesse à Anuradhapura, sous les yeux d'une foule immense, et elle prit racine aussitôt miraculeusement devenant un arbre magnifique. Cet arbre que nous voyons encore aujourd'hui en pleine prospérité est âgé de 2136 ans et s'il faut en croire la légende, il ne devra jamais mourir.

Pour se rendre à Pollonarua, le voyageur a bien moins de facilité que dans

1. *Tree and Serpent Worship*, by J. Fergusson. London, India Museum, 1886.

les autres excursions. Les routes bien entretenues n'existent plus et on ne peut compter sur un *rest house* à peu près confortable. Il faut emporter toutes sortes de provisions et se munir d'un guide qui puisse faire votre maigre dîner dans l'épaisseur des forêts ou dans des logis des plus primitifs. Les chemins sont souvent impraticables pour le chariot traîné par un bœuf; je me vis forcé de coucher deux nuits à la belle étoile et faire une grande partie du voyage à pied.

LA NASIQUE DRYUNUS NASUTUS, SERPENT DES JUNGLES DE CEYLAN.
(D'après nature.)

Je jouissais mieux ainsi du beau spectacle des jungles dont la végétation est extraordinaire et qui sont habitées par un monde d'insectes étranges et d'animaux divers. Le curieux serpent oxycéphalien la Nasique (*Dryunus nasutus*), inoffensif pour l'homme, est celui qu'on voit le plus souvent : il ne quitte jamais les menues branches des taillis touffus. Grâce à sa couleur verte, brillante comme une feuille printanière, il semble faire partie de la branche qu'il a choisie comme domicile et y reste invisible pour ses victimes habituelles, les oiseaux et les petits mammifères. La partie inférieure de son corps délicat, long souvent de plus de 1 mètre, s'y enroule à la manière d'une liane tandis que la partie supérieure s'élève droite et immobile. La Nasique reste ainsi des heures attendant avec patience. La proie espérée vient enfin à proximité, sans défiance; le serpent se déroule lentement semblable à une liane agitée par le vent et avec la rapidité d'une balle de fusil s'élance sur sa victime. Il la saisit avec sa gueule largement fendue et l'enlace de son corps souple et mince comme la mèche d'un fouet. On remarque aussi sous les bois de nombreuses traces d'un passage récent des éléphants qui abondent encore en ces parages; ils brisent les branches des arbrisseaux et foulent aux pieds les hautes herbes. Je vis deux cadavres de ces pachydermes, récemment tués par des chasseurs anglais qui les abandonnent dans l'épaisseur des jungles, après les avoir dépouillés de leurs défenses et leur avoir coupé leurs quatre pieds qu'ils emportent pour faire des trophées.

Les ruines de Pollonarua sont moins considérables que celles d'Anuradhapura, étant plus modernes, elles sont cependant très intéressantes à étudier.

On y trouve quelques sanctuaires construits en granit, dont les sculptures ont beaucoup de rapport avec les *rathas* de Mahavellipore. Le petit temple de Dalada Maligawa, élevé pour recevoir la relique, la dent de Bouddha qui fut rapportée d'Anuradhapura par le roi Kirti Nissanga vers l'an 1198 lorsqu'il quitta sa capitale, est une des ruines les mieux conservées. D'autres monuments de briques enduites de stuc, tout couverts de riches ornementations semblables à celles que font les Hindous, puis des petits temples creusés dans le roc et d'anciens palais qui ont été construits en grande partie par le roi Prakrama Bahu pendant son règne (1154 à 1186 de notre ère) sont aussi fort remarquables.

Le spectacle des ruines accumulées de ces deux antiques capitales atteste le degré étonnant de civilisation auquel les Cinghalais avaient su parvenir il y a deux mille années, tous ces monuments enfouis sous les fleurs offrent dans leur genre un intérêt presque aussi puissant que ceux qu'on admire chaque jour à Pompéi.

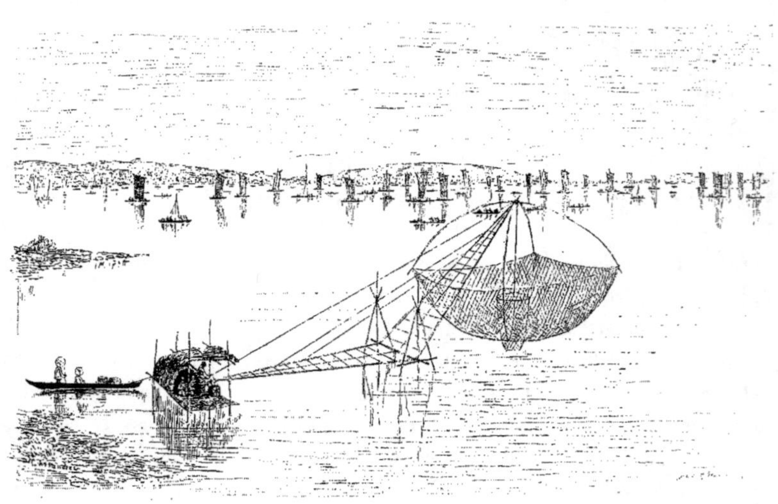

CHAPITRE IX

Le navire des Messageries maritimes le *Natal*, passant par le détroit de Malacca, s'arrête quelques heures à Singapoor dont l'aspect est tout autre que celui des villes de l'Inde. Outre sa nombreuse population malaise, elle possède une colonie de plus de cent mille Chinois. Les moments passés sur terre sont toujours désirés par les passagers, nous avions à Singapoor amplement de quoi satisfaire notre curiosité. Malheureusement il faut bientôt remonter sur notre bord pour gagner Saïgon où, cette fois, une escale de deux journées nous permet de bien visiter toutes choses. La ville européenne est charmante, avec ses rues plantées de beaux arbres qui ressemblent à autant d'allées de parc, et ses coquets hôtels bien construits qui les bordent.

Les grands jardins qui environnent la ville contribuent à en faire un agréable séjour.

Grâce à de bons amis que j'ai à Saïgon et qui ont bien voulu me servir de guide, j'ai pu visiter en détail le lieu le plus curieux de la colonie, c'est-à-dire Cholon, la ville chinoise, où plus de soixante mille Annamites et Chinois ont leur demeure. Entassés dans de petites maisons pittoresques n'ayant presque toutes qu'un seul étage, ils garnissent leurs innombrables boutiques d'objets exotiques intéressants à voir. Cholon donne un avant-goût des cités que le touriste se prépare à visiter en Chine.

Mené par mes amis, nous allons voir une famille annamite fort riche installée dans une des plus belles rues.

Le père était malheureusement absent et les fils sont dans un collège parisien ; nous sommes reçus, par les deux filles aînées, de la manière la plus aimable. Elles sont assez jolies, malgré leur figure plate. Leurs beaux yeux embellissent leur physionomie gracieuse, mais leurs dents laquées, toutes noires, gâtent un peu l'ensemble du visage. Elles sont vêtues d'un large pantalon de satin noir ; une tunique de crêpe de Chine blanc les couvre ensuite entièrement comme le

POUPÉE RUSTIQUE CHINOISE SANS SES FLEURS.

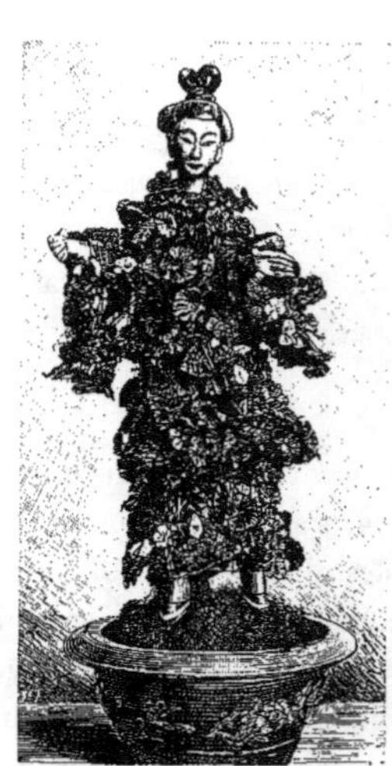

POUPÉE RUSTIQUE CHINOISE HABILLÉE DE FLEURS.

ferait une grande chemise fendue des deux côtés à partir de la taille. Ce costume est très élégant et laisse deviner la forme du corps. Ces demoiselles sont fort bien faites de leur personne ; elles ont des colliers d'or et des bracelets enrichis de diamants, leur coiffure consiste en belles épingles d'or ciselé piquées dans les cheveux. Après les saluts et poignées de main d'usage, on nous montre les principales chambres de la maison. Elles sont simples d'aspect, les murs peints en blanc sont généralement nus, mais elles sont remplies de beaux meubles incrustés de nacre et nous remarquons de superbes bibelots. Il y a des vases en argent ciselé, des objets en jade, des armes et des soieries brodées, dignes des plus belles collections. Le jardin est charmant ; les demoiselles annamites nous font remarquer surtout leurs plantes nanifiées et taillées que leur père a fait venir pour elles de Canton. Ce sont des pièces étonnantes. Un petit arbuste représente un paon posé sur son perchoir, un autre un tigre qu'on a orné d'yeux d'émail, etc. Dans des vases de grossière poterie émaillée, je remarque aussi une fantaisie charmante. Ce sont de jolies petites poupées rustiques représentant des dames chinoises, des mandarins ou autres personnages.

La tête, les mains et les pieds sont seuls en terre émaillée et peints de façon brillante. Le corps est entièrement modelé en fil de fer. On plante des fleurs grimpantes de façon que la végétation puisse sortir de terre en passant au travers des pieds de la poupée. La plante monte peu à peu, en couvrant le réseau de fil de fer, ne laissant à découvert que les mains et la tête. La poupée est bientôt habillée de fleurs et de feuillage, c'est tout à fait gracieux. Au milieu du parterre de fleurs et des bassins d'eau limpide, nous voyons un magnifique pavillon tout de bois sculpté. C'est la pagode. Son sol est dallé de marbre précieux, ses colonnes en bois sculpté sont délicieuses de fantaisie et la toiture est richement ornée. Trois beaux autels sur lesquels sont des vases de bronze et des brûle-parfums sont placés au fond du pavillon devant de grandes statues dorées de Bouddha. Nos gracieuses hôtesses nous font asseoir dans ce splendide pavillon. Leur mère l'a fait construire récemment à l'insu de son mari pendant qu'il visitait l'Exposition de Paris et pour lui faire une surprise à son retour. On nous offre des rafraîchissements. Sur notre demande, les demoiselles annamites font chercher par leurs servantes leurs coffrets à bijoux, nous admirons les délicates pièces d'orfèvrerie ciselée qu'elles nous montrent, les bracelets d'or, les boîtes d'ivoire sculpté, etc. Il faut prendre enfin congé de ces modestes et très sympathiques personnes ; elles nous remercient de notre visite et nous remettent elles-mêmes des bouquets que nous emportons en souvenir de leur gracieuse hospitalité.

L'arrivée à Hong-Kong est tout à fait remarquable ; le *Natal* navigue dans d'étroits passages, près des montagnes de verdure et de beaux rochers ; la ville apparaît bientôt toute construite en amphithéâtre au pied du mont Victoria, le point culminant de l'île. Le mouvement du port, produit par les navires de commerce et les jonques chinoises, complète cet ensemble attrayant. Ce joli spectacle fut bientôt voilé à nos yeux par une brume épaisse, précurseur d'un orage terrible qui vint fondre sur nous dès notre arrivée. C'était notre baptème dans les mers de Chine.

Comme toute ville de fondation récente, Hong-Kong n'offre rien de particulièrement curieux, c'est son aspect général seul qui est réellement magnifique.

Devenue, par son commerce, une des premières villes de Chine, elle ne laisse rien à désirer au point de vue pittoresque.

Les Anglais viennent de créer, comme aux États-Unis, à Pittsburg et à Cincinnati, un chemin de fer à plan incliné qui vous porte en haut du mont Victoria. Ce mont est remarquable par ses vues panoramiques et par l'air pur qu'on y respire. On y faisait des travaux considérables pour y élever un hôtel immense, des villas et des maisons de campagne. Actuellement sans doute, ces travaux doivent être terminés et toute la société élégante de Hong-Kong s'installe dans

VUE DE LA RIVIÈRE DES PERLES A CANTON (CHINE).
(D'après nature.)

cette nouvelle cité aérienne où l'on peut vivre à 500 mètres de hauteur sans craindre la chaleur à la fois humide et malsaine de la basse ville.

Un service de bateaux, construits dans le genre américain, se fait régulièrement entre Hong-Kong et Canton. Six heures environ suffisent pour faire le voyage et les touristes parfaitement installés dans de larges cabines ou dans de beaux salons bien aérés, exempts de tous soucis, peuvent contempler les rives monotones de la grande rivière des Perles.

L'arrivée à Canton offre un spectacle merveilleux d'animation, un coup d'œil unique, dont l'attrait plein d'originalité est tout à fait extraordinaire.

La ville de Canton se compose de deux parties distinctes qui la rendent la plus curieuse du monde. La première, celle qu'on peut observer tout d'abord, constitue la cité aquatique. Sans les hautes tours des monts-de-piété construites en briques où les Chinois, craignant les incendies fréquents, déposent leurs objets de valeur, il semblerait qu'elle n'est formée que de barques de pêche et de jonques de toutes sortes.

Les riverains, au nombre de plus de cent mille, vivent toujours sur l'eau ; ils y naissent et ils y meurent, forment une population spéciale. Le mouvement des barques voguant dans tous les sens et luttant contre le courant rapide, est incomparable (p. 149). Canton ne possède pas de quais, une quantité d'embarcations, à l'ancre le long du rivage, placées tout auprès des maisons de bois de la ville, et souvent alignées à peu près comme elles, semblent continuer les rues et les ruelles étroites sur la rivière même. Des milliers de barques, chargées de Chinois, circulent au travers de ce labyrinthe, véritable faubourg flottant. Ce sont le plus souvent de jeunes batelières à la physionomie fraîche et accorte qui sont chargées de conduire votre barque dans ce dédale pittoresque ; elles godillent ou rament vigoureusement, évitant tout danger. Bras nus et pieds nus, vêtues d'une longue tunique de satinette noire et parées de leurs beaux cheveux dont les reflets sont pareils à ceux de l'aile du corbeau, leur présence, dans l'ensemble général de ce tableau féerique, offre un aperçu gracieux et charmant.

La seconde partie de Canton, de beaucoup la plus importante, consiste dans l'immense développement des rues étroites où se trouvent les temples, les maisons et les magasins innombrables. Une foule considérable est toute la journée dans les rues où règne un commerce des plus actifs.

Grâce à l'obligeance de M. Flayelle, interprète chancelier du consulat de France, mon séjour à Canton a été fort agréable et bien des choses sont devenues faciles, tandis que, sans appui, je n'aurais pu les mettre à exécution. Nous passions les soirées souvent ensemble, soit au club installé dans le quartier réservé aux Européens, vaste terrain conquis sur la rivière des Perles qu'on nomme le Shamien, soit chez quelques-uns de ses amis. Ces messieurs m'ont fait inviter par un mandarin chinois à un grand dîner qu'il donnait à quelques intimes dans un bateau de fleurs. M. Flayelle vient me chercher à mon hôtel chinois, le « New Oriental », avec un jeune Anglais et nous nous rendons en barque au bateau de fleurs arrêté au milieu de la rivière, dans lequel le mandarin et ses trois amis nous attendaient. Quelques dames chinoises étaient de la partie ; il y en avait deux de jolies sur les sept qui étaient chargées de nous charmer tous, mais leurs petits pieds torturés les déparaient singulièrement. On nous sert, aussitôt notre arrivée, du thé et des bonbons avec des fruits de lotus, des pêches, etc., les dames se mettent à chanter chacune à leur tour, c'est le concert. Leur chant ressemble à des petits miaulements de chattes effarouchées et la musique qui l'accompagne est très primitive. Il y avait deux sortes de violons ou mandolines tenus par deux Chinois, un petit disque de bois dur posé sur un trépied que la chanteuse met devant elle, sert à marquer le rythme. Elle frappe dessus avec de menus bâtons qui produisent un son léger quoique cependant bien accentué. Pendant ce concert, le dîner se préparait dans le fond de la barque toute resplendissante de lumières. Nous prenons place bientôt tous les sept, ayant à nos côtés les sept jeunes dames invitées. Elles ne mangent pas avec nous mais nous versent le vin dans de petites tasses grandes comme des verres à liqueur, nous en offrent souvent et pour nous exciter, nous donnent les premières l'exemple en buvant. Sur la table on voit une quantité de petites soucoupes pleines de choses bizarres, quelques-unes sont excellentes : des crabes, des crevettes et des grenouilles, des œufs de canard, etc. On nous apporte un premier potage, c'est un nid d'hirondelles gélatineux qui est très agréable, puis viennent des champignons et des pâtes ressemblant à des nouilles, des huîtres frites et d'autres petits plats du même genre. Un second potage vient ensuite, des ailerons de requin, du poulet, de menus morceaux de poulet, des œufs de pigeon arrangés à la manière de nos aspics, au milieu d'une gelée, enfin du thé pour finir. Entre chaque service, des jeunes garçons nous distribuent des serviettes mouillées et bouillantes mises en tampon, pour nous essuyer la bouche et aussi la figure et le cou, car la chaleur est grande dans notre bateau. Tous ces mets variés, arrosés par le vin chinois, qui n'est pas autre chose qu'une liqueur fermentée (eau-de-vie de grain de riz et de millet) très forte, nous avaient promptement rassasiés. Il était temps de sortir de table : les dames s'étaient levées un peu avant nous, à l'anglaise, pour nous laisser boire les derniers verres et fumer. Elles fument aussi, d'ailleurs, dans de petites pipes fort gracieuses qu'elles ne cessent de remplir de tabac, et s'occupent, en nous attendant à l'autre extrémité de la barque, à se mettre du rouge ou du blanc qu'elles ont en réserve dans de jolies petites boîtes en argent. Le concert recommence comme avant le dîner ; les Chinois nous disent que bientôt nous aurons encore un souper à peu près semblable au dîner que nous venions de prendre. Cette perspective nous effraye un peu ; aussi, prétextant la fatigue, nous quittons nos aimables hôtes et les dames qui continuaient toujours leurs petits miaulements.

Ce genre de fête, qui dure généralement toute la nuit, est très fréquent chez les Chinois ; c'est un plaisir assez coûteux. Notre dîner était au moins, me disait M. Flayelle, de 20 francs par tête et chaque dame est payée autant pour chanter et pour vous servir d'*Hébé* pendant le repas. Il y a encore les frais des musiciens et la location du bateau de fleurs. Cette petite fête a dû coûter au mandarin qui nous l'offrait près de 400 francs, encore les nids d'hirondelles n'étaient-ils pas, à ce qu'il paraît, de première marque. Outre ces bateaux élégants loués pour toute la soirée aux personnes riches et dans lesquels elles peuvent s'amuser en toute liberté, tout en circulant sur la rivière, on en voit un grand nombre d'autres alignés sur ses bords, qui servent au public ordinaire. Le bateau de fleurs se compose d'un salon élégant orné d'un riche mobilier en bois noir, de belles broderies de soie rouge et or; les tables sont couvertes de sucreries et de fruits divers; une profusion de lampes à pétrole ou de lanternes les éclairent à l'envi.

De jeunes Chinoises vêtues de robes de soie aux couleurs claires, les cheveux parés de fleurs, viennent au-devant de vous et acceptent les bonbons et rafraîchissements qu'on a plaisir à leur offrir, puis se mettent à chanter, pour vous distraire, les airs populaires du pays. A la suite de ce premier salon on en voit un autre non moins brillant qui sert pour les repas et qui peut se fermer par des portières brodées. Il y a encore à l'arrière une cuisine et des petites cabines séparées. Toutes ces barques communiquent entre elles par une plate-forme formée de planches posées à l'avant, d'autres tables et des banquettes y sont aussi installées en plein air. Quelques théâtres de marionnettes où l'on joue en abrégé les drames et comédies populaires ont un grand succès. La foule des promeneurs est considérable sur ces plates-formes ou dans les carrefours formés par l'amas des bateaux, mais ils sont peu éclairés et il est nécessaire de prendre garde en passant sur les planches souvent mal posées qui les réunissent et qui servent de ponts pour la circulation. La lumière est réservée pour les salons des bateaux de fleurs, son vif éclat fait paraître d'autant plus sombre la promenade du dehors. Les rues de Canton, divisées par sections, sont fermées par des portes, suivant les ordres de la police, dès dix heures du soir, pour n'être ouvertes qu'au lever du jour, de sorte que les Chinois qui s'amusent, ne pouvant rentrer chez eux l'heure réglementaire passée, restent volontiers la nuit dans ces barques où le temps passe joyeusement. Le quartier européen, le Shamien, et l'hôtel où j'étais descendu, sont en dehors de la ville chinoise; il est possible d'y rentrer suivant son caprice.

On ne saurait voir à Canton de monuments véritablement anciens; il en est de même presque partout en Chine. Ceux qui existent cependant ne manquent pas de caractère, et presque à toutes mes étapes en ce pays j'ai pu en visiter de très intéressants.

La succession des dynasties d'empereurs de la Chine remonte à une antiquité

20

Planche XIV. — Les gorges de Nanto et le fleuve Yang-tse-Kiang près de Ichang (Chine).
(D'après nature, voy. p. 193.)

considérable ; celle de Hia, la plus ancienne connue, est de 2505 avant Jésus-Christ, elle aurait duré 439 années. Pendant ces périodes reculées de l'histoire, la civilisation du pays était fort avancée et les savants chinois faisaient des découvertes scientifiques merveilleuses. Il est étrange de constater qu'aucun monument important, aucune ruine ne puissent témoigner aujourd'hui de l'antique splendeur du pays, lorsqu'on voit qu'en Égypte au contraire, où l'histoire remonte à des temps plus lointains encore, il reste tant de preuves de la puissance de ses rois.

Ces deux pays ont subi des guerres et des révolutions de toutes sortes, là-bas comme ici le maître était à la fois pour le peuple un chef civil, militaire et religieux, dans leurs coutumes il y avait beaucoup de points de ressemblance. Le respect des morts, le culte des ancêtres y étaient entre autres également poussés, les tombeaux chinois ne sauraient être comparés à ceux des Égyptiens ; il en va de même pour les temples ou les autres monuments.

L'architecture en Chine a cependant un caractère dont on peut observer actuellement différents spécimens remarquables, mais, par suite du mode de leur construction, ils ne peuvent remonter à une haute antiquité. Pour les temples, c'est l'architecture de bois qui semble avoir toujours dominé. Le climat chaud et humide du pays est un agent destructeur que les Chinois n'ont jamais cherché à combattre par des restaurations ou des soins les plus élémentaires d'entretien. Un temple luxueusement construit a été terminé, personne ne songera ensuite à le réparer s'il est nécessaire ; peu à peu il tombe en ruine et il sera remplacé par un autre qui sera édifié sur un modèle exactement semblable.

Le bouddhisme n'est apparu en Chine qu'au iii\e siècle de notre ère ; cette religion resta florissante jusqu'au viii\e siècle.

La ville de Canton est remplie d'un nombre considérable de sanctuaires de tous genres dont quelques-uns offrent un grand développement. Ce sont les temples de la Longévité (xvi\e siècle), ceux des Cinq-Cents Génies, reconstruits depuis 1855, du dieu de la littérature, de Confucius, etc. Le temple de Honam et son monastère, fondés en l'an 1600, sont parmi les plus importants et les plus curieux : leur plan général, comme tous ceux qui sont voués à Bouddha en ce pays, offre dans ses principales parties des rapports évidents avec ceux de l'Inde, les matériaux de construction seuls diffèrent. Enfermés dans une vaste enceinte, ils possèdent de nombreux et superbes pavillons construits en bois, les deux premiers sont reliés entre eux par une chaussée de granit et contiennent des statues de dieux grossièrement peints aux figures effroyables, ce sont les gardiens du monastère. La chaussée de granit continue ensuite au travers d'une vaste cour plantée d'antiques figuiers multipliants et vous mène au temple principal. Les bois de cèdre qui forment les colonnes à l'intérieur sont habilement choisis et supportent une charpente de belles proportions. La décoration principale se compose de la statue colossale de Bouddha accompagnée de celles de dieux secondaires. Ce temple est placé sur une plate-forme de granit ornée de balustrades élégantes et communique, par des perrons, avec les portiques qui l'entourent sur trois côtés. Ces portiques forment, derrière le temple principal, des cours intérieures plantées de jardins au centre desquelles se trouve un grand sanctuaire également construit en bois.

Il renferme un beau monument de marbre blanc orné de bas-reliefs représentant les dieux, surmonté du curieux motif composé de parasols superposés (voy. pl. X, p. 105). On en voit de nombreux exemples en Chine, ils rappellent les ornements qui surmontent les Dagobas de l'Inde (voy. pl. V, p. 57). Le parasol de Bouddha, l'emblème sacré qui les couronnait tous, est figuré souvent dans les fresques souterraines d'Ajunta et d'Ellora ainsi que dans les frises et autres motifs sculptés de ces temples.

Le célèbre moine pèlerin chinois Chi-Fa-Hian, qui pendant une période de quinze années vint aux Indes et dans d'autres villes d'Orient vers l'an 400 de notre ère pour s'initier à la doctrine de Bouddha et la répandre ensuite en son pays, ne put manquer de remarquer ces emblèmes. Il les vit, lorsqu'il traversa le royaume de Bengale, et s'arrêta dans le Béhar aux environs de Rajagriha, l'ancienne capitale au temps de l'avènement de Bouddha. Il en existe plusieurs en ces lieux, qui possèdent sept parasols superposés ; il en est de même, dit-on, à Sultanpore, près de Jelalabad. L'emblème sacré fut adopté en Chine et bientôt les prêtres chinois voulurent sans doute lui donner plus d'importance encore en créant des monuments inédits. C'est l'origine des tours sacrées, composées le plus souvent de sept ou neuf étages plus ou moins ornés, dont la silhouette rappelle l'idée première de parasols superposés, qu'on remarque partout aujourd'hui encore en ce pays.

En dehors de l'enceinte des temples, sont installés les bâtiments réservés aux bonzes et à leurs adeptes. Je visite le réfectoire, salle rectangulaire, dont les grands côtés donnent sur des cours plantées d'arbres. L'une d'elles sert de passage pour aller aux cuisines et au grand jardin, dont le coup d'œil est véritablement amusant. On ne saurait y voir un seul arbuste ayant son aspect naturel tant les bonzes ont su, depuis des années, les travailler en tous sens et les tourmenter pour leur donner l'apparence de tigres, de cerfs, de jonques ou de pagodes. Les allées sont bordées de petites poupées rustiques semblables à celles que ces demoiselles annamites de Saïgon me montraient, mais leur nombre considérable donnait à ce

jardin l'aspect d'un musée Grévin d'un genre fantastique. Tout auprès, dans le
cimetière orné d'un joli bassin rempli de nelumbiums roses, un bonze me montrait
le petit monument qui sert à la crémation et celui, assez remarquable, où les
cendres des serviteurs de Bouddha sont déposées. Mon guide me menait toujours,
accompagné du bonze, afin de gagner l'heure de la cérémonie religieuse qui se fait
chaque jour dans le grand sanctuaire; j'eus encore le temps de voir l'emplacement réservé aux cochons sacrés et aux poulets voués également à Bouddha. Les

PAVILLON DE LA CORPORATION DES MARCHANDS DE THÉ VERT A CANTON.
(D'après nature.)

bonzes m'offrent enfin une tasse de thé pour me reposer quelques instants dans
leur réfectoire, mais les sons de la cloche et ceux d'un tambourin annoncent que la
cérémonie va commencer; je vais alors m'installer discrètement dans un petit coin
du sanctuaire. On allume les cierges de l'autel et les lampes placées au pied de la
statue de Bouddha, puis, après quelques génuflexions, les bonzes commencent des
prières en chantant sur un rythme bien cadencé mais fort doux. C'est plutôt un murmure qu'un chant, que quelques jeunes adeptes accompagnent au son d'une petite
clochette et d'un instrument de bois sur lequel ils frappent pour marquer la mesure.
    Les airs chantés deviennent peu à peu plus vifs, les bonzes se mettent en

procession pour faire trois fois le tour de la salle dans le plus grand recueillement, puis, se remettant en place, ils s'agenouillent de nouveau pour murmurer une dernière prière. La cérémonie qui a duré vingt minutes est terminée; quoique fort simple d'ailleurs, elle ne manque pas d'une certaine dignité et les bonzes à l'air grave et recueilli, vêtus de robes jaunes, sont persuadés d'avoir encore une fois accompli leur devoir. Dans la ville, au centre du quartier marchand, quelques hôtels assez anciens sont fort remarquables par leur destination. L'un des plus riches est certainement celui des marchands de thé vert, qui forment dans Canton une corporation importante. Il date d'une centaine d'années à peine et remplace exactement l'ancien qui fut détruit par un incendie.

Les corporations en Europe existaient dès le moyen âge, elles ont disparu chez nous depuis la Révolution, mais en Chine elles sont nombreuses actuellement, et fort puissantes encore; elles luttent souvent victorieusement contre les exactions des mandarins. L'hôtel des marchands de thé n'a aucune apparence extérieure, on y pénètre par une allée étroite et sombre bordée de planches noires fort délabrées.

Il se compose d'un vaste rez-de-chaussée et les bâtiments sont construits en bois.

Le pavillon central est celui qui sert aux réunions de la corporation. Il est meublé de beaux meubles incrustés de nacre. Des cloisons ajourées en bois sculpté permettent de voir les fleurs aquatiques, les vases garnis de plantes et les chimères de marbre qui garnissent les balustrades des bassins. Les portiques latéraux vous conduisent au pavillon du fond où se trouve l'autel consacré à Bouddha. C'est le sanctuaire.

La richesse des sculptures sur bois y est extrême. Chacune des pièces qui composent la charpente est garnie d'ornements d'une exécution délicate et fine, tous charmants de fantaisie. La coupole à pans coupés qui orne le plafond, construite de petites consoles de bois formant encorbellement, est d'un travail surprenant. Véritable casse-tête chinois, elle n'en est pas moins une œuvre de beaucoup de goût.

Le bassin qui se trouve devant cet élégant pavillon est traversé par un pont minuscule d'une seule arche tout en marbre blanc, il sert d'entrée triomphale au sanctuaire où trône le Bouddha doré.

Nous donnons l'aspect du troisième pavillon, le plus riche de tous en sculptures. Il est réservé aux grandes réceptions et aux fêtes données par la corporation ; c'est aussi la salle de spectacle (p. 157).

Les marchands de thé vert font venir des acteurs et chanteurs pour donner la comédie ou le drame à leurs invités. Les spectateurs se rangent sous les portiques latéraux et dans la grande salle placée au centre de l'hôtel. Les acteurs paraissent sur la haute estrade et dominent les fleurs qui ornent le bassin central ; ils ont une porte sur le côté, et les deux ouvertures garnies de portières placées au fond de la salle servent de coulisses. Derrière le pavillon, quelques chambres pour les acteurs servent aux changements de costume et aux accessoires.

On voit en Chine, dans les principales villes, de nombreux hôtels de corporation qui rivalisent tous de luxe et d'élégance. A Ning-Po, ceux des sociétés coopératives des marchands du district et des marchands de bois sont peut-être plus riches encore que celui de Canton ; à Foochow, il en est de même. Les fêtes données y sont assez fréquentes ; on peut aisément se figurer leur aspect charmant, lorsque tous les portiques, les bassins, etc., sont éclairés de brillantes lanternes aux couleurs multicolores.

MARCHANDS AMBULANTS A CANTON.
(D'après une photographie.)

Il faut remonter en chaise pour continuer l'intéressante visite de la ville ; mes deux porteurs me conduisent au milieu des rues étroites toutes remplies de monde. Chacun se range vivement sur mon passage, et cela n'est pas toujours aisé à cause du peu de largeur de la voie publique.

Les rues mal tenues et souvent fort sales, puisqu'il n'y a aucun règlement de voirie pour la ville, n'en sont pas moins attrayantes à visiter. Les rayons ardents du soleil ne sauraient vous y atteindre, car dans presque toutes leurs parties, une toiture légère de nattes ou d'étoffe transparente est disposée. Les boutiques souvent brillantes, toutes parées d'ornements de bois sculpté doré ou de couleur rouge, forment des contrastes variés et pittoresques. Un grand nombre de petits marchands ambulants de toutes sortes vendant du thé, des gâteaux ou des joujoux, y apportent aussi la gaieté.

J'arrive au palais de justice, lieu étrange et délabré ; les grandes salles, presque

des hangars, sont obscures et mal entretenues. On voit auprès les prisons et le
lugubre emplacement où le jour pénètre à peine, qui contient les gens condamnés
à porter la cangue. Ces misérables font peine à voir, on a hâte de sortir de ces
lieux nauséabonds, épouvantables. Une autre visite intéressante est celle de l'établissement célèbre de Canton, le *Koong Yuin*, où, tous les trois ans, onze mille
jeunes gens viennent passer leurs examens du deuxième degré littéraire. Ces candidats ou *Siut-sai*, ont déjà obtenu le premier degré et devront plus tard, s'ils sont
reçus, se rendre à Pékin pour concourir au troisième, le plus haut de tous, et rece-

Vue d'ensemble des loges de l'établissement de Koong yuin a Canton.
(D'après une photographie.)

voir des emplois civils dans le gouvernement. L'établissement occupe un espace
considérable. Il se compose tout d'abord des onze mille loges destinées aux candidats. Elles sont disposées à droite et à gauche d'une longue avenue, plantée d'arbres, qui mène aux différents corps de logis des examinateurs et des gens de service. D'étroits passages, munis de numéros d'ordre largement peints en noir, et
couverts de nattes pendant la durée du concours, donnent accès aux loges qui se
divisent par série de soixante. Chacune d'elles a 2 mètres de longueur sur 1^m,10 de
largeur. Un banc formé par une planche épaisse et une table faite de même façon
forment tout le mobilier. La durée des examens écrits est de trois jours et trois
nuits. On donne à chacun des concurrents le même sujet de concours, le matin du
premier jour, et la composition doit être remise le lendemain à la première heure.

PLANCHE XV. — MONASTÈRE ET PAGODE DE LUNG-WANG-TUNG, PRÈS ICHANG (CHINE).
(D'après nature, voy. p. 197.)

21

Le candidat peut prendre alors du repos cette journée, pour revenir le matin suivant faire comme la première fois une nouvelle composition. Durant les examens
écrits, c'est-à-dire deux fois, pendant un jour et une nuit, le candidat ne peut sortir
de sa loge sous aucun prétexte. Il a dû s'entendre avec les gardiens pour recevoir
sa nourriture ; il serait chassé aussitôt, s'il désobéissait à ce règlement d'une
rigoureuse sévérité.

C'est dans de larges pavillons, placés tous dans l'axe de l'avenue principale, que
les examinateurs remettent à chacun le sujet du concours, c'est aussi dans ce
lieu que les compositions doivent être rapportées. Pour garder les candidats et
les servir, il faut un personnel considérable dans le Koong Yuin. Les examinateurs,
en grand nombre, y logent aussi pendant ces trois journées. On estime à trois mille
environ le nombre de ces différents employés.

J'aurais désiré dessiner dans les rues de Canton, mais cela malheureusement
est presque impossible. Protégé par mon guide, j'avais pris place pour avoir un
souvenir du temple de la Longévité ; j'ai été entouré aussitôt d'une foule bienveil-
lante d'ailleurs, mais de plus en plus gênante et indiscrète. La circulation de la
rue s'est trouvée bientôt interrompue. Les Chinois qui étaient près de moi, poussés par la curiosité, me regardaient en détail et auraient voulu, je pense, me désha-
biller entièrement pour savoir si j'étais bâti comme eux. Ils tâtaient mes bottines,
l'étoffe de mon pantalon, celle de ma jaquette ; mon lorgnon les amusait ; espé-
rant avoir un instant de tranquillité, j'ai dû le mettre sur le nez d'un Chinois, ce
qui a excité l'hilarité générale ; puis c'était mon chapeau indien en forme de casque
qu'on voulait toucher pour savoir s'il était lourd à porter. Enfin mes moustaches,
ma barbe excitaient aussi leur joie ainsi que mon crayon et mon papier. Avec tous
ces dérangements, pressé de plus en plus par ces braves gens, j'ai dû céder la place
et me retirer pour n'aller que dans des lieux plus solitaires ou dans l'intérieur des
temples.

Dans cette grande ville de Canton, composée de plus d'un million et demi d'habitants ardents au travail, industrieux au plus haut degré, il y a bien des sujets
divers intéressants à étudier. En Europe, nous parlons de nos capitales avec
orgueil ; en Amérique, les grandes villes sont partout vantées ; il serait juste de
citer, à côté de ces grandes métropoles, Canton, la ville chinoise qui, malgré ses
défauts, mérite comme elles l'admiration, et qui est capable d'exciter comme elles
la curiosité et l'étonnement.

Pour revenir à Hong-Kong, on a la bonne fortune de pouvoir changer de route,
et cette fois c'est par Macao, l'ancienne ville portugaise, qu'il faut passer. Autrefois

florissante, elle est en pleine décadence depuis la fondation de Hong-Kong. Le commerce abandonne Macao pour aller dans la cité anglaise qui s'accroît de jour en jour.

La ville d'Amoy, située non loin de la mer sur la rivière du Dragon, abritée par de hautes collines remarquables par leurs rochers granitiques, est d'un aspect très pittoresque, surtout lorsqu'elle est vue de l'île qui lui fait face et où les Européens font leur résidence. Enfermées dans ses vieilles murailles, ses rues commerçantes sont curieuses, mais il faut s'armer de courage pour en visiter les nombreux détours tant elles sont sordides et puantes. Des odeurs terribles excitent souvent votre dégoût, on a peine à comprendre comment les trois cent mille Chinois qui vivent constamment en ces lieux peuvent les supporter. Quelques-uns des monuments ne manquent pas de caractère; la pagode de Lampotaï, placée hors les murs, dans le petit faubourg du même nom, offre un curieux exemple d'architecture chinoise. Elle se compose d'un élégant pavillon hexagonal posé sur un haut soubassement de granit et de marbre et soutenu par des colonnes monolithes dont les sculptures en haut relief représentent des dragons fantastiques (voy. pl. XI, p. 124). A l'intérieur, le sanctuaire est orné d'une remarquable coupole de bois à six pans, dont les consoles assemblées à mi-bois s'échafaudent au-dessus les unes des autres. Le temple tout entier est brillamment décoré de peintures représentant des fleurs et des feuillages sur un fond blanc; elles font valoir par leur richesse toutes les pièces de charpente aux savants assemblages ingénieusement combinés.

Partout, autour de cette pagode et sur les collines granitiques, on ne voit que des tombes qui prennent un espace considérable dans la campagne. Il n'y a pas de cimetière proprement dit pour les villes chinoises, les tombeaux sont partout parmi les champs de culture ou les jardins maraîchers, placés sans symétrie, suivant le caprice de chacun. Dans les provinces du Sud, en général, autour de Canton, à Amoy, à Foochow, etc., les tombeaux affectent tous une forme analogue; il en est de même jusque sur les bords de l'immense fleuve Yang-tse-Kiang, qui sépare pour ainsi dire le pays en deux parties. De l'autre côté commencent les provinces du Nord, les tombes changent d'aspect complètement; elles affectent la forme d'un tumulus fort primitif ou deviennent des monuments dont l'origine est thibétaine et qui sont construits en briques recouvertes de stuc ou en marbre. Il n'est pas rare de voir auprès des portes des villes, dans ces provinces du sud de la Chine, des cercueils déposés à découvert dans de misérables cahutes; ils attendent en ces lieux ruinés les parents qui viendront les réclamer pour les transporter et les enterrer dans le lieu où le mort a pris naissance. En parcourant les anciennes fortifications d'Amoy, formées de murs épais de granit, je remarquai dans les embrasures, qu'au lieu des canons qui auraient dû y être, il y avait dans presque toutes un dépôt de plusieurs cercueils. Quelques-uns étaient là sans doute depuis fort longtemps, vu leur état de délabrement; les habitants ne prendront jamais soin de les enterrer. Ces cercueils délaissés s'en iront, ainsi que les os du mort, en pourriture et en poussière.

Une journée suffit à Amoy pour tout voir : il n'en est pas de même de la ville de Foochow. Capitale de la province du Fo-Kien, placée sur le côté nord de la rive du fleuve Min, ses murailles de 30 pieds de hauteur, qui ont 6 à 7 milles de longueur, enferment 600000 habitants.

Cette ville, dans son genre, offre presque autant d'intérêt que Canton. Elle n'est pas moins commerçante que cette dernière, mais depuis quelques années elle souffre de la diminution considérable de la vente du thé. La culture prospère du thé à Ceylan est la cause de cette révolution fatale pour les marchands chinois. La rivière des Perles avec sa foule de barques constitue l'un des plus grands attraits de Canton, ceux de Foochow consistent dans son pont de granit colossal, le Wan-cheou-tsiao ou pont des Dix-Mille Longévités, datant de près de huit cents ans et qui relie sa grande rue principale. Dès mon arrivée à Foochow je ne manquai pas de parcourir aussitôt en chaise les principales parties de la ville; il y régnait d'ailleurs un mouvement inaccoutumé à cause des préparatifs de la grande fête du Dragon, qui devait avoir lieu le lendemain; déjà les enfants tiraient de nombreux pétards et autres feux d'artifice, mais on comptait sans la pluie qui, depuis trois mois, tombait presque sans cesse au grand désespoir des habitants, et la fête fut manquée. Pendant ma première nuit à Foochow un véritable déluge ne cessa de tomber, si bien que le matin mon guide vint me prévenir que, par suite d'une crue énorme du Min, la circulation sur le pont de granit était interrompue et que la vallée entière ainsi que nombre de rues de la ville étaient inondées. Le jardin de l'hôtel était de fait couvert de plus de deux pieds d'eau; j'étais emprisonné.

L'hôtelier, voyant ma contrariété et sachant que je ne pouvais agir comme les Chinois, qui avec leurs jambes et leurs pieds nus peuvent circuler quand même, m'apporta quelque consolation en m'assurant que mes promenades ne seraient point interrompues. Il fit venir une petite barque jusqu'aux premières marches de l'escalier de l'hôtel, car tout le rez-de-chaussée était inondé comme le jardin, et il me fut possible de gagner, de cette manière, les rues hautes de la ville où on pouvait encore circuler. J'allai d'abord voir avec ma barque les effets de l'inondation. Le spectacle des rues était bien amusant. Tous les Chinois profitaient de cette circonstance extraordinaire, qui n'arrive que tous les cinq ou six ans, pour laver un peu la devanture de leur maison, leurs meubles de bois et le plancher intérieur de leurs habitations. Puis des barques circulaient à grand'peine, toutes chargées de provisions de bouche pour les quartiers où tout service quelconque était impossible. C'étaient des cris et un brouhaha à ne point se reconnaître. Bientôt, arrivé sur la terre ferme, je montai sur les collines qui dominent la ville. Je voyais, entourée de belles montagnes verdoyantes, la grande vallée de Foochow complètement inondée, la ville paraissant, avec toutes ses maisons, comme un simple îlot au milieu du Min. Le grand pont de granit était en partie submergé, mais quelques Chinois, malgré le danger, s'y risquaient cependant pour gagner d'autres quartiers où l'eau n'avait pas encore pénétré.

Les collines de Foochow et les campagnes environnantes, plus encore que celles d'Amoy, sont remplies de tombeaux de toutes sortes ; quelques-uns sont ornés de leur monument caractéristique, le païloo.

Après les tombeaux et les temples, ce sont ces constructions qui frappent le plus en Chine les voyageurs ; ils peuvent en remarquer un nombre considérable dans les provinces du Nord comme dans celles du Sud. Les païloos, primitivement élevés près des tombeaux, accompagnaient autrefois ceux des personnages de distinction. Construits le plus souvent en granit ou en marbre, ils ont un aspect triomphal et, dans les motifs de sculpture qui les décorent, sont gravées des inscriptions nombreuses, destinées à perpétuer le souvenir des vertus du mort. Le païloo est souvent aussi en dehors des tombes ; il est placé soit à l'entrée d'une porte de la ville, soit dans le carrefour d'une rue principale ou près d'une pagode. Il devient alors un monument commémoratif élevé à la mémoire d'un personnage célèbre par sa charité, sa piété filiale, son courage militaire, etc. C'est une sorte de prix Montyon accordé au mort vertueux dont tout l'honneur rejaillit ensuite sur ses descendants.

Dans le Sud, ces païloos, le plus souvent en granit, sont construits exactement comme s'ils étaient en bois. Les pierres qui les composent sont assemblées par tenons et mortaises dans les hauts piliers monolithiques qui les soutiennent. Au Nord, au contraire, comme à Péking, on en voit d'un genre différent élevés en briques. Ils ont un aspect plus monumental et sont revêtus entièrement de plaques de faïence émaillée de couleurs diverses du plus heureux effet.

La polychromie dans les païloos et les temples entre pour beaucoup dans la décoration. Ceux-ci sont ornés de marbres de différentes couleurs, les autres ont leur bois décoré de peintures brillantes et de dorures composant de gracieuses

arabesques ou d'un laquage rouge ou noir. Le tombeau dont j'ai pris le dessin
auprès de résidences européennes, sur les collines de Foochow, paraît fort
ancien, il est construit tout en dalles de granit, sauf la partie du fond qui est en
briques enduites de stuc. La composition de son ensemble offre quelque analogie
avec celui dont j'ai pu dresser le plan (p. 168). Élevé aux environs de Foochow
à la mémoire d'un célèbre mandarin, depuis un siècle environ, il a été fait sur
les modèles de tombes plus anciennes. L'entrée est placée de côté, non sans

Ancien tombeau d'un mandarin a Foochow (Chine).
(D'après nature.)

raison, suivant les idées superstitieuses chinoises. Le mauvais esprit, grâce à
cette précaution, étant incapable de trouver l'entrée du tombeau, reste impuissant
à tourmenter celui qui y repose.

En 1 deux figures colossales de mandarins militaires ; en 2, 3, 4 et 5, d'autres
figures représentant des chevaux, des béliers et des lions fantastiques, semblent défendre l'entrée du lieu sacré. En 6 nous voyons une colonne monolithe sur laquelle
sont gravées des inscriptions, en 7 se trouve le païloo tout de granit et marbre vert
couvert de sculptures. En 8 sont deux larges ouvertures garnies de panneaux de
tuiles ajourées pratiquées dans la muraille d'enceinte, en 9 est placé le bassin où

les parents viennent faire leurs ablutions avant de monter prier sur le tombeau, en 10 on remarque deux lions fantastiques de marbre.

On monte de plate-forme en plate-forme toutes dallées de carreaux de marbre jusqu'au fond du monument où se trouve le petit autel en 11 qui abrite les inscriptions gravées. En 12 sont pratiqués deux chemins étroits entre les balustrades de marbre qui nous conduisent sur la plate-forme supérieure du tombeau, qui est tout enduite de stuc ; un dôme léger est formé en 13, il indique la place où le grand mandarin repose. Des bas-reliefs représentant des scènes de la vie du mandarin et des inscriptions se trouvent aux endroits 14, 15 et 16. Dans l'enceinte et tout autour du tombeau de beaux arbres remplissent ce lieu solitaire.

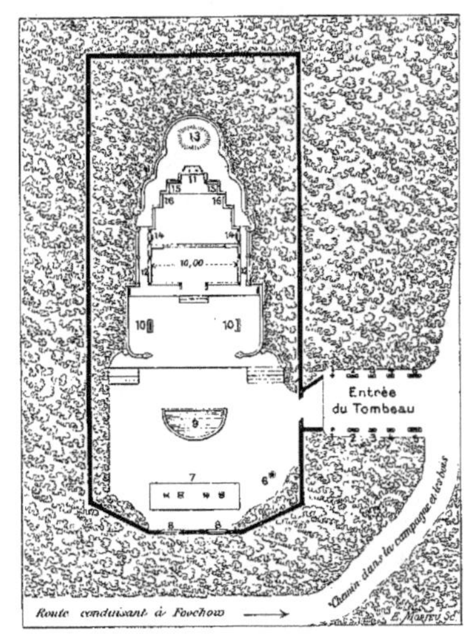

PLAN D'UN TOMBEAU DE MANDARIN SITUÉ AUX ENVIRONS
DE FOOCHOW.
(Relevé sur place.)

L'inondation de Foochow n'a duré que deux jours, les eaux sont rentrées dans le lit du Min, tout a repris bientôt sa physionomie habituelle. Je pus m'installer dans la grande rue, grâce à la protection d'un des principaux débitants de thé de la ville, qui voulut bien me garantir de la foule afin de dessiner le païloo dont la planche XII (p. 129) donne l'aspect. Il est construit en granit rose, et couvert d'inscriptions et de sculptures représentant des grues, oiseaux venant du ciel pour apporter les heureuses nouvelles, des chauves-souris qui sont aussi chez les Chinois comme autant de porte-bonheur, etc. De gracieux motifs complètement ajourés à sujets divers sont sculptés sur des plaques de grès vert assemblées au granit, et de chaque côté du païloo un double perron de marbre conduit au niveau des eaux du fleuve Min. Ce païloo aurait été élevé en l'honneur d'un mandarin célèbre par sa justice et sa charité, il y a 270 ans environ; il offre beaucoup d'analogie avec celui qu'on remarque devant les portes de la ville d'Amoy, mais son aspect est plus riche et plus élégant encore.

Une des choses les plus curieuses de Foochow est certainement le grand

PLANCHE XVI. — LES GRANDES MURAILLES DE LA CHINE, A PATALING, PRÈS DE CHATAO.
(D'après nature, p. 211.)

monastère de Kushan qui est situé sur une montagne de 1000 mètres de hauteur environ, au milieu d'une forêt de pins. Le travail en est considérable et son origine daterait de plusieurs siècles : c'est l'un des plus célèbres de la Chine. Une chaussée de granit vous conduit depuis le pied de la montagne jusqu'en haut, en formant des lacets nombreux : de distance en distance on rencontre des pavillons destinés au repos du pèlerin fatigué de l'ascension. Le monastère est construit dans un des points les plus pittoresques de la montagne, un bonze complaisant vous fait tout visiter. Après vous avoir offert les nombreuses tasses de thé d'usage, il veut bien accepter en échange l'offrande obligatoire. Les grands temples voués à Bouddha et à d'autres divinités sont élevés sur de hautes terrasses de granit communiquant entre elles par de magnifiques escaliers ou des rampes ornés de fleurs ; les bâtiments du monastère, qui sont habités par près de 200 moines, sont groupés tout alentour. Ils ont des réfectoires et des salles de réception superbes, des cuisines avec des ruisseaux de granit où passent les eaux amenées de la montagne, de vastes cellules et des étangs poissonneux. Tout, en ces lieux, est installé en perfection et serait admirable si les moines voulaient y joindre la propreté. Outre les bâtiments qui composent le monastère, il y a partout, dans la forêt, d'autres petits sanctuaires placés dans des endroits choisis où les vues panoramiques sont les plus belles.

D'autres monastères sont encore à visiter à Foochow, mais ils n'offrent pas le même intérêt et sont situés fort loin dans la ville. Les vues de l'immense vallée qu'on admire sur les terrasses des jardins ont plus de valeur que toutes les curiosités qui nous sont montrées par les bonzes. On doit, pour s'y rendre, passer par un véritable dédale de petites rues curieuses. Dans l'une d'elles, située dans les faubourgs, je m'étais arrêté pour dessiner un auvent de bois sculpté qui ornait la porte d'entrée d'une maison. La foule commençait à m'étouffer comme toujours, mais à présent j'en avais l'habitude, lorsque la porte s'ouvre et deux Chinois s'approchent de moi. Ils expliquent à mon guide que leur maître me permet de visiter sa maison. C'était un Chinois qui, ayant épousé une Anglaise, était heureux de pouvoir être agréable à un Européen, qu'il croyait originaire du pays de sa femme. Il parlait anglais et me donna quelques instants l'hospitalité en m'offrant le thé ; son jeune fils, qui essayait une haute coiffure garnie de perles et de broderies ainsi qu'un riche costume, me fut présenté par lui. Ces beaux atours devaient le parer le jour de la cérémonie de son mariage, très prochain, avec une jeune et riche Chinoise du voisinage. La maison, assez étroite sur la rue, a une profondeur excessive et se compose d'une série de bâtiments tous à rez-de-chaussée, terminés par un jardin. Les salles sont ornées avec un grand luxe par la charpente apparente qui leur sert de toiture : rien n'est plus élégant et plus délicatement sculpté que toutes les pièces de bois qui la composent. Ces pavillons, reliés entre eux par des jolis portiques sculptés également, sont accompagnés de cours intérieures à ciel ouvert, sortes d'atriums ornés de bassins de marbre et de fleurs.

De hautes murailles ferment la propriété entière dont rien ne peut être vu du dehors ; elles dépassent la hauteur des légers portiques, de sorte que leur aspect à l'intérieur serait triste et monotone. Elles sont ornées en conséquence de jolis motifs de terre cuite émaillée à fond bleu céleste ; ce sont des bas-reliefs représentant des scènes de la vie chinoise, ou des légendes populaires qui forment des panneaux ou des frises dont les compositions variées, aux couleurs vives, inspirent la gaieté. Tout, dans cet intérieur chinois, semblait fait pour rendre l'existence agréable, jusque dans les moindres détails ; tout aussi était propre et bien tenu. Le seigneur chinois avait épousé une Anglaise ! Ma visite terminée, mon hôte fit entrer ma chaise et les porteurs dans sa première cour intérieure afin de m'éviter le plus possible l'ennuyeuse curiosité de la foule qui s'amassait près de la porte et je ne tardai point à partir.

L'Européen circule aisément de tous côtés, porté par ces coolies, jeunes gens bien bâtis, vifs et alertes, qui vous mènent rapidement avec dextérité.

Dans toutes ces rues étroites de Foochow, où le mouvement du public et des nombreuses chaises à porteurs sont si considérables, on a lieu de s'étonner d'y constater si peu d'accidents.

CHAPITRE X

Shang-Haï est d'un aspect agréable quand on y arrive, la rivière Wang-Pou, située presque à l'embouchure du fleuve Yang-tse-Kiang, est large, rappelant celles des États-Unis. Les grands navires de commerce, les barques de pêche sillonnent ses eaux et accostent aisément près des quais magnifiques construits par les Européens. La ville chinoise, cachée derrière ses anciennes murailles, reste invisible, mais les promenades, les belles avenues des concessions françaises et anglaises, charment les yeux. Partout, sur les bords du Wang-Pou, on ne voit que des constructions élégantes semblables à celles de Saïgon ou de Bombay ; des jardins publics aux gazons verdoyants viennent se baigner dans les eaux.

Les rues principales, le soir, sont fort animées, remplies surtout de Chinois à l'allure pittoresque ; elles sont éclairées au gaz et à l'électricité. Les illuminations brillantes des lanternes multicolores restent réservées aux cafés-concerts ou maisons de thé, et aux théâtres installés dans les quartiers européens. — Est-ce bien en Chine que le touriste est descendu, n'est-ce pas plutôt dans une ville européenne en temps de grande exposition ?

L'impression première éprouvée en visitant Shang-Haï est favorable, mais cette ville construite par trois nationalités différentes, française, anglaise, américaine, séparée par des canaux et reliée par des ponts, est trop moderne

pour charmer longtemps le voyageur. Un seul établissement situé dans Zi-ka-Wei,
à près de 7 kilomètres de la ville, y est réellement intéressant. C'est l'œuvre des
missionnaires catholiques français.

Zi-ka-Wei est un village chinois, lieu d'origine de Zi-Kao-Lao, premier
ministre célèbre sous la dynastie des Ming, qui fut converti au christianisme par
le Père Ricci. Dès le XIVe siècle, en effet, les missionnaires catholiques commencèrent à avoir une influence dans le pays; ils s'occupèrent ensuite de l'Observatoire
de Péking, et eurent aussi en vue un grand travail, celui de la carte de Chine. Malheureusement les révolutions perpétuelles et les guerres arrêtaient l'œuvre commencée.

En 1840, le gouvernement français, désireux de reprendre les travaux
interrompus, envoya à Shang-Haï des pères jésuites choisis parmi ceux qui pouvaient
être au courant des sciences physiques et mathématiques et leur donnait un magnifique théodolite, un cercle répétiteur de Gambey et d'autres précieux instruments pour commencer les premiers travaux à l'Obser-vatoire naissant de Zi-ka-Wei.
Ces tentatives d'expériences

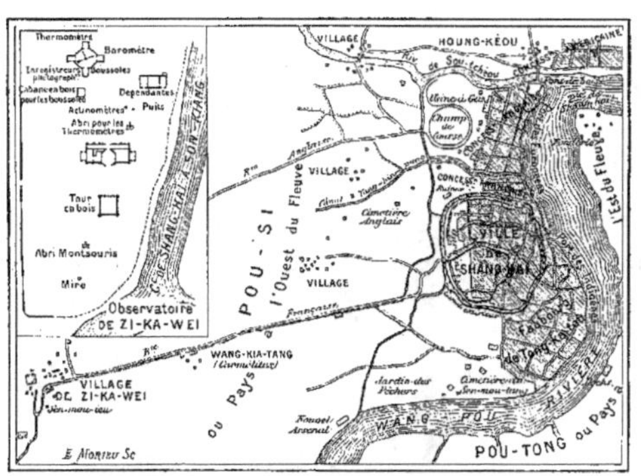

PLAN DE SHANG-HAÏ ET DE L'OBSERVATOIRE DE ZI-KA-WEI.

et d'observations scientifiques étaient bien péniblement essayées par suite des
obstacles constants accumulés par le gouvernement chinois. Mais Zi-ka-Wei, lieu
en quelque sorte consacré par le souvenir du grand premier ministre converti et
protégé par la France, continuait à servir aux missionnaires à la fois d'asile pour
la charité et pour la science.

L'Observatoire toujours maintenu devint bientôt un observatoire météorologique et magnétique. Il est en état de prospérité depuis une quinzaine d'années
environ. Le Père Chevalier en a aujourd'hui la direction. Construit au milieu
du village, l'établissement est relié à Shang-Haï par deux routes. La première
est française et longe un canal qui constitue une troisième voie de communication, la seconde est anglaise. Actuellement une ligne téléphonique
relie l'Observatoire à la ville et surtout au sémaphore établi sur la concession
française.

L'établissement est installé près du canal sur un terrain relativement élevé, de 3 à 4 mètres environ, au-dessus de l'ensemble de la plaine (voy. plan, p. 174).

Au nord, se trouve la grande salle des enregistreurs photographiques. Celle du centre est occupée par les enregistreurs magnétiques. Puis viennent les salles réservées au thermographe et au barographe. Le vestibule est au sud et le bâtiment de l'ouest est destiné à recevoir un électromètre. A 50 mètres, au sud, on entre dans l'Observatoire, dont la salle de réception est ornée des portraits des Pères Ricci, Shull, Verbiest, etc. A l'est, la bibliothèque possède le météorographe du Père Secchi, que nous avons vu à Paris pendant l'Exposition de 1867. A l'étage supérieur, côté ouest, se trouve la petite salle méridienne, puis enfin, maintenus par des piliers solidement établis et partant du sol, nous voyons deux pendules astronomiques, et un cercle méridien portatif construit par Balbrec.

Un chronographe, un téléphone et l'appareil qui sert à déclencher électriquement la boule méridienne, se trouvent également dans cette salle. Une tour

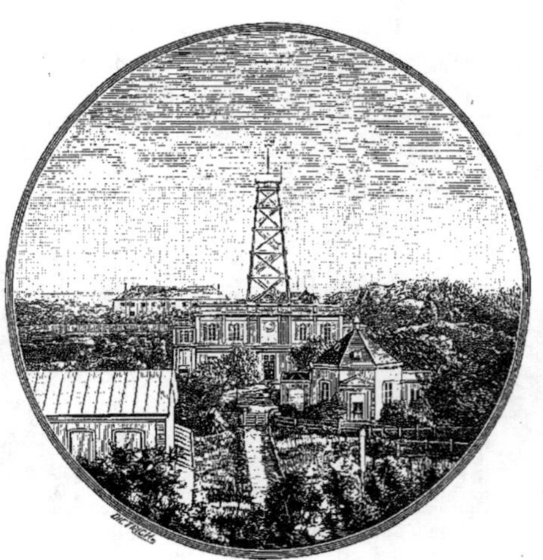

VUE D'ENSEMBLE DE L'OBSERVATOIRE DE ZI-KA-WEI.

en échafaudage, haute de 30 mètres, que surmonte le grand anémomètre Beckley, dont l'enregistrement est transmis par l'électricité en même temps qu'il se fait mécaniquement au sommet, est élevée dans le jardin. Les actinomètres et pluviomètres, le psychromètre placé sous un abri pareil à celui de Montsouris, y sont aussi installés. Des observations constantes sont faites à Zi-ka-Wei et il est facile de les connaître en consultant les volumes qui continuent à être publiés au sujet des bourrasques des côtes de Chine, des typhons, etc. Cet Observatoire fait fonctionner deux services qui sont de la plus haute importance, celui de la boule méridienne et celui des signaux.

Du haut du sémaphore élevé sur la concession française, les missionnaires donnent à tout le port l'heure de midi. La boule méridienne est amenée à midi précis au moyen d'un courant électrique lancé de l'Observatoire. Divers signaux météorologiques sont aussi annoncés : la direction et la force du vent à l'entrée du fleuve Yang-tse-Kiang y sont données d'après les observations faites au poste de Gutzlaff et transmises par télégramme à Zi-ka-Wei. De plus, dès qu'un typhon se trouve en un point des mers de Chine, sa présence et sa direction sont annoncées au sémaphore. Des bulletins écrits suppléent à l'insuffisance des signaux. Les stations de Wladivostock, Tien-Tsing, Foo-Chow, Amoy, Hong-Kong et Manille, enfin Tokio et Nagasaki au Japon, envoient chaque jour leurs observations télégraphiquement; un service régulier a lieu ensuite, par télé-phone, entre Zi-ka-Wei et le sémaphore de Shang-Haï.

Ces nombreux services rendus par l'Observatoire de Zi-ka-Wei sont incon-testables; il serait à désirer qu'il puisse en rendre encore davantage, pour cela, il serait indispensable de lui donner un plus grand développement. Le ser-vice météorologique est suffisant aujourd'hui, mais la partie astronomique est malheureusement plus qu'incomplète. Les seuls instruments qui servent encore actuellement pour les observations sont ceux que le gouvernement français a donnés en 1840.

L'Observatoire est placé géographiquement d'une façon particulière à cause des conditions du climat. L'incomparable pureté du ciel, et en hiver la sécheresse presque absolue de l'air, assurent le succès des travaux. L'éclat de la Voie lactée est doublé, même à l'œil nu, par suite de ces conditions exceptionnelles; de plus le soleil, déjà sur l'horizon sept à huit heures plus tôt qu'en Europe, permettrait de faire des observations utiles. Les études astronomiques y seraient du plus haut intérêt.

A côté de l'Observatoire, plusieurs bâtiments importants sont destinés à l'Orphelinat des enfants trouvés. J'ai vu plus de deux cents petits garçons élevés sous la direction du Père Mariot. On les instruit, suivant leur âge, dans des ateliers de toutes sortes : ébénisterie, sculpture sur bois, dessin, architecture, imprimerie, charpenterie, tailleur et cordonnerie, etc. Ces enfants peuvent ainsi apprendre à Zi-ka-Wei un métier de leur choix et y rester jusqu'à l'âge de vingt ans. Non loin de ces bâtiments, un autre orphelinat tenu par les sœurs, qui contient plus de cinq cents petites filles, est organisé de la même manière.

Auprès de l'Observatoire, également groupé dans le même ensemble, on peut visiter un curieux musée d'histoire naturelle où le Père Eudes entasse depuis vingt-huit ans les espèces les plus remarquables des animaux de la Chine.

Après l'intéressante visite à Zi-ka-Wei, touché du cordial accueil qui m'y était fait, je songeai à parcourir la ville chinoise de Shang-Haï. Le contraste entre cette dernière et celle que les Européens ont fondée, est extraordinaire. On ne peut comprendre que l'exemple donné par ceux-ci n'ait pu produire le moindre effet sur les Chinois. Autant les concessions européennes sont propres et soignées, autant la ville chinoise, qui n'est séparée que par une vieille muraille et un fossé, est mal tenue dans presque toutes ses parties. Les Chinois ne cessent de venir dans les concessions européennes, ils s'y installent en grand nombre et jouissent des jardins bien entretenus et de l'air pur qu'on respire. Ils ont

Un pavillon de thé a Shang-Hai.
(D'après nature.)

même inventé un moyen de locomotion original; c'est une sorte de brouette conduite par un coolie, utilisée par les personnes qui cherchent à se faire transporter économiquement (voy. p. 172). Malgré tout, la ville chinoise de Shang-Haï reste toujours aussi malpropre. Elle est bien curieuse cependant à plus d'un titre et mérite un long examen.

Le travail y règne en maître et la fourmilière chinoise y est fort active; l'un des endroits de la ville le plus original est certainement celui des maisons de thé, où les habitants viennent par moments se reposer de leurs occupations multiples. Fatigué de la foule houleuse des petites rues, j'entrai avec mon guide dans le plus beau pavillon de thé, celui qui est construit au milieu d'un vaste bassin rempli d'une eau marécageuse (voy. p. 177). Cette maison était pleine de monde du haut en bas ; les Chinois attablés, buvant leur thé tout en causant de leurs affaires, regardent à peine l'étranger qui vient s'asseoir auprès d'eux. Deux ponts de bois curieusement construits en zigzag relient ce pavillon au bord du bassin qui est presque entièrement entouré d'autres maisons de thé, garnies d'une foule compacte. C'est le centre du quartier marchand le plus important et le plus animé de la ville.

A Shang-Haï, le voyageur qui désire pousser plus loin ses pérégrinations en Chine, doit songer à quelques préparatifs. Pour me rendre jusqu'à Ichang, situé dans la province de Hupeh, à près de 450 lieues dans l'intérieur, il me fallait un passeport en règle ; je devais renoncer aux hôtels européens où j'avais pu jusqu'alors trouver un abri confortable à chacune de mes étapes, car il n'y a plus rien pour les touristes en ces parages. Grâce à l'obligeance des missionnaires catholiques établis à Shang-Haï, j'eus des lettres de recommandation pour les villes principales où je devais m'arrêter. Un service de bateaux à vapeur partant de Shang-Haï se fait régulièrement, et les établissements des missions vous accordent une hospitalité toute gracieuse, vous assurant en même temps aide et protection.

Le voyage sur le fleuve Yang-tse-Kiang était en cette saison (juillet 1890) tout à fait merveilleux. Ses eaux au courant rapide, grossies par les pluies, étant sorties de son lit et, remplissant la campagne, ajoutaient encore à l'aspect grandiose qu'il a d'ordinaire. Presque tous les villages sur ses bords étaient en partie noyés.

Je voyais les habitants circuler dans leurs rues submergées, à l'aide de barques, ou barboter dans le rez-de-chaussée de leurs pauvres maisons de bois. Il en est de même, paraît-il, tous les ans, et cela depuis un temps immémorial. Les Chinois, cependant, ne font rien contre ce fléau régulier, qu'ils pourraient éviter en établissant de hautes berges le long du fleuve. Leur indifférence est si complète, ou bien les infidélités des mandarins chargés des travaux d'art dans les provinces sont si nombreuses, que, par ces raisons, rien d'utile ne se fait.

Depuis les guerres récentes avec la nation française, les Chinois ont construit le long du fleuve de nombreux ouvrages militaires pour défendre le pays et empêcher l'arrivée à Nankin. Du haut du pont du steamer le *Kiang-Yung*, qui va jusqu'à cette ville, je pouvais aisément les remarquer et j'assistais aux exercices du canon et du fusil faits par les soldats chinois sur de petites jonques de guerre.

Ces jonques sont curieuses avec leurs nombreux drapeaux triangulaires ornés de dragons ou d'inscriptions, dentelés de noir ou de blanc; quant aux exercices militaires, il est permis de douter de leur valeur.

Ma première étape au bord du fleuve fut Chin-Kiang, où je trouvai un abri à la mission dont le Père Chevalier est le directeur. Il a habité cette partie de la

INTÉRIEUR DE LA PAGODE DE TSIAO-CHANG (CHINE).
(D'après nature.)

Chine depuis de longues années et, connaissant tous les environs, il voulut être mon guide. J'eus bientôt en lui un ami, et pendant plusieurs jours, un fort aimable compagnon de route. Il voulut me mener tout d'abord à l'île de Tsiao-Chang, c'est une excursion assez longue et les étrangers n'y vont guère; ils négligent ainsi la visite intéressante d'une des plus anciennes pagodes du pays.

Elle a été épargnée plus que d'autres, grâce à son isolement au milieu du fleuve ; elle daterait d'environ 700 à 800 ans.

L'intérieur du temple est remarquable (p. 179). La coupole, le motif central de la pagode, brillamment décorée de peintures, abrite un superbe Bouddha colossal en bois doré aux côtés duquel se trouvent deux autres grandes idoles. Le long des murs, sur les bas côtés du temple, les dieux secondaires du paradis de Bouddha sont assis entourés de leurs attributs, exposés de même à l'adoration des fidèles. D'autres riches pavillons, des logements luxueux pour les prêtres gardiens du temple, de beaux portiques ornés de perrons et de balustrades de marbre forment un ensemble imposant.

A l'entrée de la pagode, sur les bords du fleuve, on admire le curieux païloo (p. 181) qui a été élevé en l'honneur du célèbre lettré Tsiao, qui donna son nom à l'île habitée par lui pendant de longues années sous le règne d'un empereur de la dynastie des Han (206 av. J.-C. et 221 ap. J.-C.). Il refusa trois fois le mandarinat qui lui était offert par le Fils du Ciel, préférant vivre dans la solitude pour ne s'occuper que d'œuvres charitables et pieuses.

L'île de Tsiao-Chang ou île d'Argent forme, au milieu du Yang-tse, un immense récif assez élevé, couvert d'une végétation luxuriante. Aidé par des escaliers taillés dans le roc, on arrive bientôt au sommet, sur lequel se trouve une petite pagode abandonnée. Le panorama y est magnifique avec les vues du fleuve, l'un des plus grands du monde entier, et celle de la ville de Chin-Kiang qui se confond au loin avec l'horizon montagneux. Une importante batterie, composée de superbes canons d'acier venant de l'usine Krupp, a été installée depuis peu d'années par le gouvernement chinois dans cette île. Ces canons sont bien placés pour empêcher l'accès du fleuve, et les soldats chinois les laissent voir aux Européens avec un certain sentiment d'orgueil. Nous regardions ces armes avec intérêt, mais je me rappelais à ce moment ce que m'en avait dit le capitaine du *Kiang-Yung*, un Américain depuis vingt-six ans en Chine, qui semblait connaître bien les choses de ce pays. Il prétendait qu'avec ces canons formidables les artilleurs chinois ne sauraient rien faire d'efficace pour la défense du passage du fleuve en temps de guerre, étant certain de leur incapacité complète dans l'art de l'artillerie moderne. « Un amiral français, comme l'était votre amiral Courbet, me disait-il, n'aura pas de peine à passer avec ses marins et viendra quand même, quand il le voudra, bombarder ou assujettir la grande ville de Nankin. »

S'ils font quelquefois des efforts pour la défense de certaines parties de leur

pays, les Chinois paraissent bien indifférents pour d'autres localités. A Amoy
entre autres, dans un champ de course situé près de la pagode de Lampotaï, je
pus assister à l'exercice du tir fait par quelques jeunes recrues chinoises. Ces
hommes se servaient de fusils à mèche; certes je n'étonnerai personne en
déclarant qu'ils manquaient généralement leur but.

A mon départ de Chin-Kiang, le Père Chevalier me recommanda au Père
Simon, directeur de la mission de Nankin, je trouve encore chez lui un accueil

PAÏLOO DE TSIAO-CHANG OU ILE D'ARGENT (CHINE).
(D'après nature.)

tout fraternel. Ici la mission est plus importante; pour donner me dit-on le bon
exemple et suivre le règlement des Pères, j'allais le dimanche entendre la messe
dans la grande chapelle où près de 400 Chinois des deux sexes, convertis au
catholicisme, l'écoutaient avec ferveur en chantant des cantiques et des prières.
Ce devoir accompli, le Père Simon voulait bien devenir mon guide, il fut aussi
mon garde-malade. Aux Indes, la fièvre paludéenne s'empara de moi quelques
jours; en Chine, à Foochow, une mouche charbonneuse me fit une piqûre
à la main, l'enflure produite par elle augmenta tellement au bout de quelque
temps, qu'à mon arrivée à Nankin je fus forcé de tenir mon bras en écharpe.

Le Père Simon, inquiet de me voir en cet état, me conduisit à un jeune docteur américain qui, heureusement pour moi, avait un hôpital et formait des
adeptes dans la ville. Ma plaie habilement découpée puis assainie par lui fut
bientôt fermée, grâce aux pansements que le Père Simon, devenu pour la circonstance un véritable chirurgien, voulait bien me faire plusieurs fois par jour, suivant
l'ordonnance.

Je ne pouvais faire pendant quelques jours de grandes excursions à cause
de mon bras malade ; le temps se passait néanmoins agréablement et je me
souviendrai toujours de la soirée du 14 juillet 1890 à la mission catholique de
Nankin. Après un frugal repas, offert bien cordialement, je demandai au Père
Simon s'il n'avait pas un drapeau tricolore ou quelque flamme de Bengale
pour faire honneur à notre fête nationale. Rien de ce genre n'existait en ces lieux,
mais mon hôte disparut quelques instants, apportant bientôt deux bouteilles de
petite bière mousseuse et piquante que savent fabriquer les sœurs catholiques.
Nous bûmes gaiement tous deux à la prospérité de la France et à la santé de
Madame Carnot.

L'origine de Nankin est fort ancienne, son histoire commence à être connue
dès le iii° siècle de notre ère. On sait que des rois de la dynastie Hou-Han
l'habitaient vers l'an 221. Cette ville eut à subir de la part des Tartares de
fréquents sièges, ils purent la saccager plusieurs fois et l'occupèrent même
pendant quelques années lorsque Koubilaï-Khan, roi tartare, fut vainqueur de
l'armée chinoise. Nankin, malgré ses malheurs, avait, grâce à son industrie et
à sa richesse, la force de se relever toujours de ses ruines diverses. Elle y fut
aidée par Tay-Tsou connu sous le nom de Hong-Où, le premier empereur de la
dynastie naissante des Ming (1368-1399). Hong-Où avait chassé les Tartares,
mais il pensait qu'il aurait à subir de nouvelles attaques de ses ennemis et qu'ils
porteraient plutôt leurs efforts sur Péking, la capitale du nord de son empire,
aussi s'empressa-t-il de la fortifier.

Frappé de la situation exceptionnelle de Nankin sur le fleuve Yang-tse, des
agréments de ses environs et de son doux climat, il voulut en faire la capitale principale de la Chine. Il l'agrandit d'une façon extraordinaire, mais voyant des points
faibles à la première muraille d'enceinte qui existe encore actuellement, il créa
sur les collines environnantes, et en d'autres endroits sur les bords du Yang-Tse,
d'autres fortifications formant une deuxième enceinte. Hong-Où mourut, son fils
Kien-Ouèn lui succéda (1399), puis ce dernier laissa sa couronne à Yun-Lô (1409).
Les Tartares vaincus n'avaient jamais renoncé à leur idée de la conquête de la

Chine ; ils y pénétraient constamment par le Nord, menaçant Péking. L'empereur Yun-Lô dut renoncer à son séjour dans sa capitale du Sud pour aller défendre plus sûrement son empire, en faisant de la capitale du Nord sa résidence définitive.

L'abandon de Nankin par toute la cour impériale fut fatal à cette ville qui possédait, dit-on, plus d'un million d'âmes et qui, dès lors, entra dans une période de décadence. Ses temples furent délaissés, les nombreux canaux alimentés par le Yang-tse, qui servaient à son commerce, n'étant plus entretenus, furent rompus ou comblés par des ruines : l'ancienne capitale subsistait toujours cependant.

Dans les temps modernes, les Taïpings révoltés prirent Nankin et saccagèrent ce qui en restait encore, le 19 mars 1853. La fameuse tour de porcelaine, la merveille de la Chine fut rasée par eux, ils mutilèrent ou détruisirent d'autres monuments de cette ville, qu'ils occupèrent jusqu'en juin 1864.

Depuis ce temps, Nankin se relève péniblement de ces désastres effroyables ; dans ses anciens murs à demi ruinés dont le développement de 33 kilomètres environ témoigne de son antique splendeur, elle possède encore 300 000 habitants. La ville actuelle semble perdue dans l'amas de décombres recouverts de verdure de l'antique capitale où les chaussées de pierre ou de briques posées sur champ apparaissent encore. Les rues de Nankin sont pauvres d'aspect, mais quelques endroits sont pittoresques. Ce sont la place des temples de Confucius avec ses grands païloos de bois, le canal avec ses jonques et barques innombrables. Nankin, malgré ses efforts qui font l'étonnement de tous, et dont la force de vitalité est extraordinaire, ne retrouvera jamais, sans doute, son ancienne prospérité.

Du tombeau des Ming, situé près des murailles au pied des montagnes de la Perle d'or, les restes ruinés offrent encore un intérêt considérable. Ils occupent un vaste espace dénudé dont le sol est couvert d'une herbe épaisse. Auprès de l'une des entrées richement sculptées de l'ancienne enceinte réservée, on lit, sur des tablettes de pierre, les ordonnances curieuses dont voici la traduction littérale : « Tous, mandarins ou hommes du peuple, doivent ici descendre de cheval... Quiconque volera une pierre, arrachera un arbre, peine de mort... Les mandarins ou soldats qui n'y veilleront point... peine de mort ; tous doivent en ces lieux marcher avec respect... Un mandarin doit être de garde pour faire un sacrifice, brûler l'encens, matin et soir. On doit tenir les puits propres et en bon état, etc. » Les ordonnances sont restées, mais elles sont complètement

oubliées dans ces solitudes! Beaux arbres et pierres, marbres et ornements
ont presque tous disparu.

Un colossal pavillon, dont la toiture est détruite, construit avec des murs
épais de briques sur des soubassements composés d'énormes assises de granit,
forme la deuxième grande entrée de l'enceinte extérieure du tombeau. Entre ces
quatre murs toujours debout, on voit une colossale tortue de marbre blanc,
emblème de l'éternité, portant sur son dos une grande plaque monolithe de
marbre noir sur laquelle sont gravés les hauts faits de l'empereur Hong-Oû, le
premier de la dynastie. A partir de ce pavillon, commence un alignement étrange
d'animaux fantastiques, des éléphants, des chevaux, des chameaux et des griffons
couchés ou assis, puis des guerriers, des mandarins sculptés dans des blocs
de pierre de trois ou quatre mètres de hauteur et bordant des deux côtés une
avenue de plus d'un kilomètre de longueur, qui mène à l'entrée du dernier mur
d'enceinte du tombeau. Outre ces statues colossales, qui sont presque toutes
encore intactes, il y avait encore des obélisques et des païloos magnifiques aujour-
d'hui renversés.

Ce chemin étrange forme une courbe très prononcée, en suivant le pied de
la colline qui cache tout d'abord le tombeau et les monuments qui l'accompagnent. Il était tracé ainsi, suivant les règles, pour écarter le mauvais esprit,
comme nous l'avons dit plus haut (voy. p. 167). A l'extrémité de cette avenue,
un joli pont de marbre est traversé; on arrive à l'entrée de la dernière enceinte
dont les murs sont larges et élevés. Une chaussée toute dallée de marbre, pratiquée dans l'axe de l'enceinte, vous mène graduellement au travers de jardins
abandonnés et de terrasses communiquant entre elles par des escaliers luxueux.
Des pavillons formaient d'élégants motifs qui dominaient les perrons ornés de
chimères sculptées. Un large pont de marbre, construit au-dessus d'un bassin
formé par de hautes murailles, termine ce chemin dont l'aspect est véritablement triomphal. On arrive ainsi à l'extrémité de l'enceinte, devant un monument
considérable tout en granit qui sert de soubassement à une vaste plate-forme au
centre de laquelle s'élève une pagode dont le couronnement et la toiture sont
détruits. Sous une voûte imposante par ses proportions, on monte un plan
incliné pratiqué dans l'épaisseur du soubassement, qui continue ensuite à ciel
ouvert, sur ses bas côtés. Il mène à la plate-forme et vous conduit en même
temps au pied de la grande pyramide de terre recouverte de vieux arbres qui
domine l'ensemble général. Elle recouvre encore, dit-on, les restes du premier
des Ming, l'empereur Hong-Oû.

Pl. XVII. — Péking et ses murailles vues du village de Hong-so près la porte de An-Ting-men (Chine).
(D'après nature, voy. p. 214.)

Une des plus belles excursions à faire aux environs de Nankin est celle des grottes de Koan-Yng. Elle demande une grande journée : aussi le Père Simon, en homme expérimenté, fait préparer toutes choses. Deux Chinois catholiques nous accompagnent, des ânes et mulets sont à nos ordres, et notre petite expédition est promptement organisée. Le chemin, souvent bordé de haies plantées d'althéas, aux fleurs blanches et violacées, nous fait parcourir les anciens vestiges de Nankin, mêlés aujourd'hui à des champs cultivés. Pendant plus d'une heure, nous chevauchons ainsi. Les anciennes murailles de la ville sont enfin dépassées, nous entrons dans une belle campagne pleine de rizières et de marécages garnis de roseaux géants. De hautes collines sont gravies par notre petite troupe : voici les falaises vertes qui contiennent les grottes. On en découvre plusieurs dans les rochers ; la plus remarquable est celle qui renferme la petite pagode de la Déesse des eaux. Du temps de l'empereur Hong-Où, il y a près de cinq cents ans, le Yang-tse coulait au pied des falaises ; actuellement, le paysage s'est modifié ; le fleuve a changé de lit, on aperçoit maintenant au loin l'immense ruban d'argent formé par ses eaux. Les falaises ne sont plus baignées que par un petit canal qui dérive du Yang-tse ; elles servaient autrefois de limite à la deuxième enceinte construite par le premier des Ming.

La grotte était connue depuis des temps les plus reculés ; une curieuse sculpture gravée, placée auprès de l'entrée et représentant l'image de la Déesse des eaux, prouverait l'ancienneté du sanctuaire. Refaite depuis quelques années sous le règne de l'empereur actuel, elle est, dit-on, la copie exacte de l'antique sculpture qui avait été exécutée par le célèbre artiste Où-tao-tsé, qui vivait sous la dynastie des Tang (620-907 de notre ère). La statue de la Déesse et celles des deux divinités secondaires qui l'accompagnent sont les ornements principaux de ce lieu saint fort honoré de tous, surtout des pêcheurs des environs, qui y viennent faire de fréquents pèlerinages. Ils apportent, auprès de la brillante pagode de bois sculpté qui abrite la Déesse, des ex-voto en forme de jonques ou de barques, qu'ils ont su habilement tailler de leurs propres mains. La voûte de cette curieuse grotte est percée naturellement en deux endroits dont l'un est inaccessible. Dans l'autre, on peut monter à l'aide d'échelles à une autre petite pagode, cette fois à ciel ouvert et construite à mi-hauteur de la falaise. Des degrés taillés à vif dans le roc vous conduisent à un autre sanctuaire, puis enfin au sommet des rochers d'où la vue est très étendue.

Je quitte Nankin pour continuer mon voyage, mais il faut un long temps pour gagner, par le canal, le fleuve Yang-tse. La barque qui me porte est conduite par des Chinoises aux petits pieds qui rament ou godillent suivant les circonstances au milieu de milliers de jonques de commerce et de bateaux de toutes sortes. Ces pauvres femmes sont courageuses, et on a lieu de s'étonner qu'elles puissent rester debout si longtemps et résister à ce travail énergique, malgré l'infirmité qu'on leur a imposée depuis leur plus tendre enfance. Je remonte bientôt dans le grand bateau à vapeur.

On s'arrête quelques moments à Wu-hu. La ville était bien calme alors, il aurait été difficile de croire qu'un an plus tard les résidents européens, installés le long du rivage, seraient forcés de fuir devant la folle rage des Chinois qui voulaient les massacrer et qui ont brûlé presque toutes leurs villas. De nombreux points pittoresques arrêtent nos regards pendant le trajet : ce sont d'anciennes tours ruinées ou de curieux récifs.

Nous rencontrons souvent quelques trains de bois sur lesquels sont construites des maisons d'habitation qui forment ainsi un petit village flottant. Ce sont des marchands qui, venant des montagnes, descendent le Yang-tse pour vendre des pièces de charpente et des bois de construction de toutes sortes aux riverains. Ces matériaux sont rares lorsqu'on approche de la mer, aussi ce commerce est-il fort lucratif pour les familles industrieuses qui l'exercent. Elles passent leur vie entière sur ces grands radeaux formés de troncs d'arbres, ne communiquant avec la terre ferme qu'à l'aide de barques.

Nous arrivons à Han-Kow, où il faut changer de bateau à vapeur. Han-Kow, la capitale de la province du Houpeh, se compose de trois villes, Han-Kow et Han-Yang, baignées par la rivière Han et le Yang-tse, puis Wuchang, situé de l'autre côté du fleuve. Elles ne possèdent pas moins de 775 000 habitants. Ces villes industrieuses offrent peu d'intérêt pour le voyageur qui a déjà vu Canton et Foochow. La colonie européenne, installée depuis trente ans à peine le long du Yang-tse aux portes de Han-Kow, possède de nombreuses et élégantes villas entourées de jardins.

L'aspect du fleuve est magnifique surtout au coucher du soleil, l'heure choisie par la plupart des marchands du bazar de Han-Kow qui doivent gagner Wuchang afin de rentrer avant la nuit dans leur foyer. Les légers bateaux à voile, les barques chargées de passagers et de rameurs remplissent la largeur du fleuve, se dirigeant dans tous les sens. C'est aussi un des moments préférés par les pêcheurs installés le long du rivage pour prendre à chaque levée de leur grand filet de nombreux poissons (voy. p. 145). Par suite de la hauteur des eaux, le courant était des plus violents sur le Yang-tse et notre bateau, le *Kiang-Tung*, remonte péniblement le fleuve. Dans la crainte de perdre sa route et de sortir d'un chenal difficile à suivre, on était forcé de mettre à l'ancre dès la tombée du jour, de sorte que le trajet était retardé.

Le capitaine, M. Yankowski, étant l'homme le plus obligeant qu'on puisse rencontrer, le temps ne me semblait pas long à son bord.

Malgré la chaleur extrême que nous avions journellement (35 à 38° centigrades), on est toujours attiré sur le pont du navire pour contempler le panorama des rivages qui se déroule sous vos yeux. Je voyais sur les bords du fleuve de

RADEAU SURMONTÉ DE MAISONS DE BOIS DESCENDANT LE FLEUVE YANG-TSE-KIANG (CHINE).
(D'après nature.)

nombreux troupeaux de buffles dormant au soleil dans les rizières inondées ; ils aiment, comme dans les Indes, à séjourner des heures entières sous les eaux pour abriter leur corps des piqûres des mouches, ne laissant à l'air que leur tête afin de respirer.

Le *Kiang-Tung* passe devant le village de Tiau-hien-Kau embelli par des montagnes lointaines de près de 400 mètres de hauteur ; on y faisait une cérémonie étrange. Quelques barques chargées de Chinois exécutant une musique terrible, circulent sur le fleuve ; le tambourin, surtout, domine dans cet orchestre barbare destiné à toucher le cœur du Grand-Dragon qui seul peut mettre fin à l'inondation qui ruine la contrée.

Quelques heures plus tard on s'arrête à Sha-Szé, une des villes les plus commerçantes du Yang-tse et grand port de transit. Les jonques qui descendent de la province du Sechuan et de la ville d'Ichang, construites pour résister à la force des rapides et aux tourbillons dangereux du haut Yang-tse, que les Chinois nomment le fleuve aux sables d'or, s'arrêtent toutes à Sha-Szé. Elles seraient trop lourdes pour naviguer dans le grand canal Taïping qui conduit au lac Tung-ting, le plus grand de la Chine, et dans celui qui rejoint la rivière Han, qui baigne Han-Kow. Toutes les marchandises qu'elles contiennent doivent être transbordées dans d'autres barques et les grandes jonques, qui servent en même temps d'habitation à une véritable foule de bateliers, sont amarrées au rivage et pressées les unes contre les autres de manière à former une bordure de plus de deux kilomètres de longueur. Je regarde avec curiosité une haute tour de sept étages qui fait l'ornement de la ville ; j'aurais bien désiré descendre à terre, mais notre steamer ne s'arrête que quelques minutes et les habitants de Sha-Szé ont en horreur les étrangers. On ne saurait séjourner longtemps dans ses rues sans être insulté et assailli aussitôt par la foule, et sans recevoir, dit-on, de nombreuses pierres ou des immondices lancées par les gamins.

Les rives du Yang-tse deviennent de plus en plus pittoresques à mesure que nous approchons de notre but, des falaises curieuses formées de rochers *poudingues* s'élèvent de tous côtés. Les Européens les connaissent sous le nom de Gorges de la Dent du Tigre, de Pont Naturel, etc.

Nous avions sur le *Kiang-Tung* un haut personnage chinois, M. Loô, le commandant en chef de la province. A notre arrivée à Ichang, résidence de ce mandarin, les bords du fleuve étaient couverts d'une foule énorme attendant sa venue. Tous les soldats de la garnison étaient sur pied avec leurs drapeaux de toutes couleurs. On tire des coups de fusil et quelques coups de canon, puis la trompette se fait entendre, sonnant des airs dont la musique peu harmonieuse ressemble à celles que produisent les sirènes de nos ports. Le Yang-tse est sillonné de petites barques de fête, un dais est préparé sur ses bords, le coup d'œil est charmant. M. Loô apparaît enfin sur le pont du *Kiang-Tung*, il est tout transformé dans sa belle toilette. J'étais habitué à le voir depuis quelques jours dans son négligé, composé seulement d'un pantalon de toile et de ses deux pantoufles !

Aujourd'hui on l'admirait avec sa belle robe brodée de dragons d'or et son chapeau de mandarin. Quelques notoriétés de la ville viennent le saluer, puis les trompettes, canons et fusils reprennent leur bruit : la réception est enfin terminée.

A Ichang, c'est dans la maison des Pères Franciscains que j'ai dû demander asile; le capitaine Yankowski me présente au Père Cestel qui me reçoit de son mieux dans la mission.

Cette ville de 34 000 âmes n'offre rien de particulier pour le touriste, mais sa situation sur le fleuve est magnifique. Nous sommes ici à 1060 milles dans l'intérieur des terres, le Yang-tse ne cesse d'être grandiose; sa largeur dépasse souvent encore un kilomètre et le courant est si violent que les petites barques ou *sampans* qu'on prend souvent pour le traverser mettent plus d'une heure en s'aidant de nombreuses rames et de petites voiles.

Ichang semble assez pauvre, le commerce y prospère peu; ce n'était donc pas dans ces lieux qu'il fallait séjourner.

J'organisai mes excursions dans les environs. Le capitaine voulut bien me prêter deux chaises à porteur et me céder toutes les boîtes de conserve, le vin et les sodas nécessaires. Le Père Cestel me donna des hommes connus de lui; j'eus pour guide un jeune Chinois catholique, expérimenté et fidèle à qui, malheureusement pour moi, on n'avait appris que le latin pour que, plus tard, il pût dire la messe. Il fallut essayer de me souvenir du peu que j'en avais pu savoir au collège; nous avions encore pour nous aider, un dictionnaire français et chinois; on croira donc sans peine que nos conversations ne se prolongeaient guère et qu'elles devaient se borner au strict nécessaire.

La dépense des coolies et des porteurs n'est pas bien grande dans l'intérieur de la Chine. Je les payais chaque soir; pour ma première tournée aux gorges du Yang-tse, qui devait durer cinq jours, je n'eus pas besoin de plus de 12 000 sapèques (mille sapèques valent quatre francs environ). Ce trésor, composé de pièces de cuivre trouées et enfilées dans de grosses ficelles formant des chapelets de sapèques, était lourd à porter; il fallait le répartir également dans les paniers où se trouvaient déjà mes autres provisions.

Nous quittons dès l'aurore la mission des Franciscains; le Père Cestel m'installe dans ma chaise; mon jeune catholique chinois se met dans la seconde; j'ai encore trois porteurs pour les paniers à provisions et nous partons pour San-yu-tung, notre première étape. C'est une grotte naturelle fort intéressante, où se trouve un temple voué aux génies de la montagne.

Nous traversons la ville d'Ichang dans toute sa longueur avant de gagner la campagne. Sa grande rue principale, avec ses nombreuses boutiques toujours amusantes, n'offre rien de bien particulier; je remarquai cependant que chaque devanture des magasins, ainsi que les panneaux des portes d'entrée des maisons étaient ornés de deux grossières images peintes représentant des dieux divers.

Ceux-ci doivent écarter le mauvais esprit qui, sans leur influence bienfaisante, voudrait porter malheur à l'habitant ou à sa famille. Ces images sont renouvelées à l'époque du premier jour de l'an, quelques-unes sont curieuses par leur coloration brillante et originale. Cette pratique superstitieuse paraît fort répandue dans le pays, je n'y avais point pris garde à Canton ni à Foochow. Les porteurs nous mènent trop rapidement à mon gré au travers de la foule affairée. Malheureusement tout n'est pas charmant dans les rues chinoises. A Ichang, comme dans toutes les autres villes de Chine, il n'y a point de *chalets de nécessité* comme dans nos villes européennes. On trouve en différents endroits seulement des trous hideux à peine cachés par des planches, ou d'énormes vases de terre émaillée enterrés jusqu'au ras du sol, qui servent aux passants. Les immondices qui remplissent ces fosses ou ces récipients, décomposées bientôt par l'action de la température, dégagent des odeurs épouvantables. A tous moments de la journée, des coolies sont chargés de verser à l'aide de cuillers de bois, cet engrais humain dans de grands seaux qu'ils portent ensuite dans les jardins maraîchers ou la campagne. Mes porteurs étaient souvent forcés de s'arrêter pour laisser passer ces hommes chargés de leur horrible bagage qui, cependant, se vend relativement cher. Les deux seaux valent 100 sapèques (environ 40 centimes). Les Chinois ne veulent que ce genre d'engrais; ils méprisent le fumier des bestiaux dont nous nous servons partout en Europe. Nous voici hors la ville, la campagne est partout remarquable, tant les jardins maraîchers et les champs sont soignés et bien cultivés. On longe aussi des vergers remplis d'orangers et de fruits divers; ce sont autant de jardins qui réjouissent la vue, et après avoir passé deux fois en barque le Yang-tse avec tout notre équipage, au milieu de paysages grandioses, nous gagnons bientôt le pied des montagnes.

Le temple de San-Yu-Tung, ou grotte des Trois Amis, est assez élevé; il faut gravir quatre cent cinquante marches pour y arriver et l'endroit est aussi attrayant que possible. On y jouit de la vue d'un délicieux petit cours d'eau qui coule parmi les rochers pour aller se jeter dans le Yang-tse (pl. XIII, p. 137). Sur les hauteurs de San-Yu-tung on peut voir le commencement des gorges au fond desquelles se précipitent les eaux du fleuve.

Le bonze de la grotte nous donne à tous l'hospitalité pour la nuit. Les temples servent souvent d'hôtellerie dans les campagnes; mes Chinois y trouvent le plat de riz qui leur est nécessaire et le thé qui est toujours prêt à être servi. Devant les idoles, des tables et des bancs sont préparés; on fume, on boit, on joue aux cartes. Le bonze me donne sa propre cellule, les quatre porteurs et les autres coolies chargés des provisions s'endorment sous la protection des génies dorés de la grotte, mon jeune guide catholique s'installe sur une natte près des plantes grimpantes qui ornent l'entrée du temple. Le matin, le bonze m'apporte de l'eau de source pour ma toilette, pendant ce temps mes Chinois se peignent et refont mutuellement les nattes de leur queue. Le thé est de nouveau servi, on ne croirait jamais qu'on habite un lieu sacré, c'est plutôt un cabaret. Nous quittons le sanctuaire de San-Yu-Tung, non sans remettre quelques sapèques au bonze hospitalier et nous gravissons les montagnes. Les Chinois y ont une vie difficile, aussi dans tous les coins des rochers où la terre végétale peut être retenue, ils plantent du maïs ou d'autres végétaux. Nous marchons jusqu'à la fin du jour, car la route est longue, mes coolies ne peuvent se reposer qu'en de rares endroits. Les brumes du soir et les nuages commencent à cacher notre route, mais voici enfin le point culminant, sorte de cap avancé qui domine toutes les cimes d'alentour; nous sommes arrivés au monastère bouddhique de Chin-Can-Shan (800 mètres environ d'altitude); des bonzes qui semblent heureux de notre venue nous reçoivent avec empressement.

J'assiste, au lever du jour, à la cérémonie faite par eux dans le sanctuaire; ils frappent quelques coups discrets sur un tambourin, rythmés d'une façon particulière et sur des timbres de bronze qui rendent des sons pareils à ceux que pourrait donner le plus pur cristal. On sonne plusieurs fois la cloche après avoir fait quelques prosternations devant Bouddha. Mes porteurs chinois et moi nous jouons avec mon guide au jeu de fortune dans le temple même, après la cérémonie, pour connaître notre destinée; nous frappons, pour nous amuser, sur tous les timbres placés sur les autels afin de leur faire rendre encore leur son cristallin. Tout cela n'était guère respectueux pour le dieu, mais les bonzes riaient et semblaient trouver notre conduite toute naturelle. Le temple et les logements du monastère, véritables taudis, sont dans un état de saleté sordide, tout y est vermoulu et couvert de poussière, le jardin seul est bien entretenu; il m'était permis de contempler le point de vue magnifique des gorges de Nanto formées par le Yan-tse. Ce paysage grandiose semble vous attirer (pl. XIV, p. 153) et j'étais heureux de savoir par mon guide que nous allions bientôt descendre dans ces lieux qui me rappelaient les scènes du Colorado aux États-Unis. Si la montée de Chin-Can-Shan est intéressante, la descente qu'il faut opérer dans les rochers afin de gagner Nanto, petit village placé au fond des gorges sur le bord même du Yang-tse, devient incomparable. A tous les moments de nouvelles vues superbes, des cascades, des rochers colossaux frappent vos regards. L'un d'eux, le plus étonnant, qu’on nomme l’Aiguille du Ciel, a près de 450 mètres de hauteur. On voit rarement des paysages aussi tourmentés, plus déchirés de tous côtés, mais ils restent cependant riants et agréables à cause de la verdure luxuriante que l’on voit partout. Nanto est rempli de jardins où poussent les orangers, toutes sortes de fruits et de légumes, c’est un véritable bocage arrosé par le fleuve où quelques cours d’eau délicieux viennent se jeter. De l’autre côté du Yang-tse, sur la rive opposée, la vue est arrêtée par une longue chaîne de murailles calcaires toutes blanches de plus de 900 mètres de hauteur, dont les parois sont couvertes de plantes grimpantes et de mousses. Nous pouvons longer les bords du fleuve et nous promener jusqu’aux premiers rapides. Le courant est tellement fort en cette saison de hautes eaux, qu’on ne saurait songer à le remonter en barque même avec de nombreux rameurs. Quelques bateaux de pêche seuls, les jours où le vent favorable peut gonfler leurs voiles, arrivent à se faire remorquer sur les bords par une dizaine d’hommes.

Nous rentrons à Nanto, au coucher du soleil, dans l’unique auberge où je m’installe pour prendre mon repas en plein air, en vue des hautes murailles.

L’auberge, comme partout, est ouverte à tout le monde, c’est le rendez-vous des paysans qui reviennent de leurs affaires, les enfants de Nanto étant oisifs, y séjournent tout le jour, n’ayant comme distraction, que la vue des nouveaux et rares arrivants. J’étais donc pour le moment la *great attraction* du village; je devais en prendre mon parti. Si les Chinois sont curieux, ce sont aussi de grands enfants car il faut peu de chose pour les amuser. Le patron de l’auberge m’avait préparé pour mon dîner un poulet chinois, dur comme un poulet de théâtre; dans l’espoir d’arriver à le découper, je repasse mes deux couteaux, objets dont l’usage est ignoré en ce village lointain. Cette action fait rire les nombreux spectateurs qui me regardaient, mais lorsque je fais mine de couper la tête d’un des petits enfants qui était voisin de mon assiette avec une de mes armes, mon succès fut complet. On veut se servir de ma fourchette. Je prends alors aux Chinois leurs petits bâtons et leur demande une leçon pour manger le riz. Nos maladresses réciproques excitent la bonne humeur générale. Il faut leur donner à goûter de mon vin que je verse pour eux dans une soucoupe, chacun veut en boire une gorgée et passe le reste à son voisin afin que tous puissent connaître le goût de cette liqueur inconnue. Quelques paysannes, marchant péniblement avec leurs pieds estropiés, apparaissent auprès de ma table, mais comme je fais le geste de boire à leur santé, elles se sauvent aussitôt, ne comprenant pas mon aimable intention.

On étouffe un peu au milieu de tout ce monde nu jusqu’à la ceinture, agrémenté par une quantité d'enfants dont la familiarité commence à devenir gênante. La lune apparaissant au-dessus des hautes murailles blanches, vint faire une heureuse diversion à la curiosité générale; elle brille d'une façon si belle au milieu des nuages qu'on me laisse achever mon repas. La plupart des Chinois se mettent à contempler ce nouveau spectacle tout en fumant leur pipe, bientôt je puis rentrer sous une sorte de hangar, dont toutes les boiseries sont vermoulues et qui n'a d'autre plancher que la terre humide qui ne séchera jamais sans doute. C'est la plus belle chambre de l'auberge, il faut y dormir.

Pour retourner à Ichang, mon guide s'entend dès la matinée avec des bateliers afin de descendre les rapides; j'ai six rameurs, dont trois sont aussi nus qu'Adam avant son péché. Ils rament debout à l'avant du bateau qui, en cet endroit, est ponté. Un homme nu également est à la pointe de l'avant et deux autres, à l'arrière, prennent soin du gouvernail. La petite cabine qui sert aux voyageurs, placée au milieu de la barque, est recouverte d'une toiture faite de planches. Le Yang-tse, quoique resserré dans les murailles calcaires, est encore fort large; cependant la force du courant est extrême et de gros tourbillons sont fréquemment formés. La barque les passe en tournant quelquefois avec eux. L'énergie des rameurs s'accroît, ils se mettent à pousser des cris bien rythmés pour que leurs mouvements soient réguliers, le mauvais endroit est passé! Ces rameurs ressemblent à de vrais sauvages et deviennent superbes dans ces instants qui ne laissent pas que de leur donner une certaine émotion car il y a de fréquents malheurs sur les rapides du Yang-tse.

Pendant cette navigation quelquefois vertigineuse, la vue des murailles qui vous entoure est extraordinaire; de nombreuses cascades tombent de toutes les hauteurs dans le fleuve au milieu du feuillage. Avec ce climat humide et chaud, tout pousse dans les moindres interstices des rochers qui sont souvent entièrement cachés sous les mousses et leur aspect n'en est que plus exceptionnel. Les détours sont nombreux sur le parcours, ils vous laissent ainsi la surprise toujours nouvelle d'une scène plus belle, plus sauvage que celle que l'on vient de passer.

Nous arrivons en peu de temps à Ichang, où je retrouve le Père Cestel qui m'accable de questions sur mon excursion, tout en ayant soin de me faire donner un agréable déjeuner. Il me conduit ensuite, encore en barque, de l'autre côté du fleuve, afin de visiter avec lui un curieux village que l'on a surnommé la Ville des Loutres. Il y en a en effet presque autant que d'habitants, nous en avons compté plus d'une cinquantaine attachées à l'aide d'une petite chaînette à un long bambou planté sur les bords de l'eau. Elles nageaient ou se prélassaient à l'envi dans le sable humide et les roseaux. Les pêcheurs de cette petite localité pêchent à l'épervier avec l'aide de cet intelligent animal. Le fond du fleuve est couvert de rochers que l'épervier, dont les mailles pourvues de légères tiges de plomb, ne pourraient recouvrir complètement. Le poisson s'échapperait par les intervalles, sous les pierres, mais les loutres sont là qui font sentinelle. Elles prendraient le poisson qui tenterait de fuir, et qui, effrayé à la vue de son ennemi, se trouve obligé de rentrer dans la partie centrale de l'épervier. Le pêcheur n'a plus qu'à remonter son filet pour avoir sa récolte complète de poissons, les loutres en ont une petite part comme récompense.

Les environs d'Ichang abondent en curiosités, cette fois je me dirige d'un autre côté, dans les montagnes de How-tsan-haï, qui ont près de 900 mètres d'altitude. Toutes formées de roches poudingues, elles ont un tout autre caractère que celles que j'admirais à Nanto, leur silhouette arrondie et molle leur donne un aspect boursouflé absolument unique. Ces rochers forment souvent des mamelons presque verticaux de plus de 300 mètres de hauteur : quand on en approche il semble que jamais il ne sera possible d'en faire l'ascension. Les Chinois, il y a plusieurs siècles, ont su tailler patiemment des marches le long des parois de ces rochers fantastiques et sauf dans quelques endroits, les coolies peuvent vous monter en chaise. Les paysages en Chine ont une grandeur inusitée, tout y semble colossal ; ils ont en ces lieux des aspects imprévus.

Arrivés à la nuit de l'autre côté de How-tsan-haï, nous ne pouvons songer à gagner une auberge éloignée et nous passons la nuit dans une grange dont le propriétaire veut bien nous ouvrir les portes. Ce lieu de la montagne était superbe autant qu'on pouvait le souhaiter, malheureusement l'abri qu'on nous offrait était d'une saleté sans égale. Les Chinois, malpropres dans leurs habitudes, sont encore moins dégoûtés pour leur nourriture. Le Père Cestel me disait qu'il avait remarqué souvent que des chiens ou des chats, morts dans les rues d'Ichang, étaient ramassés par des Chinois qui en faisaient leur régal. Une vache que les Pères possédaient, étant morte de maladie, avait été recueillie par les domestiques de la mission. Ils avaient découpé le cadavre en menus morceaux et, au bout de quelques jours, malgré l'état de putréfaction de la viande, ils ont fini par tout dévorer. Je ne pouvais croire à ces histoires, mais, après ce que j'ai vu par moi-même, je dois y ajouter foi. Dans notre abri plus que primitif, mon guide me donne pour dîner quelques œufs durs ; l'un d'eux a une odeur affreuse d'œuf putréfié, je le jette aussitôt, pensant que les cochons qui se trouvaient près de moi pourraient le manger. Ils n'ont pas eu le temps d'en approcher, mon hôte s'est précipité sur l'objet et l'a dévoré avec plaisir en moins d'un instant.

Nous dormons tous en ces lieux désagréables; enveloppé dans mes couvertures je m'installe de mon mieux contre un grand cercueil de bois de cèdre qui était là depuis longtemps à attendre celui de la famille du fermier qui voudrait bien mourir le premier. Dès le lendemain nous allions à l'auberge que nous n'avions pu atteindre la veille à cause de la nuit. Celle-ci, fort propre, il faut le reconnaître, était située au pied des montagnes de Pïen-haï-tsé, au bord d'une jolie petite rivière. Ces lieux sont charmants, j'aurais voulu y séjourner plusieurs jours afin de faire d'agréables excursions aux environs. Tout en contemplant le paysage, à l'ombre de beaux arbres, je me voyais suivi par une longue file de petits gamins ayant la tête entièrement rasée, sauf les places réservées pour leur petite queue ou les touffes de cheveux ménagées au-dessus du front. Je faisais de mon mieux pour les avoir près de moi, car rien n'est plus gentil qu'un bébé chinois ainsi coiffé et vêtu d'un costume de toile souvent fort léger. Ils sont adorés par leurs braves parents; maintes fois, en passant dans les rues des villages ou par les faubourgs des villes, j'ai été témoin de scènes touchantes témoignant l'amour qu'ils ont pour leurs enfants. Vieux et vieilles les bercent en jouant avec eux sur le seuil de leur porte, en attendant le retour du père et de la mère occupés dans les rizières. La grand'-mère brode pour lui de jolis habits, tandis qu'il est caressé par le grand-papa qui cherche à lui donner de riantes pensées. Après de soins semblables et de telles tendresses paternelles, il ne faut pas s'étonner si le culte des ancêtres s'est élevé en Chine à l'égal d'une véritable religion. Le retour se fait par les mêmes degrés de pierre de How-tsan-haï pour gagner une autre étape, celle du monastère de Lung-wang-tung, dont les bâtiments sont construits sous une grotte colossale au fond d'une gorge sauvage. Les sanctuaires bouddhiques, cachés par un épais rideau de cèdres apparaissent tout d'un coup à vos regards (voy. pl. XV, p. 161), un escalier monumental à demi ruiné vous y conduit, et du haut des rochers trois chutes d'eau légères, formées en cette saison de gouttelettes brillantes et de voiles de vapeur, se perdent dans la verdure. Une source d'eau vive est au fond de la grotte, située dans sa partie la plus obscure, derrière les pagodes. Tout est mystérieux, charmant dans ces lieux sacrés; bien reçu par les bonzes, j'étais heureux de trouver cette fois un abri confortable. Les bâtiments du monastère actuel sont relativement modernes, mais la fondation de Lung-wang-tung est ancienne s'il faut en croire les lettres gravées sur une grande plaque de marbre placée à l'entrée de la

première enceinte, sur laquelle j'espérais trouver l'histoire de son origine. Je la fis
copier par mon guide et les Pères Franciscains me la traduisirent à mon retour.
Nous eûmes lieu de nous étonner ensuite de la naïveté de cette longue inscription
gravée qui mentionnait en deux lignes, et tout à la fin, la chose la plus importante : ce monastère a été fondé sous le règne de Hong-oû, le premier empereur
de la dynastie des Ming, année huitième (c'est-à-dire entre les années 1368-1399),
tandis qu'elle s'étendait tout d'abord en descriptions invraisemblables sur ce lieu
sacré.

On y lisait, entre autres, que les rochers de Lung-wang-tung ressemblent à des
lions, des tigres ou des éléphants qui vous menacent. La partie supérieure de la
grotte ressemble au cerveau d'un homme et les sources souterraines sont pareilles
à deux yeux. Dans les murailles, cachées sous les mousses, d'autres sources
plus petites ressemblent alors à deux oreilles et à un nez; plus loin, dans les
gorges resserrées, un petit marécage sera la bouche béante du géant de la montagne qui montre ses dents, etc. L'inscription gravée fournirait plusieurs pages
d'explications du même genre.

Ce monastère antique bien peu connu des voyageurs, ainsi que les monts de
How-tsan-haï aux mille degrés, sont restés avec mon excursion aux rapides du
Yang-tse parmi les plus belles choses qu'il me fut permis de voir en Chine. Quelques jours plus tard, j'étais rentré à Shang-haï pour m'embarquer sur le navire
le *Yuen-Sang*, afin de gagner Péking.

CHAPITRE XI

La distance de Shang-haï à Tient-sin est de 630 milles : nous voguons tout d'abord sur la mer Jaune.

On fait une courte escale à Chi-fu, situé à l'entrée du golfe de Pet-chi-li, pour déposer des marchandises. La petite baie de Yen-taï et Chi-fu est jolie avec ses montagnes gazonnées, aussi les Européens viennent-ils dans la belle saison s'installer sur les rivages pour prendre des bains de mer et se reposer des fatigues de Shang-haï. Nous arrivons bientôt au fond du golfe, près de l'embouchure du Peï-ho.

Le Peï-ho ou rivière Blanche traverse des terres d'alluvion, son lit forme mille détours. Vue de la mer, son entrée est difficile à reconnaître, tant le sol du rivage est bas et uniforme ; tout semble se confondre avec les eaux. Notre navire met à l'ancre sur les bords de la curieuse localité de Taku et nous prenons tout auprès le chemin de fer à la station de Tongku pour gagner Tient-sin. C'est le seul qui existe aujourd'hui dans tout l'empire, ses gares sont presque des cabanes, ses wagons minuscules sont installés dans le même genre que ceux des États-Unis.

Sur notre parcours tout est inondé et souvent dans les champs on remarque les ravages produits par les hautes eaux. Elles ont détruit des cabanes ou mis à découvert de nombreux cercueils en emportant les tumulus qui les recouvraient. La campagne doit être d'ailleurs en tout temps triste et monotone, il n'y a pas un arbre. Les maisons des villages sont construites en boue mélangée de brins de paille ainsi que les toitures, sous lesquelles on a posé auparavant un lit de roseaux. Ces véritables cahutes de sauvages ont un aspect affreusement misérable : à petite distance, comme elles se confondent avec les terrains d'alluvion de couleur ocre jaune, elles paraissent être seulement de simples talus.

De temps à autre j'en vis sortir des troupeaux de canards qui barbotent dans les champs, ou accourent vers leur gardien, pauvre coolie qui leur jette à pleines mains des petits poissons. Engraissés soigneusement ainsi, les canards sont vendus à Tient-sin où il s'en fait un véritable commerce. La Chine fait une consommation énorme de ces oiseaux; on en voit partout, jusque dans les moindres villages. Dans le petit pays de Pak-ap, près de Canton, entre autres, il existe plusieurs établissements importants où les œufs de canards sont couvés artificiellement et produisent des milliers d'élèves.

Les Chinois mangent surtout ces oiseaux quand ils sont salés ou fumés; ils sont aussi très friands de leurs œufs.

La ville de Tient-sin s'étend le long du Peï-ho d'une façon considérable; elle est bâtie misérablement et ne possède presque aucun monument remarquable mais fort industrieuse, elle est pleine d'activité.

Il m'était impossible de me rendre à Péking par terre à cause des inondations, aussi, une fois mon passeport en règle, je dus louer une barque et m'assurer en même temps d'un guide capable de me faire la cuisine pendant les quelques jours de voyage que je devais faire sur le Peï-ho avant de gagner la capitale.

Les rives du Peï-ho sont monotones, et dans la ville de Tient-sin le courant de la rivière qui, en cet endroit, a 60 mètres de largeur environ, est fort violent. Mes hommes, armés de longs crocs, le remontent péniblement en s'accrochant tour à tour à toutes les jonques qui forment une épaisse et interminable bordure des deux côtés du rivage où elles sont amarrées. Nous quittons enfin la ville, le pilote fait hisser la petite voile quand le vent est favorable et les hommes sortent de la barque pour la remorquer. Ces pauvres gens ne se servent que rarement de leurs rames; gênés bientôt dans leur vêtement de toile et dans leurs souliers, ils les ôtent le plus souvent, se mettant complètement nus, puis ils roulent leur longue queue de cheveux noirs autour de leur tête pour être plus dispos. Tous font de même sur les bords de l'eau; on les voit, attelés à de longues cordes, formant souvent des rubans de dix à douze individus chantant en mesure pour s'aider dans leur manœuvre, et remonter les barques de commerce, ou celles, plus nombreuses encore, chargées de riz destiné à la grande capitale. Dans

PLANCHE XVIII. — TEMPLE DU DAÏBUTSU (BOUDDHA COLOSSAL) A NARA, PROVINCE DE YAMATO (JAPON).
(D'après nature, voy. p. 230.)

les saules, le long des berges, les cigales chantent aussi à leur manière
vous donnant un concert assourdissant. Je marchais quelquefois auprès de mes
remorqueurs pour passer le temps et nous traversions des champs ou quelque
petit village ; mais il fallait bientôt revenir à bord, arrêtés que nous étions par
les hautes eaux. Les seules précautions prises par les Chinois contre leur envahissement, consistent dans la pose de grandes branches de saules maintenues aux
berges par de légers piquets. Elles luttent quelque temps contre la violence du
courant, mais ne tardent pas à être enlevées. Des éboulements partiels de terres
d'alluvion ont lieu de tous côtés, détruisant des champs entiers et emportant
aussi quelquefois des maisons.

Le matin du quatrième jour de notre navigation, la distance de 70 milles qui
nous sépare de Tient-sin étant parcourue, nous arrivons à Tung-chow, la ville
où l'on débarque pour gagner Péking. Mon guide me loue tout aussitôt une
petite voiture pour faire porter nos bagages, et nous marchons au travers la ville.
Il est difficile de s'imaginer l'état des voies publiques de Tung-chow. Usées par
les pluies, elles forment de véritables chemins creux où passe difficilement le
moindre chariot et ils sont quelquefois si profonds que les maisons ou les boutiques qui les bordent semblent suspendues au-dessus de véritables précipices.
On y pénètre alors en gravissant de mauvaises marches de bois, presque des
échelles. Souvent aussi la voie publique est interrompue par une grande mare
d'eau croupie et boueuse formée depuis longtemps par les orages et que les voitures passent à gué. Tung-chow est bientôt traversé en son entier, nous trouvons des conducteurs avec leurs ânes sur lesquels nous montons pour continuer
le voyage.

Aux portes de la ville commence aussitôt l'ancienne route de pierre, qui a été
construite par les premiers rois de la dynastie des Ming.

C'est une voie gigantesque, de six lieues de longueur environ, toute dallée
d'énormes blocs de granit, reliés entre eux par d'épaisses ferrures en forme
de queue d'aronde. Ce travail exceptionnel témoigne de la puissance des moyens
d'action mis en usage par les ingénieurs chinois qui vivaient il y a cinq siècles.

Les dalles colossales, que le temps n'a pu déplacer, sont usées par un long
usage ou effondrées souvent par les pluies ; les ferrures qui les maintenaient ont
été volées ou brisées, elles sont enfin dans un état de ruine complète. Cette admirable chaussée de granit, devenue une voie presque impraticable pour le transport
de lourds matériaux, n'en est pas moins restée la principale route qui mène de la
rivière Peï-ho à Péking et le mouvement des voyageurs y est extraordinaire. Les

nombreux chariots à roues épaisses, la foule des voyageurs montés sur des ânes, les coolies presque nus porteurs de lourds bagages, les brouettes énormes poussées par eux au milieu de nuages épais de poussière, ont un aspect d'un autre temps. Il semble que sur cette route on soit transporté aux époques lointaines du moyen âge lorsqu'on voit, cachées derrière d'épais rideaux, les femmes riches voyageant dans leur palanquin, entourées de nombreux serviteurs leur faisant escorte, et passant rapidement devant les nombreux cabarets où les piétons fatigués se reposent en buvant leur thé.

A peine sortis des murs de Tung-chow, nous passons sur le superbe pont de marbre, connu sous le nom de Palikao, dont les balustrades sculptées ont été en partie ruinées en 1860, lors du passage de l'armée française, conduite par le général de Montauban ; souvent, sur le parcours de la route, la vue est arrêtée par des ruines d'anciens tombeaux de mandarins célèbres. Nos petits ânes nous mènent assez vivement, ils choisissent les endroits les moins ruinés de la voie, évitant les trous avec habileté ; nous approchons de Péking dont l'origine première date de plus de mille ans avant Jésus-Christ. Les faubourgs immenses sont traversés, ainsi qu'un dernier pont de marbre. Voici la première enceinte et la porte Chi-hua-men surmontée de sa pagode couverte de tuiles jaunes et vertes, superbe d'allure par ses proportions colossales. Une foule incroyable garnit tous ces curieux abords, il est souvent difficile de s'y frayer un passage. La porte de Chi-hua-men franchie, la route devient plus large encore mais elle n'est plus dallée de granit, elle est formée par un simple talus de terre mêlée à des détritus amoncelés depuis des siècles. Ce ne sont partout que des ornières atroces et des trous dangereux remplis de boue ou d'une poussière puante à défier toute description. Des deux côtés de la route sont des cloaques épouvantables, pleins d'une eau croupie hideuse où se prélassent de nombreux cochons et où les Chinois s'arrêtent et s'accroupissent pour y faire ce qu'ils veulent sans aucune pudeur. Viennent ensuite les chaussées de terre qui servent aux piétons et que bordent les magasins et les maisons de bois d'un seul étage, misérables d'aspect malgré les sculptures souvent remarquables dont elles sont ornées. Sans les nombreux habitants qu'elles renferment on les prendrait pour des ruines.

Nous suivons cette route pendant plus d'une heure, traversant encore deux enceintes et des portes monumentales ; partout le spectacle est étonnant et véritablement grandiose, mais l'imagination reste confondue à la vue de cet immense et incroyable délabrement de toutes choses dans une pareille ville, la capitale du Fils du Ciel.

J'arrive enfin dans le quartier réservé aux légations, aux consulats européens et à l'hôtel où les voyageurs peuvent descendre.

J'eus bientôt le bonheur de trouver à Péking des personnes aimables; le ministre plénipotentiaire, M. Lemaire et sa charmante femme voulurent bien me recevoir dans leur belle installation; M. Frandin, secrétaire du ministre et le docteur du consulat, M. Mirabel, m'aidaient de leurs conseils. Ce dernier m'invite à sa campagne qu'il a louée aux environs de Péking, et qui ne ressemble guère à celles de nos pays : elle a de plus une grande originalité. Les quelques Européens résidents à Péking, désireux d'épargner à leur famille les chaleurs torrides et les poussières malsaines de la capitale, s'entendent avec un bonze des environs qui consent à leur louer le sanctuaire voué à Bouddha et ses dépendances, pavillons et jardins dont ils ont la garde. Le docteur était ainsi campé dans l'un de ces séjours sacrés; l'installation était primitive sans doute, mais sa jeune femme et son enfant paraissaient y vivre dans une douce tranquillité, parmi les fleurs et les ombrages d'arbres séculaires, sous la protection de Bouddha.

Le palais d'Été impérial n'était pas fort éloigné du séjour du docteur et, grâce à lui, malgré les ordres sévères qui en défendent l'accès, nous pûmes le visiter en compagnie de M. Frandin.

L'empereur fait restaurer à grands frais, depuis dix ans environ, les pavillons, les terrasses et les ponts de marbre construits sur un lac magnifique. Les anciens jardins avec leurs agréments curieux de rocailles et de fontaines composés à l'instar des grottes de Versailles par les missionnaires jésuites lorsqu'ils étaient en faveur auprès de l'empereur Kien-lung (1736-1796) sont à peu près remis en état.

Les arbres séculaires qui ornaient les parcs et jardins ont presque tous disparu malheureusement; ils ont été coupés après la guerre, de sorte que ce séjour d'été vraiment digne d'un grand roi ne pourra de longtemps présenter l'aspect superbe qu'il avait autrefois. Relevé cependant de ses cendres, le gouvernement impérial et les mandarins chinois finiront par nier les anciens désastres et feront croire au peuple que le palais d'Été n'a jamais été brûlé par les Européens.

La ville de Péking est d'autant plus intéressante à visiter pour un voyageur qu'elle ne ressemble en rien aux autres grandes villes de Chine comme Canton ou Nankin. Moins industrieuse que ces dernières, ses aspects ne sont pas moins pittoresques et la promenade que l'on peut faire sur la plate-forme supérieure de ses hautes murailles vous en donne un aperçu général fort curieux. La population est plus variée également que dans d'autres villes par suite de la présence de nombreux Tartares, qui ont dans la ville un quartier séparé. Leurs femmes sont grandes et souvent bien faites et leurs pieds ne sont point torturés comme ceux des Chinoises. Les habitants de Péking semblent fort amateurs de distractions diverses. Dans le quartier tartare, on visite entre autres un élégant établissement semblable en quelque sorte à nos restaurants d'été des Champs-Élysées, dans les nombreux pavillons duquel les Chinois viennent faire la fête avec leurs amis et manger une foule de plats recherchés, pareils à ceux que j'essayais de manger à Canton. Chaque société s'installe dans de petits salons séparés au milieu de jardins et de parterres de fleurs pour y passer souvent de longues heures. Les nombreux théâtres sont aussi très fréquentés, plus encore peut-être que dans les autres grandes villes. J'entrai dans l'un d'eux. Plus de sept cents personnes des deux sexes, attablés et buvant du thé aussi bien dans les grandes galeries du premier étage que dans le parterre d'une grande salle construite en bois, semblaient prendre un plaisir extrême aux grimaces et aux chants criards des acteurs. Les comédies ou les drames sont interminables et semblent avoir le même intérêt que ceux qu'on a pu voir durant l'exposition de 1889 à Paris, mais le public chinois ne se lasse point, il admire les costumes brillants des artistes et exprime bruyamment le plaisir qu'il éprouve. Parmi les trucs employés, celui qui excite toujours l'émotion des dames et la joie de leurs compagnons est l'apparition d'un dieu quelconque au milieu des flammes produites par la combustion du lycopode. L'effet est prodigieux, car le public par ses cris d'enthousiasme risque d'en faire crouler le vaste hangar qui l'abrite.

De nombreux temples et d'autres curiosités sont à voir à Péking : le monastère de Po-yun-Kwan, dont l'origine remonte au xiii° siècle ; la tour Palichuang, de treize étages (60 mètres de hauteur) avec les deux mille clochettes qui ornent ses toitures et ses grandes sculptures en haut-relief (vi° siècle de notre ère) ; les temples de l'Agriculture, de Confucius, celui de Ti-Wang-Miao ou temple des empereurs et des rois, dans les jardins duquel sont placés en nombre considérable des tablettes de marbre élevées à la mémoire des grands hommes de l'histoire de Chine, le pavillon des lettrés enfin, avec son superbe païloo de faïences jaunes et vertes, sont autant de lieux de promenade d'étude, intéressants et variés.

Plusieurs journées se passent ainsi de la façon la plus attrayante ; on oublie les horribles défauts de cette ville immense pour ne plus remarquer que le côté pittoresque de ses rues, de ses places publiques et de ses ponts comme celui des Mendiants, le plus curieux de tous.

C'est le lieu le plus fréquenté ; les badauds regardent les boutiques installées en plein vent tandis que d'autres Chinois de tout âge, promenant leur oiseau favori pour le distraire en le portant gravement en laisse sur une branche ou dans sa cage, y abondent (voy. p. 198).

L'ancienne écurie impériale des éléphants de Hsün-hsiang-so forme, avec la visite des rues qui y mènent, une excursion agréable. Les vastes bâtiments et les cours de ces écuries étaient autrefois habités par cent éléphants qui servaient dans les grandes solennités. L'empereur actuel renonce à ce luxe coûteux que ses prédécesseurs conservaient : il ne fait plus garder que trois éléphants seulement.

SPHÈRE ARMILLAIRE DE L'OBSERVATOIRE DE PÉKING (XIIIᵉ SIÈCLE).
(D'après une photographie.)

Ils sont si petits et si maigres que certes ils seraient incapables de porter, comme autrefois ceux de l'empereur Kublaï-Khan, des arbres entiers avec toutes leurs racines et la terre qui les entourait pour être plantés dans ses jardins. Marco Polo (1269-1295) raconte dans ses récits de voyage dans la ville de Cabalut, le Péking d'autrefois, que lorsque le grand khan allait à la chasse, il allait sur « quatre éléphants qui portent une moult belle chambre de bois toute couverte en dedans de drap d'or et de peaux de lion ». Le Fils du Ciel actuel se contente d'un palanquin porté par quatre hommes.

Chaque jour, le plus souvent à âne, j'allais par la ville, me dirigeant d'un côté différent ; les distances sont grandes à parcourir, aussi mon guide combinait mes pérégrinations. Je visitai l'observatoire placé sur le haut des murs d'enceinte : son origine première est très ancienne. On suppose que ce sont des astronomes persans venus à Péking avec l'empereur mongol Kublaï-Khan qui le créèrent au xiii° siècle. Marco Polo ne manque pas de le signaler.

Dans les jardins placés au pied de l'observatoire, près des murs d'enceinte, on voit encore la curieuse sphère armillaire (xiii° siècle) (voy. p. 207) dont les ornements de bronze figurant des dragons sont merveilleusement ciselés ; d'autres instruments magnifiques plus modernes datent du xvii° siècle. On remarque aussi le grand globe céleste de bronze de 2^{m},10 de diamètre, qui a été construit en 1674 par le Père Verbiest, qui dirigeait l'observatoire à cette époque, pendant le règne de l'empereur Kang-Hi de la dynastie des Tsing.

La principale excursion qu'on puisse faire, étant à Péking, est celle des grandes murailles et des tombeaux des Ming. Elle demande quelques jours et c'est presque une expédition. Je monte dans un palanquin muni de brancards en avant et en arrière, porté par deux mulets ; son aspect est en tout semblable à la *basterna* des temps antiques ; quant à mon guide il me suit sur un âne.

La campagne tout d'abord sablonneuse et triste ne tarde pas à changer, les cultures immenses de sorgho, de millet et de ricin la rendent moins monotone.

La journée entière se passe à voyager parmi des chemins délabrés ; nous traversons quelques villages et plusieurs anciens ponts de marbre à demi ruinés, avant d'arriver dans les régions pittoresques voisines de Nankow, où nous passons la nuit. Cette petite localité, qui possède encore de curieux restes de ses anciennes fortifications, est très fréquentée. Les caravanes importantes y passent journellement, composées de longues files de chameaux chargés de marchandises venant de Mongolie pour se rendre à Péking, ou de mulets venant de Tient-sin, transportant des ballots de thé pour la Sibérie et la Russie. L'auberge où je suis descendu est remplie de voyageurs et sa cour est bondée de marchandises ; avec les chevaux, mulets et chameaux campés sous de vastes portiques, c'est un va-et-vient incomparable. On me donne un appartement composé de deux pièces dont les fenêtres aux fines découpures de bois, garnies de papier en guise de vitres, donnent sur la cour intérieure. Mes chambres sont meublées sommairement, mais je remarquai l'installation curieuse organisée par les Chinois pour remédier au froid rigoureux qu'ils ont à subir en hiver dans ces régions montagneuses.

Ils ont, comme dans l'antiquité, dans chaque chambre un *hypocauste* analogue à ceux dont parle Vitruve (V° livre). C'est une fournaise chauffant des tuyaux d'eau courant sous une plate-forme construite en briques et peu élevée au-dessus du sol. La température de la chambre s'élève assez rapidement malgré les fermetures mal établies des portes et des fenêtres, et le voyageur enveloppé dans ses manteaux peut s'endormir sur sa plate-forme chauffée d'une façon à peu près confortable.

Dès le matin, nous laissons Nankow pour continuer la route devenue sauvage et souvent bordée de hauts rochers calcaires. Des murailles considérables, travaux de défense qui précèdent la dernière enceinte frontière, se voient sur toutes leurs

GLOBE CÉLESTE CONSTRUIT PAR LE PÈRE VERBIEST A L'OBSERVATOIRE DE PÉKING (1674).
(D'après une photographie.)

cimes; elles en suivent les contours tourmentés. Le chemin passe sous une arche monumentale de pierre, le *Chü-yung-kuan*, magnifiquement ornée de sculptures et de bas-reliefs, qui a été élevée en 1345 avant l'avènement de la dynastie des Ming, et qui servait de base à une pagode aujourd'hui détruite. Elle est d'autant plus intéressante qu'une partie de ces ornements, tels que les motifs des clefs de voûte à l'entrée et à la sortie de l'arc monumental, représentant le dieu ailé Garuda et le serpent Naja à sept têtes, rappellent ceux de l'art indien, dont les Chinois avaient sans doute appris les principes, grâce aux voyageurs venus des Indes par les provinces du nord de leur frontière.

27

Les parois latérales intérieures du monument sont garnies de grandes inscriptions en six langues différentes : sanscrit, thibétain, chinois, mongol, uigur et niuchih, accompagnées de divinités infernales sculptées en haut relief. La voûte est remplie de délicats ornements.

Le paysage toujours varié change bientôt d'aspect, nous entrons dans des gorges aux rochers granitiques, en suivant les bords du torrent le Sha-ho, et nous arrivons ainsi à Pataling, l'une des grandes portes fortifiées des grandes murailles (608 mètres d'altitude).

L'origine de ces grandes murailles ou Wan-li-ch'ang-ch'eng, dont il m'était donné de voir une faible partie, ont été commencées, dit-on, 213 ans avant Jésus-Christ par un empereur de la dynastie des Han qui avait déjà à défendre son empire des invasions des Tartares. Les murailles anciennes, réparées bien des fois, furent complétées au vii° siècle de notre ère; on en doit aussi une grande partie aux premiers empereurs de la dynastie des Ming. C'est à Hong-oû surtout, qui fut d'ailleurs le grand ordonnateur des nombreux travaux que l'on voit en Chine, tels que les gradins taillés à vif dans le roc des montagnes, les chaussées de pierre, les ponts et fortifications; puis à Yung-lô, le troisième des Ming, qui imprima un nouvel essor à tous les travaux déjà accomplis.

Pendant que mon guide Nan-tiu-Ching prépare mon déjeuner dans le haut d'un bastion ruiné, je monte sur le chemin de ronde de 4 mètres de largeur qui domine les murailles, hautes de 10 à 12 mètres environ. Dans cette partie des montagnes elles sont construites tout en granit jusqu'à la hauteur de 8 mètres; un bandeau de peu de saillie arrête ces premières assises, et reçoit ensuite une maçonnerie faite de briques grises, semblables à celles qui se font encore actuellement, dans laquelle sont pratiqués de larges créneaux.

De distance en distance, ce chemin de ronde dallé d'épais carreaux de terre cuite est interrompu par de larges pavillons carrés formant des bastions élevés et crénelés.

Le mur et ses bastions suivent exactement la pente des montagnes, qui est souvent fort rapide; la plate-forme en pente douce du chemin de ronde se change alors en escaliers à marches très élevées, qu'il faut gravir péniblement. D'autres escaliers sont pratiqués dans l'épaisseur des murailles, du côté intérieur, afin qu'il soit possible de descendre du haut de la plate-forme jusqu'au pied de l'enceinte. Je marche pendant plusieurs kilomètres sur ces murs extraordinaires, admirant les vues des montagnes et les silhouettes diverses de l'enceinte crénelée. La muraille a subi quelquefois des écroulements partiels, mais les décombres sont restés ; il est assez facile d'en faire l'escalade pour reprendre sa promenade, qui n'aurait pour ainsi dire jamais de fin. Les murailles ont un développement de 10 000 *li* : 1440 lieues (un *li* égale 576 mètres). Elles dessinent les frontières de Chine, du côté de la Tartarie et du Thibet, et s'enfoncent aujourd'hui à plus de un kilomètre dans la mer vers le Pe-tchi-li. Elles serpentent les vallons et les cimes des montagnes et se perdent dans les brumes de l'horizon (voy. pl. XVI, p. 169). Quoique cependant on sache que ce travail immense, unique au monde,

FRUITS DU KAKI (DIOSPYROS KAKI).
(D'après nature.)

n'ait jamais pu remplir le but auquel les Chinois le destinaient, il n'en produit pas moins une impression profonde.

Nous retournons à la fin du jour à Nankow pour visiter le lendemain les célèbres tombeaux des Ming. On ne traverse plus comme la veille des gorges granitiques, ce sont cette fois des champs et des grands vergers plantés de *kakis* (*Diospyros kaki*) avec le grandiose horizon des montagnes. Le fruit du kaki est un des plus populaires de Chine ; on en cultive une grande quantité d'espèces différentes, toutes fort estimées des habitants, parmi lesquelles le *Diospyros ebenum* qui fournit aussi le beau bois d'ébène.

Les fruits, de couleur orangée, sont souvent assez savoureux, mais ceux de quelques espèces ne sont pas mangeables à cause de la quantité de tannin qu'ils renferment et qui les rend très amers (voy. fig. 211).

Une fois l'importante localité fortifiée de Ch'ang-p'ing-chou dépassée, on se trouve bientôt sur le chemin direct des tombeaux des Ming. Rien n'est plus imposant que l'immense vallée entourée de montagnes couvertes de pins qui les renferment tous. Une longue avenue droite, terminée par un païloo de marbre de cinq ouvertures, le plus grand de tout l'empire, et un pont de même matière, vous mène à la première pagode au centre de laquelle se trouve une grande inscription gravée supportée par une tortue colossale, et glorifiant l'empereur Kien-lung.

Quatre colonnes sculptées surmontées de chimères fantastiques accompagnent cette pagode, qui sert d'entrée à la grande avenue, formée des statues plus grandes que nature de mandarins civils et militaires, puis d'éléphants, de licornes, de chameaux, etc., qui semblent faire une haie d'honneur devant les voyageurs qui passent. Leur aspect ne laisse pas que de faire une certaine impression, les animaux eux-mêmes en éprouvent une crainte inexplicable. Pour mieux voir ces sculptures étranges je parcourai toute l'allée à pied, laissant ma chaise attelée de ses deux mulets; l'un d'eux est tellement effrayé à leur vue, qu'il brise par ses efforts tous ses harnais; affolé, il s'enfuit à travers les champs. Mes hommes se mirent à sa poursuite et purent l'atteindre, mais ce pauvre animal tremblait de tous ses membres, il fut impossible de le faire rentrer dans l'avenue. Ma chaise fut portée jusqu'au païloo qui la termine, et le mulet enfin calmé consentit à rentrer dans ses brancards.

Il faut regagner tant bien que mal la grande chaussée de pierre, le chemin du grand mausolée de l'empereur Yung-lô, le troisième des Ming (1403-1425), et nous voici au pied des murailles enduites de stuc rouge, couronnées de tuiles vernissées, jaunes et vertes, les couleurs impériales. Elles forment une enceinte considérable autour du tombeau.

Après une première cour d'honneur dallée, on franchit une enceinte extérieure percée de deux portes monumentales placées sur les côtés d'un riche pavillon d'entrée. On pénètre alors dans un jardin au milieu duquel une grande pagode, construite tout en bois de cèdre, apparaît majestueuse sur son soubassement de marbre. On admire ses balustrades sculptées et de superbes brûle-parfums de bronze. La grande salle intérieure de la pagode est ornée de hautes colonnes de bois de cèdre laquées de rouge, qui supportent la charpente des combles; son plafond est formé de caissons peints d'arabesques dont les tons harmonieux, verts et bleus, sont rehaussés d'or. Au centre de cette salle, on voit un dais de bois sculpté sous lequel le nom du grand empereur est gravé. Au fond des jardins, à l'extrémité du grand mur d'enceinte, vient enfin une troisième pagode, qui renferme la plaque de marbre noir sur laquelle sont inscrits les principaux faits du règne de Yung-lô. Cette pagode est construite, comme celle du tombeau de Nankin, sur une haute plate-forme de granit; on y monte par un plan incliné pratiqué sous une voûte demeurant ensuite à ciel ouvert.

Les autres mausolées sont conçus dans les mêmes principes que celui de Yung-lô. Placés à une assez grande distance les uns des autres, ils sont enfermés également dans une vaste enceinte de murailles colorées de rouge. Leur ensemble offre beaucoup d'analogie avec ceux du premier des Ming, Hong-oû et de son successeur Kien-Ouën, dont les ruines existent à Nankin; cependant, grâce à leur meilleur état de conservation, ils ne sont pas moins intéressants et pourraient servir, en quelque sorte, pour faire la restauration complète de ce dernier. La dynastie des Ming se compose de dix-sept empereurs, mais dans cette vallée sainte, treize mausolées seulement existent et, pour les visiter tous, il serait nécessaire de camper au moins une nuit dans l'un d'eux.

Avant de rentrer dans la capitale mon guide me fait visiter encore le temple fameux de Ta-chung-ssee, qui contient la plus grosse cloche de l'empire, coulée dans le bronze le plus pur et célèbre par les inscriptions en relief dont elle est couverte. On y lit tous les préceptes de la religion de Bouddha. La pagode et le monastère du Grand Lama, avec son tombeau de marbre orné de beaux bas-reliefs, ne sont pas très éloignés de la porte An-ting-men, ou porte de la Paix et de la Tranquillité : la vue de la grande ville, entourée de son enceinte crénelée qui borde tout l'horizon, y est extraordinaire (voy. pl. XVII, p. 185).

De retour à Shang-haï pour prendre le bateau des Messageries qui doit me conduire au Japon, j'apprends que j'ai quelques jours encore à rester en Chine. Il m'en reste juste assez pour pouvoir me rendre à Ning-Po. J'avais une lettre pour le commissaire des douanes, M. Rocher et son aimable femme, et je trouvai chez eux une hospitalité toute gracieuse. Monseigneur Reynaud, évêque de Ning-Po, me présenta aux Pères lazaristes de la mission qui voulurent bien me servir de guide dans la ville et me montrer toutes choses sans perte de temps.

M. Rocher eut l'obligeance de me prêter sa barque, pour me faciliter, en compagnie du Père lazariste Lebret, une des plus jolies excursions des environs. Il s'agissait d'une courte navigation sur les canaux pour nous rendre au monastère de Hoyao-Wang-Tszeu ou royaume des Cieux du Sud-Est. La fondation de ce séjour remonte à près de 800 ans. Nous terminons notre journée en nous rendant à celui de Tiendon, plus important encore avec ses terrasses de granit et son étang entouré d'arbres séculaires. Quatre cents bonzes habitent ce séjour qui possède de belles bibliothèques, des ateliers de tailleurs, de vanniers, et des fermes organisées pour l'exploitation des champs de culture.

Cette dernière excursion aux environs du Ning-Po marquait la fin de mes voyages en Chine. Il y a trois siècles, cet empire comptait parmi les plus avancés ; il n'a cessé depuis de tomber graduellement en décadence tandis que l'Europe, conduite par le progrès, devenait plus brillante en toutes choses. La Chine, dont partout on constate l'antique splendeur, où tout est grandiose, laisse dans notre esprit des traces ineffaçables. Le moment n'est peut-être pas éloigné où une révolution, signal d'une renaissance complète, lui donnera une civilisation plus belle encore que celle d'autrefois.

CHAPITRE XII

Je quitte Shang-haï en montant sur le navire des Messageries maritimes l'*Iraouaddy* ; dès le matin du troisième jour de notre navigation sur la mer Jaune, nous entrons dans la mer intérieure du Japon. A partir de ce moment, on côtoie souvent le rivage, le navire passe ensuite au travers d'un véritable archipel de délicieuses petites îles, de sorte que le voyageur est charmé à la vue du panorama des montagnes couvertes de verdure et des coquets villages qui se baignent dans la mer. Aucun détail ne lui échappe dans ces jolis paysages qui lui donnent déjà un aperçu de toutes les scènes agréables du pays japonais. Après les grands espaces, les grandioses panoramas de la Chine, tout paraît en ces lieux, il est vrai, légèrement amoindri, mais tout en même temps semble si joli, si riant d'aspect, qu'on ne peut se défendre d'un sentiment de plaisir ; on arrive au port de Kobé, heureux déjà de la première impression éprouvée.

Les Européens, dont le nombre actuel est d'environ douze cents, ont élevé au bord de la mer un quartier spécial, à côté de Kobé et de Hiogo, qui ne forment qu'une seule ville. Ils y ont de charmantes villas et les voyageurs y trouvent d'élégants hôtels installés à l'européenne. La première visite de tout touriste est pour son consul, c'est un simple devoir de politesse, mais il a à régler en même temps une question indispensable. La seule formalité ennuyeuse demandée par le gouvernement japonais à chaque nouvel arrivant désireux de parcourir le pays, est la régularisation de son passeport. Il doit faire tout d'abord le programme exact de ses excursions projetées, afin que chaque province par lesquelles il devra passer soit mentionnée scrupuleusement. A toutes ses étapes, le passeport est visé par la police, quelquefois même plusieurs fois, et s'il ne portait pas le nom de la province où l'on se trouve, il faudrait immédiatement en sortir ; le règlement est des plus sévères à cet égard. Ce passeport est d'ailleurs fort aisé à obtenir, mais cela demande plusieurs jours. Pendant ce temps, on a le loisir de visiter Kobé, ainsi que Arima et Osaka, les deux principales curiosités des environs, qui se trouvent dans la zone permise de circulation pour les voyageurs sans papiers.

Le moyen de transport habituel des Japonais, à part les chemins de fer, est dans les villes comme dans les campagnes, le jinrikisha, petite voiture légère à deux roues, presque un fauteuil, muni d'une capote qu'on baisse à volonté. Le jinrikisha possède deux brancards entre lesquels s'attèle un jeune conducteur. Dans les parties montagneuses de la campagne, on a deux hommes pour vous tirer tandis qu'un autre pousse encore par derrière la petite voiture. Ces hommes forment dans chaque ville une corporation souvent très importante. Dans le recueil de statistique japonais, le Fiji-Shimpo, on voit combien ce moyen de locomotion est en faveur dans le pays. Dans la capitale, Tokio, il y avait en 1883 vingt-cinq mille huit cents jinrikishas, ils arrivent actuellement au chiffre de trente-huit mille environ. Il y en a de deux sortes : le jinrikisha à une seule place ou ichi-nin-nori et celui à deux places ou ni-nin-nori. C'est le premier qui semble avoir le plus de succès ; étant plus léger, il va plus vite et il est de beaucoup le plus commode à manœuvrer.

Les conducteurs sont jeunes et alertes et semblent être toujours de bonne humeur : vêtus sommairement d'un caleçon de toile blanche et quelquefois d'une petite veste de même étoffe sans manches, ils ont encore des espadrilles de paille de riz à leurs pieds. Ils doivent les remplacer souvent pendant les longues courses dans la campagne, mais le cas est prévu, on peut en trouver partout sur les routes, dans les maisons de thé ou cabarets où il est d'usage de s'arrêter.

Aussitôt mon installation terminée à l'hôtel, je demande un jinrikisha pour me conformer aux habitudes japonaises et mon jeune conducteur me mène en courant au pied des cascades de Nuno-biki-no-taki, lieu de promenade favori des habitants de Kobé. Il me montre, du geste, le chemin étroit dont je dois faire l'ascension à

28

pied ; je le vois alors s'installer sur ses brancards et sortir en même temps de sa ceinture un roman japonais quelconque, un *Sita obi* que les conducteurs ne manquent jamais de se procurer afin de faire la lecture pendant les moments que leur client visitera toutes choses suivant son caprice. Les chutes d'eau se trouvent sur le versant de jolies montagnes boisées, et presque à chaque détour des sentiers montueux qui y conduisent, on trouve un coquet pavillon de bois habité par des petites Japonaises accortes et câlines avec les excursionnistes. Elles vous offrent du thé, des bonbons et ne ménagent pas leurs sourires en vous éventant gracieusement. On s'arrête surtout au pavillon placé devant la principale cascade, dont les eaux semblent glisser légèrement le long de la pente rapide des rochers. Installé dans une salle ouverte de tous côtés et construite sur un léger pont dominant les chutes, on est enveloppé parfois par les légères vapeurs qu'elles forment. Ce lieu gagnerait peut-être s'il était moins fréquenté, mais la vue des gentilles servantes qui s'occupent de vous, si gaies et si fraîches dans leur jeunesse, vous empêche de regretter que les cascades ne soient plus dans leur véritable cadre, au milieu des bois sauvages.

En redescendant la montagne, je retrouve mon conducteur qui interrompt aussitôt sa lecture pour me mener dans Kobé et Hiogo, qui n'ont pas moins de 101 230 habitants. Ces villes se ressentent déjà de la présence des nombreux étrangers qui demeurent auprès d'elles, mais n'offrent pas autant d'originalité que celles de l'intérieur du pays ; elles ont cependant quelques quartiers intéressants. Le temple célèbre qui, dit-on, est le premier qui fut fondé au Japon en l'honneur de Bouddha, ne manque pas de caractère, quoique tous les bâtiments principaux qui le composent ne soient pas anciens. Son jardin, rempli de jolis arbres et dont toutes les avenues sont dallées de pierres de granit à la manière chinoise, est orné de quelques statues de bronze curieuses. Le bonze de ce saint lieu est aussi un sculpteur émérite, il me montre la statue d'un Bouddha colossal nouvellement créé et fondu par ses soins, dont un riche bourgeois de la ville a payé tous les frais. Cette statue, qui n'a pas moins de 5 à 6 mètres de hauteur, sera placée sous les ombrages, auprès des autres œuvres plus anciennes. Les fidèles ne manquent point d'ailleurs à Hiogo : ils encouragent le bonze artiste en lui faisant une quantité d'autres dons pour l'aider dans ses travaux.

C'est ainsi que dans un des pavillons du jardin un nombre incroyable d'anciens miroirs de cuivre étaient empilés, tous offerts par les dames de la ville. Elles préfèrent aujourd'hui les miroirs européens, et, n'en voulant plus d'autres, elles offrent à Bouddha les anciens qui seront fondus et qui serviront à former de nouvelles œuvres créées par le bonze. Ces miroirs sont souvent remarquables par les gravures ou ciselures en relief dont ils sont ornés ; ils n'en seront pas moins détruits sans pitié ; j'ai pu en sauver deux qui me paraissaient intéressants, en offrant au bonze de lui payer en pièces d'argent le poids qu'ils valaient environ en bronze.

Le tombeau célèbre de l'ancien héros Kiyomori doit être compté parmi les curiosités principales de la ville ; il est fort vénéré des habitants. De 6 à 7 mètres de hauteur et construit tout en granit, il rappelle, par sa forme, les tours chinoises de plusieurs étages. Les assises de pierre qui composent le monument en forment treize.

Kiyomori est resté célèbre par ses nombreux faits d'armes et par les coups hardis tentés toujours avec succès contre les rebelles qui conspiraient contre les empereurs Sirakawa II et Nizeu, son fils. D'une intelligence rare et très ambitieux, il savait garder dans l'empire une prépondérance extraordinaire, tout en combattant pour ses maîtres. Il fut régent pendant la minorité de l'empereur Nizeu et resta longtemps la terreur des révoltés.

La mort le prit enfin en 1181, dans son palais de Foukouvara, bâti sur les bords du Minato-Gawa, sur l'emplacement de la ville actuelle de Kobé[1].

Nous sortons de Hiogo pour aller, aux environs, visiter un nouvel établissement de bains de mer et de bains sulfureux construits à la moderne, presque à l'européenne. On y trouve, outre les piscines séparées pour les messieurs et les dames, des pavillons de repos et d'autres où l'on peut jouer au billard ou prendre du thé, et, dans les jardins, un petit bazar d'objets à la mode du moment.

Une installation ingénieuse était à remarquer, en dehors de la banalité des autres arrangements : son succès auprès des dames japonaises et de leurs enfants semblait considérable. Dans un endroit réservé de la petite rivière artificielle qui fait de nombreux détours parmi les parterres du jardin, un assez vaste bassin dont les parois sont maçonnées de granit a été construit. L'eau de mer y est aisément renouvelée et une quantité de poissons de toutes grosseurs y sont journellement déposés. Les dames viennent y pêcher à la ligne et y font sans peine des pêches miraculeuses. Un bosquet de plantes grimpantes garantit des rayons du soleil et quelques coolies peu vêtus surveillent, auprès du public, les poissons déjà pris ou aident les dames à mettre les appâts nécessaires après leur

1. Léon Metchnikoff, *l'Empire Japonais*. Genève, 1880.

hameçon. Les Japonaises toutes joyeuses emportent leur récolte, après avoir
payé au gardien tant la livre de poissons pêchés (voy. p. 214).

Si les bains nouveaux de Hiogo ressemblent déjà un peu à ceux des villes
d'eaux d'Europe, il ne faudrait pas croire que les Japonais de la campagne ont
changé pour cela leurs anciennes habitudes. Les sentiments de pudeur que les
Européens possèdent n'existent pas encore au Japon. Pour rentrer en ville, le
jinrikisha suit une jolie route bordée de champs de culture ; je remarquai bientôt
devant quelques cabanes un homme et une femme complètement nus, prenant

Groupe de mannequins habillés de fleurs a Osaka (Japon). (D'après une photographie, voy. p. 227.)

leur bain chacun dans un baquet séparé et se nettoyant en conscience devant les
passants, après avoir fait la récolte de patates douces plantées dans leur champ.
Cette scène rustique, qui semble étrange pour un Européen, passe en ce pays
comme tout à fait naturelle et personne ne songe à faire la moindre observation.

Pour voyager agréablement au Japon, il faut, comme aux Indes ou en Chine,
prendre avec soi un homme qui vous servira de guide, de domestique et aussi de
cuisinier ; cela est indispensable pour tout voyageur qui sort des centres encore
peu nombreux où se trouve un chemin de fer. Le gérant de l'hôtel me recommande un jeune Japonais instruit et intelligent, Matsudaira, avec lequel je fis

tout mon voyage. Nous allons tout d'abord visiter la station balnéaire de Takaradzuka. Elle est peu éloignée de Kobé; le chemin de fer vous mène tout auprès, le
reste du trajet se fait en jinrikisha. La campagne est riche et pleine de rizières
verdoyantes ; je rencontre souvent des femmes et des enfants faisant la chasse
aux sauterelles vertes ; ils les enfilent après une brindille de jonc pour en former
de longs chapelets. Lorsque la récolte est suffisante, on fait une décoction de
ces sauterelles qui sert de remèdes, dit-on, pour certaines indispositions.

Le long du chemin, de nombreux bœufs passent traînant des voitures de la
campagne, tous, aussi bien que les cultivateurs et les coolies, ont leurs pieds
chaussés d'espadrilles faites en paille de riz ; cet usage est partout répandu.

On aime d'ailleurs à remarquer le soin extrême que les Japonais ont pour
leurs animaux, et la douceur avec laquelle ils les traitent.

Les bains de Takaradzuka sont situés au pied de jolies montagnes granitiques
très boisées et près d'une rivière qui souvent se change en torrent. L'endroit est
charmant et les étrangers de Kobé viennent passer fréquemment plusieurs jours
dans le coquet hôtel qui y est installé à la façon européenne. A l'extrémité de la
rue du village qui est placé de l'autre côté de la rivière, un petit temple bouddhiste
est au milieu du bois. La place sablée qui lui sert de parvis semble être le rendez-
vous des enfants du village, car il y en avait un assez grand nombre au moment
de ma visite. Ma présence ne gêne pas cette petite jeunesse, qui continue ses
exercices joyeux devant moi. Ces enfants de cinq à huit ans tout au plus, nus
comme des chérubins, faisaient entre eux la lutte à main plate, et comme public,
ils avaient leurs sœurs aussi jeunes qu'eux-mêmes qui les excitaient et jugeaient
le combat avec une grande impartialité.

Ces exercices sont populaires au Japon ; les lutteurs célèbres sont toujours
certains de faire d'amples recettes lorsqu'ils passent dans les villes pour se
donner en spectacle et provoquer des combats. Aussi les petits enfants cher-
chent-ils à imiter ces exercices qu'ils peuvent voir fréquemment. La lutte ne
se fait pas comme en Europe, où la victoire est obtenue par l'un des champions
lorsqu'il a fait toucher terre aux épaules de son adversaire. Le Japonais doit
seulement faire tomber son camarade en employant les ruses permises, de manière
à le faire sortir en même temps du cercle restreint dans lequel ils doivent
rester tous deux.

Comme j'étais témoin de l'ardeur de ces petits enfants, je dis à mon guide de
leur expliquer que je donnerai au vainqueur d'une lutte quelques sous, comme
premier prix ; à cette annonce, les enfants me regardent étonnés et ils se

consultent entre eux. Deux petits champions s'avancent bientôt gravement pour commencer le jeu. L'émotion est générale, car la lutte est sérieuse cette fois ; aussi les petites Japonaises surveillent attentivement, ce sont elles qui seront les juges. Un lutteur est enfin tombé, voilà les cris joyeux et les éclats de rire qui reprennent, le vainqueur de six ans montre fièrement ses sous gagnés à ses camarades.

Les enfants japonais sont presque toujours gentils à souhait, leur physionomie éveillée et maligne est rendue plus originale encore par suite de l'arrangement varié de leur coiffure. Leur tête est rasée complètement, à l'exception d'une seule touffe de cheveux laissée sur le haut de la tête ; une autre fois ce sera deux touffes seulement réservées au-dessus des oreilles ; les combinaisons peuvent se modifier de bien des façons, et les parents embellissent ainsi leurs bébés suivant leur goût.

La route bien entretenue qui mène de Takaradzuka à Arima est féconde en beaux points de vue, quelques endroits sont remarquables par les curieux éboulements et les déchirements de roches granitiques. Ces rochers, qui ont subi évidemment l'ancienne action du feu des volcans, ont été calcinés et décomposés en partie, puis soulevés ; le temps et la pluie en ont ensuite effrité la surface et les parties les plus dures ayant résisté, forment des aiguilles ou des pyramides naturelles. Leur couleur jaune soufre ou dorée, grise ou rose, leur donne un aspect semblable aux roches qu'on admire au parc de Yellowstone aux États-Unis. La promenade continue toujours plus jolie jusqu'à Arima.

Les cascades fraîches et les fleurs, les bois de bambous au feuillage léger mêlés aux arbres séculaires, tout semble réuni autour des établissements de bains ferrugineux de cette ravissante petite localité pour rendre heureux les habitants. Arima est aussi une ville des plus industrieuses où se fabriquent tous les paniers tressés si artistement, et les boîtes faites de fines brindilles de bambou qui sont envoyés par milliers en nos pays. Les rues d'Arima sont pleines de magasins tous remplis des merveilles de l'art du vannier japonais. On oublie le temps aisément dans ces bazars, cependant il faut songer au déjeuner et nous entrons à l'hôtel Sugimoto.

Deux Japonaises, je devrais dire deux gentils papillons, l'un vêtu de gris et de rose, l'autre de noir et de bleu, accourent pour me recevoir et me mener dans une salle d'une propreté exquise. Ils m'ont salué à mon arrivée, me font la révérence en m'apportant une omelette et me sourient gracieusement en se sauvant dans la cuisine. Mes petites servantes laissent sous le portique leurs

socques de bois (*géta*) qu'elles ôtent pour entrer pieds nus dans la salle où je
suis et qu'elles remettent ensuite pour traverser le jardin. J'entends les légers
flacs-flacs qu'elles font en courant. Mes papillons reviennent successivement avec
un poisson frit, des noix et des fruits. La salle à manger est ouverte partout,
je ne vois autour de moi que des fleurs et de jolis ombrages. Comme concert j'ai
le chant des oiseaux avec le murmure des eaux de source qui viennent tomber
dans un bassin plein de poissons rouges. Dans les parterres, un temple voué à
Bouddha, minuscule spécimen d'une grande pagode, est aussi placé d'une façon

Groupe de mannequins habillés de fleurs a Osaka (Japon). (D'après une photographie, voy. p. 227.)

fort propice pour les voyageurs pieux qui voudraient rendre hommage à la divinité
avant de prendre leur repas. Rien ne manque enfin dans ce véritable petit eldorado.

La grande ville d'Osaka (361 694 habitants) est sillonnée de nombreux canaux
qui lui donnent par endroits l'aspect d'une Venise nouvelle, une Venise japonaise,
c'est aussi l'une des villes où se fabriquent le plus tous les bibelots d'exportation
pour l'Europe. Dans une rue de plusieurs kilomètres de longueur, qui est toute
bordée de petites maisons de bois, autant de magasins aux étalages multicolores,
on peut voir tout ce qui se trouve sur nos boulevards en fait d'objets de pacotilles
à bon marché. Ce grand bazar est d'autant plus charmant à visiter que la propreté

29

PLANCHE XX. — PORTE D'ENTRÉE, CÔTÉ GAUCHE, DE LA TROISIÈME ENCEINTE DES SANCTUAIRES DE SHIBA A TOKIO, PROVINCE DE MUSASHI (JAPON).
(D'après nature, voy. p. 259.)

y est parfaite ; il offre en cela un contraste remarquable avec les rues sordides de Chine. L'industrie, les affaires ne sont pas seules représentées dans ce quartier populeux, il possède aussi quelques théâtres populaires et d'autres baraques de toutes sortes. J'entrai dans l'une d'elles, c'était celle d'un horticulteur de fantaisie qui avait arrangé sous des tentes légères et des nattes, tout un musée de personnages moulés en terre glaise habillés de fleurs et de mousse.

Disposés par groupes de manière à représenter généralement des scènes de la vie usuelle, leur aspect varie suivant les saisons. Les chrysanthèmes ou les camélias, par leurs brillantes couleurs, se prêtent à l'arrangement et à la beauté des costumes de chacun des mannequins. (Voy. p. 221 et 224.)

Les murailles et les soubassements de l'antique château fort de la ville, cernés par de vastes sauts de loup, excitent l'étonnement par la grandeur inusitée des matériaux employés. Ce sont des constructions cyclopéennes, faites de blocs de granit. J'en ai mesuré quelques-uns qui avaient plus de 10 mètres de longueur sur 5 de hauteur et 1 mètre d'épaisseur. Ces monolithes superbes, formant des assises énormes, soutenaient les plates-formes et chemins de ronde sur lesquels les bâtiments du château étaient élevés. Un incendie a détruit malheureusement presque tout ce qui était ancien, le gouvernement les a remplacés par des casernes et des bâtiments sans aucun caractère, mais l'inspection des murailles et la vue superbe que l'on a du haut des terrasses du château valent à elles seules la visite.

Il serait difficile de prétendre que les Japonais ont une architecture véritablement nationale. Lorsqu'on a visité une partie du pays en parcourant quelques provinces, on ne voit aucun monument qui ait un caractère particulier, sauf dans la province d'Isé, où la religion shintoïste, la religion officielle du pays, a su garder intact l'aspect de ses anciens temples d'origine.

On sait que, dès les premiers siècles de l'ère chrétienne, les Japonais avaient déjà des relations avec les Chinois. En passant par la terre coréenne, ils envoyaient des ambassades en Chine et en apprenaient les usages par eux-mêmes et surtout par les voyageurs coréens, avec lesquels ils avaient des rapports constants. C'est ainsi que l'art chinois, à ces époques dans toute sa gloire, pénétrait peu à peu au Japon. L'apparition de la religion de Bouddha en ce pays, en l'an 552 après Jésus-Christ, acheva la révolution qui commençait à s'opérer.

L'antique simplicité des temples disparut et de nouveaux s'élevaient en grand nombre. Les prêtres shintoïstes, d'abord en révolte ouverte, finirent par admettre la nouvelle religion qui se mêla à l'ancienne. Les temples construits en bois, avec leurs admirables sculptures, les laques et les peintures qui les décorent, les ponts de pierre ou de charpente, les chaussées de granit ou les murailles de défense des villes, tout s'exécutait d'après les principes chinois.

La Chine, malheureusement, se laisse depuis des siècles aller à une décadence graduelle qui va en s'augmentant; le Japon, au contraire, a su garder son énergie intellectuelle.

Quelques monuments, construits depuis plusieurs siècles et qui ont résisté aux révolutions et aux incendies, se trouvent encore au Japon; ils prouvent l'habileté avec laquelle les anciens Japonais ont su s'inspirer de l'art et du goût des maîtres chinois.

Parmi les nombreux temples d'Osaka, ceux de Tennon-ji paraissent être les plus complets en leur genre. Ils ont eu à subir, comme le château fort, des incendies, et la belle tour de cinq étages qui en fait le principal ornement a dû être entièrement reconstruite, il y a cent ans environ, d'après le modèle ancien.

Sous les saillies des toitures des étages on remarque des nuages curieusement découpés, des têtes d'éléphants sont taillées à l'extrémité des chevrons, mille sculptures délicates sont à remarquer, faisant valoir chacune des pièces de charpente qui autrefois étaient peintes brillamment, d'après les traces visibles encore aujourd'hui. Dans ces temples bouddhistes, les pratiques superstitieuses encouragées par les bonzes existent partout. Au milieu des jardins de Tennon-ji, on voit une belle fontaine sous un élégant pavillon ; c'est une tortue de granit admirablement sculptée qui crache, dans une vasque de marbre, de l'eau venue d'une source voisine. Un bonze reste tout le jour auprès de la fontaine pour recevoir l'obole des nombreux fidèles qui viennent pour boire quelques gouttes de cette eau limpide (l'eau du paradis), qui guérit toutes sortes de maladies. Plus loin on voit un joli sanctuaire tout sculpté, où les mères déposent les jouets et les vêtements de leur enfant mort, afin de lui assurer quelque joie dans l'autre monde. Cette superstition a quelque chose de touchant et on ne peut voir sans émotion ces pauvres Japonaises en larmes priant avec ferveur pour leur bébé. Un bonze agite, après réception de quelques pièces de monnaie, une petite cloche dont la corde est toute cachée par des poupées d'enfants. Les sons qu'elle produira doivent exciter l'attention de la Divinité qui veille et exauce quelquefois les malheureux affligés.

Nous laissons Osaka pour continuer la série de nos excursions; le chemin de fer n'est point terminé, pour gagner Nara, l'antique séjour des empereurs (de 709 à 784 de notre ère), aussi je reprends avec plaisir le jinrikisha, qui est bien le moyen de transport le plus agréable qu'on puisse avoir par le beau temps.

Nara actuellement n'est plus qu'une ville ordinaire, des anciens palais impériaux il ne reste nulle trace, mais les temples shintoïstes et bouddhistes existent encore. Ils sont placés dans un parc immense dont l'entrée est ornée d'une sorte de porte d'honneur en bois de cèdre. C'est le Torii, construction toujours placée à l'entrée des temples ou au commencement des avenues qui y mènent. L'usage en est des plus anciens, et primitivement, dit-on, le Torii (ou perchoir d'oiseau) mis devant l'entrée du sanctuaire, servait à placer les poules qui devaient être sacrifiées au dieu. Cette coutume a disparu, mais le Torii est resté ; il y en a une quantité innombrable dans tout le Japon.

Sous les ombrages épais formés par les cryptomérias séculaires (Soughi), tout devient sombre et mystérieux. Les grandes avenues qui mènent aux différents temples sont bordées de milliers de lanternes de granit alignées comme une foule faisant la haie sur votre passage ; ce sont autant d'*emas* (ex-voto) élevés par les fidèles.

Sous les vieux arbres et dans les taillis presque aussi épais que ceux des forêts vierges, vivent une quantité de cerfs et de biches qui, toujours respectés par le public, sont si bien apprivoisés qu'ils ne craignent pas de s'approcher de vous pour manger dans vos mains des gâteaux de farine de riz que des marchands, installés dans les avenues, fabriquent pour leur usage (voy. p. 232). Autrefois, celui qui aurait osé tuer un de ces animaux, considérés en ce séjour comme sacrés, était condamné à la peine de mort ; le règlement est aujourd'hui moins rigoureux, une forte amende semble suffisante pour punir le coupable. On marche longtemps dans ces avenues et, gravissant des degrés auprès des lanternes de pierre qui s'accumulent de plus en plus, on arrive enfin auprès des temples. Il y en a plusieurs, tous intéressants ; ils sont relativement assez éloignés les uns des autres : nous parlerons du plus remarquable d'entre eux.

C'est le temple du Daïbutsu ou temple de la statue colossale de Bouddha. L'idole, représentée assise sur une fleur de lotus, est tout entière revêtue de plaques de bronze martelées et soudées ensemble. Le Daïbutsu aurait, m'a-t-on dit, 16 mètres de hauteur.

Statue et temple ont subi tous deux bien des péripéties. En l'an 736 de notre ère, l'empereur Shomu Tenno eut la pensée d'élever en l'honneur de Bouddha un monument considérable, mais il ne voulait pas risquer de déplaire aux anciens dieux du Japon aimés des Shintoïstes, aussi s'adressa-t-il au grand prêtre du temple d'Isé pour connaître sa pensée et avoir sur sa recommandation l'agrément de la déesse du Soleil. Tout fut approuvé, la statue fut commandée et commencée en l'an 743 ; le public était invité aussi à contribuer à son exécution. Au bout de

six années de travaux, la statue est enfin posée dans son sanctuaire. La tête, mal
équilibrée, s'écroule en l'an 859; il faut la replacer. En 1180 le temple tout
entier est incendié pendant la guerre civile et les feuilles de cuivre qui recouvrent la colossale idole fondirent en grande partie, on put la restaurer cependant.
En 1567, dans un deuxième incendie, la tête de Bouddha est encore une fois
détruite, mais, avec le produit d'une souscription individuelle, elle est replacée
en 1567. Pendant près d'un siècle et demi la statue resta à ciel ouvert, dans des
conditions fâcheuses et peu dignes d'un Nurebotoké (dieu mouillé). On l'abrita
enfin dans un temple nouveau construit d'après les traditions anciennes. C'est celui
qui existe actuellement. La grandeur de ce monument tout en charpente, sa
façade dont le principal ornement consiste dans la saillie inusitée des toitures et
dans la série de consoles en encorbellement qui les portent, en font une œuvre
unique au Japon (voy. pl. XVIII, p. 201).

La décoration intérieure est simple si on la compare avec celle d'autres
temples bouddhistes, mais l'immense idole dorée, dont la tête se perd dans les
hauteurs du comble soutenu par de magnifiques colonnes de bois de pin, suffit
pour rendre ce sanctuaire imposant.

La tête du Daïbutsu, refaite en 1567 comme nous l'avons dit, laisse beaucoup
à désirer au point de vue du caractère.

Dans le grand pavillon d'entrée de ce temple, à l'exemple de ce qui existe
toujours en Chine, deux colossales statues de bois font l'office de dieux gardiens;
ce sont de remarquables sculptures qu'il est impossible de ne pas admirer malgré
leur étrange et effrayant aspect. Ces dieux protecteurs ou *Ni-os* dateraient
de l'an 1095 et sont attribués au sculpteur célèbre Kwaï-Kèi.

Le voyage de Nara à Tokio demande plusieurs heures ; sur tout le parcours,
le paysage ne cesse d'être pittoresque. Nous voici devant les premières maisons
de Tokio, ville dont la surface est si considérable qu'il faut courir encore pendant
près de deux heures pour gagner l'hôtel situé au centre de la ville.

Tokio est une des villes les plus pieuses du Japon, elle contient plus de
mille temples ou sanctuaires de toutes sortes. Je ne pouvais penser les voir tous,
mais mon guide m'en fit visiter, pendant plusieurs jours, un grand nombre. Le
temple de Nishi Honganzi (bâti en 1591) est le plus vénéré, et dans les vastes
bâtiments de son monastère de solennelles réunions du clergé bouddhiste ont lieu
annuellement. Tous les bonzes de chaque province s'y donnent rendez-vous, et
partout dans les temples de la ville, il n'y a plus que de pieux pèlerinages à cette
époque de l'année. On vous montre une série de salles décorées avec un goût

exquis dans ce monastère ; les plafonds laqués, aux caissons couverts de peintures représentant des fleurs ou des oiseaux et les panneaux des murs aux gracieuses arabesques sur fond d'or sont autant d'œuvres délicieuses.

Les portiques des façades des sanctuaires, les portes placées à l'entrée de l'enceinte des temples sont remplis de sculptures ; celle qui est réservée à l'empereur lorsqu'il vient à Kioto, est la véritable merveille du genre ; elle dépasse toutes celles de Nishi Honganji, par la richesse de ses ornements.

Les incendies fréquents ont détruit le plus grand nombre des anciens temples ; mais les architectes savent si bien respecter les traditions et exécuter toutes choses sur les règles d'antan, qu'il est souvent difficile d'en remarquer les différences lorsqu'un certain nombre d'années a pu leur donner l'aspect de la vieillesse.

Les temples s'élèvent, grâce à la générosité des fidèles, qui tous apportent la plus grande partie des matériaux nécessaires ou de l'argent indispensable pour leur parfait achèvement. Les pièces de charpente, les riches ornements sculptés, tout est donné par eux. Les Japonaises sacrifient à Bouddha leur belle chevelure noire d'ébène qui, tressée en cordages solides, sert à transporter chaque pièce de charpente au travers des échafaudages de bambous, à la place qu'ils doivent occuper dans les combles du sanctuaire. C'est dans ces conditions que les célèbres temples de Higashi Honganji, voisins de ceux dont je viens de parler et qui, élevés d'abord en 1602, ont été détruits par un incendie il y a plusieurs années, renaissent aujourd'hui de leurs cendres. Ils seront bientôt inaugurés, plus luxueux et plus beaux que jamais.

Beaucoup de ces temples, comme ceux de Kioto, l'une des anciennes capitales du Japon, ne reçoivent aucune peinture, les bois restent même sans vernis. Dans les intérieurs seulement quelques légers filets peints en blanc, ou des dorures, servent à mieux détacher les sculptures délicates ou les moulures des boiseries et des chapiteaux.

Les temples japonais, sauf quelques exceptions, ont beaucoup de rapports entre eux et, sauf l'agrément de leurs détails ou la situation pittoresque où ils sont élevés, ils amèneraient peu à peu la monotomie. Le grand temple Sanju-Sangendo, ou temple des Mille et Un Dieux, peut compter parmi ces exceptions ; son étrangeté dépasse toute croyance.

Le Sanju-Sangendo apparaît tout d'abord comme un vaste hangar de plus de 100 mètres de longueur, sa charpente à l'extérieur comme à l'intérieur étant dépourvue d'ornements. Il a été construit pendant les trois années de règne de l'empereur Go-Shirakawa-Tennô (1156-1159).

Placés sur de hauts gradins de bois, serrés les uns contre les autres, mille dieux, presque de grandeur naturelle, sont rangés en bon ordre ; ils sont tous en bois sculpté et doré ; beaucoup d'entre eux sont de véritables œuvres d'art. Dans le milieu du sanctuaire, Bouddha, assis sur la fleur de lotus, domine ce bataillon sans pareil.

Le temple de Kiyomizu, dont la fondation remonte à l'an 782 de notre ère, célèbre par les nombreux pèlerinages qu'on y fait, est situé à mi-hauteur, sur la montagne Otowa. Le chemin qui y conduit est bordé d'une quantité de petites boutiques amusantes remplies d'objets de piété, de faïences et de jouets.

Les temples shintoïstes de Inari, dieu de l'agriculture, placés dans un parc magnifique, sont aussi fort pittoresques. Leur fondation date de l'an 711 de notre ère, mais ils ont été reconstruits en 1822. Dans les avenues du parc qui mènent à des sanctuaires voués à d'autres divinités, on remarque, non sans étonnement, le nombre incalculable de *Torii* de bois peints de couleur vermillon et noir, autant d'ex-voto offerts par les fidèles pour remercier les dieux d'avoir été guéris de certaines maladies, par l'effet de leur clémence. Très rapprochés les uns des autres et quelquefois placés sur deux rangées, ils forment une véritable galerie dont le développement total a près de 5 kilomètres.

Dans les temples de Kourodani, situés à une autre extrémité de la ville, ce sont des objets d'art qu'il faut admirer, parmi lesquels les bonzes bouddhistes vous montrent des grandes miniatures ou kakemonos, qui représentent la mort glorieuse de Bouddha, ou les scènes de l'existence que mènent les bienheureux dans son paradis.

30

PLANCHE XXI. — VASQUE SACRÉE OU OTEA-RAÏ DANS L'ENCEINTE DES TEMPLES DE NIKKO.
(D'après nature, p. 267.)

CHAPITRE XIII

Au Japon, c'est la situation pittoresque de chaque ville, dont les aspects sont variés, qui charme surtout le voyageur, et c'est ainsi que sa curiosité est toujours en éveil. Les rues sont d'une longueur interminable ; bordées de maisons de bois bâties sur le même modèle et n'ayant le plus souvent qu'un rez-de-chaussée surmonté d'un petit étage, elles lui sembleraient bien monotones sans les innombrables ateliers de fabrication et les magasins qu'il peut y visiter.

On passe avec plaisir des journées entières pour aller chez les artistes qui exécutent les vases de porcelaine, chez les peintres sur laque, les ciseleurs, les sculpteurs sur bois et sur ivoire, dans les ateliers où se fabriquent les émaux cloisonnés, ou chez les brodeurs. On voit alors que les artistes japonais ne perdent pas leur art autant qu'on le dit quelquefois : ils font encore des merveilles. Elles sont coûteuses sans doute, et nous ne les voyons que rarement en Europe, parce qu'en nos pays c'est le bon marché qui a toujours le plus de succès.

Le soir, Japonais et Japonaises paraissent aimer la flânerie au moins pour quelques heures, aussi Kioto possède-t-il un quartier spécial où règne l'animation la plus grande. Aussitôt après le coucher du soleil, les boutiques et les petits théâtres commencent à s'éclairer de vives lumières, tout semble en fête.

Au moment où j'étais à Kioto, le choléra y faisait quelques ravages, ce qui n'empêchait pas les promeneurs nombreux de contempler les brillants magasins, mais, par ordonnance de police, les grands théâtres étaient fermés, on cherchait à empêcher les grandes assemblées. Les cafés-concerts ou Tsia-bau et les baraques de saltimbanques étaient seuls tolérés, aussi je priai mon guide de me les faire passer en revue, réservant pour un autre moment la visite aux théâtres défendus.

On connaît les masques sculptés sur bois qui servaient autrefois dans les danses religieuses du Japon, ou dans les cérémonies théâtrales des Nos ou Bugaku. Ces sculptures, si recherchées aujourd'hui des amateurs, ont une origine fort ancienne ; les premières qui ont été faites datent du vi^e siècle de notre ère, époque où le bouddhisme apparut au Japon.

PORTRAIT DE MORIMOTO, LE GRIMACIER JAPONAIS.
(D'après une photographie.)

L'usage de ces masques est encore conservé dans les Nos actuels, ainsi que dans les représentations données par des pitres. Partout, chez les marchands de jouets, on voit des masques en carton grossier, faits pour les enfants ; d'un aspect grotesque, ils sont inspirés des anciens masques primitifs qui étaient dans leur genre de vraies œuvres d'art. Ces figures expressives et grimaçantes sont aussi des plus populaires dans les théâtres forains : ceux qui peuvent les imiter avec leur visage sont toujours certains d'avoir un grand succès.

Dans un des plus élégants Tsia-bau du quartier, cinq jeunes Japonaises excitaient l'enthousiasme du public par leur mimique gracieuse et leurs chants. Elles faisaient aussi des poses différentes : assises toutes les cinq sur leurs talons, et bien alignées devant le public, ayant devant elles cinq tasses de thé sur leur plateau, elles commencent à s'éventer en chantant et se cachant un moment la figure avec leur tasse ; elles se découvrent bientôt, faisant des grimaces invraisemblables. L'une se met à loucher d'une façon épouvantable, l'autre allonge la bouche ou déforme ses traits ; le public se pâme de rire. Les petites Japonaises ont bientôt repris leur expression naturelle, et recommencent le même jeu, cette fois coiffées avec des étoffes rouges qu'elles mettent sur leur tête, et toujours avec un nouveau succès. Dans d'autres localités, j'ai vu souvent des hommes faisant ces mêmes exercices dans des baraques de saltimbanques, et j'ai pu copier les étranges mômeries qu'ils exécutent, dans des albums populaires du pays (voy. p. 293). Il y a dans ce goût curieux qu'ont les Japonais pour les grimaces et les déformations du visage un indice de l'amour du grotesque qu'ils témoignent dans les différentes manifestations de leur art. Il me fut donné de mieux observer ces curieux usages tout près de l'endroit dont je viens de parler.

J'entrai dans une baraque située à côté du petit café-chantant où j'avais vu les jeunes Japonaises, c'était celle d'un autre grimacier célèbre de Kioto, Morimoto. Cet homme disloque les nerfs de sa figure d'une façon stupéfiante. Il fait remonter sa lèvre inférieure et son menton de façon à cacher le bout de son nez, et parvient à faire disparaître sa bouche dans les plis de ses joues ; il sait exécuter toutes les grimaces les plus invraisemblables.

Parmi les exercices les plus goûtés des spectateurs, c'était celui où, se drapant

Morimoto caricaturant le dieu de la Richesse joyeux et mécontent et le dieu Daruma coiffé
d'une étoffe rouge.
(D'après une photographie.)

d'une grande étoffe rouge, il s'accroupissait de façon à cacher ses jambes pour mieux représenter en caricature le dieu le plus populaire du Japon, *Daruma*, dont on voit les images reproduites dans toutes les maisons et toujours figuré sans jambes. La légende dit que Daruma vivait dans la plus grande austérité au milieu des montagnes, qu'il marchait toujours, et que ses jambes s'usèrent peu à peu par l'usage.

Ce Daruma vivait au vi^e siècle de notre ère ; il était Indien d'origine et vint au Japon pour prêcher le bouddhisme ; c'est lui qui fit connaître, dit-on, le thé aux Japonais.

Morimoto, son effet produit en dieu Daruma, change bientôt d'expression et, après de courts préparatifs, il apparaît cette fois sous la forme du dieu de la

Richesse, portant sur son dos un sac rempli d'or et tenant dans ses mains un maillet dont il frappe la terre pour découvrir des trésors. Il est représenté souvent aussi debout sur des sacs de riz. (Voy. fig. 2, p. 292).

Le grimacier rit joyeusement, faisant comprendre qu'il a trouvé un trésor nouveau, et sa figure est refrognée lorsqu'il a eu une déception dans ses recherches. A la vue de ces grimaces exceptionnelles, je désirai avoir une entrevue avec Morimoto, pour lui demander de se faire photographier. Le grimacier, flatté de ma demande, me donna rendez-vous pour le lendemain dès la matinée; j'étais heureux de réussir si facilement. Malheureusement je comptais sans le Saké, liqueur préférée de Morimoto. Il avait fait sans doute des libations nombreuses à ses dieux préférés, car, à l'heure de mon rendez-vous, sa femme vint dire à mon guide qu'il fallait excuser son mari, mais qu'il ne pourrait remuer jusqu'à l'après-midi, ayant, après sa représentation, achevé la nuit à boire. Le lendemain, même accident encore, enfin j'eus gain de cause le troisième matin; il était en état de se porter jusque chez le photographe. La gravure (p. 236) représente Morimoto dans son état naturel; l'autre (p. 237) montre Morimoto caricaturant le dieu de la Richesse joyeux et mécontent, ainsi que le dieu Daruma.

Dans ce quartier où tout est attrayant, la rue du Marché aux Fleurs, plus discrètement éclairée par des lanternes à demi cachées dans des faisceaux de branches de pin, est un des endroits le plus couru des dames. Ce sont les arbustes, presque toujours des pins rendus monstrueux, qui semblent leur plaire le plus; il y en a d'ailleurs un choix fort curieux, et quelques-uns sont rendus tellement difformes qu'ils en sont presque invraisemblables. Le climat, à la fois chaud et humide du Japon, facilite singulièrement ces véritables exceptions horticoles, dont les premiers créateurs sont les Chinois, qui restent encore aujourd'hui les maîtres en ce genre.

Les horticulteurs japonais ne se contentent pas de tourmenter les plantes pour les rendre naines afin de les mettre dans leurs appartements : ils s'attaquent aussi aux grands arbres situés dans les lieux publics.

Dans presque tous les jardins des temples de Kioto, et d'autres localités, on remarque des pins de silhouettes anormales. En coupant la tige principale de l'arbre dès son jeune âge, les jardiniers ont ramené la sève dans les branches inférieures, et d'année en année ils les ont conduits de manière à leur donner la forme d'un vaste parasol. Dans d'autres cas, ils ont su garder seulement deux branches à l'arbre primitif, qui, soutenues par un certain nombre de tiges de bambous, ont l'aspect, dans leur curieux développement, d'un portique de feuillage.

Cette culture demande des soins presque constants; au mois de septembre, époque de mon arrivée à Kioto, je voyais de nombreux jardiniers montés, à l'aide d'échelles, sur les hautes branches de pins qui entourent les temples. Ils enlèvent les anciennes feuilles de chaque branche pour diminuer ainsi leur nombre et donner de la force aux nouvelles pousses. On les voit éplucher une à une toutes les tiges ou les couper; ils dirigent ensuite les jeunes branches en les liant à de longs et menus bambous, afin de leur donner la forme qu'ils désirent leur faire prendre.

Il existe aux environs de Kioto, sur les bords du lac Biwa, près de la ville

ARBRES JAPONAIS RENDUS MONSTRUEUX.

1, *Rhyncospermum japonicum* nain. — 2, *Pinus densiflora* nain. — 3, *Pinus densiflora* déformé (1/8 grand. natur.).
4, Schiraga m'ats'u (*Pinus densiflora* âgé de cent ans).

d'Otsu, un pin merveilleux qui subit depuis des siècles ces soins extraordinaires, aussi est-il aujourd'hui considéré comme un arbre sacré. D'après les documents historiques, conservés dans les archives du monastère de Müdera, on sait qu'il a été pris dans les jardins du premier empereur qui résidait à Nara, ville capitale du Japon à cette époque (709-784), et qu'il fut planté par lui-même dans cet endroit. Cet arbre aurait donc onze cents ans. Son tronc, à 60 centimètres de sa base, a une circonférence de 11 mètres; les plus longues branches, soutenues toutes par de fortes perches qui se dirigent du nord au sud, atteignent à partir du tronc 44 mè-

tres de longueur, celles qui se dirigent de l'ouest à l'est n'ont que 36 mètres.
L'arbre a été frappé par la foudre il y a quelques années et une partie de ses hautes
branches a été détruite; il avait alors 27 mètres de hauteur. Il est un peu moins
élevé actuellement, mais les trois cent quatre-vingts branches qui le composent
paraissent prospérer à souhait: ce pin vivra sans doute encore nombre d'années.

On fait tous les ans, le 14 avril et le 28 octobre, un pèlerinage à cet arbre; un
petit sanctuaire est placé sous les branches, afin que les fidèles puissent faire leurs
dévotions. Ils y achètent aussi des images et de menus objets de piété. Au bord du
lac Biwa sont aussi de nombreuses guinguettes où l'on boit du thé tout en contemplant l'arbre sacré. Les femmes japonaises, avant de le quitter, ne manquent pas
de cueillir quelques brindilles du pin pour les conserver sur elles. Elles croient
être ainsi préservées de toutes les maladies.

Non loin de Kioto, sur la route qu'on prend lorsqu'on fait l'excursion des
Rapides, on remarque un pin assez intéressant, planté dans le petit jardin d'une
auberge. Son propriétaire me disait que cet arbre avait été planté par son grand-
père, il y avait quatre-vingt-dix ans. (Voy. p. 243.) En découpant soigneusement les branches supérieures et les réduisant le plus possible, toutes les forces
de la sève se sont portées sur les deux branches inférieures du pin. Elles ont
chacune, à partir du tronc, 10 mètres de longueur environ et sont maintenues par
des tiges de bambous. Dans ce petit jardin on voit aussi d'autres arbustes taillés
en boule ou formant des silhouettes bizarres, ce sont des azalées ou des *Ekian-
thus japonicus*, dont le feuillage devient rouge en automne, et qui se prête à
toutes les fantaisies des jardiniers.

La ville d'Otsu, assez monotone par elle-même, quoique bien située sur le lac
Biwa, possède des environs délicieux et de jolies montagnes boisées, célèbres par
leurs temples. Ceux de Ichiama sont les plus fréquentés; une longue avenue com-
mençant sur les bords du lac y conduit, on monte ensuite la montagne par de
grands escaliers de granit ou des rampes douces pratiquées sous d'épais ombrages.
A tout moment les regards sont arrêtés par des aperçus variés du lac. On parvient enfin à la première plate-forme du temple principal où le panorama du lac
et des montagnes se développe dans toute sa beauté. Sur des terrasses, à des niveaux
différents, les jardins des temples, avec leurs curieux rochers remplis d'arbustes
taillés et tourmentés et de pavillons différents, autant de tabernacles de divinités,
vous charment tour à tour par leur originalité. Les yeux s'arrêtent sur l'intéressante pagode qui est le véritable joyau d'Ichiama. Construite tout en bois (voy.
pl. XIX, p. 217), elle se compose d'un rez-de-chaussée élevé sur une légère

galerie dont le plan est carré, supportant un deuxième étage cylindrique avec
balcon ajouré. Les toitures saillantes sont recouvertes de plusieurs couches de
légères planchettes de pin juxtaposées, qui, de loin, ont l'apparence d'un chaume.
Les corniches qui en soutiennent les saillies sont composées de consoles assemblées à mi-bois, selon les méthodes chinoises. La corniche du deuxième étage,
surtout, est remarquable. Elle commence sur la partie cylindrique, pour devenir
ensuite de forme carrée à sa partie supérieure et grâce aux arrangements com-

Pin sacré près de la ville d'Otsu, sur les bords du lac Biwa (Japon).
(D'après nature.)

pliqués des pièces qui la forment, des encorbellements curieux des consoles placées
aux quatre angles de la toiture, elle donne une grande élégance à cette charmante
pagode.

Une autre excursion que l'on fait toujours étant à Kioto est celle des rapides
de Katsu-gawa. J'ai parlé précédemment du pin exceptionnel planté sur le bord de
la route qui y conduit.

On arrive au petit village de Yamamoto jusqu'au bord du torrent. Des barques
spéciales toujours toutes prêtes, faites spécialement pour le passage des rapides,
attendent les voyageurs. Elles sont construites seulement avec des planches minces

et souples de bois de pin et leur longueur atteint environ 10 mètres. Relativement étroites, leur fond est plat pour qu'elles puissent glisser aisément sur les rochers. Mon guide installe dans la barque nos jinrikishas et leurs conducteurs, un batelier est à l'avant, un autre à l'arrière, bientôt le courant nous emporte. Le torrent se précipite au fond d'une gorge sauvage, très pittoresque, et nous voguons parfois si rapidement qu'il semble que le paysage change d'aspect comme dans un décor de féerie. La longue barque, habilement menée par les hommes, passe sans encombre au travers des nombreux rochers et des rapides et, par intervalles, la violence du courant étant arrêtée, nous pouvons mieux contempler le joli pays qui nous entoure. Notre course folle recommence bientôt sur les eaux bouillonnantes ; après deux heures, qui semblent bien courtes, nous abordons à l'auberge de Arashi-yama placée au pied de la montagne, à l'endroit où les rapides prennent fin. Arashi-yama est une localité célèbre par ses plantations de cerisiers et par les rives charmantes de Katsu-gawa, devenue en ces lieux une rivière calme aux eaux limpides. Située fort près de la ville de Kioto, elle est le rendez-vous habituel de ses habitants qui y viennent en foule pour jouir de la vue des cerisiers en fleur. Ces arbres qui ne donnent que l'agrément de leur floraison, leurs fruits n'étant pas mangeables, jouent un grand rôle dans la vie japonaise. Ils fournissent, à l'époque du printemps, un prétexte de plaisir ou de fête. Arashi-yama est consacré aux cerisiers, de même que le mont Yoshino dans la province de Yamato : dans un autre lieu ce seront les pêchers en fleur ou bien encore les jardins où l'on admire les wysterias (Foudzi) avec leurs belles grappes de couleur lilas, etc.

Quittant Kioto et ses environs, c'est à la ville de Nagoya (400 000 habitants), province de Owari, que je m'arrête pour visiter surtout l'ancien château fort. Ses murailles et ses fossés, ainsi que les soubassements des bâtiments, offrent beaucoup d'analogie avec ceux du château d'Osaka, mais ici tout est conservé et on peut juger de ce que pouvait être une forteresse japonaise.

Le grand donjon carré de cinq étages, orné de toitures à la chinoise, est monumental d'aspect avec toutes ses façades enduites de stuc d'une blancheur éclatante qui cache complètement tous les détails de la charpente qui le compose. A l'intérieur, un grand escalier de bois conduit à chaque étage, desservant toutes les grandes salles qui servaient à loger les soldats, et dont la décoration consiste dans la charpente restée apparente. A côté de l'escalier, une large ouverture pratiquée dans les planchers du haut en bas du donjon était destinée au transport des vivres et autres objets qu'on montait à l'aide d'un treuil installé au dernier étage. Autour du donjon se trouvent les bâtiments destinés au mikado ; aucun meuble ne parc les nombreuses salles qui les composent, leur plancher est recouvert de nattes épaisses et, de même que dans les temples, les Européens doivent ôter leurs souliers avant d'y pénétrer.

.Chacune des dalles, considérée en elle-même, est fort simple d'architecture, comme d'ailleurs celles du monastère de Nishi Honganji de Kioto ; les peintures seules, ainsi que les panneaux sculptés à jour, placés généralement au-dessus des cloisons glissantes (Kara-Kami) qui séparent les salons, leur donnent un aspect d'une richesse extrême. Ces panneaux, à Nagoya, sont merveilleux d'exécution.

Pin déformé des environs de Kioto.
(D'après nature.)

Ce sont des oiseaux volant dans les nuages ou parmi les fleurs, des poissons se jouant dans les vagues et tous sont rehaussés d'or ou de brillantes couleurs.

Depuis quelque temps je voyais à Nara, à Kioto ainsi qu'à Nagoya, nombre de temples bouddhistes et de sanctuaires shintoïstes mélangés d'autres divinités, qui pouvaient donner une idée de l'architecture relativement moderne des Japonais.

Avant de pousser plus loin des excursions où je ne cesserais d'en voir de nouveaux spécimens plus curieux encore, je désirais visiter, dans la province d'Isé, la ville de Yamada. C'est là surtout qu'on peut étudier des temples dont l'architecture représente véritablement l'art japonais des anciens temps, alors que, de religion purement shintoïste, le pays n'avait pas encore subi l'influence chinoise.

Le chemin de fer vous conduit à Aksta, au bord de la mer, où je m'embarque avec mon guide, dans un bateau à vapeur minuscule qui vous mène à Tsu. Le trajet dure cinq heures environ, mais les vues de Owari-wan, véritable mer intérieure, sont idéales avec ses montagnes lointaines et le ciel lumineux du pays. De nombreux bateaux de pêche, dont les voiles blanches sont formées de simples lés d'étoffe reliés entre eux par de légères cordelettes, semblables à des ourlets ajourés, apportent aussi, par leurs manœuvres variées sur la mer, une agréable distraction au voyageur. Les quelques heures de route par terre pour gagner, de Tsu, la ville de Yamada, sont aussi très attrayantes. Vos jeunes conducteurs de jinrikisha chantent gaiement pour mieux marquer leur pas de course et vous font traverser des faubourgs, des villages très peuplés, où tout semble témoigner de l'industrie et du bien-être de ses habitants. Ces localités heureuses occupent une surface si grande le long de ce chemin, qu'elles laissent peu d'espace entre elles pour les champs de culture et les jardins maraîchers.

A Tsu et à Yamada, où je venais d'arriver, les auberges sont tout à fait japonaises ; les voyageurs ne peuvent plus trouver un hôtel arrangé pour eux comme dans les villes de Nagoya, Kioto, etc., où passent les chemins de fer. Dans toutes les provinces, ces auberges ont entre elles beaucoup d'analogie. Il faut se conformer aux usages et vivre comme tout le monde. Aussi, à peine mon jinrikisha est-il entré sous le premier vestibule, je dois ôter aussitôt mes souliers pour passer les pantoufles que l'hôtelier me donne ; il me conduit ensuite à la chambre qui m'est destinée et de jeunes servantes s'occupent de mon installation.

Le bain est aussitôt préparé dans la piscine, en ma qualité d'Européen on me fait la politesse de me laisser y pénétrer seul pour profiter de la première eau. Mon guide et mes conducteurs se baigneront ensemble après moi. Le bain vous semble à la température de l'eau bouillante, tant il est chaud (50° environ). On a peine à s'habituer à cet usage : il semble qu'on sortira complètement cuit de la piscine ; cependant, après la fatigue de la journée, ce bain de quelques minutes vous délasse, produisant une réaction des plus agréables et on ne saurait plus s'en passer. Comme tous les Japonais, j'aimais à en prendre deux fois par jour, me sentant ensuite plus dispos. Je rentre dans ma chambre après avoir passé un peignoir à fleurs en étoffe de crêpe.

Il n'y a aucun meuble dans cette pièce : je vois seulement, dans une des encoignures, une sorte d'étagère pratiquée dans la muraille, sur laquelle est un vase garni de fleurs.

Il faut s'asseoir à la turque sur les nattes moelleuses qui recouvrent le plancher, votre repas préparé à l'européenne par votre guide est apporté sur des plateaux et posé par terre auprès de vous, de même que la lanterne qui vous éclaire.

La petite servante vous tient compagnie pendant ce temps et s'occupe de contenter vos moindres désirs. Causant avec vous, elle vous apprend quelques mots de japonais et vous sert gracieusement le vin que vous avez eu soin de mettre parmi vos provisions. Son jeune visage, éclairé de jolies dents blanches est pour le voyageur une compensation après le vilain spectacle de celui de la patronne, qu'il a généralement à subir en entrant à l'hôtel. Cette patronne n'est pas toujours vieille sans doute, mais les Japonaises se fanent de bonne heure et leur habitude de se laquer les dents en noir, dès qu'elles sont mariées, avec une liqueur composée de brou de noix, les défigure souvent de la façon la plus épouvantable.

La jeune fille japonaise, sur le point de se marier, se noircit les dents avant de quitter la maison paternelle pour aller dans celle de son mari et c'est pour elle un signe de fidélité. Ses dents noircies témoignent de son désir de ne jamais se remarier si par malheur elle devenait veuve.

Cet usage se perd dans la nuit des temps ; d'après des récits anciens, il existait avant le xe siècle de notre ère. Un curieux livre japonais, le *Teijô-Zakki*, cite quelques anecdotes prises dans les *Mémoires* de la femme célèbre Murasaki-Shibiku, l'auteur du poème *Genji-mono-gatari*[1]. Fille du noble Fujiwara Tametoki, de la province d'Echizen, elle était aussi une grande dame de la cour impériale. Dans ses récits journaliers, elle raconte qu'avant de paraître aux grandes réceptions données par l'empereur Ichijiio (année 987), elle mettait ses plus beaux atours et avait soin de se noircir les dents.

Pour me coucher, c'est tout un travail. On apporte au milieu de la chambre plusieurs matelas et des couvertures sous lesquelles il faudra se glisser, car on ne vous donne point de draps ; une grande moustiquaire, montée à la façon d'une tente, vous met bientôt complètement à l'abri de toute attaque de la part des insectes.

Les larges baies ouvertes qui me permettaient de jouir de la vue des jardins où se trouvent une rivière minuscule, une petite île et un pont pareil à un joujou, une lanterne de pierre, etc., sont fermées à l'aide de panneaux qu'on fait glisser sur des rainures disposées sur les balcons, de sorte qu'on se trouve en peu d'instants complètement enfermé, comme on le serait dans une grande caisse de bois de pin.

---

1. *Tales of Old Japan*, by A.-B. Mitford.

Rien n'est fermé dans les pièces qui vous servent d'appartement, les panneaux glissants, simples châssis de bois de pin recouverts de papier peint à la manière des paravents, sont des barricades bien minces, mais votre domicile n'en est pas moins inviolable; personne, sauf les servantes, n'oserait pénétrer chez vous.

On peut donc dormir en toute sûreté, mais votre sommeil est souvent interrompu pendant la nuit par les crieurs chargés de veiller sur la ville, dans la

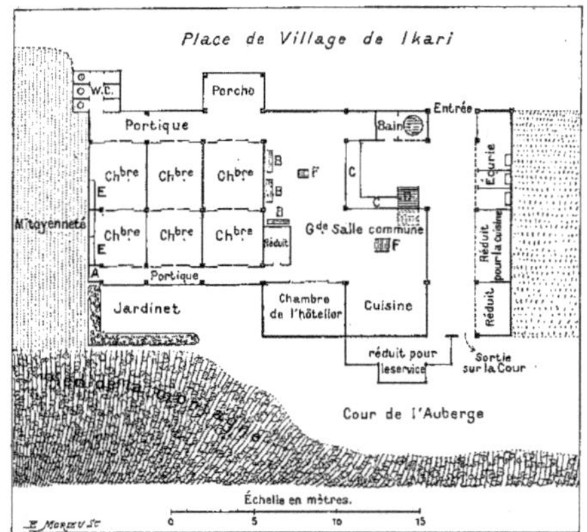

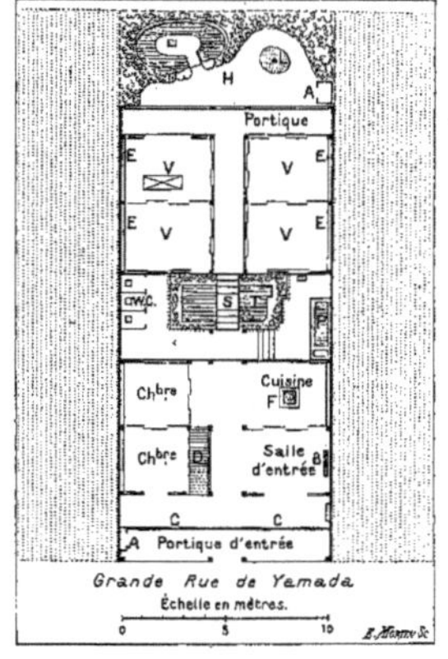

PLANS DES AUBERGES A IKARI, PROVINCE DE SHIMOTSUKÉ (voy. p. 264) ET A YAMADA, PROVINCE DE ISÉ (JAPON).
(Relevés sur place.)

A, Armoire où l'on dépose les volets qui ferment les portiques pendant la nuit. — B, Étagères (Kami-dana) où sont placés les dieux. — C, Plate-forme où l'on s'assoit en entrant dans l'auberge pour ôter ses souliers. — D, Escalier pour monter au premier étage ou dans les combles. — E, Petites étagères des chambres des voyageurs. — F, Foyer pour la cuisine. — P, Piscine pour les bains. — S, Pont pour aller aux chambres des voyageurs V. — T, Jardinet avec bassin. — H, Jardinet des voyageurs avec lanterne de pierre. L, un pont, une île et un temple minuscules.

crainte des incendies. Ils vous réveillent régulièrement deux ou trois fois en faisant leur ronde et vous préviennent, par leur chant monotone, qu'il n'y a rien à craindre et que vous pouvez continuer à vous reposer.

Dès le lever du jour, d'autres cris sont assez fréquents aussi dans les rues, mais au moins ils ne vous dérangent point. Le matin ce sont des prêtres shintoïstes avec leurs jeunes acolytes qui parcourent la ville en agitant des sonnettes et en chantant des prières pour vous demander ensuite quelque argent qu'on place dans leur sébile. Au coucher du soleil, c'est une autre musique, les masseurs et les masseuses se présentent devant les portes des maisons en jouant un petit air de flûte et vous offrent leur service. Il en est de même dans toutes les provinces.

La religion shintoïste date des temps primitifs du Japon, dont on ne connaît l'histoire d'une manière à peu près exacte qu'à partir du viii° siècle après Jésus-Christ.

Elle consistait dans l'adoration unique du Soleil, le dieu par excellence nommé par eux Ten-sio-dai-zin. Peu à peu les idées religieuses prirent un plus grand développement, les prêtres shintoïstes créèrent des divinités inférieures en sanctifiant des mortels de haute renommée, qu'ils invoquèrent sous le nom de Kamis.

Les constructions du pays, au commencement de notre ère chrétienne, étaient rustiques, les habitants se contentaient de simples cabanes dont les principaux appuis, en bois de pin, étaient reliés entre eux par des cordes faites de légers branchages. L'art de la charpente se perfectionna peu à peu, les Japonais surent se servir des assemblages dans leur charpente. Mais, tout en améliorant leur architecture primitive, ils ne changèrent pas le premier aspect rustique de leurs principaux monuments. Dans la province d'Isé, les temples apparaissent comme ils devaient être avant l'apparition du bouddhisme. Dans les autres provinces du Japon, leur aspect est modifié par suite du mélange des deux croyances. Quelques exceptions rares cependant sont à signaler : à Tokio, à Yokohama et Kamakura, on voit des monuments religieux édifiés, à quelques modifications près, suivant les règles d'origine.

D'après des légendes japonaises, le premier temple shinto aurait été élevé dans la province d'Isé, fort peu d'années avant Jésus-Christ, mais on peut douter de l'exactitude de ces récits antiques. Il ne saurait y avoir de temple shinto bien ancien au Japon à cause de la règle curieuse de la religion qui exige que les sanctuaires et leur entourage soient renouvelés entièrement à des époques fixes, afin que la divinité puisse résider toujours dans un lieu exempt de toute impureté. Dans d'autres provinces, la règle n'est pas aussi stricte ; le sanctuaire seul est reconstruit à des dates marquées.

A Yamada, le lieu consacré de la province d'Isé, il existe deux emplacements identiques pour chaque temple. Ils servent alternativement à leur reconstruction à l'expiration d'une période de vingt et un ans. La dépense occasionnée pour ce travail monte à la somme de 400 000 dollars (environ 2 millions de francs) pour tout l'ensemble. Les matériaux ne doivent point resservir, même les pierres placées sur le sol des enceintes. Un autre temple doit être réédifié exactement sur le même modèle que celui qui sera détruit et dont tous les éléments seront vendus à titre de reliques aux fidèles.

Les bois employés, choisis dans le pin *Chamæcyparis obtusa* (Hinoki), considéré comme le plus parfait et le plus durable, sont soigneusement équarris et travaillés, puis posés directement sans recevoir de peinture ou de vernis. L'extrémité des chevrons ou des pièces de la charpente du comble qui restent apparentes, est garnie le plus souvent de plaques de cuivre découpées. Elles constituent les seuls orne-

TEMPLE DU DIEU DU VENT A YAMADA, PROVINCE D'ISÉ (JAPON).
(D'après nature.)

ments qu'on puisse remarquer et préservent en même temps les bois de l'humidité.

La gravure donne un aperçu de la simplicité de composition du plan de ces temples et de l'aspect qu'ils pouvaient avoir dans la période antique. Elle représente le sanctuaire voué au dieu du Vent (*Souzano-ono-mikoto*), situé tout près du grand temple principal construit dans les mêmes principes et dédié aux dieux de la Terre et du Soleil. Dans le sanctuaire se trouve un tabernacle qui renferme le symbole sacré, représenté par un miroir, emblème de la pureté, ou une pierre curieuse enveloppée dans des étoffes de soie, car aucune figure humaine ne pouvait représenter la divinité sainte.

PLANCHE XXII. — ENTRÉE DES TEMPLES DE HARUNA, PROVINCE DE KOTSUKÉ (JAPON.)
(D'après nature, voy. p. 272.)

Le prêtre seul peut pénétrer une fois l'an dans le sanctuaire, qui est fermé et protégé par une ou plusieurs clôtures faites de bois de pin. Les fidèles ne peuvent s'en approcher qu'avec respect et font leurs prières à ciel ouvert au dehors, ou sous un léger portique.

Les temples sont placés au milieu d'arbres magnifiques parmi lesquels les camphriers séculaires (ou Ksu) et les cryptomérias rivalisent de beauté. A l'entrée de l'enceinte des temples, les fidèles ne manquent pas d'aller tout d'abord faire une visite aux chevaux sacrés des dieux (Kamis) pour leur donner quelques poignées de riz. Ces chevaux, soignés religieusement dans d'élégants pavillons de bois de pin, ne doivent servir que les jours de grande procession.

Les Japonais font aussi au cheval sacré de nombreux dons de petites planchettes sur lesquelles son portrait est grossièrement représenté. Ce sont des ex-voto qui doivent porter bonheur.

Dans les temples d'Isé, on peut assister à des cérémonies religieuses qui consistent en danses sacrées; elles sont exécutées sur un rythme très lent par des filles saintes, des nonnes, qui ont consacré leur existence à la divinité. Ces représentations, qu'il faut faire demander par avance au grand prêtre, se donnent dans de belles salles décorées à cet effet, situées dans l'enceinte même des temples. Intéressantes tout d'abord, elles ne tardent pas à vous sembler monotones.

A l'extrémité du faubourg de la ville de Yamada, il est beaucoup plus facile d'assister à d'autres fêtes non moins originales et beaucoup plus amusantes. Il y a dans cette ville, comme dans toutes celles du Japon, des maisons spéciales à l'usage des messieurs, toutes remplies de jeunes dames de bonne volonté qui ne demandent qu'à leur plaire.

A Yamada, ces maisons sont célèbres par les danses nommées Isé-on-do qui y sont exécutées; lorsque la cérémonie chorégraphique est terminée, le visiteur n'a qu'à indiquer au chef de l'établissement la danseuse qu'il a remarquée. Présentée à lui, tout aussitôt, elle accepte volontiers le souper et les petits cadeaux offerts par l'ami inconnu, qui prolonge à son gré la conversation pendant tout le temps qu'il peut le désirer.

La salle où se font les danses est machinée et décorée d'une façon très originale. Elle est de forme rectangulaire; trois côtés sont ornés de portiques légers, le quatrième possède en son milieu une grande niche avec estrade sur laquelle s'assoit le visiteur, tandis que de droite et gauche se trouvent les portes de communication par lesquelles les dames viendront bientôt sous le portique.

Le centre de la salle est occupé par quelques musiciennes ou Geisha, qui sont chargées de la musique; elles jouent du *cha-mi-sen*, instrument à trois cordes et quelques jeunes filles surveillent l'illumination de la salle, qui se compose de lanternes de couleurs et de cierges ou hautes chandelles qu'il faut moucher de temps à autre.

Le visiteur, charmé par le doux éclat des lumières et la décoration brillante de la salle, s'assoit sur des nattes au milieu de sa niche au son de la musique.

Il voit le plancher des portiques s'élever peu à peu par un truc ingénieux qui reste invisible, et qui forme en peu d'instants une estrade de soixante centimètres de hauteur environ. Trente-quatre jeunes dames, habillées toutes de robes semblables, brodées de fleurs roses et blanches, font alors leur entrée en arrivant par les portes qui font l'office des coulisses d'un théâtre et viennent se grouper sous le portique surélevé, dont les murs du fond, entièrement dorés, deviennent resplendissants sous le feu des lumières (voy. p. 256).

Les gentilles Japonaises commencent alors à tourner sur elles-mêmes : elles élèvent les bras et prennent des poses gracieuses pour se faire valoir, puis, se tenant par les mains, elles forment une sorte de farandole. Le ballet ne dure pas assez longtemps, malheureusement, car il doit se renouveler plusieurs fois dans la soirée, selon la demande des visiteurs différents qui ont commandé par avance ce gracieux spectacle.

Le maître de l'établissement, en vous présentant l'une des danseuses, ne manque pas de vous remettre, en souvenir de votre visite, une image représentant la fête donnée et des bonbons de farine de riz au sucre marqués aux armes de la maison.

La ville de Yamada, ainsi que les petits pays d'alentour, ont la spécialité de la fabrication des papiers vernis et des papiers imitant le cuir; dans un grand nombre de maisons, tous les membres d'une même famille sont occupés à cette industrie. La fabrication est simple, mais demande un grand soin; il semble que c'est surtout dans l'habileté de l'ouvrier qu'en réside tout le secret. Un des marchands, à qui j'achetais quelques pochettes à tabac faites de ce papier, m'explique, en me montrant le papier brut, comment il devait le huiler plusieurs fois et le faire sécher ensuite au soleil. L'opération assez délicate de l'impression des dessins vient ensuite, puis enfin celle du vernissage.

Ceux qui ne s'occupent pas de fabriquer ces papiers vendent alors à Yamada les objets de sainteté et les images sans nombre relatives aux divinités vénérées dans les temples. Celles qu'on remarque le plus représentent le célèbre miracle qui a eu lieu dans des temps inconnus, près des roches de Futami, situées au bord de la mer. Ce lieu ressemble à certains endroits de Bretagne; c'est un archipel de rochers analogues à ceux de la plage de Roscoff.

La légende est populaire à Yamada; elle semble être inspirée de celle de Philémon et de Baucis.

Le dieu de la Terre était égaré dans son chemin par suite des brouillards épais et de l'orage : cherchant partout un abri, et partout repoussé, il ne fut accueilli avec générosité que dans la famille d'un pauvre homme nommé So-min.

Le dieu, touché de la bonté de cet homme et de celle de sa femme, voulut les préserver de la vengeance qu'il allait exercer sur ceux qui l'avaient méconnu. Il se fit connaître à eux avant de remonter dans le ciel et leur remit une corde faite de paille de riz nattée qui, placée au-dessus de la porte de leur cabane, les garantirait du fléau. Le mauvais esprit, chargé par le dieu de frapper tous les méchants, reconnaissant la banderolle sacrée, épargna le pauvre So-min et sa famille. Dans Yamada, où presque tous les habitants sont shintoïstes, on voit au-dessus de chaque porte d'entrée des maisons ou sur les *Torii* de ces cordes de paille de riz desséchée que l'on nomme *Shimè*. Elles sont renouvelées, paraît-il, le premier jour de chaque nouvel an, car personne n'oserait braver le dieu de la Terre et tous désirent être épargnés par le mauvais esprit.

Le mont Asama, où se trouve aussi des temples charmants, est assez rapproché des rochers de Futami : on y jouit du panorama magnifique de la mer ; l'ascension en est aisée, quoique cependant le jinrikisha ne puisse vous y mener, les pentes étant trop rocailleuses et rapides. On redescend par de jolis sentiers jusqu'au temple shinto de Geku Honsha, situé près de Yamada.

Parmi ces temples on remarque encore, sous les grands arbres, d'autres sanctuaires de petites dimensions ou *yaciro*, qui sont généralement accompagnés de statuettes en bois ou en marbre représentant des renards qui semblent en être les gardiens. Ces sanctuaires sont forts répandus dans toutes les provinces du Japon; elles sont dédiées au dieu du Riz ou de l'Agriculture, Inari. Quant aux renards (Kidzouné), qui jouent toujours un très grand rôle dans les légendes japonaises, à l'imitation de celles de Chine, ils ont fini par s'imposer, se faisant craindre par leurs méfaits nombreux ou par suite des idées superstitieuses des bonnes gens ; les artistes les placent toujours auprès de ces tabernacles. Quelques Japonais peut-être les implorent-ils au même titre que Inari lui-même. Ils viennent déposer devant le sanctuaire du dieu des offrandes qui consistent en quelques poignées de riz placées dans une soucoupe; ce sont les renards qui viennent les manger pendant la nuit s'ils n'ont pas pu trouver de préférence quelque poule imprudente rôdant dans le voisinage.

Les offrandes déposées par les fidèles dans les sanctuaires sont variées selon les superstitions de chaque province du pays. Celles de la province d'Isé se composent surtout de grenouilles vertes en terre cuite émaillée. On en voit une quantité considérable dans les petits sanctuaires de Futami, placées tout auprès des rochers où le dieu de la Terre fit son apparition. Ces batraciens, suivant la légende, furent les premiers à le fêter et se mirent aussitôt à coasser pour lui rendre hommage tandis que les hommes ne voulurent pas le reconnaître. On doit penser qu'après de semblables démonstrations, les grenouilles soient des êtres préférés ; aussi pour que ce dieu vous soit favorable il faut lui donner par avance une petite grenouille en terre cuite.

Malgré tout le charme de la ville de Yamada, il fallait songer à la quitter et, pour éviter un retour à Tsu, je désirais m'embarquer au petit village de Kami-Yashiro, mais dans ces parages on ne part que lorsque le temps le permet. Le vent est trop violent, me dit-on, le bateau-mouche restera au port pour ne pas risquer de faire naufrage au milieu des vagues de Owari-Wan. « Vous pouvez rester plusieurs jours à attendre un vent favorable, dit mon hôtelier de Yamada, cela est très fréquent. » Je n'eus qu'un seul jour de retard, heureusement, et pour me consoler, j'avais un spectacle à voir le soir. Il s'agissait d'un drame à grand spectacle, une sorte de féerie mêlée de trucs et d'apparitions fantastiques.

Le théâtre est construit tout entier en bois, c'est un vaste hangar qui peut contenir environ de 600 à 700 personnes. Le parterre est divisé en compartiments carrés, sortes de boîtes capables de contenir quatre personnes qui s'asseoient toutes sur leur talons. Les rebords étroits de chaque compartiment servent à la circulation du public et à celle des nombreux marchands qui viennent pendant les entr'actes vendre des fruits, des gâteaux et des rafraîchissements. Sur l'un des côtés de la salle, une allée qui la traverse tout entière est réservée pour le passage des acteurs, c'est le *Hana-michi*. Ceux-ci s'en servent fréquemment pendant la représentation et continuent toujours leur jeu comique ou dramatique tout à fait dans l'intimité des spectateurs, disparaissant enfin derrière les couloirs d'entrée du théâtre. Sous les portiques de cette grande salle, les loges sont arrangées comme celles du parterre, en compartiments carrés ; il en est de même aussi pour les galeries du premier étage. Le spectacle commence à dix heures du matin pour être terminé à minuit, aussi chacun prend ses repas dans son compartiment avec sa famille, ou sort à son gré de temps en temps. On remet seulement ses socques de bois à la porte du théâtre pour les ôter encore avant de rentrer et ne garder que ses chaussettes garnies d'une petite semelle, ou aller nu-pieds.

Le sujet du drame était une histoire de brigands dont le chef, une femme experte dans l'art magique et célèbre par ses cruautés de toutes sortes, désolait le pays. Un daïmyo, héros légendaire, aidé par les dieux, finit par tuer cette sorcière après mille péripéties et reste vainqueur des brigands. Le public de tout âge et de tout sexe pleurait et frissonnait à chaque scène tragique du drame, s'amusant franchement sans penser à faire des réclamations aux nombreuses scènes comiques qui y sont mêlées. Jouées par de jeunes acteurs dont les gestes étaient des plus expressifs, elles devenaient quelquefois plus qu'indécentes. Dans les intermèdes de danse surtout, fort gais d'ailleurs, les danseurs faisaient des mines et des poses rappelant celles des joyeux personnages crées par Jacques Callot au xviie siècle dans son *Balli di sfessania*, les capitaines Babeo, Cucuba, Franca Trippa, etc. Les changements à vue, qui se renouvellent fréquemment, se font par une méthode assez curieuse quoique l'illusion soit absolument détruite.

Un décor représente, comme toile de fond, l'entrée d'une maison ; on voit la rue ou un jardin voisin peints sur les coulisses mobiles

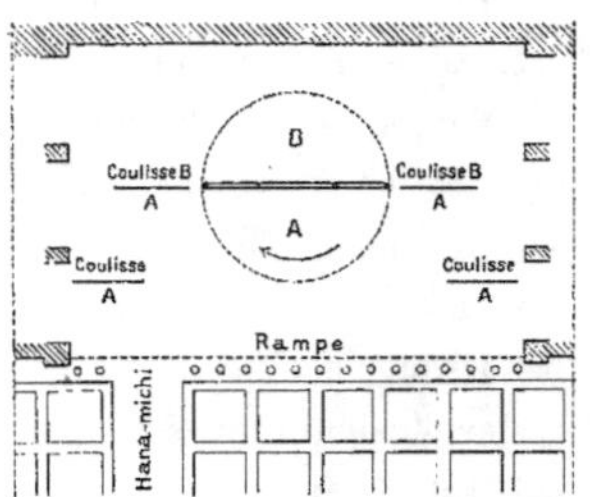

PLAN DE LA SCÈNE D'UN THÉATRE JAPONAIS AVEC SA PLAQUE TOURNANTE, LE HANA-MICHI ET LES COMPARTIMENTS RÉSERVÉS AUX SPECTATEURS.

(voy. en A le plan). Les acteurs font mine de pénétrer dans la maison, c'est le signal du changement. Le décor étant en grande partie planté sur un grand disque tournant bien machiné sous la scène, et mis en mouvement à bras d'hommes, tourne aussitôt en même temps que les acteurs qui y sont placés. Le mouvement de rotation achevé complètement, c'est l'intérieur de la maison qui, préparé derrière le premier décor (voy. en B sur le plan), apparaît alors à vos yeux. Les coulisses mobiles qui représentaient la rue ou le jardin, retournées par des machinistes, complètent l'ensemble du nouveau décor.

Un acteur doit-il changer subitement de costume, deux hommes voilés et vêtus de noir viennent sur la scène et l'aident à faire vivement cette opération. Un dieu doit-il faire une apparition au milieu de la forêt, les mêmes hommes noirs (*Kuro-mango*) viennent enlever les épais buissons qui cachaient l'acteur chargé du rôle. et allument devant les yeux des spectateurs une flamme de Bengale.

Ces hommes, qui viennent fort souvent sur la scène pour faire tous les changements nécessaires, ne gênent en rien le public ; c'est une convention admise et pour lui, un *Kuromango* passe pour invisible.

Les acteurs forcent leur voix d'une façon fatigante en prenant le ton le plus élevé qu'ils peuvent et, toujours, une musique en sourdine accompagne leurs paroles. Il en est de même dans les théâtres chinois, mais, au Japon, la pièce représentée m'a semblé composée d'une façon plus suivie ; les scènes en sont beaucoup mieux faites, aussi pouvais-je prendre plus de plaisir à la représentation et comprendre une grande partie du drame. J'admirais tout ce public qui, malgré les longues heures de spectacle, ne paraissait nullement fatigué. Quant à moi, deux heures d'attention me parurent suffisantes et je laissai mon guide dans ma loge, ou plutôt dans mon compartiment, le priant seulement de ne pas oublier notre heure de départ du lendemain, au milieu des surprises du drame japonais.

Bientôt revenus à Aksta, le chemin de fer nous conduit à Shidzuoka, où je visite quelques temples et les environs. C'était le premier endroit où je pouvais contempler dans l'éloignement le fameux volcan éteint, le Fuji-Yama ; je commençais à admirer son cône neigeux, lorsque les nuages, signes précurseurs de la pluie et des brouillards qui devaient durer quelques jours, le cachèrent à mes yeux. Il fallait renoncer pour l'instant à visiter les montagnes comme j'en avais le projet : je pris le parti de gagner aussitôt Yokohama.

CHAPITRE XIV

De Shidzuoka à Yokohama, le chemin de fer longe souvent le bord de la mer.
Les stations se multiplient : ce sont autant d'endroits charmants où l'on ne voit
que des vergers, des jardins et des villages coquettement placés sur les montagnes ou près du rivage. Le Fuji-Yama devrait dominer tous ces jolis tableaux,
mais aujourd'hui il n'existe pas pour nous, enveloppé comme il est par des brumes
épaisses. Notre train ne marche pas très rapidement, on ne saurait s'en plaindre,
car les distractions sont très variées le long du chemin. On ne s'arrête pas à
des heures réglementaires pour les repas, comme en Europe : il n'y a point de
buffets. Dans les vagons, disposés à l'américaine, se trouvent de nombreux voyageurs des deux sexes; l'heure du déjeuner arrive bientôt. Tandis que mon boy
arrange mes provisions de bouche, je remarque les préparatifs de mes compagnons.
Les dames sortent du panier apporté par elles de longues et minces boîtes de
sapin, dans lesquelles se trouvent le riz préparé pour la circonstance avec les bâton-
nets nécessaires pour le manger. D'autres boîtes contiennent du poisson frit ou

tout un assortiment de petites choses fort appétissantes à l'œil, telles que légumes, gâteaux sucrés à la farine de riz, etc. Les messieurs n'ayant pas apporté de provisions, achètent aux marchands qui vendent à toutes les stations des boîtes de sapin semblables à celles des dames ; on y trouve de même du riz ou du poisson qui sont apportés tout chauds dans le vagon. Quelques verres d'eau et comme dessert, des oranges ou des kakis ; le frugal repas des voyageurs est terminé.

La ville de Yokohama, fondée en 1859, est, comme on sait, le principal port du commerce du Japon qui soit ouvert à tous les étrangers, depuis le traité passé avec l'Angleterre et la France en 1858. Les Européens y ont une colonie nombreuse formant aujourd'hui une ville qui prend chaque jour plus d'importance. De nombreux magasins sont à visiter à Yokohama tout comme à Kioto ; la beauté des objets d'art exposés ne manquent pas de donner aux voyageurs le désir de les acquérir. Pour cela, il faut subir un ennui qui dégénère quelquefois en un véritable abus. La cause en est dans les prétentions du boy qui vous sert de guide et qui ne manque pas d'exiger du marchand un prélèvement chaque fois que vous achetez un objet. Ce prélèvement s'élève quelquefois à plus de 10 ou 15 p. 100 du prix de votre achat ; le marchand est forcé d'en élever la valeur pour donner cette gratification à votre guide qui n'en reçoit pas moins chaque jour de vous le prix de sa journée. Cette prétention du boy finit par agacer singulièrement le voyageur ; quant à moi, averti de cet usage, je pus heureusement y échapper. J'avais le bonheur de connaître à Yokohama et dans les autres grandes villes, les représentants d'une des plus importantes maisons parisiennes d'exportation d'objets japonais ; grâce à leur obligeance, j'allais chez les ouvriers artistes avec eux ; ils me faisaient avoir, à des prix raisonnables, les objets désirés.

Yokohama est située d'une façon fort pittoresque au bord de la mer, mais elle est trop moderne et le nombre considérable d'étrangers qui l'habitent l'empêche d'avoir le véritable caractère du pays. Après plusieurs excursions aux environs et quelques visites dans la ville, on ne tarde pas à éprouver le désir de se rendre dans des lieux qui soient réellement japonais. En peu de temps je me trouvai installé à Tokio, la grande capitale de l'empire. Le développement de cette ville est considérable, ses rues sont d'une longueur interminable. La principale d'entre elles a plus de 16 kilomètres, aussi faut-il savoir combiner ses visites ou ses excursions afin de perdre le moins de temps possible.

De nombreux temples sont à voir, celui d'Asakusa est un des plus vénéré. Son principal sanctuaire, voué à Kwannon, déesse de la Pitié, est constamment fréquenté par les habitants qui viennent y prier et y déposer des *ex-voto* de toutes espèces.

Le temple tout entier, peint de couleur vermillon, n'offre rien de plus extraordinaire que ceux d'autres localités, étant construit dans les mêmes principes
que la plupart d'entre eux. Les jardins remarquables qui l'entourent, comptent
pour beaucoup dans la décoration de ce sanctuaire; en général, par leurs arrangements ingénieux, toujours très variés, ils donnent à tous les temples des aspects
nouveaux.

Ceux de Kameïdo, situés à l'extrémité de la ville, sont parmi les plus jolis. Ils
sont placés à l'extrémité d'un petit lac artificiel coupé en son milieu par une chaussée de granit ornée de ponts rustiques qui sert de chemin aux fidèles. Le lac est
encadré de légers portiques entièrement couverts de glycines (Foudzi). Dans la
saison où elles sont en fleurs, elles doivent produire, en se reflétant dans les eaux,
le plus charmant effet qu'il soit possible de voir.

Les monuments les plus remarquables de Tokio sont les sanctuaires de Shiba
qui renferment les tombeaux de sept shogüns de la dynastie de Toku-gawa (1603-
1868). Ces personnages célèbres surent régner sur le pays et lui assurer une paix
profonde pendant une période de deux cent soixante-cinq ans ; aussi les Japonais
conservent avec un soin respectueux leurs magnifiques mausolées.

Ces monuments, tous construits en bois, placés dans un parc superbe, sont
gardés par de nombreux prêtres bouddhistes de la secte dite de Ten-daï. L'entrée,
grande cour dallée de granit, entourée de lanternes de pierre, fermée par un immense rideau d'arbres séculaires, est d'un aspect imposant. On passe sous une porte
remarquable par ses sculptures, pour arriver ensuite dans une deuxième enceinte
faite tout en charpente décorée de panneaux sculptés. Des escaliers de pierre aux
balustrades de marbre, encadrés de jardins, servent de chemin aux oratoires
et aux sanctuaires enfermés dans une troisième enceinte construite, comme la
première, tout en bois, mais dont les ornements sculptés sont merveilleux. Mon
dessin, planche XX, page 225 donne l'aspect d'une des entrées des sanctuaires. Les
principales pièces de bois qui composent cette porte, ainsi que les moindres détails
de toute sa charpente, sont laqués ou sculptés de motifs d'une fantaisie inouïe. Les
peintures sur fond d'or, rehaussées de tons de couleur vermillon, vert, blanc et
bleu, font valoir chacun des détails taillés tantôt en gravure, tantôt en haut relief
ou bien découpés entièrement à jour. Les extrémités des chevrons, les coins de
chaque panneau sculpté, maintenus par des plaques de cuivre doré et damasquiné,
ajoutent encore à l'effet de cette construction. L'intérieur des sanctuaires est plus
intéressant encore, les laquages, les peintures sur fond d'or et les sculptures qui
les ornent y étant plus soignés et plus riches.

Le principal tombeau, placé dans une belle pagode construite au fond d'un bois sacré, planté d'arbres superbes, de camélias et d'orangers, est couvert de plaques de laques d'or d'un travail incomparable.

La visite à tous ces temples différents demandant plusieurs jours, on parcourt en même temps les principaux quartiers de la ville qui, malheureusement, ont perdu beaucoup de leur caractère. Les anciens ponts de bois si pittoresques, connus par les nombreuses images japonaises, ont disparu pour faire place à des ponts en fer construits sur les canaux par des ingénieurs qui sont venus apprendre leur art en Europe. Un quartier cependant a gardé toute son originalité ; il est situé fort loin dans la ville. On le nomme le Yashiwara, c'est un des plus célèbres endroits où les Japonais vont festoyer et passer la nuit dans les maisons de thé de mauvaise réputation. Il est certainement impossible de voir un spectacle plus curieux que celui-là. Dans une grande rue droite, se trouvent d'abord toutes les maisons de thé, où l'on boit aussi force coupes de saké pour se mettre en belle humeur. Le milieu de la grande avenue principale est occupé par de nombreuses voitures, où sont placés des danseuses, des danseurs en costumes bizarres ou des chanteurs, qui circulent devant ces maisons et donnent des spectacles. Si la recette diminue dans un endroit, les voitures vont devant une autre maison de thé ; les acteurs recommencent leur représentation, avec l'espérance de réaliser une recette nouvelle. La foule vient jouir de ces fêtes en plein vent, et acheter les amusants bibelots garnissant les nombreuses petites boutiques qui encombrent la rue. Dans d'autres avenues latérales se trouvent les maisons des dames. La plupart ont trois étages ornés de balcons couverts de lanternes de toutes couleurs. Au rez-de-chaussée, les façades sont grillagées par de légers barreaux de bois assez écartés, au travers desquels on peut contempler toutes les beautés réunies.

Placées bien en ligne, dans un salon élégant orné de panneaux à fond d'or et garni d'un épais tapis, ces dames sont assises sur leurs talons, selon l'usage japonais. Elles sont exposées devant les passants, et s'occupent à boire le thé qui est servi devant elles sur un plateau, en attendant qu'elles soient distinguées par quelque promeneur. Fort jeunes pour la plupart, elles sont peintes, émaillées même et coiffées d'épingles ou de fleurs ; leur toilette brillante, couverte de broderies, les fait singulièrement valoir. La lumière électrique les éclaire et le fond d'or devant lequel elles sont placées contribue à les faire paraître toutes jolies. A l'entrée de chaque maison, des *Alphonses* japonais invitent les messieurs à visiter leur établissement. On se promène ainsi de rue en rue, regardant toujours une nouvelle devanture. L'une d'elles par originalité, est garnie de dames habillées à l'européenne; elles excitent l'hilarité générale tant elles paraissent ridicules, affublées ainsi avec des robes mal faites qui viennent, m'a-t-on dit, de couturières en renom à Berlin.

Les habitants de la ville ne sont point en peine de passer joyeusement leur soirée; d'autant plus que ce quartier de maisons de thé n'est point le seul à Tokio : il y en a d'autres encore en différents endroits. Le nombre des dames exposées ainsi chaque soir dépasse, m'a-t-on dit, plus de 5000, pour tous ces établissements. A part ces quartiers de plaisir, les rues de Tokio le soir sont peu attrayantes, la ville est si grande! On traverse des zones entières à peine éclairées pour arriver dans un endroit un peu plus gai où se trouvent quelques boutiques illuminées par des lanternes; le public abonde en ces lieux, puis c'est une nouvelle zone déserte. Le jinrikisha s'arrête enfin; au bout d'une heure de course, on est de retour à l'hôtel. Mon séjour à Tokio prenait fin; au lieu de me contenter de me rendre par le chemin de fer à Nikko, comme le font presque tous les voyageurs, afin de visiter ses temples, les véritables merveilles du pays, je voulais parcourir auparavant des parties moins connues. Pour cela je devais faire d'assez grands détours, dans plusieurs provinces.

M. Sienkiewicz, ministre de France à Tokio, qui tout d'abord fut assez aimable pour m'inviter chez lui, voulut bien m'aider de ses conseils; grâce à l'obligeance de M. Bedout, son secrétaire, j'eus bientôt un programme complet avec lequel, si j'augmentais, il est vrai, la durée de mon séjour au Japon, il me serait permis d'en bien voir les principales curiosités.

Le chemin de fer me mène jusqu'à Fukushima, ville très commerçante, de près de 6000 âmes. A partir de ce lieu, le voyage pittoresque recommençait; il faut quitter la vallée fertile pour gravir en jinrikisha les pentes des montagnes de la province de Iwashiro, où tous les paysages sont attrayants.

Avant d'arriver au mont Bandaï, je m'arrête à Ski-yu (Bains de la Lune), petit village assez célèbre dans la province, à cause de ses bains sulfureux. Sur les bords du torrent, tout auprès de l'unique route du village, une piscine est creusée parmi les galets, n'étant abritée que par une légère toiture de planches. Une dizaine d'hommes, femmes et enfants y sont baignés tous ensemble, fort près les uns des autres. Tout en déjeunant, je regardais de la fenêtre de l'auberge cette singulière et primitive scène japonaise; deux femmes, nues comme le poisson dans l'eau, sortent de la piscine pour remettre tranquillement leurs vêtements devant les passants. Quelques moments après je vis les hommes sortir, ainsi que les enfants, dépouillés de tout voile de même que les dames qui avaient déjà disparu dans leur maison. Ces usages existent en bien des endroits au Japon, dans les provinces où le chemin de fer n'a pas encore pénétré.

Le village de Ski-yu marquait la dernière étape praticable en jinrikisha; le chemin de la montagne devient trop inégal et c'est à pied que je devais gagner la ville de Inawashiro, en passant par les solfatares de Nô-ti, pour gravir le col de O-to-gné.

La course est longue pour arriver au but. Par suite d'une erreur de mon guide, qui comptait sur une marche de six heures tandis qu'il en fallait neuf, nous fûmes obligés de continuer notre route, près de trois heures après la nuit tombante, avec des lanternes. Les porteurs de mes bagages allaient péniblement dans les sentiers peu visibles et craignaient de se perdre dans les bois. Nous arrivons enfin vers dix heures du soir à Inawashiro! Les auberges sont fermées; un contretemps fâcheux nous arrive encore : tout est plein à cause des grandes manœuvres militaires qui ont lieu dans le pays. Les officiers ont pris les chambres et les soldats remplissent les maisons et les temples de la ville qui compte 3000 habitants.

Après bien des pourparlers, un hôtelier ouvre son logis et consent à me laisser dormir dans sa première salle d'entrée. On déploie un paravent, je puis enfin me reposer.

Le lendemain, grâce à mon passeport, la police, prévenue qu'un Européen était arrivé dans la nuit, annonce cette nouvelle au général en chef. Dans la matinée même, l'aubergiste m'installe dans une belle chambre, me disant que le général a donné des ordres et qu'un des officiers a consenti à se rendre dans celle d'un de ses camarades pour m'être agréable. On ne saurait être plus gracieux à l'égard d'un étranger.

L'ascension du Bandaï-San est très facile à exécuter : les pentes sont douces, de sorte que les 800 mètres qu'on gravit ne fatiguent guère. On contemple avec d'autant plus d'intérêt l'immense cratère qui s'est fermé à la suite de l'explosion d'une partie de la montagne en juillet 1888. Le fond du cratère est devenu un lac, et depuis trois ans des poissons ont apparu, qui s'y développent, dit-on, d'une façon étonnante. Autour du lac, un chaos colossal de pierres et de poussières mélangées prouvent les anciens événements ainsi que les milliers d'arbres calcinés par suite de la pluie de cendres et des pierres brûlantes qui y tombèrent. Au moment de l'explosion, d'épaisses vapeurs sortaient du volcan ; on n'en voit aujourd'hui qu'auprès des mêmes sources sulfureuses, qui existent toujours comme auparavant.

En descendant le Bandaï, on jouit plus aisément du vaste panorama donné par le lac Inawashiro, l'un des plus beaux du Japon.

Je rentrai le soir à l'hôtel dans le même temps que les soldats revenus de leurs exercices ; la grande rue en était remplie. Les uns s'occupaient à laver les boîtes d'osier qui contenaient le riz du déjeuner, dans le grand ruisseau d'eau vive qui la traversait en son milieu, en se faisant aider des gentilles Japonaises leurs hôtesses. D'autres militaires prenaient possession du parc du grand temple pour cuire leur dîner sous les arbres. Voici bientôt les canons et leurs batteries complètes qu'il faut placer près des sanctuaires. Ce spectacle pittoresque dure jusqu'aux dernières lueurs du jour.

Autour du mont Bandaï, les montagnes ne sont pas fort élevées (600 à 700 mètres de hauteur), mais elles sont jolies au possible, surtout en la saison où j'étais (octobre et novembre 1890). Les arbres dont elles sont couvertes commencent à prendre leurs belles teintes d'automne ; les érables, les vernis du Japon avec leur feuillage rouge sang ou jaune d'or, d'autres arbustes devenus roses ou de couleur jaune citron sont d'un effet incomparable dans le paysage. Si celui-ci n'est véritablement grandiose que dans de rares moments, sur les bords du lac Inawashiro et le long de la route qui conduit à la ville de Wakamatsu, il est du moins toujours délicieux.

Beaucoup d'endroits ressemblent à des paysages pyrénéens du côté de Luz et de Saint-Sauveur ou à ceux de l'Alsace. Dans d'autres, on se croirait transporté en Auvergne, comme dans la localité de Higashi-Yama ou *montagne d'Orient*. Ce petit pays est situé au fond d'une gorge, véritable entonnoir de verdure, où les habitants de la grande cité de Wakamatsu viennent prendre des bains d'eau chaude naturelle dont la température varie de 50 à 55° centigrades. On s'y baigne en commun comme à Ski-yu, c'est aussi un lieu de plaisir ; le soir on n'entend dans les petites rues que le son des instruments et les voix des Geishas qui donnent des concerts aux baigneurs. Higashi-Yama devient alors un paradis pour les Japonais ; *la montagne d'Orient* est célèbre dans la province de Wakamatsu.

La route parcourue est mouvementée en cette saison de récolte du tabac et du riz ; chaque village prend un aspect inusité. La culture du tabac n'est pas très ancienne ; les Portugais ont importé la plante en l'an 1605. Les feuilles de tabac cueillies sont attachées une à une après des cordelettes de paille de riz, formant de longues guirlandes qu'on accroche contre les maisons pour les sécher au soleil. Serrées fort près les unes des autres elles en cachent entièrement la façade, sauf la porte d'entrée, et paraissent semblables à des draperies posées dans certaines de nos villes pendant les grands jours de procession. Dans un autre endroit, à Tasima, le riz formé en botte est posé sur de longues perches horizontales maintenues par des faisceaux en bambou. Il forme dans la campagne de véritables murailles de paille, de même que dans les rues et le long des routes; on en pourrait mesurer des développements de plusieurs kilomètres. Le riz est suspendu ainsi pendant trois jours environ, afin que les grains puissent mûrir davantage sous l'action du soleil et se détacher plus facilement de leur tige.

Traîné par mes coureurs japonais, qui galopent toujours, j'arrive auprès de la montagne de Sanno-Toghé où les chemins ont la réputation méritée d'être presque impraticables; aussi faut-il souvent marcher à pied. Nous gagnons le village de Ikari où nous passons la nuit. Dans la plupart des auberges (voy. plan, p. 246), il n'y a pour cheminée que des trous carrés (voy. en F) faits en briques et entourés d'un châssis de bois, pratiqués dans l'épaisseur du plancher au milieu de la grande salle commune. Aucun tuyau de tirage n'étant prévu, la fumée s'échappe de tous côtés pour se perdre dans le haut des combles. Les vieilles Japonaises, gardiennes du foyer, sont les premières victimes de ce grave inconvénient. Leurs yeux, déjà malades par de fréquentes ophtalmies dues au climat humide du pays, rougissent sous l'action de cette fumée âcre, et contribuent à donner à ces malheureuses femmes une laideur invraisemblable. La saison commençait à devenir froide sur ces montagnes, aussi mon hôtelier s'occupait à remettre dans tous les châssis des carreaux de papier. Ces maisons semblent bien mal comprises pour abriter pendant la mauvaise saison leurs habitants; rien ne ferme convenablement, les courants d'air y deviennent affreux; ils n'ont dans leur petite chambre qu'un maigre *brasero* pour se chauffer et doivent s'envelopper dans d'épaisses couvertures. J'avais quitté le mont Bandaï depuis quatre jours; nous arrivons à Nikko dans la province de Shimotsuké.

Avant de pénétrer dans la ville, il y a une avenue longue de près de deux lieues, toute bordée de cryptomérias séculaires, d'une grosseur considérable, se touchant presque et s'élevant à une hauteur d'environ 40 mètres. Autour de Nikko, on admire plusieurs routes de ce genre, et les avenues qui mènent aux temples sont plantées de même. On n'a jamais vu, je pense, dans le monde entier, de ville entourée d'un si grand nombre d'arbres si beaux, qu'ils semblent provenir des forêts décrites dans les contes de fées. Le Daimyo Tatché les fit planter à l'époque où chaque grand personnage voulait rendre hommage à la mémoire du shogün Iyé-Yasu, en embellissant le lieu choisi pour élever sa tombe. On remarquait les riches présents de chacun et personne alors ne songeait à ces cryp-

PLANCHE XXIII. — AKI-NO-MYA, TEMPLE SHINTO A SHIMO-NO-SUWA, PROVINCE DE SHINANO (JAPON).
(D'après nature, voy. p. 274.)

tomérias nouvellement plantés. L'offrande semblait de peu d'importance. Aujourd'hui, il faut les considérer comme les plus beaux ornements de ces lieux respectés ; ils font de Nikko un séjour exceptionnel.

Les temples de Nikko sont relativement anciens, ils ont été construits l'an 1617 de notre ère, en même temps que le mausolée du grand shogün, le célèbre Iye-Yasu (1542-1616). Les peintures d'or et les arabesques gracieuses couvrent les boiseries des façades et des intérieurs de ces temples, elles se marient aux sculptures et produisent un effet éblouissant, dont mon dessin, reproduit par la gravure, ne peut donner qu'un bien faible aperçu (voy. p. 269).

Les pavillons séparés et les portiques placés d'une façon pittoresque sous les ombrages de superbes cryptomérias ou sur de hautes terrasses de granit, forment un bel ensemble, dont le plan se dessine assez clairement malgré son premier aspect d'irrégularité.

La porte d'honneur (le karamon) qui sert d'entrée à la troisième enceinte fermée (le Tamagaki) où se trouvent l'oratoire (Haïden) et le sanctuaire (Honden), sont remplis d'ornements qui forment autant d'objets d'art. C'est surtout par les détails que ces constructions charment le plus ; il en faut admirer tous les motifs sculptés, représentant des groupes de saints personnages, composés le plus souvent, comme ceux des Chinois, d'enroulements de fleurs, d'animaux fantastiques ou d'oiseaux. Une grande partie de ces œuvres a été exécutée par le sculpteur Jingoro Hidari (1575-1634) ou par les nombreux élèves qu'il avait su former.

Le tombeau de Iye-Yasu est placé sur le haut de la montagne qu'on commence à gravir en sortant du Tamagaki par de hautes marches de granit. Celui de son petit-fils Iyemitsu se trouve dans l'enceinte d'autres temples peu éloignés, qui font partie de celui de Iye-Yasu. Ils sont précédés, comme ce dernier, de beaux pavillons d'entrée qui, au lieu d'abriter des statues de lions fantastiques (Koma-inou) semblables aux chimères de la Chine, ont comme dieux gardiens Ikadzoutsino-kami, dieu du Tonnerre, avec son auréole de tambourins sur lesquels il frappe avec furie, et Susano-Ono-mikoto, dieu du Vent, qui porte sur son épaule une outre gonflée d'air. Ces divinités sont représentées souvent sur les images populaires de la contrée (voy. en 1 et 3, p. 292). On admire de même les kiosques élégants sous lesquels sont placées les vasques sacrées ou Otea-raï. Les Japonais ne manquent jamais d'y faire leurs ablutions et de boire quelques gouttes de ces eaux saintes avant de pénétrer dans les sanctuaires (voy. pl. XXI, p. 233).

Si les Japonais n'ont pas une architecture qui leur soit complètement personnelle, il faut rendre justice cependant à leur ingéniosité et à l'art qu'ils ont toujours su mettre à toutes choses, en s'inspirant des œuvres des artistes d'autres pays. Là où ils sont inimitables, actuellement encore, c'est dans l'exécution des petites œuvres d'art comme les sculptures dans l'ivoire ou le bois, les laques, et dans celle de leurs délicates et pittoresques peintures.

En ce beau pays on cesse, depuis de longues années, de prendre modèle sur les Chinois, mais, cherchant un autre idéal, c'est en Europe que les Japonais d'aujourd'hui viennent s'inspirer. Ils y apprennent l'art de construire des chemins de fer et commencent à posséder tous les secrets des récentes découvertes. Peu à peu ils seront complètement identifiés aux Européens ; mais il est à craindre qu'alors leur art original ne soit en même temps perdu à jamais.

Non loin de ces sanctuaires merveilleux, au bord du torrent qui baigne la ville supérieure de Nikko, un lieu sacré entre tous, le Kammon-ga-Fuchi, est à remarquer. C'est là que, dit-on, le bonze ermite Ko-bo-daïshi, qui vécut au viiie siècle de notre ère, a été enterré. Protégé par le *Grand Dragon* qui l'aida à passer le torrent en faisant un pont de son corps, le saint homme put s'établir dans les lieux qu'il avait choisis, où se trouvent actuellement les temples et tombeaux de Iye-Yasu. Un beau pont de bois de cèdre, le pont du Dragon on Sho-do-Sho-nin, entièrement peint en rouge, est placé sur le torrent à l'endroit même où cet événement a eu lieu, suivant les récits légendaires. Le Kammon-ga-Fuchi est accompagné d'un alignement étrange de cent dieux sculptés en granit, accroupis chacun sur un piédestal. Ils regardent paisiblement depuis des siècles couler les eaux rapides du torrent ; les fidèles s'arrêtent et les contemplent respectueusement avant de parvenir auprès de la statue de Bouddha qui préside toute cette imposante assemblée. Les environs de Nikko abondent en excursions agréables, et les sites dans cette province de Shimotsuké sont tellement mouvementés, que les trajets en jinrikishas deviennent impossibles. C'est à cheval qu'il faut parcourir tout ce joli pays. Les mines de cuivre célèbres des montagnes de Ashi-o peuvent compter parmi les plus importantes promenades. Connues depuis cinq cents ans environ, elles ne sont exploitées régulièrement que depuis quatorze ans et rapportent tous les ans des sommes considérables. Elles possèdent deux galeries principales de près de 4 kilomètres chacune, creusées dans la montagne, qui conduisent à d'autres allées souterraines s'enfonçant jusqu'à 200 mètres au-dessous du sol. Le minerai recueilli est écrasé en menus morceaux, lavé soigneusement et mis en poudre. Introduit ensuite dans des fours, un feu ardent consume toutes les matières étrangères. Le cuivre fondu coule comme de la lave dans des récipients disposés *ad hoc*.

L'opération de la fonte du minerai se fait trois fois afin que toute matière étrangère ait pu disparaître par le feu et que le cuivre devenu tout à fait pur soit mis en saumons.

Pour gagner de Nikko le lac Chü-zen-ji, on passe tout d'abord auprès des plus belles cascades de la contrée : Oura-mi-ga-taki, sous la principale chute de laquelle on peut pénétrer pour rendre hommage au dieu Foudo qui y possède une statue ; puis Kegon-no-taki, dont la chute unique a plus de 100 mètres de hauteur. Elle sert de déversoir naturel au lac Chü-zen-ji. Cet endroit est réputé par le pèlerinage

TEMPLE DE NIKKO, PROVINCE DE SHIMOTSUKÉ (JAPON).
(D'après nature.)

considérable qui se fait tous les ans dans les temples au mois de juin; les habitants du village ne vivent que par lui. Pendant presque toute l'année, gardiens de vastes corps de logis qui restent déserts, ils deviennent, à l'époque du pèlerinage, les hôtes de six à sept mille personnes qui viennent, tout habillées de blanc (le costume officiel du pèlerin), leur demander pendant quelques jours l'hospitalité afin de pouvoir faire les dévotions prescrites.

Continuant ma course à travers les forêts, nous arrivons au pied de la Belle Montagne (Nantaï-san) et j'admire d'autres jolies cascades; nous voici à Yumoto (1520 mètres d'altitude) célèbre par ses eaux chaudes sulfureuses et par son délicieux petit lac Yuno-ou-ma (eaux chaudes de marais). Les chemins ici ne sont plus praticables pour des chevaux; des porteurs s'emparent de mon bagage et nous gravissons à pied les montagnes de Kon-Seï-Togné (2000 mètres d'altitude) à l'ombre des arbres séculaires. Sous les feuillages épais, je découvre un curieux petit sanctuaire rempli par des ex-voto d'un genre exceptionnel dans le pays. Ce sont des *lingams*, en bois sculpté de toutes grandeurs, déposés par des époux qui souhaitent d'avoir des enfants. L'origine de ces emblèmes, qui n'étonnent point aux Indes puisqu'ils appartiennent au culte de Brahma, est inconnue au Japon; personne n'a pu m'en donner l'explication. Cette superstition est particulière à la province; on voyait autrefois, m'a-t-on dit, de ces *lingams* auprès des temples de Nikko.

Le sommet de la montagne marque la limite où commence la province de Kotsuké; les lieux sauvages sont parcourus, nous arrivons à la nuit tombante à Ogawa. Dans ces parages éloignés des centres industrieux, il faut se contenter, pour continuer sa route, de chevaux habitués aux travaux des champs. Ils vont avec lenteur et leur harnachement est primitif. On me hisse sur une selle de bois surmontée de force couvertures, deux cordes nouées à peu près à la hauteur voulue me servent d'étriers. Un conducteur, dont l'habit principal consiste en une natte de paille de riz, tient en laisse mon haridelle qui ne saurait marcher sans lui. Partout, la campagne est luxuriante : Atsougawa possède de nombreux moulins à eau, Tudori, Okara sont remplis de mûriers. Ces localités sont surtout occupées trois fois par an, en mars, juin et septembre, par la récolte des cocons des vers à soie. En gravissant le mont Kadzou-Saka, ce sont des plantations de thé qu'on admire; nous passons à Numata, ville de 4000 âmes, puis dans les gorges superbes de Tanashita pour nous arrêter à Shi-bu-Kawa. Cette ville est importante par son mouvement commercial, qui consiste surtout dans le trafic de la soierie et des cocons.

Il faut recommencer à gravir les montagnes, autant de volcans éteints qui partout ont laissé des traces de leurs anciennes éruptions. Sur tout le parcours on ne voit que des débris de pierres ponces et de roches calcinées. Le temps, qui depuis longtemps me favorisait, semble aujourd'hui devenir menaçant; les nuages sombres s'amoncellent, un orage est imminent. Mon conducteur me prie de me soulever sur ma selle afin de pouvoir prendre tout un paquet de papier enduit d'huile ou de cire végétale sur lequel j'étais assis et, sans me prévenir, commence à m'en affubler entièrement. Mes jambes sont enveloppées et ficelées, ma tête est surmontée d'un immense capuchon bien attaché avec des cordes de paille de riz; je suis emmailloté en moins d'une minute, et protégé de la pluie qui ne tarde pas à tomber d'une façon torrentielle. Nous continuons à chevaucher malgré ce déluge épouvantable, et nous gagnons la petite ville d'Ikao et l'hôtel placés presque en haut de la montagne (800 mètres d'altitude).

En enlevant tous les papiers huilés qui me couvrent, je trouve mes vêtements aussi secs que si nous avions eu le plus beau soleil du monde pendant le temps de notre étape. Rien n'est plus pratique que ces couvertures qui remplacent dans les campagnes nos manteaux imperméables. Les Japonais ont d'autres espèces de papier pour toutes sortes d'usage; ils s'en font des robes d'été, ou des carreaux qui remplacent les vitres de nos fenêtres. Une espèce de meilleure qualité sert pour les écrivains, les journaux, et les livres innombrables publiés dans le pays. Les matières premières employées pour la fabrication de tous ces papiers différents, viennent surtout des arbres : le *Brussonnetia .papyrifera,* l'*Hibiscus* et quelques espèces de mûrier.

Le village d'Ikao est placé sur le versant nord du Sen-ghen-yama, qui appartient aux monts Haruna. Il domine les gorges de Yu-Sawa, au fond duquel coule un torrent; ses rues étroites, presque toutes en escaliers, curieuses à l'égal de celles de quelques petits pays d'Auvergne, sont arrosées par une multitude de ruisseaux d'eau chaude ou minérale. Dans leur passage, ces eaux naturelles sont employées de tous côtés pour faire tourner les roues des moulins. L'hôtel est déjà *européanisé* en ces parages. On me donne une table pour dîner, j'ai aussi un lit et des chaises pour m'asseoir.

A la fin d'octobre, époque de mon arrivée, tout le monde a quitté les hautes régions, aussi étais-je seul dans l'établissement. Le directeur peut s'occuper de moi davantage; le soir je suis invité par lui à écouter le concert donné par sa femme et sa sœur, tout en me chauffant auprès de son brasero ou *Hibachi*, véritable meuble national, le seul employé pour attiédir l'air froid des hivers dans les chambres. Ces dames jouent sur des *Kotos*, sortes de harpes à treize cordes, reliées à une caisse sonore qu'on pose sur le sol. Elles chantent en s'accompagnant et veulent bien recommencer pour moi un chant populaire du pays, mélodie fort originale.

La neige était déjà venue sur les monts Haruna, il fallait faire l'ascension du Tomé-Gawa à pied. Les vues panoramiques y sont splendides, avec le Fuji-Yama qui apparaît dans le lointain des nuages et le volcan Asama dont on peut voir, malgré la distance, les légères vapeurs sortant de son cratère. Le sommet de la montagne est occupé par des pâturages et par le lac Haruna; bientôt nous descendons l'ancien volcan par des pentes rapides qui nous mènent au fond des gorges où se trouvent les temples dédiés au dieu du Feu, Homusubi et à Hani-yasu-Humé, déesse de la Terre. Il serait difficile de visiter des lieux plus étranges, plus mystérieux d'aspect. Dans une épaisse forêt de cryptomérias, au pied desquels coule un torrent, l'étroit sentier nous conduit à travers des rochers volcaniques colossaux, dont les formes sont pittoresques. Ce sont des arcades fantastiques, des pyramides ou des colonnes curieusement découpées. Le pavillon d'entrée des temples est placé sur un haut perron de granit, protégé par une roche superbe, semblable aux dykes bien connus que nous admirons au Puy et près de Saint-Nectaire en Auvergne (voy. planche XXII, page 249).

Le volcan Asama est à près de deux journées de distance de Haruna, cet endroit remarquable entre tous. Le village de Myogi, comme Haruna, est aussi célèbre par les rochers volcaniques étranges et les sanctuaires qui sont alentour. Celui de Higezuri-Iwa est le plus pittoresque. Aux abords du volcan, près du village Kutsukake, la contrée change complètement pour devenir aride et triste ; le sol est formé d'une couche épaisse de pierres ponces et de débris. L'ascension est quelquefois pénible, surtout le jour où je pus la faire par une neige tombée nouvellement. A peine avais-je contemplé quelques instants le curieux cratère et les épaisses vapeurs qui en sortent que la neige commence encore à tomber. Les nuages s'amoncellent, une véritable tempête nous surprend. Aveuglés par les épaisses rafales, il faut descendre les pentes du volcan, mon guide perd sa route. Ce n'est qu'à grand'peine que nous gagnons le village de Kutsukake, d'où nous étions partis le matin, et celui de Karuizama où nous pouvons nous coucher. L'ascension de l'Asama-San étant exécutée, le voyage devient pour un temps moins pittoresque, c'est en chemin de fer que nous allons à Nagano.

Cette ville intéressante est admirablement située dans une grande et riche vallée. Son temple, le Zen-kô-ji, est un centre important de la religion bouddhique, et le monastère qui en fait partie est habité et dirigé par des femmes, *bonzesses* réputées dans la province.

Le temple, loin d'être aussi riche d'aspect que ceux de Tokio ou de Nikko, est cependant curieux à visiter. La grande salle intérieure est tellement remplie de lampes de toutes sortes, de brûle-parfums et d'autres objets, autant de dons des fidèles, qu'elle ressemble plutôt à un bazar. Une quantité énorme de pigeons, considérés comme sacrés, ont établi leur domicile dans le temple même, ou sous les portiques qui l'entourent. Malgré les grands filets posés partout, qui les empêchent de s'installer sur les corniches et dans les moulures des caissons de la charpente apparente qui orne le temple, ils n'en laissent pas moins, de tous côtés, de nombreuses traces de leur présence. Ils se perchent sur les moindres objets, cherchant les grains de riz semés pour eux par la foule des fidèles qui visitent le lieu saint.

Nagano possède un club important, le Joya-ma-Kwan, fréquenté par les notables de la ville. En ma qualité d'étranger, on me laisse y pénétrer et visiter toutes les pièces. Construit tout en bois, de même que toutes les maisons, il a été élevé sur l'emplacement de l'ancien château fort qui dominait toute la vallée.

L'arrangement général de ce club est fort simple : il consiste en une vaste salle de réunion de douze mètres de large sur vingt de longueur environ, qui ne possède, en fait de meubles, que quelques lustres à pétrole et quelques vases garnis de fleurs posés de distance en distance sur le plancher. Les membres du cercle s'accroupissent sur des coussins posés sur les nattes bien rembourrées qui garnissent le sol et boivent leur thé apporté sur des plateaux par de jeunes et gentilles servantes.

Cet immense salon, où règne la plus exquise propreté, peut s'ouvrir de tous côtés et se fermer avec des châssis glissants garnis de carreaux de papier ; son seul ornement est la vue admirable de toute la vallée. Pour me laisser jouir plus longtemps du beau panorama, les servantes m'apportent du thé et des bonbons, et disparaissent discrètement en me faisant des salutations. C'est le gracieux accueil offert par les membres du cercle à leur visiteur européen. A côté de cette salle de réunion on voit une salle de billard et quelques pièces plus petites pour les habitués qui désirent rester dans une intimité plus étroite.

Nagano était le point le plus éloigné de mon voyage ; je devais revenir en passant par Ueda et Matsumoto, pays souvent montagneux qui offrent des aperçus variés. Mes conducteurs de jinrikishas me font gravir le col de Shio-ji-ri (1060 mètres d'altitude) d'où l'on découvre le joli lac Suwa, au bord duquel se trouve le village de Shimo-no-Suwa (800 mètres d'altitude) qui appartient à la province de Shinano.

On voit en ces lieux le temple shintoïste de Aki-no-mya. Il offre d'autant plus d'intérêt qu'on y remarque d'une façon évidente les différences extrêmes qu'il offre avec ceux de Yamada dans la province d'Isé.

Les prêtres shintoïstes qui ont présidé à sa construction ont subi l'influence du culte bouddhique ; ils ont renoncé à la simplicité extrême et voulue qu'on trouve dans les sanctuaires d'Isé pour orner Aki-no-mya de sculptures délicates.

Les chapiteaux des piliers sont composés de griffons fantastiques et de têtes d'éléphants. Dans les frises, des lions aux yeux dorés sont merveilleusement

sculptés, et l'intérieur de l'oratoire est orné de panneaux où l'on voit des cigo-
gnes se reposant sous des bambous, dont le travail et l'exécution sont d'une
originalité extrême.

Le dessin (pl. XXIII, p. 265) montre l'oratoire et les portiques qui l'accompagnent. Cet oratoire est précédé d'un grand pavillon qui sert deux fois par an
pendant les jours de fête à des représentations religieuses nommées *Kagura*.
Elles consistent en danses et en pantomimes. Derrière l'oratoire se trouvent les
deux petits sanctuaires, où les emblèmes sacrés sont cachés à tous les yeux.

De Shimo-no-suwa, nous partons dans une voiture du pays (*un basha*) pour la
ville de Kofu, en passant par le col de Godo-Para. C'est un trajet de toute une
journée, féconde en points de vue remarquables. Lorsqu'on quitte le village de
Dawabara surtout, on découvre, au-dessus des nuages, la merveilleuse pyramide
formée par le volcan Fuji-Yama, dont les neiges sont éclairées par les lueurs du
soleil couchant. Elle offre aux regards un spectacle incomparable qui, à lui
seul, vaudrait tout le voyage. Nous traversons souvent le torrent Fuji, dont la
source n'est pas très éloignée du village. En cette saison (novembre 1890) il est
peu redoutable, mais je voyais, en descendant peu à peu dans la vallée, les ravages
terribles qu'il occasionne à d'autres époques de l'année. Ce ne sont de tous côtés,
sur les bords, que des éboulements formidables, des talus ruinés et des amoncellements de galets roulés. Kofu, province de Kaï, était autrefois une place forte
importante, son château fort est aujourd'hui détruit et il n'en reste plus que les
hautes murailles de défense et ses sauts-de-loup. La ville n'offre que peu d'intérêt ;
nous y eûmes cependant une émotion, heureusement sans gravité. Dans toutes
les villes et souvent aussi dans les petits hameaux, on remarque de hautes échelles
plantées dans le sol et maintenues bien verticalement par des pièces de bois au
haut desquelles se trouve une cloche fixée à un bambou. Ce sont des avertisseurs
d'incendie. Un veilleur, toujours de garde pendant la nuit, y monte de temps en
temps pour signaler ce qu'il voit ; à la moindre alerte il sonne la cloche d'alarme.
Les crieurs publics ainsi avertis ne tardent pas à se répandre dans la ville pour
prévenir les habitants. Nous fûmes réveillés au milieu de la nuit par leurs cris
« Au feu ! au feu ! » et par les sons sonores des morceaux de bois qu'ils frappent l'un
contre l'autre. Nous ne tardons pas à être tous sur pied dans l'hôtel, car les
incendies sont surtout terribles en cette contrée où tout est construit en bois. Il
pleuvait un peu heureusement, et le vent était nul, de sorte que le feu, qui avait
pris dans quelques maisons situées au bout de la ville, s'éteignit bientôt sans avoir
pu produire de grands dégâts.

Je ne restai à Kofu que le temps nécessaire pour gagner le village de Kaji-kasawa, station habituelle où il faut s'arrêter pour descendre en barque les rapides du Fuji-Kawa. Ce voyage de quelques heures est célèbre dans le pays, il est fort curieux en effet et mérite sa réputation. Comme il n'est pas toujours possible de l'exécuter à cause de l'irrégularité du dangereux torrent, un chef batelier, installé sur le lieu de départ, juge si la traversée est faisable et vous remet une permission. Les barques ressemblent à celles qui sont employées pour le passage des rapides de Katsu-gawa près de Kioto, mais on vous donne un nombre double de rameurs. Entraîné par le courant du Fuji-Kawa, les rivages peuplés de nombreux hameaux entourés d'une campagne luxuriante et de jolies montagnes se déroulent sous vos yeux. La longue barque glisse quel-quefois sur les eaux avec la vitesse d'un train *express*, mais son mouvement est bientôt ralenti par un brusque détour du torrent ou par quelques hauts rochers. Nous nous arrêtons à Nambu, pour que nos quatre bateliers puissent se reposer de leur fatigante besogne. Il faut déjeuner à la manière du pays. On me donne des gâteaux avec plusieurs tasses de thé accompagnées de quelques boulettes au sucre faites avec de la purée de pois rouges. Ces gâteaux, des *kint-sou-ba*, sont d'ailleurs excellents.

Des pâtes faites de sarrasin ressemblant à une sorte de macaroni, avec des légumes et des champignons bouillis sans sel, viennent ensuite avec des poissons, des crevettes et des seiches salées et desséchées à la manière chinoise. Le dessert se compose de fruits cueillis toujours avant leur maturité; un verre de saké fait passer le tout.

La seconde partie du voyage sur les rapides est plus curieuse que la pre-mière, les montagnes deviennent plus importantes et le Fuji-Yama est entrevu à tout instant parmi les plus hautes cimes couvertes de verdure. De nombreuses cascades s'échappent des feuillages, puis viennent tomber dans le torrent : on remarque aussi quelques bancs curieux de rochers basaltiques.

Le torrent s'élargit et les rapides ont pris fin. Notre barque pénètre dans un canal étroit qui nous conduit au village de Iwabachi, station de chemin de fer située au bord de la mer, à l'embouchure du Fuji-Kawa. L'immense volcan domine tout le paysage dans cette partie de la province de Suruga. Le beau temps me favorisant, je pris aussitôt le chemin des montagnes et ne tardai pas à arriver au petit village et au lac de Hakonè. Ce lieu, de même que la petite localité voisine, Myanoshita, sont les véritables joyaux de la province de Sagami, et la facilité avec laquelle on y parvient, grâce au chemin de fer, en partant de

Yokohama ou de Kioto, a contribué à les rendre populaires. Dans les eaux claires du ravissant lac de Hakonè, le cône de Fuji-Yama est reflété ainsi que la montagne verte de Mutuni-Togé. Ils forment le fond d'un délicieux paysage qu'on peut admirer du petit hôtel organisé à l'européenne où l'on descend. Pour aller visiter le temple shintoïste de la localité, on traverse en bateau une grande partie de ce lac, habité par une quantité de canards sauvages qui viennent y prendre leurs ébats, et on admire ses charmants rivages. Le batelier vous fait bientôt aborder près d'un chemin caché sous les bambous et les pins immenses. Nous montons de hautes marches couvertes de mousse et de fleurs, à l'ombre de ces arbres antiques; c'est la route qui mène au temple. L'endroit est bien choisi pour un lieu sacré, rien n'est plus mystérieux, plus poétique que le paysage qui vous entoure.

Pour se rendre à Myanoshita, il ne faut que trois heures de marche.

De jolis villages comme Ashinoyu avec ses bains d'eau chaude naturelle et sulfureux, puis le bel horizon de la mer qu'on découvre du haut des cimes de la montagne, embellissent notre route. Non loin de Hakonè on s'arrête en haut d'un sentier pour contempler une sculpture presque deux fois grandeur naturelle, taillée en haut relief dans le roc de la montagne. C'est l'image de Bouddha représenté accroupi sur une fleur de lotus. L'expression de son visage est d'une sérénité, d'une douceur remarquables (voy. pl. XXIV, p. 281).

On sait que la représentation des images humaines était interdite dans l'antique religion des shintoïstes. Les prêtres n'acceptèrent cet usage que lorsqu'ils voulurent bien admettre le mélange de la religion première du pays avec la nouvelle qui venait de Chine et des Indes. Le décret officiel ordonnant d'enseigner le bouddhisme et d'élever des temples a été signé par l'impératrice Suiko [1] en l'an 594 de notre ère. Les premières idoles bouddhiques connues et exécutées avant le décret furent placées dans le temple de Ozaka par l'empereur Bidatsu (572-585). Elles étaient l'œuvre d'un sculpteur coréen dont le nom est resté inconnu. D'autres œuvres furent exécutées au viie siècle ; le sculpteur Tori Busschi est celui dont le nom est resté célèbre d'une façon certaine, son origine était chinoise. Au milieu du viie siècle apparaît encore un sculpteur d'origine chinoise également, Ogachi, qui fit un grand nombre de statues de Bouddha sous le règne de l'empereur Kôtoku (645-654); toutes ses œuvres sont malheureusement détruites. Le moine coréen Gio-ji fut aussi un sculpteur émérite (670-749).

____

1. *Ancien Japon*, par G. Appert. Tokio, 1888, p. 23.

Au vᵉ siècle enfin, Kei-bun-kaï et Kasuga deviennent célèbres par les idoles
sculptées qu'ils savent exécuter.

Le Bouddha de Hakonè, un des rares monuments de pierre qu'on puisse voir
dans le pays, date du règne de l'empereur Jingo-Keïun (767-769). Il est attribué
au bonze sculpteur Kobo-Daïshi dont nous avons parlé page 268. Cet artiste était
d'abord un fervent shintoïste, mais, en sa qualité de bonze, il admit, comme beaucoup d'autres de ses confrères, sans provoquer de révolution dans son pays, le

Le Fuji-Yama vu de l'île de Enoshima, province de Sagami.
(D'après nature.)

mélange des dieux shintos avec ceux de la nouvelle religion bouddhique. Il fut
l'auteur d'une doctrine qui justifiait la fusion de ces deux croyances. Comme
sculpteur, il était connu surtout sous le nom de Kûkai.

En descendant les hautes cimes qui dominent Hakonè, lorsqu'on approche
de Myanoshita, on est étonné par moments du nombre de légers papiers sur
lesquels sont écrits le nom d'un dieu préféré avec la signature du donateur.

Ce sont des offrandes, *des offrandes d'intention*, piquées dans l'herbe à l'aide
d'une brindille de bambou, dans des endroits sacrés. L'offrande est bien légère,
sans doute, mais les bonnes gens du pays la considèrent déjà comme un engage-

ment. Ils ont fait un souhait quelconque en se recommandant à la divinité choisie ; si le souhait est exaucé, il est alors d'usage qu'un cadeau réel et plus sérieux lui sera donné, et c'est le bonze de la montagne qui ne manque pas de le recueillir.

Myanoshita ne ressemble en rien à Hakonè, mais n'est pas moins attrayant dans son genre. Le lac enchanteur est remplacé par des gorges profondes pleines de verdure au fond desquelles coule le torrent ; les yeux sont partout arrêtés par les ravissants aperçus des montagnes et des belles forêts qui en cachent les rochers volcaniques. A peine est-on sorti de l'hôtel, qu'on se trouve tout aussitôt auprès de fraîches cascades et sous des ombrages épais. Le petit village, dont toutes les maisons de bois sont propres et coquettes, est fort industrieux ; presque tous ses habitants sont occupés à fabriquer des meubles, des cabinets et des coffres en marqueterie, ainsi que des jouets en bois pour les enfants. Il s'en fait un commerce considérable.

Dans un pays si pittoresque, les excursions sont nombreuses. Je fis l'ascension du Koma-ga-toké (1400 mètres d'altitude) en chaise à porteurs ; on visite, sur la cime de cette montagne, de curieuses solfatares. Les vapeurs qui s'en échappent sont encore très abondantes ; elles possèdent aussi d'intéressantes formations de soufre cristallisé. Ce sont des lieux sauvages et désolés, mais on ne tarde pas à regagner les sentiers sous bois, pleins de fleurs et de bambous, qui vous ramènent au village. Les habitants de Myanoshita ont compris l'intérêt qu'ils avaient à attirer les voyageurs par tous les moyens possibles, aussi se sont-ils entendus avec les petites localités voisines pour construire partout de bonnes routes et des sentiers dans la montagne, afin de faciliter aux touristes toutes sortes d'agréables promenades qu'on peut faire aisément à pied. C'est ainsi que j'allai visiter Doga-Shima pour voir ses cascades et ses rochers remplis de fougères sous de beaux ombrages, le petit village de Kigu ainsi que Mignanino situé un peu plus loin. On y voit des temples pittoresques, qui sont placés sur la rive opposée du torrent. Le pont rustique qui y conduit est ingénieusement combiné et son aspect est fort original. Le torrent est large en cet endroit, aussi fallut-il construire des piles assez considérables pour établir le tablier du pont. Les habitants confectionnèrent tout d'abord deux sortes de grands paniers cylindriques de trois mètres de hauteur environ, faits en lanières de bambou et à mailles écartées. Ils les posèrent à des distances égales dans le torrent, et les remplirent de galets roulés. Les galets maintenus par le réseau de bambou constituent des piles solides sur lesquelles on n'a plus qu'à poser le nombre de madriers nécessaires pour former le tablier qui est garni de branches d'arbres, tablier revêtu d'une épaisse couche de

mottes de gazon. Si des piles de pont exécutées de cette façon n'ont que peu de
durée, elles ne sont pas très coûteuses comme construction, et tous les ans il est
facile de recommencer le même travail. On refait un nouveau pont à quelques
mètres plus loin, laissant en amont les anciennes piles qui ne tardent pas à
s'effondrer dans le torrent.

De Myanoshita, il est aisé de se rendre à un autre point remarquable de la
province de Sagami, l'île de E ou Enoshima. Le chemin de fer et le jinrikisha sont
tour à tour employés pour s'y rendre.

L'île de Enoshima est reliée à la terre ferme par un mince banc de sable recouvert quelquefois par les grandes marées et s'élève à pic au-dessus de la mer de
Sagami. Les récits légendaires disent que dans la sixième année du règne de l'em-
reur Kaïkwa (252 av. J.-C.), il y eut un terrible tremblement de terre dans la
province de Sagami. L'île tout entière fit tout d'un coup son apparition au-dessus
des eaux au milieu de brumes et de vapeurs épaisses. Aujourd'hui ce récif colossal
est devenu un séjour délicieux. On ne voit partout, dans tous les sentiers, que des
camélias et d'autres arbres magnifiques. La date de fondation du temple principal,
construit sous le règne de l'empereur Kimmei, serait vers 540-571 de notre ère.
Plus tard le célèbre shogün Yoritomo lui aurait donné plus d'importance. Au pied
des roches volcaniques, dans de profondes grottes naturelles, on a pu élever des
autels à Benten, la grande déesse de la mer. Il n'est possible de pénétrer dans ces
grottes qu'à marée basse; elles sont profondes et forment d'étroits couloirs dont
les parois sont garnies de nombreuses statuettes de dieux divers. Enoshima est le
séjour de pauvres familles qui vivent surtout du produit de leur pêche; les poissons et les crustacés abondent dans ces parages. Il s'y fait une autre industrie,
celle des coquillages et des menus objets taillés ou sculptés dans la roche de la
montagne, qui sont vendus aux nombreux voyageurs qui viennent visiter l'île
pour l'admirer et pour y jouir de la vue superbe du Fuji-Yama (voy. p. 277). Au
commencement de mon voyage, je désirais faire l'ascension de ce volcan, les
brouillards m'en empêchèrent et maintenant la saison était trop avancée pour
qu'elle fût possible. Les cabanes, qui servent d'abri aux nombreux pèlerins qui
en font l'ascension, envahies par la neige, sont abandonnées par leurs gardiens
jusqu'à la saison suivante. La circonférence de base du volcan a un développement de 123 milles; sa hauteur, d'après la carte géologique japonaise, serait de
3778 mètres au-dessus du niveau de la mer. Les dates vraiment certaines de ses
principales éruptions seraient les années 799, 864, 936, 1032, 1649, enfin 1707.
Le volcan, depuis cette époque, est resté inactif.

Le cratère du Fuji a 2000 pieds de diamètre et sa profondeur est de 548 pieds.

Enoshima laisse un souvenir charmant, de même que Hakonè et Myanoshita; ce sont de véritables eldorados. Le jinrikisha me porte en quelques heures à Kamakura, par un chemin qui borde presque toujours les bords de la mer. Nous nous arrêtons auparavant au village de Hasché, dont les temples célèbres renferment la curieuse statue colossale en bois doré de Kwannon, la déesse de la Pitié. Elle a près de 10 mètres de hauteur et date, dit-on, comme le temple, du milieu du xv° siècle. L'origine première de cette divinité est indienne, on la voit souvent représentée assise sur un éléphant blanc; dans d'autres cas elle a plusieurs têtes et plusieurs bras. Quelquefois cette déesse change de rôle et n'est plus invoquée que sous le nom de divinité protectrice des animaux; j'ai vu souvent son image sculptée en bas-relief le long des routes, près du village de Dawabara entre autres, en haut du col de Godo-Para. La déesse possède alors trois têtes à figure de cheval et six bras dont les mains tiennent différents attributs. Kamakura, très voisine du village de Hasché, est située au bord de la mer. C'était autrefois une grande ville qui contenait près de 200 000 maisons, dont il ne reste plus de trace. Les temples seuls y sont cependant toujours remarquables, avec les beaux parcs qui les entourent.

Kamakura fut fondée par le grand Yoritomo Minyamoto (1146-1199) en l'an 1196. Il en avait fait le siège de son gouvernement militaire. A mon arrivée au Japon, je voyais à Kobé le tombeau du héros Kyomori; la fin de mon séjour était marquée par une visite à celui de Yoritomo, qui a été placé dans les bois, non loin des temples du dieu de la guerre Hachiman, dans le trésor duquel sont déposés des armes et quelques objets ayant appartenu à ce personnage considérable de l'histoire.

Aux époques de la féodalité, les dissensions intestines et les conspirations n'avaient pas pour ainsi dire d'interruption dans le pays. Deux familles principales, les Taïra et les Minyamoto, étaient toujours en lutte; leurs rivalités auprès des empereurs, qui jouaient alors un rôle secondaire, et leur ambition de détenir le pouvoir étaient la cause de révolutions perpétuelles. Le Taïra Kyomori eut de fait, pendant de longues années, le pouvoir suprême. Par son habileté il avait supplanté les Minyamoto et avait fait périr un grand nombre de membres de cette famille. Il restait cependant le jeune Yoritomo qui, bien caché par les siens, attendait l'heure d'un retour au pouvoir; la mort de Kyomori fut le grand signal. Les anciennes haines des Minyamoto, comprimées depuis longtemps, purent éclater au grand jour, et des désertions nombreuses avaient lieu

PLANCHE XXIV. — BOUDDHA TAILLÉ DANS LE ROC PRÈS DE HAKONÈ, PROVINCE DE SAGAMI (JAPON).
(D'après nature, voy. page 277.)

chaque jour parmi les Taïra. Le palais impérial de Kioto, où se trouvaient le jeune empereur An-Tok et les souverains abdiqués Sirakawa II et Takakoura, ne purent longtemps être protégés par l'héritier du pouvoir de Kyomori, Mnémori. Celui-ci fit enlever An-tok et les insignes du pouvoir impérial pour le mettre dans une résidence provisoire, à Yassima, province de Sanouki. Pendant ce temps, Yossinaka approchait de Kioto, gagnant toujours quelque victoire sur les Taïra. Sirakawa II n'avait pas voulu quitter Kioto, et, sans doute heureux de se délivrer du joug des Taïra, il accueillit Yossinaka et lui rendit les plus grands honneurs.

Le petit empereur An-Tok fut détrôné et son frère cadet proclamé à sa place. Yossinaka, ébloui par son succès, ne tarda pas à faire comprendre à Sirakawa l'excès de son ambition et son désir d'avoir seul la toute-puissance. Ce dernier voulut se débarrasser de son dangereux libérateur en le faisant assassiner, mais son projet ne put s'exécuter, et, craignant alors sa vengeance, il appela à son aide Yoritomo. Les Taïra ne tardèrent pas à perdre définitivement leur ancienne influence : vaincus partout et mis en fuite par Yoritomo, le plus grand nombre d'entre eux furent massacrés avec tous leurs partisans [1].

Les victoires, les faits d'armes nombreux de Yoritomo sont devenus légendaires ; le nom de ce grand shogün à qui le Japon doit l'organisation du régime de la féodalité militaire est resté plus populaire encore que celui de Kyomori. Son tombeau est moins important que celui de ce dernier, mais il offre, de même, beaucoup de rapport avec les monuments de la Chine avec ses six assises de granit qui ont une silhouette analogue à celles des tours de ce pays. Le monument, entouré par une épaisse balustrade de pierre, n'atteint pas la hauteur de deux mètres.

Non loin de Kamakura, dans le petit village de Hasegawa, on fait encore aujourd'hui de nombreux pèlerinages à la statue colossale de Bouddha ou Daïbutsu.

Elle était autrefois placée dans un temple superbe qui fut détruit, dit-on, par les effets d'une marée exceptionnelle. La statue est imposante et la physionomie du dieu est pleine de caractère ; l'œuvre est de beaucoup supérieure à celle de Nara, mais la date de son érection n'est malheureusement pas connue.

Le Daïbutsu a près de 14 mètres de hauteur, il est formé de plaques de bronze reliées à une armature de fer. Il est permis d'en voir le curieux travail ; les bonzes vous font pénétrer et monter dans l'intérieur de cette magnifique statue. Occupé

1. *L'Empire japonais*, par Léon Metchnikoff. Genève, 1880.

toute une journée à Kamakura et aux environs, j'étais rentré le soir même à Yokohama pour m'occuper de mon départ.

Les touristes quittent toujours à regret le Japon, délicieux pays où tout semble avoir été créé pour leur plaisir, tant il est joli et pittoresque. J'avais parcouru avec bonheur une partie des riches provinces japonaises pendant près de trois mois ; rentré au commencement de l'hiver à Yokohama, il fallait songer à mon retour en Europe. Je pris le navire anglais *Batavia*, qui accomplissait une dernière fois sa traversée de l'océan Pacifique pour gagner Vancouver.

Le *Batavia* est un vieux steamer, dont la marche était assez lente, mais actuellement la Compagnie canadienne a construit de nombreux navires semblables à nos transatlantiques ; ils font le service depuis le printemps dernier.

Nous quittons Yokohama pendant la nuit : la mer est calme comme un lac. Nous entendons longtemps, du navire, les sons de la musique qu'on fait tous les soirs à l'hôtel que je viens de quitter ; les lumières de ses salons se reflètent dans la mer ainsi que celles de quelques maisons du quartier européen de la ville. Tout s'éloigne et s'éteint peu à peu, mais la pleine lune éclaire les neiges éternelles du Fuji-Yama qui resplendit dans le ciel ; son cône immense se détache sur des millions d'étoiles, formant un spectacle majestueux dont l'aspect reste à jamais gravé dans l'esprit. On le contemple jusqu'au dernier moment où il disparaît à l'horizon ; il faut dire enfin adieu au Japon.

Le premier jour de traversée, le *Batavia* longe les côtes et de nombreux bateaux de pêche viennent charmer nos yeux. Cet agréable spectacle ne tarde pas à changer et dès que nous dépasssons le fameux Kuro-Sivo ou Courant-Noir, une solitude absolue règne autour de notre navire. Le froid ne tarde pas à se faire sentir : au lieu de 20 à 22 degrés au-dessus de zéro que nous avions à Yokohama, le thermomètre marque 8 à 10 degrés seulement, puis nous arrivons graduellement à zéro. Pendant deux journées entières, des centaines de phoques suivent le *Batavia*, leur nombre augmente surtout à l'heure du coucher du soleil et les jeunes officiers du bord en tuent quelques-uns.

Le temps, relativement calme depuis plusieurs jours, ne tarde pas à changer et la mer devient mauvaise. Le capitaine a l'heureuse idée d'employer le moyen de l'huile sur les vagues, il faut avouer qu'aussitôt ses ordres exécutés, nous avons senti une différence sensible dans les mouvements du *Batavia*. Ce navire a 103 mètres de longueur ; une corde est tendue le long de ses flancs, sur laquelle on attache de distance en distance des sacs de toile percés de trous et dans lesquels on a placé des éponges imbibées d'huile. Ces sacs, de 40 centimètres de diamètre

environ, peuvent servir cinq heures et pendent le long des flancs du navire, étant
en contact fréquent avec les vagues. L'huile s'égoutte peu à peu, répandant sur la
mer des œils nombreux, au fur et à mesure de la marche du *Batavia*, adoucissant
les secousses violentes et les mouvements des flots.

Avec la tempête, la neige et les brumes nous assaillent bientôt, et, pendant les
six derniers jours de la traversée, il faut rester prisonnier dans l'intérieur du
navire. Tout est hermétiquement fermé et barricadé sur le pont; à peine voit-on

La ville de Vancouver, vue du coté sud.
(D'après une photographie.)

clair dans les cabines et les salons. Aux heures de nos repas, les Chinois, domestiques du bord, ne peuvent se tenir debout pour nous servir. Il faut se cramponner
à la table et manger cependant s'il est possible. A chaque instant, pendant la nuit,
d'immenses vagues viennent se jeter sur notre pauvre navire et le bruit sinistre
qu'elles produisent sur le pont empêche tout sommeil. Je voyais souvent le
capitaine, jeune Anglais de vingt-six ans; nous causions ensemble lorsqu'il
rentrait grelottant de froid de son poste d'observation; exténué de fatigue, il
nous dirigeait toujours cependant au travers des vagues furieuses, de plus de
10 mètres de hauteur, menant son navire avec une énergie remarquable. Nous

arrivons enfin, après dix-neuf jours de traversée, dans le port de Vancouver, la ville la plus extraordinaire peut-être qu'on puisse voir actuellement dans tout le Canada.

Vancouver, il y a six années, n'existait pas. On ne voyait, dans d'épaisses forêts vierges, que quelques maisons bâties en planches; leurs habitants, venus de Victoria, capitale insulaire de la Colombie anglaise, séduits par la beauté du pays et par sa situation exceptionnelle au fond d'un golfe, tentèrent de s'y établir.

Les travaux du *Canadian Pacific Railway*, commencés depuis quelques années, s'achevaient. Vancouver à peine né fut le lieu choisi par la Compagnie du chemin de fer et par le gouvernement comme station terminus et comme port donnant entrée à l'océan Pacifique.

Les émigrants accoururent aussitôt en foule, dès que la décision officielle de la création de la ville nouvelle fut connue. On se mit à l'œuvre. La forêt est reculée comme par enchantement par une véritable armée d'ouvriers venus de toutes parts. Les maisons s'élèvent, remplaçant des arbres de 3 et 4 mètres de diamètre, les lumières électriques brillent là où le soleil pouvait à peine pénétrer au travers des feuillages épais, et 15 000 colons de tous les pays sont installés aujourd'hui à Vancouver à la place des oiseaux et des bêtes sauvages qui y vivaient auparavant. L'hôtel où je suis descendu est superbe, on y a tout le confort désirable. Dans la ville, les trottoirs sont tous en bois ainsi que les passerelles nécessaires pour la traversée des voies souvent boueuses qu'on n'a pas encore eu le temps de bien établir, mais les tramways électriques vous conduisent dans tous les quartiers nouveaux et de belles maisons construites en pierre et en marbre commencent à s'élever. La première date de 1886, lorsque Vancouver n'avait encore que 600 habitants; elles se construisent à vue d'œil et remplacent peu à peu les cahutes de bois qui formaient la ville en 1885. Un incendie de la forêt avait détruit auparavant les quelques cabanes des premiers colons; une seule échappa par miracle, c'est celle qu'on remarque avec intérêt aujourd'hui dans la grande rue de Cordova; elle est habitée par un horloger suisse et un agent d'affaires. Tout auprès d'elle, de vastes terrains sont à vendre; leurs propriétaires, habiles spéculateurs, ne se pressent point, ils ne s'en débarrasseront qu'à des prix invraisemblables, tant ces lots à bâtir augmentent de valeur de jour en jour par suite de l'affluence des nouveaux arrivants. En attendant les palais dont ils seront bientôt ornés, ces terrains nous montrent encore l'origine première de la cité, par les immenses troncs d'arbres sciés à la base et les racines enchevêtrées qui les recouvrent entièrement. Ce sont des contrastes saisissants, dans ces rues où l'on voit des boutiques élégantes qui commencent à s'établir à côté de ces anciens vestiges de forêts vierges.

Le port, à peine construit, renferme un nombre considérable de beaux navires qui viennent chargés de marchandises de Chine, du Japon, de San Francisco et d'autres pays. Les industries se fondent également : des scieries sont en pleine activité, et les environs, défrichés de plus en plus, sont exploités par les agriculteurs qui apportent déjà dans la ville leurs bestiaux et leurs céréales.

Les environs de cette ville naissante sont admirables au point de vue pittoresque : les montagnes et les forêts qui les couvrent en partie sont grandioses ; on y rencontre des arbres merveilleux, qui seraient dignes d'être comparés à ceux de Mariposa ou de Calaveras près de San Francisco.

Le chemin de fer quitte Vancouver, en longeant quelque temps la belle rivière Fraser. Les bords sont intéressants, mais peu à peu le paysage s'agrandit et d'immenses lacets, construits pour le chemin de fer, se dessinent dans la montagne. De la plate-forme de notre wagon, nous admirons tous les sites de cet étrange pays des Montagnes Rocheuses, presque aussi beau peut-être que les Alpes tant vantées. La neige recouvre les forêts des monts Selkirk ; nous montons toujours, ayant devant

Unique maison de Vancouver épargnée par l'incendie de 1885.
(Dessin d'après nature.)

nos yeux les spectacles superbes des hautes régions. On arrive à *Glacier House*, l'un des plus beaux points du pays. Un hôtel est installé pour les voyageurs, à 1254 mètres d'altitude ; le chemin de fer nous accorde trente minutes pour admirer les glaciers et les alentours. On remonte en wagon pour gagner Banff, 1368 mètres, le point culminant du voyage. Le gouvernement a su conserver dans la montagne un parc national immense dont les paysages ont tous un aspect intéressant. Ces lieux ne tarderont pas à être le rendez-vous de tous les touristes du pays qui voudront admirer la haute cime du mont Cascade (3000 mètres) qu'on voit de la station, les lacs et les sources sulfureuses avec les forêts magnifiques contenues dans un espace de 26 milles de longueur nord-est sur 10 milles de largeur sud-ouest.

Nous redescendons, pendant la nuit, les Montagnes Rocheuses ; les voyageurs ont dormi confortablement dans leur beau wagon et le matin au réveil, les scènes magiques des glaciers, des neiges et des forêts séculaires ont disparu pour faire place à d'autres paysages. Nous entrons dans la région interminable des prairies. Voici la station de *Medicine Hat*, petite ville bâtie en bois, éclairée avec le gaz naturel et arrosée par la rivière Saskatchewan. Quelques mines de charbon se trouvent dans ses environs, et de nombreux colons viennent s'établir dans les immenses ranchos du pays pour élever des bestiaux ou établir des fermes. Pendant nos trente minutes d'arrêt, quelques Indiens des deux sexes viennent vendre aux voyageurs des cornes de buffle et autres objets brodés par eux. Ces malheureux Indiens sont curieux à observer; le type de leur physionomie est énergique et beau. Ils sont presque tous peints : ayant le front teinté d'ocre jaune et une teinte de rouge vermillon sous les yeux. Ils inspirent tous la pitié, car la fatalité pèse sur eux. Ne pouvant s'assujettir à la civilisation canadienne, ils mourront tous dans une misère de plus en plus noire sans renoncer à leur existence nomade et sauvage. Le train marche assez lentement dans les prairies, s'arrêtant souvent à des stations composées de quelques maisonnettes de bois, qui forment sans doute les premiers éléments de quelque grande ville nouvelle qu'on verra dans peu d'années. Presque toutes ont été fondées par suite des travaux du chemin de fer et elles ont pris souvent un développement incroyable. La compagnie du *Canadian Pacific Railway* excite d'ailleurs de tout son pouvoir les émigrations de nouveaux colons en faisant une propagande active à l'aide de brochures remplies de renseignements exacts sur toutes les terres qu'il est possible d'acquérir le long de l'immense parcours de sa voie ferrée et par des cartes clairement exécutées. Il est aisé de connaître, à l'aide de ces documents, toutes choses sur la contrée et de prendre ses dispositions d'une façon presque certaine avant de se décider à mener l'existence d'un cultivateur ou d'un mineur dans les différentes parties des provinces canadiennes. Nous passons près de la ville de Brandon; construite seulement depuis six années, elle possède 5400 habitants et ses rues sont déjà coquettes, toutes bordées de jolies maisons de bois. C'est un centre important pour les fermes des environs, aussi les moulins et les élévateurs à grains abondent-ils en ce lieu. Depuis quelques heures déjà nous avons quitté la région des ranchos et des solitudes pour entrer dans celle des prairies qui contiennent des fermes nombreuses. Les terres fertiles ne sont plus mamelonnées comme précédemment, mais unies comme les eaux d'un lac et couvertes de champs de culture. Les yeux ne sont arrêtés nulle part, la monotonie du tableau commence à devenir désespérante. Nous arrivons à Winnipeg, qui, en 1871, n'avait que cent habitants : elle se nommait alors le fort Garry et personne ne songeait à ce lieu désert. Aujourd'hui, c'est-à-dire en vingt années, Winnipeg, dont la population ne compte pas moins de 28 000 âmes, est devenue la capitale de la province du Manitoba, qui contient actuellement 100 000 habitants; près de 11 000 sont français d'origine.

C'est dans la ville de Saint-Boniface, située tout auprès de Winnipeg, que se trouvent de préférence les membres de la colonie française. Elle est représentée encore

LE TOBOGAN SLIDE, MONTAGNE RUSSE DU PARC DE MONTRÉAL, AU CANADA.
(D'après une photographie.)

dans les territoires d'Assiniboia, de Saskatchewan et d'Alberta que nous venions de parcourir, mais dont la population est loin d'égaler celle du Manitoba. Les Français ont dans ces parages un caractère particulier; leur origine date des premières époques de l'occupation de la contrée. Leurs ancêtres, trappeurs énergiques, infatigables, ont découvert le pays en s'aventurant bien loin dans les terres. Ces Français, qui avaient perdu tout espoir de rentrer un jour dans leur patrie, ont su se créer une famille en épousant des Indiennes et sont devenus de véritables Canadiens. Les descendants de ces trappeurs courageux ont donné à bon nombre de villes, de rivières et de lacs des noms français et cherchent à attirer auprès d'eux d'autres émigrants pour mieux conserver entre eux les usages et les souvenirs de leur ancienne patrie.

L'émigration française annuelle est assez considérable : c'est, dit-on, le département de l'Ardèche qui fournit le plus de nouveaux colons à ces provinces lointaines.

Aux alentours de Winnipeg la civilisation commence bientôt à se montrer de tous côtés avec un plus grand nombre de stations et des paysages plus agréables. Notre train s'arrête enfin et nous arrivons à Montréal après avoir fait, à travers les montagnes et les prairies, 2906 milles en cinq journées et vingt-deux heures.

Le froid était vif à Montréal, à la fin de décembre 1890, 20° au-dessous de zéro, et partout la neige cachait les chaussées de la ville. Pour un touriste venu du Japon, où il pouvait voir les camélias en fleur dans les haies et les buissons de la campagne, le contraste semblait étrange. La gare de Montréal est encombrée de traîneaux ornés de belles fourrures qui attendent les voyageurs. Je choisis l'un d'eux et m'enveloppe aussitôt, ne laissant que juste ce qu'il faut pour respirer, et les chevaux m'entraînent rapidement jusqu'à l'hôtel. Le soleil brillant atténue le froid ; une foule élégante toute fourrée jusqu'aux yeux remplit les rues pleines de boutiques aux riches étalages, et les maisons sont parées de longues stalactites de glace qui se forment sous les chéneaux et les gouttières. L'hôtel Windsor est un palais splendide, dont le confort dépasse de beaucoup, il faut l'avouer, celui que nous avons dans les hôtels parisiens, et le voyageur est heureux de se trouver dans ces locaux luxueux, où tout est admirablement compris pour son bien-être.

Quelques monuments importants ornent la ville ; construits avec un grand luxe de matériaux, le palais de justice, la poste et des églises de sectes diverses sont à remarquer, mais leur architecture laisse bien à désirer. Il en est de même d'ailleurs dans presque toutes les villes d'Amérique ; il semble que ceux qui ont construit ces monuments n'aient eu qu'une seule préoccupation, celle de faire comprendre qu'il a fallu dépenser une quantité de dollars pour les élever ; les proportions artistiques ne comptent pas pour eux. Dans les avenues plus lointaines de la ville, toutes plantées d'arbres, on peut admirer le véritable bon goût canadien, en passant en revue les jolies et riches villas des particuliers. Presque toutes sont charmantes d'aspect et pittoresques, quelques-unes sont de véritables palais, où règnent un luxe de bon goût dans les intérieurs et des arrangements toujours ingénieux. Elles ressemblent, en leurs détails, au charmant *home* anglais. Montréal est placé d'une façon admirable entre les deux rivières Ottawa et Saint-Laurent, et du haut des collines qui dominent la ville, le panorama est superbe.

La société élégante de la ville vient souvent sur ces collines se promener à l'ombre des beaux arbres qui ornent le parc admirablement dessiné qui s'y trouve, et, en cette saison, où la neige et les glaces recouvrent toutes choses, l'aspect n'en était que plus curieux encore. De nombreux jeux sont installés dans ce parc; la jeunesse de Montréal était à ce moment attirée par l'un des plus attrayants, c'est le *Tobogan slide* (montagne russe) (Voy. p. 289). Tout y est bien compris pour éviter le moindre danger. La neige épaisse recouvre un fond formé de planches et nul choc sérieux ne pourrait avoir lieu. Jeunes filles et jeunes gens vont joyeusement prendre place dans d'élégants petits traîneaux pour glisser jusqu'en bas de la pente et remontent à l'envi la montagne, pour recommencer encore cette course folle. Plus loin, sur les prés, ce sont les courses rapides faites au moyen des grandes raquettes que les Canadiens attachent à leurs pieds. Ils ont l'air de voler, de raser le sol comme font les hirondelles, tant ils vont vite en glissant sur la neige. Ce sont les plaisirs de l'hiver canadien.

La NEIGE DANS UNE PETITE RUE DE QUÉBEC. — HIVER DE 1890.
(D'après une photographie.)

Avant de revenir en France, je ne pouvais manquer de me rendre à Québec, la vieille capitale française du Canada, et, malgré le froid intense qui régnait sur les hautes falaises (25° au-dessous de zéro) sur lesquelles elle est construite et qui dominent le Saint-Laurent, je désirais la visiter en détail. Dans plusieurs de ses petites rues pittoresques, la circulation était interrompue souvent par des amoncellements de neige énormes; d'étroits sentiers taillés le long des maisons en permettaient l'accès. Mon traîneau est conduit par un cocher français qui semble heureux de mener un compatriote. Je vais ainsi au château fort, pour jouir de la vue d'un des plus beaux panoramas qu'on puisse voir, celui du Saint-Laurent et de la rivière Saint-Charles couverts de glaçons, ayant pour cadre les campagnes grandioses couvertes de plus de deux mètres de neige; puis, sortant de la ville, je suis conduit à 8 milles de distance, aux chutes célèbres de Montmorency qui, à ce moment de l'année, ne forment plus qu'un superbe amas de glaçons superposés. Une partie des eaux de cette cascade est utilisée comme force motrice pour une scierie et en même temps pour donner la lumière électrique à la ville de Québec. Un petit restaurant est installé auprès des chutes, c'est un rendez-vous permanent en toutes saisons pour les promeneurs. Le jour de ma promenade était celui de Noël, aussi un grand nombre de jeunes Canadiens s'y trouvaient-ils en fête. Beaucoup de ces messieurs parlaient français ; leur gaieté et leur entrain m'auraient prouvé d'ailleurs leur origine française et nous ne tardons pas à causer ensemble. Malgré les années passées, l'influence anglaise n'a rien pu modifier ni rien détruire dans le caractère du Canadien français. Le souvenir de la patrie mère reste au cœur de l'habitant, qui conserve avec le même culte toutes ses idées et ses grands sentiments. Il ne ressemble guère au Canadien anglais.

Deux journées passées à Québec réconfortent un Français qui depuis onze mois était privé, sauf de rares exceptions, de la compagnie de personnes véritablement sympathiques à son pays, mais on ne peut toujours errer par le monde ; le retour s'impose. Je devais gagner New-York, rester plusieurs jours encore auprès de quelques bons amis américains et revenir enfin en France par le beau navire la *Bretagne*.

TABLE DES MATIÈRES

CHAPITRE PREMIER

CHAPITRE II

CHAPITRE III

CHAPITRE IV

CHAPITRE V

CHAPITRE VI

CHAPITRE VII

CHAPITRE VIII

CHAPITRE IX

CHAPITRE X

CHAPITRE XI

CHAPITRE XII

CHAPITRE XIII

CHAPITRE XIV

TABLE DES PLANCHES

TABLE DES GRAVURES

CORBEIL. — IMPRIMERIE ÉDOUARD CRÉTÉ.

9 782012 940291